suhrkamp taschenbuch
wissenschaft 2021

Als »Subjektphilosophie« hat man das neuzeitliche Denken insgesamt charakterisiert. Diese Auszeichnung verdankt das Subjekt der verwegenen Hoffnung, es eigne sich zum ultimativen Prinzip der Wissensbegründung. Das Interesse an einer Aufklärung seiner Struktur wurde dadurch jedoch in den Hintergrund gedrängt. Diese Struktur steht im Zentrum von Manfred Franks jüngstem Buch, das einen Blick auf die moderne Geschichte der Subjekttheorien mit Analysen der inneren Beschaffenheit und der Zeitlichkeit des Subjekts sowie seines Verhältnisses zur Intersubjektivität und einer Auseinandersetzung mit klassischen und neuesten analytischen Theoriebildungen verbindet. Dem Begriff der Präreflexivität kommt dabei die Schlüsselrolle zu.

Manfred Frank ist ordentlicher Professor für Philosophie im Ruhestand an der Universität Tübingen. Im Suhrkamp Verlag sind zuletzt erschienen: *Selbstgefühl* (stw 1611), *Auswege aus dem deutschen Idealismus* (stw 1851) und *Warum bin ich Ich?* (2007).

Manfred Frank
Ansichten der Subjektivität

Suhrkamp

Bibliografische Information der Deutschen Nationalbibliothek
Die Deutsche Nationalbibliothek verzeichnet diese Publikation in
der Deutschen Nationalbibliografie; detaillierte bibliografische Daten
sind im Internet über http://dnb.d-nb.de abrufbar.

suhrkamp taschenbuch wissenschaft 2021
Erste Auflage 2012
© Suhrkamp Verlag Berlin 2012
Alle Rechte vorbehalten, insbesondere das der Übersetzung,
des öffentlichen Vortrags sowie der Übertragung
durch Rundfunk und Fernsehen, auch einzelner Teile.
Kein Teil des Werkes darf in irgendeiner Form
(durch Fotografie, Mikrofilm oder andere Verfahren)
ohne schriftliche Genehmigung des Verlages reproduziert
oder unter Verwendung elektronischer Systeme verarbeitet,
vervielfältigt oder verbreitet werden.
Umschlag nach Entwürfen
von Willy Fleckhaus und Rolf Staudt
Druck: Druckhaus Nomos, Sinzheim
Printed in Germany
ISBN 978-3-518-29621-9

1 2 3 4 5 6 – 17 16 15 14 13 12

Inhalt

Vorwort 7

1. Subjektivität und Individualität 29
2. Wovon ist Selbstbewusstsein ein Bewusstsein? 74
3. Zeit und Selbst 191
4. Subjektivität und Intersubjektivität 261
5. Besteht Selbstbewusstsein in einem
   ›inneren Wahrnehmen‹? 324
6. Varietäten der Subjektivität 353
7. Lässt sich Selbstbewusstsein als ›Selbstrepräsentation‹
   verstehen? 369

Schriftenverzeichnis 398
Namenregister 417

Vorwort

I.

In die Diskussion philosophischer Fragestellungen sollte nicht nur Versiertheit mit jüngsten Publikationen, sondern auch eine gewisse historische Kenntnis einfließen. Das gilt vor allem für langlebige philosophische Probleme und unter ihnen wiederum besonders für solche, die struktureller Natur und darum minder empiriesensitiv sind. Gelegentlich haben sie schon Lösungsangebote erfahren, die vergessen oder aus Unverstand schlechteren hintangesetzt wurden. Ich will das in den lose verknüpften Kapiteln dieses Buchs an einem Beispiel illustrieren, das meinen eigenen Weg durch Philosophiegeschichte und *Philosophy of Mind* geprägt hat: der Subjektivität.

›Subjektivität‹ und ›subjektiv‹ sind notorisch vieldeutige Wörter. Wir nennen ›subjektiv‹ das bloß Unverbindlich-Private von Ansichten oder Geschmäckern. ›Privat‹ meint ja: abgezogen von dem, hinsichtlich dessen mehrere übereinkommen, ›mit einer Beraubung gesetzt‹. Aber auch Personen, denen wir nicht nur Körperlichkeit, sondern auch Menschenwürde zusprechen, nennen wir Subjekte. Dasselbe tun wir mit Individuen, die wir nicht nur für unverwechselbar, sondern auch für innovativ halten. Von ›privat‹ ist ›individuell‹ darin unterschieden, dass es die Gemeinschaft nicht beraubt, sondern (z. B. semantisch) bereichert. Je individueller mein Umgang, desto reicher sind Geben und Nehmen. Kant ist ein Beispiel für äquivoken Wortgebrauch. Er nannte ›subjektiv‹ bald das Unverbindliche des privaten Geschmacks, bald die Formen unserer Anschauungen, bald das kognitive Prinzip seiner Philosophie, in dessen Spontaneität er den Grund für die »objektive Gültigkeit« unserer Urteile vermutete (*KrV* B 137). Uriah Kriegel spricht von ›subjektivem Bewusstsein‹ (Kriegel 2009), um die phänomenale Kenntnis zu bezeichnen, die wir von vorbegrifflichen mentalen Zuständen haben, in denen uns irgendwie zumute ist. Andere verlangen, dass in ›Subjektivität‹ ein kognitives Element einfließen müsse, wie es die Ausdrücke ›Selbsterkenntnis‹ oder ›Selbstwissen‹ (mit einem Ich im Zentrum) bezeichnen. Dem Selbstwissen, meinen die meisten Bewusstseinsphilosophen, fehle das Moment des Zumuteseins (Block 1997, Chalmers 1996); andere bestreiten das und nennen die Arbeitsteilung zwischen ›irreduziblen‹ vorbegrifflichen Erlebnissen und funktionalistisch reduzierbaren kognitiven Zuständen ›Separatismus‹ (Horgan/Tienson 2002, Horgan/Kriegel 2007, Soldati 2005). – Ich werde mich diesen Ausdifferenzierungen des mentalen Grundvokabulars im 1. und im 6. Kapitel eigens zuwenden, im ersteren mehr aus einer historischen, im letzteren mehr aus einer systematischen Perspektive.

Subjektivität scheint die allgemeinste unter den aufgeführten Bestimmungen zu sein. Personalität und Individualität teilen sie als kleinstes gemeinsames Merkmal. Mit der Subjektivität scheint eine *Pour-soi*-Perspektive und mit ihr eine Zentrierung des Bewusstseinsfeldes ins Spiel zu kommen, die wir einfachsten phänomenalen Ereignissen absprechen würden (etwa dem anonymen Sich-Bilden einer Welt beim Erwachen aus einer Narkose; deren Ichlosigkeit erklärt den Erfolg der Rede vom ›Feld‹- oder ›Dimensions‹-Charakter des Bewusstseins [Henrich 1970, 1971]). Aber auch die letzteren (Ereignisse) wollen wir zur Subjektivität hinzurechnen, denn auch sie treten nicht auf, ohne einem (wenn auch anonymen) Bewusstsein erschlossen zu sein. Dies Für-sich-Sein bewusster Erlebnisse hat sich im Lauf theoretischer Aufklärungsversuche als extrem widerständig, ja als das härteste Problem des Bewusstseins erwiesen (Block 2005). Im Fall vorbegrifflicher Erlebnisse präsentiert sich Subjektivität anonym, unpersönlich; im Fall begrifflicher Leistungen kommt ein ›Ich‹ als Akteur und Träger von Zuständen ins Spiel. ›Für sich‹ verwandelt sich in ›für mich‹. Für diese Unterscheidung finden wir wenig Anhalt in unserem Alltagssprachgefühl, während Kant z. B. scharf zwischen begrifflosen, *per se* nicht vom ›Ich denke‹ geleiteten Anschauungen und eigentlichen Ich-Gedanken trennt (*KrV* A 90 f.). Wir halten *Bewusstsein* und *Wissen*, wenn überhaupt, dann jedenfalls nicht scharf genug und vor allem nicht konsequent auseinander. Wir sagen: »Was ich nicht weiß, macht mich nicht heiß« – und meinen z. B. eine nicht schmerzende Verletzung, die wir normalerweise ohne ›Anstrengung des Begriffs‹ einfach spüren würden. Oder wir sagen unserem traurigen Tischnachbarn, der über unsere fröhliche Uneinfühlsamkeit verletzt ist: »Entschuldigung, das war mir nicht bewusst« – und meinen, dass wir unser Verhalten zwar nicht aufmerksam kontrolliert, aber auch nicht in geistiger Abwesenheit haben gewähren lassen. Bewusstsein und Wissen unterscheiden sich weiter: Begriffliches Wissen ist uns nämlich oft gar nicht bewusst. Fordert mich mein Nachbar von ungefähr auf, meine wesentlichen politischen Überzeugungen zu nennen, so gerate ich nach einigen Anläufen ins Stocken, weil Überzeugungen zum dispositionalen Bestand meines Geistes gehören, der mir nicht in jedem beliebigen Augenblick, geschweige auf Befehl, zu Gebote steht.

Wir dürfen uns eben nicht an die Worthülsen des mentalistischen Vokabulars klammern, sondern müssen die Kontexte, in denen wir Grundausdrücke verwenden, sorgfältig auseinanderhalten. Solange wir uns an Beispielen orientieren, sind wir einig. Sobald wir begrifflich bestimmen, was wir aus ihnen lernen, divergieren wir. Ein Großteil des Dissenses über ›Bewusstsein‹ verdampft in einem Streit um Worte, also um die Interpretationshoheit. Wie nun, wenn wir unserem Sprachgefühl noch etwas höchst Apartes zumuten müssten, zu dem alltäglicher Sprachgebrauch keinerlei Anhalt bietet, nämlich dass sowohl Bewusstsein als auch aktuales (bewusstes, abrufbares) Wissen wesentlich durch Selbstkenntnis ausgezeichnet seien? ›Kenntnis‹ benutze ich als Mogelausdruck, um nicht ›Erkenntnis‹ sagen zu müssen; die wäre kognitiv und brächte Begriffe ins Spiel, und darauf will ich mich nicht festlegen; ›Kenntnis‹ impliziert im Folgenden allerdings immer Bewusstheit. (Diese Differenzierung nicht ausdrücken zu können, darin liegt eine Schwäche des angelsächsischen Bewusstseins-Vokabulars, dem in solchen Zusammenhängen nur ›self-knowledge‹ zur Verfügung steht; ›acquaintance‹ wird immer häufiger als Lückenbüßer eingesetzt.) ›Selbstbewusstsein‹ will ich auch nicht sagen; denn diesen Ausdruck haben wir an das unbegriffliche Erleben phänomenaler Zustände vergeben (in deren ›Zumutesein‹ allerdings immer auch Bewusstsein konnotiert ist: Wäre Bewusstsein ein Gefühl?). Schließlich: ›Wesentlich‹ meint, dass Selbstkenntnis notwendig auftritt, wo immer Zustände (auch Wissenszustände) bewusst sind. Drastischer ausgedrückt: Bewusstsein und bewusstes Wissen lägen überhaupt nicht vor, wenn wir mit ihrem Vorliegen nicht zugleich auch bekannt wären.

Hier haben wir nun ein erstes Mal Anlass, uns der Philosophiegeschichte zu versichern. Denn eine solche Ansicht haben Johann Gottlieb Fichte, Franz Brentano, Jean-Paul Sartre und Dieter Henrich vertreten, während sie von ganzen Generationen von Bewusstseinstheoretikern bis auf den heutigen Tag entweder verworfen oder nicht einmal erwogen wurde. Ohne sich auf diese Namen zu berufen, vertritt die Überzeugung eines ›inneren Bewusstseins‹ aber auch eine Reihe aktuell publizierender Autoren, die sich ›selfrepresentationalists‹ nennen. (Kapitel 7 wird sich kritisch mit ihrer Position auseinandersetzen.) Einer ihrer Vertreter ist Uriah Kriegel. Er besteht darauf, dass jedes Bewusstsein nicht nur (teilweise) seine Umwelt, sondern immer auch sich selbst repräsentiert: »Thus, whatever else a conscious state represents, it always also represents itself, and it is in virtue of representing itself that it is a conscious state« (Kriegel 2009, 13 f.). Also: Wann immer Bewusstsein auftritt, ist zweierlei bewusst: etwas, *von* dem Bewusstsein besteht (gewöhnlich etwas vom Bewusstsein Verschiedenes), und dieses Bewusstsein selbst. Kriegel nennt den letzteren Aspekt, wie wir sahen, ›subjektives Bewusstsein‹ – so lautet auch der Titel seines jüngsten Buches.

Auch ich teile diese Überzeugung. Meine Grundfrage wird im Folgenden allerdings lauten: Lässt sich die Kenntnis, die entweder von einem mentalen Ereignis *simpliciter* oder vom Träger dieses Ereignisses (dem Ich oder der Person) vorliegt, als ein Fall von ›Repräsentation‹ (also als ›Selbst-Repräsentation‹) verstehen? Anders: Ist ›Repräsentation‹ wirklich die »core condition« (Kriegel 2009, 107) jedes Bewusstseins, gleich, auf welchen (äußeren) Gegenstand es im Übrigen gerichtet und ob es unbegrifflich oder begrifflich ist?

Die basale Eigenschaft des Bewusstseins, sich in der Ausrichtung auf anderes immer zugleich mit zu erfassen, ist schon von Aristoteles bemerkt worden (*De Anima* III, 2; *Metaphysik* Δ, 9; vgl. ebd. 1, 7. S. 1072, b 20). Von ihm hat Brentano die Formulierung übernommen, intentionales Bewusstsein erfasse ἐν παρέργῳ (nebenbei) immer auch sich selbst (Brentano 1973, 185, Anm. 2). Leibniz' Rede von der *aperception* meint dasselbe. ›Perception‹ ist der Grundausdruck seiner Erkenntnislehre. In jedem Perzipieren/Repräsentieren von etwas anderem, so lässt sich seine Ansicht resümieren, repräsentiert sich auch die Repräsentation selbst mit, jedenfalls bei deutlichen Perzeptionen (die dunklen und verworrenen entbehren dieser expliziten Selbstkenntnis, einige davon werden aber als die meinen ›gefühlt‹ [*PS* 3.1, 404]): Die Perzeption *ad-perzipiert* sich. Diese Fähigkeit der Repräsentation, sich in der Ausrichtung auf ihren Gegenstand immer gleich mit zu thematisieren, nennt Leibniz

›Reflexion‹. Sie ist konstitutiv für (und koextensiv mit) ›Bewusstsein‹ (§ 4 der *Principes de la Nature et de la Grace*). Schon Descartes hatte ›bewusst sein‹ ganz allgemein bestimmt als: »Vorstellungen haben und auf diese Vorstellungen reflektieren (conscium esse est quidem cogitare et reflectere supra suam cogitationem)« (Descartes 1982, 12; Descartes 1953, 1359). Kant ist Leibniz in der Taufe des ›höchsten Punktes‹ seiner theoretischen Philosophie, des ›obersten Grundsatzes im ganzen menschlichen Erkenntnis‹, der ›*ursprünglichen Apperzeption*‹, nur gefolgt, von der er beiläufig bemerkt, sie sei es, die den Gedanken »Ich denke« allererst »hervorbring[e]« (*KrV* B 135 f., 134, 132).

Kommen wir nun zurück auf die Frage, ob die Leistung unseres Bewusstseins, über dem Gegenstand, auf den es sich richtet, immer auch sich selbst zu gewahren, unter dem Titel ›Reflexion‹ bzw. ›Selbstrepräsentation‹ angemessen erfasst ist? Meine Antwort ist entschieden: nein. ›Repräsentation‹ oder ›Reflexion‹ sind nicht die geeigneten Basistermini einer tragfähigen Theorie der Subjektivität. Diese Behauptung bedarf der Begründung, und das ganze folgende Buch ist ein Versuch, sie auf verschiedenen Anwendungsgebieten (in ihren verschiedenen »Ansichten«) zu erbringen.

Gehen wir das Problem zunächst wieder von der Bedeutungsseite her an: Auch ›Repräsentation‹ meint mehrerlei. Ein ›Repräsentant‹ ist ein Stellvertreter, z. B. (in der Volksversammlung) einer des Volkes; aber er *ist* nicht das Volk. Die Flagge repräsentiert die Nation, *ist* sie aber nicht (oder nur in einem magischen Sinne, wenn wir sie als Symbol betrachten). C-Faser-Reizungen im Hirn repräsentieren Gewebeverletzungen, aber sie sind selbst keine. Fieber repräsentiert eine Abwehrreaktion des Körpers auf einen ihm abträglichen Mikrobenbefall oder einen Entzündungszustand; das Fieberthermometer wiederum repräsentiert die Höhe der zur Abwehr eingesetzten Körperhitze. Aber die Beziehung von Repräsentierendem und Repräsentiertem ist keine der Identität. Das gilt auch für die Eisenbahn, die mit ihrem Pfiff die anstehende Überquerung eines unbeschrankten Bahnübergangs repräsentiert. Diese Beziehungen werden wir nicht nur nicht auf Identität gründen, sondern auch nicht bewusst nennen; höchstens verursachen oder belegen sie das Bewusstsein eines Parlamentariers, des Fußballspielers einer Nationalelf, eines Vaters, eines Arztes, eines Krankenpflegers, eines Lokführers oder eines Radfahrers. Das Erlebnis fühlt sich irgendwie an, aber das Fieberthermometer – erlebt nichts. Ist das prinzipiell anders, wenn ein psychischer Zustand einen anderen psychischen Zustand repräsentiert? Ich kann mich z. B. dessen schämen, dass ich schadenfroh auf die Blamage eines Kollegen reagiere; oder meine Nervosität kann mein schlechtes Gewissen anzeigen. Ich kann auch den Gedanken fassen, dass ich gerade verlegen bin. Aber das sind doch Stellvertreterphänomene, die das Wesen von Bewusstsein gerade verstellen. Hier steht, wie die Ausdrücke ›Repräsentant‹ oder ›Stellvertreter‹ sehr schön kenntlich machen, eines für ein anderes. Das ist ganz anders bei dem, was wir ein Erlebnis nennen. In einem Erlebnis (dem epistemologischen Grundbegriff der Husserlschen Phänomenologie; vgl. den Beginn der *V. Logischen Untersuchung*) ist uns irgendwie ›zumute‹; es fühlt sich irgendwie an, in diesem Zustand zu sein (Husserl 1980 II/1, 373 f.). Und das scheint damit zusammenzuhängen, dass das Erlebnis nichts Fremdes repräsentiert, sondern sich so zeigt, wie es ist (Pothast nennt das etwas geheimnisvoll, aber erhellend den »Innengrund« des Bewusstseins – den Bereich des nicht »konfrontativ« Ausgegrenzten: Posthast 1998, 108; Pothast 1987, 21 f., 32 ff.). Darum sind die Selbstrepräsentationalisten einerseits auf der rechten Spur, wenn sie dem Bewusstsein eine innere *Selbst*präsenz zuweisen. Andererseits sind sie schlecht beraten, diese un-mittelbare – d. h. eben: nicht durch ein Zweites, nicht durch einen Stellvertreter oder ein Vehikel vermittelte – Kenntnis als Repräsentation zu etikettieren; denn Repräsentationen sind prinzipiell stellvertretend und ›konfrontativ‹. – Noch einmal: Das Erlebnis fühlt sich irgendwie an, aber das Fieberthermometer – erlebt nichts. Das Fieberthermometer zeigt ein anderes an – wie die sich auftürmende Wolkenwand das kommende Gewitter; aber das Erlebnis findet einfach statt. Schon die Rede, es zeige sich selbst an, klingt befremdlich. Offenbar ist das Erlebnis ganz irreflexiv. Nun lautet die Auskunft des Selbstrepräsentationalismus, dass das Fieberthermometer eben über keinen hinreichend komplexen Selbstrepräsentationsmechanismus verfüge, nämlich über keinen, der das Repräsentat *zu Bewusstsein* bringe, und zwar so zu Bewusstsein bringe, dass Repräsentat und Repräsentant als *einerlei* (»same order«) repräsentiert werden. Einen solchen Fall hat die Tradition ›Reflexion‹ genannt.

Wenn Repräsentat und Repräsentant, Reflektiertes und Reflektierendes *als* dasselbe einleuchten müssen, kommen sofort zwei weitere Fragen auf: Musste der Repräsentant nicht schon bewusst sein, wenn er sein Repräsentat erfolgreich als sich selbst soll erkennen können? (Dann kann das Bewusstsein nicht der Effekt der Repräsentation sein.) Und: Ist die Entität, die wir mit einiger Verlegenheit (und nicht gerade ermutigt vom Alltagswortgebrauch) ›das Selbst‹ nennen, auch so ein Gegenstand, wie es die physischen Gegenstände sind? Ist es etwa ein abstrakterer Gegenstand als sie – oder gar kein Gegenstand? Oder ist es zwar ein Gegenstand, aber das Bewusstsein von ihm kein ›gegenständliches‹? Sollte das Bewusstsein unserer psychischen Zustände oder des Trägers dieser Zustände, der ziemlich künstlich in dem nominalisierten Reflexivpronomen ›Selbst‹ angesprochen wird, von dem gegenstandsgerichteten (›intentionalen‹) Bewusstsein spezifisch verschieden sein? Dafür spricht vieles, z. B. unsere Unfähigkeit, primäre Erlebenszustände zu ›beobachten‹ (Brentano 1874, 131 f., 159), sie, wie unsere Sprache verräterisch sagt, ›dingfest‹ zu machen (Pothast 1987, 16) oder sie ›konfrontativ‹ in den Fokus unserer Aufmerksamkeit zu stellen. Auch hier wäre den Selbstrepräsentationalisten zu raten, sich schon gehabter phänomenologischer Einsichten zu besinnen; denn einige ihrer Vertreter meinen gerade, die Unbegrifflichkeit des ›inneren Bewusstseins‹ erkläre sich aus unaufmerksamer Repräsentation, die sich wie eine stetig heller gestellte Lampe zu aufmerksamer und begrifflicher Selbstklärung steigern lasse. – Hier sind Fragen gestellt und Probleme aufgeworfen, die ich im 2., im 5. und im 7. Kapitel dieses Buchs behandle.

II.

Zunächst muss uns der Begriff der Reflexion noch ein wenig beschäftigen. Er ist der Knoten, in den sich eine falsche Theorie des Subjekts verkrangelt (wie die Bergsteiger sagen). Wir sahen, dass ›Reflexion‹ Selbstrepräsentation einschließt. ›Repräsententation‹ ist ein, wie Pothast vorgeschlagen hat, ›konfrontativer‹ Begriff, der ein anderes in stellvertretende Distanz bringt. Repräsentation ist prinzipiell Fremdrepräsentation. Auf diesen Begriff haben die Selbstrepräsentationalisten ihre Theorie des Bewusstseins gegründet.

Dies liefert den Anlass zu einem weiteren Blick auf ein verdrängtes (oder nie wahrgenommenes) Kapitel der jüngeren Philosophiegeschichte.

1966 publizierte Dieter Henrich (1967) in der Festschrift für Wolfgang Cramer einen Aufsatz mit dem unscheinbaren Titel »Fichtes ursprüngliche Einsicht«. Selten waren in einer so kleinen Nussschale so fruchtbare Denkanstöße enthalten. Sie betrafen einige Besonderheiten der Struktur von Selbstbewusstsein. Die entscheidende präsentiert sich negativ: Selbstbewusstsein lässt sich nicht aus der expliziten Rückwendung eines (unbewussten) Bewusstseins auf sich selbst verständlich machen. Von ihr hatte die philosophische Tradition, wie wir sahen, als von ›Reflexion‹ gesprochen. *Als* sich kann sich im Akt der Reflexion nämlich nur dasjenige fasslich werden, was über ein Kriterium seines Bewusst- und seines Selbstseins vor aller Reflexion schon verfügte. Denn: »Was die Reflexion *findet, scheint schon d a z u s e y n*«, wie Novalis 1795 – früher als Fichte selbst – das Argument auf den Punkt bringt (Novalis 1960, 112, Nr. 14; fast die gleiche Formulierung finden wir bei Husserl 1966, 130, Z. 14 f., und bei Sartre, der sich explizit auf Husserl beruft: 1947, 63/381 [f.]: »la caractéristique d'une [sic!] *erlebnis*, c'est-à-dire en somme d'une conscience vécue et réfléchie, c'est de se donner comme ayant déjà existé, comme étant déjà là«). Andernfalls hätte die Reflexion das bewusste Phänomen nicht *ge*funden, sondern *er*funden, mithin geschaffen: Ein Fall von Hirnwäsche hätte stattgefunden.

Fichte war der Meinung, alle seine Vorgänger, ›selbst Kant‹, hätten Selbstbewusstsein als Reflexion misskannt (Fichte 1798, 11; vgl. Fichte 1797, 18 f.). Damit wären sie in Zirkel und Regresse geraten. Unter einem Zirkel versteht man die stillschweigende Inanspruchnahme einer Prämisse, die identisch in der Konklusion wieder auftaucht. Hier wird gar nichts erklärt, sondern die Behauptung wird einfach unbewiesen wiederholt. Wer annimmt, es *gebe* Selbstbewusstsein, muss dafür aber eine von der Behauptung unabhängige Erklärung liefern. – Unter einem Regress versteht man das Aufschieben des Beweisgrundes ins Unendliche. Es gibt harmlose Regresse. Harmlos ist z. B. die unendliche Iteration des Wahrheitsprädikats: »Gödel hat recht.« »Die Annahme, dass Gödel recht hat, ist wahr.« »Es ist wahr, dass die Annahme, Gödel habe recht, wahr ist« usw. Aber einige Regresse sind vitiös. So dieser: »Bewusstsein kommt zustande, indem ein unbewusstes mentales Ereignis von einem höherstufigen (oder von sich selbst auf höherer Stufe) vergegenständlicht wird. Das höherstufige mentale Ereignis ist selbst unbewusst und wird bewusst durch Vergegenständlichung durch ein noch höherstufiges mentales Ereignis, das selbst unbewusst ist. Und so weiter.« Immer bleibt in Spitzenposition ein unbewusstes mentales Ereignis stehen, das mit dem niederstufigen nicht koinzidiert. (Ist es gar ein Gedanke, so differiert das höherstufige Ereignis von dem niederstufigen nicht nur numerisch, sondern typischerweise auch noch generisch.)

So etwas nehmen heute noch David Rosenthal, Peter Carruthers oder Rocco Gennaro an. Fichte hatte indes klar gezeigt (1), dass, wer Bewusstsein für existent hält, das nicht mit einer regressiven Theorie begründen kann, und (2), dass Bewusstsein unmittelbar, d. h. im ersten Schritt, seiner selbst bewusst sein muss, damit der Regress gar nicht erst in Gang kommt. Damit hat er die These begründet, dass Bewusstsein Selbstbewusstsein voraussetzt. Diese These wird, wie gesagt, heute in Kreisen des Selbstrepräsentationalismus vielfach geteilt; man spricht von »ubiquity of self-awareness« (Kapitan 1999).

Freilich: Fichtes Verdienst wäre unbemerkt geblieben, hätte es Henrich nicht an die große Glocke gehängt. So darf man seine Wiederentdeckung getrost eine Entdeckung nennen. Sie wurde in rascher Folge von Henrich selbst und einigen seiner Schüler ausbuchstabiert;[1] die zugrunde liegende Lehrmeinung erhielt mit der Zeit den Namen ›Heidelberger Schule‹ – vielleicht zuerst in Tugendhats Vorlesungen über *Selbstbewußtsein und Selbstbestimmung* (1979).

Obwohl die Texte Henrichs bald auch ins Englische übersetzt wurden und obwohl Henrich führende Vertreter der analytischen Philosophie nach Heidelberg eingeladen oder mit ihnen in den Staaten diskutiert hatte, hat seine Keimidee schier keinerlei Wirkung auf die damals noch junge *Philosophy of Mind* geübt. Dabei waren Hector-Neri Castañeda (1966; in: Castañeda 1999) und Sydney Shoemaker (1968; in Shoemaker 1984) fast gleichzeitig zu sehr

---

1 Von mir selbst 1969 (wiederabgedruckt in: Frank 2007, Text 1; und 1972, 22 ff., 130 ff.), dazwischen in zwei Aufsätzen von Henrich (1970, 1971), schließlich mit breiterem philosophiegeschichtlichen Spektrum und Anwendungen insbesondere auf Brentano, Husserl und den Neukantianismus von Ulrich Pothast (1971; vgl. 1987 und 1988, 43 ff.) und Konrad Cramer (1974).

ähnlichen Einsichten gelangt. Sie hatten unabhängig voneinander gezeigt, dass Selbstbewusstsein nicht über die Identifikation eines Gegenstands verläuft, der sich dann als ›ich selbst‹ herausstellt. Während Henrich diese Übereinstimmung sofort bemerkte und beide Autoren in den Readers berücksichtigte, die seinen Selbstbewusstseins-Seminaren zugrunde lagen (Frank 1991 und 1994 sind nichts als freilich stark erweiterte oder aktualisierte Abdrucke), kann von einer Gegenrezeption durch die Angelsachsen nicht die Rede sein. Dafür lassen sich allerlei Gründe vermuten. Einer ist sicher Henrichs – bei aller analytischen Beschlagenheit – stark am Stil der klassischen spekulativen Philosophie orientierter Sprachgestus und die im angelsächsischen Philosophiebetrieb unübliche Inanspruchnahme philosophiegeschichtlicher Kenntnisse und philologischer Verfahren zu ihrer Aufklärung. Zwar steuerte Castañeda einen wichtigen Beitrag (»The Self and the I-Guises«) zu der von Konrad Cramer u. a. 1987 herausgegebenen Henrich-Festschrift (*Theorie der Subjektivität*) bei, mit der Widmung: »Here is a mere prolegomenon to a general theory of self-consciousness – dedicated to Dieter Henrich with gratitude and with admiration for his illuminating contributions to our understanding of the nature of consciousness, selfhood, and self-consciousness« (Castañeda 1999, 180)[2] – aber von einem wirklichen Sich-Einlassen auf Henrichs Argument kann keine Rede sein. Erst James Hart und Tomis Kapitan, die Sammler und Editoren von Castañedas Aufsätzen zur *Phenomeno-Logic of the ›I‹* (1999), stellten in ihrer Einführung die Gemeinsamkeiten beider Ansätze ins helle Licht. Jim Hart, der mich 1995 bei einer Konferenz in Notre Dame über meine Ansichten zum Problem kennengelernt hatte, machte mich auf Dan Zahavis Phänomenologie-Buch (Zahavi 1999) aufmerksam, das die vermutlich ausführlichste und lichtvollste Darstellung des Grundgedankens der Heidelberger Schule (und eine Verteidigung Husserls

---

2 Castañeda war allerdings mit solch großherzigen, aber unsubstantiierten Widmungen nicht eben zimperlich. Mir schrieb er als Widmung in die von Pape zusammengestellte Anthologie seiner Texte zur Ontologie (Castañeda 1982): »To [...] Manfred Frank, with admiration for his firm defense of the role of self-consciousness in our lives and in our knowledge of the world«; allerdings hat er die Widmung durch Übersetzenlassen zweier meiner sachlich einschlägigen Aufsätze für *Noûs* beglaubigt; er hat auch an einer Stellungnahme zu meinen Ansichten gearbeitet; sein Tod und der Redaktionswechsel haben den Druck verpfuscht.

gegen ihre Einwände) in englischer Sprache enthielt und, soviel ich sehe, als einziges ein wenig Einfluss auf die angelsächsische Szene ausgeübt hat. Ein weiterer in englischer Sprache unternommener Versuch war neben dem Subjekt-Thema stärker noch auf Henrichs Verteidigung der Metaphysik konzentriert und brachte – bei aller Einsichtstiefe und werbenden Zugänglichkeit für den englischsprechenden Leser – wieder keinen Rezeptionsdurchbruch (Freundlieb 2003). So werden im Kreis jüngerer Bewusstseinstheoretiker, die sich selbst *self-representationalists* nennen und (unwissentlich) eine Grundüberzeugung Henrichs teilen, allein Zahavis Arbeiten zitiert – und durch seine Vermittlung erfahre auch ich gelegentlich die Ehre der versehentlichen Zitation (Beispiel: Williford 2006, 111 f.; vgl. die Einleitung zu seiner und Kriegels Sammlung: 2006, 7).

III.

Wir sahen: Subjektives Bewusstsein tritt in zwei Varietäten auf, als impersonales und vorbegriffliches Selbst*bewusstsein* und als begriffliches Selbst*wissen* mit einem Ich als (epistemisch jederzeit zugänglichen) Agenten im Zentrum. ›Separatisten‹ wie Block in den 1990er Jahren und Chalmers halten nur das Erste für funktionalistisch irreduzibel, ›Anti-Separatisten‹ wie Horgan und Kriegel sehen in der *Für-mich*-Komponente, die auch dem phänomenalen Bewusstsein einwohne, den Umschlagpunkt vom vorbegrifflichen ins begriffliche Selbstbewusstsein, also ins Selbstwissen (Horgan/Kriegel 2007; Kriegel 2009, Kap. 4). Sie analysieren phänomenale Zustände als ein qualitatives Bewusstsein und als eine Für-mich-Komponente umfassend, die sie ›subjektives Bewusstsein‹ nennen. Bewusstsein ist ein Fall von ›Repräsentation‹, und ›Repräsentation‹ ist der Grundbegriff dieser Theorie, die sich allerdings auf bewusste und selbstbewusste Zustände kapriziert (z. B. Kriegel 2009, 101 ff., bes. 105). Das hat eine Pointe: Sie verpflichtet die Theorie darauf, Selbstbewusstsein auf *eine* Ebene zu stellen mit allen anderen Fällen von bewusster Repräsentation.

Der Ausdruck ›Repräsentation‹ war unmittelbar vor Horgans und Kriegels Wende zum ›Selbstrepräsentationalismus‹ von Autoren wie Harman, Dretske und Tye ebenfalls zum Basis-Begriff einer Theorie gewählt worden. Der sogenannte Repräsentationalismus

(Hofmann 2002) erklärt phänomenales Bewusstsein nicht als Effekt einer Reflexion auf innere Eigenschaften des Vehikels Bewusstsein – das vielmehr vollkommen leer und eigenschaftslos sei –, sondern eben als Repräsentation der Oberflächeneigenschaften der intendierten Gegenstände. Diese These ist Kriegel zu radikal, weil sie im Bereich des Uneinsichtigen belässt, wovon die Selbstrepräsentation eine Repräsentation sein sollte. Gewiss, meint Kriegel, legt die Umwelt den Gehalt unserer Intentionen fest, aber nicht sie allein (Kriegel 2009, 12f.; Kap. 3). Der Für-sich-Aspekt jedes Bewusstseins wird nicht von der Umwelt oktroyiert (71ff., Kap. 4) – und damit ist die erste (hart externalistische) These bereits revidiert. So misst Kriegel etwa geistunabhängige Eigenschaften der Gegenstände an ihrer Disposition, in unserem Geist – oder besser: in seinen Nervenbahnen – gewisse Zustände hervorzubringen, die er ›response-dependent properties of the object‹ nennt. Das ist eine internalistische Vorsichtsmaßnahme, die schon im Blick auf das ›subjektive‹, sich selbst repräsentierende Bewusstsein arbeitet. Denn um nicht in die Falle des Reflexionsmodells zu treten, muss sichergestellt sein, dass das höherstufige Bewusstsein nicht weiterhin auf den repräsentationalen, sondern auf das erststufige Bewusstsein als seinen Gehalt gerichtet ist (Levine 2010, 7 und 10). (Harman, Dretske und Tye wollen diesen subjektiven Faktor nicht berücksichtigen: Bewusstsein sei völlig transparent für die Oberflächen physischer Objekte und habe selbst keine weiteren [intrinsischen] Eigenschaften, auf die eine Reflexion zurückkommen könnte. Der von Dretske und Tye vorgeschlagene Schluss von einem Bewusstsein-*von* auf ein Bewusstsein-*dass* scheint mir klar den Charakter einer *petitio principii* zu haben. Denn was vorher gar nicht im Skopus des Bewusstseins lag, kann auch nicht in den Blick kommen durch »displaced perception or ›secondary‹ seeing that [seeing that *P* by seeing something not involved in the truth-conditions for the proposition that *P*]« [Tye 2002, 145]. Wie könnte die Reflexion Wahrheitsbedingungen zugänglich machen, die nicht authentifiziert sind durch Befunde des primären Bewusstseins selbst?)

Anders auch als die harten Repräsentationalisten bestehen die »Selbstrepräsentationalisten« darauf, dass jedes Bewusstsein nicht nur (teilweise) seine Umwelt, sondern auch sich selbst kennt und überhaupt nur aufgrund dieser Selbstkenntnis von einem unbewussten zu einem bewussten Zustand wird (Kriegel 2009, 13f.).

Die Frage, die ich eben nur angedeutet hatte, ist: Ist Selbstrepräsentation eine Repräsentation derselben Art wie Objektrepräsentation? Radikaler gefragt: Liegt beim Selbstbewusstsein ein Sonderfall von Objektbewusstsein vor? Klarerweise divergieren doch Fremd- und Selbstbewusstsein in ihrem Gehalt – außer wenn man wie Burge (1988) annimmt, das höherstufige Selbstbewusstsein ›bewahre‹ den intentionalen Gehalt des Bewusstseins erster Stufe. Auch dann aber bleibt sein eigener Gehalt von dem ersten verschieden, wie schon die Unterscheidbarkeit erststufiger von höherstufigen Zuständen zeigt. Bei Kriegel ersetzt das sich selbst repräsentierende Bewusstsein (S2) den ausgeklammerten Gehalt von S1, indem es das erststufige Bewusstsein selbst zu seinem Gehalt macht – und so vergegenständlicht: »So what Kriegel does to solve his problem is to compromise a bit with the two-state view« (Levine 2010, 7).

Eigentlich hatte sich die Keimidee des Selbstrepräsentationalismus gerade in Opposition gegen Zweistufigkeitsmodelle von der Art David Rosenthals, Peter Carruthers oder Rocco Gennaros formiert. Sie laborieren, so war der Vorwurf, mit allen Reflexionstheorien an Zirkeln und Regressen. Daher der Vorschlag, das *Vielstufenmodell* durch ein *Einstufenmodell* zu ersetzen, wo nicht eines mit einem anderen konfrontiert, sondern in ein Selbstabbildungsverhältnis gebracht wird. Obendrein soll das reflektierende (höherstufige) Bewusstsein nach dem Ein-Stufen-Modell nicht unbewusst, sondern explizit bewusst sein (»all conscious states are consciously represented; therefore: all conscious states are self-re-presented«; Kriegel 2009, 129). Das schreibe schon der Ausdruck ›*Selbst*bewusstsein‹ vor, der nach dem Sprachregime dieser Schule durch ›Selbstrepräsentation‹ übersetzt werden muss.

So richtig und vernünftig nun die Kritik am Vielstufenmodell des Selbstbewusstseins ist, so fraglich ist Kriegels Gegenvorschlag. Denn wenn jedes Bewusstsein-*von*… ein seinen primären Gegenstand repräsentierendes, mithin von sich auf höherer Stufe ausschließendes und unterscheidendes Bewusstsein ist, dann ist es unwahrscheinlich, dass eine vorgeblich einstufige Repräsentationstheorie ohne diesen Ausschluss arbeiten kann – und zwar ganz unabhängig davon, ob das *habende* und das *gehabte* Bewusstsein gleicher Art (oder ›Ordnung‹) sind.

IV.

Ich möchte darum (und aus weiteren, in diesem Buch zu entwickelnden Gründen) eine radikale Alternative zu allen bisher erwogenen Modellen vorschlagen.

Dabei gilt es, zwei Stufen der Kritik zu unterscheiden. Die erste (a) besagt nur, dass Gehalt und Gehaltsbewusstsein der Selbstkenntnis prinzipiell identisch sein müssen; (b) das viel ernstere *De-se*-Argument macht darüber hinaus geltend: Es ist nicht genug für Repräsentat und Repräsentant, einerlei zu sein. Die beiden Glieder der identifizierten Dyade müssen sich *als* dieselben auch kennen. Kriegel kann mit einiger Not (a), aber sicher nicht (b) in sein Selbstrepräsentationsmodell integrieren.

Ad (a) Das Argument für den Sonderstatuts von Bewusstsein besagt: Es muss nicht nur von einem Gegenstand oder Sachverhalt bestehen, sondern sein Bestehen und seinen Modus auch unmittelbar kennen. Diese letztere Kenntnis ist aber als Repräsentation gar nicht zu fassen, weil ›Repräsentation‹ eine Akt-Objekt- oder gar eine Subjekt-Objekt-Trennung ins Bewusstsein einführt. Wir müssen gar nicht an eine Relation, sondern an strikte Identität denken (wobei ich ›Identität‹ hier mit Williford [2006] und anderen nicht als eine Relation, und sei es die ›allerfeinste‹, sondern als eine Art fugenloser Einheit verstehe). Für diese Notwendigkeit gebe ich zwei Belege (weitere in Kap. 1, S. 32 f. und S. 61 f.):

Es giebt ein Bewusstseyn, in welchem das Subjektive und Objektive gar nicht zu trennen, sondern absolut Eins und ebendasselbe sind. Ein solches Bewusstseyn sonach wäre es, dessen wir bedürfen, um das Bewusstseyn überhaupt zu erklären (Fichte 1797, 19).

[I]l n'y pas de distinction de sujet-objet dans cette conscience (Sartre 1947, 63/382 – im Gegensatz zum Selbstwissen, das einen solchen Unterschied impliziert: »le savoir [de soi] implique distinction de l'objet et du sujet« [61/380]; Sartre illustriert diesen Zusammenfall von Sein und Sich-Erscheinen im Bewusstsein an der Lust, die ohne Lustbewusstsein nicht bestünde [64 f./383]).

Ad (b) Das klingt vernünftig und annehmbar. Aber die Selbstpräsentationalisten interpretieren die hier geforderte Identität im Sinne von Selbstrepräsentation. Dabei übersehen sie – und wiederholen damit den Fehler der höherstufigen Modelle –, dass eine

Selbst*repräsentation* nur dann zu einer *Selbst*repräsentation wird, wenn Repräsentierendes und Repräsentiertes nicht nur numerisch dasselbe (und zeitlich nicht voneinander getrennt), sondern sich *als* dasselbe auch bekannt sind. Das heißt: Die Identität von Repräsentant und Repräsentat muss nicht nur *de facto* (oder treffender: *de re*) bestehen, sie muss zusätzlich *für sich selbst* bestehen, und das, ohne dass eine neue identitätsspaltende *Relation* ins Spiel kommt. Es ist ganz egal, ob die Glieder der Repräsentationsrelation numerisch oder nur typenmäßig oder ihrem Gehalt nach verschieden sind: Auch im letzteren Falle bleibt es bei einer für die Theorie schädlichen Zustände-Verdopplung. Ein Zielzustand (»target state«) wird durch eine darauf gerichtete höherstufige »Repräsentation« bewusst gemacht (Levine 2006, 175; so Kriegel 2009, 107, selbst: »[F]or a mental state M of a subject S to have subjective character is [...] for M to be the target of a representation of kind K [= inner awareness]«). Das reicht aber nicht, um ein explizites *Selbst*wissen zu erzeugen. Die Selbigkeit der Relate der Selbstrepräsentation muss vielmehr selbst im Skopus des Subjektpols erscheinen, d. h., die Selbstidentifikation muss ihr Identifiziertes *als sich selbst* auch (an)erkennen. Das zeigen die folgenden Beispielsituationen, die im 2. Kapitel ihre ausführliche Erörterung erfahren werden:

Wenn John Smith erfährt, dass John Horatio Auberon Smith eine Erbschaft angetreten hat, muss er nicht wissen, dass er im Testament des Erblassers mit den zwei zusätzlichen mittleren Vornamen geführt wurde, und also auch nicht, dass er selbst der Erbe ist (nach: Anscombe 1975, 1981, 22 f.; dt. in: Frank 1994, 86 f.).

Wenn der Herausgeber von *Soul* glaubt, der Herausgeber von *Soul* sei Millionär, muss er sich weder für den Herausgeber von Soul noch für einen Millionär halten. (Das Redaktionskomitee mag ihn nachts in einer Dringlichkeitssitzung ohne sein Wissen ernannt haben, und sein soeben an Herzversagen verstorbener Vorgänger war Millionär: frei nach Castañeda 1966, in: Castañeda 1999, 38 f.; dt. in: Frank 1994, 179.)

Wenn Ernst Mach beim Besteigen eines Busses jäh denkt: »Was kommt doch da für ein heruntergekommener Schulmeister herein!«, muss er nicht sich selbst für einen heruntergekommenen Schulmeister halten (weil er den großen Spiegel gegenüber nicht gesehen hat: nach Mach 1886, 3).

Wenn die jüngste Abiturientin von Schriesheim glaubt, die jüngste Abiturientin von Schriesheim werde die kommende Weinkönigin, muss sie nicht sich selbst für die jüngste Abiturientin von Schriesheim und auch nicht für die (nehmen wir an: in geheimer Wahl designierte) kommende Schriesheimer Weinkönigin halten.

Alle diese Beispiele vollziehen bewusste Selbstidentifikationen, aber nicht *als* Selbstidentifikationen. Ihre Struktur ist (am letzten Beispielsatz vorgeführt):

Es gibt ein x so, dass x mit der jüngsten Abiturientin und der kommenden Weinkönigin von Schriesheim identisch ist, und x wird von x für die jüngste Abiturientin und/oder die gewählte Weinkönigin von Schriesheim gehalten.

Den Unterschied zwischen den beiden Identifikationsweisen hat Chisholm – im Rückgriff auf eine klassisch scholastische Unterscheidung – als den von *de re* und *de se* auseinandergehalten (Chisholm 1981, Kap. 3; dt. in Frank 1994, 265 ff.). Sein Schluss: *De se* impliziert *de re,* aber *de re* impliziert nicht *de se.* Castañeda hatte das so ausgedrückt: *De-se*-Einstellungen sind »nicht analysierbar in der Begrifflichkeit irgendwelcher anderer Referenzmechanismen«, insbesondere nicht ›in terms of attitudes *de re*‹ (Castañeda 1999, 15 [ff.]). *Emphatischer* epistemischer Selbstbezug (wie Chisholm ihn nennt) ist also auf Gegenstandswissen irreduzibel. Da reflexives Selbstwissen in einer nach innen gekehrten Außenperspektive, also in einer Abart von gegenständlichem Bewusstsein besteht, ist es *ipso facto* ungeeignet, emphatisches Selbstwissen zu erklären. Emphatisches Selbstwissen ist kein Fall von gegenständlichem Wissen (dazu hier Kap. 5). Es scheint *sui generis* zu sein.

Chisholm stützt sich außer auf Henrich und Castañeda wesentlich auf David Lewis. Der hatte schon zwei Jahre früher im Blick auf solches Selbstwissen *als* sich selbst von ›Einstellung *de se*‹ gesprochen und sie – mit einigem Bauchgrimmen – für irreduzibel auf objektives Wissen erklärt (übrigens mit derselben Argumentation auch auf Wissen *de dicto* oder propositionales Wissen):

[I]f it is possible to lack knowledge and not lack any propositional knowledge, then the lacked knowledge must not be propositional (Lewis 1983, 139).

Some say [...] there is a kind of personal, subjective knowledge [...], and it is altogether different from the impersonal, objective knowledge that science and scholarship can provide.

Alas, I must agree with these taunts [...] (ebd., 144).

Ich werde im 7. Kapitel auf den Standpunkt des Selbstrepräsentationalismus und auf das, was an ihm ungenügend ist, ausführlich zurückkommen. Vorderhand resümiere ich meine Kritik in drei Schritten:

(1) Das Vielstufenmodell, das ein seiner selbst unbewusstes Bewusstsein höherer Ordnung auf ein von ihm numerisch (und zeitlich) verschiedenes niederstufigeres unbewusstes Bewusstsein richtet, scheitert am infiniten Regress.

(2) Das Einstufenmodell einiger Selbstrepräsentationalisten vermeidet – vielleicht – diese vitiöse Konsequenz, beharrt aber darauf, Bewusstsein komme durch eine schädliche Zustandsverdoppelung zustande, indem nämlich ein Zielzustand von einem Bewusstsein gleichen Typs repräsentiert wird. Hier ist die Gefahr einer Zeitverschiebung und einer numerischen Verschiedenheit zwischen beiden Repräsentationen minimiert, obwohl Horgan und Kriegel kein Arg haben, die Selbstbeziehung der Repräsentation als nur ›grob gleichzeitig‹ zu charakterisieren und ein ›specious present‹ in ihrem Verhältnis zu dulden (Horgan/Kriegel 2007, 127 f.). Entscheidend ist aber: Die *Same-Order*-Theorie kann nicht erklären, wie das repräsentierende Bewusstsein auf das repräsentierte Bewusstsein *als* auf dasselbe, nämlich auf *sich*, zurückkommen kann. Sie scheitert am *de-se constraint*. (Das gilt auch für die Propositionalitätstheorie des Selbstbewusstseins, die etwa Tugendhat [1979] vertritt. Ein Sprecher kann aus dem kognitiven Bezug auf eine Proposition, die ein Stellvertreter-Nomen oder ein Pronomen für das Subjekt des Hauptsatzes enthält, nicht lernen, dass von ihm/ihr selbst die Rede ist. Die entscheidende Bedeutung des *de-se constraint* für eine angemessene Theorie des Sich-*als*-sich-Kennens

ist Thema des 2. Kapitels der vorliegenden Publikation: Es fasst die Einsichten meiner ersten Tübinger Doktoranden-Oberseminare [1987-1991] zu diesem Thema zusammen und spiegelt die Freude der ersten Kenntnisnahme vielleicht gar zu spürbar. Die entscheidenden Texte, auf die ich mich dort beziehe, habe ich, unterstützt von den Teilnehmer[inne]n dieser damals noch »Kolloquium« genannten Veranstaltung und einigen befreundeten Kolleg[inn]en, in einer Anthologie [Frank 1994] in deutscher Übersetzung versammelt. Auf die Seitenzahlen dieser Anthologie verweise ich in Kapitel 2.)

(3) Wir müssen also ein ungegenständliches, nichtpropositionales Wissen annehmen, das unter der Denomination ›präreflexives Bewusstsein‹ (bzw. ›präreflexives Wissen‹) angemessen aufgehoben ist. (Williford gibt dies als Zahavis Konsequenz an, die er als ›unanalysierbar‹ und ›mystisch‹ ablehnt: »In the context at hand, we have the view of Dan Zahavi that ubiquitous prereflective self-consciousness is an irrelational, *sui generis* feature at the foundation of all relational forms of self-consciousness.« [Williford 2006, 115; vgl. das Zitat 111 f., das übrigens ein unerkanntes Frank-Zitat ist:]

[I]t is necessary to differentiate *prereflective* self-awareness, which is an immediate, implicit, irrelational, non-objectictifying, non-conceptual, and non-propositional self-acquaintance, from *reflective* self-awareness, which is an explicit, relational, mediated, conceptual, and objectifying thematization of consciousness [Zahavi 1999, 33, unter Verweis auf Frank 1991a, 7].)

V.

Präreflexivistische Theorien – nicht nur die der Heidelberger Schule oder Sartres, sondern auch diejenigen Castañedas und seiner Nachfolger – sind früh nicht nur wegen ihrer Unanalysierbarkeitsthese, sondern wegen ihrer vermeintlich baren Negativität angegriffen worden. Sie sagen, hieß es, was Selbstbewusstsein nicht ist, nämlich nicht Repräsentation, nicht gegenständliches, nicht konfrontatives Bewusstsein. Positiv aber wüssten sie nichts Gescheites zur Binnenstruktur von Subjektivität beizusteuern.

Verlangt nicht etwa die Zeiterstreckung, der von William James und Edmund Husserl so genannte ›Bewusstseinsstrom (*stream of consciousness*)‹, eine deutliche Differenzierung des Bewusstseinsfelds? Wie anders könnten sich Zustände innerhalb seiner voneinander unterscheiden, ja abtrennen – allerdings im Rahmen einer organismusartigen Einheit, die ihr völliges Auseinanderdriften verhindert? Eine weitere Binnenartikulation der Subjektivität von mehr klassifikatorischem Charakter werde ich weiter unten vorschlagen: Subjektivität scheint kein einfaches Phänomen zu sein, sondern lässt sich in vorbegriffliches Selbstbewusstsein, kognitiv relevantes Selbstwissen und eine präreflexive Formkomponente unterteilen, die in beiden Momenten auftritt. Diese Untergliederung gilt streng, denn es lässt sich zeigen, dass wir Selbstwissen nicht aus Selbstbewusstsein erklären/herleiten können, wie ich das früher geglaubt hatte (und wie es Sartre geglaubt hat). Auch einige Selbstrepräsentationalisten vertreten diesen Irrtum, wenn sie begriffliches Selbstwissen aus einem ›shift of attention‹ aus unbegrifflichem Selbstbewusstsein (Damasio nennt es ›Selbstgefühl [sense of self]‹) erklären wollen. Diese (falsche) Ansicht schlägt noch im 1. Kapitel durch, dessen Urfassung ich im Jahre 1986 geschrieben habe. Von ihr verabschiede ich mich im 3. Kapitel, besonders in den Schlussabschnitten, die die Verträglichkeit der inneren Zeitlichkeit des Bewusstseins mit seiner Präreflexivität und diese allgemein mit seiner inneren Differenziertheit verteidigen. (Eine Gliederung der Subjektivität nach zwei bzw. drei »Varietäten« schlägt das 6. Kapitel vor.)

Eine andere Schwachstelle der Präreflexivitätsannahme schien von Seiten der gesellschaftlichen Konstituiertheit des Subjekts zu drohen. Ist nicht ganz offensichtlich die Individualität eine Eingrenzung der allgemeinen Eigenschaft, subjektiv zu sein? Wie wäre sie verständlich zu machen, wenn nicht in und aus einem sozialen Kontext? Mit diesem Einwand setze ich mich im 4. Kapitel auseinander, vor allem in Gegenführung gegen den ›apriorischen Intersubjektivismus‹ in seiner semantischen (Strawson, Tugendhat) und seiner pragmatischen Variante (G. H. Mead, Habermas). Diesem Modell stelle ich eine besonders erfolgreiche, wenn auch unfreundliche Intersubjektivitätstheorie entgegen, die Sartresche. Mein Punkt ist: Intersubjektivität ist eine notwendige Bedingung für die Individuation von Subjekten, aber sie kann nur aus einem

Bewusstsein vollzogen werden, das jeder Spiegelung in anderen Subjekten voran mit sich bekannt war. Wie anders könnten wir *fremde* Subjekte als fremde *Subjekte* anerkennen? Hinter dieser falschen Intersubjektivitätstheorie blickt paradigmatisch Hegels Kapitel von Herr und Knecht hervor.

Aus intersubjektivistischer Perspektive erfährt mein Standpunkt auch regelmäßig den Einwand, blind zu sein für die Einsichten der Entwicklungspsychologie, besonders was das Erwachen des ›Ich‹-Bewusstseins betreffe. Vorgeworfen wurde mir in vielen Diskussionen, dass ich gelegentlich Fichtes trotzige Antwort auf die Frage zitiere: ›Was warst du, bevor du Ich warst?‹ »Die natürliche Antwort darauf ist: ich war gar nicht; denn ich war nicht Ich. Das Ich ist nur insofern, inwiefern es sich seiner bewusst ist« (Fichte, 1971, 97). Fichte widerspricht nämlich nicht einer genetischen Erklärung des Selbstbewusstseins, sondern nur einer gradualen. Das hat aber auch der große Kinderpsychologe Jean Piaget getan, der seine Entwicklungspsychologie ›strukturalistisch‹ nannte, weil er – genau wie Ferdinand de Saussure und die ihm gefolgt sind – nicht verständlich fand, wie Strukturen stetig auseinander sollten hervorgehen können. Es sind holistisch angeordnete Systeme, innerhalb deren jedes Element seine Bedeutung erwirbt durch Unterscheidung von allen anderen. Wird ein Element verändert, ist im Nu das ganze System verändert; und diese Veränderung wird nicht aufgeklärt durch Aufweis kausaler oder motivationaler Abhängigkeiten des neuen vom Vorgängerelement (vgl. vor allem Piaget 1968, 2005). Einen solchen Unterschied sehe ich zwischen des Kindes Fähigkeit, die Hautgrenze als Trennlinie des ihm Eigenen von dem ihm Fremden zu erkennen, und seiner unvermittelt aufkommenden Fähigkeit, sich mit dem Pronomen der 1. Person auf sich *als auf sich* zu beziehen. – Kurz: Ich leugne nicht eine zum Selbstbewusstsein hinführende (und durch pathologische Störungen erschütter- oder beendbare) Entwicklung des Geistes, sondern sähe sie gerne diskontinuierlich gedeutet, so dass der Irreduzibilitätsanspruch der Subjektivität mit seiner Erklärlichkeit aus einer Genese zusammen bestehen kann. Ich bin verwundert, dass gerade empirieverschworene Neurophilosophen das so hart angreifen, als hätten uns nicht eben die empirischen Naturwissenschaften mit der Theorie von Quantensprüngen und emergenten Entwicklungen im organischen Bereich das Paradigma zu solchen diskontinuerlichen Entwicklungsschüben geliefert.

Schließlich begegne ich regelmäßig einem Zweifel, der sich grundstürzend gibt. Er richtet sich gegen die Relevanz des Themas ›Subjektivität‹ und erklärt es für die gleichgültigste Sache der Welt. Die so reden, kennen sich schlecht. Sie würden in Wahrheit lieber authentisch ihr Leben beenden als die Identität ihres Ichs vertauschen – und ich wette, dass auch der Ich-Identitäts-Skeptiker Hume zu diesen Leuten gehört hat. Selbst schwerst Leidende nehmen ihr Leiden gegebenenfalls aus dem einzigen Grunde auf sich, weil es das ihrige ist. Tolstois Novelle vom Sterben des Ivan Iljitsch illustriert aufs eindrucksvollste, dass ein Tod all seine vernichtende Wucht, aber auch seine einzigartige Würde aus der Gewissheit bezieht, dass er der eigene ist. Aber das gilt für das Eindrucksvolle eines jeden ›unter die Haut gehenden‹ Erlebnisses. Seine Bewusstheit ist uns wichtiger als die angeblich wissensbegründende Unfehlbarkeit der Überzeugung »cogito sum« (Moran 2001), die noch kürzlich Horgan und Kriegel verteidigt haben (2007). Schon die Stoiker wussten das: Chrysipp machte den Selbsterhaltungstrieb von Tieren abhängig von ihrer Fähigkeit, sich bewusst zu individuieren (dazu Frank 2002, 28 ff.). Selbstbewusstsein ist für jede(n), der/die es kennt, die wichtigste Sache der Welt. (In der Fußnote zu einem Paper über Selbstbewusstsein, das ich nicht mehr identifiziere, macht Ned Block in einem Zornanfall kurzen Prozess mit den eliminativistischen Leugnern von Selbstbewusstsein: »Some say, they haven't. I have.«)

VI.

Die ersten vier Kapitel dieses Buchs habe ich zwischen 1986 und 1991 geschrieben. Drei davon bildeten die Kernmasse eines seit Jahren verramschten Reclam-Büchleins mit dem von Sartre übernommenen Titel *Selbstbewußtsein und Selbsterkenntnis* (Frank 1991a). Der 3. Aufsatz (»Zeit und Selbst«) ist die stark überarbeitete und veränderte Fassung eines 1990 bei Neske (in der Reihe *Opuscula*) erschienenen und ebenfalls vergriffenen Büchleins (*Zeitbewußtsein*), das ich als die direkte Fortsetzung des 1. Aufsatzes (»Subjektivität und Individualität«) konzipiert hatte. Mir tat leid, dass diese mir wichtigen Texte nunmehr im Buchhandel unzugänglich sein sollten, zumal ich (außer – aus einer mehr historischen Perspektive –

in: Frank 2002) nie monographisch zum Subjekt-Thema geschrieben habe, das mich doch mehr als irgendein anderes umgetrieben hat. Auch ist die alte Reclam-Sammlung gerade bei Neurowissenschaftlern und Psychiatern freundlich aufgenommen worden, wie ich aus Einladungen, Kongressen und Briefen weiß, übrigens auch aus Examens- und Doktorarbeiten, die Mediziner(innen) bei mir geschrieben haben. So beschloss ich, die Artikel gehörig, manche einschneidend, aber nie so zu bearbeiten, dass der alte Überzeugungsstand nicht noch durchblickte, und mit drei unveröffentlichten Proben meiner neueren Überlegungen wieder in den Buchhandel zu bringen. Nachträglich denke ich mir: Es war ein Fehler, die alte Sammlung nicht gleich bei Suhrkamp veröffentlicht zu haben, denn kaum ein(e) Leser(in) vermutete mich bei Reclam. Umso herzlicher danke ich Eva Gilmer vom Wissenschaftslektorat des Suhrkamp Verlags für freudige Förderung des Unternehmens. Die übrigen vier Beiträge der alten Reclam-Auswahl habe ich ohne Reue fallengelassen. (Zu einer gewissen Ungeduld bei der Mitteilung meiner Überzeugungen zwingt mich eine vom Vater geerbte Macula-Degeneration, die mich mit Lese- und Schreibunfähigkeit bedroht.)

Ich belege Zitate mit den Autorennamen und dem Erscheinungsjahr des zitierten Textes vor der Seitenzahl. Manchmal habe ich – nach einem Komma tiefgestellt – noch den Abschnitt angezeigt, um das Auffinden des Zitats zur erleichtern (also etwa: Block 1997, 389,$_3$). In ganz wenigen Fällen benutze ich Siglen, die im Schriftenverzeichnis ausgewiesen sind. Insgesamt habe ich mich bemüht, um der Lesbarkeit willen auf Fußnoten zu verzichten; wenige Ausnahmen gelang es mir nicht zu vermeiden.

Manfred Frank, Tübingen im März 2011

1. Subjektivität und Individualität
Überblick über eine Problemlage

›Subjektivität‹ und ›Individualität‹: Damit sind zwei Sachverhalte aufgerufen, mit denen wir uns jederzeit vertraut glauben, stehen sie doch unter allen Gegenständen in der Welt für eben diejenigen, für die wir uns selbst halten. Wir sind erstens Subjekte im Allgemeinen, also Wesen, die nicht einfach nur sind, was sie sind, sondern von diesem ihrem Sein als wesentliche Eigenschaft auch Selbstbewusstsein haben; und wir sind zweitens Individuen: jeweils einzigartige und unverwechselbare Subjekte. Wir leben in einer so innigen und so zweifellosen Vertrautheit mit uns, dass die bloße Frage nach unserer Subjektivität abwegig, d. h. ein typisch müßiges Philosophengeschäft zu sein scheinen könnte. Andere Fragen sind vielleicht unbeantwortbar, womöglich gar sinnlos: z. B. diejenige, ob wir eine Seele haben und, wenn ja, ob diese unsterblich ist, oder ob es eine von unserem Bewusstsein unabhängige Außenwelt gibt oder ob unser sittliches Gewissen nach ausweisbaren Gründen handelt. All diese Fragen sind von der metaphysischen Tradition wirklich aufgeworfen worden; ihr Interesse ist vital; es sind echte Fragen, wobei ›echt‹ meint: Ihre Antwort versteht sich nicht von selbst, ja sie wurde nie endgültig gegeben (es sei denn in der wenig befriedigenden Weise, dass man das in ihnen jeweils verhandelte Problem zwar nicht löst, aber auflöst, d. h. als Problem zum Verschwinden bringt: die Wittgensteinsche therapeutische Démarche, die das metaphysische Fragen für eine Art Krankheit ansieht, von der die Philosophie die Menschheit wie von einer Plage heilen will). Dagegen ist die Frage nach dem Wesen der Subjektivität und der Individualität offenbar schon durch die selbstbewusste Existenz des (oder der) Fragenden beantwortet: Damit er (oder sie) sie stellen konnte, musste er/sie mit dem von den Begriffen bezeichneten Sachverhalt wohl schon bekannt sein. Und kein Sachverhalt auf der Welt könnte uns inniger vertraut sein als die Vertrautheit selbst: jene merkwürdig ungreifbare Kenntnis, die aus Phänomenen Phänomenerlebnisse macht und gleichsam ein Licht anzündet in der Dunkelheit, die über das Bewusstlose gebreitet ist. So scheinen unsere Fragen nach dem ontologisch-epistemologischen Status von Subjektivität und Individualität auf den ersten Blick entweder überflüssig oder sogar verdächtig.

I.

Bleibt es bei diesem Eindruck, wenn wir uns die Zeit zu einem zweiten Blick nehmen? Sind uns jene Sachverhalte, hinsichtlich deren wir das Gefühl einer unübertrefflichen, da apodiktischen Gewissheit und Vertrautheit haben, nicht in Wirklichkeit unter allen Phänomenen auf der Welt am allergründlichsten verborgen? Und verhält es sich nicht vielmehr so, dass die Subjektivität, die wir je unverwechselbar sind (oder zu sein vorgeben), gerade wegen ihrer übergroßen Vertrautheit ein Buch mit sieben Siegeln bleibt, deren jedes der Öffnung hartnäckig widersteht? Heidegger sprach einmal von den Subjekten, die wir sind, als von Wesen, die sich weder durchsichtig noch nah sind: Wir sind »Wesen der Ferne« (Heidegger 1975, 54).

In der Vorlesung über *Die Grundprobleme der Phänomenologie* vom Sommersemester 1927 (dem Erscheinungsjahr von *Sein und Zeit*) sagt er:

Wir sind in ontischer Hinsicht dem Seienden, das wir selbst sind und das wir Dasein nennen, am nächsten; denn wir sind dieses Seiende selbst. Gleichwohl ist uns dies ontisch Nächste gerade ontologisch das Fernste. Descartes überschreibt die zweite seiner Meditationen zur Metaphysik »De natura mentis humanae: quod ipsa sit notior quam corpus«, »Über das Wesen des menschlichen Geistes, daß dieser bekannter sei als der Leib und der Körper«. Trotz dieser oder gerade wegen dieser vermeintlich vorzüglichen Bekanntheit des Subjekts wird nicht nur bei Descartes, sondern in der Folgezeit überhaupt dessen Seinsart verkannt und übersprungen, so daß keine Dialektik des Geistes dieses Versäumnis wieder rückgängig machen kann (Heidegger 1975, 220 f.).

Heidegger hat die Struktur dieses Seienden aus seiner Fraglichkeit selbst verständlich zu machen gesucht. Mit ›Dasein‹ bezeichnet er dasjenige Seiende, das die Auszeichnung hat, sich hinsichtlich seines eigenen Seins fraglich zu sein. Sartre hat das in die Wendung übertragen, das Subjekt sei »un être dont la caractéristique d'être est qu'il est dans son être question de son être [...], la conscience est presque une sorte d'interrogation ontologique« (Sartre 1947, 66/385).

Die Heideggersche Formulierung, an welche die seine anschließt, findet sich in § 4 von *Sein und Zeit* (Heidegger 1967, 12). Dort wird Dasein als dasjenige Seiende vorgestellt, dem es »in seinem Sein um dieses Sein geht«. Dasein hätte also die Struktur eines Selbstverhältnisses, es wäre autoreflexiv. Heidegger hat das auch so ausgedrückt, dass Dasein sich selbst im Licht eines je bestimmten Seinsverständnisses zugänglich (er sagt: »erschlossen«) sei, und zwar so, dass die ek-statische Öffnung auf sein Anderes Grund sei seiner Vertrautheit mit sich selbst. In der schon zitierten Vorlesung von 1927 liegt das Reflexionsmodell, an welchem Heidegger sich zur Aufklärung der Struktur von Subjektivität orientiert, noch deutlicher zutage:

Die Reflexion im Sinne der Rückwendung ist nur ein Modus der Selbsterfassung, aber nicht in der Weise der primären Selbsterschließung. Die Art und Weise, in der das Selbst im faktischen Dasein sich selbst enthüllt ist, kann man dennoch zutreffend Reflexion nennen, nur darf man hierunter nicht das verstehen, was man gemeinhin mit diesem Ausdruck versteht – eine auf das Ich zurückgebogene Selbstbegaffung –, sondern einen Zusammenhang, wie ihn die optische Bedeutung des Ausdrucks ›Reflexion‹ kundgibt. Reflektieren heißt hier: sich an etwas brechen, von da zurückstrahlen, d. h. von etwas her im Widerschein sich zeigen (Heidegger 1975, 226).

Das Selbst, das wir sind (oder zu sein glauben), wäre sich mithin nicht ursprünglich erschlossen; es gewänne sein Selbstbewußtsein erst vom Widerschein der Welt her, an die es zunächst völlig ›ausgegeben‹ ist. So wäre das Selbst, das wir sind (oder zu sein glauben), nicht ursprünglich durch Selbstbewußtsein ausgezeichnet. Selbstbewußtsein wäre vielmehr ›abkünftiger Modus‹ einer noch ursprünglicheren Struktur, der des (Seins-)Verständnisses, und zwar in der Weise, dass es zur Struktur der Subjektivität gehörte, die Seinsfrage zu stellen und sich selbst aus einem gewissen Seinsverständnis (wie es sich als Antwort aus der Seinsfrage ergibt) auch selbst zu interpretieren. Verständlichkeit wäre demnach etwas demjenigen Verständnis, das unsere Tradition ›Selbstbewusstsein‹ nennt, Vorgängiges: sein (im Wortsinne) Apriori (Heidegger 1967, 12).

Dagegen hat Jean-Paul Sartre eingewendet, dass ›Dasein‹, anfänglich der Dimension des Bewusstseins beraubt, diese in der Folge nur um den Preis eines Zirkels wiedergewinnen könnte. Was wäre in der Tat ein Verständnis, welches kein Bewusstsein davon einschließt, es zu sein? »Cette tentative pour montrer d'abord l'échappement à soi du Dasein va rencontrer à son tour des difficultés insurmontables: on ne peut pas supprimer d'abord la dimension ›conscience‹, fût-ce pour la rétablir ensuite. La compréhension n'a de sens que si elle est conscience de compréhension« (Sartre 1943, 115f., 128). Damit ist nicht geleugnet, dass Selbstsein den verstehenden Bezug auf sich (oder aufs Sein, was immer das heißen mag) einschließt; geleugnet wird nur, dass dieser Bezug dem Sich-vertraut-Sein des Subjekts vorausliege und dass er es sei, der die ursprüngliche Dimension von Bewusstsein ausmacht.

Was immer mit ›Subjekt‹ sonst noch gemeint sein mag: Wir haben an einen Sachverhalt zu denken, der ursprünglich und wesentlich mit sich bekannt ist und erst kraft dieser Bekanntschaft in ein verstehendes und explizites Selbstverhältnis eintreten kann. ›Ursprünglich‹ meint: Das Selbstbewusstsein ist nicht abgeleitet aus etwas, das als ihm vorherbestehend gedacht werden könnte; ›wesentlich‹ meint: Dies Selbstbewusstsein könnte nicht fehlen so, dass Subjektivität fortbestünde; es bildet eine der Subjektivität unabdingbare, eben wesentliche Eigenschaft. Eine psychische Qualität (z. B. das Lusthaben) könnte nicht bestehen, ohne dass auch Kenntnis von ihr bestünde; und Sein und Kenntnis-vom-Sein decken sich im Selbstbewusstsein vollkommen:

Donc [...] l'idée d'un plaisir inconscient est totalement absurde. Sans doute, il y a le faible plaisir: je peux être amené, en écoutant une mélodie très discrète, à avoir un léger plaisir; c'est un plaisir qui est tout ce qu'il peut être étant donné la conscience que j'en prends. Autrement dit, il y a conscience de plaisirs faibles, ou de plaisirs totaux, ou de plaisirs partiels; mais il n'y a pas conscience partielle de plaisirs.
Ainsi, la mesure du plaisir est la conscience qu'on en prend.
Mais, d'autre part, le plaisir n'est autre chose que la conscience du plaisir. Il n'existe pas de plaisir d'abord, dont la conscience serait ensuite une qualité, puisque le plaisir inconscient est une absurdité. Il n'y a pas non plus de conscience qui serait ensuite colorée de plaisir, car une conscience qui ne serait en elle-même conscience de rien n'aurait aucune signification. Autrement dit, conscience de plaisir et plaisir ne sont qu'une seule et même chose, ou, si vous préférez, le plaisir a pour mode d'être particulier la conscience (Sartre 1947, 65/383).

Diese merkwürdig unabdingbare Kopplung hat häufig zu der Formulierung Anlass gegeben, im Subjekt habe das Sein (z. B. die Lust als Gehalt) sein Maß am Bewusstsein (dem Lustgefühl). Und diese Eigenschaft spontanen Für-sich-Seins von psychischen Zuständen scheint ferner ursprünglicher zu sein als jene Formen ausdrücklichen und konzentrierten Sich-zu-sich-Verhaltens, die die philosophische Tradition Reflexion nennt und die wir im philosophischen Diskurs über die Subjektivität beständig in Anspruch nehmen. Darum hat die Tradition von der Frühromantik bis Sartre Selbstbewusstsein als ›prä-reflexiv‹ oder als ›un-mittelbar‹ ausgezeichnet. Das erste der beiden Prädikate meint, dass die Kenntnis, in der Selbstbewusstsein besteht, nicht durch eine (reflexive) Erkenntnis von sich vermittelt ist. Ich habe Selbstbewusstsein nicht nur dann, wenn ich explizit auf mein Bewusstsein erkennend aufmerksam bin. Will die Theorie von Selbstbewusstsein sich nicht in Zirkeln verstricken, muss sie der Möglichkeit reflexiven Sich-zu-sich-Verhaltens ein selbst präreflexives Bewusstsein vom Selbst vorordnen. ›Präreflexiv‹ meint dann auch, dass im ursprünglichen Selbstbewusstsein nicht so etwas wie eine Subjekt-Objekt-Gegenüberstellung anzutreffen ist (Sartre 1947, 63/382); denn Bewusstsein hat es, um von sich Kenntnis zu haben, nicht nötig, zum Objekt für ein es thematisierendes zweites Bewusstsein (eben ein Bewusstseinssubjekt) zu werden. Subjektivität ist darüber, zu sein, was sie ist, im Nu im Bilde; und für diese Sachlage steht der zweite Prädikator ›unmittelbar‹. Es gibt im Selbstbewusstsein keine Vermittlung zwischen etwas und noch etwas. Das ›Etwas als etwas‹ ist die Struktur des Aussagesatzes, in dem eine Proposition (›dass φ‹) behauptet wird. Die Affirmation des Seins von Bewusstsein geschieht aber wegen der Unmittelbarkeit der in ihm angetroffenen Kenntnis vorpropositional; Selbstbewusstsein ist kein Fall von propositionalem Wissen, welches die Struktur hätte: ›Ich weiß, dass ich φ‹. (Darüber besteht in der neueren, sprachanalytischen Bewusstseinsphilosophie eine intensive Diskussion, die wir im folgenden Kapitel näher besichtigen wollen.)

Eine Konsequenz dieser Sachlage ist auch, dass im Selbstbewusstsein keine Identifikation von etwas mit etwas – also auch nicht die Möglichkeit eines Referenz-Fehlschlags – gegeben ist; und dann erscheint die Frage, ob und wie derjenige, der sich ein Wissen über sich zuschreibt, sich als derselbe wissen kann wie der, von dem dieses Wissen besteht, als absurd: Es gibt keine solche innere Teilung im Bewusstsein. Subjekt-Zustände sind so gegeben, dass mit ihrem Vorliegen zugleich notwendig mitbewusst ist, wessen Zustände sie sind (aber dieses Mitwissen erstreckt sich nur aufs Bewusstsein selbst, nicht auf irgendwelche Eigenschaften, die nur aus Erfahrung zu kennen sind – wie alle die Person als ein Objekt in Raum und Zeit betreffenden Informationen).

Mit der Unmittelbarkeit der Kenntnis von Bewusstsein hängt eng ein weiterer Zug zusammen, den Sartre die Aktualität des Selbstbewusstseins genannt hat. Bewusstsein ist, wann immer es auftritt, ›in actu‹. Es gibt kein virtuelles Bewusstsein von etwas, sondern allenfalls Bewusstsein von Virtuellem. Bewusstsein nimmt auch nicht zu oder ab, es kennt keine Grade, es entsteht oder vergeht nicht; wann immer es auftritt, ist es all das, was es sein kann. Wohl aber gibt es Bewusstsein von Dämmerndem, von Zu- oder Abnehmendem, von Sein-Könnendem (Sartre 1947, 64/382, 66/384).

Mit der Aktualität ist verwandt, aber keineswegs identisch, ein letzter hier zu erwähnender Zug von Subjektivität, den die philosophische Tradition als ihre ›Spontaneität‹ und Heidegger als ihren ›Entwurf‹-Charakter bezeichnet hat. Das meint: Das Selbst verdankt alles, was es ist (nicht seine Existenz, aber sein Wesen), sich selbst; es gibt keine Rezeptivität/Passivität des ursprünglich selbstbewussten Wesens. In Heideggers Frühwerk ist dieser Gedanke nur widersprüchlich durchgeführt: Einerseits lässt sich das Selbst den Sinn, in dessen Licht es sich zugänglich wird, von seiner Welt ankündigen (und ist insofern ihr gegenüber unselbständig); andererseits soll der Sinn, in dessen Licht die Welt getaucht ist, selbst der Niederschlag von Entwürfen sein, deren Urheber die Spontaneität des Selbst ist. Im letzteren Fall könnte das Selbst die Besonnenheit seiner Entwürfe nur durch vorgängige Selbstvertrautheit sicherstellen; im ersteren wäre gar nicht mehr zu sehen, wie ein im Widerschein eines Fremden konstituiertes Wesen mit Recht den Namen eines ›Selbst‹ tragen dürfte. Sartre vermeidet diese Zweideutigkeit, indem er ausschließt, dass die Vertrautheit des Selbst mit sich das Ergebnis einer Information durch anderes als das Selbst (etwa durch die Welt oder ein sogenanntes Sein) sein kann. Das Selbst ist spontan in dem Sinne, dass es zwar nicht Urheber seines Seins, wohl aber des Sinns ist, in dessen Lichte es sein Sein in wechselnden Verständniszusammenhängen erschließt:

Nous dirons [...] que la conscience se fait être ce qu'elle est. [...] Il ne s'agit pas ici d'une puissance, d'une énergie, d'une volonté, mais si rien au dehors ne peut donner du plaisir à une conscience, rien ne peut lui donner de la douleur [non plus], car on ne peut introduire du dehors dans un système clos [...] une certaine modification (Sartre 1947, 66/384 f.).

Freilich ist nicht sehr klar, wie die Bewusstseinsspontaneität (die ja offenbar auch die Leistungen der Konzentration, des begrifflichen Denkens, des intentionalen Weltbezugs und der Reflexion erklären muss) mit der präreflexiven Vertrautheit in der Einheit eines Strukturverbandes zusammen bestehen kann. Die Vertrautheit ist ja offenbar nicht das Werk eines Entwurfs; der Entwurf setzt umgekehrt Vertrautheit schon voraus. Macht man aus der Spontaneität eine weitere wesentliche Eigenschaft von Selbstbewusstsein (wie man wohl nicht vermeiden kann zu tun), könnte man einen Widerspruch produzieren zu der These, im Selbstbewusstsein sei keine Binnendifferenzierung anzutreffen. Aber diese These könnte sich ohnehin als zu stark erweisen und ist vielleicht auch zur Verteidigung der übrigen wesentlichen Eigenschaften von Selbstbewusstsein gar nicht erforderlich. (Ob wir diese Annahme so stehen lassen dürfen oder eben doch revidieren müssen, wird Gegenstand der Schlussabschnitte von Kapitel 3 sein.)

Wie dem auch sei: Mit der Auflistung elementarer (und wesentlicher) Eigenschaften des Subjekts haben wir jedenfalls noch keinen Beitrag zur Abgrenzung der beiden Begriffe ›Subjektivität‹ und ›Individualität‹ geleistet; wir haben nur Merkmale von Subjektivität gesammelt. Offensichtlich existiert, was wir (in problematischer Nominalisierung) ›das Selbst‹ nannten, aber sowohl als eine allgemeine Struktur (Subjektivität) als auch als ›je meines‹. Heidegger und Sartre kennen es vor allem in diesem letzten (engen) Sinn: nicht »als Fall und Exemplar einer Gattung von Seiendem als Vorhandenem«, sondern als dasjenige Einzelne und Unverwechselbare, das *je ich selbst* zu sein habe (Heidegger 1967, 42).

Heidegger glaubt, der »Charakter der Jemeinigkeit« des Daseins spreche sich im Gebrauch der Personalpronomina (»ich bin«, »du bist«) ursprünglich aus (ebd.). Das ist freilich – wie wir im 2. Kapitel noch gründlicher zu prüfen Gelegenheit haben werden – nicht plausibel. Mit ›ich‹ verweist ein jeder auf sich selbst als auf ein subjektiv Seiendes (im Unterschied zu einem physisch oder innerweltlich Vorhandenen), nicht aber notwendig auf sich als auf ein einzigartiges Subjekt. Diese Singularisierungsleistung wird schon durch das Satzsubjekt ›ein jeder‹ verwischt und unversehens generalisiert. Man überzeugt sich davon leicht durch den Beginn des Dialogs zwischen Merkur und Sosias in Molières *Amphitryon*:

MERCURE: Qui va là?
SOSIE: Moi!
MERCURE: Qui, moi?

Merkurs Rückfrage (deren Komik Kleist noch steigert: »Was für ein Ich?«) zeigt, dass die schwache Identifikationsleistung des Pronomens der ersten Person Singular keineswegs zureicht. Durch sie wird die Individualität des damit auf sich Bezug nehmenden Subjekts nicht präzisiert. Jemand – irgendwer – hat sich damit lediglich als Subjekt vorgestellt: als Exemplar einer Gattung von selbstbewussten und spontanen Wesen seinesgleichen.

Es war Hegel, der zu Beginn der ›Logik des Begriffs‹ die doppelte Semantik des deiktischen Ausdrucks ›ich‹ zur Bezeichnung des Subjekts-im-Allgemeinen und des einzelnen Individuums einer eingehenden Reflexion unterzogen hat (Hegel 1969 II, 253 [ff.]).

Im Gegensatz zur neueren semantischen und hermeneutischen Diskussion des Problems war er indes überzeugt, dass die singularisierende Verwendung von ›ich‹ aus einer Eingrenzung der universalisierenden Verwendung von ›ich‹ (im Sinne von Kants ›Bewusstsein überhaupt‹) erklärt werden könne. Mit Hilfe der Negation – die am Ursprung aller Eingrenzungen steht (›omnis determinatio est negatio‹) – könne der individualisierende Gebrauch aus dem generalisierenden einsichtig gemacht werden. Diese Ansicht wird im gesamten Deutschen Idealismus – nicht aber von den Frühromantikern – geteilt. Schelling etwa hält das ›individuelle Ich‹ für den Endpunkt und für das letzte Glied eines sukzessiven Bestimmungsprozesses, dessen Subjekt das nichtindividuelle Subjekt oder der allgemeine Geist sei.

Diese Ansicht ist Gemeingut noch des Neukantianismus und der Phänomenologie, ihre neostrukturalistischen Kritiker nicht ausgenommen.

Dagegen hat die neuere semantische Diskussion, als deren Vertreter ich hier der Übersichtlichkeit halber nur Strawson und Tugendhat anführe, die Irreduzibilität dessen, wofür das Personalpronomen der ersten Person Singular steht, auf die Subjektivität-im-Allgemeinen betont. Sie betrachtet die Person nicht als ein Allgemeines (mit transzendentalem Status), sondern als ein Besonderes, welches sich vor anderen besonderen Dingen in Raum und Zeit zwar durch Selbstbewusstsein auszeichnet, nicht aber dadurch, dass seine Identität als Träger einer begrenzten Menge von Eigenschaften in Frage stünde, hinsichtlich deren die zuschreibende Person einen erkenntnistheoretisch privilegierten Zugang besäße.

Radikaler noch als die formale Semantik der Sprachanalyse hat die Hermeneutik den Ableitungszusammenhang zwischen allgemeinem und einzelnem Ich bestritten. Sie hat geltend gemacht, dass die Person, als fester Bezugspol von (psychischen und körperlichen) Eigenschaften, noch nicht in ihrer Individualität in Anschlag gebracht sei. Individualität aber sei nicht durch Identität bestimmbar, auch nicht durch ›présence à soi‹, sondern sei semantisch innovativ: Ursprung und Modifikation von in Sprachstrukturen niedergeschlagenen welterschließenden Deutungsausgriffen. Im Lichte dieses Einwands erscheint das analytische Urvertrauen in die unverwackelbare semantische Identität von Ausdrücken (einschließlich derer, in denen Selbstbewusstsein sich artikuliert) als Naivität, ohne dass darum – wie in den Positionen der Erkenntnistheorie – einem vorsprachlichen Zugang zur Subjektivität-im-Allgemeinen das Wort geredet würde. Von hierher ergeben sich eine Reihe aufregender Nachbarschaften zum neostrukturalistischen Angriff auf die semantische Identität, deren Rationalität mir freilich in der Hermeneutik besser aufgehoben scheint.

Ich werde in den folgenden Abschnitten die drei Positionen der Reihe nach überblickartig vergegenwärtigen und zugleich bemüht sein, die Logik durchsichtig zu machen, die den Übergang von einer zur anderen motiviert.

II.

Nicht erst Foucault hat für den Gedanken geworben, dass der Begriff des Subjekts nicht ein formal-semantisches Apriori verkörpere, sondern eine neuzeitliche »Erfindung« sei (Foucault 1966; 1969). Schon Schellings Erlangener und Münchener Kollegs und, in ihren Fußstapfen, Heideggers Spätwerk haben im Entstehen eines Diskurses der Subjektivität die konsequente Ausfaltung einer frühabendländischen Keimidee sehen wollen, die zuerst in Parmenides' Engführung von Sein (gedacht als Vorhandenheit) und Vernehmen (*noeîn*) des Seins aufleuchtet. Bei Platon ist die Sicht (*idéa*) des Seins in seinem Wesen (*ousía, eîdos*) das »eigentlich Seiende« (*tò óntôs ón*), das sich von seinem Gegenstand in eigentümlicher Weise emanzipiert oder über denselben übergreift. Im Hintergrund dieser theoriegeschichtlichen Weichenstellung steht die Metapher des geistigen Blicks: Ein ›Sein‹ wird von einer Sicht in seinem Wesen vernommen.

Es erschließt sich einem ideierenden Blick in seiner Wahrheit. Der Logos drückt diese Wahrheit aus, indem er die Elemente der Sicht in einer Ordnung des kommunizierbaren Wissens versammelt. Platon, meint Heidegger, habe das Wahrheitsgeschehen damit unter das Joch der (bereits virtuell subjektivierten) Sicht – der Idee – gebeugt. Die Sicht entscheidet über das Maß des Vernehmens; Richtigkeit und Angemessenheit der geistigen Schau lösen die Idee des ursprünglichen Einleuchtens des Seins in der (ihr gegenüber unselbständigen) Sicht ab. So wird der Weg geebnet zu der vorstellungstheoretischen Uminterpretation der Verwiesenheit von (Wahr-)Sein auf Vernommenwerden.

Der Schritt zur Subjektivierung der Philosophie wird getan, sobald man die Sicht – die Vorstellung – als selbstreflexiv denkt oder sie einem Subjekt als Eigentümer zuschreibt. Diesen Schritt habe Descartes vollzogen. Ihm sei Vorstellen (›cogitare‹) die Tat eines Vorstellenden: eines Ichs, welches vorstellt. Das Vorstellen erwirbt die ihm eigene unzweifelhafte Evidenz erst in der Flexionsform der ersten Person Singular: *cogito*. Noch für Kant und seine Nachfolger sind ›denken‹ und ›Vom-Ich-begleitet-sein-Können‹ Synonyme. So avanciert das Subjekt – ursprünglich die lateinische Übersetzung von *hypokeímenon* – zum Grund der Einsichtigkeit von Welt: Es wird *fundamentum inconcussum* alles wahrheitsfähigen Vorstellens. Hegels Vorrede zur *Phänomenologie des Geistes* wird diese Bedeutungsverschiebung mit der Wendung besiegeln, die Substanz sei eigentlich als Subjekt zu denken (Hegel 1952, 19, 24). Bei Descartes und Leibniz findet sich erstmals die Nominalisierung des Pronomens der ersten Person Singular: »ce moy« (z. B. Descartes 1953, 1097; bei Leibniz u. a., aber nicht nur, in § 34 des *Discours de Métaphysique* oder in den *Nouveaux Essais* [*PS* 3.1, 404/6, dort auch als »le Soy«]. Descartes' und Leibniz' Nominalisierung des Pronomens der ersten Person Singular ist bald von mehreren philosophischen Schriftstellern aufgegriffen worden, so von Condillac [1984, 89 f.: »Ce sentiment [das fundamentale Selbstberührungs-Gefühl] et son *moi* ne sont par conséquent dans l'origine qu'une même chose«] oder vom Verfasser des Artikels »Existence« der *Encyclopédie* [Diderot/D›Alembert 1967, Bd. 6, 262: »ce *moi*«; »la conscience du *moi*«]). Damit ist das Subjekt als das Ich identifiziert, als das Fichte es behandeln wird. Den Übergang vom Subjekt des Vorstellens zum nominalisierten Ich macht offenbar der Gedanke der Selbstreflexivität des Vorstellens, über welchen Foucault uns wertvolle Aufschlüsse gegeben hat (dazu Frank 1983, 8. Vorlesung). Den ersten Schritt tut Leibniz' Definition der *aperception* als »la Conscience, ou la connoissance réflexive de cet état intérieur« (§ 4 der *Principes de la Nature et de la Grace*). Kant, der Ichheit stets mit Selbstreflexivität identifiziert hat, hat diese Definition übernommen. Immer wieder spricht er vom Bewusstsein als einer Vorstellung meiner Vorstellungen (*AA* XIV, 351, Refl. 3929: »Eigentlich ist die Vorstellung aller Dinge die Vorstellung unseres eigenen Zustandes und die Relation einer Vorstellung zu der andern nach unsern innern Gesetzen«). Wie schon bei Leibniz (und sicher unter dem Einfluss von C. A. Crusius [1745, § 45, 28 f.], vielleicht dem von J. B. Merian [1749a, 421 ff.]) wird die Selbstvorstellung empirisch ausgelegt (›a-*perception*‹); denn nach Kants bekannter Überzeugung ist es die Wahrnehmung, der das Bewusstsein von Existenz im Allgemeinen (*KrV* A 225 f.) und des eigenen Ichs im Besonderen gegeben wird (das *sum* des ›cogito‹: *KrV* B 422 f.; vgl. B XL f.; schon Leibniz hatte die Selbstkenntnis als Selbst*gefühl* – »sentiment du *moy*« – ausgelegt und mit »conscienciosité« identifiziert [*PS* 3.1, 404/6]; und dies Gefühl hat er ausdrücklich als empirisch, als Organ der Auffassung einer »Wahrheit a posteriori« ausgezeichnet [*PS* 3.2, 428]).

Dass Sein von einer Art Gefühl aufgefasst werde, ist weit verbreitete Überzeugung des 18. Jahrhunderts, der rationalistischen Tradition ebenso vertraut wie der empiristischen (Frank 2002). Sie hängt, wie gesagt, zusammen mit der Ansicht, Gefühl – als ein Modus der Erfahrung – sei das Organ der Auffassung von Wirklichkeit (Sein als ›absolute Position‹ oder ›Existenz‹ in Kants berühmter Erklärung [*KrV* A 597 ff.]). Auch das Sein des eigenen Selbst kennen wir nur aus einer Art von Erfahrung: aus einem ›Selbstgefühl‹. In der Tat ordnet Kant der Erfahrung des eigenen Existierens ein

Gefühl zu: »Das Erste, was ganz gewiß ist, ist das: daß ich bin; ich fühle mich selbst, ich weiß gewiß, daß ich bin« (*AA* XXVIII/1, 206, Z. 3 f.). So auch die Anmerkung zu § 46 der *Prolegomena* (von 1783). Sie macht einen Zusatz zu der These, »das Ich [sei] gar kein Begriff« (so auch *AA* IV, 543). Die »Vorstellung der Apperception, das Ich« als Begriff zu denken, würde nämlich heißen, das entsprechende Prädikat auch anderen Gegenständen zuschreiben zu können. »Nun ist es [das Ich] nichts mehr als Gefühl eines Daseins, ohne den mindesten Begriff und nur Vorstellung desjenigen, worauf alles Denken in Beziehung (*relatione accidentis*) steht« (*AA* IV, 334). Moderner kann man das auch so ausdrücken, wie etwa Hector-Neri Castañeda es vorgeschlagen hat: Das Ich können wir uns nicht vorstellen als ein Universale, das im Einzelfall instantiiert werden könnte. Es ist kein objektives oder intersubjektiv zugängliches Merkmal der Welt; es ist auch keine ›Instantiierung‹ von Fremdreferenz-als-Selbstreferenz, noch klassifiziere ich mich, indem ich mich *als* mich erfasse, als ein Mitglied der Klasse der Selbste, Personen oder Denker (Castañeda 1999, 151,$_2$; 256 u.; 268 u.). In Kants Begrifflichkeit: Vom Ich, insofern es *ist*, nicht bloß sich *erscheint* (*KrV* B 157), ist eine begriffliche Bestimmung nicht möglich; wohl aber entspricht ihm »eine unbestimmte empirische Anschauung, d. i. Wahrnehmung« (B 422, Anm.; vgl. *AA* XXV, 14).

Diese Belege stehen keineswegs isoliert. In den *Reflexionen* übersetzt Kant den Leibnizschen Ausdruck ›Apperzeption‹ geradezu (und passend) durch »Selbstwahrnehmung«, ja durch »Selbstempfindung« (*AA* XVII, 647, 658, 688, Refl. Nr. 4723). Anderswo wird das Ich »eine unerklärliche Vorstellung« genannt und hinzugefügt, es handle sich um eine »Anschauung, die unwandelbar ist« (*AA* XVII, 465). Und wieder an anderem Ort heißt es, das Ich sei »kein Begriff, sondern eine [Empfindung] Anschauung« (*AA* XVII, 346). Der Empfindungsbezug hängt offenbar mit des Ichs Existenzgewissheit zusammen, die eben nicht aus Begriffen, sondern aus Wahrnehmungen (bewussten Empfindungen) einleuchtet.

Nimmt man hinzu, dass Kant überzeugt war, keine Vorstellung sei objektgerichtet ohne das aktive Eingreifen des Verstandes, der ihr Mannigfaltiges unter Einheitsgesichtspunkte bringt, stößt man auf die Wendung vom »Ich denke«, das alle Vorstellungen muss begleiten können (*KrV* B 131 f.). So ist das Bewusstsein (im Leibnizschen Sinne als Apperzeption oder Reflexivität des Vorstellungsvermögens) gleichermaßen einheitsstiftende Spontaneität und Selbst*wahrnehmung* dieser Spontaneität. Auf diese Weise erklärt sich auch, warum das ›Ich denke‹ zugleich als Selbstreflexion des Bewusstseins und als Vorstellen von etwas (anderem als dem Bewusstsein) verstanden werden kann. Das ›Ich denke‹ – inhaltlos und ›leer‹ in sich selbst [*KrV* A 345] – besteht in der unauflöslichen Doppelung von »Wahrnehmung überhaupt« und Denken, welches sich selbst gewahrt (»Selbstwahrnehmung«).

Kants Auffassung vom Wesen der Subjektivität ist maßgeblich geblieben für die Philosophie seiner Nachfolger – nicht nur der Hegelianer, sondern auch der Neukantianer und Phänomenologen. Selbst die sogenannten Kritiker von Subjektivität – z. B. Heidegger und Derrida – haben nie ernstlich in Frage gestellt, dass der Sachverhalt Subjektivität als Autoreflexivität des Vorstellens korrekt beschrieben sei. Tatsächlich muss man sehen, dass im Vorstellungsmodell des Selbstbewusstseins die frühabendländische Metapher vom Bewusstsein als geistigem Schauen ihren Einstand feiert. Nur ist es jetzt nicht mehr das Schauen von etwas der Sicht Äußerem; das Schauen geht vielmehr auf sich selbst, das Vorstellen steht ›in seiner eigenen Sicht‹. Es ist nichtsdestoweniger gedacht als ein Sonderfall des gegenständlichen, des vor-stellenden Bewusstseins. Die auswärtsgerichtete Perspektive richtet ihren Skopus lediglich auf sich selbst. Dies Sich-selbst-Vorstellen nennt die philosophische Tradition Reflexion. Schon Descartes, im Gespräch mit Burman, hat Bewusstsein (»être conscient«) bestimmt als »penser et réfléchir sur sa pensée« (Descartes 1953, 1359; vgl. 291). Leibniz verstärkt die Tendenz; Selbstbewusstsein ist ein Sonderfall des Gegenstandsbewusstseins: »On s'aperçoit de ses perceptions« (*Monadologie*, § 23), auf grundsätzlich gleiche Weise, wie die Perzeptionen ihrerseits Gegenstände gewahren. In diesem Modell liegt der Ursprung der Deutung von Selbstbewusstsein als Bei-sich-Sein (oder ›présence à soi‹). Sie ist offensichtlich unhaltbar. Denn wäre Bewusstsein durch Selbstbezug ausgezeichnet – so, dass dasjenige, von dem Bewusstsein besteht, erst mit dem Gewahren in die Sicht käme –, so wäre das erste Bewusstsein (in der Stellung des Gegenstandes) auf ein zweites Bewusstsein (in der Stellung eines Subjekts) verwiesen – auf ein Bewusstsein, das, selbst unbewusst, abermals auf ein Bewusstsein verwiesen wäre, für welches das gleiche Erfordernis gälte, das also, um zu sein, was es ist, auf ein viertes Bewusstsein angewiesen wäre, und so *ad infinitum*. Nun besteht aber Bewusstsein, also kommt das Reflexionsmodell als Erklärung des Phänomens nicht in Betracht.

Descartes selbst lässt in vereinzelten Andeutungen, z. B. den *Réponses de l'auteur aux sixièmes objections* (Descartes 1953, 526 f.; vgl. Hobbes' Einwurf 401), erkennen, dass ihm die Schwierigkeiten des Modells nicht ganz verborgen geblieben sind. So auch Spinoza (*Ethica* II, Prop. XXI) und Leibniz (*PS* 3.1 118/120 [= Livre II, Chap. I, § 19]). Der erste, der sich der Dimension des hier gestellten Problems in nachweisbarer Form bewusst geworden ist, war aber – nach der vermutlich unwahrgenommenen Vorläuferschaft J. B. Merians [1749a und 1749b] – Johann Gottlieb Fichte. Im II. Kapitel seines *Versuchs einer neuen Darstellung der Wissenschaftslehre* (von 1797) sowie im zugehörigen Kolleg über die *Wissenschaftslehre nova methodo* (von 1796-98) hat er aus dem unzweifelhaften Bestehen unserer Vertrautheit mit Bewusstsein und der Unmöglichkeit, diese Vertrautheit als ein Sich-selber-Vorstellen zu erklären, auf die Haltlosigkeit jedes Versuchs geschlossen, Selbstbewusstsein als einen Sonderfall des Etwas-Vorstellens zu verstehen (Fichte 1797, 18 ff.; vgl. Fichte 1798, 10 ff.). Diese geniale Beobachtung hat freilich seine eigenen positiven Alternativentwürfe nicht davor geschützt, im Selbstbewusstsein ein Handeln von einem Bewusstsein-des-Handelns, kurz: einen Subjekt- und einen Objekt-Pol, zu unterscheiden, womit der Zirkel erneut sich schließt. Man kann vermuten (und hat es getan), dass Fichtes Schwierigkeit mit der ihm aus der Tradition zugespielten Auffassung zusammenhängt, wonach Subjektivität mit dem Term ›Ichheit‹ – also dem nominalisierten Pronomen der ersten Person Singular – umschrieben werden könne (oder vielmehr mit ihm ein Synonymenpaar bilde). Dann entsteht der Zirkel auf folgende Weise: Soll die Definition der Verwendungsweise von ›ich‹ (als desjenigen, womit ein jeder sich selbst bezeichnet) greifen können, muss derjenige, der sie anwendet, zuvor schon mit dem Gegenstand der Bezugnahme vertraut gewesen sein.

Diese Variante des Reflexionszirkels ist aber – so meinen vor allem klassische Sprachanalytiker – vermeidbar, wenn man (1) von der Nominalisierung des Pronomens (›das Ich‹) abrückt und (2) sich klarmacht, dass der Zirkel nur entsteht, wenn man (a) die Selbstanwendung von ›ich‹ für den Fall einer Identifikation hält, die etwas mit etwas (anderem) durch einen echten Erweiterungsschluss gleichsetzt, und (b) glaubt, dass der Referent von ›ich‹ nicht ebenso gut aus der ›er/sie‹-Perspektive anvisiert werden könnte (diesmal durch Identifikation der Person). Im Falle (2a) würde zusätzlich angenommen, nur ›ein Ich‹ könne wissen, dass es ein solches sei, nicht aber anderswer. Ist das nicht der Fall, muss aus dem Gebrauch von ›ich‹ keineswegs der Zirkel entstehen, in den Fichtes eigene Explikation von Subjektivität sich erneut verstrickt.

Es gibt also gute Gründe, in einer Theorie von Subjektivität den Rekurs aufs nominalisierte Ich fallenzulassen und den Ausdrücken ›Subjekt‹ und ›Selbstbewusstsein‹ eine andere Bedeutung zuzuweisen, etwa die: ›unmittelbares, nicht durch Vorstellung vermitteltes Bewusstsein von diesem Bewusstsein selbst‹. Ich werde diese Theorien unter dem Titel ›nichtegologische Selbstbewusstseinstheorien‹ abhandeln.

Theorien dagegen, wonach ›Selbstbewusstsein‹ meint: ›Bewusstsein vom Ich‹, sind außer von Descartes, Leibniz, Kant und Fichte vom gesamten Neukantianismus (Paul Natorp, Heinrich Rickert), aber auch, während einer Epoche ihres Philosophierens, von Franz Brentano, Edmund Husserl und Bertrand Russell vertreten worden. Ich werde auf Letztere, deren einschlägige Texte ich in meiner Anthologie von 1991 publiziert und ausführlich kommentiert habe, hier nicht eingehen, bemerke nur im Vorbeigehen, dass sie es sind, auf die die dekonstruktivistische Subjekt-Kritik sich vor allem eingeschossen hat, womit sie eine schon bestattete Leiche zum zweiten Mal einer *pompe funèbre* gewürdigt hat. Das macht die neostrukturalistische Auseinandersetzung mit dem Subjektthema philosophisch so merkwürdig unergiebig (Frank 1989).

Einen nichtegologischen Erklärungsversuch von Subjektivität haben u. a. (der frühe) Franz Brentano, Hermann Schmalenbach und Jean-Paul Sartre unternommen (alle Texte in: Frank 1991). Im Gegensatz zu Fichte nehmen sie an, Selbstbewusstsein – verstanden als Bewusstsein von diesem Bewusstsein selbst – sei weder der Bezug eines Bewusstseins auf ein Ich noch auf sonst etwas vom Bewusstsein Verschiedenes. Man muss aber im Rückblick urteilen, dass auch dieses Alternativmodell Härten und Widersprüche birgt, die es nur graduell vor der klassisch-repräsentationstheoretischen Auffassung auszeichnen. Zum einen bleibt unklar, wie ein punktuell nur auf sich selbst (und nicht aufs Ich) bezogener Bewusstseinsakt zugleich Bewusstsein davon gewinnen kann, zu einem Kontinuum von Akten zu gehören, die nicht in einem äußerlichen Pointillismus monadischer Ereignisse zusammengebunden sind (à la Hume). Zum anderen taucht in der Formel ›Bewusstsein von sich selbst‹, wenn auch versteckter als im egologischen Modell, erneut das Reflexivpronomen wieder auf, an dem wir untrüglich die Mitgift des Reflexionsmodells erkennen. Statt vom Ich besteht in jeder Bewusstseinsmonade Bewusstsein von dieser selbst; Bewusstsein bleibt in einer gegenständlichen Beziehung sich selbst gegenübergestellt. Daran kann auch der Prädikator ›unmittelbar‹, den die genannten Autoren von Descartes und Fichte übernehmen, nichts ändern.

Das nichtegologische Modell trifft auf ein weiteres Problem, das Konrad Cramer den ›intensiven Regress‹ genannt hat (Cramer 1974, 581; Frank 1991, 546 ff.). Er legt nicht einen immer umfangreicheren Ring um den vorigen, sondern folgt eher dem Babuschka-Prinzip einer Puppe, die in sich eine Puppe enthält, die in sich eine (immer kleinere) Puppe enthält, die aber nicht allein sich, sondern das Einschachtelungs-Ganze repräsentiert. Denn das ›sich‹, auf das sich jedes Bewusstsein-von-sich bezieht, hat selbst die Struktur eines, wie Brentano sagt, sich selbst »seiner Totalität nach« Erfassenden (Brentano 1874, § 9, 160). Nach Brentano ist alles ›primäre‹ Bewusstsein intentional, also fremdrepräsentierend. Aber die Eigenschaft, dass es fremdrepräsentierend ist, die repräsentiert es als ›sekundäres Objekt‹ oder, wie Brentano auch sagt, in seinem ›inneren Bewusstsein‹ noch einmal, und zwar »nebenbei und als Zugabe« (ebd., § 8, 158). Um eine ›unendliche Verwicklung‹ dieser Selbstrepräsentationen zu vermeiden, sagt Brentano, das primäre und das sekundäre Bewusstsein bildeten die numerische Einheit »ein und de[s]selben Akte[s]«, sie »bilden nicht mehr als ein einziges psychisches Phänomen« (Brentano 1874, § 8, 158), auch wenn sie, zweierlei Typen von Bewusstsein zugehörig, »*begrifflich* in zwei Vorstellungen zergliedert« werden müssen (ebd., Hervorh. M. F.). Er gebraucht aber eine noch deutlichere Formulierung: Das innere Bewusstsein thematisiere nicht allein das primäre, auch nicht allein das sekundäre, sondern den ›ganzen psychischen Akt‹ (160).

Ist ja das Bewußtsein, welches die Vorstellung des Tones begleitet, ein Bewußtsein, nicht sowohl von dieser [sekundären] Vorstellung, als von dem ganzen psychischen Akte, worin der Ton [primär] vorgestellt wird, und in welchem es selber [sekundär] mitgegeben ist (ebd.).

Und hier tritt der von Cramer beschriebene Ganzheits- oder Vollständigkeitsregress auf (Cramer 1974; unter Bezug auf Cramer Williford 2006, 138, Anm. 24). Eine Repräsentation des Repräsentationsaktes *in seiner Gänze* muss *alle* repräsentationalen Eigenschaften des Aktes mitrepräsentieren – also auch den, dass er sich selbst repräsentiert –, und das scheint in einen unendlichen Einschachtelungsregress zu führen. (Allerdings scheint es mir nicht ungefährlich, die Selbstrepräsentation ›partiell‹ zu nennen und mit Williford zu sagen, es würden eben nur die *wesentlichen* Eigenschaften von Bewusstsein repräsentiert [Williford 2006, 119 f.]. Wenn wesentlich die Eigenschaften sind, die *bewusst* vorliegen müssen, wird die Einschränkung der Aufgabe auf sie zirkulär; denn unbewusste Eigenschaften scheiden *a fortiori* aus; und nun heißt die Aufgabe: *Alle bewussten* Eigenschaften des Bewusstseins sind zu repräsentieren, was wieder – wie bei Brentano – auf eine komplette Selbstrepräsentation des Bewusstseins hinausläuft.)

Einen radikalen Versuch, diesem Typ zirkulärer Einschachtelung zu entkommen, haben Autoren unternommen, deren Auffassungen Bertrand Russell unter dem Titel ›neutraler Monismus‹ zusammengefasst hat (Russell 1914). Damit ist eine Position bezeichnet, die Bewusstsein – ohne jeden Bezug auf Ausdrücke aus der Sphäre des psychischen Lebens – aus rein differentiellen Beziehungen zwischen sogenannten »externen Gegebenheiten« herleiten will (William James, Ernst Mach, Russell selbst während einer Epoche). Diese Position ist aber ebenfalls nicht phänomengerecht. Einerseits gelingt es ihr nicht, Beziehungen zwischen rein äußeren Gegebenheiten – etwa zwei Kratern auf der Rückseite des Mondes – von solchen Bezügen zu unterscheiden, in deren Beschreibung Prädikate aus der Sphäre des Bewusstseins notwendig intervenieren – etwa meinen Liebeskummer und der Ferne der Geliebten. Zum anderen sind diese Gegebenheiten – sowohl bei William James wie bei Ernst Mach – nicht als Dinge, sondern als »perceptions«, ja als eine Welt reinen Erfahrens/Erlebens (»pure experience«) charakterisiert (James 1996, 232). Auch Mach bezeichnet diese ontologisch vorgeblich neutralen Entitäten durchgängig als »Erlebnisse«. Wahrnehmungen oder Erlebnisse können aber nur unter der zirkelhaften Voraussetzung als ›äußere‹ (oder wenigstens ontologisch neutrale) Gegebenheiten bezeichnet werden, dass zuvor verdrängt wurde, was in ihre Semantik schon eingeflossen ist: die Qualität von Bewusstsein.

Ces expériences pures existent et se succèdent, entrent dans des rapports infiniment variés les unes avec les autres, rapports qui sont eux-mêmes des parties essentielles de la trame des expériences. Il y a »Conscience« de ces rapports au même titre qu'il y a »Conscience« de leurs termes. Il en résulte que des *groupes* d'expérience se font remarquer et/ distinguer, et qu'une seule et même expérience, vu la grande variété de ses rapports, peut jouer un rôle dans plusieurs groupes à la fois. C'est ainsi que dans un certain contexte de voisins, elle serait classée comme un phénomème physique, tandis que dans un autre entourage elle figurerait comme un fait de conscience, à peu près comme une même particule d'encre peut appertenir simultanément à deux lignes, l'une verticale, l'autre horizontale, pourvu qu'elle soit située à leur intersection (James 1996, 226 f.).

Das Bewusstsein selbst hält James – als Entität *sui generis* – für nicht existierend, eine »reine Chimäre« (222). »C'est […] par addition d'autres phénomèmes qu'un phénomène donné devient conscient ou connu« (231) – wobei James zwischen *Be*wusstsein und *Ge*wusstsein keinen Unterschied macht. Eine andere Stelle: »*La Conscience, telle qu'on l'entend ordinairement, n'existe pas, pas plus que la Matière, à laquelle Berkeley a donné le coup de grâce*« (232).

Dass aber Bewusstsein nicht an sich besteht, sondern als Epiphänomen von Relationen im Feld reiner Erfahrung aufkommt, erklärt James so:

Consciousness connotes a kind of external relation, and does not denote a special stuff or way of being. The peculiarity of our experiences, that they not only are, but are known, which their ›conscious quality‹ is invoked to explain, is better explained by their relations – these relations themselves being experiences – to one another [eine Passage übrigens, die wieder Bewusstsein mit Wissen gleichsetzt, M. F.] (in: James 1912, 243).

Damit ist – noch einmal – der Vorschlag gemacht, Bewusstsein als völlig objektive Struktur von Relationen zwischen Erfahrungsgegebenheiten (sie mögen heißen »*phénomène, donné, Vorfindung*« [James 1996, 226]) zu verstehen. Der Vorschlag impliziert die These, dass Bewusstsein nur dann eintritt, wenn auch die andere Bedingung erfüllt ist, nämlich das Gegebensein einer Mannigfaltigkeit von untereinander verschiedenen Erfahrungen. Damit begegnet der neutrale Monismus einer Grundeinsicht von Thomas Hobbes wieder, dass wir nämlich, wenn wir immer nur vom selben Phänomen Bewusstsein hätten, gar kein Bewusstsein hätten (»Semper idem sentire et non sentire ad idem recidunt« [Hobbes 1829, Vol. I, Pars IV, Caput XXV]). Bewusstsein ist an eine differenzierte (nicht ununterscheidbar-chaotische) Mannigfaltigkeit von Gegebenem gebunden. Hätten wir immer nur Bewusstsein von einem, hätten wir mangels Distinktion gar keines.

Daraus folgt indessen nicht (und das ist ein erster Einwand gegen James), dass man ›Bewusstsein‹ *allein* aus differentiellen Beziehungen zwischen »externen Gegebenheiten« herleiten und als Begriff, der für eine Entität *sui generis* stünde, überhaupt fallenlassen könnte. Wenn *ohne* solche Relationen Bewusstsein sich nicht einstellt, ist nicht schon bewiesen, dass Bewusstsein *durch* sie besteht. William James bestimmt die Gegebenheiten, deren Beziehungen bewusstseinskonstitutiv sein sollen, nun aber zweitens – und wie wir schon wissen – als »experiences«. Sie, nicht transzendente Materien, bilden den »Stoff«, aus dem die Welt gemacht ist (James 1996, 39-91). Nun kann man den Begriff der Erfahrung (oder des Erlebnisses: das englische ›experience‹ übersetzt häufig das deutsche ›Erlebnis‹) nicht explizieren, ohne auf den des Bewusstseins zurückzugehen; denn was wären Erfahrungen/Erlebnisse ohne Bewusstsein? So dreht sich James' Theorie in einem Zirkel, der Bewusstsein aus einer Entität abzuleiten behauptet, in deren Definition ›Bewusstsein‹ schon eingegangen sein muss.

Russell hat, bevor er sich dieser Position selbst (vorübergehend) anschloss, den Finger auf den wunden Punkt der neutral-monistischen Position gelegt. Er stellt nämlich fest, dass der Unterschied zwischen dem Sehen und dem Nichtsehen ein und desselben Farbflecks nicht (allein) aus dem differentiellen Bezug zu anderen Farbflecken zu erklären sei:

The first and chief objection against the theory is based on inspection. Between (say) a colour seen und the same colour not seen, there seems to be a difference not consisting in relations to other colours, or to other objects of experience, or to the nervous system, but in some way more immediate, more intimate, more intuitively evident. If neutral monism were true, a mind which had only one experience wold be a logical impossibility, since a thing is only mental in virtue of its external relations; and correspondingly, it is difficult for this philosophy to define the respect in which the whole of my experience is different from the things that lie outside my experience (Russell 1912, 279).

Und aus dieser gut phänomenologischen Feststellung zieht Russell den für den neutralen Monismus vernichtenden Schluss:

> I conclude that neutral monism, though largely right in its polemic against previous theories, cannot be regarded as able to deal with all facts, and must be replaced by a theory in which the difference between what is experienced and what is not experienced by a given subject at a given moment is made simpler and more prominent than it can be in a theory which wholly denies the existence of specifically mental entities (Russell 1912, 280).

Auch wenn man Russell nicht folgen will in der Annahme, es gebe Bewusstsein von undifferenzierten, im Wortsinne ein-fältigen Gegebenheiten, so kann man doch diesen Teil seiner Überlegung unterschreiben: Reduzierte sich alles Bewusstsein aufs In-Beziehung-Setzen externer Gegebenheiten, so müsste jede Feststellung einer solchen Beziehung selbst bewusst sein. Tatsächlich können Beziehungen nicht bewusst auftreten (sie können von anderen Subjekten erfahren, in Vergessenheit geraten, unzugänglich sein von meinem Standort aus usw.). So geht das Kriterium verloren, das der Theorie erlaubt, nichtbewusste Beziehungen von solchen zu unterscheiden, die nur zugleich mit dem Bewusstsein von ihnen auftreten können (innerweltliche Beziehungen, etwa zwischen zwei Kratern auf der abgewandten Seite des Mondes, im Unterschied zu mentalen Beziehungen, etwa zwischen zwei konkurrierenden Gefühlen).

Das Entsprechende gilt übrigens für den – theoretisch ganz ähnlich gelagerten – neostrukturalistischen – etwa von Lacan und Derrida unternommenen – Versuch, Bewusstsein und Selbstbewusstsein aus dem differentiellen Verweis zwischen Zeichen herzuleiten. Auch für Zeichen gilt nämlich, dass sie von bedeutungslosen Strichen oder Geräuschen nur dadurch unterschieden sind, dass ein Bewusstsein ihnen in einem hypothetischen Urteil einen Sinn schon zugewiesen hat. Dann aber dreht sich die These, dieser Sinn sei seinerseits das Resultat oppositiver Beziehungen zwischen »marques« oder gar »signifiants«, in einem offenkundigen Zirkel (Frank 1983, 14.-19. Vorlesung). Ihm gegenüber besteht sogar Grund, die Positionen einer revidierten Phänomenologie als aussichtsreicher auszuzeichnen. Wenn indes der neutrale Monismus und der Neostrukturalismus das Phänomen von Subjektivität explizit auf das Bestehen von Relationen zurückführen, so tun das die erwähnten phänomenologischen Positionen nur im Widerspruch zur eigenen Absicht. Der Schluss, den eine zirkelfreie Theorie von Subjektivität aus dem Scheitern beider und aller am optischen Modell des Vorstellens orientierten Bewusstseinstheorien überhaupt zu ziehen hätte, wäre aber, dass Subjektivität überhaupt kein Fall von Beziehung ist: weder einer Gegebenheit auf eine andere noch einer Vorstellung auf ein Ich noch eines Bewusstseins auf ein anderes noch selbst eines Bewusstseins ›unmittelbar‹ auf sich selbst. Die Wiederkehr des Reflexivpronomens in diesen Formeln ist eine sichere Probe auf die Unhaltbarkeit des zugrunde liegenden Modells.

So haben Dieter Henrich und einige seiner Schüler vorgeschlagen, Selbstbewusstsein – in radikaler Abwendung von seiner durch die Umgangssprache nahegelegten Selbstdeutung als eines reflexiven Verhältnisses zwischen Gliedern einer Relation – als vollkommen beziehungsfrei zu deuten. Pothast hat gar von einem »gänzlich ›objektiven‹ Prozeß in dem Sinn [gesprochen], daß kein Moment eines wissenden Selbstbezugs daran auftritt« (Pothast 1971, 76). Der Vorschlag ist nicht weit entfernt von aporetischen Lösungsversuchen im Spätwerk Fichtes und Schellings, aber auch Heideggers, wo Selbstbewusstsein als Sekundäreffekt einer vom Sein eröffneten Dimension von Verständlichkeit unserer Welt gedacht ist, die Heidegger bekanntlich »Erschlossenheit« genannt hat – eine der ganz wenigen Wortprägungen Heideggers, die Erfolg in der jüngeren *Philosophy of Mind* haben. Selbstbewusstsein wäre alsdann in der Tat ›unmittelbar‹, denn es wäre nicht länger über ein Bezugsglied mit sich selbst vermittelt (Henrich 1970). Es kann auch nicht begriffen werden als Resultat einer zweckgerichteten Handlung (eines ›Sich-Setzens‹), wie der frühe Fichte das annahm (denn da müsste das Gesetzte zuvor bekannt sein). Ebenso wenig aber – und das ist wesentlich (und wird von den dekonstruktivistischen Subjektkritikern gänzlich übersehen) – kann Selbstbewusstsein als Fall einer Identifikation beschrieben werden. Jede nichttriviale Identifikation setzt Getrennte in eins. Im Subjekt gibt es aber keine zwei Pole, deren Identifikation durch irgendeinen Akt zu vollbringen wäre. Aus dem gleichen Grunde kann Subjektivität auch nicht als Fall eines Wissens betrachtet werden; denn alles Wissen erfolgt über Kriterien und Begriffe – begreifen aber heißt, eine Sache mittelbar unter Merkmalen zu betrachten, die ihr und anderen gemein sind, was durch die Unmittelbarkeit von Selbstbewusstsein ausgeschlossen wird. Dass Selbstbewusstsein kein Fall von Wissen oder von expliziter Reflexion ist, hat mehrere Theoretiker dazu veranlasst, ihm den Status des Vorbewussten oder gar des Unbewussten zuzuschreiben. Das ist aber letztlich eine Frage der Terminologie, über die ich nicht streiten möchte. Kennt man – wie Leibniz, Descartes und Kant – keine terminologische Unterscheidung zur Bezeichnung des Unterschiedes zwischen Bewusstsein ersten Grades und dem reflexiven Aufmerken auf dieses Bewusstsein, dann mag es einleuchtend erscheinen, konform mit unserer Umgangssprache von Bewusstsein zweiten Grades als vom Fall eines Wissens zu sprechen – das Ungewusste erscheint alsdann, wie bei Freud, als das Unbewusste. Man versteht dann auch die Wendung, wonach das Ich (im Sinne von Bewusstsein zweiten Grades) nicht Herr sei im eigenen Hause. Diese Redeweise, die ich für völlig legitim halte, verlangt aber eine Aufklärung über die prinzipielle Möglichkeit, dass im Verlauf z. B. eines therapeutischen Gesprächs das Ich sich als den Träger seiner eigenen ungewussten Geschichte wiedererkennen kann (und nicht, wie nach einer Gehirnwäsche, als ein anderer aus dem Gespräch hervorgeht), was im Falle einer ontischen Trennung beider topischen Bereiche gänzlich ausgeschlossen sein würde. Übrigens müsste noch für den Fall, dass wissender Selbstbezug nur ein kleiner heller Fleck auf der dunklen Karte des Unbewussten oder dass er ein Ort des Verkennens wäre, die Struktur dieses hellen Flecks oder dieser Verkennung einleuchtend beschrieben werden können. Die Freudsche Theorie ebenso wie die Lacansche oder die Metzingersche sind aber meines Erachtens noch nicht so weit gediehen, um diese Beschreibung aus eigenen Mitteln erbringen zu können.

III.

Bisher haben wir von Selbstbewusstsein wesentlich in negativen Formulierungen gesprochen (wir haben Kriterien benannt, denen eine künftige Theorie zu genügen haben wird); und es war von Subjektivität als von einem Allgemeinen die Rede: einem Phänomen, das jedes bewusste Wesen mit allen anderen seinesgleichen gemein hat. Ursprünglich aber hatten wir ein weiterreichendes Interesse formuliert: Wir wollten wissen, wie Subjektivität-im-Allgemeinen mit dem Bewusstsein zusammenhängt, durch das wir uns als einzigartige und innovative Einzelwesen kennen.

Jahrhundertelang hat die philosophische Terminologie zwischen Personalität (der Seinsweise eines besonderen) und Individualität (der Seinsweise eines einzelnen Subjekts) nicht streng unterschieden. Diese Unterscheidung, die, soviel ich sehe, durch Friedrich Schleiermacher in die Begrifflichkeit der Selbstbewusstseinsdiskussion eingeführt worden ist, ist den idealistischen Systemen von Fichte bis Hegel noch kaum bekannt. Individualität (oder Personalität) wird dort für eine nähere Bestimmtheit des absoluten Ichs (oder Geistes) angesehen. Alle Bestimmung beruht auf Negation, wobei Negation verstanden ist als Anderssein als... Wer sich durch ›ich‹ bezeichnet, vollzieht dabei zwei streng unterscheidbare Arten von Ausschlüssen. Er grenzt sich zunächst gegen alles ab, was nicht den Charakter eines Ichs hat, also von der Welt (oder dem Nicht-Ich).

Das ist die grundlegende Negation, durch welche sich das Ich als Subjektivität überhaupt bestimmt und vom Gesamt des gegenständlichen Existierenden (»Vorhandenen«) unterscheidet.

Eine zweite Ausdifferenzierung seiner Bestimmtheit besteht sodann für das Ich in seiner Unterscheidung von anderen Wesen, deren Seinsweise ebenfalls die Subjektivität ist, und durch diese zweite Handlung bestimmt sich das Ich als Individuum oder Person (womit etwa das bezeichnet ist, was Kant das ›empirische Ich‹ oder die ›persona psychologica‹ genannt hatte). ›Empirisch‹ meint ›in Raum und Zeit existierend‹ und obendrein ›affiziert durch einen kausalen Effekt der Wirklichkeit‹ (Kant hielt die Geometrie für a priori, Bewegung als die Grundkategorie der Physik aber für etwas Aposteriorisches; Frank/Zanetti in: Kant 1996, 997-1060). Fichte, Schelling und Hegel leugnen keineswegs, dass eine so bestimmte Person sich nur im Kontext intersubjektiven Mitseins gegeben ist – Fichte und Schelling, anders als Hegel (oder Mead oder Habermas), gingen aber nicht so weit, zu behaupten, was nicht ohne intersubjektive Ausgrenzung möglich sei, sei darum schon durch Intersubjektivität erklärbar: Ich kann ein anderes Ego als ein anderes Ego nur bestimmen, wenn ich zuvor schon mit Subjektivität vertraut war (vgl. hier Kap. 4). Die radikal intersubjektivistisch-genetische Theorie des Selbstbewusstseins setzt sich dem gleichen Einwand aus wie die am gegenstandstheoretischen Modell von Selbstbewusstsein als Reflexion orientierte. Sartre hat es an Hegels Kapitel über Herr und Knecht gezeigt (Sartre 1943, 291 ff.; dazu mehr im 4. Kapitel, Abschn. VI).

Es ist klar, dass, wenn Personalität nur als Selbsteingrenzung des absoluten Geistes verstanden werden könnte, ihr Seinsstatus der einer Beraubung, einer Defizienz sein müsste. Die analytische Position, als deren charakteristischste Vertreter ich Peter Strawson (1959) und Ernst Tugendhat (1979) anführe, weist nun gerade in die entgegengesetzte Richtung. Ihr Vorschlag, vom Ich (dem nominalisierten Pronomen der ersten Person Singular) zum ›ich‹ (dem nichtnominalisierten, im Satz als grammatisches Subjekt auftretenden Pronomen) ›abzusteigen‹, nimmt an, dies Fürwort stehe für die Person: ein empirisch Seiendes in Raum und Zeit, als solches identifizierbar und von anderen Seienden und Personen eindeutig abgrenzbar.

Strawson hat bekanntlich die starke These vertreten, die Rede von Identifikation könne überhaupt nur im Hinblick auf Einzeldinge in Raum und Zeit sinnvoll gemacht werden. Er hat auch gezeigt, dass solche Identifikation raumzeitlicher Einzeldinge nicht ohne den Gebrauch von Indexwörtern (wie Demonstrativa, deiktische Ausdrücke usw.) auskommt und dass sie nicht – wie etwa Leibniz glaubte – durch vollständige Beschreibungen mittels genereller Termini (Begriffe, Kennzeichnungen) ohne direkten oder indirekten Rekurs auf Zeigewörter ersetzt werden kann.

Das Raum-Zeit-Kontinuum umschreibt ein einheitliches System der Kenntnis von Einzeldingen, von denen wir, durch Identifikation, eines herausgreifen und als dieses von allen anderen unterscheiden. Dies gilt auch von uns selbst, insofern wir Personen sind, d. h. Seiende von der Art, dass ihnen sowohl Bewusstseinszustände als auch körperliche Eigenschaften zugeschrieben werden können. Eine Pointe des »Personen«-Kapitels in *Individuals* besteht nun darin, dass Strawson aufgrund dieser theoretischen Weichenstellung bestreitet, dass wir auf Bewusstseinszustände überhaupt identifizierend uns beziehen können, ohne zunächst die Person identifiziert zu haben, der wir diese Bewusstseinszustände zusprechen. Damit ist dem Gegenstand, auf den die Personalpronomina (und unter ihnen in ausgezeichneter Weise ›ich‹) Bezug nehmen, eine erstrangige Position zuerkannt.

Sie schließt eine klassische Alternative neuzeitlicher Bewusstseinstheorien mit gleicher Eleganz aus: (1) die Position von Descartes und seinen Nachfolgern, der zufolge Bewusstseinszustände mit Gewissheit nur dem Subjekt des Bewusstseins, nicht demjenigen des Körpers zugesprochen werden dürfen; und (2) die in der Frühzeit des Wiener Kreises vertretene Ansicht, dass psychische Prädikate (z. B. Erfahrungen) einem individuellen Ding, dem Körper, zugesprochen werden müssen, nicht aber von einem Ego ›besessen‹ oder ›gehabt‹ werden. Das erste Glied der Alternative wird bestritten mit dem Argument, dass ein transzendentales Subjekt von Erfahrungen gar nicht identifiziert, d. h. von anderen seinesgleichen unterschieden werden könnte; das zweite Glied wird widerlegt mit dem Nachweis der Zirkularität des Arguments (und in Anlehnung an den Wittgenstein des *Blue Book*): Würden Erlebnisse nicht auf einen zutreffen, der sie hat und sich selbst mit ›ich‹ bezeichnet, so würden sie auf niemanden zutreffen. Sie könnten außerdem nicht unabhängig von diesem ihrem Zutreffen auf jemanden als Erlebnisprädikate verifiziert werden. Ein subjektloses Besitzen sei mithin ein widersprüchlicher Gedanke, der schon von der Sprachform, in der wir dieses Verhältnis artikulieren, *ad absurdum* geführt werde.

Strawson war es auch, der aus dieser Sprachform weitreichende Konsequenzen für die Konvertibilität der Sprecherperspektiven abgeleitet hat. Es gehört zur Logik der Verwendungsweise von Personalpronomina (und deiktischen Ausdrücken im Allgemeinen), dass ihr Bezugsgegenstand derselbe bleibt, gleich ob er aus meiner Perspektive als ›ich‹ oder aus der eines zweiten als ›du‹ oder eines dritten ›er/sie‹ angesprochen wird (Tugendhat 1979, 88 [f.]). Man kann hier vom Prinzip der semantischen Symmetrie zwischen Selbst- und Fremdzuschreibung von Bewusstseinsprädikaten sprechen. Das zugesprochene Prädikat (z. B. ›ist verliebt‹) erleidet keine Bedeutungsmodifikation, wenn es einem anderen als mir, und ebenso wenig, wenn es mir von mir oder mir von dir oder ihr zugelegt wird.

Ernst Tugendhat hat diese Auffassung übernommen und wesentlich verfeinert. (Wir werden seine Position in den Abschnitten II und III des 4. Kapitel aus größerer Nähe betrachten und kritisieren.) Sein Beitrag zur Selbstbewusstseinsdiskussion ist auch darum so anregend, weil er in direkter Opposition zur Auffassung der Heidelberger Schule – als des (angeblich) erkennbar letzten und nur mehr in paradoxen Wendungen formulierenden Ausläufers der Orientierung am optischen Modell des Bewusstseins – entwickelt ist. Selbstbewusstsein sei allerdings kein Fall von Selbstthematisierung eines Bewusstseins – so, dass ein Subjekt sich selbst in der Stellung eines Objekts vorstelle. Dasjenige, wovon Bewusstsein bestehe, sei überhaupt kein wahrnehmbares Etwas, kein Ding, sondern eine abstrakte Entität: ein Sachverhalt, wie er sich sprachlich als Proposition (bzw. als Satz) artikuliert. Wenn, konform mit Strawson, das Subjekt von Bewusstsein als raumzeitlich identifizierbare Person verstanden werden muss, dann kann Selbstbewusstsein nunmehr definiert werden als die Beziehung zwischen einer Person und einer Proposition, in welcher in der Prädikatstelle ein Ausdruck der semantischen Sphäre des Psychischen oder Mentalen auftritt. Diese Beziehung ist ferner diejenige eines Wissens. Selbstbewusstsein schlägt sich sprachlich nieder in Ausdrücken wie ›Ich weiß, dass ich φ‹, wobei ›φ‹ als Symbol für psychische Erlebnisse oder Zustände steht. Der Heidelberger Position ist damit in vier entscheidenden Rücksichten widersprochen: Das Subjekt von Selbstbewusstsein ist identifiziert; es unterhält eine Beziehung zu seinem Gegenstand; dieser Gegenstand ist nicht es selbst, sondern eine nominalisierte Proposition; und Selbstbewusstsein ist kein vorbegriffliches Vertrautsein, sondern ein begrifflich explizierbares Wissen.

Tugendhats Position nimmt unbefragt wenigstens drei Prämissen in sich auf. Die erste unterstellt eine vollkommene Isomorphie zwischen der Redestruktur und der Struktur dessen, wovon geredet wird. (Dabei sind doch Propositionen anders als Tatsachen, für die sie stehen, frei von raumzeitlichen Elementen. Muss der Satz ›Es regnet‹ der Struktur des ausgedrückten physikalischen Sachverhalts isomorph sein?) Zweitens unterstellt Tugendhat, alles (nämlich auf Intentionalität reduzierte) Bewusstsein sei propositional strukturiert. Diese Behauptung ist aber nicht nur kontraintuitiv (muss ich, wenn ich eine Frau liebe, lieben, was von ihr der Fall ist; und ist Selbstbewusstsein wirklich die Beziehung auf eine Proposition und nicht vielmehr die auf eine relationale Eigenschaft, wie Lewis annimmt [1983]?); sie hängt abermals an der ersten Prämisse, dass, wenn wir uns auf einen Gegenstand mittels einer Proposition beziehen, dieser Gegenstand wiederum die Struktur einer Proposition aufweisen muss. Drittens schließt Tugendhat a priori aus, dass unter Selbstbewusstsein, statt des Wissens von der (leiblichen, wahrnehmbaren) Person, die es hat, auch das Mit-sich-Vertrautsein dieses Bewusstseins selbst verstanden werden dürfe. Nur von Letzterem war aber in der erkenntnistheoretisch geführten Diskussion die Rede, und sie stellt meines Erachtens das eigentliche Problem dar. Tugendhat wirft der Heidelberger Schule vor, das Problem der Ich-Identifikation in das (davon streng zu unterscheidende) des Wissens um propositional artikulierte mentale Zustände hineinzuziehen (›ineinanderzuschieben‹, sagt Tugendhat [1979, 58]). In Wahrheit lägen hier »zwei grundsätzlich verschiedene Weisen« von Wissen vor (69). Ich werde in Kapitel 2 – gestützt auf eine mächtige Tradition analytischer Selbstbewusstseinstheorien – zeigen, dass es gar nicht möglich ist, diese Entflechtung sauber durchzuführen. Epistemische Selbstbezüge (sprachlich artikuliert durch ein Kognitionsverb im Hauptsatz und ein Reflexivpronomen oder einen Quasiindikator im Nebensatz) sind als Fälle von propositionalem Wissen gar nicht zu fassen, weil das ›Selbst‹ (oder sein sprachlicher Stellvertreter) im Nebensatz immer in einen epistemischen Kontext eingebettet ist: Es genügt nicht, sich auf die richtige Person zu beziehen; man muss sich auf sie außerdem wissentlich *als* auf sich selbst beziehen. Wenn man uns sagt, dass der Bischof an der Abendessenstafel das Knie seiner Nachbarin mit dem seinen verwechselte, so lachen wir, weil wir wissen, dass Selbstbewusstsein sich nicht über Fremdwahrnehmung einspielt. Und wenn Ernst Mach in einen Bus steigt, den gegenüber aufgehängten großen Spiegel nicht erkennt und beim Anblick seines Spiegelbildes denkt: »Was steigt doch da für ein herabgekommener Schulmeister ein!«, referiert er korrekt auf sich; und er ist bei vollem Bewusstsein (Mach 1886, 3, Anm. 1). Mach erfüllt also die zwei Tugendhat-Bedingungen für (personales) Selbstwissen komplett. Trotzdem werden wir ihm kein Selbstwissen zuschreiben. Ein solches Selbstwissen ist nicht als Wissen *de dicto* (also als propositionales Wissen), nicht einmal als Wissen *de re* (über einen Gegenstand), sondern als Wissen *de se* zu beschreiben – und Wissen *de se* scheint ein auf Wissen *de dicto* und Wissen *de re* irreduzibles Wissen *sui generis* zu sein (Lewis 1983). Wenn Tugendhat die Ich-Identifikation und die (angeblich propositionsvermittelte) Kenntnis psychischer Prädikate für zwei ganz verschiedene Wissensweisen erklärt (Tugendhat 1979, 89, vgl. 87), übersieht er, dass die Ich-Kenntnis mit derjenigen von den psychischen Eigenschaften ein Kontinuum bildet, das nicht nur ›an sich‹ besteht, sondern sich außerdem *als ein solches* – *de se* – bekannt ist. – Dies von Tugendhats elegantem Lösungsvorschlag gar nicht berührte, aber massive Problem scheint mir so schwer zu wiegen, dass es nicht nur den Versuch ruiniert, Selbstbewusstsein auf propositionales Wissen, sondern auch den, es auf Personbewusstsein (oder auf drittpersönliches Bewusstsein) zu reduzieren. (Auf dieses Problem konzentrieren sich hier die Kapitel 4 und 7.)

Im Grunde müsste Tugendhat, um seine Position gegen die der Heidelberger siegreich antreten zu lassen, zeigen können, dass der erkenntnistheoretische Zugang ganz und gar (d. h. ohne Verluste) im sprachanalytischen Intersubjektivismus aufgeht. Tatsächlich konstatiert er selbst eine Spaltung zwischen veritativer Symmetrie und epistemischer Asymmetrie (Tugendhat 1979, 89). Damit ist gemeint, dass die Zuweisung von psychischen Zuständen aus der ›er/sie‹-Perspektive grundsätzlich über Wahrnehmungs- und Verhaltensprädikate vorgenommen werden kann, während sie aus der ›ich‹-Perspektive wahrnehmungsfrei erfolgt. Damit eng verbunden ist die weitere Beobachtung, dass ich mich selbst, als Träger von psychischen Eigenschaften, nicht identifizieren muss, dass ich mich lediglich als identifizierbar aus der ›er/sie‹-Perspektive verstehen muss (83 f., 87). Das eigene Selbstbewusstsein wird fehlschlagimmun präsentiert (darin logisch-analytischen Wahrheiten analog, mithin kein Fall von [informativem] ›Wissen‹, das, gemäß Definition, durch Irrtumsanfälligkeit und die Möglichkeit der Fehlidentifikation ausgezeichnet ist), denn es beruht nicht auf empirischer Wahrnehmung oder einem aus ihr abgeleiteten Rückschluss (wie dem aus einem glänzenden Auge – dem *hygrón* der Griechen – auf Verliebtheit). Diese radikale Unterschiedlichkeit der Zugangsweise sowohl zum Träger als auch zum Inhalt von psychischen Zuständen kann aber, nach Tugendhats Auffassung, nicht zu einer Differenz der Bedeutungen der verwendeten Ausdrücke führen, sonst wäre die veritative Symmetrie der beiden Sätze »ich φ« und »er φ« in Frage gestellt (so schon Strawson 1959, 3. Kap., § 4). Dieser Konditionalsatz drückt nun freilich ein Postulat rein methodologischer Natur aus. Er weiß sich nicht mehr durch einen Befund des Bewusstseins abgesichert.

Mehr noch: Wäre Selbstbewusstsein an Identifizierbarkeit behavioraler Eigenschaften oder an die Sprachkompetenz gebunden (so, dass ich ›ich‹ nur erlernen könnte, wenn ich zuvor die Möglichkeit der Identifizierbarkeit aus der ›er/sie‹-Perspektive begriffen und die Konvertierbarkeit der Perspektiven verinnerlicht hätte), so würde meine unbedingte (cartesianische) Selbstvertrautheit gerade an eine Bedingung gebunden: Sie hinge ab von der Verinnerlichung von

Regeln, die mich als Intersubjekt konstituierten, noch bevor ich Gelegenheit hatte, ein Subjekt zu sein. Die ganze Weisheit tradierter Einsichten in scheiternde Explikationsversuche von Selbstbewusstsein resümiert sich aber in der schlichten Sentenz, dass von Fremdem (und von Fremden) nie zu lernen ist, dass ich dieses (oder diese[r]) Fremde bin (wenn ich es nicht schon vorher wusste). Die Vorschaltung der ›er/sie‹-Perspektive vor der ›ich‹-Perspektive fügt den vielen Zirkeln in der Selbstbewusstseinserklärung nur eine neue Variante hinzu (Henrich 1989; vgl. hier: Kap. 3, Abschnitt II).

Ferner bleibt die Behauptung einer semantisch-veritativen Symmetrie von ›ich‹ und ›er/sie‹ die wesentliche Auskunft schuldig. Sie müsste – wenn sie am identifikationsfreien und insofern privilegierten Zugang festhält, den ich zu mir selbst aus der Eigenperspektive habe – erst einmal nachweisen, dass die Referenten von ›ich‹ (ohne Identifikation) und von ›er/sie‹ (mit Identifikation) dieselben sind. Das setzt eine starke, diesmal keineswegs nur semantische, sondern auch ontologische These über Leib-Seele-Identität voraus, wie sie für den gesamten Strawsonianismus (also auch für Tugendhat) charakteristisch ist; und diese im ›Person‹-Begriff nur unterstellte, keineswegs bewiesene Referenz- bzw. Zuschreibungskonvergenz psychischer und physischer Zustände setzt sich einem ernsten Einwand aus. Saul Kripke hat ihn gegen Schluss seines Vortragstranskripts über »Identity and Necessity« etwa so formuliert: Nehmen wir als gegeben, dass die Identitätsrelation ihrer Modalität nach nicht kontingent, sondern notwendig sein muss; und nehmen wir ferner das Faktum der epistemischen Asymmetrie an: so ist, was mir in der identifikationsfreien ›ich‹-Perspektive mit irrtumsunanfälliger (cartesianischer) Gewissheit gegeben ist, Psychisches. Ob diesem Psychischen irgendetwas Physisch-Chemisches entspricht (ob eine Neuronenreizung oder etwas anderes mit ihm ›identisch‹ ist), gehört nicht zum Kenntnis-Bestand des φ-Zustands. Da ich von der Identität des psychischen Zustandes mit irgendeinem physischen in der Innerlichkeit des präreflexiven Selbstbewusstseins nichts weiß, diese Identität aus der ›ich‹-Perspektive also allenfalls als kontingent erscheinen könnte (aber sie erscheint *mir* gar nicht), habe ich (jedenfalls beim gegenwärtigen Stand der Phänomenerklärung) keinen zureichenden Grund, die Person als Träger sowohl von psychischen wie von physischen Zuständen anzusehen. Alles, was erfüllt sein muss, um einem φ-Zustand Existenz zuzusprechen, ist, dass ich ihn wirklich habe (eventuell fühle); nicht notwendig (weil nicht als notwendig mitpräsentiert im Bewusstsein) ist die Identität des φ-Zustands mit einem Ereignis im Großhirn. Dessen Identifikation ist nicht nur paradigmenabhängig, sondern auch, weil durch Beobachtung und Experiment geleitet, prinzipiell von Fehlschlägen bedroht; dagegen ergibt es keinen Sinn, einem Schmerzgefühl, das ich habe, das Sein abzusprechen; denn psychische Zustände haben ihr Sein im Bewusstsein, das ich von ihnen habe; und meine Kenntnis davon ist völlig adäquat und paradigmenunabhängig. Noch anders gewendet: Der (begrifflichen) Notwendigkeit der Identitätsrelation zwischen Hirnzustand und psychischem Zustand entspricht im Bewusstsein keine notwendige Kenntnis von ihr; man müsste aus dem Bewusstsein heraustreten, um sich seiner Identität mit dem Anderen des Bewusstseins zu versichern, was absurd scheint. Kripke schreibt:

If $X = Y$, then X and Y share all properties, including modal properties. If X is a pain and Y the corresponding brain state, then *being a pain* is an essential property of X, and *being a brain state* is an essential property of Y. If the correspondence relation is, in fact, identity, then it must be *necessary* of Y that it corresponds to a pain, and *necessary* of X that it corresponds to a brain state, indeed to this particular brain state, Y. Both assertions seem false; it *seems* clearly possible that X should have existed without the corresponding brain state; or that the brain state should have existed without being felt as pain. Identity theorists cannot, contrary to their almost universal present practice, accept these intuitions; they must deny them, and explain them away. This is none too easy a thing to do (Kripke 1971, in: Block 1980, 146, Anm. 1).

Tatsächlich haben aber schon Wittgenstein, im Schlussteil des *Blue Book* (1958), und, an ihn anschließend, Sydney Shoemaker (1968) gezeigt, dass, was wir mit ›ich‹ und ›psychischer Zustand‹ meinen, niemals über die Zuschreibung von Körperprädikaten – also aus der Wahrnehmungs- oder Außenperspektive – verständlich gemacht werden kann. Wer dies glaubt, vergisst, dass er seinen Körper als den seinen nur unter der zirkelhaften Voraussetzung ansprechen kann, dass er sich zuvor schon solcher Pseudopropositionen mit psychischen Prädikaten wie ›ich sehe‹ oder ›ich fühle‹ hat bedienen können.

Daraus folgt auch, dass der Referent von ›ich‹ nicht notwendig der Körper ist. Kripke meint sogar, es sei notwendig nicht der Körper; denn dessen Identifikation kann misslingen, während φ-Zustände ihre zureichende und notwendige Bedingung in ihrem Gespürtwerden haben, also in ihrer Instantiierung im Bewusstsein. ›Ich‹ ist, wie Kripke sagt, ein rigider Designator: Er erreicht seinen Bezugsgegenstand prädikatfrei in jeder möglichen Welt. Im Unterschied zu anderen rigiden Designatoren (wie ›H$_2$O‹ oder ›Wasser‹) ist ›ich‹ sogar epistemisch souverän; d. h., die rigide Referenz fällt ins Wissen selbst. (Dagegen könnte ich meine Hände in Wasser tauchen, ohne zu wissen, dass Wasser einerlei ist mit H$_2$O; oder ich könnte die Ausstrahlung von Wärme empfinden, ohne zu wissen, dass Wärme Molekülbewegung ist – Aristoteles etwa wusste beides nicht; darum nennt Kripke solche Identitätsrelationen – ihrer Notwendigkeit unerachtet – *a posteriori*.)

Zwar sind wir hier mit der Abweisung von Strawsons und Tugendhats sprachanalytischer Harmonisierung der ›er/sie‹- und der ›ich‹-Perspektive beschäftigt. Da diese Harmonisierung aber eine massive ontologische Implikation hat, dass nämlich der Gegenstand von ›ich‹ nichts anderes als der Körper ist, berührt sie das alte Leib-Seele-Problem. Mit »cogito, ergo sum« hat Descartes nicht seine Person (also seinen Körper) identifiziert, sondern die Existenz seines Ichs so behauptet, dass diese Aussage auch gelten würde, wenn der Körper nicht im Bewusstsein (mit)präsentiert wird.

Darum konnte sich Kripke mit seinem berühmten Argument gegen die Leib-Seele-Identität völlig zu Recht auf Descartes berufen. Ich halte Kripkes Argument für so wesentlich für die Theorie der Subjektivität und die Unterscheidung der Subjektivität von der Personalität, dass ich mir erlaube, etwas länger bei ihm und seinem sogenannten cartesianischen Argument zu verweilen.

In der Tat ist Descartes' zweite Meditation ja überschrieben: »Vom Wesen des menschlichen Geistes und warum er [uns] besser bekannt (*notior*) ist als der Körper«. Descartes geht bekanntlich (und vermutlich zu Unrecht) so weit, die Existenz des Körpers wenigstens hypothetisch in Frage zu stellen, während er mit der apodiktischen – also keinen Zweifel duldenden – Gewissheit des *cogito* auch seine Existenz gesichert sieht: »cogito, ergo *sum*«. Jedenfalls konstruiert Kripke Descartes' Argument zustimmend wie folgt (wobei ›P‹ für den Modaloperator ›possibly‹ steht und der Strich vor der Klammer »–(Descartes = *A*)« das Negationszeichen meint):

The simplest Cartesian argument can perhaps be restated as follows: Let ›A‹ be a *name* (rigid designator) of Descartes' body. Then Descartes argues that since he could exist even if A did not, P –(Descartes = A), hence –(Descartes = A). Those who have accused him of a modal fallacy have forgotten that ›A‹ is rigid. His argument is valid, and his conclusion is correct, provided its (perhaps dubitable) premise is correct (Kripke 1971, in: Block 1980, 147 r.).

Auch Kripke wendet sich gegen die Auffassung, dass psychische Eigenschaften in einem eliminativistischen Sinne einerlei sind mit physischen Zuständen. Sie *bestünden* nach dieser Auffassung überhaupt nur als physische, ihr mentaler Charakter hätte gar keine Eigenständigkeit. Diese Auffassung ist aber unverträglich mit einer Besonderheit des menschlichen Bewusstseins, auf die wir zunächst unsere Aufmerksamkeit richten müssen, bevor wir ›Kripkes Argument‹ für den Dualismus selbst vorführen.

Ich werde das in zwei Schritten tun. Zunächst will ich zeigen, dass Kripke eine besondere Auffassung über das Wesen bewusster Zustände hat (nämlich dass solche nur vorliegen, wenn dies Vorliegen selbst bewusst ist). In einem zweiten Schritt wird Kripke dann zeigen, dass die Art, wie etwa Schmerz mit Schmerzbewusstsein verknüpft ist, viel enger ist als die Verknüpfung von Wärme bzw. mittlerer Molekülbewegung mit Sich-warm-Anfühlen (oder Schwitzen).

Zum ersten Schritt: Mentale Zustände sind wesentlich mit sich bekannt. ›Wesentlich‹ (das wissen wir) meint in solchen Zusammenhängen immer: Es könnte (z. B.) nicht etwas Verliebtheit sein, wenn einem dabei nicht auch verliebt zumute wäre.

Diese Überzeugung verweist, wenn wir von Kripkes modalontologischen Voraussetzungen absehen, auf ganz ähnliche Überzeugungen Descartes', Fichtes, Brentanos und noch mehr Sartres. Diese Ähnlichkeit ist in analytischen Kreisen kaum oder gar nicht wahrgenommen worden. Konzentrieren wir uns zunächst auf die These, dass es für jedes Bewusstsein wesentlich ist, mit sich selbst bekannt zu sein: (1) mit seinem baren Vorliegen (seiner Existenz), (2) mit seinen Zuständen (a. ihrem Gehalt ebenso wie b. dem psychischen Erlebnis) und (3) eventuell auch mit dem Träger dieser Zustände, dem Ich oder Subjekt.

Dafür hatte Sartre 1947 in seinem Vortrag vor der *Société Française de philosophie* zwei Gründe angegeben, die sich perfekt in Kripkes Argument einfügen. Den einen (a) übernimmt er von

Husserl (*V. Logische Untersuchung*, § 5): Die Selbstkenntnis des Bewusstseins ist »adäquat«, d. h. das Präsentierte ist »restlos« präsentiert. Objekte schatten sich dagegen unendlich ab; so können sie zu keiner Zeit in allen ihren Aspekten bekannt sein (ihre Kenntnis ist also wesentlich »inadäquat« und mithin fallibel). Es ergibt sich daraus, dass Objekt-Kenntnis – im Gegensatz zu Selbst-Kenntnis – immer ›nur wahrscheinlich (probable)‹ ist (Sartre 1947, 51,6/369,3; 64,4/383,2). – Das zweite Argument gegen die gegenständliche Deutung des Selbst (b) ist seine wesentliche Abhängigkeit vom *Bewusstsein*. Dagegen bestehen Objekte unabhängig vom *percipi*. Da dies auch fürs Selbstbewusstsein gilt, ist dessen Sein unabhängig vom *percipi*. (Der Baum im Hof bleibt stehen, wenn ich mein Erkennen von ihm abwende. Ein mentaler Gehalt hängt dagegen wesentlich am Bewusstsein, das ich von ihm habe [ohne Bewusstsein keine Lust oder kein Schmerz].) In *L'être et le néant* spricht Sartre von einer ›inneren Identität des Seins und des Sicherscheinens‹ im Bewusstsein (Sartre 1943, 23,2 u.).

Das ist eine tiefe, von Kripke und – weitgehend in seiner Nachfolge – auch einigen anderen Bewusstseinsphilosophen geteilte Überzeugung über den Sonderstatus von Bewusstsein. Sie wird Kripke in der Folge – im zweiten Schritt seiner Argumentation – dazu führen, eine Disanalogie im Verhältnis zwischen mittlerer Molekülbewegung, Wärme und Warm*empfindung* (oder H_2O, Wasser und der Empfindung von Wässrigkeit) einerseits, C-Faser-Reizungen im Hirn, Schmerzen und Sich-schmerzhaft-Anfühlen zu entdecken, die – meint Kripke – von den materialistischen Identitätstheoretikern missachtet wird. Wie wir wissen, sind die Ausdrücke ›Wärme‹ und ›Molekülbewegung‹ (oder ›Wasser‹ und ›H_2O‹) nämlich rigide Designatoren; sie bezeichnen ihren Gegenstand *als denselben* quer durch alle Welten, weil sie ihn *notwendig* bezeichnen. ›Sich-wässrig-‹ oder ›sich-warm-anfühlen‹ sind dagegen kontingente Bezeichnungen, die nicht quer durch alle Welten denselben Gegenstand herausgreifen müssen. Es handelt sich hier um verkappte Beschreibungen.

Danach gilt:

[…] *all it is* for something to be in pain is for it to feel like pain. There is no distinction between pain and painy stuff, in the way there is a distinction between water and watery stuff. One could have something that felt like water without it being water, but one could not have something that felt like pain without it being pain. Pain's feel is *essential* to it (Chalmers 1996, 147; vgl. 133,4 und 146 u.).

Ein anderer *Philosopher of Mind*, John R. Searle, formuliert Kripkes Problem (umständlich, aber erhellend) wie folgt:

[W]e can't make that sort of appearance-reality distinction for consciousness because consciousness consists in the appearances themselves. *Where appearance is concerned we cannot make the appearance-reality distinction because the appearance is reality.* [...] Consciousness is an exception to this pattern [of distinguishability between ›objective physical reality‹, on the one hand, and mere ›subjective appearance‹, on the other] for a trivial reason. The reason, to repeat, is that the reductions that leave out the epistemic bases, the appearances, cannot work for the epistemic bases themselves. In such cases, the appearance is the reality (Searle 1992, 121 f.).

Wir könnten zum Überfluss ein neueres Beispiel aus der *Philosophy of Mind* anfügen:

[I]t is implausible that a conscious state is conscious in virtue of being represented by an *unconscious state*. But if it is conscious in virtue of being represented by a conscious state, the representing conscious state cannot be numerically distinct from the represented conscious state, on pain of vicious regress or disunity. It follows that *the representing and the represented conscious states are one and the same* – that is, that conscious states are self-representing (Kriegel 2009, 20; letzte Kursivierung M. F.).[1]

Das sind alles Variationen über Sartres Themen: Während in der realen Welt Gegenstände ihr Sein unabhängig von unserem Bewusstsein haben, genügt es für die Kenntnis, dass sie besteht, um dem Zustand und seinem Gehalt Realität zu verschaffen. Es genügt, dass mir lustvoll *zumute* ist, um wirklich Lust zu *haben*.

Genau das nimmt auch Kripke an. Aber er gibt, wie wir andeutungsweise schon wissen, seinem Argument nun eine Wendung, in der modalontologischen Unterscheidungen ein wichtige Rolle spielen. Diese Wendung leitet den zweiten Schritt seines Arguments ein: Schmerz ist mit Schmerzbewusstsein anders verknüpft oder ›eins‹ als die begleitende (oder meinetwegen verursachende) C-

---

1 Kriegels Formulierung wirft ein *De-se*-Problem auf; vgl. auch Kriegels umständlichen Versuch, die ›Intimität‹ der Beziehung zwischen Repräsentat und Repräsentant im ›inneren Bewusstsein‹ dennoch der Repräsentationskategorie zu unterwerfen (ebd., 106 ff.).

Faser-Reizung im Hirn mit dem Schmerz. Die von Reduktionisten behauptete Analogie der Leib-Seele-Verbindung zum Verhältnis etwa von H$_2$O und Wasser erstreckt sich nicht auf die Beziehung einer Schmerzempfindungen realisierenden C-Faser-Reizung zum Schmerz selbst. Es wäre nämlich widerspruchsfrei vorstellbar, dass ich Schmerzen habe, ohne dass eine C-Faser gereizt worden wäre (und umgekehrt). Schmerz aber könnte in keiner möglichen Welt auftreten ohne ein Schmerz*bewusstsein*. Ein schmerzfreier Schmerz *ist* eben kein Schmerz. Und er wird auch nicht erst dadurch schmerzhaft, dass ein inneres Auge seine Aufmerksamkeit auf ihn richtet. Das heißt, dass zwischen Schmerz- und Schmerz*bewusstsein* eine ungleich engere – weil intrinsische – Beziehung besteht als zwischen Wasser (H$_2$O) und sich wässrig anfühlendem Stoff (oder einer Wässrigkeitsempfindung). Etwas kann sich wässrig anfühlen, ohne das uns bekannte Wasser zu sein; und eine Nervenfaser könnte auf die erforderte Weise gereizt sein, ohne dass der erwartete mentale Zustand aufträte (*et vice versa*). Die Verknüpfung beider ist eben nicht notwendig, sondern zufällig. Es ist widerspruchsfrei *vorstellbar,* dass eines stattfindet ohne das andere. Wer das nicht zugibt, verwechselt das, was durch einen rigiden Designator bezeichnet wird, mit dem, was durch eine akzidentelle (zufällige, auch anders sein könnende) Eigenschaft des Referenten bezeichnet wurde: etwa die Fähigkeit von Hitze, in uns gewisse Empfindungen hervorzurufen (Kripke 1980, 152).

Genauer ausbuchstabiert, stellt sich Kripkes Argument so dar: Es gibt eine wesentliche Unähnlichkeit im Verhältnis zwischen

(a) mittlerer Molekularbewegung, Wärme und Wärmempfindung (oder H$_2$O, Wasser und Sich-wässrig-Anfühlen) einerseits

und

(b) einer C-Faser-Reizung im Hirn, Schmerz und Sich-schmerzhaft-Anfühlen andererseits.

Beweis:

(1) Etwas kann Wärme sein, ohne sich warm anzufühlen (oder ich kann eine Warmempfindung haben, ohne dass Wärme vorliegt; oder etwas kann sich wässrig anfühlen, ohne Wasser zu sein: z. B. (Putnams) *Zwasser* auf Zwillings-Erde [Putnam 1975, 223 ff.]);

(2) und etwas kann Wasser sein, ohne sich wässrig anzufühlen (z. B. Eis oder Wassergas);

(3) aber etwas kann nicht Schmerz sein, ohne sich schmerzhaft anzufühlen.
(4) Nun ist *Identität* nach Kripke eine notwendige Beziehung. Die Beziehung zwischen C-Faser-Reizung und Sich-schmerzhaft-Anfühlen scheitert an diesem Kriterium. Umgekehrt sind Schmerz und Schmerzempfindung nach dem gleichen Kriterium identisch. Darum ist der naturalistische (ebenso wie der semantische) Reduktionsversuch eines phänomenalen Bewusstseinszustands auf eine neuronale Reaktion (oder einen funktionierenden Sprachgebrauch) gescheitert.

Kripke hatte sein Argument 1971 so auf den Punkt gebracht:

Someone can be in the same epistemic situation as he would be if there were heat, even in the absence of heat, simply by feeling the sensation of heat; and even in the presence of heat, he can have the same evidence as he would have in the absence of heat simply by lacking the sensation S. No such possibility exists in the case of pain and and other mental phenomena. To be in the same epistemic situation that would obtain if one had pain *is* to have pain; to be in the same epistemic situation that could obtain in the absence of a pain *is* to have no pain. The apparent contingency of the connection between the mental state and the corresponding brain state thus cannot be explained by some sort of qualitative analogue as in the case of heat.

[...] in the case of mental phenomena there is no ›appearance‹ beyond the mental phenomenon itself (Kripke 1971, in: Block 1980, 152 und 154).[2]

Ich hoffe, es lässt sich nun gut sehen, dass der erste Teil von Kripkes Argument in der Sache Sartres Unterscheidung von Objektbewusstsein und Selbstbewusstsein aufgreift (vgl. den entsprechenden Abschnitt unseres 3. Kapitels). Objekte bestehen unabhängig davon, ob ich Bewusstsein von ihnen habe oder nicht. Darum sind Objekte dem Bewusstsein undurchsichtig. Aber Bewusstseinszustände sind immer – und zwar notwendig – mit ihrem Vorliegen auch bekannt. Sie sind sich durchsichtig. Selbstbewusstsein ist nämlich gar kein Fall von gegenständlichem (opakem) Bewusstsein. Es scheint *sui generis* zu sein. Da natürliche Gegenstände wahrgenommen werden, zeigt sich hier zugleich die Uneignung der Rede von einer

---

2 Gegen dieses Argument: Block/Stalnaker (1999): Auch sie geben aber zu, dass die *epistemologische* Irreduzibilität fortbesteht; eine konstruktive Verteidigung von Davidsons token-Identitätstheorie von Leib und Seele gegen Kripkes Einwand hat Colin McGinn geliefert (1980).

›inneren Wahrnehmung‹ zur Bezeichnung der spezifischen Art von Kenntnis, die im sich selbst transparenten Selbstbewusstsein vorliegt. (Vgl. hier die Kapitel 5 und 7.)

Diese Uneignung hat kein neuerer Bewusstseinsphilosoph so nachdrücklich betont und so lichtvoll erklärt wie Sydney Shoemaker:

The knowledge in question is radically different from perceptual knowledge. The reason one is not presented to oneself ›as an object‹ in self-awareness is that self-awareness is not perceptual awareness, i. e., is not the sort of awareness in which objects are presented. It is awareness of facts unmediated by awareness of objects. But it is worth noting that if one were aware of oneself as an object in such cases (as one is in fact aware of oneself as an object when one sees oneself in a mirror), this would not help to explain one's self-knowledge. For awareness that the presented object was φ, would not tell one that one was oneself φ, unless one had identified the object as oneself; and one could not do this unless one already had some self-knowledge, namely the knowledge that one is the unique possessor of whatever set of properties of the presented object one took to show it to be oneself. Perceptual self-knowledge presupposes non-perceptual self-knowledge, so not all self-knowledge can be perceptual. Recognition of these facts should help to dispel the notion that the nature of self-knowledge supports the Cartesian view that the self is a peculiar sort of object, or the Humean view that it is no sort of object at all (Shoemaker, in: Shoemaker/Swinburne 1984, 104f.).

Ist das der Fall, dann kann die erkenntnistheoretische Perspektive eben nicht einfach in die semantisch-intersubjektivistische überführt werden. Die letztere bedarf vielmehr einer Bestätigung, die selbst nur auf dem Felde der epistemischen Verifizierung gegeben werden kann.

Schwerer wiegt aber ein Einwurf, den ich im folgenden Abschnitt begründen und durch einen Gegenvorschlag ergänzen will.

IV.

Er besagt, dass die rückhaltlose formal-semantische Reduktion des Selbstbewusstseinsproblems hermeneutisch naiv ist und dass sie die Singularisierungsleistung des Pronomens der ersten Person Singular unterbestimmt.

Zunächst widerspreche ich der Auffassung, dass mit ›ich‹ ein raum-zeitliches Objekt identifiziert wird, sofern, wie Strawson und Tugendhat es tun, ›identifizieren‹ im Sinne von ›objektivieren‹ verstanden wird. Als ›Objekt‹ bezeichnet man nur diejenige Wahrnehmungskomplexion, die ich durch einen Begriff auf ein dauerhaftes Merkmal überschreite, zu dem ich zu verschiedenen Zeiten als auf dasselbe zurückkommen kann. Das Objekt verdankt diese transsituative Selbigkeit einer strikten Idealisierung, die ein Seiendes in Raum und Zeit zu einem Gedankengegenstand (Husserl würde sagen: zu einer ›idealen Objektivität‹) macht. Der Objektivierung des Referenten von ›ich‹ entspricht in der sprachanalytischen Theorie der Glaube an die semantische Identität der in Prädikatstellung verwendeten Ausdrücke (als Typen rekursiv definierten Sprachgebrauchs). Auch sie sind transsituativ fixiert durch eine Regel, die ihre Verwendungsweise intersubjektiv verbindlich festlegt und nicht von einer Verwendung zur anderen schwanken lässt. Ich bestreite auch diese zweite Voraussetzung. (Individualität ist die Antipodin und Verunmöglicherin aller Idealisierung.)

Trotz der emphatischen Rede von der Raum-Zeitlichkeit der Person wird deren Zeitlichkeit von Strawson und Tugendhat merkwürdig wenig pointiert. Sie besteht doch darin, dass die Person sich von einem bestimmten Identitätspunkt (in dessen Konstitution eine unabsehbare Menge von Determinanten zusammentreffen) losreißen und auf eine Zukunft hin entwerfen kann, in deren Licht jeder Jetzt-Zeitpunkt allererst die Bedeutung erwirbt, in der er sich hält. Die Zeit desintegriert und differenziert – gewiss im Rahmen einer lebensgeschichtlichen Kontinuität, in die ein Element von Identität eingeht, das gleichwohl mit einem hart analytisch-leibnizschen Identitätskriterium (wie Tugendhat es anwendet) unvereinbar ist. Es gibt keinen festen Kern, keine fixe Identität eines Individuums.

Die Zeitlichkeit der Entwurfsstruktur des Individuums geht aber auch in die Semantik der Prädikate ein, durch die sich dasselbe qualifiziert. Bedeutungen sind nicht einfach – ein für alle Mal – durch einen semantischen Code fixiert, sie beruhen auf individuellen Interpretationen. Eine Person, die ihren Sinn spontan entwirft, kann die Bedeutungen der Prädikate, in deren Licht sie sich selbst und andere erschließt, verschieben, neu festsetzen, von einem Gebrauch auf den anderen unkontrollierbar modifizieren. Damit ist Intersubjektivität keineswegs ausgeschlossen: Sie verlangt lediglich eine schritthaltende Spontaneität des Verstehens auf Seiten des Gesprächspartners.

Die Zeitlichkeit der Person impliziert also mehr, als Strawson und Tugendhat ihr zugestehen können, nämlich dass die aktiv auf ihre Zukunft sich entwerfende Person sich nach und nach verschiedene (als solche jedoch, kraft Kodifikation, zeitinvariante) Prädikate zulegt. Ein Individuum legt sich im Laufe seines Zeitlebens nicht nur verschiedene (semantisch invariante) Prädikate zu, sondern es legt sie sich auch auf verschiedene Weise, nämlich in wechselnder Semantik, zu. Wenn Identifikation der Person ohne Prädikatenzuschreibung unvollkommen ist (wie Tugendhat zugibt) und wenn ferner die Prädikate nach Maßgabe der hermeneutisch-sinninnovativen Kompetenz von zukunftsoffenen Individuen ihre Bedeutungen in unabsehbarer Weise verändern können, dann ist das Kriterium der Identität sowohl der Person wie der Ausdrücke, die für ihre psychischen Zustände einstehen, bedroht. Um zu garantieren, dass die Person als ein und dieselbe aus einer (untereinander durch systematische Bezüge vernetzten) Pluralität von Verifikationsperspektiven erkannt werden kann, muss unterstellt werden, dass Verifikationspositionen und Personen einander im Verhältnis eins zu eins zugeordnet sind. Diese Prämisse ist aber hermeneutisch naiv, weil sie unterschlägt, dass aus ein und derselben Perspektive und mit Blick auf ein und denselben Gegenstand eine prinzipiell unabsehbare Fülle von Deutungen erfolgen kann, von der alle Ausdrücke betroffen werden können, in denen die Deutung sich intersubjektiv artikuliert. Um diese Konsequenz zwingend zu machen, müsste übrigens nicht erst gezeigt werden, dass die Bedeutung sich von einer zur anderen Verifikationssituation oder Wortverwendung tatsächlich verschiebt; es genügt zu zeigen, dass sie sich auf eine von der Grammatik und vom Leibnizschen Gesetz unkontrollierbare Weise verschieben *kann*. Will man nicht dem Fetischismus der Autotransformation eines Abstraktums wie *der* Sprache verfallen (die Sprache ist eine Idealisierung aus der relativen und statistischen Regelhaftigkeit einer jede Beobachtungssituation überfordernden, da unabsehbaren Menge von konkreten Redehandlungen), bleibt nur die Möglichkeit, Bedeutungsveränderungen dem Wesen zuzuschreiben, das sich, eingefügt in einen intersubjektiven Verständigungsrahmen, sprechend auf den Sinn seiner Welt hin entwirft; dieses Wesen könnte, wenn es nicht das Allgemeine selbst ist, nur das Individuum sein.

Wie verhält es sich alsdann zum Subjekt und zur Person? Und entsprechend: In welche Stellung gerät der hermeneutische zum erkenntnistheoretischen und zum semantischen (bzw. zu dem von ihm implizierten naturalistischen) Ansatz? Zunächst werden wir sagen, dass Individuen Subjekte sind (obwohl nicht alle Subjekte Individuen sind), dass sie unmittelbar selbstbewusst sind in dem Sinne, dass sie ihre Welt im Lichte von Deutungen erschließen, die ohne Bewusstsein unverständlich blieben. Damit ist Individualität aber nicht – wie es die analytische Semantik kritisch einwendet – aus dem Sprachbezug herausgenommen: Deutungen werden nur als Bedeutungen (von Wörtern wie von Sätzen) fassbar. Wörter sind aber nicht an sich, oder kraft anonymer Institution, bedeutsam; sie werden es nur kraft hypothetischer Deutungen, deren Träger Individuen sind. Sowenig wie es Zeichen an sich gibt, so wenig ist es das Subjekt-überhaupt, welches die Erschlossenheit einer Welt eröffnet. Welt erschließt sich im offenen Raum interindividueller Interaktion, deren Subjekte selbstbewusste Einzelwesen mit jeweils singulärer Motivation sind.

Der ihnen dadurch zugewiesene Index von Einzigartigkeit entzieht sie aber zugleich dem epistemologischen Rahmen einer rücksichtslos idealisierten Semantik der Personalität. Das Individuum hat eine Identität weder durch körperliche Eigenschaften (die als Naturgegebenheiten a priori gar nicht semantisiert sind und den Sinn, unter dem sie sich einer Sprachgemeinschaft intersubjektiv erschließen, erst aus individuellen Deutungen erwerben, diese dann aber nicht umgekehrt konditionieren können) noch durch die Stabilität der Bedeutung der Prädikate, die ihm (dem Individuum) zu verschiedenen Zeiten zugesprochen werden und die sich ihrerseits schritthaltend mit dem kontinuierlich sich transformierenden Weltdeutungssystem des Individuums modifizieren. So ist das Individuum gerade kein Einheitsprinzip.

Was immer ›Individualität‹ sonst noch meinen mag, sie ist jedenfalls als der direkte Widersacher des Gedankens der Einheit und Abgeschlossenheit der Struktur (und der Identität der von ihr zu einem Ganzen ausdifferenzierten Ausdrücke mit sich) zu denken. Es ist grundsätzlich das Individuum, durch dessen Intervention die Struktur (bzw. die von ihr in ihrer Selbstidentität gesicherten Zeichen) am Zusammenfallen mit sich verhindert. Mit sich zusammenfallen hieße: präsent sein. Nun kann eine Struktur oder ein Zeichen niemals mit sich selbst zusammenfallen, weil erstens der Gedanke der Unterschiedenheit der Zeichen den der Zeit und zweitens jeder Zeichengebrauch den der (unkontrollierbaren, nichtidentischen) Wiederholbarkeit voraussetzt.

Der Zeitabstand zwischen zwei Artikulationen eines Zeichens verlangt die Intervention einer Deutung: Wenn nichts an der Klanghülse eines Wortes seine semantische Identität verbürgt – dies glauben, hieße, einem naturalistischen Fehlschluss zu erliegen –, kann nur eine hermeneutische Hypothese die Einheit eines Sinns herstellen; die ist aber sowohl intersubjektiv fallibel wie individuell indeterminiert (sie ist motiviert, aber nicht nezessitiert). Wenn mithin Identität von Zeichen selbst schon auf Deutung (auf verstehende Rückidentifizierung zweier phonisch stets leicht differierender Schälle als desselben Signifikanten) beruht, kann unmöglich die Struktur als sinndeterminierend behauptet werden: Einzelsinn fließt nie a priori und kontinuierlich aus Regelkenntnis, er wird, wie Peirce gezeigt hat, durch abduktive Schlüsse generiert, die, wenn auch noch so stereotypisiert, niemals gänzlich übersprungen werden können.

Damit ist der Gedanke semantischer (und über sie vermittelt: personaler) Identität nicht einfach aus der Welt geschafft, wie es in überstürzten Konklusionen der Derridaschen Sprach- und Subjekt-Theorie scheinen könnte. Derridas Motive sind die Gedanken, dass (1) Beziehung auf subjektive (mentale) Phänomene nur zeichenvermittelt geschehen kann und dass (2) die Bezug nehmenden Zeichen niemals eine präzise identifizierbare Funktion ausüben können (Frank 2004). Den zweiten Satz begründet Derrida durch eine eigenwillige Auslegung der strukturalistischen Grundannahme, der zufolge jedes Zeichen seine Identität durch Ausgrenzung seines Zeichenkörpers von dem aller anderen vermittelt. Die Bedeutung des Zeichens a wäre also vermittelt durch Relationen des Andersseins-als gegenüber den Zeichen b, c, d, e, f usw. Nun gibt es keinen zwingenden Grund anzunehmen, dass die Kette der negativ vom ersten Zeichen fernzuhaltenden Oppositionsterme endlich wäre. Mithin sind die Grenzen der semantischen Identität eines Terms Funktionen eines offenen Systems permanenter Neudifferenzierungen ohne mögliche Präsenz eines Terms mit sich selbst. Da auch Subjekte (oder Individuen) nur durch Zeichen identifiziert werden können, geht der Riss der Ungleichzeitigkeit durch die Subjektivität selbst und verhindert sie an der ›présence à soi‹.

Ich kann den zweiten von Derridas Einwänden in mein Modell integrieren und muss nur den ersten modifizieren. Denn Derridas Theorie erlaubt zwar, Individuen die Identität (als starr Leibnizsche analytische Sich-selbst-Gleichheit) abzusprechen, nicht aber, sie als selbstbewusst und mithin als sinnbezogen zu denken. Das hängt damit zusammen, dass sie Subjektivität – keineswegs unähnlich dem analytischen Reduktionismus – vor die Alternative stellt, entweder sinnvoll (semantisierbar) zu sein und alsdann von der ihr zugrunde liegenden Zeichenartikulation abzuhängen oder in der Sinnlosigkeit zu verschwinden (*reductio ad absurdum*). Nun ist Subjektivität; also – meint Derrida – ist sie ein Epiphänomen der Zeichenartikulation.

Tatsächlich kann und muss man die Zeichenabhängigkeit von Sinn zugeben, ohne so weit zu gehen, diese Abhängigkeit als zureichenden Grund für Sinnbildung zu interpretieren. Dass aus dem reinen autonomen Verweisspiel von Signifikanten – obwohl es eine *conditio sine qua non* desselben darstellt – Selbstverständnis nicht zureichend hergeleitet werden kann, haben wir schon anlässlich der Kritik an Positionen des neutralen Monismus und des Strukturalismus gesehen. In die Definition des Signifikanten geht nämlich schon das Prädikat der Signifikanz ein; mithin ist die Behauptung, Letztere werde aus Ersterem gewonnen, zirkulär. Zweitens aber muss eingewandt werden, dass Derridas Angriff auf die Idee der Präsenz nicht nur radikal, sondern zu radikal, nämlich widersprüchlich ist. Ohne den Rückgang auf ein Moment relativer Sich-selbst-Gleichheit wäre Differenzierung (Sinnverschiebung, metaphorische Bedeutungsneueinschreibung) gar nicht feststellbar, sie wäre kriterienlos und vom Zustand der völligen Beharrung ununterscheidbar. Differenziert werden können nämlich nur Terme, die wenigstens hinsichtlich eines Bedeutungsmoments übereinkommen, so wie identifiziert nur Terme werden können, die sich voneinander in wenigstens einem Merkmal unterscheiden.[3] Bringt man dagegen selbstbewusste Individualität ins Spiel, kann man die prinzipiell unabsehbar offene Differentialität von Zeichenordnun-

---

3 Alexander Baumgarten sprach in (der von Kant benutzten 4. Auflage) seiner *Metaphysica* (von 1757) vom »Prinzip der verneinten Total-Differenz« (in *AA* XXVII, §§ 265 ff. [S. 83 ff.], hier: § 268, S. 84); dazu Frank 2007, 387 ff., bes. 407 ff.

gen erklären, ohne Derridas Aporien zu teilen. Ich möchte mir die Konstitution selbstbewusster Individualität als eine Folge kontinuierlicher Transformationen von Zuständen vorstellen, die einer Person zu einer Zeit zukommen. Diese Transformation geschieht nicht grundlos (ist also mit einer kausalen Erklärung vereinbar), doch sind die Gründe hier keine Wirkursachen, sondern Motive. Ich verstehe unter einem Motiv einen Grund solcher Art, dass er nur im Lichte einer ihn als Grund erschließenden vorgängigen Interpretation meine Handlung bestimmen könnte. Nezessitiert (durch physische Ursachen blind ausgelöst) wäre dagegen ein Ereignis, das aufgrund gegebener empirischer Konstellationen unmöglich nicht eintreten könnte.

Dagegen ist motiviert ein Übergang zwischen zwei Zuständen von »Kopersonalität« (oder zwischen zwei ›états de langue‹), wenn er an einen Grund sich nur anschließt, sofern er ihn zuvor im Lichte einer Interpretation als solchen gesetzt hat.

Motiviert sind also Konsequenzen, die nicht blind nezessitiert werden, sondern sich zu ihrem Anlass verhalten. In diesem Sinn ist die Nichtidentität (im Sinne von Transformation) eines Zeichens motiviert. Da der Sinn des ihr zuvorbestehenden Zeichens selbst nur kraft eines hypothetischen Urteils bestand (an sich, in seiner baren Naturalität hat es ja keine signifikanten Qualitäten), kann die Sinneinheit dieses Zeichens einen zweiten Gebrauch desselben semantisch nicht determinieren. Wohl aber kann sie ihn motivieren, in dem Sinn, dass eine folgende semantische Hypothese über die Bedeutung des Zeichens a zum Zeitpunkt t_1 sich von derselben im Rahmen einer künftigen Deutung bestimmen lässt.

Auch dann gibt es kein letztes Kriterium für die objektive Identität der Bedeutung des Ausdrucks a zum Zeitpunkt t_1 und diejenige desselben Ausdrucks zum Zeitpunkt t_2; denn diese Identität, als auf Deutung, nicht auf Wahrnehmung beruhend, kann selbst nur konjektural bestehen und bedarf der Übernahme der zugrunde liegenden Interpretation durch andere Individuen der Kommunikationsgemeinschaft. Auf diese Weise würde zwischen zwei aufeinanderfolgenden Stadien des Selbstverständnisses der Person (und zwischen zwei einander folgenden Interpretationen eines Zeichens) eine Kontinuität sich einspielen. Diese Kontinuität – die keine Kontinuität im evolutionären Sinne, sondern eine solche von einander motivierenden abduktiven Schlüssen wäre – könnte

Derridas aporetische Rede von einer ›restance non-présente d'une marque différentielle‹ wenigstens verständlich machen (Derrida 1977, 24f.): Eine Bleibe gäbe es, insofern ein und derselbe Ausdrucksträger nacheinander vielen Sinneinschreibungen offenstünde. ›Nicht-gegenwärtig‹ wäre die Kette gleichwohl, indem keine Einschreibung sich in der ihr zeitlich folgenden sinngleich und gleichförmig fortsetzen muss, derart, dass die Selbstgegenwärtigkeit ihres Bedeutens eine von keiner Differenz getrübte instantane Einheit bildete.

Ich folgere aus diesen Überlegungen – deren tentativen Charakter ich selbst unterstreiche –, dass der Rekurs auf die Kategorie der Individualität in der semantischen Diskussion um Selbst und Person nicht hätte aufgegeben werden dürfen. Denn Individualität ist eine Instanz, und sie scheint die einzige zu sein, die der rigorosen Idealisierung des Zeichensinns als eines instantanen und identischen Widerstand entgegenbringt (also ebendas leistet, was Derrida der »différance« zutraut). Andererseits hat allein sie den Vorteil, ohne Zirkel als selbstbewusst gedacht werden zu können, also Motivationen und hypothetische Urteile, wie es Deutungen sind, letztlich überhaupt all jene Prozesse verständlich zu machen, in denen die Kategorie ›Sinn‹ notwendig, d.h. in unersetzbarer Weise, auftaucht. Schließlich erklärt nur sie die Unableitbarkeit singulärer Sinnentwürfe aus semantisch-pragmatischen Universalien. Ableitungsverhältnisse bestehen nur zwischen Gleichartigen: einer Regel oder einem Konzept einerseits, einem Fall, einer besonderen Instantiierung, durch welche jene Ersteren sich spezifizieren, andererseits. Wird hingegen durch einen individuellen Sinnentwurf die Extension des zugrunde liegenden Typs überhaupt erst oder neu festgelegt, so ist analytisch einsehbar, dass der Sinnentwurf durch Beherrschung der Semantik der Ausgangsposition nicht vorherzusehen war. Das gilt auch für individuelle Sinnentwürfe im Rahmen einer Lebensgeschichte. Deren Identität verlangt ein synthetisches Einheitsprinzip, das qualitätiven Wechsel nicht ausschließt und vor allem der Möglichkeit einer Neudeutung überschrittener Sinnzusammenhänge Rechnung trägt. So scheint die Frage nach der Identität der Person »over time« auf eine Hermeneutik des Selbstverständnisses zu verweisen, deren Umrisse nur eben angedeutet sind und deren konkrete Ausarbeitung das Werk zukünftiger Anstrengungen bleibt. Sie scheinen von einer Mächtigkeit, dass ich zum Schluss in der Versuchung stehe, das von Hume in dieser Angelegenheit angerufene Privileg des Skeptikers in Anspruch zu nehmen und zu gestehen, »that this difficulty is too hard for my understanding« (Hume 1888, 636).

2. Wovon ist Selbstbewusstsein ein Bewusstsein?
Die klassischen analytischen Theorien (1967-1989)

Ich komme zurück auf die allgemeine Struktur von Selbstbewusstsein, wie sie der Personalität und der Individualität zugrunde liegt. Diesmal geht es um die Frage, wie sich das ›Selbst‹, von dem im Ausdruck Selbstbewusstsein die Rede ist, eigentlich bekannt ist und wofür das nominalisierte Reflexivpronomen eigentlich steht. Denn im Selbstbewusstsein haben wir es nicht nur mit einer *De-facto*-Identität des Kennenden und des Gekannten zu tun (einer Kenntnis *de re*). Wir müssen außerdem wissen, dass es in dieser Identifikation um *uns* geht. Es muss, wie Castañeda, Chisholm oder David Lewis sich ausdrücken, eine Kenntnis *de se* vorliegen. Diese Einsicht wurde in der klassischen Phase der *Philosophy of Mind* mit ebenso großer Intensität wie Subtilität ausbuchstabiert.

Beginnen wir mit der Titelfrage: Wofür steht das nominalisierte Reflexivpronomen ›Selbst‹ im zusammengesetzten Ausdruck ›Selbstbewusstsein‹? Die Frage scheint rhetorisch zu sein. Wird sie nicht durch eine einfache Reflexion auf die Sprachform des Ausdrucks beantwortet? Gegenstand des Selbstbewusstseins wäre ›das Selbst‹, was immer darunter näher zu verstehen sei (die Position etwa von Søren Kierkegaard [in: Frank 1991, 128 f.]). Vielleicht nimmt man Anstoß an der Nominalisierung des Reflexivpronomens in der Wendung ›das Selbst‹ und wird dann lieber annehmen, der Gegenstand von Selbstbewusstsein sei das Bewusstsein *selbst*, das sich reflexiv seines Bestandes versichert (die Position des frühen Brentano, des frühen Husserl, Hermann Schmalenbachs, Jean-Paul Sartres, von Vertretern des Wiener Kreises). Damit hätte man sich freilich von der landläufigen Überzeugung getrennt, Selbstbewusstsein sei mehr und anderes als die anonyme Selbstvertrautheit des Bewusstseins nur mit sich, sein Gegenstand sei vielmehr eine Entität namens ›das Ich‹ oder auch ›das Subjekt‹, womit ein dritter Kandidat für die Deutung des Referenten von Selbstbewusstsein ins Spiel gekommen ist. In der Geschichte der neueren Philosophie – von Descartes über Kant/Fichte, die Neukantianer und Russell bis zum späten Husserl – hat er sogar *die* meisten Stimmen auf sich versammelt.

Es hat sich indes gezeigt, dass alle drei Deutungen immanenten Schwierigkeiten begegnen, die vielleicht irreparabel sind. Aus Gründen, mit denen wir inzwischen vertraut sind, verwirrt sich die Deutung des Gegenstandes von Selbstbewusstsein als Selbst, als Bewusstsein oder als Ich entweder in Zirkeln oder in infiniten Regressen. Diese Mängel vermögen zwar die Überzeugung vom Bestand des Phänomens so wenig zu erschüttern wie der Nachweis, dass der Bruch $^1\!/_3$ – einer unendlichen Regression strukturell vergleichbar – im Dezimalsystem in einer unendlichen Periode sich verliert und doch einer realen Größe entspricht. Manche Philosophen gehen sogar so weit, zirkuläre Strukturen von der Art nicht wohldefinierter Mengen als Bestandteile unserer Wirklichkeit zu dulden (darunter das Selbstbewusstsein [Williford 2006]). Darum werden wir die unendliche Komplexion von Bewusstseinen, die *Bewusstseine* thematisieren, die ihrerseits Bewusstseine thematisieren (und so weiter), nicht für einen Einwand gegen den Bestand des Phänomens ansehen. Wohl aber ist es ein Einwand gegen die zugrunde liegende Theorie.

Es scheint, dass die unendlichen Komplikationen (womit ich Zirkel und Regress, die nicht einerlei sind, unter einer Rubrik fasse [dazu Sturma 1985, 118 ff.]) immer dann auftreten, wenn – wie Ernst Tugendhat bemerkt hat – die ›Wissens- und die Identitätsrelation ineinandergeschoben werden‹ (Tugendhat 1979, 58). Selbstbewusstsein wirft ja nicht nur das Problem des Referenten und seines epistemischen Status, sondern auch das Problem der Identität auf, wie es für reflexive Verdopplungen charakteristisch ist. Nehmen wir an, Identität meine in solchen Kontexten mehr und anderes als die tautologische Verdopplung einer Setzung, also mehr, als in folgendem Satz zum Ausdruck kommt: ›Wenn ich A setze, so setze ich A.‹ Nehmen wir vielmehr an, im Falle des Wissens, mit dem wir bei Selbstbewusstsein zu tun haben, sei eine echte Identifikationsleistung zu vollbringen. Und gehen wir (vorderhand mit dem gesunden Menschenverstand) davon aus, dass Selbstbewusstsein schon darum einen Referenten haben muss, weil alles Bewusstsein – jedenfalls, wenn da ein Unterschied bestehen sollte, jedes Wissen – notwendig einen Gegenstand hat. Das ist eine der ältesten und tiefsten Überzeugungen des Abendlandes, ›von Parmenides bis Husserl‹, wie Tugendhat gerne sagt (Tugendhat 1970). Ausgeschlossen, dass wir eine Vorstellung haben, ohne dass auch ein vor uns

Hingestelltes (und sei's ein Imaginäres) mitgegeben wird! Gilt diese vor-stellende Struktur für alle Fälle von Bewusstsein (jedenfalls von intentionalem), dann wohl auch für Selbstbewusstsein, sofern wir es mit anderen epistemischen Leistungen prinzipiell auf eine Stufe stellen (und z. B. annehmen, ich meine mit ›ich‹ unter Umständen denselben oder dieselbe, den/die du mit ›du‹ oder ›er/sie‹ meinst). Dann aber partizipiert Selbstbewusstsein an der Dopplung von Vorgestelltem und Vorstellendem. Nun ist im Normalfall von intentionalem Bewusstsein das Vorgestellte vom Vorstellenden verschieden; im Falle von Selbstbewusstsein soll dagegen – unbeschadet der reflexiven Verdopplung – das, wovon Wissen besteht, dasselbe sein wie das, welches weiß. Und darum scheint sich hier ein echtes Identifikationsproblem zu stellen: Ist der- oder diejenige, von dem/der ich weiß, wirklich die- oder derselbe wie der/die, welche(r) weiß? A priori scheint das nicht ausgemacht.

Intuitiv möchten wir solcherlei Fragen als absurd oder als Grillen philosophischer Spekulation abtun. Indes muss sich die Intuition rückbefragen lassen, woher sie ihre Sicherheit bezieht und ob sie uns einen Weg zeigen kann, das Problem durch Umformulierung zu umgehen.

Dergleichen unternimmt Tugendhat, auf Wittgenstein und Strawson sich stützend. Er empfiehlt, die Identitäts- und die Wissensrelation sorgsam zu entflechten. So glaubt er, zugleich den Zirkeln zu entkommen, in die man sich unweigerlich verwickelt, wenn man die Selbstidentität von einem Wissen und dieses von einer präreflexiven Selbstidentität abhängen lassen will. Freilich impliziert Tugendhats Démarche eine zunächst nur durch methodische Gründe (Eleganz der Problemvermeidung) sich empfehlende Deutung des Gegenstandes von Selbstbewusstsein: Es ist weder das Selbst noch das Bewusstsein, noch das Ich, sondern ›die Person‹. Die sei gleichermaßen Träger physischer wie psychischer Eigenschaften; aber nur die physischen spielen eine Rolle bei der (observationellen) Identifikation des Referenten von ›ich‹ – denn da handelt sich's einfach um den Körper eines Sprechers/einer Sprecherin. Und da ein Körper als nicht nur räumliches, sondern auch zeitliches Gebilde mannigfachen Entstellungen und Verwitterungen ausgesetzt ist, ist seine Identifikation ebenso problematisch (aber auch nicht problematischer) als die irgendeines anderen innerweltlichen Dings, das ›sich‹ wandelt oder seine Eigenschaften in der und mit der Zeit wechselt. Gewiss gibt es daneben die psychischen Prädikate. Wie eine Person sich diese (ohne alle Identifikationsleistung) zuschreibt, erörtert Tugendhat unter Reflexion auf den Sprachgebrauch in den entsprechenden Selbstzuschreibungsäußerungen – das erkenntnistheoretische Problem, mit dem die meisten Denker der Neuzeit beschäftigt waren, interessiert ihn nicht. Genug, dass bei der Selbstzuschreibung von (wie Tugendhat sie nennt) φ-Prädikaten gar kein Identifikationsproblem auftaucht – denn seit Wittgenstein gilt für ausgemacht, dass Sätze wie ›Ich habe Zahnweh‹ Pseudosätze (eigentlich eher expressive Äußerungen) sind, gar kein Wissen artikulieren, also auch nicht dem Irrtum ausgesetzt sind, also auch keine informativen Identifikationsoperationen einschließen. Letztere fallen lediglich an, wenn ein Zweiter sagt: ›Du hast Zahnweh.‹ Denn der andere muss sein Urteil auf Erfahrung gründen; und da könnte er sich – wie in allen Erfahrungsurteilen – täuschen.

Nun besteht Tugendhat auf der Identität des Referenten von ›ich‹ aus der ›ich‹- und aus der ›er/sie‹-Perspektive. Da die Innen- und die Außenperspektive epistemisch indes nicht kongruieren, klafft hier eine Asymmetrie: Die logischen Subjekte von psychischen und von physischen Eigenschaften sind nicht dieselben. Tugendhat sucht diese Asymmetrie durch methodische Postulate zu überspringen, indem er vor allem geltend macht, der kompetente Gebrauch von ›ich‹ aus der Sprecherperspektive impliziere Kenntnis der Regel, wonach alle deiktischen Ausdrücke – als standpunktgebunden – ineinander konvertibel sind. Wer ›ich‹ regelkonform – und *ohne* Identifikationsleistung – aus der ›ich‹-Perspektive zu verwenden gelernt hat, der weiß sich eben damit als aus der ›er/sie‹-Perspektive – aufgrund von Beobachtung – identifizier*bar*. Gareth Evans gab diesem Phänomen, dem er allerdings eine viel weitere Ausdehnung einräumte, den Titel ›The Generality Constraint‹ (Evans 1982, 100ff.).[1] In Wirklichkeit würde der Verweis auf die

---

[1] Evans schreibt: »What we see from Strawson's observation, then, is that any thought which we can interpret as having the content *that a is F* involves the exercise of an ability – knowledge of what it is for something to be *F* – which can be exercised in indefinitely many distinct thoughts, and would be exercised in, for instance, the thought that *b* is *F*. Similarly for the thought that *a* is *G*. And this of course implies the existence of a corresponding kind of ability, the ability to think of a particular object. For there must be a capacity which, when combined with a knowledge of what it is in general for an object to be *F*, yields the ability to entertain the thought that *a* is *F*, or at least a knowledge of what it is, or would be,

Sprache, die wir immer schon als gemeinsames Kommunikationsmittel voraussetzen müssen, wenn wir ›ich‹ oder ›du‹ usw. sagen, einen gründlichen Skeptiker nicht beeindrucken. Er würde sagen: Es bleibt doch wahr, dass auch nach deiner eigenen Meinung nur *ich* sicher weiß, ob ich Zahnweh habe, während *du* es nur aus Beobachtung (hypothetisch) erschließt, und da kannst du dich eben irren. Da nun nach Strawson und Tugendhat – um der semantischen Symmetrie von ›er/sie‹ und ›ich‹ willen – Psychisches immer auch physisch sich darstellen muss (sonst könnte man es aus der Fremdperspektive einer Person nicht – nach Kriterien stereotypisierter Verhaltensschemata – zuschreiben), bedarf ich, um Physisches (an fremden Personen) *als* sinnliche Darstellung von Psychischem interpretieren zu können, eines Deutungsschlüssels. Den könnte ich nun nur um den Preis einer zirkulären Verwicklung abermals physisch definieren – ich kann ihn nur finden in der ›inneren Erfahrung‹ der ›ich‹-Perspektive. Anders gesagt: Um gewisse physische Phänomene in der Welt als Darstellungen fremd*psychischer* (und eben nicht physischer) Ereignisse/Zustände zu interpretieren, müsste ich mit Psychischem ›von innen her‹ bekannt sein. Dann ist aber die semantische Symmetrie erkenntnistheoretisch bedroht: Ich kenne einiges Physische als Darstellung von Psychischem nur durch nichtobservationelle Vertrautheit mit Psychischem – und das gilt für jeden selbstbewussten Sprecher außer mir ebenso. So kann unmöglich Physisches mich über den Sinn von φ-Prädikaten informieren; und Psychisches scheint so einen logisch-epistemischen Vorrang vor solchem Physischen zu haben, durch welches sich Psychisches innerweltlich darstellt.

Man kann aber noch grundsätzlicher ansetzen: Ich selbst bin ursprünglich mit meinen eigenen physischen Eigenschaften nur auf dem Umweg über psychische Erlebnisse bekannt. Denn was

for *a* to be *F*. And this capacity presumably suffices to yield a knowledge of what it is, or would be, for *a* to be *G*, when combined with a knowledge of what it is for an object to be *G*, for any arbitrary property of being *G*. [Note: We thus see the thought that *a* is *F* as lying at the intersection of two series of thoughts: on the one hand, the series of thoughts hat *a* is *F*, that *b* is *F*, that *c* is *F*, …, and, on the other hand, the series of thoughts that *a* is *F*, that *a* is *G*, that *a* is *H*, …]

Thus, if a subject can be credited with the thought that *a* is *F*, then we must have the conceptual resources for entertaining the thought that *a* is *G*, for every property of being *G* of which he has a conception. This is the condition that I call ›The Generality Constraint‹« (Evans 1982, 103 f.; vgl. 209).

soll der Satz ›Ich habe mein Bein beim Skifahren gebrochen‹ anderes besagen, als dass ich mit dem Inhalt der Aussage teilweise auch durch eine nicht auf Beobachtung und nicht auf kriterieller Selbstzuschreibung beruhende ›Innenperspektive‹, also unmittelbar, vertraut bin oder jedenfalls sein kann. Das Possessivpronomen vor Körperprädikaten (in Wendungen wie ›mein Bein‹, ›mein Herz‹ usw.) leiht seine Intelligibilität bei der Durchsichtigkeit der psychischen Selbstzuschreibungen aus, durch die (und nur durch die) hindurch gleichsam Körperliches mit Gewissheit selbstzugeschrieben wird (Shoemaker 1984, 15 ff.). Das meinte Fichte mit dem (oft missverstandenen) Satz: Alles Bewusstsein-*von-etwas* sei (logisch) zunächst einmal (ungegenständliches, mithin unmittelbares) *Selbst*bewusstsein (Fichte 1797, 19 f.). Und darum hatte auch Descartes recht, wenn er die ›cogitationes‹ für gewiss, ihre Gegenstände (das Ego ausgenommen) zwar für notwendig vor-gestellt, hinsichtlich ihrer (unabhängigen) Existenz aber für unerwiesen hielt. Wenn man daran festhalten will, dass Selbstbewusstsein überhaupt auf etwas referiert, könnte aus dieser einfachen Überlegung das starke Motiv entspringen, ihm nicht einen Körper, sondern ein ›cartesianisches Cogito‹ zuzuweisen (Shoemaker 1984, 15 ff.), woraus – wohlbemerkt – nicht schon folgt, dass dieses ›Cogito‹ eine vom Körper numerisch verschiedene mysteriöse (Zusatz-)Substanz sein muss (»*a further fact*« [Parfit 1984, 210]; für eine ungegenständliche, performative Deutung des *cogito* siehe Schwab [1988, 51 ff.] und – klassisch – Hintikka [1967]). Sicher aber ist, dass die Motive fürs ›Ineinanderschieben der Wissens- und der Identitätsrelation‹ ein *fundamentum in re* besitzen; denn ich kann mich meiner *Identität* als der *meinigen* nicht aus einer externen Perspektive versichern. Diese externe Identifizierbarkeit des Trägers von ›cogito‹ durch ihn/sie selbst setzt vielmehr präobservationelle Vertrautheit mit sich schon voraus. So scheint Selbstidentifizierbarkeit von (epistemischer) Selbstvertrautheit abzuhängen oder mit ihr funktional verbunden zu sein.

Diese nicht im Trend des Physikalismus und des Nominalismus liegende Konsequenz kann sich auf eine weitere Struktureigenschaft der Selbstzuschreibung von φ-Prädikaten stützen. Nicht nur sind uns physische Eigenschaften, sofern wir sie mit cartesianischer Gewissheit *uns selbst* (und nicht anderen) zuschreiben, ihrerseits durch φ-Prädikate vermittelt (ich nenne die Schnittwunde im Zeigefinger

›meine‹, weil ich den Schmerz – kriterienfrei, ohne Hinsehen – als meinen spüre); Sätze mit ›er/sie‹ (oder mit einem anderen Personalpronomen im Singular sowie einem kognitiven Verb im Hauptsatz) und ›sich selbst‹ (im davon abhängigen Nebensatz) sind logisch irreduzibel auf reflexive Verhältnisse, die ich selbst oder ein anderer in der Haltung des unbetroffenen Beobachters an mir konstatieren kann. Daraus scheint zu folgen, dass Selbstbewusstsein irreduzibel ist auf das, was darüber aus einer externen Perspektive ausgemacht werden kann. Es scheint sogar, als sei das System der Deiktika (›du‹, ›er/sie‹, ›hier‹, ›jetzt‹, ›dies‹, ›jenes‹ usw.) nur einem zu erklären, der sich schon des *Sinns* von ›ich‹ bemächtigt hatte – aber das wäre eine an dieser Stelle überstürzte Konsequenz (Castañeda 1966, in: Castañeda 1999, Text 1, bes. 46 f.).

I.

Legen wir *also* zunächst unsere spekulativen Siebenmeilenstiefel ab und betrachten aus größerer Nähe das Phänomen, von dem hier die Rede ist.

In einem klassischen Text (»The First Person« [1975]) hat Elizabeth Anscombe aporetische Konsequenzen gezogen aus der Annahme, das Pronomen der ersten Person Singular sei entweder ein Eigenname oder ein Demonstrativpronomen und habe, wie alle anderen seinesgleichen, mithin einen Referenten. Wer diese Annahme teilt, muss angeben können, wer oder was dieser Bezugsgegenstand ist.

Nehmen wir an, ›ich‹ sei ein Name. Syntaktisch könnte das einleuchten, denn ›ich‹ tritt in Sätzen an die Stelle, die sonst von Namen (oder anderen singulären Termini) eingenommen werden kann: Es ist ein Für-Wort, ein Pro-Nomen. Aber dann müsste der Bezugsgegenstand – wie der aller singulären Termini – ein Gegenstand sein; und der müsste sich – nach Frege – in eine Reihe von Kennzeichnungen auflösen lassen (in generelle Termini – beschreibende Begriffe – oder in Arten und Weisen seines Gegebenseins, wie Frege sagt). Anders gesagt: Jeder Gegenstand kann auf beliebig viele Weisen (Fregesche ›Sinne‹) spezifiziert werden. Aber ein Gegenstand, der unter gar keiner Beschreibung existiert, wäre kein Gegenstand. Wie ist uns aber der Gegenstand von ›ich‹ gegeben? Als Selbstbewusstsein oder als cartesianisches *cogito*: Nur so könnte laut Elizabeth Anscombe die Antwort lauten. Denn ›ich‹ funktioniert auch in Unkenntnis aller deskriptiven Merkmale der ›ich‹ sagenden Person; mithin meinen wir mit ›ich‹ anderes, als was wir mit Körpereigenschaften bezeichnen können. Also wäre der (Fregesche) Sinn des Referenten von ›ich‹ etwas Körperloses wie ›Selbstbewusstsein‹.

Nimmt man dagegen, um diese unerwünschte Konsequenz zu vermeiden, an, ›ich‹ sei ein Demonstrativum, so stößt man sich an Freges Ausschluss der Demonstrativpronomen aus der wahrheitsfähigen Rede – denn Demonstrativa bezeichnen ihre Gegenstände geradehin und nicht unter Beschreibungen (Begriffen, Kennzeichnungen, einem Wie des Gegebenseins). Wir hätten dann zwar einen Referenten, von dem wir aber gar nicht sagen könnten, *was* er ist oder womit wir es zu tun hätten (er fiele unter keinen Begriff, nicht einmal ein Sortal). Das Problem in der Deutung von ›ich‹ als Namen-Wort würde sich so noch verschärfen.

Aber Elizabeth Anscombe weist die Annahme, ›ich‹ sei ein Demonstrativum, auch noch mit dem zusätzlichen Einwand zurück, dass Demonstrativa wie ›dies‹ oder ›jenes‹ auch in Abwesenheit (oder Unkenntnis) ihres Bezugsobjekts funktionieren können. Als Beispiel wählt sie jemanden, der mit einem Behältnis des Weges kommt und sagt: »Das ist alles, was von dem armen Jones übrig geblieben ist.« ›Das was?‹ möchte man zurückfragen und wird erwarten, der erfragte Gegenstand werde durch die Kennzeichnung ›dies Häuflein Asche‹ spezifiziert. In der Tat aber war (ohne dass der Sprecher das wusste) die Urne leer (Anscombe 1981, 28; dt. 95[2]). So kann von einer generell ›garantierten Referenz‹ bei Demonstrativa keine Rede sein, obwohl sie manchmal gegeben ist (z. B. wenn ich sage ›Dies Sirren und Schwirren in meinen Ohren ist unerträglich‹).

Dagegen ergibt es keinen Sinn, einen solchen Verweisungsirrtum auch für ›ich‹ zu argwöhnen; denn ›ich‹ ist mit sich bekannt, gleich welches die Beschreibung (der Fregesche ›Sinn‹) ist, unter der es sich zu fassen bekommt. ›Ich‹, sagt Elizabeth Anscombe, ist keine Chimäre, sondern »etwas Wirkliches, obwohl noch immer

---

2 Im vorliegenden Kapitel belege ich deutsche Übersetzungen zentraler Texte der klassischen analytischen Selbstbewusstseinsphilosophie (mit dem Zeichen »dt.« und der Seitenzahl) nach meinem Sammelband *Analytische Theorien des Selbstbewußtseins* (Frank 1994).

Unerklärtes« (Anscombe 1981, 26; dt. 91). Sein Referent (wenn es denn einen gibt) kann nicht identisch sein mit etwas durch Beobachtungsprädikate oder Kennzeichnungen Spezifizierbares. Denn wenn John Smith von dem (in einem Testament so spezifizierten) John Horatio Auberon Smith spricht, muss er nicht wissen, dass in diesem Testament von *ihm selbst* die Rede ist. Und wenn Descartes (der vielleicht Mersenne hieß und sich selbst blitzgescheite Einwände zuschickte) an der Existenz von Descartes (als Namensträger und als raum-zeitliche Person) zweifelt, so zweifelt er keineswegs an *sich* als dem diesen Zweifel äußernden denkenden Subjekt (*res cogitans*). Wir meinen eben mit ›ich‹ nicht einfach das, was ein observierbares und spezifizierbares Objekt sein könnte und hinsichtlich dessen Identifikations- (oder Spezifikations-)Irrtümer auftreten könnten. Observiert wird Körperliches. In direkten oder indirekten Reflexionsvollzügen treffen wir dagegen nur auf Bewusstsein; und wenn dieses Bewusstsein seinerseits ein Körperbewusstsein ist – z. B. ein Fühlen –, so ist uns die physische Komponente darin ihrerseits nur mental – eben als Gefühltes – erschlossen. Ebendarum könnten wir den Gebrauch von ›ich‹ auch nicht einfach so erklären, dass mit ihm ein jeder sich selbst bezeichnet. Dies träfe für den Ausdruck ›A‹ in der Sprache der ›A-Benutzer‹ auch zu, und doch ist ›ich‹ durch ›A‹ nicht zu ersetzen. (Die Rede ist von einer Sprache, in der jeder sich selbst durch ›A‹ bezeichnet – einer [*ihm selbst sichtbar*] auf die Brust befestigten Letter – und jeden anderen durch einen Buchstaben von B bis Z, den er – ihm selbst unsichtbar – auf dem Rücken geschrieben trägt; denn auf die Weise erführe kein Sprecher je, dass und wenn von *ihm selbst* und nicht irgendeinem identifizierbaren – und also auch fehlidentifizierbaren – *Körper*-unter-einer-Beschreibung die Rede ist. Genau diese Garantie führt aber ›ich‹ mit sich – und ›A‹, ›er/sie‹ oder andere [Pro-]Nomina und Demonstrativa *nicht* [ebd., 24; dt. 88 f.].)

Kurz: Es hat mit ›ich‹ eine gegenüber Nomina und Demonstrativa eigene Bewandtnis. Ich kann mir nämlich schlechterdings keine Situation vorstellen, in der ›ich‹ keinen Referenten hätte oder sich im Verweisungsbezug täuschen könnte (wie John Smith über seine Identität mit John Horatio Auberon Smith oder der Träger der Urne über die Asche des armen Jones). ›Ich‹ wäre damit so etwas wie ein Russellscher ›logischer Eigenname‹ oder ein Name im Sinne des Wittgensteinschen *Tractatus* oder ein Kripkescher ›rigid designator‹, d. h. ein solcher, der – regelkonform verwendet – seinen Referenten unabhängig von allen Beschreibungen notwendig, weil direkt, erreicht.

Das ist, wie wir schon *hörten*, auch die Ansicht von Hector-Neri Castañeda:

The pronoun ›I‹ has an *ontological priority* over all names and descriptions. A correct use of ›I‹ cannot fail to refer to the object it purports to refer to (Castañeda 1999, 47; dt. 192).

Aber es hat auch einen *erkenntnistheoretischen Vorrang* vor den übrigen Demonstrativa. Denn, sagt Castañeda,

Demonstratives are necessarily *eliminable for their users*. The only exception is the demonstrative ›I‹. If Privatus asserts »This is blue«, perhaps with pointing, he seems both to single out an object in his experience and to attribute to it nothing than blueness. Let this be as it may. The crucial thing, however, is that later on, when the object is no longer in his presence, ›this‹ has to yield to a name or description of the object Privatus called »this«. Demonstratives are necessarily *eliminable for their users*. The only exception is the demonstrative ›I‹. Nobody can at all keep knowledge or belief or whatever information about himself he receives, unless he manages to replace every single reference to himself in terms of descriptions or names, or in terms of other demonstratives (like ›you‹, ›he‹, ›this‹), by a reference in terms of ›I (me, my, mine, myself)‹. This does not mean, of course, that whenever, e. g., Privatus hears »Privatus is φ« he is to perform a physically, or psychologically, distinguishable act of translation: »That is, I am φ.« The point is a logical one. Privatus cannot remember, or merely consider later on, that he* is φ unless he remembers, or considers, what he would formulate by saying »I am φ« or »Privatus is φ and I am Privatus.«[3] At best

---

[3] Das Zeichen *er** (*he**) steht für das emphatische Reflexivum *er/sie … sich (selbst)*: die, wie Chisholm sie nennt, *he, himself locution* (Chisholm 1981, 17 [ff.]; dt. 270 [ff.]). Es hat die Funktion eines, wie Castañeda sie nennt, *Quasiindikators* (Castañeda 1999, 61-88). Quasiindikatoren referieren nicht nach Art von Demonstrativa. Sie können sogar, wie wir sahen, einzelne Gegenstände verfehlen; denn sie spielen die Rolle von Variablen in quantifizierten Sätzen wie ›Stets wird jede verliebte Frau einem Mann sagen, dass sie* (selbst) ihn liebe‹. Quasiindikatoren haben notwendig ein Antezedens, auf das sie sich rückbeziehen, durch das sie aber nicht ersetzbar sind. Und sie haben einen erkenntnistheoretischen Vorrang über das, was Castañeda Indikatoren oder indexikalische Beschreibungen (oder Kennzeichnungen) nennt; das meint, dass der Gebrauch von Indikatoren durch ein Sprecher-Subjekt für ein anderes Subjekt nicht nur durch den Gebrauch von Quasiindikatoren (*er/sie* … sich selbst*) ersetzbar ist, sondern dass überhaupt nur die Letzteren die volle semantische Kraft der Ersteren bewahren.

the statement of identity »I am Privatus« or »I am the one who ...« must/ include an ineliminable use of ›I‹ for Privatus. If he only entertains or thinks the statement, without actually making any assertion, we shall speak of his making an implifit use of ›I‹ (ebd., 47 f.; dt. 193 f.)

So auch Elizabeth Anscombe:

> [...] [T]here is a contrast between »I« and the ordinary demonstrative. We saw that there may be reference-failure for »this«, in that one may mean »this parcel of ashes« when there are no ashes. But »I« – if it makes a reference, if, that is, its mode of meaning is that it is supposed to make a reference – is secure against reference-failure. Just thinking »I ...« guarantees not only the existence but the presence of the referent. It guarantees the existence because it guarantees the presence, which is presence to consciousness. But note that here »presence to consciousness« means physical or real presence, not just that one is thinking of the thing. For if the thinking did not guarantee the presence, the existence of the referent could be doubted. For the same reason, if »I« is a name it cannot be an empty name. I's existence is existence in the thinking of the thought expressed by »I ...«. This of course is the point of the cogito – and, I will show, of the corollary argument too (Anscombe 1981, 26; dt. 96).

Daraus scheint zu folgen, dass, wenn es einen Bezugsgegenstand für ›ich‹ geben muss, dies (garantiertermaßen) nicht der Körper, sondern allenfalls ein cartesisches *cogito* oder eine (mentale) Entität wie Selbstbewusstsein sein muss (ebd. 29 ff.; dt. 97 ff.). Sollte dies ein imaginärer oder gar kein Gegenstand sein, so lautet Frau Anscombes provokanter Schluss, dann ist ›ich‹ eben überhaupt kein referentieller, sondern ein rein performativer Ausdruck (ebd., 32; dt. 102). So wäre es gerade die Abwesenheit eines Bezugsgegenstandes, die ihm seine cartesianische Untrüglichkeit und Gebrauchssicherheit verbürgt. (Es wäre nicht die Diskrimination oder Identifikation eines Körpers unter vielen seinesgleichen, die im ›ich‹-Gebrauch unter Referenzgarantie gestellt würde [ebd., 33; dt. 103]; garantiert würde nur die subjektive Gewissheit des entsprechenden Gedankens im Gebrauch von Sätzen mit ›ich‹ in Subjektstellung.)

Mit dieser Deutung sieht Elizabeth Anscombe indes zwei Probleme verbunden. Das erste besteht darin, dass das denkende (cartesianische, irreferentielle) Subjekt sich für eines hält, auf das andere mit ›er‹ oder ›sie‹ oder ›du‹ wie auf ein gewöhnliches Objekt Bezug nehmen können (ebd., 32 f.; dt. 102 f.). Wie wäre das aber möglich, wenn ›ich‹ ursprünglich gar kein referentieller Ausdruck ist, weil das von ihm Bezeichnete kein Einzelding in Raum und Zeit, sondern nur das (nichtsubstantielle, ungegenständliche) Denken von ›ich‹-Gedanken ist? Und woran würden Sätze mit ›ich‹ und einem mentalen Prädikat verifiziert, wenn nicht an einem intersubjektiv und beobachtungsmäßig zugänglichen Körper? Da aber – wenn ›ich‹ nicht referiert – Äußerungen wie ›Ich bin Manfred Frank‹ auch keine Identitätssätze sind, kann mit ihnen die epistemische Asymmetrie zwischen ›ich‹- und ›er/sie‹-Perspektive auf mentale Zustände oder Ereignisse nicht übersprungen werden: Für *mich* sind dergleichen wie Handlungen, Einstellungen oder Absichten unmittelbar durch das *unmittelbare Bewusstsein* von ihnen bekannt, nicht aus Beobachtung oder durch Beschreibungen von physischen Veränderungen in der Welt. Was ›von außen‹ beschrieben werden kann, hat den Existenzmodus eines Gegenstandes; aber ›ich‹ wird nicht erfasst wie ein Objekt, über dessen Individuation ich mich täuschen kann (ebd., 31; dt. 101). Es ist eben nicht dasselbe wie das, was im ›ich‹-Bewusstsein (rein mental) erlebt wird. (Descartes war überzeugt, dass, was an mir aus einer Außenperspektive beschrieben werden kann, vielleicht anders ist, als ich meine, und vielleicht sogar *nicht* ist; ebendiese Zweifel können für ›Ich φ‹-Sätze und nur für sie ausgeschlossen werden. So kenne ich meine Körper-*Gedanken* [›Gedanken‹ im Sinne cartesianischer ›cogitationes‹, die für jederlei bewusste Erlebnisse und Akte stehen], aber nur durch sie hindurch, mit einem Existenzvorbehalt, meinen *Körper*.)

Das zweite Problem entsteht, wenn man ›ich‹ auf die Totalität der Vorstellungen (eines Subjekts) bezieht und angeben soll, worin die Einheit dieser Bezugnahmen besteht, wenn das ungegenständliche Denken von ›ich‹-Gedanken etwas anderes ist als der (personale, objektive) ›Träger‹ dieser Gedanken (denn jedes ›ich‹ eines ›ich‹-Gedankens könnte, wie Russell in »On the Nature of Acquaintance« annahm [in: Frank 1991, 249-295, hier: 289 ff., vgl. 520 ff.], nur das Kurzzeit-Subjekt [›short-term self‹] eben des betreffenden ›ich‹-Gedankens und nur seiner sein; verschiedene Selbstzuschreibungen könnten mithin verschiedenen Selbsten zukommen, die ›gleichsam im Gleichklang zusammen denken‹, ohne dieselben zu sein [Anscombe 1981, 31; dt. 101 f.; einen zeitgenössischen »transience view of subjectivity« vertritt Galen Strawson 2009].)

II.

Elizabeth Anscombe scheint anzunehmen, dass diesen beiden Schwierigkeiten zum Trotz die Theorie von ›ich‹ als einem Ausdruck, dessen Funktion es ist, ›eine singuläre Referenz zu machen‹, *ad absurdum* geführt ist (Anscombe 1981, 31; dt. 100).

Dabei macht sie drei Voraussetzungen, die nicht weiter expliziert oder verteidigt werden. Die erste ist der Anschluss an Freges Ansicht, ein Name könne nur durch die Brille eines Sinns (eines Begriffs von einem Gegenstand) auf einen solchen referieren. Oder genauer: Ein Name referiere *nur* im veritativen Verband des Satzes (also zusammen mit einem vollständigen Prädikat). Die Beziehung zwischen Name und Gegenstand ist mithin nach Freges Ansicht prinzipiell durch Kennzeichnungen vermittelt. Wenn ich nicht angeben könne, *was* das (für ein Typ von Seiendem) sei, worauf ich mich beziehe, so beziehe ich mich geradezu auf nichts. ›Ich‹ aber ermangele einer solchen Klassifizierbarkeit und referiere mithin nicht. Husserl rechnete es unter die ›wesentlich subjektiven und okkasionellen Ausdrücke‹, weil es von Mal zu Mal eine andere Person bezeichne, und hielt sein Vorkommen für einen Notstand in logischen Kontexten (Husserl 1980, II/1, 80ff.; ähnlich Frege 1976, 41 und 43f.; dazu Frank 1983, 530ff.). (Wir werden sehen, dass die hier skizzierte Ansicht weit davon entfernt ist, in der analytischen Diskussion unkontrovers zu sein. Obwohl z. B. der Wittgenstein des *Blue Book* ›Ich φ‹-Sätze so wenig für Aussagen *über* eine bestimmte Person hielt wie ein Stöhnen [»To say ›I have pain‹ is no more a statement *about* a particular person than moaning is« (Wittgenstein 1958, 107)], hat eine mächtige Tradition ›ich‹ für eine eigentümliche – nämlich als Bedingung der Möglichkeit von Erfahrung selbst nichtempirische – Referenzanzeige gehalten und ihren Gegenstand nur unterschiedlich bestimmt: als ›res cogitans‹ [Descartes], ›transzendentales Subjekt‹ [Kant], ›metaphysisches Subjekt‹ [der Wittgenstein des *Tractatus* (5.641)] oder als ›centerless or objective self‹ [Nagel 1986, 60-66]. Eine wieder andere Tradition hat ›ich‹ mit anderen zeichenreflexiven Ausdrücken gleichzuschalten gesucht und *kennzeichnunglos-direkt* auf einen empirischen Gegenstand im öffentlichen Raum und in der objektiven Zeit verweisen lassen, nämlich auf die ›Person‹ als Träger sowohl von psychischen wie von physischen Eigenschaften. Das war oder ist z. B.

die Überzeugung von Betrand Russell, Saul Kripke, Gareth Evans, Tyler Burge, David Kaplan, John Perry oder Fred Dretske, deren Position man unter dem Namen ›Externalismus‹ fasst. Diese Tradition widerspricht natürlich der Fregeschen Referenz-Semantik, wonach der Referent immer unter einem Sinn erschlossen sein müsse. Sie hält Kennzeichnungen überhaupt nicht für genuin referierende Ausdrücke, da ihr Verständnis auch in Abwesenheit, bei Inexistenz oder Unkenntnis eines Bezugsgegenstandes möglich ist [Kants dreihundert nur vorgestellte Taler, Russells ›leere Namen oder Kennzeichnungen‹]; der Inhalt solcher Sätze lässt sich ferner quantifizieren [›α möge referieren auf alles, was φ ist‹]. Eigentlich referierende Ausdrücke dagegen – Evans nennt sie »Russellian singular terms« – erlauben das nicht und werden verstanden bloß dadurch, dass man sich des Referenten in ›direct acquaintance‹ bemächtigt [Evans 1982, Kap. 2; so auch Lewis 1983, 155; Chisholm 1981, 86; dt. 311f.]. Ob es einen solchen begriffsfreien Gegenstandsbezug wirklich gibt und insbesondere ob ›ich‹ so ein direkt referierender Ausdruck ist, werden wir noch zu untersuchen haben.)

Zweitens bringt Elizabeth *Anscombe* ›ich‹ (wenn auch in kontrastiver Absicht) in die logische Nähe zu Demonstrativa, während es – in der Terminologie von David Kaplan – ein ›*reines* Indexwort (pure indexical)‹ ist (Kaplan 1989). Damit ist auf den Unterschied aufmerksam gemacht, der darin besteht, dass Demonstrativpronomina (›dies‹, ›jenes‹, ›sie‹) in einem kontextuellen Vakuum und ohne begleitende Demonstration, ja ohne minimale Begriffsbestimmung, z. B. durch ein ›Sortal‹, unverständlich bleiben (Tugendhat/ Wolf 1983, 9. Kap., 153 ff.), während reine Indexwörter (wie ›ich‹, ›hier‹, ›jetzt‹) einer solchen Unterstützung zum Verständnis nicht bedürfen. (Diese Unterscheidung werde ich in Kapitel 5 genauer entfalten.)

Drittens nimmt Anscombe an – und da artikuliert sie eine äußerst folgenreiche Einsicht, die vor allem Castañeda, Shoemaker und Chisholm ausgearbeitet haben –, ›ich‹-Gebrauch impliziere nicht die garantierte Kenntnis des Referenten (oder vielmehr: seiner Identität), wie besonders aus Kontexten der indirekten Rede (›ich glaube, dass ich soundso‹) erhellt. Ich kann mich z. B. im Spiegel betrachten und nicht wissen, mit wem ich es zu tun habe; noch leichter können mir Zweifel an der Selbstzuschreibung von *Körperteilen* kommen (Shoemakers auf Wittgensteins *Blaues Buch* gestütztes Beispiel von der Verwechslung meines schmerzenden Arms mit dem gebrochenen meines Nachbarn, z. B. auf dem Behandlungstisch einer überfüllten Unfallambulanz nach einem Ski-Wochenende in Genf [Shoemaker 1984, 18; dt. 58 f.; Wittgenstein 1984, 106 f.]). Kontexte mit ›er/sie ... sich selbst‹ in indirekter Rede nennt Anscombe ›indirekt reflexiv‹ – und verweist dabei leicht ironisch auf Castañedas Vorgängerschaft in seinem »extremely complicated« Aufsatz »He« von 1966 (Anscombe 1981, 22 f. mit Anm. 2, 25 f., 33; dt. 86 mit Anm. 2, 92, 96). Castañeda und Shoemaker sprachen vom »*S*-use« (Castañeda 1999, Text 1; Shoemaker 1984 Text 1; auch Shoemaker anerkennt Castañedas Vorgängerschaft: 16, Anm. 8; dt. 57, Anm. 8). ›*S*-use‹ ist natürlich nur die Abkürzung für Wittgensteins Rede von einem »Subjektgebrauch von *ich*«. Er hat die Eigentümlichkeit, cartesianische Gewissheit des Ichs mit der Unsicherheit verbinden zu können, ob der Referent von ›ich‹ mit einem bestimmten Körper identisch ist: Descartes – und in seiner Nachfolge Locke – »löste die Identität des Selbst oder der ›Person‹ von der Identität gerade des denkenden Wesens ab, welches das aktuelle Denken des Ich-Gedankens vollzieht« (Anscombe 1981, 26; dt. 91). In einem klassischen Text von 1968 sprach Shoemaker von der »Immunität [des *S*-Gebrauchs] gegen den Irrtum der Fehlidentifikation« (Shoemaker 1984, 7, passim; dt. 45, passim). Fehlidentifiziert werden können Objekte. Aber im *S*-Gebrauch bin ich nicht gegenständlich auf mich bezogen »als ein Objekt« (ebd., 14; dt. 54). Darum kann, wie wir sahen, die Gewissheit des »cogito, ergo sum« zusammen bestehen mit der Ungewissheit des Sprechers über seine Identität mit – z. B. – René Descartes; und diese Nichtidentität kann zwischen den beiden ›ich‹ eines Selbstbezugs in indirekter Rede (wer auch immer die sprechende Person in Raum und Zeit sein mag) – also im indirekten Reflexiv – nicht auftreten. (John Smith kann sich auf John Horatio Auberon Smith beziehen. Er *bezieht* sich alsdann auf *sich*, muss das aber nicht wissen [Anscombe 1981, 22, 33; dt. 86, 103]. Dagegen ist es unmöglich, dass er kein Selbstbewusstsein von dem reflexiv verdoppelten ›ich‹-Gedanken in Sätzen wie ›Ich glaube, dass ich soundso‹ besitzt.)

Hier hat das berühmte Gedankenexperiment vom sensorisch völlig deprivierten Ich(-Körper?) seinen Ort:

For, let us suppose that it [sc.: the referent of ›I‹] is some other object [sc.: some object other than a Cartesian Ego]. A plausible one would be *this body*. And now imagine that I get into a state of ›sensory deprivation‹. Sight is cut off, and I am locally anaesthetized everywhere, perhaps floated in a tank of tepid water; I am unable to speak, or to touch any part of my body with any other. Now I tell myself »I won't let this happen again!« If the object meant by »I« is this body, this human being, then in these circumstances it won't be present to my senses; and how else can it be ›present to‹ me? But have I lost what I mean by »I«? Is that not present to me? Am I reduced to, as it were, ›referring in absence‹? I have not lost my ›self-consciousness‹; nor can what I mean by »I« be an object no longer present to me. This both seems right in itself, and will be required by the ›guaranteed reference‹ that we are considering (Anscombe 1981, 31; dt. 100).

[…]

If I were in that condition of ›sensory deprivation‹, I could not have the thought »this object«, »this body« – there would be nothing for »this« to latch on to. But that is not to say I could not still have the ideas of actions, motion, etc. For these ideas are not extracts from sensory observation. If I do have them under sensory deprivation, I shall perhaps *believe* that there is such a body. But the possibility will perhaps strike me that there is none. That is, the possibility that there is then nothing that I am (ebd., 34; dt. 104f.).

Ich will hier nicht untersuchen, ob das Gedankenexperiment geeignet ist zu zeigen, dass ein solches Hirn – offenbar eine physische Entität – mit Körperlichem gar nicht mehr (z. B. durch Erinnerungen) bekannt sein kann – oder dass der Satz ›Das möchte ich nicht noch mal mit mir geschehen lassen‹ nicht Informationen über Körperliches voraussetzt. Wichtig ist, dass hier angenommen wird, es bestehe faktisch keinerlei Möglichkeit, Körperliches *als meines* zu identifizieren; und zwar darum nicht, weil ›ich‹ noch immer todsicher referiert, obwohl es von seiner Körperlichkeit nichts wissen kann. Die Referenz, wenn sie denn körperlich wäre, könnte diese Körperlichkeit jedenfalls *nicht* im Skopus ihres Selbstbewusstseins darstellen; sie gehört ja nicht zum phänomenologischen Befund des Phänomens, mit dem das sensorisch deprivierte Ich konfrontiert ist. Stellt es sich physische Eigenschaften als die *seinen* vor, so ist diese Selbstzuschreibung vom Physischen ihrerseits – sofern sie auf einem adäquaten Bewusstsein vom Zugeschriebenen beruht – durch Mentales vermittelt und führt also nicht aus der cartesianischen Falle heraus.

»I am this thing here«, is then a real proposition, but not a proposition of identity. It means: this thing here is the thing, the person (in the ›offence against the person‹ sense) of whose action *this* idea of action is an idea, of whose movements *these* ideas of movement are ideas, of whose posture *this* idea of posture is the idea. And also, of which *these* intended actions, if carried out, will be the actions (Anscombe 1981, 33; dt. 104).

Die Sicherheit des Selbstverweises ist also – das immerhin zeigt das Gedankenexperiment schlagend – nicht gebunden an die Identifikation von irgendetwas *als* etwas (›ich‹ weiß in der lauwarmen Nährlösung gerade nicht, als was oder als wen ich mich identifizieren muss), und sie bedarf zu ihrer Gewissheit keinerlei (gewusster) Körperreferenz. Es ist diese gleichsam körperlose sichere Selbstreferenz (in obliquen Kontexten), die Elizabeth Anscombe mit dem Ausdruck ›indirektes Reflexiv‹ fasst. (Das Gedankenexperiment des Hirns im Tank hat Hilary Putnam aufgegriffen in seinem Aufsatz »Hirne im Tank« [1982].)

Sein Mechanismus lässt sich noch besser an den zwei folgenden Beispielsätzen illustrieren:

(1) Der Hauptherausgeber der *Revue internationale de philosophie* weiß, dass der Hauptherausgeber der *Revue internationale de philosophie* in Brüssel lebt.

(2) Der Hauptherausgeber der *Revue internationale de philosophie* weiß, dass er (selbst) in Brüssel lebt.

Auf den ersten Blick haben die beiden Sätze die gleiche Bedeutung. Auf den zweiten aber zeigt sich, dass (2) (1) impliziert, ohne dass das Umgekehrte gilt. Denn in (1) kann sich der Hauptherausgeber der *Revue* über die Identität des Hauptherausgebers (der faktisch, aber nicht notwendig wissentlich er selbst ist) ebenso täuschen wie über dessen Wohnsitz. (Der Vorort, in dem er lebt, war vielleicht noch nicht, wie die Einwohner der belgischen Hauptstadt es nennen, ›bruxellisé‹; seine Ernennung zum *rédacteur en chef* durch das Redaktionskomitee der *Revue* kam ihm vielleicht erst später zu Ohren; aber er kann sich prinzipiell auch ohne diese Gründe über die beiden Zuschreibungen täuschen.) Dagegen kann er sich nicht in der Referenz des indirekt reflexiven Selbstverweises in (2) vertun. Durch ihn spricht ›er sich selbst (für sich selbst)‹ nur als logisches Subjekt des ›ich‹-Gedankens an. Nicht schon nimmt er Bezug auf (und noch weniger identifiziert er im Strawsonschen Sinne) eine bestimmte Person im Raum (Brüssel) und mit einer in der objektiven Zeit verlaufenden Lebensgeschichte, zu der die Ernennung zum Chefredakteur der *Revue* gehört.

Daraus hatte Elizabeth Anscombe geschlossen, dass das Personalpronomen ›ich‹ im indirekten Selbstverweis nicht wie ein Demonstrativum funktioniert. Diese Einsicht verdankt sie, wie wir sahen, Hector-Neri Castañeda (Anscombe 1981, 22; dt. 86), der wiederum den Preis der Entdeckung an Anscombes Ehemann Peter Geach (1957/58) weitergibt (Castañeda 1999, 50, Anm. 1; dt. 173 f., Anm. 1). Castañeda hat die in Frage stehende Unterscheidung 1967 terminologisch als die von Indikatoren und – wie er sie nennt – Quasiindikatoren gefasst (Castañeda 1999, Text 2). Castañeda versieht die Pronomina ›er/sie‹ – wenn sie das ›ich‹ der direkten Rede in drittpersönlichen und indirekten Redekontexten aufgreifen – mit einem Asterisk. Denn als Wiederaufnahmen des selbstbewussten Ichs (ausgedrückt durch den Indikator ›ich‹) spielen sie nun die Rolle von Quasiindikatoren. ›Er/sie*‹ bedeutet also: ›er/sie … sich selbst‹. Ein solches Reflexivpronomen fungiert also als Quasiindikator, wenn es in kommunikativen Zusammenhängen erlaubt, fremden Personen nicht nur Körpereigenschaften, sondern Selbstbewusstsein zuzuschreiben. Die spezifische Subjektivität, die Personen in Bewusstseinszuständen erleben und auch für sich reklamieren, kann nach Castañedas Ansicht nun durch den Gebrauch von Quasiindikatoren im kommunikativen Sprachgebrauch respektiert und als solche kenntlich gemacht werden. Quasiindikatorischer Sprachgebrauch – und er allein – macht die drittpersönliche Perspektive auf eine selbstbewusste Person zu einer nicht vergegenständlichenden, sondern fremde Subjektivität gerade anerkennenden. Denn Quasiindikatoren sind kraft der eigentümlichen Selbstreflexivität – die der Asterisk über dem Personalpronomen anzeigt – auf einfache Indikatoren (Fürwörter, Demonstrativa, Zeit- und Ortsadverbien) nicht reduzierbar. Und ebenso wenig auf Eigennamen oder Kennzeichnungen. So kann ich mit ihnen auf fremde Subjektivität referieren, ohne sie auf eine (neutrale) ontologische Ebene mit anderen (impersonalen) Zeigewörtern zu stellen. Sage ich etwa vom größten Mann der Stadt, dass er* (*sich selbst*) für den größten Mann der Stadt hält, dann schreibe ich ihm nicht nur (im Hauptsatz) eine objektive Größe, sondern insbesondere den betreffenden Bewusstseinszustand zu. Mit dem Satz

(3) »The tallest man believes that the tallest man is wise«

hätte ich das nicht gekonnt. Und selbst nicht mit dem (logisch in diesem Satz enthaltenen, aber umständlicheren):

(4) »There is an x such that x is identical with the tallest man and x is believed by x to be wise« (nach Chisholm 1981, 18; dt. 272).

In Satz (4), der (3) nicht impliziert, haben wir durchaus schon eine explizite Selbstreflexion (›x is believed by x to be such and such‹); aber die garantierte Identität von x im (objektiven) epistemischen Selbstverweis muss nicht mit dem Bewusstsein für x verbunden sein, dass er* es selbst ist, den er für weise hält. Und dies Bewusstsein (von dem mit dem ›dass ...‹-Nebensatz ausgedrückten Inhalt) kann ich der Person x nur durch den *Gebrauch* des Quasiindikators *er** zusprechen; denn obwohl *er** in unserem Beispiel sich wirklich auf x bezieht, kann der Quasiindikator nicht durch diesen Eigennamen ersetzt werden (für den er trotzdem steht). Denn wenn wir es überprüfen, stellen wir fest, dass der Satz

(5) »The tallest man believes that he himself is wise«

logisch zwar (4) impliziert, umgekehrt aber von (4) nicht impliziert wird. Und diese logische Lücke bedeutet die Irreduzibilität von Quasiindikatoren auf Indikatoren, Kennzeichnungen und Eigennamen. Umgekehrt, meint Castañeda, erlauben uns Quasiindikatoren, in der objektiven (oder vielmehr: in der intersubjektiven) Welt die irreduzible Subjektivität fremder Personen als solche anzusprechen und auszuzeichnen. Freilich geschieht in solchen Räsonnements keine Reduktion von Subjektivität auf Intersubjektivität: Interindividuelle (also öffentliche) Kommunikation *über Selbstbewusstsein* setzt voraus, dass die sprechenden Individuen erstens Selbstbewusstsein (vorsprachlich) besitzen und zweitens diese Erfahrung mitteilen. Castañeda reduziert nicht Subjektivität auf Intersubjektivität, und er zeigt uns auch nicht, wie fremde Subjektivität aus der ›er/sie‹-Perspektive epistemisch zugänglich ist; er zeigt uns nur, wie ein intersubjektiver Diskurs über Subjektivität nichtreduktionistisch erklärt werden kann. Und dabei fällt dem Instrument der Quasiindikatoren die Schlüsselrolle zu.

Dies sind, nach Castañedas Auskunft, die beiden Hauptmerkmale von Quasiindikatoren: Sie treten immer im Lichthof (die Linguisten sagen: im Skopus) von Intentions- (oder, wie Castañeda sagt, kognitiven) Verben (wie ›wissen‹, ›meinen‹, ›wünschen, dass ...‹) auf *und* haben als Antezedens stets einen nicht intentional bestimmten Ausdruck (wie ›der Hauptherausgeber der *Revue in-*

ternationale de philosophie‹) (Castañeda 1999, 56; dt. 207). So tritt im obigen Beispiel (2) ›er* (selbst)‹ im logischen Zusammenhang mit dem Intentionsverbum ›weiß‹ auf und hat als Vorgänger (der nicht im Zusammenhang mit dem Intentionsverbum auftritt) ›der Hauptherausgeber der *Revue internationale de philosophie*‹. Indikatoren und Quasiindikatoren gehören mithin zwei ganz verschiedenen (und aufeinander nicht zurückführbaren) Referenzkategorien an. Solange uns darum zu tun ist, eine Ontologie zu verteidigen, in der auch Subjekte auf den Titel von Seienden (und nicht nur auf den von Epiphänomenen physischer Ereignisse) Anspruch erheben dürfen, können wir den Gebrauch von Quasiindikatoren nicht entbehren.

III.

Castañeda hat seine Thesen über die Irreduzibilität von *er** und *ich*, wie gesagt, zuerst 1966 vorgestellt *und* begründet. Der (im Wittgenstein'schen Sinne) Subjektgebrauch von Quasiindikatoren sei irreduzibel auf jede andere Verwendung dieser Pronomina; sie stellen einzigartige logische Kategorien dar, unzurückführbar auf andere Referenzmechanismen; bei ihnen haben wir es mit unanalysierbaren Zeichen zu tun (insofern sie andere verständlich machen, ohne ihrerseits durch andere verständlich gemacht zu werden); die Inferenz von ›x weiß, dass p‹ auf p bricht zusammen, wenn x durch ›er*‹ oder ›ich‹ ersetzt wird. Der Aufsatz »›He‹: A Study in the Logic of Self-Consciousness« sucht die über ihre Verwendung wachenden Prinzipien freizulegen.

Zunächst wird *er** von *er* (also Vorkommen des Personalpronomens in für die Fremdattribution von Selbstbewusstsein irrelevanten Kontexten) unterschieden und von Fall zu Fall gezeigt, dass das erste durch das zweite durchgängig nicht reduziert werden kann (zum Folgenden: Castañeda 1999, 57 ff.; dt. 176 ff.). ›He‹ kann (A) Stellvertreter sein für eine ostensive demonstrative Beschreibung, z. B. für ›dieser Mann‹; es kann das nackte Demonstrativpronomen ›dieser‹ – ohne weitere Kennzeichnung – ersetzen (B); es kann (C) (im Englischen) Teil eines Allquantors oder einer ›bound variable‹ sein (›he who marries young‹ im Sinn von ›anyone who marries young is such that he ...‹); ›he‹ kann aber auch (D) für einen Namen oder eine Kennzeichnung stehen, die dem Auftritt von ›he‹ vorausgeht oder nachfolgt (z. B. ›if Arthur comes late, he will call‹); es kann (E) für eine ostensive Kennzeichnung ›dieses Körpers‹ in dem Satz ›er wiegt 90 kg‹ stehen; ›he‹ zeigt manchmal an (Verwendung G), was Russell »the larger scope of a description« nannte. Ein Beispiel: »Wenn der Verfasser der *Principia Mathematica* sich dessen noch besinnt, wird er Ihnen darüber schreiben« – wobei der Neuauftritt von ›er‹ als Variable der Quantifikation analysierbar ist (ebd., 38; dt. 178); und schließlich kann ›er/sie‹ eine unspezifizierte Beschreibung vertreten (Verwendung F), die sich auf einen zuvor erwähnten Gegenstand (reflexiv) rückbezieht, z. B. ›Paul glaubt von jemandem (es könnte tatsächlich Mary sein), er/sie sei glücklich‹. Spricht Paul die betreffende mit ›Mary‹ an, so mag das seinen Glauben ausdrücken; aber er kann sich bei der Identifikation getäuscht haben. Castañeda nennt solche unspezifizierten Bezugnahmen auf jemanden »guises (or guised particulars, i. e., particulars *qua* satisfying some condition)« (ebd., 40; dt. 181). Beziehe ich mich auf jemanden, den ich für Mary halte (ohne darüber Sicherheit zu besitzen), so beziehe ich mich auf ihn/sie ›in a guised way‹.

Nur dieser letzte Typ von ›he/she‹-Verwendung (also Typ F) verdient eine etwas genauere Analyse, da hier Kontexte indirekter Rede (»constructions in oratio obliqua« [ebd., 37, 39; dt. 177, 180]) ins Spiel kommen, die – wie etwa im Satz: ›Mary glaubt, dass Mary glücklich ist‹ – der bewusst selbstreflexiven Subjektverwendung von ›he*/she*‹ auf den ersten Blick sehr ähnlich sehen. Der springende Punkt in Castañedas etwas verwickelter Argumentation ist: Wird ›he‹ als bloßer Stellvertreter eines Namens – wörtlich: als Pro-Nomen – verstanden, erbt es alle Probleme, die die Ersetzung von ›ich‹ (und seiner Vertreter in indirekter kognitiver Rede) aufwarf. Nie kann ich beim Bezug auf einen Gegenstand (der Erfahrung) sicher sein, mich auf mich zu beziehen. Denn wir sind uns im Selbstbewusstsein nicht als ›perzipierbare Objekte‹ gegeben: »[T]here is no object of experience that one could perceive as the self that is doing the perceiving« (ebd., 45; dt. 190): Humes Problem, auf das Castañeda ausdrücklich verweist. Aber anders als Hume – und unter Berufung auf Kant – zieht Castañeda daraus nicht die Konsequenz, dass es eben kein Ich gebe, sondern dass Ich-Bewusstsein in einer ungegenständlichen Kenntnis besteht. Nimmt nun der (F)-Gebrauch von ›he‹ nur pronominal ein Namenswort auf, das seinerseits auf einen Gegenstand zeigte, so ist er schon darum disqualifiziert für eine unreduktionistische Analyse von Selbstbewusstsein.

Kehren wir zum Beispiel zurück, in dem Mary *de facto* auf sich selbst verweist, aber nicht *als* auf sich selbst. Aus Gründen, die wir schon kennen, impliziert dieser Satz demnach nicht den anderen ›Mary glaubt, dass sie* glücklich ist‹. Man kann, sagt Castañeda, in allen Fällen von (F)-›he‹ oder -›she‹ das ›er/sie‹ »weganalysieren«, »while ›he*‹ [bzw. ›she*‹] can never be analyzed away« (ebd., 39; dt. 181). Geht man die möglichen Konstellationen von (F)-Gebrauch (bzw. – in kontrastiver Absicht – von Subjektgebrauch) von ›he/she‹ der Reihe nach durch, nämlich

(1) Paul glaubt von (jemandem, der sich tatsächlich herausstellt als) Mary, dass sie glücklich ist.

(2) Paul glaubt, dass Mary glücklich ist.

(3) Mary glaubt, sie* sei glücklich.

(4) Mary glaubt, Mary sei glücklich,

so zeigt sich der kruziale Unterschied von ›sie*‹ und ›sie‹: Nimmt man (2) und die Information »Mary existiert« zusammen, so ergibt sich (1). Aber weder (3) – konjugiert mit »Mary existiert« – ergibt (4) (Mary muss nicht wissen, dass eine existierende Frau dieses Namens sie selbst ist), noch ergibt (4) – konjugiert mit »Mary existiert« – (3) (wenn Mary jemanden, der Mary heißt oder den sie so anspricht, für glücklich hält, so muss sie sich keineswegs wissentlich auf sich selbst beziehen). Mehr bedarf es nicht, um die These von der Nicht-Weganalysierbarkeit von ›he*/she*‹ zu erhärten (ebd., 39 f., vgl. das »principle governing the unelimenability of ›he*‹«: 56; dt. 380 f., vgl. 207).

Immerhin sind diese Kontexte indirekter Rede mit ›he‹/›she‹ lehrreich. Sie zeigen vor allem, dass bei Fremdzuschreibungen von Selbstbewusstsein – und das ist ja die semantische Funktion von ›he*/she*‹ – keine Leistungen der Identifikation oder der Referenz auf Seiten der angesprochenen Person unterstellt werden. Wenn ich vom Hauptherausgeber der *Revue internationale de philosophie* sage, dass er glaubt, er* sei ein Millionär, meine ich damit nicht, dass es da einen gibt, der sich innerhalb der Welt (durchs diskriminative Verfahren des ›singling out‹) einen Körper ausgesucht habe, von dem er sich überzeugt hat, dieser raum-zeitliche Gegenstand sei der Träger des angenommenen Prädikats. Dabei könnte der Editor sich nämlich prinzipiell täuschen, während er im reflexiven epistemischen Selbstverweis zwar das falsche Prädikat sich zuschreiben könnte (tatsächlich weiß ich, dass er kein Millionär ist), nicht aber fehlgehen kann erstens in der (Selbst-)Referenz, zweitens in der Kenntnis seines Glaubens. Das Entsprechende gilt für die Ersetzung des ›er/sie*‹ durch Kennzeichnungen (bestimmte Beschreibungen) oder Namen. Solche Ersetzung wird *salva veritate* bzw. *intacta significatione* nur gelingen, wenn die ersetzten Ausdrücke ihrerseits schon eine Flexionsvariante von ›he*/she*‹ enthalten; und dann bewegt sich, wer die Ersetzung für gelungen behauptet, in einem manifesten Erklärungszirkel.

Now, all the above considerations apply to any token$_w$ [darunter versteht Castañeda jedes Einzelzeichen irgendeiner Flexionsform des Typus von ›er*/sie*‹: also etwa ›ihrer*‹, ›mich*‹, ›mein*‹ usw.] of ›he‹ regardless of what name or description happens to be its logical and grammatical antecedent. Thus, we conclude that *the pronoun ›he*‹ is never replaceable by a name or a description not containing tokens$_w$ of ›he*‹*. This suggests that ›he*‹ is a purely referential word. But demonstrative pronouns seem to be purely referential: they, it is often said, seize the objects they refer to directly, without attributing to these objects any feature or characteristic relation. They have denotation, but no sense, it is said; they, indeed, seem like the closest approximation to the logician's ideal of logical names. One is tempted to think that, although ›he*‹ is not always a demonstrative pronoun, nevertheless it must be analyzed, or understood, in terms of the demonstrative uses, (A) and (B), of ›he‹ (ebd., 42; dt. 185f.).

Man kann sich denken, dass Castañeda diese Annäherung-im-zweiten-Anhieb von ›he*‹ an Demonstrativpronomina der Verwendungs-Klassen (A) und (B) nicht im Sinne hat. Sehen wir aber, was in der Unterscheidung beider impliziert wäre. Wenn gilt, dass ›he‹ direkt referentiell und ›he*‹ darauf irreduzibel ist: Scheint dann nicht die Möglichkeit zu folgen, dass ›he*‹ überhaupt gar nicht referiert? Um die Titelfrage unseres Textes in Erinnerung zu bringen: Scheint dann nicht zu folgen, dass Selbstbewusstsein gar keinen Gegenstand – auch nicht die Person eines Sprechers – hat? So begegnen wir (und so begegnet Castañeda selbst antizipatorisch) Elizabeth Anscombes skeptischer Frage wieder, ob das ›indirekte Reflexiv‹ (also ›he*‹) überhaupt ein referentieller Ausdruck sei.

Macht man nun die Zusatzannahme, ›Referenz‹ meine grundsätzlich physische (durch Beobachtungsdaten gesicherte) Dingverweisung, so erhält man eine weitere Evidenz in der Richtung von Frau Anscombes Frage. Und wirklich scheint Castañeda das zu glauben, wie seine merkwürdige Interpretation von (C) zeigt (Castañeda 1999, 38; dt. 179). Zur Abweisung der These, die quasiindikatorische Rede von *he** lasse sich aus dem Existenzquantor oder einer auf ihn zurückverweisenden Variablen verständlich machen, sagt er (sinngemäß): Er glaube nicht, wer den Satz äußert: »Der Herausgeber der *Revue internationale de philosophie* glaubt, er wohne in Brüssel«, meine damit, der Herausgeber der *Revue* halte sich für einen Körper (›[his/her] use of ›he*‹ is not a proxy for ›this (that) body‹«). Das müsste er aber nur, wenn *he** lediglich über Objekte quantifizierte und der indirekt selbstreflexive Glaube unanalysierbar wäre in einer bloßen Objekt-Ereignis-Sprache. Warum soll man aber nicht mentalen Zuständen als solchen Existenz zusprechen, wie Thomas Nagel das tut (Nagel 1986, 50)?

Castañeda dagegen ist von der starken Intuition beseelt, dass Selbst-Bewusstsein kein Objekt-Bewusstsein, sondern ein Bewusstsein *sui generis* ist. Und nur weil er das denkt, kann er die empiristische Maxime Humes (›es existiert nur, was sich in letzter Instanz auf eine sinnliche Erfahrung zurückführen lässt‹) so schroff abweisen und mit Kants nichtempiristischer Version von Selbstbewusstsein sympathisieren. Erinnern wir uns, dass Castañeda (mit Hume und Kant) annimmt, »[es gebe] keinen Erfahrungsgegenstand, den man als das Selbst wahrnehmen könnte, welches die Wahrnehmung vollzieht« (Castañeda 1999, 45; dt. 190). Daraus – meint Castañeda – müssen wir nicht (mit Hume) schließen, dass es also so etwas wie Selbstbewusstsein nicht gebe; denn seiner Unwahrnehmbarkeit unerachtet, stehe Selbstbewusstsein unter Existenzgarantie. Ohne darum eine spirituelle Substanz (wie Descartes' *substantia cogitans*) zu sein, ist das, worauf wir in selbstreflexiven epistemischen Kontexten Bezug nehmen, jedenfalls kein physischer, d. h. kein Wahrnehmungsgegenstand (und falls doch, so wäre er uns jedenfalls im primären Selbstbewusstsein prinzipiell nicht als solcher erschlossen). Daraus scheint zu folgen, dass der Gegenstand (wenn's denn einer ist) von ›he*‹ nicht für eine physische Entität, also auch nicht für einen Körper, gelten kann. (In späteren Publikationen geht Castañeda so weit, das ›kognitive Präfix‹ mit Kant »transzendental« und »nicht-weltlich« zu nennen [ebd., 188]. »[T]he pronoun ›I‹ does not denote an object – certainly not an object of experience« [189].)

Die Gegenständlichkeit (und damit die Weltlichkeit) des Ichs aber unterstelle, wer annimmt, in Sätzen wie ›X glaubt (weiß, denkt [oder andere kognitive Einstellung]), dass er* selbst φ ist‹, entspreche ›er‹ irgendeinem Demonstrativpronomen, mit dem die sprechende Person auf X verweist (Beispielsatz iii, ebd., 43; dt. 186). Das ist natürlich falsch; denn die Sicherheit der selbstreflexiven epistemischen φ-Zuschreibung erstreckt sich ja nicht auf die Kenntnis von X (dem Namen oder der Kennzeichnung des Hauptherausgebers der *Revue internationale* oder dem pronominalen ›er‹, das als »proxy« für seine physische Gegenständlichkeit steht). Darum ist die »entscheidende Waffe (crucial weapon)« gegen die gegenständliche Lesart von ›er*‹ die Abweisung des Empirismus:

However it is that one identifies an object of experience as oneself, whenever one does, one identifies an object of experience with a thing which is not part of the experience, and this thing is the one to which the person in question will refer to by ›I‹ (or its translation in other languages), and another person will refer to be ›he*‹, or ›he himself‹ in the special S-use (ebd., 45; dt. 190).

Ein anderer Versuch, die emphatischen Reflexiva* als Platzhalter von Demonstrativa zu überführen, scheitert ebenso rasch. Er versucht, die Behauptung ›X glaubt (von ihm), er sei φ‹ so auszulegen, als gebrauche der Sprecher ›er‹ hier demonstrativ (interpretiert durch eine eindeutige Zeigehandlung in Richtung auf die Person X); und dann habe er dasselbe gesagt wie ›X glaubt (von sich), dass er* φ ist‹ (Beispielsatz ii, ebd., 42; dt. 186). – Wieder mag es sein, dass die Person eindeutig identifiziert und ihr zugeschrieben wird, was sie tatsächlich von sich selbst annimmt. Aber erstens ist epistemisch (wieder) ja gar nicht ausgemacht, dass emphatische Reflexiva* irgendetwas Wahrnehmbares identifizieren (z. B. eine Person X, auf die X zeigt [und für andere zeigt er damit auf den Körper des Sprechers], während er/sie sagt: ›X glaubt, dass X φ ist‹); und zweitens kann eine logische Analyse der Sätze mit ›er‹ und mit ›er*‹ leicht zeigen, dass die ersten die letzten nicht implizieren. Wieder muss X nicht wissen, welche Person es ist (und durch welche Kennzeichnungen sie charakterisiert ist), um sich mit schlafwandlerischer Gewissheit einen Glauben (oder eine andere Intention) zuzulegen; aber selbst wenn er alle Kennzeichnungen von X kennte und im Nebensatz wiedererkennte (also eine treffende Identifikation vornähme), gäbe es für ihn keine Selbstbewusstseinsgarantie zwischen den Inhalten der beiden Satzteile. Beliebige deskriptive Verfeinerungen von X können nicht verhindern, dass die Sätze ›X glaubt (von jemandem), dass er φ‹ und ›X glaubt (von jemandem), dass er* φ‹ nicht dieselben Sätze sind, weil sie verschiedene Wahrheitsbedingungen haben (ebd., 43 f.; dt. 187 f.).

Der Reduktionist, mit dem Castañeda kämpft, ist unermüdlich. Er denkt sich folgende Situation aus: Jemand sagt wahrheitsgemäß ›X denkt (glaubt, weiß usw.), dass er φ ist‹; dabei gebraucht er das Pronomen ›er‹ demonstrativ (und interpretiert es durch eine klare Zeigehandlung auf die Person X). Person X wiederum bezieht diese Ostension wirklich auf sich und meint also, sie* sei φ (Beispiel iii, ebd., 43; dt. 186). Bei hinreichend subtiler Analyse erweist sich auch dieser Versuch der Rückführung von ›he*‹ auf ›he‹ als misslungen. Ein amüsantes Beispiel dafür, das Ernst Mach erzählt, kennen wir schon: Während er in einen Omnibus einsteigt, sieht er im selben Bewegungsrhythmus einen Mann von der Gegenseite einsteigen. »Was steigt doch da für ein herabgekommener Schulmeister ein!« (Mach 1886, 3, Anm. 1), denkt er von ihm, ohne zu merken, dass er sich selbst im Rückspiegel hinter dem Fahrerhäuschen gesehen hat. Es genügt also nicht, Selbstbewusstsein als das bestehende Bewusstsein von sich selbst zu bestimmen (denn Mach referiert erfolgreich auf sich). Man muss die seit Fichte vorgeschlagene Formel ›von sich *als* von sich‹ (*GA* IV.2, 32 f.) einsetzen. Castañeda sagt in einem gut zwanzig Jahre später geschriebenen Text (für die Henrich-Festschrift 1987 [Castañeda 1999]):

As I explained almost twenty years ago, third-person demonstrative reference [...] is not identical with first person reference to oneself *qua* oneself. [...] *The essence of an I is just to conceive itself as a subject* qua *subject* (ebd., 187).

Das Mach-Beispiel illustriert besonders hübsch die Unmöglichkeit, Selbstbewusstsein über eine erschöpfende Deskription aller (sinnlich zugänglichen) Eigenschaften einer Person zu erwerben; denn die Zusatzinformation, dass ich gegebenenfalls diese Person selbst bin, kann mir das Spiegelbild nicht liefern; und hätte ich sie nicht aus der Evidenz des Selbstbewusstseins schon geschöpft, bliebe ich mein Leben lang in der Situation des armen Ernst Mach. Das Trügerische des Spiegelbildes desavouiert schlagend die Tauglichkeit des Reflexionsmodells zur Erklärung von Selbstbewusstsein.

Natürlich wird der Reduktionist einwenden, hier sei das ›er‹ einmal demonstrativ zum Verweis auf Mach und das andere Mal zum Verweis aufs Spiegelbild (also in beiden Fällen nicht gleich) verwendet worden.

This reply is unsound. No doubt, [Ernst Mach, Castañeda setzt einen anderen Namen ein] points to his mirror image, but only because in this case he is primarily pointing to [Ernst Mach]. Surely he is not referring to a mirror image, but to the man he sees, even if he only sees the man indirectly via the mirror image (ebd., 44; dt. 188).

Es gehört eben zur Logik des Reflexions- (und das heißt ja: des Spiegelungs-)Modells, dass hier eine pronominale Wiederaufnahme eines vorgängig identifizierten Referenzobjekts erfolgt. Dabei gehört die Indirektheit des Rückverweises zu den Voraussetzungen der Annahme des Reduktionisten, der den emphatischen Selbstverweis* als Abart des demonstrativen überführen möchte. Das misslingt, weil der reflexive Verweis *als solcher* Selbstbewusstsein gar nicht stiftet und weil Wendungen mit emphatischen Reflexiva* in Wahrheit weder etwas identifizieren noch eine physische Information aufnehmen: Sie wissen *unmittelbar* (präreflexiv) von der Selbigkeit des Ich mit dem durch ›sich*‹ wieder Aufgegriffenen. Kommt hinzu, dass diese epistemisch verbürgte Selbigkeit von ›he‹ mit ›he*‹ nicht physisch (durch Wahrnehmung) gestiftet ist. Darum mag sich der (von anderen Personen faktisch) als X Identifizierte in allen relevanten Körperzuschreibungen täuschen (Castañeda spinnt eine solche Situation phantasievoll aus [ebd.]); er wird immer noch wissen, (1) dass er es mit sich selbst zu tun hat (was oder wer immer das sein mag) und (2) dass alle Selbst-Zuschreibungen von Körpereigenschaften ihr epistemisches Maß darin haben, dass X sie als die seinen spürt (und ›spüren‹ ist ein Bewusstseinsverb [ebd., 44 f.; dt. 188 f.). (Hier antizipiert Castañeda einmal mehr die gleichgerichteten Argumente von Sidney Shoemaker und Elizabeth Anscombe.)

Einen vierten und letzten (möglichst vergifteten) Pfeil zieht der Reduktionist aus dem Köcher. Er macht geltend: Wenn eine Person X behauptet, ›er ist ϕ‹, und dabei ›er‹ rein demonstrativ zur Bezugnahme auf X verwendet, dann glaubt X, dass er* ϕ ist (Beispiel iv, ebd., 43; dt. 186). Nun ist diese Konsequenz schon mit der Abwehr des vorangehenden Einwands in seinen beiden Varianten erledigt.

In der ersten hatte jemand (nennen wir ihn weiterhin X) auf sich selbst gezeigt, indem er auf das Spiegelbild seines Körpers zeigte; in der zweiten war er durch ein körperliches Kennzeichen (eine ganz unverwechselbare Narbe auf der Stirn – wie im Märchen) idealtypisch eindeutig identifizierbar und kam doch nicht dazu, dieses Merkmal sich zuzuschreiben. Castañeda resümiert (ich gebe das Zitat, auf dessen Auszüge ich mich schon oben gestützt habe, wegen seiner Bedeutung für Castañedas Argument in einer längeren Passage wieder):

The crucial weapon in the refutation of claim (iii) is the fact, which philosophers (especially Hume and Kant) have known all along, that there is no object of experience that one could perceive as the self that is doing the perceiving. However it is that one identifies an object of experience as oneself, whenever one does, one identifies an object in experience with a thing which is not part of the experience, and this thing is the one to which the person in question will refer to by ›I‹ (or its translation in other languages), and another person will refer to by ›he*‹, or ›he himself‹ in the special S-use (ebd., 45; dt. 190).

Also: Die Versuche, ›he*‹ aufs demonstrative ›he‹ zu reduzieren, scheitern allesamt an der Tatsache, dass die Relata ›ich‹ und ›er‹ heterogen sind: Das erste ist nichtperzeptiv (und mithin nichtphysisch) bekannt, mit dem zweiten wird auf Physisches (Körperliches) Bezug genommen. Wie könnte nun zwischen beiden eine semantisch garantierte Identität angenommen werden, wenn diese Identität gar kein Zug des emphatisch reflexiven* Selbstverweises ist? Eine Ersetzung von ›he*‹- durch ›he‹-Konstruktionen könnte nur gelingen, wenn in beiden Fällen auf Körperliches Bezug genommen und wenn im pronominalem Rückverweis zuvor Diskriminiertes lediglich indirekt wiederaufgegriffen würde; und gerade das ist nicht der Fall. So ist das Modell des demonstrativen Selbstverweises eine Variante des Spiegel- oder des Reflexionsmodells, das alles nur voraussetzt: Die Ableitungsversuche von Selbstbewusstseinsverhältnissen aus solchen demonstrativer Referenz oder Identifikation erweisen sich als logisch undurchführbar; sie sind »von Grund auf zirkulär (at bottom circular)« (ebd., 46; dt. 191).

Natürlich ist Castañedas Absicht mit »»he«« nicht richtig beschrieben, wenn man sagt, er wolle epistemischen Selbstbezügen aus der Perspektive der dritten Person Singular eine Sonderstellung im System der Indexwörter einräumen. Die Verwendungsregel für ›he*‹ ist nur darum so aufschlussreich, weil mit ihrer Analyse sichergestellt ist, *dass* Selbstbewusstsein fremden Subjekten auf eine Weise zugesprochen werden kann, die die Irreduzibilität von Selbstbewusstsein auf demonstrative (oder kennzeichnungsvermittelte) Referenz wahrt. Das einzige Pronomen, an dessen Stelle ›he*/she*‹ (in obliquen Kontexten) ohne Funkionseinbuße treten kann, ist das ›ich‹ der direkten Rede (ebd., 46, letzter Abschn. vor Kap. 3.; dt. 191, unterster Abschn.). Und wenn ›ich‹ der Referent von Selbstbewusstsein sein sollte, dann kann man nun sagen: Sollte ›he*/she*‹ überhaupt referieren, so auf den Referenten von ›ich‹ in epistemischen Kontexten (und in direkter Rede).

Von ›ich‹ sahen wir schon, dass Castañeda ihm eine dreifache Priorität vor allen Namen und Gegenstandskennzeichnungen zuschreibt. ›Ich‹ hat vor ihnen einen *referentiellen*, einen *ontologischen* und einen *erkenntnistheoretischen* Vorrang (ebd., 47, vgl. 63-65; dt. 192 f.). Demonstrative, namentliche oder kennzeichnungsvermittelte *Referenz* kann bekanntlich fehlschlagen (›dies da‹ kann je nach Zeigekontext Verschiedenes meinen, mehrere Gegenstände könnten denselben Namen tragen oder dieselbe bestimmte Beschreibung erfüllen), unmöglich kann ›ich‹ (korrekt gebraucht) zu einer solchen ›infelicity‹ führen. ›Ich‹ ist ferner *ontologisch* vor Namen, allen anderen Zeigewörtern und Kennzeichnungen durch die Existenzgarantie des Referenten ausgezeichnet; sie sind vor der Möglichkeit geschützt, dass der Referent vielleicht nicht der ist, den wir meinen, oder – wie im Falle von optischen Täuschungen, Halluzinationen oder Einbildung – *nicht* ist (während es sehr wohl möglich ist, dass Gegenstände, auf die Namen oder Kennzeichnungen Bezug zu nehmen scheinen, nicht existieren). Und schließlich ist ›ich‹ *erkenntnistheoretisch* vor Namen, definiten Beschreibungen und Zeigewörtern ausgezeichnet; seine Unanalysierbarkeit durch Namen, Kennzeichnungen, aber auch alle anderen Indikatoren (selbst ›hier‹ und ›jetzt‹) ist sogar ein »fundamentales Faktum, das Descartes' *Cogito* und Kants Thesen übers transzendentale Subjekt zugrunde liegt« (Castañeda 1999, 63 f.). *Vom* Subjekt (und seinem Selbstbewusstsein) her wird die indikatoren- und begriffsvermittelte Kenntnis aufgebaut, die Heidegger das In-der-Welt-Sein nennt; nicht aber ist ›ich‹ aus der Semantik des In-der-Welt-Seins, und auch nicht »durch die Demonstrativpronomen der dritten Person«, zu analysieren:

In order to keep knowledge or belief, or in order merely to rethink, of the objects originally apprehended by means of demonstratives one must reformulate one's knowledge or belief, or thought, of these objects. One must replace each purely demonstrative reference by a reference in terms of descriptions or names, or in terms of the demonstrative ›I‹. If Privatus asserts »This is blue«, perhaps with a pointing, he seems both to single out an object in his experience and to attribute to it nothing but blueness. Let this be as it may. The crucial thing, however, is that later on, when the object is no longer in his presence, the pronoun ›this‹ has to yield to a name or description of the object Privatus called »this«. Demonstratives are necessarily *eliminable for their users*. The only exception is the demonstrative ›I‹. Nobody can at all keep knowledge or belief of whatever information about himself he receives, unless he manages to replace every single reference to himself in terms of descriptions or names, or in terms of other demonstratives (like ›you‹, ›he‹, ›this‹), by a reference in terms of ›I (me, my, mine, myself)‹. This does not mean, of course, that whenever, e. g., Privatus hears »Privatus is φ«, he is to perform a physically, or psychologically, distinguishable act of translation: »That is, I am φ.« The point is a logical one. Privatus cannot remember, or mereley consider later on, that he* is φ, unless he remembers, or considers, what he would formulate by saying »I am φ« or »Privatus is φ and I am Privatus.« At least the statements of identity »I am Privatus« or »I am the one who …« must include an ineliminable use of ›I‹ for Privatus. If he only entertains or thinks the statements, without actually making any assertion, we shall speak of his making an implicit use of ›I‹ (Castañeda 1999, 47 f.; dt. 193 f.).

Eine Erfahrung, die mit besonderer Klarheit Franz Brentano und Hermann Schmalenbach zu Beginn des Jahrhunderts formuliert hatten. Sage ich ›Dies da ist blau‹, so bin ich – später – nicht unmittelbar berechtigt zu schließen ›dies da war blau‹; sondern ich muss das Demonstrativpronomen z. B. durch eine bestimmte Beschreibung ersetzen und nun etwa sagen: ›Das Stück Gletschereis, in das ich damals und dort eine Eisschraube bohrte, war blau.‹ Das heißt, Demonstrativa sind für den Benutzer grundsätzlich eliminierbar. Dagegen habe ich genau dieses Recht der Ersetzung des Präsens durch die Vergangenheitsform bei Sätzen wie ›Ich bin φ‹, auf die ich später durch ›Ich war φ‹ zurückkomme. Hier muss ich ›ich‹ nicht durch eine Beschreibung ersetzen, ja, ich könnte das gar nicht, ohne in die Beschreibung wieder ein ›ich‹ einzufügen und dessen Unersetzbarkeit in direkter Rede so erneut zu bewähren (›ich bin derjenige, der zum Zeitpunkt t_1 das und das getan hat oder in dem und dem Zustand gewesen ist‹). Zwischen ›ich bin φ‹ und ›ich war φ‹ waltet eine epistemisch zugängliche garantierte Identität über Zeit (es gibt Kontinuität von Selbstbewusstsein). An ihr hängt die Wiederidentifizierbarkeit von früher wahrgenommenen (und demonstrativ aufgezeigten) Objekten.[4] Anders: Dass eine demonstrative Bezugnahme in der Erinnerung (in Abwesenheit des zeigbaren Objekts) funktioniert, hängt am seidenen Faden fortwährender epistemischer Selbstreferenz: ›Ich‹ weist dem ›dies‹ (auch dem erinnerten) allererst seine Referenz zu.

Freilich erklärt Castañeda die erkenntnistheoretische Priorität von ›ich‹ für nur partiell. Sie gelte nur für den Gebrauch aus der Sprecher(in)-Perspektive selbst; andere Subjekte können ›ich‹ – um der veritativen Symmetrie aller deiktischen Ausdrücken willen – durch ein Demonstrativpronomen, einen Namen oder eine Kennzeichnung aufgreifen (und mithin ersetzen [ebd., 50; dt. 194]).

Aber ist das ausgemacht? Eben noch hatte Castañeda für ›he*‹ die Unmöglichkeit solcher demonstrativer Wiederaufnahmen durch ›he‹ (oder einen Namen oder eine definite Beschreibung) gezeigt; und von ›er*/sie*‹ wissen wir ja, dass durch diesen Quasiindikator allein in indirekter Rede ein ›ich‹ der direkten Rede ersetzt werden kann. Ist ›ich weiß, dass ich φ‹ der Gedanke, den ein anderer mit ›er weiß, dass er* (selbst) φ‹ nicht reduktionistisch wiederaufgreift, und ist ›he*‹ durch ›he‹ (oder ein Äquivalent) unersetzbar, dann muss für ›ich‹ dasselbe gelten wie für ›er*‹. Ferner: Wird mit ›ich φ‹-Sätzen prinzipiell nichts Perzeptives identifiziert, wie kann ich dann wissen, dass – wie es beim Perspektiven-Wechsel von ›ich‹ zu ›er/sie‹ unvermeidlich ist – das dabei Wahrgenommene ich selbst bin? Gewiss, wenn ich mein eigenes Sprachverhalten in Gesellschaft beobachte, tue ich nichts anderes: Ich unterstelle, dass ich nicht nur mentale, sondern auch physische Zustände habe und dass andere mich nur über die letzteren identifizieren; und ich un-

---

[4] Diese These hat Castañeda später aufgegeben, um sich Russells Idee des Kurzzeit-Selbsts anzuschließen. Es drückt sich aus im dem Präfix »Ich hier jetzt« und geht mit dem Jetztpunkt unter: »It is crucial, however, to hold on to the fact that remembering having done some action A, or having had an experience E, is not to remember a self or an I, in itself, so to speak, nakedly, doing A or experiencing E. Past selves – as Hume claimed for present selves – are nowhere to be found. What one remembers is a situation from a certain perspective, even if it is the mereley intellectual perspective of a hierarchically organized set of beliefs« (Castañeda 1999, 198 ff.).

terstelle, der, den ich in der ›ich‹-Perspektive gewahre, sei dieselbe Person wie der, den andere mit ›er‹ anreden. Wenn wir uns aber einmal die Mühe machen, die Konsequenzen der erkenntnistheoretischen Priorität von ›ich‹ zu entfalten, so dürfen wir jetzt nicht einfach aus Bequemlichkeit das bloß methodologisch interessante Postulat unterschreiben, ›ich‹-Gedanken seien (in entsprechend veränderten Rede-Kontexten) mit ›er/sie‹-Gedanken gleichbedeutend. Jedenfalls scheint mir von Castañedas bahnbrechenden Analysen kein schneller Weg in den semantischen Intersubjektivismus zu führen.

Wenn ich recht sehe, nimmt Castañeda dies aber an, wenn er die bloße Möglichkeit eines (F)-Gebrauchs für ›ich‹ in *oratio obliqua* in Rechnung stellt. Dabei sind zwei Typen von Sätzen zu unterscheiden. Im ersten Typus geht dem Nebensatz ›dass ich φ‹ ein Hauptsatz aus der Dritte-Person-Perspektive mit einem Kognitionsverb voraus, das sich auf ein ›ich‹ (oder ›mein‹, ›mir‹ usw.) bezieht. Das wären Verwendungen der Form: ›X glaubt (denkt, weiß, behauptet, argumentiert usw.) von mir, dass ich (mich, mein, mir usw.) …‹ (ebd., 48; dt. 195). Hier könne, meint Castañeda, ›ich‹ durch einen Namen oder eine Beschreibung eliminiert werden. Wenn ich selbst der Dieb war, hinter dem die Polizei her ist (ohne ihn freilich identifiziert zu haben), dann wird sich, wofür ›ich‹ steht, aus der Polizei-Perspektive durch eine identifizierende Beschreibung ersetzen lassen; dennoch kann nur *ich* mir mit ›ich‹ die Identität des gesuchten Diebes zuschreiben, und auch das nur (wie wir oben sahen) kraft einer nichtperzeptiven und nichtidentifikatorischen (epistemischen) Selbstferenz, womit sich ein Hof von epistemologischer Ungewissheit um die Identität der perzipierten (und festgenommenen) Person legt. Vorsichtiger gesagt: Die Heterogenität des mit ›ich‹ nichtperzeptiv und des mit ›er/sie‹ perzeptiv Gemeinten lässt sich nicht einfach durch (F)-Gebrauch von ›ich‹ homogenisieren; die epistemische Asymmetrie muss semantische Konsequenzen haben.

Immerhin bleibt Ersetzbarkeit von ›ich‹ (im Nebensatz) etwa ›durch die Person Z‹ daran gebunden, dass das *de re* zugeschriebene ›mir‹ im Hauptsatz nicht eliminiert wird. Der Satz ›X glaubt von mir, dass ich soundso‹, wäre dann so zu analysieren: ›Es gibt eine eindeutige Art der Bezugnahme auf eine gewisse Person als Z, ich bin diese Person, und X glaubt, dass Z soundso.‹ Und die Ersetzbarkeit von ›ich‹ durch ›die Person Z‹ hängt davon ab, dass ich mich selbst für diese Person halte.

Der zweite Typ von Sätzen mit ›ich‹ in indirekter Rede hat die Form ›X glaubt, dass ich φ‹. Hier hat ›ich‹ keinen *de re* bezeichneten Vorgänger im Hauptsatz und referiert deshalb direkt und unabhängig auf den Sprecher oder die Sprecherin. Aber X muss natürlich nicht wissen, wer genau ›ich‹ ist; und insofern ähnelt das ›ich‹ in solchen Verwendungen der unspezifischen Beschreibung des (F)-Gebrauchs: X bezieht sich auf jemandem (etwa vermittels einer Kennzeichnung), als den faktisch ich mich erkenne, den aber X nicht für denselben ansehen muss (das Beispiel des Diebs, der ich wirklich bin, den X aber beim Stand der Dinge nur vage als den, ›der die Schmuckschachtel geklaut‹ hat, identifizieren kann). Der Unterschied zum ersten (*De-re-*)Verwendungstyp (›X glaubt *von mir*, dass ich φ‹) ist also der, dass X dort die Fähigkeit zugeschrieben wird, die mit ›mir‹ gemeinte Person zu identifizieren, während dies hier nicht der Fall ist. (Castañeda räumt ein, dass der Ausdruck ›identifizieren‹ hier in eine gewisse Vagheit getaucht ist [ebd., 51; dt. 199]; hält mich jemand für den Dieb seiner Schmuckschachtel, ohne zu wissen, wer ich bin – er urteilt aufgrund klarer Indizien –, so identifiziert er mich ja gerade nicht; wohl aber ist er sicher, dass es da jemanden gibt, auf den wenigstens eine bestimmte Beschreibung [›hat die Schmuckschachtel aus dem Versteck unter den Fliesen entführt‹] zutrifft. Castañeda hätte statt ›identifizieren‹ von ›Bezug nehmen‹ reden sollen; nicht jede sichere Referenz identifiziert im strengen Sinne.)

Castañeda führt noch einen weiteren Typ von (F)-Gebrauch von ›ich‹ in indirekter Rede auf, der nicht nach dem Schema der beiden vorigen zu analysieren ist, nämlich Pauls Äußerung ›Jones glaubt, ich wisse, dass ich glücklich bin‹ (ebd., 50; dt. 198). Nach der obigen Analyse ist der erste Auftritt von ›ich‹ Platzhalter für eine bestimmte Weise (Z) der Bezugnahme auf Paul, nicht aber der zweite. Der Satz darf also nicht wie folgt analysiert werden: ›Es gibt eine Art und Weise, auf eine bestimmte Person als Z (mit dem Namen, unter der Beschreibung Z) Bezug zu nehmen, ich bin diese Person, und Jones glaubt, Z wisse, dass Z glücklich ist.‹ Denn Z könnte Z für glücklich halten, ohne zu wissen, dass er*/sie* (selbst) Z ist. So wäre Paul also kein Selbstbewusstsein zugeschrieben. Um das zu garantieren, muss Pauls Äußerung so analysiert werden: ›Es gibt eine Art und Weise, eindeutig auf eine Person Z Bezug zu nehmen, ich bin Z, Jones kann Z identifizieren, und Jones glaubt, Z wisse, dass er* glücklich ist.‹ Das Beispiel macht deutlich, dass es zum obigen Fall (›X glaubt, dass ich ϕ‹) eine Ausnahme gibt, falls nämlich das erste ›ich‹ im indirekten Kontext auftritt und mithin ersetzbar ist. Das Jones-Beispiel zeigt nun, dass alsdann das zweite ›ich‹ nicht strikt unersetzlich, sondern durch ein ›er/sie*‹ (das ›er/sie‹ des emphatischen Selbstbewusstseins) vertretbar ist.

Immerhin gibt Castañeda zu, dass die demonstrativ oder durch Beschreibung ersetzbaren ›ich‹-Verwendungen allesamt »im Grund keine eigentlichen Erste-Person-Verwendungen von ›ich‹« sind (ebd., 49; dt. 196). Wenn Paul glaubt, dass ich glücklich bin, so garantiert das ›ich‹ im Nebensatz keinen wirklichen epistemischen Selbstbezug des Sprechers auf sich selbst. Sowenig der oben gegebene Beispielsatz (1) (»Paul glaubt von Mary, sie sei glücklich«) Paul den Glauben zuschreibt, *dass* Mary wirklich glücklich ist (sondern nur den, dass Mary *sich* für glücklich hält), so wenig schreibt der Satz »Paul glaubt von mir, ich sei glücklich«, Paul den Glauben zu, *dass* ich (Manfred) wirklich glücklich bin (sondern nur den, dass ich mich dafür halte). – Damit diese Illustrationen greifen, musste freilich immer eine semantisch-veritative Konvertierbarkeit des eigentlichen *first-person use* von ›ich‹ in einen demonstrativen (F)-Gebrauch unterstellt werden – und dessen Einsichtigkeit steht gerade zur Debatte.

Castañeda sucht nach einem trennscharfen Kriterium für (F)-eliminierbare und ineliminierbare Verwendungen von ›ich‹. Die ersten sind offenbar solche, in denen ›ich‹ durch eine Beschreibung (Z) ersetzt werden kann, die ich mir gegebenenfalls auch selbst zulegen könnte (vorausgesetzt immer – was zu beweisen wäre –, ich könnte mich in irgendeiner Beschreibung wiederfinden). Nichteliminierbar sind dagegen solche, in denen in indirekter Rede zwei Tokens von ›ich‹ (oder einer seiner Flexionsformen) ein kognitives Verb (›glaube‹, ›weiß‹ usw.) umrahmen (›ich glaube, dass mir ϕ‹); dann kann ›ich‹ nichtreduktionistisch nur durch ›he*/she*‹ ersetzt werden (ebd.). Die allgemeine Eliminationsregel von (eigentlichem) ›ich‹ auf (F)-›ich‹, wie Castañeda sie aufstellt (ich vereinfache sie umgangssprachlich), lautet dann:

Eine Äußerung der Form ›X glaubt (weiß usw.), dass ich φ‹ ist gleichbedeutend mit der entsprechenden Äußerung der Form ›Es gibt eine Weise, auf eine bestimmte Person als Z Bezug zu nehmen, X kann Z identifizieren, ich bin Z, und X glaubt (weiß, usw.) dass Z φ‹ (ebd., 51; dt. 199).

Nehmen wir an, φ bedeute ›ist (bzw. bin) glücklich‹. Dann ist die Referenz von ›ich‹ garantiert nur für den Fall, dass es einem von ›ich‹ regierten Kognitionsverb untergeordnet ist (›weiß [glaube, hoffe], dass …‹). Und alsdann könnte eine äquivalente Ersetzung aus der ›er‹-Perspektive ohne ein ›er*‹ nicht auskommen. Problematisch in der Formel aber ist, wie gesagt, der Begriff der Identifikation (ebd.). Was heißt eine Person identifizieren, wenn ›identifizieren‹ Wahrnehmungskriterien voraussetzt und etwas eine Person nur unter der Bedingung ist, dass sie von sich (selbst) wahrnehmungsfreie Kenntnis besitzt? Kann ich die subjektive Vertrautheit der Person mit sich aus externer Perspektive nur durch ›er*‹-Sätze aufgreifen, dann ist grundsätzlich die These problematisiert, dass eigentlicher ›ich‹-Gebrauch überhaupt in irgendwelchen Redekontexten durch (F)-Gebrauch von ›ich‹ ersetzt werden kann.

Diese Fragen stehen freilich nicht im Brennpunkt von Castañedas Überlegungen – sie ergeben sich aus ihnen aber zwingend für den, der starke Konsequenzen aus der Tatsache zieht, dass Subjektgebrauch von ›ich‹ oder von ›he*/she*‹ nicht auf Wahrnehmung beruht, während Referenz auf (oder Identifikation von) Personen grundsätzlich wahrnehmungsvermittelt erfolgt. Mithin ist dem Selbstbewusstsein nichts über seine mögliche Identität mit einer Person bekannt; und wenn ich eine (raum-zeitliche, mithin wahrnehmbare) Person für mich halte, so tue ich das nur kraft einer selbstbewussten Selbstzuschreibung, die mein Personsein in eine logische Abhängigkeit von meiner epistemischen Selbstvertrautheit bringt. Dieses Verhältnis ist aber unumkehrbar. Daraus, dass eine Person soundso ist, folgt nie, dass ich mich als diese Person erkennen muss.

Castañeda zeigt auch nicht, wie ich von fremdem Selbstbewusstsein Kenntnis haben, sondern nur, wie ich fremden Personen Selbstbewusstsein so zuschreiben kann, dass die Zuschreibung die Unersetzbarkeit des Quasipronomens* durch ein Demonstrativpronomen wahrt. Dann gilt: Ein uneliminierbarer Gebrauch von ›ich‹ (mit »kognitivem Präfix« [ebd., 50; dt. 197] und abhängigem Nebensatz mit ›ich‹/›mein‹/›mir‹ usw.) kann aus der ›er/sie‹-

Perspektive eines anderen Subjekts durch eine entsprechende (indirekte) Konstruktion mit ›er*/sie*‹ ersetzt werden. (Also: ›ich glaube, dass ich φ‹ kann aus der Fremdperspektive ersetzt werden durch ein ›er/sie glaubt, dass er*/sie* [selbst] φ‹ [ebd., 53; dt. 201 f.].)

Noch fragt sich Castañeda, ob ›he* himself‹-Konstruktionen auch in direkter Rede auftreten können. Das ist wider den Augenschein nicht der Fall. Denn daraus, dass einer, dem wirklich eine bestimmte Eigenschaft zukommt, *glaubt*, er selbst habe diese Eigenschaft, folgt nicht, dass er sie wirklich *hat*. Also kann er nicht mit derselben Gewissheit, mit der er sich den Glauben zuspricht, sich auch (in direkter Rede) die Eigenschaft (oder Beschreibung) zusprechen; und ich wiederum kann von ihm nicht sagen: ›er* *ist* soundso‹. Sätze dieser Form sind unvollständig und bedürfen einer Ergänzung, die sie in einen Kontext indirekter Rede (mit einem Kognitionsverb) versetzt.

In kognitiven Kontexten gilt eben die Regel, dass die (unabhängig vom Glauben einer Person festgestellte) Wahrheit des Nebensatzes (›dass φ‹) nicht die Wahrheit des Gesamtsatzes determiniert. Darum kann in solchen Redekontexten auftreten, was Festinger als ›kognitive Dissonanz‹ bezeichnet hat. ›Kognitiv‹ mögen Sätze heißen, die um ein Intentionsverb wie ›glauben‹, ›beabsichtigen‹, ›wissen‹ usw. sich organisieren. Die logische Analyse kognitiver Sätze ist dann mit der Frage befasst, »welche Argumente, die kognitive Sätze enthalten, gültig sind und worauf ihre Gültigkeit beruht« (Bühler 1983, 19). Argumente mit kognitiven Elementen haben manifeste Eigentümlichkeiten, die gewöhnlichen Argumenten fehlen. Wenn ich zum Beispiel in dem gültigen Argument:

Der Planet Abendstern ist die Venus.
Der Abendstern ist derselbe Planet wie der Morgenstern.
Der Morgenstern ist die Venus.

den ersten Obersatz durch den Teilsatz erweitere: »Ich glaube, dass (der Abendstern der Planet Venus ist)«, und die gleiche Erweiterung in der Konklusion vornehme: »Ich glaube also, dass (der Morgenstern der Planet Venus ist)«, dann sieht man gleich, dass hier kein gültiger Schluss vorliegt, auch wenn alle drei Sätze für sich wahr wären. Die in ›objektiven Argumenten‹ jederzeit mögliche Ersetzung eines Teilsatzes durch einen äquivalenten (oder eines singulären Terminus durch einen ihm koextensiven) ist mithin nicht unproblematisch, sobald kognitive Ausdrücke wie »glauben« im Hauptsatz auftreten. Dass Abendstern und Morgenstern derselbe Planet sind, *muss* ich nicht glauben (Aristoteles z. B. glaubte es nicht); und wenn ich es glaube, folgt die subjektive Realität meiner kognitiven Einstellung nicht aus der objektiven Identität des Geglaubten. Während Beziehungen zwischen Elementen eines rein logisch aufgebauten und rein logisch entscheidbaren Kalküls entweder schlüssig oder nichtschlüssig sind, kann man Gleiches für die Beziehungen zwischen kognitiven Elementen im Seelenleben einer Person nicht ohne weiteres sagen.

Aber das Argument gegen die Ersetzbarkeit von ›X glaubt (oder weiß), dass er* φ‹ durch ›er* ist φ‹ hat noch ein zusätzliches Element. Die Ersetzung glaubt sich durch folgende Schlussregel abgestützt:

If a sentence of the form ›X knows that *p*‹ formulates a statement you accept, then you may detach the sentence (or clause) S represented by ›*p*‹ and use S itself to make the statement which S formulates as part of the larger sentence ›X knows that *p*‹, provided that S contains no tokens$_w$ or either first or second-person pronouns (Castañeda 1999, 54; dt. 203).

Folgender Schluss wäre (nach dieser Regel) erlaubt: Wenn der Hauptherausgeber der *Revue internationale de philosophie* glaubt, er* (selbst) lebe in Brüssel, dann lebt er in Brüssel. Somit wäre das (demonstrative) ›er‹ in der Konklusion ein angemessener Platzhalter von ›er*‹ im Antezedens. Das ist nun nicht der Fall. Nehmen wir zur Probe an, ein Subjekt namens X führte diesen Schluss durch, hielte sich* aber in Wahrheit nicht für einen Bewohner Brüssels. Wenn X gleichzeitig vom Hauptherausgeber der *Revue* annimmt, dieser halte sich* (selbst) für einen Einwohner von Brüssel, und nun gemäß der Schlussregel folgert, dass er (›er‹ demonstrativ gebraucht, also auf den Hauptherausgeber verweisend) es auch wirklich ist, muss er sich selbst für einen Brüsseler halten, was seinem eigenen Glauben widerspricht. Denn da X das ›er‹ (von der Schlussregel ermutigt) für gleichbedeutend mit ›er*‹ hält, muss er nun den Schluss ›er* ist ein Brüsseler‹ auf sich beziehen. So kann Castañeda folgende These über die (Nicht-)Verwendbarkeit von ›er*/sie*‹ in direkter Rede formulieren:

The pronoun ›he*‹ is strictly a subordinate pronoun: it is by itself an incomplete, or syncategorematic, symbol, and *every* sentence or clause containing a token_w of ›he*‹ which is not in *oratio obliqua,* is also an incomplete or syncategorematic sentence or clause (ebd., 55; dt. 204).

Dass auch eine andere Formulierung der Schlussregel, nämlich: »From a statement of the form ›X knows that *p*‹ you may infer the corresponding statement that *p*« (ebd., 54; dt. 203) unhaltbar ist, lässt sich so zeigen: Bezieht sich ›er‹ im Satz ›er ist ein Brüsseler‹ auf den Hauptherausgeber der *Revue internationale de philosophie* (vertritt also eine bestimmte Beschreibung), dann ist nun nicht mehr die neu ins Spiel gebrachte Schlussregel angewendet. Denn in deren Formulierung steht ›*p*‹ nicht für ›der Hauptherausgeber der *Revue* ist Brüsseler‹, sondern für den Satz ›er* (selbst) ist ein Brüsseler‹. Und von dieser letzten Wendung wissen wir, dass in ihr das Pronomen* nicht durch eine Kennzeichnung ersetzt werden kann.

Den Sachverhalt, den der Hauptherausgeber der *Revue* weiß, wenn ›er ist Brüsseler‹ wahr ist, kann dieser selbst am besten in der ›ich‹-Form zum Ausdruck bringen (›ich bin Brüsseler‹). Trotzdem ist der Schluss von ›der Hauptherausgeber der *Revue internationale de philosophie* weiß, dass er* (selbst) Brüsseler ist‹ auf ›ich bin Brüsseler‹ offensichtlich falsch. Und der andere Schluss von ›ich bin der Hauptherausgeber der *Revue internationale de philosophie,* und der Hauptherausgeber der *Revue internationale de philosophie* weiß, dass er* (selbst) Brüsseler ist‹ auf ›ich bin Brüsseler‹ ist zwar korrekt, kam aber nicht aufgrund der zuletzt ins Spiel gebrachten Schlussregel (›wenn einer weiß, dass *p*, so *p*‹) zustande (ebd., 55 f.; dt. 205 f.).

Ähnlich bescheidet Castañeda den Vorschlag, das ›er‹ in der Konklusion ›er ist Brüsseler‹ repräsentiere ein ›du‹. Natürlich kann ich mich auf die Person (oder bestimmte Beschreibung), für die ›er‹ steht, auch durch ein ›du‹ beziehen, wenn ich nämlich mit der betreffenden Person selbst rede und mit ihr per ›du‹ bin. Das bedeutet aber nicht, dass mithin der Schluss von ›der Hauptherausgeber […)]weiß, dass er* in Brüssel lebt‹ auf ›also bist du ein Bewohner Brüssels‹ trüge; also liegt hier erst recht keine Anwendung der Schlussregel ›wenn einer weiß, dass *p*, so *p*‹ vor. So kommt Castañeda zur dritten These übers Verhältnis von ›ich‹ und ›er*/sie*‹:

The generally accepted rule [»From a statement of the form ›X knows that *p*‹ you may infer the corresponding statement that *p*«] is invalid; it fails for statements *p* expressible in sentences containing tokens_w of ›he*‹ (ebd., 56; dt. 206).

Die letzte Generalthese des Aufsatzes »›He‹« betrifft zwei Fälle strikter Uneliminierbarkeit von ›he*‹:

A token_w ›I‹ of ›he*‹ is strictly ineliminable for its users in two types of cases, and only in these two types of cases: (1) ›I‹ occurs in an *oratio obliqua* subordinated to just one cognitive prefix containing the antecedent of ›I‹; (2) ›I‹ occurs in *oratio obliqua* subordinated to *n* + 1 cognitive prefixes such that the very first one, from the left, has the antecedent A of ›I‹, and the other *n* verbs have tokens_w of ›he*‹ whose antecedent is also A (ebd.; dt. 207).

Die dichte Formulierung ist leicht aufzulösen. Es geht in ihr um die Ähnlichkeit zwischen ›he himself‹-Wendungen und ›I‹-Verwendungen in indirekten Redezusammenhängen. Oben sahen wir, dass unersetzbare ›ich‹-Verwendungen (etwa in dem Satz ›ich weiß, dass ich glücklich bin‹) dann eliminierbar werden, wenn der Satz durch ein kognitives Präfix eingeleitet wird, das kein ›ich‹ enthält, also z. B.: ›Jones glaubt, ich wisse, dass ich glücklich bin.‹ Die erste der vier Thesen hatte den synkategorematischen Charakter von ›er*‹-Wendungen herausgehoben und geltend gemacht, dass auch die unersetzlichen ›er*/sie*‹-Wendungen durch Voranstellen eines kognitiven Präfixes (›weiß‹, ›glaubt‹ usw.) eliminierbar werden. Dann folgt die vierte These ohne weiteres. Ihr erster Teil formuliert Fälle von Unersetzlichkeit von ›er*‹ wie im ersten Beispiel (›er weiß, dass er* glücklich ist‹), wo ein ›er‹ in indirekter Rede einem kognitiven Präfix (hier: ›weiß‹) untergeordnet ist; und ihr zweiter Teil solche, wo ›er*‹ auftritt in indirekter Rede, so, dass der abhängige Nebensatz mit ›er*‹ von (wenigstens) zwei ineinander verschachtelten Präfixen mit Kognitionsverben (›Jones *glaubt*, er *wisse* ...‹) dominiert wird, deren erstes ein Subjekt hat, das von allen anderen durch ›er*‹ aufgenommen wird.

Folgende (Beispiel-)Sätze enthalten also unersetzbare ›er*‹-Ausdrücke: ›X glaubt, er* sei glücklich‹ und ›Alexander glaubte, er* wisse, dass er* einmal geglaubt hatte, er* wäre ein Gott‹ (ebd., 56; dt. 207; mit ›ich‹-Verwendungen verhält es sich analog: 56 f.; dt. 207 f.).

Um zu resümieren: Zwei Nachweise hat Castañedas Aufsatz »›He‹« zu erbringen versucht: (1) den, dass es einen irreduziblen ›er (sich selbst)‹-Gebrauch gibt, durch den wir anderen Subjekten Selbstbewusstsein zuschreiben; (2) den, dass ein solcher ›er (sich selbst)‹-Gebrauch genau dann gerechtfertigt ist, wenn ein Hörer ausdrücken will, was ein Sprecher behauptet, wenn er ein uneliminierbares ›ich‹ in indirekter Rede verwendet, d. h., wenn er sich (selbst) Selbstbewusstsein zuschreibt. Anders: Mit ›he*‹-Wendungen bringe ich im Blick auf andere Subjekte und in indirekter Rede die Überzeugung zum Ausdruck, die diese sich selbst (implizit oder explizit) in direkter Rede zuschreiben: nämlich selbstbewusste Subjekte von Intentionen (und anderen mentalen Zuständen oder Dispositionen) zu sein.

Was »»He«« sicher nicht zu leisten vorhat, ist die Relativierung der ›ich‹-Perspektive als solcher. Sie wird von ›he*‹ ja nur aus der Fremdperspektive auf mentale Selbstzuschreibungen aufgegriffen und geht allem Pronominalgebrauch, ja jeder Verwendung singulärer Termini als deren transzendentale Bedingung (»*transcendental prefix*« [189, 187 ff.]) voraus. So begegnet Castañeda (in jüngeren Publikationen) dem kantischen ›Ich denke‹ wieder, welches alle meine Vorstellungen begleiten können muss und die ganze Erscheinungswelt in einen Kontext analog zu dem der indirekten Rede verwandelt (›ich denke, dass *a* und dass *b* und dass *c* und dass ... *n*‹ [187 f.]). So ist das Ich nicht nur am Ursprung des Systems der deiktischen Ausdrücke (deren Bedeutungen immer von der jeweiligen Verwendungssituation oder, wie Castañeda sagt, ›Hier-jetzt-Perspektive‹ des Sprechers abhängen), sondern ›am Nullpunkt seines ganzen referentiellen Koordinatensystems‹. Insofern unterschreibt auch Castañeda – freilich mit bedeutenden Vorbehalten, die gleich zu entwickeln sein werden – Fichtes erkenntnistheoretische These, jedes Bewusstsein *von* etwas (also: jedes referentielle Bewusstsein) hänge vom vorgängigen Selbstbewusstsein ab, und eröffnet Durchblicke auf den unvermuteten Einstand des idealistischen Grundgedankens in der jüngsten analytischen Philosophie (Fichte 1797).

IV.

Ich kann und muss hier nicht auf die komplexe ›Guise-Theory‹ eingehen, die Castañeda in seiner späteren Zeit entwickelt hat. So viel scheint mir indes gewiss, dass er die richtige Einsicht in die Zentralität der Ich-Perspektive in der Folge reflexionstheoretisch missversteht. Ihm scheint der (implizite) Selbstbezug jedes Weltbewusstseins das Werk einer »höherstufigen Erfahrung« (Castañeda 1999, 107), die auf eine vorgängige phänomengerichtete Erfahrung sich bezieht, so dass Berkeleys »esse est percipi« ganz wörtlich als Ausdruck einer reflexiven Selbstwahrnehmung verstanden wird (180), die allerdings nur das ›ephemäre Subjekt‹ des ›ich hier jetzt‹, nicht so etwas wie Kants in der Zeit sich durchhaltendes identisches Ich, in den Blick bringt (189 f.; 200 f.). Zwar betont Castañeda auch jetzt noch, dass das »›ich hier jetzt‹ [...] irreduzibel sei auf die Inhalte der Erfahrung« (201); ja er sagt sogar, »es lasse sich keine Theorie vom Körper einer Person aus der inneren Natur von Ichen ableiten« (ebd., 252; dt. 211). Andererseits besteht er darauf, dass das jeweilige Ich, seiner Erfahrungsdiesseitigkeit unerachtet, »places something in experience«, ja dass es selbst Gegenstand einer auf es gerichteten Erfahrung und überhaupt nur vom empirischen Ich her zu verstehen sei (242-244). So verwickelt sich Castañedas späte Theorie in einen offensichtlichen Erklärungszirkel: Einerseits kann das Ich als transzendentale Voraussetzung der Erfahrungswelt von keiner Erfahrung erfasst werden, andererseits besteht Kenntnis von ihm als ephemärer Bewusstseinsepisode nur im Blick einer auf es geschickten Erfahrung. So teilt Castañedas hellsichtige, ja bahnbrechende Analyse der Irreduzibilität von ›ich‹-Äußerungen auf Erfahrungsverhältnisse die Dilemmata Russells, des Neukantianismus und der Verteidiger der ›inneren Erfahrung‹ (Kant, Brentano, Husserl, Armstrong, um nur sie zu nennen).

Das erhellt aus mehreren Texten, die Castañeda in seinen letzten Lebensjahren veröffentlicht hat. In ihnen wird die Frage, die unsere Überlegungen im Titel führt, zwar klar beantwortet: Das Pronomen der ersten Person Singular steht ›im strikten Sinn bzw. intern, für ein *Ich*‹ (ebd., 228; ›*Ich*‹ deutsch im Original), nicht für eine ›dauernde physische Person oder eine metaphysisch transzendente Substanz‹ (248). Der Lebensgeschichte einer Person liegt kein beharrendes, numerisch identisches Super-Ich, sondern eine Suite von ›I-Guises‹ (Ich-Aspekten oder Ich-Abschattungen) zugrunde, deren Identität kontingent zusammengesetzt (Castañeda sagt: ›kon-substantiiert‹) wird. Wie aber bemächtige ich mich eines solchen, ganz an den gegenwärtigen Zeitpunkt gebundenen, ›ephemeren Ich-Aspekts‹? Durch Reflexion, antwortet Castañeda (244, im Kontext). Damit ein Ich-Guise vom Bewusstsein erfasst werden kann, muss es schon entgegenwärtigt sein, muss es seinen Platz einem es reflektierenden anderen Ich-Guise geräumt haben (ebd., 240, 244; vgl. 246). Das ist offenkundig falsch; denn entstünde Selbstbewusstsein (wie immer ephemer es sei) erst mit dem Absinken eines Ich-Guise in die jüngste Vergangenheit, so wäre alles Selbstbewusstsein Bewusstsein unmittelbarer Vergangenheit, was absurd ist. Aber noch in dieser Form ist der Gedanke haltlos: Denn wie soll das gegenwärtige ›I here now‹ um diese seine Gegenwärtigkeit wissen (und die jüngstvergangene Phase *als* vergangen von sich abstoßen), wenn Bewusstsein erst mit dem Vergangenheitsbewusstsein anhebt? Und schließlich: Wie soll ich von einem Ich-Aspekt wissen, dass er vergangen (nicht mehr gegenwärtig) ist, wenn ich gar kein nichtvergangenes Ich-Bewusstsein besitzen kann?

Castañeda denkt die Selbstreflexion der I-Guises als eine Art wiederholt auf sich selbst angewandter (oder innerer) Erfahrung: Der Gegenstand der inneren Erfahrung ist selbst ein »experienced ephemeral referent« (ebd., 248; Castañeda spricht dort auch von »structuring reflexive experience, thought«):

[E]ach *I* is the *I* of an experience. Like all indexical particulars, it is evanescent and exists only for the duration of the experience in question. An *I* exists only in the present. [...] An *I* is nothing but a subject and its contents are literally the contents of the experiences of which it is the subject (243).

Indem eine dieser Erfahrungen sich (reflexiv) auf die andere (vorangegangene) richtet und sie im Gedächtnis ›speichert‹, entsteht der Anschein einer ›dauernden personalen Identität‹, deren erkenntnistheoretische Basis in Wirklichkeit eine Suite von ›Transsubstantiationen‹ ist. »The real *I* at a given time *T* is the reflexive subject of the maximal co-conscious integration of experiences at *T*. The specious present determined by a succession of overlapping of co-consciousness determines in the normal human cases the short-lived *I* of the interval« (244). Castañeda nennt das Ich – ganz in den Fußstapfen des phänomenalistischen Skeptikers Hume – eine ›Schöpfung (creation)‹, wohl im Sinne einer Fiktion von Einheit-over-time (»An *I* is in itself a hypostatic construct« [244; vgl. 237 o.]).

Freilich macht Castañeda – und hier beruft er sich auf Sartre – einen Unterschied zwischen Bewusstsein und Selbstbewusstsein. Nur das Letztere sei ›ich‹-haft strukturiert und reflexiv, während das ›egolose‹ reine (Sartresche) Bewusstsein ›nichtreflexiv‹ sei. Auf die Weise könne es irreflexives, nicht von einem Ich als Träger besessene Episoden geben (»unowned episodes of thinking and feeling«; 238, 240).

The fundamental type of consciousness is non-reflexive, egoless. Furthermore, reflexive consciousness is mounted on a base of unreflective consciousness of objects. This in its turn is mounted on diffuse, inarticulated sensory consciousness. This cumulative hierarchical structure of consciousness is crucial. Of course, unreflective consciousness of objects is […] built on third-person indexical reference (238; Castañeda verweist auf Text 5; dt. Text 9).

Indem er so Partei ergreift für Sartre, wendet er sich zugleich gegen eine These, die er dem Autor der ersten *Wissenschaftslehre* (von 1794, also Fichte) zuschreibt, wonach nämlich alles (Gegenstands-)Bewusstsein Selbstbewusstsein einschließe. Aber wie wir wissen, ist das eine These, hinsichtlich deren Sartre und Fichte vielmehr übereinkommen – nur dass jener unter ›Selbstbewusstsein‹ das Bewusstsein versteht, das (präreflexiv) von diesem Bewusstsein (d. h.: von dieser Bewusstseinsepisode) selbst besteht, während Fichte (wenigstens in den Schriften, auf die seine Wirkung begründet ist) ›Selbstbewusstsein‹ für (präreflexives) Bewusstsein vom Ich hält. Insbesondere unterscheidet sich Sartre von Castañeda darin, dass er die Vorstellung eines unbewussten (d. h. nicht selbstbewussten) Bewusstseins für selbstwidersprüchlich erklärt, während Castañeda das Gegenstandsbewusstsein zwar für Ich- und reflexionslos, offenbar aber nicht notwendig für (selbst)bewusst hält.

Diesen Punkt entwickelt Castañeda deutlicher in einem Aufsatz »I-Structures and the Reflexivity of Self-Consciousness« (Castañeda 1999, 251-292; dt. 210-245), der den Faden von »Persons, Egos, and I's« (Castañeda 1999, 228-250) weiterspinnt und an dessen gründlicher Ausarbeitung ihn sein Tod hinderte. Hier geht es ausdrücklich um die »Reflexivität von Selbstbewusstsein«:

This is a twofold reflexivity: an external, pedestrian one, and an internal, exciting reflexivity, which rests on the former. The internal reflexivity hinges on *I*'s (252; dt. 211).

Extern heißt eine Selbstbezüglichkeit, in der einer sich tatsächlich auf sich bezieht, ohne davon notwendig Bewusstsein haben zu müssen (wie wenn jemand sich rasiert und sich dabei unversehens schneidet [vgl. 232]). In der internen Selbstbezüglichkeit beziehen wir uns bewusst auf uns *als* auf uns (253, 255; dt. 212 f.); Erfahrungen (besser sollten wir sagen: Erlebnisse) müssen nicht von einem Ich ›gehabt‹ (oder ›besessen‹) werden, wie das (angeblich) Fichtes immer noch unter Philosophen weitverbreitete Ansicht gewesen sei; sie können also sehr wohl unbewusst (und das scheint für Castañeda zu heißen: ichlos) stattfinden:

Experiences need not be owned bei *I*'s, and when they are the *I*-integration presupposes the unity of the owned experience. Thus we reject the Fichtean thesis – still widely held among philosophers and friends of Artificial Intelligence – that all consciousness involves self-consciousness. (Thus we take issue with Kant's view on the role of apperception.) The Fichtean thesis demands a downward unity of the contents of consciousness from the experienced-experiencing self to the non-self contents. This runs against the facts of experience, and prevents a unitary account of animal consciousness. Indeed even the postulation of an experienced-experiencing self arises from an unjustified conflation of the external with the internal reflexivity. Hence, whereas there is a momentous problem about the *I*'s, there is no problem of a self-referring self (252; dt. 211).

Natürlich interessiert Castañeda am brennendsten das Phänomen der inneren (Selbstbewusstsein notwendig einschließenden) Reflexivität, in der das ›he himself‹-Erlebnis der frühen Aufsätze besiegelt ist. »The internal reflexivity is the peculiar core of *self-consciousness*. It is the reflexivity of a content of thought, namely: what one expresses by thinkingly using sentences containing used tokens of the first-person pronoun ›I‹« (256 [ff.]; dt. 212 f[f.]). Diese innere Reflexivität, in der eine(r) auf sich *als* auf sich Bezug nimmt, kann nicht als eine besondere Instantiierung neben anderen der Form ›x nimmt Bezug auf y *als* z‹ verstanden werden (ebd.). Denn aus dem Bezug auf Fremdes oder eine fremde Person ist nie zu lernen, dass *ich* dies(e/r) Andere bin. Tatsächlich ist Selbstbezug *keine* Abart des Bezugs auf Anderes (oder anderswen); denn in gewisser Weise sind Subjekt und Objekt der Verweisung ›dasselbe Selbst‹. Diese Selbigkeit wird durch das »*als*-Moment innerhalb der allgemeinen Formel: [...] *X bezieht sich auf Y als Z*« (256; dt. 212 f.) ausgedrückt; denn bis zum Glied »auf Y« ist die Relation nur äußerlich. Sie wird innerlich erst dadurch, dass Y als mit Z identisch angesehen und Z von X für eine Repräsentation *seiner selbst* gehalten wird. Um dies *shifting*, das eine äußere Bezugnahme in eine Selbstferenz verwandelt, auffällig zu machen, schreibt Castañeda es so: »[I]n episodes of *self-* consciousness [...] ONE is conscious of [Parallelformulierung: ONE refers to (thinks of)] ONEself *qua oneSELF*« (ebd. und 264; dt. 224).

Diese völlig treffende, sogar hellsichtige Beschreibung der Problemlage bringt Castañeda nun keineswegs auf den Gedanken, die innere Reflexivität von Ich-Gedanken für einen Sekundäreffekt von des Bewusstseins Irreflexivität zu halten; denn nur diese vermöchte strenge Selbigkeit dessen, der da Bewusstsein hat, und dessen, von dem da Bewusstsein besteht, zu garantieren; während gerade die Reflexivität – man mag sie ›intern‹ nennen oder nicht – eine zweigliedrige Struktur artikuliert, in welcher prinzipiell einer auf sich zurückgebogen sein kann, ohne zu wissen, dass *er es selbst* ist, auf den er Bezug nimmt (die externe Reflexivität). Ist Reflexivität einmal als Explikationsmodell für Selbstbewusstsein zugrunde gelegt, lässt sich äußere von innerer gar nicht mehr trennscharf abheben. Das »*als*-Moment« innerhalb der internen Reflexion lässt sich als Anzeige einer *Selbst*kenntnis nur verständlich machen, wenn es ein präreflexives Kennen reflexiv nur *re*aktiviert.

Sartre hat dieses Problem besonders deutlich gesehen. Der Begriff (*notion*) des Selbst (*soi*), sagt er, ist »in ihm selbst flüchtig (evanescente)«. Nichts kann ›soi‹ auf die Weise sein, wie ein Tisch ein Tisch ist; weil das ›soi‹ in sich reflektiert ist. Also *ist* es nicht, sondern *verweist auf* sich.

»Il se penche«, indique bien que le »se« que nous trouvons ici n'est pas exactement le »il«; sans quoi il ne serait pas nécessaire d'employer deux mots. Il y a un léger décalage (Sartre 1947, 69/381).

Dennoch kann die Reflexivität auch nicht als Äußerlichkeitsrelation zweier gelten: »il y a bien une sorte de jeu de réflexion reflétant, et à la fois [...] tout ceci se passe dans une unité où le reflet est lui-même le reflétant, et le reflétant le reflet« (ebd., 67/386). Dieses rätselhafte Zusammenbestehen von Selbigkeit und Unterschiedenheit in der Reflexivität des Selbst*verweises* glaubte Sartre als das Faktum eines *Selbst*verweises nur begründen zu können, indem er der hier zutage liegenden Struktur eine fundamentale *Prä*reflexivität voraussetzte. Vor ihm hatte Hölderlin die genau gleiche Erfahrung in einer Fußnote zur *Verfahrungsweise des poetischen Geistes* so artikuliert: Wäre Selbstbewusstsein nur Verwiesenheit eines auf noch eines, so könnte das eine im Bewusstsein des anderen nicht

sich *selbst, seinen* Act erkenn[en]. In diesem Falle kann es sich wieder nicht als Identisch erkennen, weil die verschiedenen Acte in denen es vorhanden ist, nicht *seine* Acte sind, es kann sich nicht einmal sezen als in diesen Acten begriffen, denn diese Acte hängen nicht von ihm ab (Hölderlin 1979, 313, Z. 531-537).

So auch Castañeda: »[T]here is [...] the internal reflexivity of ONE referring to something, whatever it may be, as *one*SELF« (Castañeda 1999, 256; dt. 213). »The internal reflexivity of self-consciousness is the appearing of the thinker to HIMself as himSELF, that is, as an *I*« (ebd., 257; dt. 214). Die damit verbundene (und, wie Castañeda betont, auf sprachliche Äußerungen irreduzible) innige Selbigkeit des Denkers und seiner* (selbst) verlangt nun eine Aufklärung, die mit Mitteln des Reflexionsmodells aus Gründen, die prinzipiell heißen dürfen, unmöglich ist. Das Reflektierte kann vielmehr ›ich selbst‹ nur sein, wenn ich mit mir* *vor aller Reflexion* auf eine Weise bekannt schon war, die mir Selbst*begegnungen* als *Selbst*begegnungen transparent macht (Castañeda spricht in der Tat durchgängig von »*confrontational* consciousness«). Gerade die ›he* himself‹-Gedanken, obwohl reflexiv artikuliert, verlangen irreflexive Selbstvertrautheit als ihren erkenntnistheoretischen Erklärungsgrund. Darauf deutet auch die Tatsache, dass den Umschlag von äußerer (Fremd-) in innere (Selbst-)Reflexion nicht ein spezielles Charakteristikum vermittelt, dessen Kenntnis verfehlt werden könnte. Selbstkenntnis erfolgt kriterien- und begriffslos: »one *qua* I does not classify oneself as a self, a person, or a thinker – let alone as a human being, female, or whatever is true of all entities capable of *self*-consciousness« (268; dt. 126). »There is just no criterion one can apply to determine whether one is an *I* or not. One simply is an I. This primitive fact is primitively and immediately apprehended by a thinker who is an I« (269; dt. 226). ›Self-intimation‹ – Castañeda spricht sogar vom einem ›Gefühl‹ (275; dt. 228) – wird nicht über Begriffe erworben (»in a non-conceptual way« [276; dt. 228]). Fehlt diese (konzeptuelle) Vermittlung im epistemischen Selbstbezug, darf von seiner *Prä*propositionalität und von seiner *Un*mittelbarkeit die Rede sein; und da alle Verhältnisse mittelbar sind, wäre es angezeigt, auch nicht länger vom Verhältnis der Reflexivität zu sprechen. Die ›als-Struktur‹, die ja das Begriffswörtchen *als* benutzt, scheint selbst irreführend. Das aber tut und ebenso verfährt Castañeda, wenn er – in der Tradition der Reflexionsphilosophie von Descartes bis (zum späten) Husserl – vom Ich als einer ›ephemeren Repräsentation des Denkers als des Subjekts intern zum Vorliegen kommender, gegenwärtigerweise (presentationally) konvergierender Erfahrungen‹ redet. Denn *re*präsentiert kann nur einer werden, der (sich) zunächst präsent war – diesseits aller Beschreibung oder Eigenschaftszuschreibung. »It is merely the brute unanalyzable presentation of the internal unity of those experiences with their successful harpooning of something in the real world otherwise unknown – whatever it may be« (270; dt. 226).

Dem sucht Castañeda (1999) durch eine Reihe von terminologischen Differenzierungen Rechnung zu tragen. War es schon wenig einleuchtend, die *Selbst*kenntnis innerhalb der internen Reflexion gleichzeitig durch ihre unbegriffliche Unmittelbarkeit (ja als ein ›Gefühl‹) auszuzeichnen und gleichzeitig auf die konzeptualisierende ›als-Struktur‹ zu gründen; so erscheint nun die Unterscheidung von »reflexivem« und »reflektivem Bewußtsein« erst recht künstlich (276; dt. 228 f.). Im Selbstbewusstsein herrsche zwar Reflexivität, es werde aber ›nicht auf etwas reflektiert‹. Es soll sogar gelten, »dass *Selbst*bewußtsein auf anderen Formen von nichtreflektivem Bewußtsein aufruhe (is mounted on)« (276, vgl. 238; dt. 228 f.). Diese These klingt wirklich aufregend. Wir sahen aber schon, dass Castañeda unter die Formen irreflexiven Bewusstseins, auf deren ›Sockel (pedestal)‹ explizites (egologisch verfasstes) Selbstbewusstsein ›aufruhe‹, »unbewußte Prozesse« einbegreift oder vielmehr überhaupt *nur solche* subsumiert. Eine andere Formulierung: »[S]*elf*-consciousness is built up on layers of self-less consciousness which remain as an internal basis for reference to oneself as *I*« (255; kein deutsches Pendant). Einer Sprachregelung zufolge, die er mit seinem (vermeintlichen) Widersacher Fichte teilt, ist ihm Bewusstsein immer thetisches Bewusstsein *von* etwas; und da er Selbstbewusstsein als einen Sonderfall von (Bezug nehmendem) Bewusstsein denkt, muss hier explizites Bewusstsein *vom* Ich bestehen (dieses Ich sei so präsenzfixiert und hinschwindend, wie man will). Soll Selbstbewusstsein als Gipfel eines ›Eisbergs‹ verstanden werden, der ›aus dem dunklen Wasser des Unbewussten auftaucht‹ (277; dt. 227) – Castañeda spricht von einer ›Hierarchie von Bewusstseinsmodi innerhalb des Selbstbewusstseins‹ (ebd.) –, so müsste eine (Leibnizsche) Kontinuität bestehen zwischen Unbewusstem und Selbstbewusstsein, derart, dass »*Selbst*bewusstsein [mit einem *Ich* als Fokus und Ankerpunkt] nur die höchste Form von Bewusstsein [überhaupt]« (278, 270; kein deutsches Pendant) wäre und Bewusstsein auf jedem Niveau die jeweils unter ihm ›subsumptiv‹ begriffenen Bewusstseinslevels in sich aufhöbe. Eine solche Vorstellung ist aber ganz unvereinbar mit Castañedas Einsicht, dass Selbstbewusstsein aus nichts zu lernen (und aus nichts genetisch abzuleiten) ist, was nicht schon es selbst ist – weder aus bestimmten Beschreibungen noch aus demonstrativen Zeigehandlungen, noch aus sinnlichen Wahrnehmungen: wie dann aus Unbewusstem (Nichtpräsentablem)? Und wie soll man diese Konsequenz formulieren, wenn nicht in Fichtes (von Castañeda diskreditierten) Worten, alles Bewusstsein *von* etwas sei wesentlich und an ihm selbst Selbstbewusstsein (wenn auch nicht reflektives, also nicht Bewusstsein *von* sich)?

Nicht, als sei der Gedanke abzuweisen, dass viele Tiere (nichtbegriffliches) und einige höhere Tiere auch begriffliches Bewusstsein haben. (Die von Gallup untersuchten Schimpansen sind sogar expliziter Selbsterkenntnis fähig [Hauser 2001, Kap. 5: »Know Thyself«]). Diese Konsequenz ergibt sich schon aus der Einsicht, dass das ursprüngliche Bewusstseinsphänomen sowohl als ›selfintimated‹ und als präreflexiv als auch als vorbegrifflich gedacht werden muss. Ein solches Bewusstsein kann aber als Vorstufe von *Selbst*bewusstsein nur veranschlagt werden, wenn den Tieren auch eine Art (von durchaus nichtfokaler und ichloser) *Vertrautheit* (*intimation, feeling*) zugestanden wird (252; dt. 211) – wie anders soll ich das ihnen eignende Bewusstsein von Zuständen materieller (und in diesem Sinne unbewusster) Befindlichkeit unterscheiden können? Außerdem kann die Unbegrifflichkeit des *First-level*-Bewusstseins (des sinnlichen) schon darum kein trennscharfes Kriterium gegenüber dem expliziten Selbstbewusstsein darstellen, weil Castañeda diesem ebenfalls Vorbegrifflichkeit hatte zuerkennen müssen. Und da aus nichts nichts wird, könnte Selbstbewusstsein aus Bewusstsein als Steigerungsform (oder als Evolutionsprodukt) sich nur entwickeln, wenn Bewusstsein selbst schon (wie immer implizit) als *selbst*bewusst in Anschlag gebracht war. Darum kann man Castañedas »A-fortiori«-These (»not all consciousness is *self*-consciousness« [255; kein deutsches Pendant]) nur übernehmen, wenn man mit dem Ausdruck ›Selbstbewusstsein‹ explizites und reflexives Bewusstsein bezeichnen will (wozu dann gar keine Notwendigkeit besteht, wenn man ›Selbstbewusstsein‹ als präreflexiv denken kann, wozu Fichte wenigstens Grundzüge geliefert hat, obwohl Castañeda wohl darin recht zu geben ist, dass Fichte das präreflexive Selbstbewusstsein nicht als Ich-Bewusstsein hätte denken sollen).

Castañeda zitiert aus der frühen *Wissenschaftslehre* den Satz ›Ohne Selbstbewusstsein kein Bewusstsein überhaupt‹ (ebd., 291f., Anm. 28.) und nennt als zeitgenössische Nachklänge dieser (verfehlten) Ansicht Roderick Chisholm (1981) und Sidney Shoemaker (»Self-reference and Self-awareness«, in: Shoemaker [1984, Text 1]). Kant dagegen, meint Castañeda, habe nichtegologisches Bewusstsein wenigstens erwogen, obwohl er sonst Fichtes Ansicht vorgearbeitet (und den Unterschied zwischen Vom-Selbstbewusstsein-begleitet-werden-*Können* und Von-ihm-*wirklich*-immer-begleitet-*Werden* vernachlässigt) habe. – Es ist sehr schade, dass Castañeda sich nicht weiter umgetan hat in den Theorien des Frühidealismus und der Frühromantik. Novalis etwa und Schleiermacher haben nichtegologische Theorien des präreflexiven Selbstbewusstseins vorgelegt (vgl. die entsprechenden Texte in Frank 1991).

Man kann sich denken (und wir haben gerade gehört), dass Castañeda seine Zurückweisung der These, alles gegenstandsbezogene Bewusstsein sei zunächst Selbstbewusstsein, nicht nur gegen Fichte, sondern auch auch gegen die jüngste Version einer Selbstbewusstseinstheorie geltend machen würde, die Roderick Chisholm in *The First Person* (1981) vorgelegt hat.[5] Und so verhält es sich in der Tat (vgl. Castañeda 1999, Text 5 von 1987). Chisholms (und David Lewis') These, »that all cognitive states and all thinking episodes involve the self-ascription of properties« (ebd., 143), wird mit den bekannten, aber auch mit einigen neuen Argumenten verworfen.

Chisholm hatte das von Castañeda als ›he himself locution‹ und

5 Ich spreche von der ›jüngsten Version‹, weil Chisholm ihr zwei Vorläuferinnen vorausgeschickt hatte, von deren Unhaltbarkeit er sich (oder Dieter Henrich ihn) überzeugt hatte. (Vgl. Chisholm 1981, 26, Anm. 12: »For a critical account of the relations between the two theories I had formerly held, compare Dieter Henrich [1979a].« Chisholm selbst gesteht die Priorität der Entdeckung von ›De-se-Attributionen‹ David Lewis zu (ebd., 32 und 40, Anm. 2). Vgl. David Lewis (1983, 133-156 und 156-159). Castañeda nimmt in dem Aufsatz »Self-Consciousness, Demonstrative Reference and the Self-Ascription View of Believing« beide – Lewis' und Chisholms – Postionen ins Visier (Castañeda 1999, Text 5).

von Elizabeth Anscombe als ›indirect reflexive‹ namhaft gemachte Phänomen unter dem Titel der direkten Selbstattribution einer Eigenschaft zu fassen versucht (Chisholm 1981, 27 ff.). Die Eigenschaft, die ein Subjekt sich *direkt* und infallibel zuschreibt, ist die: dass es in einem intentionalen Bezug auf etwas steht, das nicht es selbst ist. Dieser intentionale (Fremd-)Bezug ist Gegenstand einer *indirekten* Zuschreibung. Dies aber, in einem indirekten epistemischen Bezug auf anderes zu stehen, ist nach Chisholm (nicht eine Proposition, sondern) eine Eigenschaft, die sich das Subjekt *direkt* zuschreibt (oder, wie er sagt, ›direkt an sich exemplifiziert‹).

Castañeda teilt die These, die er bei Chisholm bekämpft, übrigens in der abgemilderten Form, dass die primäre indexvermittelte Bezugnahme auf eine Entität dieser keine Eigenschaft zuspricht, es sei denn die indirekte oder implizite Eigenschaft, in den Erfahrungsraum einer Person (zu einer bestimmten ›Jetzt‹-Zeit) zu fallen (Castañeda 1999, 63). Ein Indikator ›drückt den Akt der Einbeziehung eines Gegenstandes in die Erfahrung einer Person oder den Akt der Markierung derjenigen Person aus, die momentan in eine kognitive Beziehung eintritt‹. Dies sei »das fundamentale Faktum, das der Idee des transzendentalen Subjekts zugrunde liegt« (ebd., 63 f.).

In der Abwehr der ›altmodischen Propositionalitätsdoktrin‹ ist Castañeda mit Chisholm einig (Castañeda 1999, 145 ff.; dt. 340 ff.). Propositionen sind ihr zufolge die kleinsten (begrifflich ausbuchstabierten) Einheiten, die als Gegenstände von intentionalen Akten (z. B. Glaubenseinstellungen) auftreten können. Sie sind Träger von Wahrheitswerten, ewige Geltungseinheiten und gleichzeitig die semantischen Minima der Kommunikation (sagen wir: intersubjektive Minima). Ebendarum wird in ihnen das Problem der Referenz umgangen. Auf Gegenstände wird nämlich nicht in Freges ›drittem Reich idealer Objektivitäten‹ Bezug genommen, sondern in aktuellen Redehandlungen (und Bewusstseinsepisoden), die nicht zur (Saussureschen) *langue*, sondern zur *parole* gehören. So fallen jedenfalls in Sätzen mit Indexwörtern Satzbedeutung und Wahrheitswert auseinander; Behaupten und Bezugnehmen sind Angelegenheiten von Semantik und Pragmatik (ebd., 148 f.; dt. 346 f.). Das gilt besonders für Sätze mit ›ich‹ oder einem es aufnehmenden Quasiindikator (›he*‹). Da die Gedanken, die eine Person über sich* hat, nicht nur der Interpretation durch andere Personen nicht bedürfen, sondern überhaupt nur in privilegierten Selbstverhältnissen auftreten, bricht hier das Intersubjektivitätspostulat der klassischen Propositionalitätsdoktrin zusammen (ebd., 150 f.; dt. 147 ff.). Und dann kann der »Classical Propositional View« auch nicht mehr die These einer vollkommenen Isomorphie von Denkinhalt und Aussageinhalt aufrechterhalten; denn Denkinhalte werden gerade nicht durch intersubjektiv zugängliche Propositionen individuiert. Vielmehr gilt: »To be self-conscious that one is thinking P is to know immediately what P is« (153; dt. 353; vgl. zum Kontrast 152; dt. 351: »Propositions are composed of purely objective and intersubjective components«). Darum heißt einen Ich-Gedanken zu haben nicht schon, ihn auszusprechen: »A thinking episode is of course not an event of uttering« (253; 257: dazu mit Blick auf Castañeda Frank 2006). In der Vorsprachlichkeit der Selbstkenntnis gründet die dem Selbstbewusstsein eigene, auf propositionales Wissen irreduzible ›Selbstdurchsichtigkeit‹ (»diaphonousness of consciousness«, »transparence of such accusatival propositions« [wobei der ›innere Akkusativ‹ das meint, wovon Selbstbewusstsein ein Bewusstsein ist]; »transparency of mental content« [Castañeda 1999, 153; dt. 353]).

In »Attitudes *De dicto* and *De se*« (1979) hatte David Lewis die Unangemessenheit der Propositionalitätsdoktrin zur Erklärung epistemischer Selbstverhältnisse am Beispiel zweier allwissender Götter illustriert, die in derselben Welt auf verschiedenen Gipfeln wohnen und verschiedene göttliche Attribute haben. Ihre Allwissenheit impliziert, dass ihnen alle wahren Propositionen dieser ihrer Welt bekannt sind. *Nicht* bekannt ist ihnen aber durch die Kenntnis aller wahren Propositionen, wer welcher Gott ist. Auch wissen wir von Castañeda, dass kognitive Kontexte nicht durch objektive analysiert werden dürfen: Wenn die Proposition *p* die Proposition *q* impliziert, dann muss, wer *p* denkt (glaubt, weiß usw.), nicht zur gleichen Zeit auch denken (wissen, glauben usw.), dass *q* (die »Intensionalitätsregel« [Castañeda 1999, 152 f.; dt. 352 f.]). Die Kenntnis, die ein jeder der beiden Götter *de se* hat, kann also – als in einen kognitiven Kontext verwickelte – kein propositionales Wissen sein; und sie könnte den Göttern, da ihnen *alle* wahren Propositionen geläufig sind, auch nicht durch ein weiteres propositionales Wissen vermittelt werden:

Rather, they would self-ascribe more of the properties they possess. […] [So] sometimes property objects will do but propositional won't. Some belief and some knowledge cannot be understood as propositional, but can be understood as self-ascription of properties (Lewis 1983, 139).

Wenn es mithin möglich ist, eine Kenntnis zu entbehren und doch keinerlei propositionales Wissen zu entbehren, dann kann nicht alle Kenntnis propositional sein. Selbstbewusstsein ist von dieser Art (und ich vermute: *nur* Selbstbewusstsein ist im strengen Sinne präpropositional). Ist das der Fall, dann gilt eben auch: dass nicht jede Kenntnis öffentlich zugänglich (intersubjektiv) ist. Es gibt private (intern bestimmte) Bewusstseinsinhalte; und sie sind nicht *ipso facto* mitteilbar. (Wenn Castañeda betont, Quasiindikatoren hätten gerade die Funktion, fremden Subjekten Selbstbewusstsein zuzusprechen, so hat er doch keinerlei Beitrag zum Problem geliefert, wie die epistemische Asymmetrie zwischen ›ich‹- und ›er/sie*‹-Sätzen überbrückt werden kann [Castañeda 1999, 156; dt. 358].)

Auch für Chisholm – der mehr oder weniger explizit an Lewis' Aufsatz anknüpft – scheitert die Propositionalitätsdoktrin speziell an kognitiven Sätzen mit ›ich‹ als Subjekt. In *Person and Object* (1976) hatte er noch angenommen, Glaubens-Sätze, in denen ich einer anderen Person eine Eigenschaft zuschreibe, als solche eines Glaubens *de dicto* konstruieren zu müssen; »de dicto« meint einfach, dass ich nicht geradehin auf eine Person und eine Eigenschaft, sondern auf ein ›über sie Gesagtes‹, also auf eine Aussage glaubend mich beziehe, d. h. auf die Proposition, ›dass die betreffende Person soundso‹. Glaube ich also etwas über diese Person, so halte ich eine Proposition für wahr, die eine die Person betreffende Eigenschaft enthält. Chisholm hatte zunächst angenommen, diese Eigenschaft dürfe nur in Verbindung mit einer anderen auftreten, nämlich einer solchen, die diese Person als das unverwechselbare Individuum charakterisiert, das sie ist; und das wäre eine Eigenschaft, die nur diese Person zu dieser Zeit und keine andere zur gleichen Zeit auf der Welt haben könnte: also ein individuelles Wesen, eine scholastische *haecceitas*. Gehe ich nun vom Glauben über andere zum Glauben über mich selbst über, so zeigt sich rasch die Unplausibilität der Propositionaltheorie. Denn was wäre die in einer Proposition mit ›ich‹ – z. B. ›dass ich stehe‹ - eingeschlossene wesentlich individuierende Eigenschaft? Mit-sich-identisch zu sein ist keine echte Eigenschaft, und jedes Seiende weist sie auf; und sofern diese Eigenschaft Persönlichkeit einschließen soll, wäre sie teilweise analysierbar. Chisholm entscheidet sich unter diesen Umständen dafür, die Hypothese individuierender Wesenheiten aufzugeben, und nimmt stattdessen an, dass »there are *no* such things as firstperson propositions« (Chisholm 1981, 17; dt. 270), ja dass die normale Funktion von Sätzen mit ›ich‹ überhaupt nicht darin bestehe, Propositionen auszudrücken.

Diese Annahme stützt Chisholm auf Castañedas Entdeckung und Beschreibung der »›he, himself‹ locution«, die er auch als »emphatic reflexive« bezeichnet (17 ff., 24; dt. 250 ff., 278). ›Nichtemphatisch‹ wäre eine Konstruktion, die Castañeda den (F)-Gebrauch genannt hätte, wo der intentionale Selbstbezug einer Person nicht notwendig einschließt, dass sie auch weiß, dass *sie selbst* es ist, die sich intentional zu sich verhält (»There exists an x such that x believes x to be wise«). Äußerungen mit ›er*/sie* ... sich selbst‹ implizieren *De-re*-Überzeugungen (der Satz ›der größte Mann glaubt, dass er selbst weise ist‹, impliziert den *De-re*-Glauben: ›es gibt ein x so, dass x mit dem größten Mann identisch ist, und x wird von x für weise gehalten‹); und dadurch unterscheiden sie sich von *De-dicto*-Überzeugungen (›dass sich der größte Mann für weise hält‹, impliziert nicht den *De-dicto*-Glauben in der Formulierung ›der größte Mann glaubt, dass der größte Mann weise ist‹). Aber sie scheinen mit *De-dicto*-Äußerungen den Zug zu teilen, dass sich in ihnen eine Person selbst eine Proposition zuschreibt (wenn ich mich für weise halte, halte ich – scheint's – den Sachverhalt, ›dass ich weise bin‹, für zutreffend). Das aber widerspricht der Hypothese, ›ich‹-Überzeugungen seien gar nicht propositional strukturiert. Wie soll man sie dann analysieren?

Mit Castañeda hält Chisholm alle Versuche, emphatische Reflexivkonstruktionen aus nichtemphatischen oder aus *De-re*-Formulierungen (oder als besondere Fälle ebensolcher) abzuleiten, für aussichtslos. »So [...] we shall try to understand the ordinary *de re* locution as a special case of the ›he, himself‹ locution« (25; dt. 279). Um diese Ableitbarkeit zu gewährleisten, müssen die drei Beispielsätze (*de re, de dicto* und *de se*) zunächst in eine quantifizierte Notation versetzt werden. Sodann muss die Glaubensrelation gefasst werden als eine, die besteht nicht zwischen der Person und einer Proposition, sondern zwischen ihr und einer Eigenschaft, die die Person glaubend an sich selbst ›exemplifiziert‹. Der ›Inhalt (content)‹ einer (intentionalen) Zuschreibung wäre also grundsätzlich eine ›Eigenschaft (property)‹. Direkt zugeschrieben wird eine doxastische Eigenschaft nach folgendem Prinzip: »For every x, every y and every z, if x directly attributes z to y, then x is identical with y« (Chisholm 1981, 28; dt. 282). Ist z nach Definition eine Eigenschaft (z. B. F), dann kann für Redewendungen mit emphatischem Reflexiv *per definitionem* Folgendes festgesetzt werden:

»x believes that he himself is F = Df. The property of being F is such that x directly attributes it to x« (ebd.).

Die Fähigkeit direkter Selbstzuschreibung einer Eigenschaft macht also – nach Chisholm – das Wesen selbstbewusster Subjektivität aus. Freilich nimmt er an, Subjekte *vergegenständlichten* sich im Zuge dieser Selbstzuschreibung (»a believer can take himself as his intentional object«; »I will be the *object* of such considering [myself as having a certain property] and the property I consider myself as having will be the *content*« [ebd., 28 u. 29; dt. 282 f.]).[6] Ob Selbstvergegenständlichung ein Zug im Spiel des Selbstbewusstseins ist und ob es einen Sinn ergibt, ihr das Prädikat ›direkt‹ zuzusprechen, steht auf einem anderen Blatt, das gleich noch zu wenden sein wird. Chisholm scheint sich die Gefahr nicht klarzumachen, die in dieser Rede liegt; denn für ihn ist die Wahl des Ausdrucks ›direkt‹ zunächst ausschließlich bestimmt durch die Abgrenzung vom Oppositionsterm ›indirekt‹, der für die Zusprechung von Eigenschaften zu anderen Personen steht.

Wittgensteins Frage war: »Was macht meine *Vorstellung* von ihm zu einer Vorstellung von *ihm*« (ebd., 1, 3, 13; dt. 265). Chisholms Frage lautet: ›Wie gelangt man dazu, *andere und anderes* zu *seinen* intentionalen Gegenständen zu machen? Und seine Antwort ist: »I make you my object by attributing a certain property to myself« (ebd., 29; dt. 284). Anders gesagt: Indem ich den anderen (oder anderes) aus anderen Gegenständen seinesgleichen herausgreife (und indem ich also in einer Identifikationsrelation zu ihm stehe), mache ich ihn/es zum Gegenstand einer *indirekten* Attribution.

---

[6] Vgl. Chisholm (1981, 32): »I make *me* my object«; (35): »the thing *to* which the property is attributed is the *object* of the attribution«; (36): »The *object* of direct attribution is always oneself«; in einer Brentano'schen Terminologie (37): »the believing subject is the *primary object* of all belief«; passim.

Und die Eigenschaft, dass ich dir/ihm diese oder jene Eigenschaft indirekt zuschreibe, schreibe ich mir selbst *direkt* zu.

The property I directly attribute to myself may be said to imply that there is just one thing to which I bear R [the relation I entertain intentionally and indirectly to you or it] and that that thing has the property of being F. That is to say, the property is necessarily such that whatever has it bears R to just one thing and to a thing that is F.

[...]

In thus indirectly attributing a property [F] to you, I directly attribute a two-fold property to me. The first part of my direct attribution (that I bear the relation R to one and only one thing) will be correct; for I can attribute a property to you only if the identifying relation by means of which I attempt to single you out *is* a relation I bear to you and only to you. But the second part of the direct attribution (that the thing to which I bear R is a thing that is F) may or may not be correct. In either case, we may say: you are such that, *as* the person I am talking with, I indirectly attribute to you the property [for example] of wearing a hat (ebd., 30; dt. 285).

Chisholm nennt die dem anderen zugeschriebene Eigenschaft auch den *Inhalt* (*content*) und den Gegenstand, dem er (bzw. sie) zugelegt wird, das *Objekt*. So schreibt das Subjekt des Glaubens sich selbst direkt die Eigenschaft zu, in einer Identifikationsbeziehung (›the relation R‹) zu dem Objekt zu stehen, das den Inhalt (F) exempliziert (nicht: wahr macht; Chisholm hält die direkte Selbstattribution von Eigenschaften ja nicht für propositional, also nicht für Wahrheitsbedingungen ausgesetzt). Und das bedeutet: dass die intentionale und identifizierende Beziehung (R), die ein Subjekt (x) zu einem Gegenstand oder einem anderen Subjekt (y) unterhält, wenn es ihm etwas (F) zuspricht, in sich notwendig eine weitere Eigenschaft oder Beziehung (»a further relation, S«) enthält (»entails«), die sich x selbst direkt zuschreibt.

y is such that, as the thing that x bears R to, x indirectly attributes to it the property of being F = Df. x bears R to y and only to y; and x directly attributes to x the property [S] which entails the property of bearing R to just one thing and to a thing that is F (ebd., 31; dt. 286).

Wittgensteins Frage, was eine *Vorstellung* von dir zu einer Vorstellung von *dir* macht, findet also ihre Antwort zugleich mit der von Chisholm, was einen Fremdbezug zu *meiner* Intention macht. Indirekte Fremdzuschreibungen sind immer auch (oder enthalten)

Selbstzuschreibungen der Intentionalitätsbeziehung auf den anderen. Oder: Alles (indirekte) Bewusstsein *von* etwas ist wesentlich immer auch (direktes) *Selbst*bewusstsein. Und den Unterschied zwischen ›er* (sich selbst)‹-Formulierungen (also emphatischen Reflexiva) und solchen, in denen *x* identisch ist mit dem größten Mann und *x* dem *x* die Eigenschaft Weisheit zuspricht, können wir jetzt leicht erklären als einen der direkten und der indirekten Attribution. Bei der letzteren kann ich mich – wie Ernst Mach im Bus – faktisch auf mich beziehen, ohne es zu wissen; bei der direkten Attribution schreibe ich mir das *Wissen* um die Relation zu, die ich zu mir unterhalte (indem ich eine andere Relation zu anderem unterhalte).

But to the question: ›What makes a *direct* attribution of a property to himself an attribution of a property to *him*?‹ there can be no answer at all, beyond that of ›He just does – and that is the end of the matter!‹ Do we have here, then, a difficulty that is unique to the present theory? It is important to see that *every* theory of reference and intentionality is such that, at some point, it must provide a similar answer: ›It just does‹. Thus, according to the propositional theory of belief, I make *me* my object by making certain propositions my object. And how do I make those propositions my object? The answer must be that I do this directly – and not via some other thing which I have made my object.

The definition of indirect attribution that I have proposed here is similar, in fundamental respects, to a definition arrived at independently by David Lewis. Lewis writes: ›A subject ascribes a property *X* to individual *Y* under description *D* if and only if (1) the subject bears the relation *Z* uniquely to *Y*, and (2) the subject self-ascribes the property of bearing relation *Z* uniquely to something which has the property *X*.‹ Lewis uses ›belief *de se*‹ for what I have called ›direct attribution‹ (ebd., 32; dt. 287 f.).

Was in *The First Person* folgt, sind Korollarien zu diesem Grundsatz. Selbst wenn man sie nicht bestreitet, muss man sich fragen, ob er günstig formuliert ist und uns zufriedenstellen kann. Ein Hauptgebrechen, das im eben gegebenen Zitat erneut durchschlägt, haben wir schon erwähnt: Chisholm hält die direkte Selbstzuschreibung von Intentionen für gegenständlich (oder für eine Beziehung). Wie aber sollen Relationen, die etwas auf etwas beziehen, *direkt* sein? Und wie sollten sie den Träger der Eigenschaft, die sie direkt zuschreiben, nicht als Objekt bestimmen? In der Tat spricht Chisholm vom »*object* of direct attribution«, welches ›immer ich selbst bin‹ (35 f.; dt. 291, 293). Anderswo: »I am the *object* of these [mental] attributions.« »The *object* of [...] direct attribution will be the subject himself« (75, 86 o., 89 f.; dt. 298, 312, 315 f.). Ist das Ich einmal als Objekt in Anschlag gebracht, sieht man schwer, wie es hernach in seiner lauteren Subjektivität (d. h. in seiner Ungegenständlichkeit) bekannt werden könnte. Aber Chisholm hält die bloße Frage für abwegig: So könne nur einer reden, der direkte (selbstbezogene) mit indirekter (fremdbezogener) Attribution verwechsle. Gewiss, wenn die Verschiedenheit der Seinsweise der beiden Objekte, die in Frage stehen, genau bekannt wäre. Muss ich aber, um Selbstbewusstsein zu haben, ›auf ein Objekt referieren‹ – es möge immer »das *primäre Objekt* allen Glaubens« heißen –, und muss ich ›wissen, dass dieses Objekt mit mir identisch ist‹, so handle ich mir eine Reihe von Problemen ein, deren sich Fichtes Selbstbewusstseinstheorie wenigstens bewusst war. Subjekte sind keine Objekte; und sind sie einmal in Objektstellung ›apprehendiert‹ und womöglich ›identifiziert‹, wird sie *als* sich nur der erkennen, der eine vorobjektive Kenntnis (vom) Subjekt schon besaß, sie in der reflektierten (vergegenständlichten) Objektivität *wieder*erkennt und auf sich zurückbezieht. Dann belehrt mich aber nicht die primäre Objektivität über mein Selbstbewusstsein; dieses war in ihr vielmehr schon vorausgesetzt, um die emphatische reflexive Selbstbeziehung möglich zu machen, über die Chisholm so viel Erhellendes zu sagen weiß. Und die Beantwortung der Frage, wie einer solches Direktbewusstsein erwerben könnte, wenn er sich zunächst als einen objektiven Träger von Eigenschaften aufzufassen hatte, durch ein »He just does«, ist erkenntnistheoretisch ganz unbefriedigend.

Unbefriedigend ist aber auch, was Chisholm (1981) zum erkenntnistheoretischen Status des Selbstbewusstseins selbst (vor allem im 7. Kapitel über »Certainty and the Unity of Consciousness«) anführt. Selbstbewusstsein, sagt er, sei kein Ich-Bewusstsein; die unmittelbare Kenntnis des *Inhalts* eines direkt-attribuierten Prädikats sei an ihr selbst »subjectless« (ebd., 75, 86 f.; dt. 298, 312 f.). Diese Ansicht steht in der Tradition des frühen Brentano, aber auch des frühen Husserl und Sartres. Wie aber erwirbt die Person Kenntnis nicht nur ihrer psychischen Zustände, sondern auch ihres Selbst (als des Objekts der Attributionen, das nicht selbst zu den Eigenschaften dazugehört)? Chisholms Antwort lautet: durch Reflexion.

Ich kann mir nicht eine *Eigenschaft* direkt-zuschreiben, ohne auch zu wissen, dass *ich* es bin, dem ich sie zuschreibe (86 f.; dt. 312 f.). Aber ›ich‹ steht hier nicht für den Gegenstand einer individuellen Wesenheit, die nur mich individuiert, sondern für den Träger derjenigen Eigenschaft, die prinzipiell auch andere haben könnten, die ich aber gerade *mir* direkt-zuschreibe. Die mentale Selbstzuschreibung verschafft mir keinen Begriff von *mir* (»concept of *himself*«), sondern von dem *Selbst*, dem ich die Eigenschaft zulege (»concept of *a* self«). Schreibe ich mir etwa den Zustand der Traurigkeit zu, so schreibe ich die Eigenschaft mir als dem Selbst zu, an dem sie mit cartesianischer Gewissheit gerade exemplifiziert ist – und zwar auf dem Wege der Reflexion. Aber wie soll das möglich sein?

Die cartesianische Gewissheit, die im Vollzug psychischer Leistungen (oder im Haben von psychischen Zuständen) erlebt wird, hält Chisholm für das Ergebnis eines Aufmerkens auf einen selbst nicht reflexiven psychischen Akt oder Zustand. Dieses Aufmerken nennt er »considering that«. Das, worauf aufgemerkt wird, ist eine ›self-presenting‹ Eigenschaft, also ein psychisches Prädikat, welches durch das Aufmerken *als* solches konstatiert wird (90 und 91, Anm. 12 [fälschlich als 13 gezählt]; dt. 317). Für psychische Eigenschaften soll ja gelten, dass sie selbstbewusst (»self-presenting«) sind. (»We may say that *all* self-presenting properties are psychological or ›Cartesian‹. Indeed, we could define *consciousness* by reference to the self-presenting« [80; dt. 304]). Zu Gewissheiten werden sie nun allerdings erst dadurch, dass über ihr selbstbewusstes Vorliegen hinaus noch ein Akt des reflexiven Aufmerkens auf sie geschickt wird. So formuliert es das erste erkenntnistheoretische Prinzip, das Chisholm aufstellt: »If the property of being F is self-presenting, then for every x, if (i) x has the property of being F, and (ii) x considers his being F, then it is certain for x that he then has the property of being F« (82; dt. 307). Anders gesagt: Der selbstgebende Charakter der primären psychischen Eigenschaft impliziert noch kein explizites Selbstbewusstsein – oder doch keines, das auf dem epistemischen Niveau der »Gewissheit« sich situiert (84; dt. 309 f.). Damit Gewissheit – als das höchste »epistemic level« – erklommen werden kann, muss über den selbstbewussten Zustand hinaus noch Kenntnis davon bestehen, *dass* er vorliegt. Das ist das Begriffs- oder als-Moment an der selbstbewussten *Gewissheit*. Und diese Gewissheit wird verbürgt durch das selbstreflexive »considering that«. Dass damit ein Akt der explizitierenden Selbstreflexion gemeint ist, sagt Chisholm ganz klar, wenn er das Antezedens des eben aufgestellten ersten erkenntnistheoretischen Prinzips dadurch charakterisiert, »that the subject can know by reflection whether or not it [sc. the epistemic term] obtains« (84; dt. 309 f.).

Ist aber einmal das Reflexionsmodell in die Innerlichkeit des Selbstbewusstseins eingeführt, entsteht eine Dualität von Momenten: »We could distinguish the ›self-presenting‹ from the ›self-presented‹« (80; dt. 304). Selbst*gegeben* ist eine selbst*gebende* Eigenschaft nur, wenn auf sie reflexiv aufgemerkt wird: (»A property that is self-presenting may not be considered and therefore it will not be *self-presented*«). So entsteht explizites Selbstbewusstsein erst mit dem *aufmerkenden* ›considering‹; und selbstgebende psychische Zustände sind dem Bewusstsein an ihnen selbst nicht notwendig erschlossen. Ist das der Fall, so muss man sich fragen, wie etwas durch Aufmerken zu explizitem Selbstbewusstsein gebracht werden kann, das an ihm selbst die Eigenschaft, mit sich bekannt zu sein, nicht schon aufwies. Soll die Reflexion das Phänomen nicht verfälschen, so muss sie im Auftreffen auf psychische Zustände, die an sich unbewusst sind, deren Unbewusstheit entdecken. Lag aber Bewusstsein vor der Reflexion implizit schon vor (was sollte das übrigens heißen, und wie soll man sich implizites Bewusstsein vorstellen?), so muss die Reflexion bei der Explikation Bewusstsein und nicht Unbewusstsein entdecken – und dann trifft nicht zu, was Chisholm behauptet, dass Selbstbewusstsein und die ihm eignende Gewissheit erst mit dem Aufmerken auf einen selbstgebenden psychischen Zustand sich einstellt.

Damit hängt zusammen die Berufung auf Kants ›Ich denke‹, das Vorstellungen ja nicht immerzu begleiten muss, sondern nur begleiten kann (85 f.; dt. 310 ff.). Chisholm versteht das so, dass Vorstellungen (psychische Eigenschaften) zwar bewusst sind (was soll das heißen?), aber nicht *als* die, die sie sind, zu explizitem Selbstbewusstsein entfaltet werden, bevor sie nicht in den Lichthof der begleitenden Reflexion (des ›Ich denke‹) treten. Ich kann, sagt Chisholm immer wieder, psychische Zustände *haben*, ohne darauf *aufzumerken* (›without considering my having them‹). An sich ist es schon wenig einleuchtend, Zustände als ›self-presenting‹ auszuzeichnen, die von dieser ihrer Eigenschaft kein Selbstbewusstsein haben sollen. Dass sie dieses Bewusstsein aber durch einen *anderen* und zusätzlichen kognitiven Akt (das im ›Ich denke‹ sich aussprechende ›considering‹) erwerben sollen, ist völlig uneinsichtig. Das eben angesprochene Problem tritt hier nur auf der Stelle: Wie soll nämlich das ›Ich denke‹ einen selbstgebenden Zustand zum Selbstbewusstsein erheben, der diese Eigenschaft nicht schon an ihm selbst aufwies? Wies er ihn aber an ihm selbst auf, so bedarf's nicht des ›Ich denke‹, um ihn selbstbewusst zu machen.

Chisholm erwähnt die Gefahr eines infiniten Regresses (81; dt. 306). Ist eine sich-selbst-gebende Eigenschaft an sich noch kein Überzeugungsinhalt, sondern wird es erst durch mein ›considering my having it‹, dann könnte man annehmen, dass Entsprechendes auch für die Überzeugung selbst zutrifft. Von ihr selbst, so könnte man meinen, überzeuge ich mich ja auch erst wieder durch ein erneutes Aufmerken auf den Glaubensinhalt (›considering my believing‹). Hier sei aber kein Regress, sagt Chisholm, »for we can consider and believe without considering our considering and believing« (ebd.). Das wäre aber nur dann der Fall, wenn Bewusstseinsakte unmittelbar selbstbewusst sind und dies dann fürs ›considering‹ erneut in Anspruch genommen würde. Nach Chisholms Ansicht werden primäre Bewusstseinserlebnisse aber erst durchs ›considering‹ zu *Selbst*bewusstseinserlebnissen. Und dann gilt entweder, dass das ›considering‹, um von sich Kenntnis zu haben, keines weiteren ›considering‹ bedarf (und dann sieht man nicht, warum diese präreflexive Vertrautheit nicht schon dem ursprünglichen Bewusstsein zugesprochen wird); oder es entsteht der Regress, der die Bekanntschaft des ›considering‹ mit sich von einem weiteren ›considering‹ abhängig macht.

Zirkulär wird Chisholms Theorie aber auch im Blick auf seine Ansicht, selbstgebende (direkt-zuschreibbare) Eigenschaften seien nichtpropositional. Chisholm spricht in Bezug auf Selbstbewusstsein von ›nichtpropositionaler Gewissheit‹ (52; dt. 308). Soll diese ›supervenient‹ sein über einer psychischen Eigenschaft und deren epistemischer Reflexion (›and such that one considers one's being φ‹), dann wird hier das ›epistemische Level‹ der Gewissheit erstiegen über einen kombinierten Zustand (von Haben und Aufs-Haben-Aufmerken), in dem solche noch nicht vorlag. Was soll das aber bedeuten? Entweder dies, dass Gewissheit in Analogie zur (propositionalen) Wahrheit gedacht wird – und dann müsste ihr ein Zustand möglicher Nichtgewissheit entsprechen, was angesichts der Alternativlosigkeit cartesianischer Gewissheit gegenstandslos ist –; oder dies, dass die Gewissheit einen epistemischen Zustand nur explizit macht, der auch schon vorher vorlag – dann aber ergibt die Rede von ›Supervenienz‹ keinen Sinn mehr. (Chisholm definiert sie so: Supervenient ist eine Eigenschaft *G* über eine Eigenschaft *H*, wenn *H* zwar nur im Verein mit *G* auftreten kann, eine Person, die sich *G* zuschreibt, damit aber nicht notwendig auch schon *H* zuschreibt. Soll *G* epistemische Gewissheit und *H* das Haben eines psychischen Zustands ausdrücken, dann sollte die Situation eintreten können, dass ich den psychischen Zustand zwar habe, ihn aber nicht für gewiss halte – was absurd wäre. Denn die explizit selbstattribuierte Gewissheit kann nur an einen Zustand anknüpfen, in dem sie selbst schon ein – meinetwegen impliziter – Bewusstseinsbestand war; andernfalls wäre ihre Zuschreibung einfach unbegründet.)

Diese (oder einige dieser) Gründe mögen es gewesen sein, die Castañeda kritisch gegen Chisholms konkrete Ausgestaltung der These stimmen, aller Fremdbezug impliziere den epistemischen Selbstbezug des intentionalen Subjekts. Dabei teilt aber Castañedas Kritik Chisholms fragliche These von der (Quasi-)Objektivität des Referenten von ›ich‹. Denn nur wenn zwischen Fremd- und Selbstverweis eine Alternative sich öffnet, kann das eine dem anderen ins Gehege kommen. Nur wenn die intentionale Beziehung auf ein Objekt das Bewusstsein von etwas erschöpft und der Selbstbezug so ein erschöpfendes Objektbewusstsein ist, nur dann kann die explizite Selbstbeziehung des Bewusstseins seine Öffnung auf die Welt trüben: Es stünde sich dann gleichsam dauernd im Wege und thematisierte statt anderem ständig sich selbst. Dies scheint der Verdacht zu sein, den Castañeda gegen Fichte hat und gegen Chisholm wiederholt.

In der Tat greift Castañeda Sartres Metapher von der Selbstdurchsichtigkeit des Bewusstseins auf (»Self-Consciousness, Demonstrative Reference, and the Self-Ascription View of Believing«, in: Castañeda 1999, 153; dt. 353). Sie verbürgt aber nicht eine unmittelbare Kenntnis vom Ich oder Selbst, sondern lediglich vom (anonymen) Inhalt eines Gedankens. »Thus, merely to be able to see requires consciousness of *what* is seen, or presented to sight, but it does not require consciousness of *self*« (ebd.; Hervorh. M. F.). Selbstbewusstsein setzt nichtselbstbewusste unmittelbare Kenntnis vom Bewusstseinsinhalt (oder vom Bewusstseinsraum) voraus: »[...] if one can be *self*-conscious when one is seeing an object O, one must be able to be aware that the experience one is undergoing is one of seeing« (ebd., 426). Wie aber sollte das gelingen, wenn das Bewusstsein – vor der Selbstreflexion – völlig vom Bewusstseins*inhalt* absorbiert war? (Castañeda spricht von Durchsichtigkeit nur im Bezug auf mentale *Inhalte* [»transparency of mental content«].) War dagegen neben dem Bewusstseins*inhalt* auch das *Bewusstsein* vom Inhalt bekannt, so fand Selbstbewusstsein schon vor der (in ›ich‹-Sätzen sich aussprechenden) Reflexion statt – was Castañeda leugnet. Wie wir wissen, nimmt seine vorsichtige Formulierung vom ›being able to‹ Kants ›muss begleiten *können*‹ auf. In ihr soll nicht impliziert sein, dass alles Bewusstsein *von* etwas immer auch wirklich ein Ich-Gedanke (oder ein selbstbewusster Gedanke) sein *muss*, wie das Chisholm annimmt. »[His v]iew is nicely Fichtean in a moderate sense: all consciousness is diffusely self-consciousness, and all reference is tacit self-reference« (Castañeda 1999, 157; dt. 363).

Worin besteht also genau Castañedas Einwand? Wenn ich recht sehe, wesentlich darin, dass Chisholm Selbstbewusstsein für Ich-Bewusstsein halte und von Letzterem behaupte, es werde in *jeder* intentionalen Bezugnahme selbst-attribuiert. (Der Einwand ist nicht ganz zutreffend: Chisholm hält Selbstbewusstsein für ›subjektlos‹; und er glaubt so wenig wie Castañeda, dass *alles* Bewusstsein von etwas immer und notwendig vom ›Ich denke‹ begleitet ist.) Wie wir wissen, nimmt Castañeda eine Hierarchie von Bewusstseinslevels an, deren unterstes das sinnliche Bewusstsein ist. Auf es baut das unreflektive kognitive Bewusstsein auf, und darauf wiederum das explizite reflektive kognitive Bewusstsein (161; dt. 365). Castañeda scheint nicht zu leugnen, dass auch auf den vorreflektiven Levels Selbst-*Zuschreibung* von Eigenschaften erfolgt (ebd.: »We must distinguish between the unreflective self-*ascription* of levels [I] and [II] and the reflective *self*-attribution of level [III]«). Die erste verdiene aber nicht den Namen der Ich- oder *Selbst*zuschreibung (also des *Selbst*bewusstseins). Wenn aber gilt, dass schon auf der Ebene des ichlosen (vom Beobachtungsfeld gleichsam aufgesogenen) unreflektiven Bewusstseins Selbst*zuschreibungen* erfolgen (die Chisholm zu Recht annimmt und lediglich zu Unrecht für ›ich‹-Phänomene hält), wie können sie von expliziten *Selbst*-

zuschreibungen unterschieden werden? Castañeda nimmt ja an, »self-awareness« (für ihn synonym mit egozentrischem, reflexivem Bewusstsein [159 f.; dt. 363 f.]) baue auf unreflektivem Bewusstsein auf und enthalte dergleichen in seiner höchstentfalteten Form. Dann aber muss die irreflexive Selbstzuschreibung ja eine Vorstufe der reflexiven sein. Mehr noch: Es muss im reflektiven Bewusstsein *als* solches aufbewahrt und präsent sein: »Because of the suffused cumulativeness [...], unreflective consciousness is also present as a base for reflective consciousness; hence, the self-ascription posited by the View seems to be present in all episodes of consciousness« (161; dt. 366). Da nun aus nichts nichts wird, musste – soll die reflexive Selbstvergewisserung eine Wiederholung auf höherer Ebene von Selbstzuschreibungen des irreflexiven Bewusstseins sein – schon das unreflektive Bewusstsein *selbst*bewusst (wenn auch nicht egologisch verfasst) sein. Dieses aber, dass *alle* Denkepisoden auf allen Ebenen »instances of self-ascription« seien (heute nennt man das die »ubiquity« von Selbstbewusstsein [Williford 2006, 111 [ff.].), leugnet Castañeda gerade (Castañeda 1999, 159; dt. 363). Unklar ist dann freilich, wie er dem ›self-attribution View‹ zugutehalten kann, er gebe »an excellent account of the involvement of the self in non-reflective consciousness« (158; dt. 360); denn gemäß Voraussetzung ist das nichtreflektive Bewusstsein der beiden ersten Ebenen ja gerade selbstlos. Nicht ist das Selbst in es, sondern es ist ins Selbstbewusstsein eingeblendet. Soll aber Selbstbewusstsein im genuinen Sinne *Selbst*bewusstsein sein, so kann dasjenige, *von* dem es Bewusstsein ist, nicht eines sein, das seiner *nicht* (selbst) bewusst ist. Und es kann nicht einmal ein solches sein, das sich nicht auch *als* dasjenige bekannt wäre, das es ist. Ein solches prinzipielles oder partielles Nichtbewusstsein könnte (»[...] reflective, genuine *self*-reference‹ [...] not just refers back to ›x‹, but refers back to x qua the thinker x is« [168; dt. 376]) niemals ›die Basis‹ einer reflektiven kognitiven Kenntnis vom Selbst sein.

Daraus folgt im Gegenzug nicht, dass Chisholms Selbstbewusstseinstheorie nicht wirklich an dem Punkt krankt, auf den Castañeda zeigt. Chisholm zufolge müsste jedes Bewusstsein *von* etwas auf zwei verschiedene Gegenstände Bezug nehmen: auf ein Weltliches und aufs Selbst. (Die Sache ist noch komplizierter: Chisholm unterscheidet ja dreierlei: den Weltbezug, die direkte Selbstzuschreibung eines Bewusstseins*inhalts* und die direkte Zuschreibung dieses

Inhalts zu einem *Gegenstand*, eben dem Selbst.) Und die Mitgegebenheit des Selbst als Referenten würde die Transparenz des Weltbezugs trüben; denn Selbstbewusstsein wäre hier ganz nach Art des Objektbewusstseins gedacht und um seine Durchsichtigkeit *für* Objekte gebracht. Aus diesem Einwand kann aber nicht folgen, dass also *nicht* gilt, alles Bewusstsein *von* etwas sei auch selbstbewusst, sondern nur: dass schon das ichlose, präreflexive Bewusstsein mit sich, und zwar nicht als ein Brentanosches ›sekundäres Objekt‹, bekannt ist. Und das lässt sich nur denken, wenn das ursprüngliche Bewusstsein beziehungslos gedacht wird: bezogen weder auf ein Objekt noch auf ein (vergegenständlichtes) Ich oder Selbst, weder Träger einer Proposition noch eines Attributs (womit eine unnötige Verdopplung nach dem Substanz-Akzidens-Schema ins Bewusstsein eingeführt würde), sondern ungegenständlich und einfach ›es selbst‹. Ich glaube, dass sich diese Korrektur in Castañedas Modell eintragen ließe, ohne ihre Erklärungskraft zu beeinträchtigen. Mit Lewis' und Chisholms ›Attribute View‹ ist sie unvereinbar.

V.

Im *Blue Book* hatte Wittgenstein eine später vor allem von Sydney Shoemaker (Shoemaker 1984, 7 ff.; dt. »Selbstbezug und Selbstbewußtsein«, in: Frank 1994, 44 ff.) aufgegriffene Unterscheidung vorgeschlagen: die zweier Verwendungen von ›ich‹, ›mir‹, ›mich‹ oder ›mein‹ (mit allen Flexionsformen natürlich): den Subjekt- und den Objekt-Gebrauch des Fürworts der ersten Person Singular (Wittgenstein 1984, Bd. 5, 106 [im Kontext]). Beispiele für letzteren sind Sätze wie ›ich blute‹, ›mein Arm ist gebrochen‹ oder ›ich habe eine Beule auf der Stirn‹; Beispiele für den Subjektgebrauch sind Sätze wie ›ich sehe dies oder das‹, ›ich spüre meinen verletzten Arm‹, ›meine Stirn tut mir weh‹ usw. »Die Fälle in der ersten Kategorie«, sagt Wittgenstein, »machen es erforderlich, daß man eine bestimmte Person erkennt, und in diesen Fällen besteht die Möglichkeit des Irrtums, – oder ich sollte besser sagen: Die Möglichkeit des Irrtums ist vorgesehen« (ebd.). Wenn ›ich‹ hingegen im Skopus eines Bewusstseinsverbs (›weiß‹, ›fühlt‹, ›meint‹ usw.) auftritt, ist dieser Irrtum ausgeschlossen; denn hier bedarf es (für den ›ich‹-Sprecher) keiner Zeigehandlung, um die Person zu erkennen, *die* da weiß, fühlt oder (etwas) meint. »Die Frage ›Bist du sicher, daß *du* es bist, der Schmerzen hat?‹ wäre unsinnig« (ebd., 107).

Schon früher sahen wir, dass Wittgenstein daraus nicht folgert (wie es Elizabeth Anscombe wenigstens nahelegt), dass mithin im Subjektgebrauch auf niemanden referiert werde. Zwar stimmt's, dass im Subjektgebrauch ›ich‹ nicht einfach heißt ›Ludwig Wittgenstein‹. »Das bedeutet jedoch nicht, daß ›L. W.‹ und ›ich‹ zwei verschiedene Dinge bedeuten. Es bedeutet nichts weiter, als daß diese Wörter verschiedene Instrumente in unserer Sprache sind« (ebd.). (Gleichrangig sind sie allerdings nicht; Shoemaker vertritt die Ansicht, Objektgebrauch setze Subjektgebrauch voraus, weil physische *Selbst*zuschreibungen durch Bewusstseinsleistungen – z. B. Spüren von Körperteilen oder -funktionen – vermittelt seien. Reflektiere ich auf mich, so reflektiere ich, so wahr ich eben nicht Fremdes *beobachte*, sondern auf mich *reflektiere*, nicht auf ein Körperteil, sondern auf eine mentale Repräsentation einer Funktion desselben. So scheint jedes Bewusstsein von etwas Selbstbewusstsein vorauszusetzen: die eben von Castañeda angegriffene These [Shoemaker 1984, 15-18, vor allem Anm. 8; dt. 56 f.].)

Mit dem einen Instrument – dem Objektgebrauch – identifiziere ich eine Person in einem Raum-Zeit-Kontinuum (und kann mich dabei vertun). Im Subjektgebrauch identifiziere ich nicht und kann mithin auch keinen Identifikationsirrtum begehen: »Wenn nun in diesem Fall ein Irrtum unmöglich ist, dann deswegen, weil der Zug, den wir als einen Irrtum […] ansehen würden, überhaupt kein Zug in dem Spiel wäre« (Wittgenstein 1984, Bd. 5, 107). Denn im Subjektgebrauch intervenieren nur Pronomina der ersten Person Singular, keine Kennzeichnungen oder Eigennamen, mit deren Anwendung Fehlschläge verbunden sein *könnten*.

Wittgensteins Überlegungen sind zwiespältig. Sie haben sowohl Vertreter(innen) der Nichtreferenz-Theorie von ›ich‹ wie solche der Direktreferenz-Theorie in ihrer jeweiligen Überzeugung bestärken können. Eine Variante der ersteren könnte geltend machen, dass die epistemische Asymmetrie, die sich zwischen dem Subjekt- und dem Objektgebrauch auftut, unüberwindlich ist. Lässt sich nämlich (wie Shoemaker sehr schön zeigt) dartun, dass und warum das ›mein‹ von Selbstzuschreibungen physischer Ereignisse seine Evidenz beim Quasiindikator ›ich‹ (also bei der cartesianisch gewissen mentalen Selbstzuschreibung) borgt, dann ist gar nicht gewiss, dass die beiden Verwendungen von ›ich‹, ›mir‹, ›mich‹ und ›mein‹ (im Objekt- und im Subjektgebrauch) überhaupt auf einer Ebene liegen und gleichrangige Instrumente des Selbstbezugs sind. Eine idealistische Konsequenz wäre: Wenn Körperbewusstsein durch ungegenständliches (epistemisches) Selbstbewusstsein vermittelt ist und anders nicht möglich wäre, dann ist – da der Subjektgebrauch nicht referiert – die Referenz von ›ich‹ überhaupt fraglich. (Der Schlusssatz des *Blue Book* könnte diese Deutung ermutigen. Er lautet: »Der Kern unseres Satzes, daß das, was Schmerzen hat oder sieht oder denkt, geistiger Natur ist, besteht lediglich darin, daß das Wort ›ich‹ in ›Ich habe Schmerzen‹ keinen bestimmten Körper bezeichnet, denn wir können ›ich‹ nicht durch eine Beschreibung eines Körpers ersetzen« [Wittgenstein 1984, Bd. 5, 116].)[7]

Man kann Wittgensteins Differenzierung der ›ich‹-Verwendung in Subjekt- und Objektgebrauch aber auch als Wasser auf die Mühlen der Direktreferenz-Theorie leiten. Das ist z. B. die Überzeugung von David Kaplan. Diese Lesart lässt sich in drei Thesen gliedern:

T 1: Der Subjektgebrauch von ›ich‹ setzt keinerlei Identifikation des Referenten durch den Sprecher voraus.

T 2: Er schließt die Möglichkeit des Irrtums durch Fehlidentifikation (oder, wie man heute sagt: durch falsche Individuierung des Bezugsgegenstands) aus.

T 3: Die Regel, die den Subjektgebrauch von ›ich‹ leitet, erlaubt die Deutung von ›ich‹ als einen referentiellen Ausdruck, der sich *direkt* auf seinen Verwender bezieht; denn diese Bezug-

---

[7] Hans Sluga hat Wittgensteins Ich-Problematik aus den Tagebucheintragungen von 1916 entwickelt. Am 5. August: »Das Ich, das Ich ist das tief Geheimnisvolle!«, am 7. August notiert er: »Das Ich ist kein Gegenstand.« Und am 11. August: »Jedem Gegenstand stehe ich objektiv gegenüber. Dem Ich nicht« (Wittgenstein 1984, Bd. 1, 175). Die Ungegenständlichkeit des Subjekts und die Tatsache, dass es kein Bestandteil, sondern eine ›Grenze der Welt‹, die Instanz ist, die die Welt zu *meiner* Welt macht usw., deutet Sluga nicht als Reduktionen *ad absurdum* der Ich-Problematik durch Wittgenstein, sondern als Vorbereitung einer Ontologie (und einer reformierten philosophischen Sprache), in der ungegenständlich Seiendes behandelt werden kann. Die Gedankenexperimente des *Blauen Buchs* (die logische Möglichkeit, Schmerzen in einem anderen Leib – oder in einem anderen Geist – zu fühlen; die Möglichkeit, dass ›ich‹ nicht ›L.W.‹ bedeutet; die Nichtidentität der Körperdeskription mit dem Subjektgebrauch von ›ich‹ usw.) sieht er als ebenso viele Schritte in diese Richtung einer Rettung des Ich-Gedankens vor analytischen oder naturalistischen Reduktionen (Sluga 1988; vgl. Sluga 1983, 1986).

nahme ist *nicht* durch eine Identifikation mit Begriffsmitteln *vermittelt* (Kaplan 1989, 520).

Elizabeth Anscombe hatte den gerade umgekehrten Schluss gezogen: Die garantierte ›Treffsicherheit‹ von ›ich‹ im Subjektgebrauch erkläre sich daraus, dass hier auf gar nichts Bezug genommen und darum auch nichts verfehlt werden könne. Diesen Schluss konnte sie aber nur auf der Grundlage der Fregeschen Annahme ziehen, wonach die Beziehung von Namen (oder Pronomina) auf Gegenstände durch Kennzeichnungen (Sortale oder Begriffe) vermittelt sein müsse. Denn nur wenn Frege recht hat, folgt aus der merkwürdigen Begrifflosigkeit des epistemischen Selbstbezugs die Abwesenheit eines Referenten von ›ich‹. Glaubt man an die Möglichkeit einer direkten Bezugnahme *ohne* die Vermittlung genereller Termini, dann kann die Konsequenz von Kaplan plausibel erscheinen. Schauen wir sie uns aus etwas größerer Nähe an.

Peter Strawson hatte in *Individuals* (1959) die Wittgensteinsche Démarche aufgegriffen, wonach die Bedeutung von Ausdrucksklassen durch die Verwendungsregel spezifiziert werde, und entsprechend gefragt, welches dann die Funktion (Gebrauchsweise) von singulären Termini (Eigennamen, Pronomina, Kennzeichnungen) ist. Seine (insbesondere durch Tugendhat weiterentwickelte [vgl. Tugendhat/Wolf 1983, 152 ff.]) Antwort lautete: Die Funktion der singulären Termini besteht darin, einen Gegenstand zu diskriminieren (d. h. ihn aus allen Gegenständen eines Bereichs – eines Begriffsspielraums, z. B. die Pointe Walker der Grandes Jorasses aus allen Berggipfeln – ›herauszueinzeln‹). Dabei gelangte er bald zu der Einsicht, dass allgemeine Kennzeichnungen zu dieser Diskriminationsarbeit nicht genügen. Demonstrativa müssen vielmehr intervenieren; deren Anwendung ist aber radikal situationsabhängig: ›Dies‹ oder ›hier‹ meint immer nur das jeweilig Gezeigte zum jeweilig anderen Zeitpunkt. (Problem der systematischen Interrelation aller Deiktika: Was gestern Mittag ›jetzt‹ war, liegt, während ich dies schreibe, 24 Stunden zurück und müsste jetzt mit ›vor 24 Stunden‹ bezeichnet werden‹ usw.) Diese bodenlose Relativität der Deiktika muss gestoppt werden durch Verweis auf eine »objective map«, eine intersubjektiv anerkannte Raum-Zeit-Lokalisierung des demonstrativen Gegenstandes. Aber selbst das genügt noch nicht: ›Sortale Prädikate‹ müssen intervenieren, sonst bleibt immer noch unbestimmt, *was für ein* ›dies da‹ im objektiven Zeit-Raum gemeint ist. Unter ›Sortalen‹ verstand Strawson (Strawson 1959, 168 ff.) elementare Kennzeichnungen, die mir sagen, auf welchen Typ von Gegenstand ich mein Auge richten soll, während ich der ostensiven Geste des Zeigers (und seiner Lokalisierungsanweisung) folge: ob auf den Gipfel der Pointe Walker oder auf den Schnee oder die feine Wolke, die den Gipfel sanft umschleiert usw. Sortale sind also Prädikate, die der numerischen Identität (raum-zeitliche Ausgrenzung, Zählbarkeit, Wiedererkennbarkeit über die Zeit, körperliche Kontinuität usw.) des anvisierten Gegenstands als Kriterien dienen. (Damit ist die These verbunden, dass die numerische Identität eines Einzeldings nicht ohne Intervention von [wenn auch noch so basalen] generellen Termini ausgemacht werden könnte. Sie könnte als Beleg zugunsten der Fregeschen Ansicht verstanden werden, dass auf Einzelnes immer nur kennzeichnungsvermittelt [im veritativen Verband des Satzes] Bezug genommen werden kann [z. B. Quine 1953, 67 f.].) Wird das Genre des Gemeinten nicht enger spezifiziert, als es die demonstrative (z. B. die ostensive) Bezugnahme erlaubt, so kann ich immer noch im Ungewissen sein über den Gegenstands*typ*, den ich vielleicht auf der ›objektiven Landkarte‹ richtig lokalisiert habe (ob die schwarze Spinne da oben im Eck oder ihre phantasievolle Färbung oder ihr kunstvolles Netzweben mit der Zeigegeste gemeint sind).

Dies ist auch der theoretische Rahmen, in den Kaplan seine Differenzierung von – wie er sie nennt – indexikalischen und rein-indexikalischen Ausdrücken einträgt. Dabei stimmt er mit Elizabeth Anscombe in der Überzeugung von der Irreduzibilität der ersten Person auf Demonstrativa (Namen und bestimmte Beschreibungen) überein, hofft aber, den skeptischen Konsequenzen hinsichtlich der Verweisungslosigkeit von ›ich‹ zu entgehen.

Um erfolgreich auf ein Einzelding Bezug nehmen zu können, genügen, wie wir eben sahen, Beschreibungen (vermittels Kennzeichnungen) allein nicht; sie bedürfen der Unterstützung von Demonstrativa. Aber auch sie allein kommen nicht ans Ziel, wenn die benutzten Zeigewörter (wie ›dies‹, ›das‹, ›er/sie/es‹) nicht von einer ostensiven Geste unterstützt und auf den jeweiligen Redezusammenhang eingeengt werden. Ein Demonstrativpronomen ohne begleitende Zeigegeste ist zwar nicht notwendig leer (es mag da durchaus etwas geben), aber unvollständig. Die sprachliche Regel, die den Gebrauch von Demonstrativa leitet, ist nämlich für sich allein unzureichend, um den Bezugsgegenstand in jedem Verwendungskontext festzulegen. Die Zeigegeste muss situativ spezifizieren, was die situationsunabhängigen Kennzeichnungen allein nicht leisten können. Bis dahin würde Kaplan Strawsons und Tugendhats Definition der Gebrauchsweise von Demonstrativa unterschreiben.

Freilich gilt das für *eine* Klasse von indexikalischen Ausdrücken nicht, nämlich nicht für das Pronomen ›ich‹ (samt Flexionsvarianten) und die Adverbialausdrücke ›jetzt‹ und ›hier‹. Darum heißen sie ›rein‹. Sie bedürfen nämlich, um angemessen verstanden zu werden, keiner ostensiven (oder deskriptiven) Unterstützung (und wenn eine solche gegeben wird, sagt Kaplan, wenn ich also z. B. auf mich als den Schuldigen oder den Star des Abends zeige, so geschieht das aus Gründen der Emphase, ist also semantisch irrelevant [Kaplan 1989, 491; Kaplan sagt selbst, dass er zwischen vollständigen Demonstrationen und Kennzeichnungen keinen strengen Unterschied macht; ebd., 521]). Ferner gilt, dass ihre Direktreferenz garantiert (und in *allen* Kontexten) verständlich ist, während die übrigen indexikalischen Ausdrücke nur aus dem Redekontext und durch unterstützende Gesten verständlich werden. Dem entspricht der oft bemerkte Umstand, dass treffender ›ich‹-Gebrauch erfahrungs- und mithin auch identifizierungs-frei gelingt, während über die Identität der mit Demonstrativa bezeichneten Gegenstände Erfahrungen aufgenommen werden müssen, im Blick auf deren Interpretation Irrtümer auftreten können. Es könnte sogar geschehen, dass der Referent von ›dies‹ eine leere Menge ist (›Dies Einhorn ist bezaubernd schön‹), was beim aktuell gebrauchten ›ich‹ ausgeschlossen ist.

Jedenfalls hält Kaplan sowohl reine als auch alle anderen ›indexicals‹ für direkt referentiell (dies ist das ›zweite Prinzip‹, auf das seine Theorie sich stützt). Das erste kennen wir; es lautet: »*The referent of a pure indexical depends on the context, and the referent of a demonstrative depends on the associated demonstration*« (ebd., 492).

Von daher könnte man vermuten, dass reine Indizes mithin zur Kategorie der von Kripke so genannten ›rigid designators‹ gehören (Zeigeausdrücke, die ihren Gegenstand in allen möglichen Welten ohne Intervention eines Fregeschen Sinns direkt erreichen [Kripke 1980; vgl. Kripke 1971, 146; dt. in: Frank 1994, 119; Kaplan 1989, 202 f.]). Kripke zählt aber zu den rigiden Designatoren durchaus auch Eigennamen und Demonstrativa, von denen Kaplan doch gerade zeigen möchte, dass sie die Identität ihres Referenten nicht von sich allein und mithin nicht notwendig verbürgen. (Das Problem ist komplexer; ich muss diese Verwickeltheit aber in unserem Fragezusammenhang nicht entflechten.)

Jedenfalls schlägt sich Kaplan entschieden zu den Verteidigern der Direktreferenz auch von Indexwörtern. *Ihr* Vorkommen in einem singulären prädikativen Aussagesatz ist es, welches dem Satz einen ›Inhalt (content)‹ gibt (Kaplan 1989, 483 f.). Das bedeutet, dass hier nicht so etwas wie ein Fregescher Sinn als Konstituens des Satzinhalts auftritt. Dieser Inhalt muss zwar – wegen der Ungesättigtheit von Indexwörtern – gelegentlich durch Kennzeichnungen (›definite descriptions‹) näherhin charakterisiert werden; es bleibt aber doch dabei, dass der ›Inhalt‹ eines singulären Terminus der bezeichnete Gegenstand selbst ist und nicht irgendwelche Eigenschaften desselben. Auffälliger gesprochen: Es ist ›die Sache‹ selbst, nicht eine Bezeichnung, die in singulären Aussagesätzen die ›propositional component‹ bildet. – Auch meint der Ausdruck ›Direktreferenz‹ im Zusammenhang mit Indexwörtern nicht, dass diese Ausdrücke *überhaupt* keine ›deskriptive Bedeutung‹ hätten oder haben dürften. Es meint auch nicht, dass solche Ausdrücke nicht nach konventionell festgelegten semantischen Regeln funktionieren, die den Referenten im jeweiligen Gebrauchszusammenhang bestimmen. Indexwörter haben vielmehr beides: deskriptive Bedeutungen und intersubjektiv bekannte Verwendungsregeln. Aber die Regeln bilden keinen Komplex, der in Verbindung mit einem Bewertungsumstand einen Bezugsgegenstand ergäbe; sie ergeben nur einen Gegenstand (ebd., 495). Und entsprechend ist die (deskriptive) Bedeutung von Belang nur zur näheren Charakterisierung eines Bezugsgegenstandes in einem Verwendungszusammenhang; *nicht* bestimmt er das betreffende Einzelding »in a circumstance of evaluation« (ebd., 498).

Ein Ausdruck ist also nach Kaplans Sprachregelung direkt referentiell, (1) wenn sein Bezugsgegenstand, den er in einer gegebenen Verwendungssituation hat (der aktuelle Referent), in allen Bewertungsumständen konstant gehalten (d. h. als Komponente der Proposition behandelt wird [ebd., 493]). Ferner gilt: (2) Direkt referentiell heißt ein Ausdruck, dessen Gebrauchsregeln dafür sorgen (»provide«), dass der Bezugsgegenstand in allen denkbaren Bewertungsumständen durch den aktuellen Referenten festgelegt bleibt. Schließlich gilt (3): Der Bezugsgegenstand eines direkt referentiellen Ausdrucks variiert nach Maßgabe der Verwendungssituation (»context of use«), aber nicht relativ zur Bewertungssituation (»circumstance of evaluation«).

Hier bietet sich die Gelegenheit zum Nachholen einer scharfen Unterscheidung, die Kaplan zwischen möglichen Gebrauchssituationen (kurz *Kontexten*) und Umständen der Bewertung oder Evaluation (kurz: *Umständen* oder *Bewertungswelten*) einführt. Zu den Kontexten werden gehören: Redesituationen, Sprecherrollen, Modi der Aussage usw.; zu den Umständen: ein Zustand der Weltgeschichte, der Zeit, vielleicht noch ein anderes Merkmal solcher Art. (Bewertungs-)Umstände (»circumstances«) sind aktuale und kontrafaktische Situationen, auf die Rücksicht genommen wird, wenn nach der Extension der Ausdrücke gefragt wird (z. B. nach dem Wahrheitswert einer Proposition). Ein Indexwort *kann* verschiedene Gegenstände in verschiedenen *Kontexten* meinen. Fragen wir uns aber (und darin besteht der Akt des ›evaluating‹ hinsichtlich der Gesamt-Satzaussage), welchen Wahrheitswert das im gegebenen Kontext Gesagte hatte, so kommt nur ein einziger Gegenstand in Frage als relevant für die Bewertung (›evaluation‹) in allen (kontrafaktischen) Umständen. Der Äußerung ›Ich bin (jetzt) so glücklich‹ kann in einem veränderten Kontext die andere: ›Sie war gestern so glücklich‹ entsprechen, wobei der Bewertungskontext offenbar unverändert gleich geblieben ist (dieselbe Person war zu einem bestimmten Zeitpunkt glücklich – oder glaubte, es zu sein). Es kann aber auch das Umgekehrte eintreten. Die Kontextregel ›In jedem möglichen Sprechkontext meint dieser Ausdruck das sprechende Subjekt (dieses Kontexts)‹ könnte nicht benutzt werden, um einen für jeden Bewertungsumstand relevanten Gegenstand ›herauszueinzeln‹; Umstände haben im Allgemeinen keine Subjekte. Sage ich etwa ›Ich existiere nicht‹, so ist das ein Satz, der dann (d. h. unter den Bewertungsumständen) wahr wäre, wenn ich nicht existierte. Dazu gehören auch Umstände, in denen niemand (kein sprechendes Subjekt) existiert. »To search a circumstance of evaluation for a speaker in order to (mis)apply rule (2) [= ›In each possible context of use the given term refers to the agent of the context‹] would be to go off on an irrelevant chase« (ebd., 495).

Worum es hier geht, lässt sich vielleicht am leichtesten durch eine *reductio ad absurdum* mit Hilfe des gleichen Beispiel-Satzes (›Ich existiere nicht‹) illustrieren, den Kaplan von Castañeda übernimmt (Castañeda 1999, 64). Kaplan hatte gesagt, Indexwörter hätten gegebenenfalls durchaus so etwas wie eine deskriptive Bedeutung; die sei aber dann nur relevant für die Bestimmung eines Bezugsgegenstandes in einem (Gebrauchs-)Kontext, nicht für diejenige eines relevanten Einzeldings in einem (Bewertungs-)Umstand. »The bizarre result of taking the descriptive meaning of the indexical to be the propositional constituent [the Fregean Sinn] is that what I said in uttering [the sentence quoted above] would be true in a circumstance of evaluation if and only if the speaker (assuming there is one) of the circumstance does not exist in the circumstance« (Kaplan 1989, 498). Nun ist allerdings eine kontrafaktische Situation *denkbar*, in der ich nicht existierte (z. B. wenn meine Eltern nicht gelebt oder durch einen Unfall vor meiner Zeugung ums Leben gekommen wären; ›Eltern‹ wäre dann freilich ein komischer Name für sie). Dagegen ist keine Situation vorstellbar, in der der-/diejenige, der/die in dieser Sitauation spricht, nicht in dieser Situation existiert (denn das wäre eine logische Kontradiktion). Also kann »I do not exist« nicht die Proposition ausdrücken, dass derjenige, der in der gegebenen Welt spricht, in ihr nicht existiert.

Auch andere Beispiele können zeigen, dass die deskriptive Bedeutung eines Indexworts völlig unanwendbar ist auf die (Bewertungs-)Umstände (»Ich wollte, ich spräche gerade nicht!«) oder dass seine deskriptive Bedeutung irrelevant ist für die (Bewertungs-)Umstände: Sage ich »Bald wird es so weit sein, dass alles, was jetzt blüht, verwelkt ist«, so bilde ich dabei den Teilsatz, dass »alles, was jetzt blüht, verwelkt ist«. Bewerte ich diesen Teilsatz in einer kommenden Zeit, so ist nicht diese Zukunft die mit ›jetzt‹ assoziierte wesentliche Zeit, sondern die des ursprünglichen Redekontextes. Die Bedeutung der Indexwörter haftet jederzeit ganz eng und ganz streng am ursprünglichen Redekontext. »I wish I were not speaking now« heißt also nicht: Ich wünsche mir eine Situation, in der der-/diejenige, der/die (in dieser Situation) spricht, nicht (in dieser Situation) spricht. Der Referent ist vielmehr, einmal in der Situation fixiert, transsituativ für alle Zeiten und Kontexte festgelegt.

Kaplan resümiert seine Überlegungen zu Kontext und Umstand in zwei Korollarien zu seinem Prinzip der Direktreferenz reiner Indexwörter. Das erste besagt, ›die deskriptive Bedeutung eines reinen Indexworts bestimme den Bezugsgegenstand (referent) dieses Indexwortes hinsichtlich eines Verwendungskontextes, sei aber entweder unanwendbar auf oder irrelevant für die Bestimmung eines Bezugsgegenstands hinsichtlich eines Bewertungsumstands‹. Daraus folge intuitiv das zweite, nämlich:

When what was said in using a pure indexical in a context c is to be evaluated with respect to an arbitrary circumstance, the relevant object is always the referent of the indexical with respect to the context c (ebd., 500).

Eine weitere wichtige Unterscheidung, deren sich Kaplans Taxinomie der Anzeigeausdrücke bedient, ist die von *Content* und *Character*. Es folgt nach seiner Meinung aus der Dualität der Prinzipien über Sätze mit Indexwörtern, dass wir bei ihnen mit Bedeutungen zweierlei Typs zu rechnen haben: eben ›Inhalt‹ und ›Charakter‹. Legt der ›Inhalt‹ fest, *wovon* die Rede ist (es kann Inhalte von Sätzen, von Kennzeichnungen oder von singulären Termini geben [ebd., 501]), so determiniert der ›Charakter‹ die sprachliche Konvention (den Gebrauch, die sprachliche oder deskriptive Bedeutung) der Indexwörter, also das *Was* ihrer Anzeige. Der Inhalt eines Ausdrucks *a* ist also das, was mit *a* in einem Kontext gesagt wird (wobei der Inhalt eines Satzes eine Proposition, der Inhalt eines singulären Terminus der Gegenstand selbst ist); Inhalte sind das, was in Bewertungssituationen bewertet wird (wobei ›bewerten‹, wie wir sahen, heißt: die Extension eines Ausdrucks berechnen). So bildet der *content* die erste Art von Bedeutung der Indexwörter. »*Character* [andererseits, als die zweite Art von Bedeutung] is what determines the content of an occurence of a word or phrase in a given context« (ebd., 524). Darin ähnelt er durchaus dem Fregeschen Sinn, der ja bestimmt ist als »Weise, wie« ein Ausdruck die Sache bezeichnet, oder auch als »Art des Gegebenseins des Bezeichneten« (Frege 1975, 41; Kaplan 1989, 520, Anm. 44). »The relationship of character to content is something like that traditionally regarded as the relationship of sense to denotation, character is a way of presenting content« (Kaplan 1989, 524). Charakter, als die zweite Bedeutungsart von Indexwörtern, ist also das, was den Inhalt in wechselnden Kontexten determiniert. Bei ihm handelt sich's um den sprachlichen Typ von Indexwörtern, die idealisierte Bedeutung von ›ich‹, gleich, wer damit (mit dem kontextuell wechselnden ›Token‹) jeweils gemeint ist. So ist die Regel »Mit ›ich‹ bezeichnet jede schreibende/sprechende Person jeweils sich selbst« eine Bedeutungsregel des zweiten

Typs. Mit ›jeweils‹ ist gemeint, dass durch die Regel nicht irgendein Sprecher/eine Sprecherin noch auch irgendein ›ich‹-Benutzer, sondern Sprecher(in)/Schreiber(in) des *relevanten Vorkommens* von ›ich‹, also das durch den Kontext spezifizierte Subjekt der Rede, gemeint ist (ebd., 505 [ff.]). Oder noch anders gesagt: Der Charakter ist das, was kompetente Sprecher(innen) wissen müssen, um ein Indexwort regelkonform in einer Situation benutzen zu können. Mit Hilfe des Charakters wissen sie dann gegebenenfalls einen Äußerungskontext (mit Gebrauch von Indexikalien) in einen konkreten Gegenstandsbezug zu verwandeln. So kann man Inhalte als Funktionen möglicher (Bewertungs-)Umstände auf Extensionen (hier: Bezugsgegenstände) und Charaktere umgekehrt als Funktionen möglicher (Rede-)Kontexte auf Inhalte darstellen. Weniger technisch ausgedrückt: Charaktere spezifizieren Kontexte zu Inhalten; Inhalte spezifizieren Umstände zu Extensionen. Zwei Sätze können im Inhalt übereinstimmen und im Charakter differieren (›er lebt in Tübingen‹ kann also denselben Gedanken ausdrückend wie ›ich lebe in Tübingen‹); und zwei Sätze können im Charakter übereinstimmen und sich (in verschiedenen Kontexten) inhaltlich voneinander unterscheiden (›x ist traurig heute‹, einmal von mir, einmal von dir gesagt [ebd., 523 f.]).

Nun wissen wir, dass Indikatoren, obwohl sie auf den Referenten selbst und direkt verweisen, begleitender Ostensionen und manchmal auch prädikativer Charakterisierungen (bzw. objektiver Platzierungen im Raum-Zeit-Kontinuum) zusätzlich bedürfen, um die ihnen eigentümliche Treffsicherheit erzielen zu können. So sind es die Charaktere (bzw. die sie spezifizierenden Gebrauchsregeln), durch die hindurch der Inhalt des Indikators näher bestimmt wird, so dass nun gilt, dass er, »once determined, [it] is taken as fixed for all possible circumstances« (Kaplan, zit. nach G. Evans 1982, 63; vgl. Kaplan 1989, 493). Zwar ist es richtig, dass alle Indikatoren (im Gegensatz zu Namen und Kennzeichnungen und Lokalisierungen auf einer ›objective map‹) kontextsensitiv sind, wie die Linguisten das nennen. Das bedeutet aber nicht, dass sie von Mal zu Mal etwas anderes meinen (also einen anderen Inhalt haben). Es bedeutet vielmehr, dass singuläre Aussagesätze mit Indikatoren in Subjektstellung die Koreferenz auf denselben fixen Inhalt durch ein System kontextabhängiger Ersetzungen des einen durch den anderen kompensieren müssen, so, dass der Wahrheitswert des Satzes nicht leidet. Das hört sich sehr kompliziert an, gibt aber nur die Trivialität wieder, dass ›Heute scheint die Sonne‹ am nächsten Tag, soll derselbe Gedanke zum Ausdruck kommen, umformuliert werden muss in ›Gestern schien die Sonne‹, und so auch in allen anderen Fällen eines Kontextwechsels. Der Inhalt aller koreferentiellen Sätze mit Indikatoren in Subjektstellung ist also trivialerweise derselbe; aber der Charakter des jeweils umschichtig eingesetzten Indexworts, der ja den Inhalt determiniert, muss sich jeweils verändern: »Bezeichne mit ›dies‹ an diesem Ort, was du von dort aus mit ›jenes‹ bezeichnest« usw. Technisch ausgedrückt:

The Content of the whole is a function of the Content of the parts. That is, if two compound well-formed expressions, each set in (possibly different) contexts differ only with respect to components which *when taken in their respective contexts* have the same content, then the content of the two compounds *each taken in its own context* is the same (Kaplan 1989, 507).

Mit ›ich‹ bezeichnet sich dagegen jedesmal ein anderer/eine andere. Hier ist also umgekehrt der Inhalt im Fluss (anders gesagt: hier ist der Inhalt kontextsensitiv), während die ›linguistische Bedeutung‹ des Charakters (die Verwendungsregel: »Mit ›ich‹ bezeichnet jeder Sprechende oder Schreibende sich selbst«) invariant bleibt. Die (ideale sprachliche) Bedeutung des Charakters von reinen Indikatoren ist ausschlaggebend für die Festlegung des Referenten. Schon darum könnte es sich bei ihr um keinen Fregeschen Sinn handeln, denn dessen Bedeutung verändert sich mit dem Verwendungszusammenhang. Indexikalische und reinindexikalische Ausdrücke ordnen sich mithin zueinander in der Figur eines Chiasmus: Dort determiniert der (wechselnde) Verwendungssinn die (bleibende) Referenz; hier determiniert die (wechselnde) Referenz den (konstanten) Verwendungssinn.

Husserl sprach in diesem Zusammenhang vom ›wesentlich subjektiven und okkasionellen Charakter‹ von ›ich‹ – im Gegensatz zu den ›objektiven Ausdrücken auf der anderen Seite‹, die nicht von Verwendung(skontext) zu Verwendung(skontext) ihre Bedeutung ändern (Husserl 1980, II/1, 80; dazu Soldati 2010). Aus ›objektiven‹ (z. B. logischen) Kontexten müssen darum wesentlich subjektive (individualisierende) ausgeschieden werden. Die Reduktion der Individualität ist sogar eine notwendige Bedingung jeder wissenschaftlichen Idealisierung. In diesem Sinne unterschied schon Frege die »Vorstellungen« von den »Gedanken«. Vorstellungen bedürfen eines Trägers, »nicht zwei Menschen haben dieselbe Vorstellung«; dagegen sagt ein Gedanke aus, was der Fall ist, wenn dieser Gedanke wahr ist; wahr aber ist prinzipiell, was nicht nur für ein Subjekt, sondern für alle gilt. (Ein Gedanke, sagt Frege, ist – wenn triftig – »zeitlos wahr, unabhängig davon, ob irgend jemand ihn für wahr hält. Er bedarf keines Trägers« [Frege 1976, 41-43].) Auch hier ist also die Wahrheit – im Sinne der überindividuellen Geltung – gebunden an die Entkräftung des Pronomens der ersten Person Singular, sofern dieses Pronomen einen Einzelnen bezeichnet: »Demjenigen Gegenstande, den ich *ich* nenne, eine besondere Stellung einzuräumen, fehlt jeder Grund« (ebd., 47).

›Ich‹ ist (neben Zeit- und Ort-Adverbien) auch der Hauptstörfaktor für die Nichtdeckung des ›bloßen Wortlauts‹ mit dem ›Ausdruck des Gedankens‹, wie sie z. B. in der Mathematik nie vorkommen könnte.

Wenn jemand heute dasselbe sagen will, was er gestern das Wort »heute« gebrauchend ausgedrückt hat, so wird er dieses Wort durch »gestern« ersetzen. Obwohl der Gedanke derselbe ist, muss hierbei der Wortausdruck verschieden sein, um die Änderung des Sinnes wieder auszugleichen, die sonst durch den Zeitunterschied des Sprechens bewirkt würde. Ähnlich liegt die Sache bei den Wörtern »hier«, »da«. In allen solchen Fällen ist der bloße Wortlaut, wie er schriftlich festgehalten werden kann, nicht der vollständige Ausdruck des Gedankens, sondern man bedarf zu dessen richtiger Auffassung noch der Kenntnis gewisser das Sprechen begleitender Umstände, die dabei als Mittel des Gedankenaustauschs benutzt werden. Dazu können auch Fingerzeige, Handbewegungen, Blicke gehören. Der gleiche das Wort »ich« enthaltende Wortlaut wird im Munde verschiedener Menschen verschiedene Gedanken ausdrücken, von denen einige wahr, andere falsch sein können (ebd., 38).

Dieses Fregesche Motiv hat Husserl in seinen *Logischen Untersuchungen* übernommen. Es liegt der eben zitierten Unterscheidung von subjektiven und objektiven Ausdrücken zugrunde. Jene entsprechen Freges ›Vorstellungen‹, diese den ›Gedanken‹. So kann Husserl folgern:

Schon jeder Ausdruck, der ein *Personalpronomen* enthält, entbehrt eines objektiven Sinnes. Das Wort *ich* nennt von Fall zu Fall eine andere Person, und es tut dies mittels immer neuer Bedeutung. [...] Lesen wir das

Wort, ohne zu wissen, wer es geschrieben hat, so haben wir, wenn nicht ein bedeutungsloses, so zum mindesten ein seiner normalen Bedeutung entfremdetes Wort (Husserl 1980 II/1, 82).

Freges Semantik ist ebenso stark wie Husserls Phänomenologie geprägt durch die Tendenz zur übersituativen ›Objektivität‹ des Bedeutens. Während Frege indes Indexwörter wie ›hier‹, ›gestern‹, ›dies da‹ usw. für substituierbar hält durch »objektive Ausdrücke«, ist Husserl eher der Meinung, dass die Bedeutung von ›ich‹ nicht gänzlich aufhebbar sei in die eines objektiven oder exakten (d. h. theoretisch definierten, distinkten) Ausdrucks. Die Vieldeutigkeit von ›ich‹ ist nicht die eines Homonyms oder einer Äquivokation; sie ist nicht zu brechen, indem man an die Stelle von ›ich‹ die Summe (oder die Konjunktion) aller Eigennamen einträgt, die sich umschichtig des Ausdrucks bedienen. Denn, sagt er, »es gehört offenbar auch die Vorstellung des Sich-selbst-meinens und des darin liegenden Hindeutens auf die indirekte Individualvorstellung von der redenden Person« »in *gewisser* Weise« mit zur Semantik von ›ich‹ (ebd., 83). ›Ich‹ ist darum nicht zu reduzieren auf die allgemeine Bedeutungsfunktion des Indexwortes, es koinzidiert semantisch nicht mit »*der jeweilig Redende, der sich selbst bezeichnet*« (ebd., 82, vgl. 91 im Kontext). Hier rückt Husserls Position in engere Nähe zu derjenigen Castañedas, Perrys und Kaplans, die ja dem selbstreflexiven ›ich‹ noch eine Auszeichnung vor den gewöhnlichen Indexwörtern geben.

Jedenfalls spielt ›ich‹ im System der Indexwörter eine Sonderrolle. Sein Charakter – seine linguistische Bedeutung: ›mit *ich* referiert jeder auf sich selbst‹ – kann für sich allein die (Fregesche) Bedeutung – also den jedesmaligen Bezugsgegenstand – nicht determinieren. Von diesem Ungenügen der indexikalischen Ausdrücke im Allgemeinen rühren die verbreitetsten Zweifel an der Angemessenheit der Fregeschen Semantik, denen wir schon wiederholt begegnet sind und wie sie J. Perry am bündigsten resümiert hat: ›Heute ist schönes Wetter‹ werde an einem bestimmten Tag T geäußert. Der entsprechende Begriffsausdruck hieße dann: ›(ξ) ist schönes Wetter‹. Er hat (zum entsprechenden Zeitpunkt) einen Sinn. Aber wenn der Satz als ganzer (am Tage T) – um einen Fregeschen ›Gedanken‹ auszudrücken – einen Sinn haben soll, so muss er nach Frege zu dieser Zeit *sowohl* einen Sinn *als auch* eine Bedeutung (also einen Gegenstandsbezug) haben. Nun hat der Ausdruckstypus

pus ›heute‹ zwar eine Bedeutung (eine allgemeine Referenzanzeige), die von Anwendungsfall zu Anwendungsfall nicht variiert (Kaplan nennt sie seinen Charakter, Perry seine Rolle). Dieser Charakter kann aber nicht wirklich als komplettierender oder (›sättigender‹) Sinn verstanden werden; denn einem ›Gedanken‹ als Funktion dieser unwandelbaren Sinne könnte kein Wahrheitswert zugeschrieben werden, so wenig wie dem Satztyp ›Heute ist's schön‹. Aber auch der Referent *T* kann nicht als Stifter eines komplettierenden Sinns betrachtet werden. Darum, schreibt Perry,

Neither the unchanging role of ›today‹ (its constant meaning) nor its changing value, provides us with a completing sense. A day is not a sense but a reference corresponding to indefinitely many senses. So how do we get from the incomplete sense of ›(ξ) is fine‹, the demonstrative ›today‹, and the context to a thought? This is the problem demonstratives pose for Frege (Perry 1977, 480; vgl. Evans 1979, 280 f.).

Unterschreibt man Freges Modell, so müssen allerdings die Demonstrativa im Kontext einen Sinn haben, und zwar in verschiedenen Kontexten einen je verschiedenen. Dazu sagt Perry:

How can we extract from a demonstrative an appropriate completing sense? Such a sense, it seems, would have to be intimately related to the sense of a unique description of the value of the demonstrative in the context of utterance. But where does such a description come from? ›Today‹ seems only to get us to a day (Perry 1977, 485).

Nun kann es natürlich keine eine und einzige Kennzeichnung für einen (oder Beschreibung von einem) Ausdruck geben, der seinen semantischen Wert (den Verweisungsbezug) ständig wechselt, der also – wie Husserl sagt – wesentlich umständebedingt (›okkasionell‹) ist. Denn kein einziger Gedanke an einen Tag, den wir mittels einer Kennzeichnung wahrheitsgemäß über diesen bestimmten Tag fassen können, ist identisch mit dem Gedanken, an dessen Subjektstelle ein Demonstrativpronomen steht; man kann ihnen gegenüber stets verschiedene Erkenntnishaltungen beziehen, wenn man nicht weiß, dass der fragliche Tag die Kennzeichnung erfüllt.

Aber ein solches Wissen ist in dem einzigartigen Fall von ›ich‹ gar nicht erfordert, weil ›ich‹, regelkonform verwendet, im Gegensatz zu anderen Deiktika der Unterstützung durch Ostensionen oder (prädikative) Charakterisierungen nicht bedarf. Und Freges

Semantik – so wie Perry sie deutet – impliziert die These, dass der Sinn eines singulären Terminus entweder der Sinn einer Kennzeichnung oder ihr ›innig verbunden‹ sein müsse. Diese Semantik wird im Falle von ›ich‹ außer Kraft gesetzt. Denn ›ich‹ referiert, regelkonform verwendet, zwar immer unter einem anderen semantischen Wert, aber unter demselben ›Charakter‹, auf jeden Fall kennzeichnungsunabhängig. Darin besteht seine ›Reinheit‹. Und darum hat Freges Semantik mit ›ich‹ noch ernstere Probleme als mit ›heute‹, ›dies‹ oder ›hier‹. Da (ihm zufolge) alle Bezugnahme auf konkrete Einzelgegenstände notwendig sinnvermittelt sein muss, sieht man nicht, wie dem Fregeschen Sinnbegriff der des Kontextes einzuverleiben ist. Aber selbst wenn das möglich wäre, bleibt ›ich‹ ein kontext- *und* sinnfrei, eben direkt referentieller Ausdruck, dem kein Fregescher ›Gedanke‹, eher eine ›Vorstellung‹ zu entsprechen vermag. ›Ich‹ ist ein Ausdruck, dessen Referenz nicht nur durch eine einmalige Bestimmung für alle möglichen Umstände festgesetzt ist (Kaplan nach Evans 1982, 63), sondern dessen Bestimmtheit a priori umstandslos und umständeunabhängig garantiert (und als garantierte auch bekannt) ist. (Evans hat Kaplans Frege-Interpretation und seine Rede von der Sinn-*Vermitteltheit* der Fregeschen Referenz [Kaplan 1989, 483; 514 f.] entschieden zurückgewiesen [in: Evans 1982, 288 f.])

Natürlich könnte die Behauptung merkwürdig erscheinen, dass ›ich‹ überhaupt ›sinnfrei‹ referiere. Könnte man nicht mit Frege sagen, ›ich‹ *sei* ein Sinn, nämlich definitionsgemäß eine Art des Gegebenseins einer Person neben ›du‹, ›er‹, ›sie‹ usw.? Nach Freges Semantik drückt ja ein singulärer Terminus (nach sprachlichen Konventionen) eine propositionale Komponente, einen Sinn, aus; ein Sinn ist ein Begriff oder eine rein qualitative Beschreibung, unter den oder die der bezeichnete Gegenstand fällt. Die Denotationsrelation zwischen dem singulären Term und dem Einzelding ist also durch die beiden anderen bestimmt. Dagegen nehmen die Direktreferentialisten an, der singuläre Terminus referiere ohne weiteres auf den Einzelgegenstand, der wiederum mit der propositionalen Komponente (dem Sinn) durch eine Identitätsrelation verbunden sei. Hiernach wäre also der Bezug des singulären Terminus auf den Sinn durch die Referenz- und die Identitätsrelation vermittelt. (So jedenfalls nach den Schemata, die Kaplan zu Beginn von *Demonstratives* gibt [Kaplan 1989, 485 f.].)

Was spricht nun gegen Freges Modell? Ihm zufolge bestimmt der Gedanke den Sinn eines Satzes. Das logische Subjekt eines Gedankens bringt aber als Konstituens nicht den Gegenstand selbst, sondern bloß einen Sinn ins Spiel. Würden singuläre Termini nun direkt referieren, so enstünde folgendes Problem: Wie kann ›a = b‹, falls wahr, bedeutungsmäßig und kognitiv differieren von ›a = a‹ (ebd., 484 f., 529 [ff.])? Das Problem ergibt sich notwendig, wenn man einerseits ›ich‹ (von mir gesagt) mit ›du‹ (gesagt von dir im gleichen Kontext) semantisch gleichsetzen und auch wieder hinsichtlich ihrer kognitiven Bedeutung voneinander und von ›ich = ich‹ (gesagt im gleichen Kontext) unterscheiden wollte. (Man würde gleichzeitig annehmen, verschiedene Vorkommen von ›ich‹ hätten zuweilen verschiedene Sinne und hätten zuweilen auch wieder denselben Sinn wie ›du‹ oder ›er/sie‹.) Gemeint ist ja mit ›a = b‹ dieses: ›a‹ und ›b‹ referieren auf dieselbe Person, die mit sich selbst identisch ist, aber ›a‹ hat nicht denselben Sinn wie ›b‹. Sind ›a‹ und ›b‹ nicht direktreferierende Ausdrücke, so wird mit ihnen auch kein singulärer Aussagesatz ausdrückt. Man würde mit ihnen jeweils verschiedene Gedanken ausdrücken, deren Konstituentien die entsprechenden Sinne von ›ich‹, ›du‹ (und dem sie komplettierenden Prädikat) wären. Diese Gedanken wären wahr nur dann, wenn ihr Referent (die von ›ich‹ und ›du‹ bezeichnete Person) unter das angegebene Prädikat fällt. Nun nimmt Frege aber an, dass ›ich ϕ‹, von mir gesagt, und ›du ϕ‹ (von dir über mich gesagt) *einen und denselben* Gedanken ausdrücken. Und wenn diese beiden Sätze denselben Gedanken ausdrückten, müsste man annehmen, dass ›ich‹ und ›du‹ denselben Sinn haben. Andererseits sahen wir, dass Frege ›ich ϕ‹-Sätze, von verschiedenen Personen ausgesprochen, trivialerweise für Ausdrücke verschiedener Gedanken hält; also haben die beiden ›ich‹ im Satzsubjekt nicht denselben Sinn (der eine Satz könnte wahr, der andere falsch sein). So muss Frege annehmen, dass die Indexwörter nur in der besonderen Gebrauchssituation ihren komplettierenden Sinn erlangen; und da sieht man nicht, durch welche Instanz diese Komplettierung besorgt werden sollte.

In Kaplans Terminologie stellt sich Freges Problem etwa so dar: Bei einem singulären Terminus entspricht der Inhalt (content) der ›propositional component‹. Das wäre nach Frege der Sinn und nach Kaplan der Bezugsgegenstand selbst. Sagen also sowohl ich als auch mein Gesprächspartner ›ich ϕ‹, so wäre nach Kaplan die

Inhaltsdifferenz beider Gedanken Sache des Referenten und nach Frege Sache des Sinns der beiden ›ich‹-Vorkommen. Was aber kann Frege auf die Frage entgegnen, wie sich dieser Sinnunterschied der beiden ›ich‹ referenzfrei erklären lässt? Gewiss nicht, dass die Sinne differieren, weil die Referenten differieren; denn Frege zufolge bestimmt der Sinn die Referenz, nicht umgekehrt (von der Referenz führt kein Weg zum Sinn). Sagt man aber (mit Frege), der Sinn bestimme die Referenz *und* er bestimme die ›propositional component‹, verwickelt man sich in einen Erklärungszirkel: Man sagt dann einerseits, der Sinn bestimme die Referenz, und: der Sinn der verschiedenen Vorkommen von ›ich‹ verändere sich nach Maßgabe veränderter Referenten (Kontexte). Diesen Zirkel kann Kaplan vermeiden; denn er kann ja unterscheiden zwischen dem Gegenstand von Gedanken, den er ›content‹ nennt, und der kognitiven Bedeutung (dem Wie des Gegebenseins) des Gedankens, den er ›character‹ nennt (Kaplan 1989, 530). So haben alle Vorkommen von ›ich‹ denselben Sinn (dieselbe sprachliche Bedeutung, denselben Charakter), aber nicht denselben Inhalt (oder Referenten).

Damit ist auch ein anderer Stein des Anstoßes aus dem Wege geräumt. In der vorhin gebrauchten Formulierung war behauptet worden, ›ich‹ referiere nicht nur sinn-, sondern auch kontextfrei. Gewiss, wenn du und ich sagen, ›ich bin traurig‹, so meinen wir nicht dieselbe Person; mithin fassen wir beim Äußern derselben Wörter nicht die gleichen Gedanken. Das liegt aber nicht daran, dass der Charakter (die sprachliche Bedeutung) von ›ich‹ sich geändert hätte, sondern daran, dass der Kontext verschieden war (und weiter oben sahen wir, dass der Charakter über den Kontext den Inhalt determiniert). Mithin müssen wir die Formulierung, ›ich‹ referiere kontextfrei, so modifizieren, dass wir sagen: In jeder Verwendung(ssituation) referiert ›ich‹ auf die verwendende Person. Und genau das ist nicht der Fall bei Demonstrativpronomen: In dem Satz ›dies ist das Heidelberger Schloss‹ zielt ›dies‹ immer auf dasselbe Gebäude (der ›content‹ von ›dies‹, einmal fixiert, ist invariant oder ›rigide‹ fixiert), aber der ›character‹ von ›dies‹ ändert seine Bedeutung von Zeigesituation zu Zeigesituation (›dies ist die Molkenkur, und dies ist das Heidelberger Schloss‹).

VI.

Kaplans Reflexionen auf die Unterschiede in der Semantik von Demonstrativa und reinen Indexwörtern haben gewiss neues Licht geworfen auf die Sonderstellung von ›ich‹. Immerhin hält er die reinen Indexwörter für direkt referentiell und gibt damit eine Teilantwort auf die Frage, die unser Text in den Titel gehoben hat. Direkt referieren heißt nämlich: auf konkrete Raum-Zeit-Gegenstände Bezug nehmen; und dass das bei der ersten Person der Fall sei, war Gegenstand des Zweifels von Elizabeth Anscombe. Ist dieser Zweifel nach dem Durchgang durch die Explikationen von Castañeda und Kaplan nun ausgeräumt?

Castañeda behauptet zwar die Sonderstellung von ›ich‹ im System der Deiktika; und er zeigt auch, dass ›ich‹ nicht auf andere Indexwörter reduziert werden kann. Damit reiht er sich übrigens in die Tradition von Charles Sanders Peirce, des Erfinders des Ausdrucks ›indexical‹, der gezeigt hatte, dass die prinzipielle Austauschbarkeit von ›ich‹- und ›er/sie‹-Perspektive auf einer ursprünglichen Indizierung aufbaut:

> Sie setzt den Punkt voraus, woraufhin der Austausch stattfinden soll: die »ich«-Perspektive ist somit keineswegs in die »er«-Perspektive aufhebbar. Wer sich diesen Punkt nicht selbst erarbeitet, konstituiert sich auch nicht als autonome Person, da er gerade keinen *eigenen* »Standpunkt« herausbildet (Schönrich 1990, 435 [ff.]).

Dennoch zweifelt Castañeda nicht, dass der Referent von ›ich‹ die Person sei, auf die andere *salva veritate* mit ›er/sie‹ verweisen können. Ein solcher Zweifel kommt Kaplan noch weniger in den Sinn. Was er zeigt, ist lediglich dies: (1) dass ein wesentlicher Unterschied zwischen reinen und Standard-Indexwörtern besteht, und (2) woran es liegt, dass man ›pure indexicals‹ nicht durch die übrigen ersetzen kann: ›Ich‹ ist aber keineswegs das einzige reine Indexwort; und Kaplan sagt auch nicht, dass das Verständnis aller anderen reinen Indexikalien durch ›ich‹ hindurch vermittelt sei. Die »Epistemological Remarks« seines Aufsatzes (Kaplan 1989, 529 ff.) sind so für jemanden, der sich transzendentalphilosophische Konsequenzen aus den eher technisch ambitionierten Analysen Kaplans versprochen hatte, besonders enttäuschend.

Eine bekannte Position, die (1) bestreitet, ist Bertrand Russell. In »On the Nature of Acquaintance« (von 1914) schreibt er etwa:

The word ›this‹ is always a proper name, in the sense that it applies directly to just an object, and does not in any way *describe* the object to which it applies. But on different occasions it applies to different objects. For the purposes of our present problem we may say that ›this‹ is the name of the object attended to at the moment by the person using the word. [...] By help of reflection and special experiences, it becomes evident that there is such a relation as ›attention‹, and that there is always a subject attending to the object called ›this‹. The subject attending to ›this‹ is called ›I‹, and the time of the things which have to ›I‹ the relation of presence is called the present time. ›This‹ is the point from which the whole process starts, and ›this‹ itself is not defined, but simply given (Russell 1914, 288 f.).

Diese These ist offenbar falsch. (Wir sahen es im Zusammenhang mit Castañedas Nachweis, dass für jemanden, der α ist, wissen, wer α ist oder ›dass dieser da α ist‹, nicht heißt: wissen, dass er selbst α ist. ›Ich‹ meint nicht nur: ›der Sprecher dieser Äußerung‹. ›Ich‹ meint auch nicht einfach ›die Lebensgeschichte, zu der *diese* Episode oder *dieser* Agent gehört‹. Auch ist es absurd zu unterstellen, ich vermittle meine Selbstkenntnis aus Inferenzen der folgenden Art: Derjenige, der jeweils mit dem Gegenstand von ›dies‹ [›jetzt‹ und ›hier‹] bekannt ist, muss ich sein. Diesbezüglich gesteht Kaplan, selbst noch kein klares Konzept zu haben [Kaplan 1989, 557].)

Aber Russell meinte im VII. Kapitel seiner William-James-Vorlesungen von 1940 (*Inquiry into Meaning and Truth*) sogar, Indexwörter seien zur Beschreibung der physischen und der psychischen Welt überhaupt nicht nötig; sie seien in unserem Vokabular schlicht entbehrlich. Die Gründe, die Russell für seine Ansicht anführt, nennt Kaplan »atrocious« (Kaplan 1989, 537). Der wichtigste ist, dass Sätze mit Indexwörtern durch solche mit (fixen) Eigennamen und objektiven Zeit- und Raumangaben ersetzt werden können, die für denselben ›content‹ stehen wie im ursprünglichen Satz Indexwörter. Solche Übersetzungen sind aber bei rasch sich wandelnden Gegenständen oft unmöglich, und Indexikalien bewahren bekanntlich eine epistemische Priorität vor Namen und Kennzeichnungen. Ferner: Es gibt in unserer Welt eine unabsehbare Menge unbenannter Entitäten – wie will ich etwas über sie sagen? Führe ich aber zu ihrer Taufe einen Eigennamen ein, so musste ich das getaufte Etwas zunächst einmal demonstrativ ›herauseinzeln‹ (558). So erweisen sich die von Russell verächtlich so genannten ›egocentric particulars‹ eben als unersetzlich in unserem Sprachhandeln.

Ist aber ›ich‹ darum auch unvertretbar durch ›dies‹? Oder wird es nur anders gebraucht? Oder wird der Referent von ›ich‹ seinem Benutzer nur anders präsentiert als der von ›dies‹? Offenbar trifft beides zu. Kaplans erstes Prinzip hatte ja besagt, ›ich‹ referiere kontextsensitiv, aber demonstrationsfrei, während ›dies‹ nur kraft begleitender Ostension referiere. Also bedarf ich bei der Selbstzuschreibung (von Psychischem) keiner demonstrativen Angabe, worauf ich mich zu beziehen habe. Wenn ich einen ›ich φ‹-Satz irgendwo lese oder außerhalb meines Sehfeldes zugerufen bekomme, bedarf ich zweifellos des Kontextes zur Identifizierung des Schreibers oder des Rufers. Im Falle der Selbstzuschreibung bedarf ich auch dieses Kontextes nicht. Da bei Indexikalien der Charakter den Inhalt bestimmt, ist bei der Selbstanwendung von ›ich‹ mit dem Verständnis des Charakters im Nu auch die Kenntnis des Inhalts (meiner selbst) verbürgt: »The character of ›I‹ provides the acknowledged privileged perspective« (534). Da nun Kaplan die *Person* für den Referenten von ›ich‹ wie von ›er/sie‹ hält, möchte er in dieses Zugeständnis nicht das andere eingeschmuggelt sehen, ›ich‹-Sprecher hätten auch privilegierte *Einsicht* in den *Inhalt* ihrer Gedanken. Darum fährt das eben gegebene Zitat so fort: »whereas the analysis of the content of particular occurences of ›I‹ provides for (and needs) no privileged pictures«. Den Schluss vom einen aufs andere kreidet Kaplan dem »sloppy thinker« an. Er nimmt sich Freges Dr. Gustav Lauben zu Herzen, der sagt: »Ich bin verwundet worden«, und über den sein Freund Leo Peter in Kenntnis der Dinge äußert: »Dr. Gustav Lauben ist verwundet worden.« Beide Sätze, meint Frege bekanntlich, drücken denselben Gedanken aus. Aber das Wie des Gegebenseins (der Sinn) des ausgedrückten Inhalts ist für Dr. Lauben ein sehr verschiedener von dem für Leo Peter. Denn

jeder [ist] sich selbst in einer besonderen und eigentümlichen Weise gegeben, wie er keinem anderen gegeben ist. Wenn nun Dr. Lauben denkt, daß er verwundet worden ist, wird er dabei wahrscheinlich diese ursprüngliche Weise, wie er sich selbst gegeben ist, zugrunde legen. Und den so bestimmten Gedanken kann nur Dr. Lauben selbst fassen (Frege 1976, 39).

Kaplan erklärt die Sachlage so: »The answer, I believe, is, simply, that Dr. Lauben is presented to himself under the character of ›I‹« (Kaplan 1989, 533). Und dieser Charakter ist es, der die merkwürdige (demonstrations- und kennzeichnungsfreie) Infallibilität der

›ich‹-Referenz sicherstellt. Der ›sloppy thinker‹ folgert aus der privilegierten *Perspektive* eines jeden auf sich selbst – überstürzt –, dass diese Perspektive auch ein bevorzugtes *Bild* vom Referenten (also von mir) ergebe und es beim epistemischen Sich-zu-sich-Verhalten um den Erwerb von Einsichten in die Natur des Selbst zu tun gewesen sei (ebd., 533 f.). Die Schlampigkeit des ›sloppy thinker‹ besteht demnach darin, dass er sich eine demonstrative Theorie vom Ich zurechtlegt, wonach ›ich‹ zusammenfällt mit der (empirischen, deiktisch offenkundig gemachten, mit ›diese‹ bezeichneten) Person (und ›jetzt‹ mit ›dieser [gegenwärtigen] Zeit‹, ›hier‹ mit ›diesem Ort‹ usw.).

Like the Fregean, the sloppy thinker errs in believing that the sense of the demonstration is the sense of the indexical, but the sloppy thinker commits an additional error in believing that such senses are in any way necessarily associated with uses of pure indexicals. The slide from privileged perspective to privileged picture is the sloppy thinker's original sin. Only one who is located in the exact center of the Sahara Desert is entitled to refer to that place by ›here‹, but aside from that, the place may present no distinguishing features (534 f.).

Kurz, Kaplan ist weit davon entfernt, idealistische Konsequenzen aus der Sonderstellung der reinen vor den Standardindexikalien oder gar vor den von ihnen indizierten Gegenständen zu ziehen; er zeichnet ›ich‹ nicht einmal vor ›hier‹ und ›jetzt‹ aus, obwohl es doch intuitiv schwer verständlich ist, wie mir ohne vorherige Einsicht in den Sinn von ›ich‹ der Ort, den ›hier‹, und die Zeit, die ›jetzt‹ bezeichnet, fasslich gemacht werden könnte. Darum hatte Castañeda im Blick auf ›ich‹ von einer »starke[n] *ontologische[n] Priorität*« nicht nur vor Namen und Beschreibungen, sondern auch allen anderen Indikatoren (›dies‹, ›er/sie‹, ›hier‹, ›jetzt‹ usw.) gesprochen und die These, ›ich‹ könne durch letztere analysiert werden, »falsch« genannt (Castañeda 1999, 63 f.).

Früher schon haben wir gesehen, dass Kaplan gewöhnliche Demonstrativa für ›unvollständig (incomplete)‹, d. h. für einer ostensiven ›Ergänzung‹ bedürftig, erklärt. Diese Ergänzung könne durchaus ›als eine Art Kennzeichnung (description)‹ verstanden werden. Dann wären Demonstrativa direktreferentielle Ausdrücke, deren Bezugsgegenstand das von der Zeigehandlung Aufgezeigte wäre. Warum, so fragt er sich nun, sollte man dann nicht umgekehrt

Beschreibungen (descriptions) als eine Art von Zeigehandlung (demonstration) auffassen dürfen, die einer deskriptiven Ergänzung bedarf und wie ein direkt referentieller Ausdruck zu behandeln wäre, dessen Bezugsgegenstand ebendas von der begleitenden Beschreibung/Kennzeichnung Denotierte ist (Kaplan 1989, 521)? Die Frage ist rhetorisch:

Why not? Why not indeed! I have done so, and I write it thus:
 dthat [α]
where α is any description, or, more generally, any singular term. ›Dthat‹ is simply the demonstrative ›that‹ with the following singular term functioning as its description. (Unless you hold a Fregean theory of demonstratives, in which case its meaning is as stipulated above.)
 Now we can come much closer to providing genuine synonyms.
 ›I‹ means the same as ›dthat [the person who utters this token]‹ (ebd., 521 f.).

Demnach wäre ›ich‹ eben doch durch gewöhnliche Demonstrativa, ergänzt um weitere geeignete Ausdrücke (Kennzeichnungen), zu ersetzen. ›Ich‹ meinte (im Munde der äußernden Person) ›der/die gerade Sprechende‹ – und sonst nichts. Das war z. B. die Ansicht von Hans Reichenbach (1947, 284; dazu Kaplan 1989, 519 ff.). Kaplan nennt sie »ingenious«. Aber Castañeda hatte Reichenbachs reduktionistische Position in »Indicators and Quasi-Indicators« (Castañeda 1999, Text 2) durch ein einziges Gegenbeispiel aus dem Sattel heben können: Offenbar ist ja die Äußerung ›ich äußere (gerade) nichts‹ nicht übersetzbar in die ›die Person, die dieses Zeichenereignis äußert, äußert gerade nichts‹. Ersteres kann, wörtlich genommen, zufällig falsch sein (man beginge einen *performativen* Widerspruch), Letzteres aber ist *logisch* selbstwidersprüchlich. Das meint:

It might be induced that the contrast between ›I‹ and the other indicators is misguided, on the ground that ›I‹ is analyzable in terms of ›this‹ or ›here now‹. Reichenbach, for instance, claims that »the word ›I‹ means the same as ›the person who utters the token‹« [Reichenbach 1947, 284]. This claim is, however, false. A statement formulated through a normal use of the sentence ›I am uttering nothing‹ is contingent: if a person utters this sentence he falsifies the corresponding statement, but surely the statement *might*, even in such a case, have been true. On the other hand, the statements formulated by ›The person uttering this token is uttering nothing‹ are self-contradictory: even if no one asserts them, they simply cannot be true

(Castañeda 1999, 64; dagegen Linne Rudder Baker 1989, 267; vgl. Kaplans »Afterthoughts«, Kaplan 1989, 579 ff. [»Two interpretations of the syntax and semantics of ›dthat‹«]).

Das hängt aber, meint Kaplan (der sich nicht ausdrücklich mit Castañeda auseinandersetzt), an der Lesart von ›dthat‹-Sätzen: Ich kann ›dthat‹ als Ersatz für ein Demonstrativpronomen (»demonstrative surrogate«) nehmen, und dann meint es: ›die Person, die gerade dies Zeichenereignis äußert (und die Subjekt eines singulären Aussagesatzes sein kann)‹; oder ich kann es als »rigidifier« (im Sinne Kripkes) auffassen, und dann haben ›dthat‹ und ›ich‹ nicht mehr dieselben semantischen Eigenschaften, denn nun ist ›dthat‹ ein genereller Terminus und ›ich‹ ein singulärer (Kaplan 1989, 580). ›Dthat‹ ist dann eine Kennzeichnung von der Art ›Quadratwurzel aus 4‹ und referiert nicht mehr direkt, ist aber doch faktisch ein ›rigider Designator‹ in dem Sinne, dass er den einzigen Gegenstand, der in allen möglichen Welten (oder Umständen) unter diesen Begriff fällt, ›obstinat starr‹ bezeichnet. Die Bewertung eines Satzes mit ›dthat‹ in mehreren Umständen (möglichen Welten) führt nicht in diese Welten einen Referenten ein, sagt Kaplan, sondern gibt Anweisungen an die Hand, die uns erlauben, aus irgendeiner möglichen Welt wieder nach Hause (in die unsere) heimzukehren und den Einzelgegenstand herauszupicken, der die Beschreibung ›der dieses Zeichenereignis äußert‹ befriedigt. Wenn also – nach der ersten (Kaplanschen) Lesart – ›ich‹ für ›synonym mit dthat‹ erklärt wird, dann kann es nicht als ›rigid designator‹, sondern muss (um seine Direktreferenz wiederzugewinnen) als Ersatz für ein Demonstrativum aufgefasst werden. Darin gründet die Synonymie beider: »For two words or phrases to be synonyms, they must have the same content in every context. This is because indexicals are directly referential, and the compound phrases which can be used to give their reference (›the person who is speaking‹, ›the individual being demonstrated‹, etc.) are not« (ebd.).

Damit ist nun zwar die Synonymie von ›dthat‹ als starrer Designator, nicht aber die von ›dthat‹ als Demonstrativsurrogat mit ›ich‹ geleugnet. Castañedas These hatte aber auch das Letztere geleugnet und ›ich‹ für ursprünglich und nicht weiter analysierbar erklärt. Kaplan gibt übrigens zu, dass seine Deutung von ›ich‹ als Synonym mit ›der gerade dieses Zeichen benützt‹ »subtile Komplikationen« in sich birgt (ebd., 522).

Offenbar sind diese Komplikationen nicht nur feinsinniger Natur, sondern schlicht unauflösbar. ›Ich‹ kann auf keine Weise von Demonstrativa her verstanden und mit ihnen auf eine Ebene gebracht werden – darin ist Elizabeth Anscombe und Hector-Neri Castañeda nach wie vor beizupflichten. Kaplan behandelt ›dthat‹ aber als Surrogat eines ›echtes Demonstrativs‹ (und die es vervollständigende Beschreibung als Ersatz der ergänzenden Demonstration [Kaplan 1989, 581]). Und das, obwohl er im X. Kapitel (»Reichenbach on Token Reflexives«) subtile Einwände gegen die Ansicht geäußert hatte, ›ich‹ *bedeute* dasselbe wie ›die Person, die dieses Zeichen(vorkommnis) äußert‹. Dass beide Ausdrücke *nicht synonym* sind, zeigt Kaplan an folgenden drei Beispielsätzen (ebd., 519 f.):

(α) I am the person who utters this token.
(β) If no one were to utter this token, I would not exist.
(γ) If no one were to utter this token (in S), the person who utters this token (in S) would not exist.

(α) und (γ) sind offenbar wahr, während (β) falsch ist. (β) müsste aber wahr sein, wenn »›I‹ means the same as ›the person who utters this token‹« im Sinne einer strengen Synonymie verstanden und dann ›the person who utters the token‹ eingesetzt würde anstelle von ›ich‹. ([γ] wird nur angeführt, um eine sinnvolle Interpretation von [β] zu liefern.) Aber, meint Kaplan, die Tatsache, dass eine (Reichenbachsche) Synonymie zwischen ›ich‹ und ›die Person, die dies äußert‹ ausgeschlossen werden kann, hindert nicht, dass ›ich‹ in jeder Verwendungssituation auf die Person, die ›ich‹ äußert, *referiert* (ebd., 520, D2). Und insofern könne allerdings ›ich‹ durch ›dthat‹ (mit entsprechender deskriptiver Ergänzung: nämlich ›die Person, die gerade ›ich‹ äußert‹) ersetzt werden.

Tatsächlich ist der Reichenbachsche Vorschlag, ›ich‹ und ›die Person, die dies Token äußert‹, für synonym zu halten, regressbedroht. Er läuft darauf hinaus, ein sogenanntes reines Indexikal (wie ›ich‹, ›hier‹ und ›jetzt‹) durch ein Demonstrativ(-Surrogat) zu ersetzen. Interpretiere ich »this token« durch die bestimmte Beschreibung »the token pointed at by a gesture accompanying the utterance of the token«, so habe ich stillschweigend »jetzt« impliziert (denn Begleitungen sind dem Begleiteten immer gegenwärtig).

Nun ist ›jetzt‹ ein reines Indexikal; und mithin ist der Anspruch, reine Indexwörter durch Demonstrativ(-Surrogate) zu ersetzen, gescheitert. Oder vielmehr: Es ist eingetreten, was Castañeda so formuliert hatte: Analysen von Quasiindikatoren können nur durch Ausdrücke gelingen, die selber wieder (explizit oder implizit) Quasiindikatoren enthalten. – Nun leugnet Kaplan zwar die starke Synonymiethese und meint, ›ich‹ *bedeute* nicht, sondern *referiere* nur auf ›die Person, die ›ich‹ äußert‹. Da wir nun wissen, dass ›ich‹ ein reines Indexwort ist und reine Indexwörter ihren Referenten allein aufgrund des ›character‹ (der sprachlichen Bedeutung von ›ich‹) determinieren, taucht der Zirkel in der Definition von ›dthat‹ (›die Person, die gerade ›ich‹ äußert‹) auch bei der Referenzfixierung auf. So muss der Versuch, ›ich‹ ohne Rekurs auf reine Indexwörter allein durch Demonstrativ(-Surrogate) zu analysieren, für gescheitert gelten.

Die von Reichenbach so genannte Zeichenreflexivität von ›ich‹ besteht doch ebendarin, dass es der Sprecher/die Sprecherin *selbst* sein muss, der/die mit diesem Wort auf sich Bezug nimmt. Die deskriptive Paraphrase von ›dthat‹ lautet aber ›der/die da gerade spricht‹ und kann auch auf eine fremde Person angewandt werden – mithin haben ›ich‹ und ›dthat‹ weder dieselbe Bedeutung, noch fixieren sie notwendig denselben Referenten. Jedenfalls gilt, dass ›ich‹ zwar ›dthat‹ logisch impliziert (denn ›ich‹ meint immer die gerade sprechende Person), während das Umgekehrte nicht gilt. Mithin ist ›ich‹ logisch auf ein – wie immer kennzeichnungsunterstütztes – Demonstrativum unzurückführbar.

Ein ähnliches Argument zugunsten der Irreduzibilität findet sich bei John Perry (1988). Er meint, ›ich‹ könne nicht ohne Einbuße seiner »explanatory force« durch einen anderen Ausdruck mit gleicher Referenz ersetzt werden. Sage ich: ›Ich glaube, da richte ich eine ganz schöne Schweinerei an‹, so meine ich nicht, dass jemand, der gerade ›ich‹ sagt und den ich im Spiegel unauffällig observiere (oder den ich im Traum im Supermarkt verfolge), die Bescherung anrichtet, sondern dass *ich selbst* es bin (92; dt. in: Frank 1994, 402-424, hier 413). Indem Perry den mentalen Zustand des ›ich‹-Sprechers (wie er in der ›ich‹-Perspektive erlebt wird) für prinzipiell unersetzbar hält (John Perry könnte im obigen Beispiel sehr wohl nicht wissen, was seine staatsbürgerliche Identität ist, ja worauf ›ich‹ überhaupt referiert), plädiert er für die Anerkennung des singulären ontologischen Status derjenigen Realitäten, auf die mit ›ich‹ verwiesen wird. Nimmt man sich nur ein wenig Zeit und befragt seine eigene Phantasie (oder die Weltliteratur), so wird man rasch ungezählte Beispiele finden, die Kaplans Reduktionismus als die scholastische Engstirnigkeit diskreditieren, die sie ist. In einem Gedankenexperiment kann man sich jedenfalls leicht Tausende von Fällen vorstellen, in denen ein Sprecher, der ›da richte ich eine ganz schöne Bescherung an‹ für sich als zutreffend annimmt, damit aber noch nicht den Satz ›dthat (die ebendies Zeichenereignis äußernde Person) richtet eine schöne Bescherung an‹ für damit äquivalent hält. Denn das Geheimnis der cartesianischen Gewissheit besteht u. a. darin, dass sie sich eines Denkers nur dann bemächtigt, wenn der eine Formulierung der ersten Person Singular als Zugangsweg wählt (»ego cogito«), nicht auch dann, wenn er einen Denker sich über sein Denken äußern hört.

Wir erinnern uns, dass Kaplan, in den (gar zu knapp geratenen) »Epistemological Remarks« die cartesianische Gewissheit von ›ich‹ dadurch zu erklären versucht, dass er die ›kognitive Signifikanz‹ mit dem ›Charakter‹ von ›ich‹ identifiziert. Seine Meinung ist, das träfe auch für ›dthat (die eben sprechende Person)‹ zu. Und in der Tat: Geht man Kaplans drei Prinzipien (Kaplan 1989, 520) der Reihe nach durch, so scheint sich die Ersetzbarkeit von ›ich‹ durch ›dthat‹ an jedem von ihnen zu bewähren: Beide (›ich‹ und ›dthat‹) sind direkt referentiell (Prinzip 2), und beide meinen (oder implizieren) die ›ich‹ sagende Person (Prinzip 3). Man muss aber urteilen, dass die Synonymie am ersten Kaplanschen Prinzip versagt; es besagt, dass ›ich‹ ein Indexwort ist, dessen verschiedene Äußerungen verschiedenen Inhalt (verschiedene Bezugsgegenstände) haben können. Zwar gilt das auch für ›dthat‹, aber nur unter der Bedingung, dass man aus der Definition dasjenige Merkmal entfernt, in dem doch gerade die Reinheit von ›ich‹ als eines ›pure indexical‹ gründet: seine radikale Unabhängigkeit von demonstrativer und deskriptiver Ergänzung, ohne die ›dthat‹ unvollständig bleibt. Alsdann haben aber ›ich‹ und ›dthat‹ nicht genau denselben Charakter und, wenn (nach Definition) der Charakter den kognitiven Wert ausmacht, auch nicht dieselbe kognitive Signifikanz. So verstärkt der Kollaps einer so sophistizierten Theorie wie der Kaplanschen unsere Intuition, dass ›ich‹ ein in unserer Sprache unersetzbarer (›indispensable‹) Ausdruck ist.

Kommen wir noch einmal auf John Perrys Idee zurück, es gebe wesentliche (d. h. auf andere Ausdruckstypen unreduzierbare) Indexwörter. Ausgangspunkt seiner Überlegungen ist die Veränderung im Verhalten einer Person, deren Glauben hinsichtlich ihrer selbst sich ändert. Solange ich im Supermarkt einer immer dicker werdenden Zuckerspur folge, glaube ich: Jemandes Zuckertüte muss zerrissen sein und rinnt. Da ich ihn nicht finde, dämmert mir endlich: *Ich* bin der Einkäufer, den ich zu fassen suche. So gebe ich meine Suche auf und gebe der Verkäuferin die beschädigte Tüte in Verwahr. Mein Glaubenswandel scheint meinen Verhaltenswandel zu erklären (Perry 1988, 83; dt. 402). Und dabei spielt ›ich‹ in der Beschreibung meines Glaubenswandels die entscheidende Rolle. Der Satz ›jemandes Zuckertüte rinnt‹ war richtig und, er referierte auch (sozusagen auf unbekannt). Aber er hatte nicht die gleiche Bedeutung wie ›ich bin's, dessen Zuckertüte rinnt‹. Perry sagt: Seine Erklärungskraft (für mein Verhalten) ist eine grundlegend andere. »So replacing the [essential] indexical ›I‹ with another term designing the same person really does, as claimed, destroy the explanation« (ebd., 85; dt. 494 f.).

Tugendhat und viele andere Sprachanalytiker haben Glaubenssätze als eine Unterklasse der ›propositional attitudes‹ behandelt: als epistemische (hier durch ein Glaubensverb vertretene) Beziehung zwischen einer Person und einer Proposition (›dass a F ist‹). Eine Frage der – wie Perry sie nennt – Propositionalitätsdoktrin ist, wie wir Propositionen individuieren. Gewiss sind verschieden formulierte Propositionen dieselben nur, wenn sie auch denselben Wahrheitswert haben (oder dieselben Wahrheitsbedingungen erfüllen: die Doktrin Freges, des frühen Wittgenstein, Davidsons). Aber das ist noch keine zureichende Bedingung für ihre Selbigkeit. ›Dass Milch weiß ist‹ (außer der ›schwarzen Milch der Frühe‹) und ›dass die See salzig ist‹, stimmt beides und ist doch nicht dieselbe Proposition. So bedarf es zur semantischen Individuierung von Propositionen offenbar eines feinkörnigeren Rasters. Das wird umso deutlicher bei Propositionen mit ›ich‹. Da der (Kaplansche) Inhalt von ›ich‹-Sätzen je nach Redekontext ein verschiedener sein kann, können ›ich‹-Sätze mehrerlei (wahre) Propositionen ausdrücken.

So the sentence by which I identify what I came to believe does not identify, by itself, a proposition. There is a *missing conceptual ingredient*: a sense for which I am the reference, or a complex of properties I alone have, or a singular term that refers to no one but me. To identify the proposition I came to believe, the advocate of the doctrine of propositions must identify this missing conceptual ingredient (ebd., 87; dt. 407).

Der Vertreter der Propositionalitätsdoktrin wird sagen: Bevor mir dämmerte, dass ich den Zucker verlor, musste ich eine Proposition à la ›α richtet eine schöne Bescherung an‹ für zutreffend halten; und dann habe ich eben die Person genauer individuiert: Es war dieselbe, auf die ich mich aus der ›ich‹-Perspektive kriterienfrei beziehe, die aber, davon abgesehen, auch ein Körper im Raum ist. Dazu ist zu sagen: Die Identifikation von α mit dem Referenten von ›ich‹ funktioniert erst, wenn *ich* mich von ihrer Richtigkeit überzeugt habe (sie anerkenne, sie glaube). Mir selbst kann und muss ich nicht beibringen, wer ich bin: Ich identifiziere nicht zuerst einen Kunden im Warenhaus und sage mir dann, zögernd, ›das musst du selbst sein‹. *Wenn* einmal die Selbstzuschreibung in meinen Überzeugungshaushalt aufgenommen ist, funktioniert sie dort mit infallibler Gewissheit, die keine Beobachterperspektive gewähren und die ich aus der Beobachterperspektive auch nicht erwerben kann.

Der Propositionalist könnte antworten: ›Ich‹ muss eben fallweise identifiziert werden; das ist umständlich, aber prinzipiell möglich.

This strategy does not work for two reasons. First, even if I was thinking of myself as, say, the only bearded philosopher in a Safeway store west of the Mississippi, the fact that I came to believe that the only such philosopher was making a mess explains my action only on the assumption that I believed that I was the only such philosopher, which brings in the indexical again. Second, in order to provide me with an appropriate proposition as the object of belief, the missing conceptual ingredient will have to fit me. Suppose I was thinking of myself in the way described, but that I was not bearded and was not in a Safeway store – I had forgotten that I had shaved and gone to the A & P instead. Then the proposition supplied by the strategy would be false, while what I came to believe, *that I was making a mess*, was true.

This strategy assumes that whenever I have a belief I would characterize by using a sentence with an indexical d,
 I believe that ... d ...
that there is some conceptual ingredient c, such that it is also true that,
 I believe that d is c
and that, on this second point, I am right (ebd., 88; dt. 408 f.).

Im ersten Falle musste ich also, um allererst Wahrheitsbedingungen für meine Äußerung zu schaffen, das zu vermeidende ›ich‹ einführen (das sich so als nicht ersetzbar erweist); im zweiten Falle zeigt sich, dass die Individuierung meines Glaubensinhalts unabhängig von Umständen ist, die andere observieren können – gerade darin besteht ja ihre cartesianische Gewissheit. Im Gegenstand meines Glaubens kann ich mich natürlich täuschen; im Bewusstsein, dass ich dies oder jenes (über mich) annehme, nicht. Der Propositionalist hat die fehlende begriffliche Komponente nicht beibringen können.

Formalisieren wir Glaubenssätze des fraglichen Typs wie folgt: ›Es gibt einen Begriff α dergestalt, dass α auf die Person Y zutrifft und X glaubt, dass α soundso ist.‹ Man muss nur seine Phantasie anstrengen, um zu sehen, wie die möglichen Identifizierungen (*de re*) stattfinden können, ohne in den Glauben (*de dicto*) von X einzugehen. Ich kann glauben, eine Sauerei zu verursachen, auch wenn es keinen Begriff α gibt so, dass er nur auf mich zutrifft und ich glaube, dass α eine Sauerei macht. Wenn ich mir nun einen derartigen Glauben nicht selbst (sondern *de dicto*) zuschreibe, habe ich auch keine entsprechende *De-re*-Überzeugung, und die Annäherung über die Sache führt nicht zu mir. Ich kann versuchen, die fehlende begriffliche Komponente durch Raffinierungen und begriffliche Nachbesserungen der Formel einzuholen, etwa indem ich verlange, dass α mir auch etwas sagen (der Sinn des Wortes mir bekannt sein) oder gar in allen möglichen Welten mit meinem Glaubensgegenstand verträglich sein muss usw. Aber wenn, um von mir zu glauben, dass ich eine Unordnung anrichte, ich gar keiner begrifflichen Komponente α bedarf, die auf mich und nur auf mich zutrifft, dann brauche ich *a fortiori* auch kein Verständnis des betreffenden Wortes oder Kenntnis des mit meinem Glauben verträglichen Einzeldings, das ich aus allen möglichen Welten ›herauseinzeln‹ soll (ebd., 91; dt. 412). All diese Fertigkeiten und Kenntnisse reichen nicht zu, meine Handlung zu erklären – und darum ging es Perry.

Sein Problem war der frühidealistischen deutschen Philosophie wohlvertraut, auch wenn dort noch nicht (oder nicht mehr) von *De-re-* versus *De-dicto*-Glauben die Rede war. Es ist ganz einfach wie folgt zu charakterisieren (ebd., 92; dt. 413): Ein Spiegelbild (als Metapher für den Akt der Reflexion: des Sich-epistemisch-auf-sich-selbst-Zurückwendens) kann nie meine Überzeugung erklären, dass *ich* es bin, den ich da ins (geistige oder leibliche) Auge fasse (E.T.A. Hoffmanns *Abenteuer der Silvesternacht* illustrieren das auf aufregende Weise). Anders: Ein *De-re*-Glaube über mich kann meinen Glauben nicht erklären, dass *ich* es bin, von dem die Rede ist. Gut, ich sehe im Spiegel des Supermarkts einen Mann mit einem Schiebkärrchen, in dem eine rinnende Zuckertüte neben anderen Waren liegt. Von diesem Mann gilt, dass er genau die Beschreibung erfüllt, die auf mich zutrifft; aber in der geschilderten Situation realisiere ich das einfach nicht. So bringt mich der *De-re*-Glaube, dass ›verliert Zucker‹ auf die Person zutrifft, die wirklich ich bin, der epistemischen Selbstidentifizierung keinen Schritt näher. Auch dass der Satz ›Der Kunde Soundso verliert Zucker‹ wahr ist und nur auf mich zutrifft, trägt mich *per se* zu keiner Selbstidentifizierung. Die musste in einer ›ich‹-Perspektive (also *de se*, mit wesentlich-indexikalischem Selbstverweis) schon vollzogen sein, anders kann sie nie die nötige Gewissheit und dann auch nicht meine Handlung (mein verdutztes Stehenbleiben) auslösen. Anders gesagt: Nichtindexikalische Beschreibungen des Vorgangs geschehen unter Einbuße ihrer erklärenden Kraft (»explanatory force«): »Saying that I believed of John Perry that he was making a mess leaves out the crucial change, that I came to think of the messy shopper not merely as the shopper with the torn bag or the man in the mirror, but as *me*« (ebd., 92; dt. 414).

So scheint also Tugendhats Empfehlung, im Falle des unmittelbaren epistemischen Selbstbewusstseins die Wissens- von der Identitätsrelation zu trennen, undurchführbar. Die (epistemisch belangvolle) Selbstidentifikation gelingt nur über Prädikate, die Glauben-über-mich voraussetzen. Der Glaube *de re* ist im Falle des Glaubens-über-mich über ein Glauben *de dicto* vermittelt. Perry sagt das so: »[…] to deal with essential indexicality we must somehow incorporate the indexical element in what is believed, the object of belief« (ebd.). Der Glaube betrifft eine Sache, in die epistemische Elemente schon eingegangen sind; so begegnet er sich in gewisser Weise selber in seinem Gegenstand. Das kann er aber nicht von der Sache gelernt haben, denn die kann ihm nicht beibringen, dass das Gewahrte in einem wesentlichen Sinn ›er selbst‹ war.

Die Wahrheitsbedingungen der Proposition ›dass ich da eine blöde Sache anrichte‹ helfen mir auch keinen Schritt weiter, und zwar aus dem gleichen Grunde. Ich habe mir vorgenommen, um 12 Uhr Mittag den Satz wahr zu machen: ›Ich habe jetzt ein Treffen mit Y‹. Um 12 Uhr treten die Wahrheitsbedingungen (oder tritt der ›context of evaluation‹) für die Proposition ein. Aber ich muss das um 12 Uhr nicht gerade glauben (ich habe meine Gedanken woanders, oder ich lese das Zifferblatt falsch ab, oder ich glaube, die Uhr gehe vor, usw.). Ich werde vielleicht auch glauben, die Proposition ›dass ich da was Dummes anrichte‹ treffe zum Zeitpunkt t auf die Person X zu (die Person des Einkäufers, den ich im Spiegel beobachte); und Ort und Zeit (»the context of evaluation«) sind während meines Urteils gegeben – und immer noch muss ich nicht verdutzt stehen bleiben und mir sagen: ›Du, das bist ja du selber; richte mal schnell die rinnende Zuckertüte da unten auf!‹ Man könnte sagen: In diesen Fällen *glaubt* die betreffende Person eben nicht, dass der Glaubens- und der Bewertungskontext zusammenfallen (obwohl sie es wirklich tun). Aber dann hat man erneut eine Einschachtelung von *De-dicto*- in *De-re*-Kontexte, die zu zirkelartigen Komplikationen führt und die der Propositionalist gerade zu vermeiden hoffte (ebd., 95; dt. 417).

Eine Lösung des Problems – die Fregesche – wäre, dass man eine Klasse von Propositionen in Rechnung stellt, zu deren Wahrheit jeweils nur der Sprecher/die Sprecherin unter gewissen, nicht verallgemeinerbaren Umständen Zugang hat. (Auch andere finden gelegentlich Zugang zu ihr, aber nicht auf eine ein für alle Mal geltende – formalisierbare – Weise.) Das wären Propositionen, in welche individuelle (unübertragbare) ›Vorstellungen‹ eingehen. Perry gesteht, gegen diese Lösung keinen Generaleinwand aufbieten zu können; er folgt aber der Intuition einer gemeinsamen aktuellen Welt und glaubt auch nicht, das Phänomen der wesentlichen Indexikalität zwinge uns dazu, sie aufzugeben (ebd., 95 f.; 418 f.).

Welche Lösung bleibt dann? Eigentlich hat Perry keine. Sein Artikel mündet in den Appell ans Ernstnehmen eines Phänomens, mit dem der propositionalistische Reduktionismus am liebsten kurzen Prozess machen würde: Jeder hat jederzeit zu jeder beliebigen Proposition Zugang, aber nicht auf jede beliebige Weise. Jeder kann glauben, dass John Perry eine schöne Bescherung angerichtet hat; und jeder kann in einem Glaubenszustand sein, der mit ›Ich richte da eine schöne Bescherung an‹ zu klassifizieren wäre. »But only I can have that belief by being in that state« (ebd., 99; dt. 423).

Gibt man das zu, so bleiben Konsequenzen unterschiedlicher Radikalität. Eine, die Perry nur unter Verweis auf seinen Glauben an eine teilbare Welt nicht zieht, wäre diejenige, dass alle *De-re*-Behauptungen in (transzendentaler) Abhängigkeit von Glaubenslagen des behauptenden Subjekts erfolgen. Die Gemeinsamkeit der Welt, die ihren Advokaten nur in einer Intuition findet, wäre aus individuellen Überzeugungen einzelner Subjekte allererst schrittweise aufzubauen. Danach wäre veritative Symmetrie zwischen Behauptungen (individuellen Weltdeutungen) konsensuell aufzubauen – aber in einem viel radikaleren Sinn, als Apel und Habermas das annehmen. (Für beide sind Objektkonstititution oder Wahrnehmungsevidenz dem Spiel der intersubjektiven Deutungserprobung entzogen: Die Welt bewahrt einen transsubjektiven Bodensatz deutungsfrei garantierter Objektivitäten oder Tatsachen [Habermas 1984, 137 ff., 151 ff., 154 ff.]).

Formuliert man Perrys Idee der Unüberspringbarkeit von wesentlichen Indexwörtern entsprechend um, so nähert man sich wieder Shoemakers (von Wittgenstein durch Radikalisierung gewonnener) Konsequenz an: dass Aussagen über die physische Welt (als in *meinem* Bewusstseinsfeld erschlossen) und insbesondere Meinigkeitsbeanspruchungen körperlicher Zustände vermittelt sind über mentale Selbstzuschreibungen, also das System der subjektiven Überzeugungen einer Person. Ob zu deren Definition dann auch gehören muss, dass sie durch Körperzustände ausgezeichnet sind, kann nach dem Vorangehenden wenigstens in Zweifel gezogen werden – und damit auch die Frage, ob Selbstbewusstsein einen Gegenstand in dem Sinne hat, dass damit eine raum-zeitliche Person identifiziert ist. Da Perry zu den Verfechtern einer generellen Theorie der Direktreferenz gehört, scheint er daran uninteressiert, über die von ihm so genannte Propositionalitätsdoktrin hinaus auch die Körperlichkeits-/Personalitätsdoktrin des Selbst zu hinterfragen – wie es Elizabeth Anscombe zu tun gewagt hatte.

VII.

Dies ist auch nicht die Absicht eines anderen bedeutenden Referenztheoretikers, der sich mit den Eigentümlichkeiten von ›ich‹ auseinandergesetzt hat: Gareth Evans. Wir sahen schon, dass Evans die Theorie der Direktreferenz von Demonstrativen mit einer Verteidigung der Fregeschen Semantik gegen Perry und Kaplan verbindet. Sie hat seiner Theorie den Namen des Neofregeanismus eingetragen. Ihre Grundüberzeugung hat Michael Dummett so formuliert: »A theory of meaning is a theory of understanding« (Dummett 1978, 123; Evans spricht von »*interpretational semantics*«; 1982, 33 [ff.]). Und was verstanden wird, ist ein (Fregescher) Sinn. Er fügt, obwohl er unentbehrlich ist, dem Objektbezug nichts hinzu, wie dies eine missverständliche Frege-Rezeption gern behauptet – so wenig, sagt Evans, wie die Tatsache, dass nur tanzen kann, wer das *auf eine bestimmte Weise* tut, dem Tanz durch seinen Tanzschritt ›etwas hinzufügt‹. Damit verbindet Evans die Überzeugung von der Existenz (wie er sie nennt) von »Russellian singular terms« (Evans 1982, 46 ff.). Damit sind – in Analogie zu Russells ›logischen Eigennamen‹ – Ausdrücke gemeint, die überhaupt nur verständlich sind unter der Bedingung, dass ihr Bezugsgegenstand existiert. ›Russellsche singuläre Gedanken‹ heißen entsprechend Gedanken, die einen Russellschen singulären Terminus enthalten. Sollten sie auf Inexistentes sich beziehen, so waren sie ›schlecht abgestützt‹ oder bloße (ungültige) ›Versuche‹ einer Bezugnahme:

a term is a Russellian singular term if and only if it is a member of a category of singular terms such that nothing is said by someone who utters a sentence containing such a term unless the term has a referent – if the term is empty, no move has been made in the ›language-game‹. To say that nothing has been said in a particular utterance is, quite generally, to say that nothing constitues *understanding* the utterance (ebd., 71).

Da Frege dem ›Sinn‹ die Aufgabe zudenkt, den Referenten zu identifizieren, und ein Sinn die Existenz seines Gegenstandes nicht notwendig impliziert, muss Evans dem Ausdruck ›Sinn‹ eine andere Bedeutung zudenken: die einer bestimmten Art und Weise, über einen (notwendig existierenden) Gegenstand zu denken. Welches wäre diese Art und Weise bei indexikalischen Ausdrücken?

Indexwörter sind Russellsche singuläre Termini. Evans interpretiert ihren Bezugsgegenstand nicht wie Russell als Bündel von Sinnesdaten, sondern als (physisches) Objekt und versucht, diesen Termini eine nichtdeskriptive Art von ›Sinn‹ beizulegen und sie so ins Projekt einer (kühn erweiterten) Fregeschen Semantik einzugliedern. Das von ihm so genannte »Prinzip Russells« besagt: man könne nicht über etwas urteilen, ohne zu wissen, welches unter allen möglichen Gegenständen es ist, worüber geurteilt wird (ebd., 89; Evans bezieht sich auf Russell 1912, 58). Eine Kausaltheorie der Referenz (à la Kripke) würde die Individuierung des Bezugsgegenstandes so sehr von Leistungen des Subjekts unabhängig machen (ihm nur von außen widerfahren lassen), dass unverständlich bliebe, wie das Subjekt den Referenten als den, der er ist, aus allen anderen herausgreifen und von ihnen diskriminieren kann. »For any object whatever, then, there is what may be called *the fundamental ground of difference* of that object (at a time)« (Evans 1982, 107). Die Leibniz-Wolffsche Tradition, die noch bei Reinhold und Fichte lebendig ist, nannte das den ›Unterscheidungsgrund‹ eines Dings (vgl. Frank 2007, 396 ff.). In ihm liegt, was Evans »*a fundamental Idea* of an object« nennt. Sie kommt zustande, »if one thinks of it as the possessor of the fundamental ground of difference which it in fact possesses. (Such an Idea constitues, by definition, distinguishing knowledge of the object, since the object is differentiated from all other objects by this fact.)« (Evans 1982, 107) Aber kann die erkenntnistheoretische Leistung der Identifikation-durch-Unterscheidung mit der Annahme einer Direktreferenz von Gedanken – Russell sprach von der Relation der »acquaintance« – vereinbart werden? Wird nicht so etwas wie deskriptive Identifikation ins Spiel kommen, also Anwendung von begrifflichen Bedingungen, die ein Objekt erfüllen oder auch verfehlen kann?

Evans nennt die Weise von nichtdeskriptiver Identifikation, die er im Sinn hat, »*demonstrative* identification« (ebd., 147; das ganze 6. Kapitel, 143 ff., ist so überschrieben). Sie macht einige Anleihen bei Kripkes Kausaltheorie des Referenten, indem sie eine (kausal interpretierte) Durchgängigkeit von (sinnlichen) Informationen über die innerzeitliche Entwicklung oder Bewegung des fraglichen Objekts fordert (121 ff.), die nichts zu tun hat mit einem sich durchhaltenden ›deskriptiven Gedanken‹ (also einer Persistenz von Eigenschaften des Objekts [135]). Allerdings ist das »information-link« nur eine notwendige, keine zureichende Bedingung unserer Fähigkeit, einem Objekt wahrnehmungsmäßig über die Zeit auf der Spur zu bleiben (»to keep track of an object in a visual array« [145-151]). Ein begriffliches Element, ein ›Grund-*Gedanke*‹ von einer epistemischen Identifikationsstellung oder -situation muss hinzutreten. Er ist nur zu entwickeln mit Rücksicht auf jemanden, der die Information hat, d. h. epistemisch auf sich bezieht. Das ist die »informational situation« des erkennenden Subjekts (147). Einem Subjekt (nichtdeskriptive) Vorstellungen zuschreiben heißt: ihm die Fähigkeit zuerkennen, in Reaktion auf geeignete ›Evidenzen‹ bestimmten ›Gedanken‹ zuzustimmen oder die Zustimmung zu verweigern. Diese Subjektzentrierung der (holistisch konzipierten) Objektwelt nennt Evans das »egocentric spatial thinking« oder den »egocentric space« (151 ff.). Es/er impliziert die Fähigkeit des Subjekts, seinen Ort im Funktionsganzen der Ereignisse und Dinge und von ihm her deren jeweilige Stellung auszumachen. So webt das Subjekt an einem durchgängig vernetzten System von Vorstellungen, die alle ›egozentrisch‹ zu ihm führen bzw. von ihm ausgehen. ›Hier‹, ›dort‹, ›rechts‹, ›oben‹ usw. sind verständlich erst für einen, der seinen Ort im Gesamt der Welt bestimmt hat. Die Kenntnis des ›hier‹, des Platzes, von dem aus das Subjekt die Welt vermisst (und auf sich hinordnet), ist ihrerseits nicht demonstrativ vermittelt. Auch bedeutet die egozentrische Struktur des Vorstellungsnetzes nicht, dass im System der Indexwörter das Pronomen ›ich‹ irgendeinen Vorrang vor ›hier‹ (und ›jetzt‹) besäße (153, 3. Abschn.; vgl. 224, Anm. 33). Überhaupt wird der ich-zentrierte Raum zu einem objektivierbaren Weltort erst, wenn das Subjekt ihn auf eine ›öffentliche Landkarte‹ (»*public* space«, »cognitive map«, »objective map«) überträgt und als »element of the objective order« wiedererkennen kann (162 ff.). So will es der – weiter oben schon erläuterte – »generality constraint«, der die Konvertibilität der demonstrativ bezeichneten Sprecherperspektiven in einem von diesen Perspektiven unabhängigen objektiven (durch Informationsbrücken zusammengehaltenen) Raum verlangt (75, 100 ff., 111 f., 208 ff.). Evans schließt:

a demonstrative Idea of an object is not reducible to any sort of Idea, and in particular cannot be regarded as a species of descriptive identification. One has an adequate Idea in virtue of the existence of an information-link between oneself and the object, which enables one to locate that object in egocentric space. (That the Idea is adequate depends on one's ability to relate egocentric space to public space.) Consequently, demonstrative thoughts about objects, like ›here‹-thoughts, are Russellian. If there is no one object with which the subject is in fact in informational ›contact‹ – if he is hallucinating, or if several different objects succeed each other without his noticing – then he has no Idea-of-a-particular-object, and hence no thought (173).

Es ist klar, dass das Bedürfnis intersubjektiver Zugänglichkeit rein demonstrativer Identifikate nicht auskommt ohne Kennzeichnungen (›bestimmte Beschreibungen‹) bzw. Sortale (Prädikate, die angeben, um welche Art von Ding es sich gerade handelt [178 f.]). Und wie bei allen begriffsvermittelten Identifikationen können dabei Irrtümer auftreten. Die betreffen aber, meint Evans, nur die intersubjektive Mitteilung; die demonstrative Identifikation selbst und als solche bedarf keiner (deskriptiven) Grundvorstellung von einem Gegenstand.

Daneben gibt es den Fall der irrtumsimmunen Identifikation, der selbst (mentale) Beschreibungen einschließt und den Wittgenstein im *Blue Book* (und, ihm folgend, Shoemaker) am Beispiel der ›Ich φ‹-Sätze aufgezeigt hatte. Evans dehnt ihn auf ›hier‹-, ›jetzt‹- und ›dies-da‹-Gedanken aus und nimmt unter die Infallibilitätsgarantie selbst den epistemischen Zugang zur Art (»kind«) des intendierten Gegenstandes auf (180). Demonstrative Identifikation quillt aus Kenntnissen, die vom Gegenstand selbst (über den ›relevanten Informationskanal‹) herrühren und nicht fehlgehen können. (Es bleibt freilich merkwürdig, dass eine solche angeblich nicht fehlgehen könnende Kenntnis sich als Proposition ausspricht und in diesem Falle auch noch als notwendig wahre: »›*a* ist *F*‹ ist wahr«; da doch sonst Gewissheiten dadurch ausgezeichnet sind, dass sie keine Elemente des intersubjektiven Diskurses und mithin auch keine Kandidaten für Wahrheitsansprüche sind. Damit die Information, die der Gegenstand unserer Erkenntnis vermittelt, wahrheitsfähig sein könnte, müsste sie ein Prädikat – Perrys ›Begriffskomponente‹ – enthalten, das eigentlich nach Evans' Theorie der direkt-demonstrativen Identifikation nicht intervenieren darf.)

Evans nennt identifikationsabhängig die Einsicht in die Wahrheit einer singulären Proposition (›*a* ist *F*‹), wenn sie als Konjunktion der Sätze ›*b* ist *F*‹ und ›*a* = *b*‹ verstanden wird: Ihre Wahrheit hängt ja teilweise an der Identifikationskomponente ›*a* = *b*‹. Identifikationsunabhängig wäre Einsicht in die Wahrheit einer singulären Proposition, wenn sie (1) nicht identifikationsabhängig und (2) gestützt ist auf eine Direktbekanntschaft mit dem Gegenstand. Letzteres, meint Evans, ist aber der Fall bei ›dies da‹-Gedanken:

The way of gaining information from something (an object or a place) with which such an Idea is associated will, in certain circumstances (*normal* circumstances) yield knowledge that some property, say that of being F, is instantiated; and, provided that the subject has an adequate Idea of the object (place) concerned, this will *ipso facto* constitute knowledge that *that object (place) is F* (181).

Dergleichen Gedanken werden sich aussprechen in der Form von Sätzen wie ›dies da ist *F* (z. B. rot)‹, vorausgesetzt, die prädizierte Eigenschaft quillt aus dem ›information channel‹ und beruht nicht auf Glauben oder Meinung. Solche Sätze sind frei vom Irrtum durch Fehlidentifikation (à la Shoemaker), denn der ›dies da‹-Gedanke, der an der Subjektstelle ausgedrückt wird, beruht nicht auf Identifikation. (Das gilt auch für – informationsabhängige – Gedanken, die unsere Stellung in der objektiven Weltordnung betreffen: »[...] perception-based judgements about our position and our relations to other things [...] must be identification-free« [223; dt. 521f.].)

Shoemaker hatte solche Gedanken auf diejenigen mit ›ich‹ (oder einer Flexionsvariante von ›ich‹) eingeschränkt. Evans wendet sich dem Problem, das er erwartbarerweise nicht für grundlegend hält, im 7. Kapitel (»Self-Identification«) zu (205 ff.; dt. 500 ff.). Bemerken wir zunächst, dass er (1) ›ich‹-Gedanken – anders als Shoemaker und Castañeda – ebenfalls für informationsgestützte singuläre Gedanken hält. (2) hält er sie – hierin wiederum einverstanden mit Shoemaker und Castañeda – für irreduzibel auf Gedanken, die ihren Gegenstand mittels deskriptiver Ausdrücke ›herauseinzeln‹. (3) ist ihm der Referent von ›ich‹ eine physische Entität (wie Strawsons ›Person‹). (4) hält Evans dafür, dass Freiheit vom Irrtum durch Fehlidentifikation keine Auszeichnung mentaler Selbstzuschreibungen ist; sie kommt körperlichen Selbstzuschreibungen gleichursprünglich zu. Und ›ich‹-Gedanken können (5) unter Umständen unbegründet, also irrig sein: Sie stehen nicht unter cartesianischer Garantie. (Ich kann mich nicht im Referenten von ›ich‹ vergreifen; aber der Satz ›ich habe Zahnweh‹ könnte falsch sein.)

Die einzelnen Überzeugungen sollen zunächst nur erläutert werden: (3) und (5) folgen offenbar ohne weiteres aus der realistischen (externalistischen) Interpretation des Individuationsprinzips sogenannter Russellscher singulärer Termini (da ›ich‹ einer von ihnen ist, gilt dafür das Gleiche wie für alle anderen). Und mit Strawson und Tugendhat stimmt Evans darin überein, dass mit ›ich‹ der gemeinsame Träger psychischer wie physischer Eigenschaften – also die ›Person‹ – bezeichnet ist. Liegen mentale und physische Eigenschaften auf einer ontologischen Ebene und sind Zuschreibungen der letzteren prinzipiell fallibel, so ist auch den mentalen ihre cartesianische Gewissheit zu entziehen. (»Our thoughts about ourselves are in no way hospitable to Cartesianism« [256; dt. 561; vgl. 220; dt. 517, und 224; dt. 523: »our conception of ourselves is firmly anti-Cartesian«].) (2) liegt auf der Linie von Evans' neufregeanischer Anstrengung, allen Indexwörtern eine nichtdeskriptive, aber dennoch dem Fregeschen ›Sinn‹ ähnliche Bedeutung zuzusprechen. Dementsprechend gilt die These von der »Unreduzierbarkeit selbstbewusster Gedanken auf Gedanken mit bestimmten Beschreibungen« (207; dt. 502); aber sie schließt nicht aus, dass es jeweils eine eigentümliche Art und Weise gibt, sich indexikalisch auf einen Gegenstand zu beziehen. (1) zeigt den Wunsch an, ›ich‹ auf einer Ebene mit allen anderen Indexwörtern zu verhandeln, ihm also das cartesianische Privileg zu entziehen (hier folgt Evans mit seinem »Generality Constraint« weitestgehend Strawsons Maxime, die semantisch-veritative Symmetrie zwischen Selbst- und Fremdreferenz nicht zu gefährden).

Sehen wir Evans' Überlegungen zum Phänomen der Selbstidentifikation aus größerer Nähe an. ›Ich‹-Gedanken haben ja die bekannte Eigenschaft, dass ihr Verständnis sich nicht darin erschöpft, dass irrtumsimmun bewusst ist, von wem in ihnen gehandelt wird. Ihr Verständnis (und die Überzeugung ihrer Infallibilität) schließt vielmehr das der Selbstzuschreibung mentaler Prädikate ein (205; dt. 500). Und damit könnte ein Problem angedeutet sein, auf das eine Theorie der Direktreferenz indexikalischer Ausdrücke schlechter gerüstet ist als etwa die nominalistische Propositionaldoktrin (oder der ›Attribute View‹ Chisholms).

Dagegen hat Evans' Theorie gute begriffliche Handhaben für die Behandlung von ›ich‹ als Fall neben anderen im Rahmen einer allgemeinen Theorie demonstrativer Identifikation. »For, despite considerable differences, ›I‹-thoughts are thoughts of the same general character as ›here‹-thoughts and ›this‹-thoughts« (ebd.). Damit sind sie nicht einfach mit ›dies‹ und ›hier‹ gleichgeschaltet. Evans möchte ihnen den spezifisch intensionalen Sinn belassen, der selbstbewusste ›ich‹-Gedanken von anonymen (extensionalen) Selbstbeziehungen unterscheidet. Fiele dieser Unterschied weg, könnte ich selbstbewusste Referenzen von Selbstreferenzen nicht absondern: Wenn Ödipus an den Mörder des Laios denkt, denkt er wirklich an sich; aber er denkt insofern nicht auch ›selbstbewusst‹ an sich, denn er hält sich ja nicht für den, der Laios erschlug. Um selbstbewusste Selbstbezüge zu erklären (und von extensional äquivalenten Selbstverweisen *de re* zu unterscheiden), muss ich also an mir selbst keinen deskriptiven Begriff realisieren (206; dt. 501). Ich bin mit mir (als dem Referenten von ›ich‹) eigenschaftslos vertraut, und zwar auch *als* das Subjekt dieser Kenntnis (207; dt. 502 f.; die These, dass der epistemische Selbstbezug eigenschaftslos erfolgt, steht freilich in Spannung zu der anderen, dass im Falle von Selbstbewusstsein auch die zugesprochene Eigenschaft unter Infallibilitätsgarantie steht). So bewährt sich auch und gerade an ›ich‹ – welches auch immer die Unterschiede zu ›dies‹ sein mögen – Evans' allgemeine Überzeugung von der Unzurückführbarkeit singulärer Gedanken auf solche, die eine Beschreibung enthalten. Er geht sogar so weit zu sagen, dass ›ich‹-Gedanken wesentlich nicht erschöpft werden durch die Informations- oder Handlungskomponente, die ihnen durchaus auch anhaftet. ›Ich‹-Gedanken sind überhaupt nicht vermittelt über irgendwelche *Erkenntnisse*, die ich übers Subjekt erwerbe oder erwerben kann. So kann die Wahrheit des Satzes ›Ich bin traurig‹ ohne weiteres aus dem zugrunde liegenden Gefühl entschieden werden. Daraus folge aber kein Idealismus der Selbstdeutung: Wir können ebenso wohl Propositionen über uns als wahr anerkennen, über die wir nicht aufgrund bloßer Bewusstseinsbefunde entscheiden können (so den, dass ich letzte Nacht im Schlaf unruhig im Bett mich gewälzt habe oder nächstens das große Los gewinnen werde). Beide Formen der Zuschreibung (die selbstbewusste und die anonyme) müssen möglich sein, sonst würde der ›Generality Constraint‹ verletzt, also das Erfordernis, alle Zustände eines Dings (hier: einer Person) einer objektiven Weltordnung einzuzeichnen und die Referenten der verschiedenen Zeigewörter (in verschiedenen Zeigesituationen) untereinander durch Informationsbrücken und Handlungskontinuitäten zu vernetzen. Damit ist ›ich‹-Gedanken übrigens ein kognitiver Wert zugesprochen, den Wittgenstein (in einem späten Stadium seines Denkens) ihnen absprechen wollte, als er sie mit Ausdrucksphänomenen wie Stöhnen, Lachen oder Schreien gleichsetzte. Umgekehrt tanzt ›ich‹ aber nun auch nicht mehr aus der Reihe der anderen Indexikalien. Vielmehr ist es durch den ›Generality Constraint‹ fest mit eingewirkt ins Netz der demonstrativen Identifikationen, und zwar in der Weise, dass ich eine in der objektiven

Welt ausgemittelte Person gegebenenfalls als mich identifizieren kann (21; dt. 505 f.).

Damit ist freilich – und bewusst – unterstellt, dass zwischen der subjektiven und der objektiven Sicht auf eine Person kein »unüberbrückbarer Abgrund« klaffe, wie das Thomas Nagel angenommen hatte (Nagel 1979). Die Art, *wie* die Person konzipiert ist, ginge völlig im *Was* (im propositionalen Gehalt) des Gedankens auf: Weiß eine(r), *was* von ihm/ihr wahr ist, so könne er/sie sich immer auch vorstellen, *wie* ihm/ihr in dem entsprechenden Zustand zumute ist (Evans 1982, 210 f.; dt. 506 f.). Daraus folge nicht, gibt Evans zu, dass ein ›ich‹-Gedanke objektiv in dem Sinne ist, dass ›jedermann‹ ihn in der gleichen Weise fassen könnte: ›Ich bin δ_t‹ bedeutet, verbunden mit der Kenntnis der Wahrheit von ›δ_t = ich‹, für mich ein anderes Erlebnis als für jemanden, der den gleichen Gedanken mit einem indifferenten ›er/sie‹ an der Subjektstelle fasst. Dennoch dürfe um des ›Generality Constraint‹ willen daraus nicht gefolgert werden, dass wir als Iche nicht verstehen könnten, was es heißen solle, mit Teilen der objektiven Welt identisch zu sein.

Gewiss – aber wie kann die bloß methodologisch motivierte Rücksicht auf den ›Generality Constraint‹ ein erkenntnistheoretisches Problem lösen? Und wie dürfte ein Erkenntnistheoretiker mit semantischen Folgelasten drohen, wo es um die Aufdeckung der Struktur eines Phänomens geht? Was Nagel (und andere) im Auge hatten, als sie die Ungegenständlichkeit von ›ich‹ betonten, war doch dies: Das doppelte Wissen, dass δ_t = dieser Körper und dass dieser Körper todgeweiht ist, impliziert doch nicht das Wissen, dass *ich* es bin, von dessen drohendem Tod die Rede ist. Kein Gegenstand in der Welt kann mich lehren, dass ich dieser Gegenstand bin; und Evans schien diese Tatsache anzuerkennen, als er Castañedas Unterscheidung doxastischer und objektiver Identifikationen übernahm:

Oedipus was thinking about Oedipus, that is to say, himself, when he thought that the slayer of Laius should be killed; but Oedipus was not thinking about himself ›self-consciously‹ (this is just a label for the kind of thinking which interests us), because he did not realize that *he* was the slayer of Laius (Evans 1982, 206; dt. 501; unter Verweis auf Castañedas »Indicators and Quasi-Indicators« [in: Castañeda 1999, Text 2]).

Es scheint also, als sei im Falle selbstbewusster Selbstidentifikation (mit Evans zu sprechen) die Identifikation von dem Wissen-von-ihr nicht abzusondern. Selbstbewusstsein (ausgedrückt in der Proposition ›Ich bin F‹) kann also nicht gedacht werden als Endglied einer Inferenz, deren übrige Glieder ›$\delta_t = F$‹ und ›Ich bin δ_t‹ wären. Denn zu einer *Selbst*identifikation wird das Herauseinzeln eines Körpers aus der ›objektiven Weltkarte‹ nur, wenn sie *selbstbewusst* erfolgt. Und dann musste in die Identifikation von δ_t mein Wissen, dass von *mir* die Rede ist, schon eingegangen sein. Ließe sich das ›ich‹ des Selbstbewusstseins, wie Evans annimmt, wesentlich auf dieselbe ›allgemeine Struktur‹ reduzieren, die ›dies‹- und ›hier‹-Ideen regiert, so hätte man (aus Rücksicht auf den ›Generality Constraint‹) zwar eine objektive Weltkarte mit Informationsgliedern zwischen den Elementen gezeichnet, aber vergessen, dem Körper des Landvermessers ein Selbstbewusstsein zuzulegen. Jemand weiß alsdann, »*which* object it is of which he thus knows«. Nur weiß er damit noch nicht, dass *er** es ist, dessen Körper er die durch Informationsketten an die Welt geschmiedeten Kenntnisse zuschreibt. Die Weltkarte wäre mithin ›objektiv‹ um den Preis eines Verlustes selbstbewusster Subjektivität; ihr entspräche keine »cognitive map« im Bewusstsein eines Ichs (212; dt. 507 f.). Wenn Evans, wie ihn John McDowell im »Appendix« zum Chapter 7 aus Gesprächsäußerungen zitiert, zugibt: »it is correct: I can identify myself with a bit of matter only if I know that bit of matter ›from the inside‹« (266; dt. 574), dann kann der Generality Constraint nicht intervenieren, um das Selbstbewusstsein eines herausgeeinzelten Körpers verständlich zu machen. Der aus anderen seinesgleichen ausgesonderte Körper ist vielmehr (in einem epistemisch relevanten Sinne) *meiner* nur kraft mentaler Selbstzuschreibung (dadurch, dass ich mir eine mentale Eigenschaft zuschreibe, die ich mir als durch ›information links‹ an Physisches gebunden *erkläre*). Dann aber kann körperliche Selbstzuschreibung nicht gleichursprünglich sein mit mentaler Selbstzuschreibung, wie Evans behauptet. (Es scheint Evans gar nicht aufzufallen, dass er die körperliche Selbstzuschreibung [»bodily self-ascription«] über Bewusstseinsakte verlaufen lässt: Propriozeption [220 ff.; dt. 518 ff.] – als Körper*gefühl* – ist offenkundig ein mentaler, kein körperlicher Akt. Um die Gleichrangigkeit körperlicher mit mentaler Selbstzuschreibung zu beweisen, wäre es nötig gewesen, von der ersteren zu zeigen, dass von ihr auch unabhängig von einem »way of gaining knowledge of ourselves *as physical and spatial things*« gewusst werden kann [ebd.], was offenkundig selbstwidersprüchlich ist. Eine Weise des epistemischen Zugangs zu einem Objekt, als einer transzendentalen Bedingung fürs Vorliegen von Wissen über es, ist offenkundig selbst ein mentales Ereignis. Dessen Identität mit einem körperlichen Ereignis wäre aber nur festzustellen, wenn es eine Kenntnis von einem körperlichen Ereignis gäbe, zu dessen Genesis Mentales keinen Beitrag leistet. So wird Shoemakers These ins Recht gesetzt, dass ich von einem Körperding nur dann und nur dadurch wissen kann, dass es *meines* ist, indem es mir durch einen mentalen Akt hindurch bekannt ist: Und genauso verhält sich's mit der Propriozeption, die ein Bewusstsein von *Eigen*körperlichem – sagen wir mit einer Metapher: von mental innerviertem Körperlichen – ist.)

In der Tat muss Evans Shoemakers (und indirekt Wittgensteins) These heftig widersprechen, dass die physische Interpretation des Beispielsatzes ›I am facing the table‹ abkünftig sei von ihrem Einbegriffensein in das psychologische Urteil ›There is a table in my field of vision‹ (216, Anm. 23; dt. 513, Anm. 23). Auch physische Selbstzuschreibungen seien *per se* gefeit gegen den Irrtum der Fehlidentifikation der betreffenden Person. Wir sahen: Evans muss dies aus Gründen der Konsistenz seiner Theorie annehmen, denn er möchte selbstbewusste Gedanken durch physische Informationen ›kontrollieren‹ und ferner die Identifikation der Person (als Gegenstand in einer holistisch konzipierten Raum-Zeit-Ordnung) ablösen vom Akt der Eigenschaftszuschreibung. Dann ist die Identität der Person, der zugeschrieben wird, natürlich nichts durchs Selbstbewusstsein Vermitteltes; und wenn das so ist, dann gibt es auch keinen Grund mehr, den Subjektgebrauch von ›ich‹ vor dem Objektgebrauch auszuzeichnen (218 [f.]; dt. 515 f.; was Evans nicht hindert, die »absolute Unkorrigierbarkeit« des Subjektgebrauchs zuzugestehen [220; dt. 517]). Wir sind gleichursprünglich Träger physischer und mentaler Eigenschaften (224; dt. 523):

It is highly important that our ›I‹-Ideas are such that judgements controlled by certain ways of gaining knowledge of ourselves *as physical and spatial things* are immune to error through misidentification: that the bearing of the relevant information on ›I‹-thoughts rests upon no argument, or identification, but is simply constitutive of our having an ›I‹-Idea. (The fact that these ways of gaining knowledge of ourselves must enter into the informational component of functional characterization of our ›I‹-Ideas – of what it is to think of oneself self-consciously – is the most powerful antidote to a Cartesian conception of the self.) (Evans 1982, 220; dt. 517)

Aber nicht nur Ich-Gedanken, sondern auch die Kenntnisse unserer mentalen Zustände – z. B. unserer Glaubens- und Wahrnehmungsepisoden – sind irrtumsgeschützt: »außerstande, uns ungenaue Resultate zu liefern«, sagt Evans (ebd., 225; dt. 523). Das ist insofern bemerkenswert, als jetzt nicht mehr nur von der Direktzugänglichkeit des Referenten (von ›ich‹) die Rede ist, sondern auch von den mentalen Eigenschaften, die das Ich sich zuschreibt (nur hinsichtlich des Letzteren spricht Evans von »self-knowledge«). Evans ist auch einverstanden mit der Tradition, dass die Gewissheit, die in dieser Art von Selbstzuschreibung waltet, nicht auf ein Wahrnehmungsmodell (einschließlich des Modells der Introspektion oder der ›inneren Wahrnehmung‹ [»inward glance«]) gegründet werden darf – obwohl nach seiner Theorie informations- (also: wahrnehmungs)gestützte Kenntnisse/Demonstrationen ihren Referenten (und seine Eigenschaften) ebenfalls unfehlbar erreichen. Wie dem auch sei: Wir haben die Vorstellung »aufzugeben, dass es [das Selbstbewusstsein] immer einen *inneren* Blick auf die Zustände und Verrichtungen (doings) von etwas involviere, zu dem allein die Person selbst Zugang habe« (ebd.). So muss auch die Idee aufgegeben werden, wir seien mit inneren Gegebenheiten irgendwie gegenständlich konfrontiert (ebd., 226; dt. 525).

Wie dann werden uns innere Zustände präsentiert? Evans antwortet: durch Wiederverwendung (»re-using«) derselben Konzeptualisierungs-Démarchen, durch die wir urteilend Sinnesdaten in Begriffen verarbeitet hatten, aber so, dass wir diesmal vom Weltbezug absehen (von Erfahrung absehen heißt nicht: keine machen). Auf die Weise werde uns das implizite kantische ›Ich denke‹ vorstellig, also das (inhaltsleere und bloß formale) Präfix, mit dem wir jedes Urteil über ›p‹ in ein: ›Mir scheint, dass p‹ verwandeln können. Allerdings bleibe es dabei, dass wir das Präfix (den kognitiven Zustand) nicht selbst wahrnehmend vergegenständlichen müssen (227 f.; dt. 526 f.).

Dazu ist zu sagen, dass *Wieder*verwendung eines Verfahrens der Begriffsbildung nur dann selbstbewusst heißen könnte, wenn es schon die ursprüngliche Verwendung war. Denn wäre die ursprüngliche Begriffsbildung unbewusst (mir nicht als die meine bekannt) gewesen, wie sollte dann zweiter Gebrauch (oder Reproduktion des ursprünglichen Akts) dergleichen wie Bewusstsein generieren? Oder als direkte Frage formuliert: Wie kann Selbstkenntnis das *Resultat* einer *Wieder*verwendung desselben Konzeptualisierungsmechanismus einer Informationsaufnahme sein, wenn diese nicht selbst schon – vorbegrifflich – selbstbewusst *war*? Damit ist aber Evans' Erklärung zirkulär: Erst war der Weltbezug unbewusst und begrifflos, dann wird er bewusst durch eine Wiederholung-à-vide (eine Art reflexiver Leerintention, die parasitär einem auf die objektive Welt gerichteten Informationsaufnahme-Akt anhängt und anders nicht möglich wäre).

Es ist richtig, dass Selbstbewusstsein nicht mit gegenständlichem Bewusstsein zu verwechseln ist: »[...] he [sc.: the subject of self-knowledge] does not in any sense gaze at, or concentrate upon, this internal state. His internal state cannot in any sense become an *object* to him. (He is *in* it.)« (227; dt. 526); »[...] in no way has that state become an object to him: there is nothing that constitutes ›perceiving that state‹« (228; dt. 527). Aber was Evans dazu sagt, ist wenig ausgearbeitet. Er weiß das selbst: »describing this procedure [of re-using conceptualization] cannot constitute a complete account of what it is to have this capacity for self-knowledge« (ebd.). Das Modell, nach dem Evans arbeitet, legt vielmehr den Gedanken nahe, Selbstzuschreibung mentaler Eigenschaften/Zustände werde vorgestellt als Resultat einer expliziten Rückwendung des Bewusstseins auf sich selbst; womit die bekannte Dualität von Hinsichtnahmen ins Modell eingeführt ist, deren Explikation regelmäßig in Zirkeln endigt.

So hält Evans in der Tat dafür, dass eine Erfahrung machen (d. h. in einem Informationszustand zu sein) für das Subjekt heißt: Wahrnehmung zu haben vom Inhalt (vom Gegenstand) der Erfahrung, *nicht von sich* (230; dt. 529). Es ist klar, welche Vorsicht Evans zu dieser Formulierung treibt: Er will vermeiden, das Selbstbewusstsein als Resultat einer Reflexion (einer Selbstvergegenständlichung oder eines inneren ›self-scanning‹) zu beschreiben. Eine solche Beschreibung hätte das Unplausible, dass sie die Kenntnis einer Person von sich auf einer doppelten Wahrnehmung beruhen lassen müsste: einer, die auf ein innerweltliches Objekt (hier: einen brennenden Baum), und einer zweiten, die introspektiv auf den Wahrnehmungsakt selbst ginge. Statt eines Informationsgehaltes hätte das Subjekt so zwei. Aber das ist genau, was Evans an anderem Ort behauptet, wenn er etwa sagt, dass jeder Zustand der Information über die Welt »is *ipso facto* [for the subject] a state in which he has information about himself, of the kind we are discussing, available for him« (ebd.; noch deutlicher 255; dt. 535). Demnach gäbe es hier zwei übereinandergestülpte Erfahrungen, von denen wir ja sahen, dass Evans sie mit Wahrnehmungen und Informationen für gleichbedeutend hält.

Aber diese These einer doppelten Information in jedem intentionalen Bewusstsein (einer über die Welt und einer über den subjektiven Wahrnehmungszugang zur Welt) tritt in Spannung zu der anderen, wonach das intentionale Bewusstsein nicht von sich, sondern von seinem wahrnehmungsmäßig gegebenen Intentum besteht: »For what we are aware of, when we know that we see a tree, is *nothing but a tree*. In fact, we only have to be aware of some state of the world in order to be in a position to make an assertion about ourselves« (231; dt. 531). Wie wäre das aber möglich, wenn nicht schon die weltgerichtete Wahrnehmung *an ihr selbst* bewusst gewesen wäre, und zwar bewusst *als* Eigenschaft des intentionalen Akts selbst? Aus Sorge, Selbstbewusstsein nur ja (und zu Recht) von Selbstwahrnehmung zu unterscheiden, vergisst Evans, die Wahrnehmung selbst und als solche mit Bewusstsein zu begaben, das in dem kognitiven Präfix (›Ich denke, dass *p*‹) nur explizit gemacht wird; und die Natur dieses Bewusstseins wäre von der der wahrnehmungsmäßig erworbenen oder der informationsgestützten Evidenzen zu unterscheiden. Oder vielmehr (das zweite Zitat zeigt es klarer als das erste): Evans unterstellt durchaus (und wieder zu Recht) Selbstbewusstsein des Wahrnehmens (›we *know* that we see a tree‹), interpretiert die darin vorliegende Information dann aber als »[being] *nothing but a tree*«. Der Selbstwiderspruch in dieser Formulierung ist offenkundig. Und entsprechend sichtbar ist die Erschleichung in der folgenden Wendung: »For we want to allow, equally, that a subject can know that he is *in front of a house* simply by perceiving a house« (232; dt. 531). Das ist so lange unproblematisch, wie man sich klarmacht, dass ›wahrnehmen‹ ein Bewusstseinsverb ist, dass sein Gebrauch die (ungegenständliche, wahrnehmungsfreie) Kenntnis von Wahrnehmen mithin schon einschließt. Aber Evans möchte beides verbinden: Selbstbewusstsein und Bewusstlosigkeit des Wahrnehmens: Letzteres, um das Wahrnehmungsmodell von Selbstkenntnis zu bannen und den

Wahrnehmungsgegenstand zum *alleinigen* Inhalt der Perzeption zu machen; Ersteres, um auszuschließen, dass solche Kenntnisse vorliegen können, ohne ihrerseits dem Subjekt bekannt zu sein (oder sein zu können). Friedrich Schlegel hat das Problem auf eine besonders plastische Formel gebracht: »Denn um Bewußtsein zu haben, um sich des Gegenstandes bewußt zu werden, muss es [das Ich] nicht nur den Gegenstand, sondern *sich und den Gegenstand* unterscheiden können« (Schlegel 1964, 325). Dazu wird nach seiner Meinung vorausgesetzt, (1) dass das Gegenstandsbewusstsein schon selbstbewusst war und (2) dass das Ich sich vom Gegenstand (epistemisch) unterscheiden kann.

Auch darin ist Evans' Erklärung unbefriedigend, dass »gain[ing] knowledge of his internal informational states« für das Subjekt über die Reproduktion ihrer Verbegrifflichung laufen soll. Um einen Begriff als Konzeptualisierung einer (an ihr selbst unbegrifflichen)[8] Wahrnehmung, mehr noch: *meiner* Wahrnehmung zu erkennen, musste ich mit *beiden* Gegebenheiten unabhängig bekannt sein und auch dies wissen, dass ihre sukzessive kognitive Verarbeitung das Werk *einer* (und zwar meiner) Intelligenz (und nicht der Kooperation verschiedener Kurzzeit-Selbste) war. (Evans verteidigt mit Strawson die Idee eines »persisting subject of experience, located in space and time« und greift skeptische Leugner einer überzeitlichen Ich-Identität an [232 mit Anm. 45, dt. 532; vgl. 231, dt. 531; 243, dt. 545 f.; vgl. 248 Anm. 66, dt. 551 Anm. 66].) In Evans' eigenen (aber begrifflich unausgewiesenen) Worten: »Logically infallible knowledge does indicate that the state judged about and the judgement are not (as Hume would have said) distinct existences« (229; dt. 528 f.). Beide Zustände müssen aber im Falle logisch unfehlbarer Selbstkenntnis nicht nur ontisch (der Sache nach), sondern insbesondere auch epistemisch (dem Bewusstsein nach) kontinuierlich sein – und eben das scheint Evans nicht anzunehmen. Gleich zu Beginn des Kapitels über Selbstidentifikation sagt er, in ihr (der Selbstidentifikation) erschöpfe sich nicht das Phänomen des Selbstbewusstseins: »[…] there can be no complete understanding of self-identification without an understanding of the self-ascription of

---

[8] »The informational states, which a subject acquires through perception are *non-conceptual*, or *non-conceptualized*« (Evans 1982, 227; dt. 526). Darauf beruht die im 3. Abschnitt von S. 233 konstatierte ›Unmittelbarkeit‹ ihrer Kenntnis (vgl. auch die Rede von »thoughts involving ›I‹-Ideas *directly* and *immediately*« (224; dt. 522 [f.]).

mental predicates« (205; dt. 500). Demnach wären zwei Operationen zu unterscheiden: ein Akt der Selbstidentifikation und ein anderer der Selbstzuschreibung eines Bewusstseinsprädikats. Der erste machte den Gegenstand aus, *dem*, der zweite die Eigenschaft, *die* zugeschrieben wird. Beide sind nicht offensichtlich dasselbe. Will ich sicherstellen, dass die Gegenstandsidentifikation eine dem Gegenstand selbst unbekannte Entität identifiziert, dann muss ich das Bewusstsein, das doch nach Evans erst mit der mentalen Selbstzuschreibung auftritt, in den Identifikationsakt selbst einblenden. Etwas zu einer Zeit (δ_t) ist = ich nur unter der Bedingung, dass es (sich selbst) als solches auch bewusst ist. Denn nichts an δ_t verrät *per se*, dass *ich* es bin – dies zu zeigen war eine Hauptabsicht der Texte von Castañeda und Perry. Dann aber müssen die Regeln der Gegenstandsidentifikation und der Prädikatsverifikation (ob ich, alias δ_t, wirklich *F* ist bzw. bin) in einem Punkte logisch koinzidieren: Das Bewusstsein, aufgrund dessen δ_t identifikationsfrei *als* ich durchschaut wird, muss mit demjenigen kontinuierlich sein, das δ_t die Trägerschaft eines mentalen Zustandes zuschreibt. Sonst wäre Bewusstsein-von-etwas-*als*-von-mir nicht unterscheidbar von Akten der bewussten Bezugnahme auf einen Zustand, der *nicht* notwendig meiner ist.

Es ist deutlich, dass Evans jede Handhabe zu einer idealistischen Deutung von Selbstbewusstsein vereiteln möchte. So bezieht er in Bezug auf Selbstbewusstsein eine stark sozial-externalistische Haltung. Niemand könnte, so ist sein Gedanke, sich selbst einen Glaubenszustand (z. B. das kantische ›Ich denke‹) zuschreiben, ohne das allgemeine ›psychologische Konzept‹ zu beherrschen, das sich in der Struktur ›ξ glaubt, dass *p*‹ ausdrückt. Und diese Struktur muss ich begreifen als eine intersubjektive, also als instantiierbar von anderen Subjekten. So will es der ›Generality Constraint‹, der hier zweierlei fordert: intersubjektive Zugänglichkeit der ›ich‹-Idee *und* der Strukturformel ›ξ ϕ‹ (wobei ξ für eine Person und ϕ für ein mentales Ereignis, z. B. eine Wahrnehmung, steht [232; dt. 532]). Selbstidentifikation *und* mentale Selbstzuschreibung funktionieren mithin innerhalb einer (intersubjektiv) teilbaren Welt; und ›ich‹-Sätze sind nur Instantiierungen allgemeiner prädikativer Strukturen, mit denen schon bekannt sein musste, wer einen singulären Terminus durch ›ich‹ ersetzt. Mehr noch: Evans hält dafür, dass ›ich‹ kompetent nur verwenden kann, wer (zuvor) die kognitive

Struktur des ›jemand glaubt, dass *p*‹ zu verwenden gelernt hat. Alsdann wären ›ich‹-Sätze nur Spezifikationen Russellscher singulärer Gedanken; ihnen kommt kein Sonderstatus zu. (Ich sehe hier von den Zirkeln ab, die sich ergeben, wenn man die ›er/sie‹-Perspektive vor die ›ich‹-Perspektive schaltet. Vgl. dazu im vorliegenden Band Kap. 4, I und II.)

So gibt es nicht nur keinen privilegierten Zugang des Subjekts zu sich bzw. zu seinen mentalen Zuständen, sondern auch keine untrügliche Kenntnis vom Inhalt der informationellen Zustände (228 f.; dt. 526). Das Letztere muss freilich weder Descartes noch ein Idealist sagen. Wer würde denn ernsthaft behaupten wollen, es gäbe keine Täuschung im Aufnehmen und in der begrifflichen Interpretation von Sinnesdaten? Unter cartesianischer Garantie steht nicht der aufgenommene Inhalt (und auch nicht die propositionale *Interpretation* des psychischen Erlebnisses), sondern nur das aufnehmende bzw. das die aufgenommene Information interpretierende Bewusstsein – Franz Brentano (selbst kein Cartesianer) hatte auf dem Unterschied immer besonders nachdrücklich bestanden.

So werden wir zu dem Schluss kommen, dass die Eleganz von Evans' Überlegungen zum Phänomen des Selbstbewusstseins nur in der Konsistenz gründet, die ›Selbstidentifikation‹ mit ›demonstrativer Identifikation‹ verfugt. Das epistemische Problem, das die Identifikation selbst zu einem Bestand des Wissens von ihr macht, fällt durch die Maschen dieses Rasters. Man könnte darum über das Kapitel »Self-Identification« ebenso gut urteilen, dass der Universalitätsanspruch des ›Generality Constraint‹ und der Struktur demonstrativer Identifikation am Ende von den unverdrängbaren Eigentümlichkeiten der Struktur von Selbstbewusstsein ruiniert wird. Um das zu zeigen, bedurften wir nicht einmal neuer Argumente: Wir mussten nur auf Einsichten zurückgreifen, die vor allem Shoemaker und Castañeda in der zweiten Hälfte der 1960er Jahre publiziert hatten und an deren Nichtverarbeitung Evans' Erklärungsversuch scheitert.

VIII.

Zu welchem Schluss führt uns die kritische Sichtung klassischer angelsächsischer Selbstbewusstseinstheorien hinsichtlich unserer Ausgangsfrage nach dem Gegenstand von Selbstbewusstsein? Die Existenz- bzw. die Referenzgarantie, die mehrere Theoretiker dem selbstbewussten Gebrauch von ›ich‹ (bzw. der Selbstbewusstseinsunterstellung von ›er/sie*‹) beilegen: Impliziert sie nicht schlicht und einfach die Präsenz einer Entität, gleichgültig, auf welchen Namen (ob ›Ich‹ oder ›Selbst‹ oder ›Person‹ oder nur ›primäres [anonymes] Bewusstsein‹) man sich festlegen will?

Es scheint, als könne die Bejahung der Frage nur unbedenklich ausfallen. Aber wir hätten uns die Mühe des aufwendigen und oft schwierigen Parcours schenken können, wenn diese Auskunft der Weisheit letzter Schluss wäre. Je nach der Ontologie, die wir wählen, legen wir uns mit dem Zugeständnis, ›es gebe etwas‹, worauf selbstbewusster ›ich‹-Gebrauch Bezug nimmt, auf die Deutung dieses ›etwas‹ als eines Gegenstandes in Raum und Zeit fest. Wenn wir das nicht wollen, scheint uns nur der Ausweg der Propositionalitätsdoktrin offenzustehen. Danach stünde Selbstbewusstsein für den Sachverhalt ›dass ich φ‹, also für einen abstrakten Gegenstand (der natürlich nicht im Raum und in der Zeit existiert).

Nun hatten wir die Propositionalitätsdoktrin als unrettbar aufgeben müssen. Sind wir damit nicht am Ende ungewollt an der Deutung hängengeblieben, nach der Selbstbewusstsein allerdings einen Gegenstand hat und ihn auch unmittelbar erreicht? Offenbar – aber noch haben wir den ontologischen Status dieses unmittelbar gegebenen Gegenstandes nicht angegeben. Descartes, der ebenfalls der Meinung war, das Subjekt des ›cogito‹ sei ›etwas‹, hätte nicht gezögert zu sagen, das ›etwas‹ stehe in der Tat für eine Sache, nämlich die ›res cogitans‹. Er hat aber auf die Frage, welcher Art diese denkende Substanz sei, keinen befriedigenden Bescheid gewusst; und so ist ihm die Tradition (selbst die idealistische) nicht gefolgt.

Das bedeutet nicht, dass wir die Einsicht, die ihn auf den Gedanken, es gebe so etwas wie eine denkende Substanz, gebracht hat, einfach vernachlässigen dürften, nur weil sie Descartes auf spekulative Abwege führte. Quer durch unsere Lektüren anglo-amerikanischer Selbstbewusstseinstexte sahen wir vielmehr, dass ›ich‹ nicht garantiertermaßen auf eine physische Entität referiert. Wer sich ein mentales Prädikat zuschreibt, kennt sich *insofern* nicht als eine physische Entität (auch wenn er wirklich eine ist). Ferner stießen wir zu wiederholten Malen auf die Einsicht, dass wir uns in ›ich‹-Sätzen oft auch physische Eigenschaften zuschreiben. Aber das tun wir mit cartesianischer Gewissheit immer nur dann, wenn uns das Physische auch intern bekannt, und das heißt: durch ein mentales Prädikat hindurch erschlossen ist. (Dass mein Bein blutet, schreibe ich mir als gewiss zu, wenn ich die Ursache spüre; spüren aber ist ein Bewusstseinszustand; ich würde das Bein-dort überhaupt nicht sicher *meines* nennen, wäre die Meinigkeitsunterstellung nicht durch einen cartesianischen Bewusstseinszustand – gleichsam eine epistemische Innervation – beglaubigt.) Wollen wir aufgrund dieses Befundes unsere Grundeinsicht nicht einfach verleugnen, wonach ›ich‹ (und ›mein‹, ›mir‹ usw.) ein durch keinen anderen analysierbarer Ausdruck ist, dann können wir jetzt nicht einfach um des guten Friedens mit dem Physikalismus willen behaupten, wir hätten im Selbstbewusstsein Kenntnis von einem Körper. Bleiben wir dennoch dabei, dass ›ich‹-Gedanken nicht gegenstandslos sind, so legt sich die Vorstellung nahe, der Referent von ›ich‹ könne eine *un*gegenständliche Entität sein: ein Seiendes, dessen Seinsart es wäre, nicht als Gegenstand (als *res*, als *substantia*), sondern als Subjekt zu existieren (Heidegger 1975, 172-251).

Auch propositionales Wissen ist ungegenständlich. Es steht aber auch nicht unter Existenzgarantie, wie Descartes das vom ›cogito‹ behauptete. Propositionen sind Wahrheitsbedingungen unterworfen; ›ich‹-Gedanken stellen sich für den, der sie fasst, gar nicht dar als unter der Alternative eines Wahr/Falsch-Gegensatzes stehend. Das bedeutet nicht, dass ›cogito‹ nicht auch ein wahrer Satz wäre. Aber er ist *wesentlich* wahr; die Möglichkeit eines Irrtums ist prinzipiell ausgeschlossen. Descartes nannte ein solches prinzipiell untrügliches Bewusstsein ›Gewissheit‹; offenbar meinte er, ›Wissen‹ sei von ihm abgeleitet (supervenient über ihm). Ist nun Wissen propositional, so scheint zu folgen, dass propositionales Wissen (vom Selbst) aus nichtpropositionaler Selbstvertrautheit folgt.

Das hängt damit zusammen, dass die Struktur von Selbstbewusstsein verschieden ist von der, mit der wir es bei singulären (Russellschen) Gedanken zu tun haben. Bei letzteren haben wir – wenigstens in Strawsons und Tugendhats Deutung – mit Operationen zweierlei Typs zu tun: Wir haben aus der Menge der konkreten

Gegenstände einen herauszugreifen (und indem wir das tun, befolgen wir eine Identifikationsregel); sodann klassifizieren wir den so herausgegriffenen Gegenstand durch ein Prädikat (Klassifikationsregel). Innerweltliche Sachverhalte scheinen von der Art zu sein, dass sie nach beiden Regeln bearbeitet werden müssen. Mithin sind hier Identifikation und Prädikation analytisch trennbar. Tugendhat glaubte, das sei auch bei Sätzen über Sachverhalte des Selbstbewusstseins der Fall, wobei er der Propositionalitätsdoktrin folgte und annahm, der Gegenstand von Selbstbewusstsein sei, was durch ›ich φ‹-Sätze bezeichnet wird. Demnach hätten wir zunächst die Person herauszugreifen, von der wir sprechen, und ihr sodann ein mentales Prädikat zuzulegen. Bin ich selbst die betreffende Person, so entfällt die kriterielle Identifikation (aus Gründen, die Tugendhat für unstrittig hält, über deren Struktur er aber nichts sagt). Die fertige Behauptung (die eine Proposition enthält als Objekt eines Hauptsatzes mit ›ich‹ als Subjekt und einem flektierten Kognitionsverb) lautet dann: ›Ich weiß, dass ich φ.‹ Die Wissensrelation (der Bezug einer Person auf einen epistemischen Sachverhalt), meint Tugendhat, sei ganz unproblematisch abzutrennen von der Identitätsrelation, in der eine Person (hier ich selbst) zu sich (zu mir selbst) sich befinde(t). Und so sei Selbstbewusstsein eine unter vielen Applikationen von propositionalem Wissen (Tugendhat 1979, 3. Vorlesung).

Wäre das richtig, so sähe man nicht, worin die dem Selbstbewusstsein seit alters zugesprochene Gewissheit (epistemische Unfehlbarkeit) besteht; denn Propositionen können falsch sein, Identifikationen können fehlschlagen. Da Selbstbewusstsein nicht propositional sein kann, können wir diese ihm eigne epistemische Gewissheit immerhin in Abgrenzung gegen das fallible propositionale Wissen erklären. Nun sind wir ferner zu der Überzeugung gelangt, dass der ›Gegenstand‹ von Selbstbewusstsein *unmittelbar* bekannt ist (hier folgen wir der Doktrin der Direktreferenz). Soll ›unmittelbar‹ heißen: nicht vermittelt durch Begriffe, Kennzeichnungen, Satz-Wahrheit usw., so können wir diesen Befund sehr gut vereinbaren mit dem vorigen. Und in der Tat: Welches wäre die Klasse von Entitäten, in die so etwas wie Selbste fielen? Diese rhetorische Frage war, wie wir uns erinnern, eines der Elemente, mit denen Castañeda, Perry, Lewis und Chisholm die Propositionalitätsdoktrin des Selbstbewusstseins abgewiesen hatten. Ich muss, so lautet die Konsequenz, nicht wissen, was für eine Art von Seiendem ich bin, wenn ich ›ich‹ mit Gewissheit verwenden kann. Und ich weiß auch: dass ich mich nicht als ein Physisches gewahre, wenn ich diese Gewissheit in mir zum Sprechen bringe.

So legt sich also die Überzeugung nahe, dass im Falle von Selbstbewusstsein die Wissens- und die Identitätsrelation *nicht* so sauber zu entflechten sind, wie Tugendhat das wünschte. Das Wissen von mir *als* von mir beruht nicht auf Klassifikation. Es beruht aber auch nicht auf Identifikation – denn wie sollte ich einen Gegenstand identifizieren, der gar kein anderer sein *könnte* als je ich selbst? Auch verfüge ich über gar kein Kriterium, dessen Anwendung mir ermöglichte, einen Gegenstand in der Welt (oder einen Reflex im Spiegel) als mich zu identifizieren. Wenn ich den ›Gegenstand‹ von ›ich‹ also nicht zu identifizieren habe, so folgt dennoch nicht, dass ›ich‹ nicht referiert. (Wir sahen früher, dass Identifizieren und Referieren nicht dasselbe bedeuten: Ich kann mit Existenzgarantie Bezug nehmen auf denjenigen oder diejenige, der/die mir heute Nacht den Wein aus dem Keller gestohlen hat, ohne ihn/sie damit identifiziert zu haben.) Nun muss man nur noch die These anfügen, dass demonstrative Referenz immer nur von dem Ort aus erfolgen kann, dessen Kenntnis über die ›ich‹-Perspektive vermittelt ist, um verständlich zu machen, warum die klassische Transzendentalphilosophie dem ›ich‹-Gedanken eine solche Zentralität einräumen, ja überzeugt sein konnte, in ihm entspringe alles Licht unserer Weltorientierung, selbst Gedanken wie die der Objektivität unserer Vorstellungen und der Wahrheit unserer Urteile (Kant).

Noch bleibt die Frage: Welche Seinsart hat der Referent von selbstbewusstem ›ich‹-Gebrauch? Darauf können wir beim Stand der Dinge nur aporetisch antworten: nicht die Seinsweise eines Objekts in Raum und Zeit. Damit ist nicht gesagt, dass Subjekte körperfrei existieren; ihre Selbstgewahrung ist aber nicht durch Gewahrung von Körperlichem vermittelt; und so dürfen wir in diesem Kontext davon absehen. Auch bedürfte es zur Eruierung des Verhältnisses von Subjektivität und Personalität einer Theorie (z. B. einer der vielen Varianten der Identitätstheorie), und die könnte wie jede Theorie falsch sein. Dagegen ist ungegenständliches Selbstbewusstsein eine Gewissheit, die schon darum nicht relativ sein könnte auf ein System von Grundprädikaten und Propositionen, wie es eine Theorie ist. Wenn ich mich in einem psychischen

Zustand befinde, so ist mir das bekannt, welches auch immer das Prädikat oder die Proposition sein mögen, die zu seiner Benennung antreten. Und diese Bekanntschaft ist von allen solchen Beschreibungen unabhängig: Sie stellt sich auch dann ein, wenn mir gar keine Beschreibung zuhanden ist und ich buchstäblich nicht weiß, wie ich meinen Bewusstseinszustand klassifizieren soll. Das verstärkt den Eindruck, dass wir es bei Selbstbewusstsein mit einer nicht- oder vorsprachlichen Entität zu tun haben. Nicht, als könne darüber nicht gesprochen werden (Bibliotheken sind vollgeschrieben worden). Aber Selbstbewusstsein ist nicht selbst und als solches eine Entität, wie es Ausdrücke, Wahrheitsbedingungen oder syntaktische Regeln sind.

Ich glaube übrigens nicht, dass die These, wonach alles auf die Welt oder Teile von ihr Bezug nehmende Wissen propositional sei, falsch ist. Was sollte das denn bedeuten: dass ich da oben (die Indexwörter werden gegebenenfalls von einer Zeigegeste begleitet) irgendetwas rein demonstrativ identifiziere, von dem ich aber nicht im mindesten zu sagen wüsste, welcher Art Seiendes ich eigentlich meine (wie ich den Gegenstand klassifiziere)? Nur im Falle des Selbstbewusstseins scheint es ein solches radikal präpropositionales Bewusstsein (nicht: Wissen) zu geben.

So schließe ich: Alles Wissen (von etwas) ist propositional, außer demjenigen, das im *Selbst*bewusstsein vorliegt. Sein Gegenstand ist kein ›etwas‹, weder im Sinne einer nominalisierten Proposition ›dass φ‹ noch als ein ›Gegenstand‹ im objektiven Sinne eines Wahrgenommen- oder Vorgestelltseins. Insofern neige ich hier auf die Seite von Hintikka oder Anscombe, die ›ich‹-Sätze in der Nähe von performativen Äußerungen sahen und die ihnen eigene Gewissheit daraus erklären wollten. Der Gegenstand von Selbstbewusstsein ist darum aber doch nicht nichts: Er ist ein *Subjekt*. Aber ist, was nicht gegenständlich existiert, überhaupt eine Entität; ist es nicht vielmehr ein Unding? Allerdings (und so hatte es schon Friedrich Schlegel im Blick auf die Freiheit des Subjekts gesehen): »Sehr bedeutend ist der Ausdruck, die *Freiheit* sei ein *Unding*; sie ist auch das einzige *Nicht und Gegending*« (Schlegel 1971, 115, Nr. 301).

3. Zeit und Selbst
Oder: Wie sich präreflexives Bewusstsein differenziert

Präreflexivistische Theorien, wie wir sie in den beiden vorangehenden Kapiteln besichtigt haben, nämlich nicht nur die der Heidelberger Schule oder Sartres, sondern auch diejenigen Castañedas und seiner Nachfolger, sind früh nicht nur wegen ihrer Unanalysierbarkeitsthese, sondern wegen ihrer vermeintlich baren Negativität angegriffen worden. Sie sagen, hieß es, was Selbstbewusstsein nicht ist, nämlich nicht Repräsentation, nicht gegenständliches Bewusstsein. Positiv aber wüssten sie nichts Gescheites zur Binnenstruktur von Selbstbewusstsein beizusteuern.

Ich meine zwar, dass eine Theorie – fußballerisch betrachtet – viel leistet, wenn sie den Ball beständig in der Spielhälfte des Gegners hält. Auch haben die Heidelberger die Auskunft ›Präreflexivität‹ nicht ohne Not erfunden, sondern erst als *ultima ratio* ins Spiel gebracht, nachdem sich zeigte, dass mit Konzepten gegenständlichen oder propositionalen Bewusstseins grundsätzlich kein Staat zu machen ist. Henrich und seine Schüler arbeiteten zudem mit einer historischen Tiefenschärfe, über die ihre häufig ungebildeten Gegner nicht verfügen. Darüber hinaus stimmt aber die Diagnose der puren Negativität weder für Henrich noch für Sartre (vgl. hier Abschnitt VIII). Beide haben nach einer Binnenstruktur des vorgeblich rein irrelationalen Selbstbewusstseins Ausschau gehalten. Henrich spricht von »eine[r] innere[n] Komplexion, eine[r] innere[n] Mannigfaltigkeit« des Selbstbewusstseins (Henrich 1986, 7). Sartre geht weiter: Das Selbstbewusstsein negiere seinen eigenen Gehalt und sei nicht, was es sei, sondern sei, was es nicht sei. Er führt also eine robuste Differenz ins Bewusstsein ein (Sartre 1947, 67 ff./385 ff.).

Ein treibendes Motiv für diese Theorieerweiterung ist die Zeitlichkeit des Bewusstseins (obwohl wir sehen werden, dass es sich auch in anderer Hinsicht differenziert: vgl. hierzu vor allem Kap. 6). Wir können uns die Tatsache, dass die Gehalte unserer Erlebnisse sich allaugenblicklich entgegenwärtigen und neuen Erlebnissen Platz machen, aus der völlig unartikulierten Irrelationalität eines instantanen Bewusstseins nicht verständlich machen. Wollen wir aber aus guten Gründen an der These der Präreflexivität festhalten, wie wir sie in den beiden vorangehenden Texten verteidigt haben, so bliebe die Aussicht auf eine Art dialektischer Weiterbestimmung der *prima facie* undifferenzierten Einfachheit zur inneren Artikuliertheit des (sich selbst durchsichtigen) Bewusstseins.

Schon Franz Brentano hatte bedeutende Schritte in diese Richtung getan (im Folgenden: erste Hälfte von Abschnitt V), obwohl Husserl die Zeittheorie seines Lehrers ablehnte. Husserls Einführung der Zeitdimension ins Bewusstsein darf für einen Durchbruch in der Bewusstseinstheorie gelten. Ich werde sie in den Abschnitten I bis III vorstellen und im Abschnitt IV die Schwierigkeiten aufzeigen, an denen seine Theorie scheitert: Der als selbst zeitlos bestimmte Zeitfluss ebenso wie eine Jetzt-Phase im Fluss bedürfen zu ihrer Erfassung eines präreflexiven und nichtintentionalen Bewusstseins, über das Husserls Theorie nicht wirklich verfügt. In den Abschnitten V (zweite Hälfte) bis VII werde ich zeigen, dass Sartres Zeitbewusstseinstheorie diesen Mangel kompensieren kann, ohne den distanzierenden Charakter der Intentionalität zu verleugnen. Der VIII. Abschnitt versucht aufgrund von Prämissen, über die auch Sartre nicht explizit verfügt, seine Auffassung von der dialektischen Weiterbestimmbarkeit des irreflexiven (Selbst-)Bewusstseins zur in sich gegliederten Vollstruktur des seiner selbst bewussten Bewusstseins *von* etwas zu plausibilisieren.

I.

Beginnen wir mit der Frage: Wie hängt das ›Zeit‹-Thema mit dem früheren der Selbstbewusstseinstheorien zusammen? Nicht etwa so, dass ›Zeit‹ an und für sich in einen Bewusstseinskontext gehörte. Es gibt neben den physikalistischen auch spezifisch metaphysische Theorien – etwa bei Aristoteles oder Hegel –, in denen gar nicht daran gedacht wird, ›Zeit‹ aus der Struktur des Bewusstseins aufzuklären. Noch weniger ist das die Absicht von Mellor (1998), dessen ›new tenseless theory of time‹ die ›Metaphysik der Zeit‹ gerade aus der Einklammerung im Bewusstsein befreien und bewusstseinsunabhängig erklären möchte. Selbst Kant, für den doch die Zeit eine apriorische ›Form der Anschauung‹ ist, kommt nicht auf den Gedanken, sie mit dem Selbstbewusstsein zu verknüpfen. Vielmehr ist er davon überzeugt (*KrV* A 90 f.), dass wir zeitlich gegliederte Anschauungen haben können ohne alles Selbstbewusstsein, das heißt: ohne den Gedanken ›Ich denke‹ ins Spiel zu bringen. Das hängt natürlich mit seiner dualistischen Grundorientierung zusammen, wonach es zwei Stämme unseres Erkenntnisvermögens gibt: Sinnlichkeit und Verstand. Beide kennen ihr Apriori; das der Sinnlichkeit ist die Zeit (auch der Raum natürlich), dasjenige des Verstandes ist das Urteilsvermögen, aus dem die Kategorien entspringen. ›Selbstbewusstsein‹ ist aber Prinzip nur des Verstandes, nicht der Sinnlichkeit; und so glaubte Kant, das Selbstbewusstseins- und das Zeitthema säuberlich entflechten zu können.

Kants Fall ist für unseren Gegenstand besonders lehrreich; und einer der Hauptvertreter der modernen Zeitphilosophie (Martin Heidegger) hat Kants zwiespältigem Verhältnis zum Thema ›Zeit‹ ein ganzes Buch gewidmet (*Kant und das Problem der Metaphysik* [Heidegger 1991]; vgl. auch die §§ 22 ff. des Marburger Kollegs von 1925/26 über *Logik* [Heidegger 1976]). Aus der rigiden Arbeitsteilung zwischen Sinnlichkeit und Verstand scheint ja zu folgen, dass Selbstbewusstsein (als Prinzip des Verstandes) ganz aus dem Bezug auf Zeit ausgenommen ist. Anders gesagt: Selbstbewusstsein, als gründend in einem unsinnlichen Erkenntnisstamm, ist unzeitlich verfasst. Kant konnte sich gar nicht vorstellen, wie es anders seine berühmte Vereinigungsleistung *am* Sinnlich-Zeitlichen vollziehen könnte, wenn es selbst zeitlich und mithin in eine Abfolge von *Vorher*- und *Nachher*-Momenten differenziert wäre. Dann aber ergibt sich ein anderes Problem, das er in seinem berühmten und berüchtigt-dunklen Schematismus-Kapitel notdürftig zu lösen suchte (auf dieses Kapitel bezieht sich dann vor allem Heideggers Kant-Destruktion). Wenn nämlich das Selbstbewusstsein unzeitlich (oder gar ewig) ist, wird unverständlich, kraft welchen Mediums es mit dem Zeitlichen korrespondieren kann. Entweder müsste es selbst in sich zeitlich verfasst sein oder aber die Zeit bei der Berührung mit sich selbst sozusagen verewigen. Zwischen diesen zwei Möglichkeiten, die aber für den kantischen Dualismus gleich desaströs wären, scheint es keinen Mittelweg zu geben. Also geschieht das Erstere: Das Selbstbewusstsein muss sich, um mit der Zeit zu korrespondieren, verzeitlichen. So drückt Kant das, wohlbemerkt, nicht aus; aber das ist die Konsequenz, der er nach Heideggers Meinung nicht entrinnt.

Der Deutsche Idealismus hat zur Zeit keine prinzipiell freundlichere Einstellung als Kant. Der sogenannte absolute Geist fasst zwar auch seine Zeit in sich (oder in Gedanken); bei dieser Fassung verschwindet aber die Zeit im Begriff. Sie wird darin nicht nur aufgehoben, sondern geradezu »getilgt«, wie Hegel drastisch sagt (Hegel 1952, 558). Bei Fichte und Schelling sind die Verhältnisse komplizierter (gerade Schelling hatte großartige Einsichten über die Zeitstruktur, hat sie freilich zu seinen Lebzeiten nicht publiziert). Aber einen wirklichen Fortschritt hat das Thema ›Zeitbewusstsein‹ in der Frühromantik erlebt. Zwei Neuerungen charakterisieren das frühromantische Paradigma: Erstens ist der kantische Dualismus in einem neuen Monismus überwunden; zweitens wird Selbstbewusstsein nicht mehr wie bei Kant und Fichte (und auf andere Weise wieder bei Hegel) als Prinzip oder oberster Grundsatz der Philosophie gedacht. Die Relation, in der ein bewusstes Wesen im Selbstbewusstsein zu sich selbst steht, wird vielmehr für etwas Abkünftiges gehalten: für eine bloße relative Einheit, die die absolute zu ihrer Voraussetzung hat. Was, um zu existieren, ein anderes voraussetzt, kommt gleichsam zu spät, um Ansprüche auf einen Prinzip-Charakter geltend machen zu können. ›Zu spät‹ ist ein Zeitadverb; und sein Gebrauch kann uns lehren, dass ein Wesen, welches unter einer absoluten Voraussetzung existiert, in der Zeit existiert. Es hat, wie Schelling das formuliert, sein Sein nicht in sich, sondern in einem anderen, das sie abermals wieder nicht in sich hat, sondern in einem anderen usw. (*SW* I/4, 397; VI, 195 f.; zur Zeit: VI, 215 ff., bes, 270 ff.). Genau das ist die Struktur der Zeit, die einen Organismus aus Zukunft-Gegenwart-Vergangenheit bildet so, dass keine Phase ein selbstgenügsames Bestehen-in-sich hat, sondern etwas voraussetzt und von etwas Kommendem ihrerseits aus ihrer Position verdrängt wird. Novalis hat über die Etymologie von ›Voraussetzen‹ spekuliert und sich gefragt, ob einem Wesen, das nur unter einer heteronomen Voraussetzung existieren kann, nicht auch etwas nach-gesetzt werden müsse (Novalis 1960 III, 199, Nr. 282, und II, 591, Nr. 284):

Ich muß *allem* etwas absolutes *Voraus*denken – voraussetzen – Nicht auch *Nachdenken, Nachsetzen? Vorurtheil.* Vorsatz. Vorempfindung. Vorbild. Vor Fantasie. *Project.*

Novalis war es auch, der zuerst auf die »bedeutungsvolle Etymologie des Wortes« ›Existenz‹ aufmerksam gemacht hat. Zeitlich verfasste Bewusstseine ek-sistieren, d. h., sie haben (wie Novalis sagt) »ein Seyn außer dem Seyn im Seyn« (ebd., II, 106, Nr. 2). Anders: Zeitlich ist, was sein Sein nicht in sich, sondern in einem anderen hat, für das die gleiche Bedingung gilt. Oder auch: Zeitlich ist, was die Möglichkeit seines Seins (sein Wesen) nie adäquat in seiner Wirklichkeit ausdrücken kann. So löst sich die vermeintliche Instantaneität oder gar Ewigkeit des Selbst auf zugunsten einer Kontinuität von Momenten, die die undarstellbare Einheit als einen Vergangenheits-Zukunfts-Organismus verzeitlichen. Die Zeit ist nicht mehr (nur) Thema des Bewusstseins, sie dringt ein in dasselbe und zersetzt es in einen Fluss.

Die romantische Zeitspekulation hat in der modernen Philosophie wirkungsgeschichtlich keine Rolle gespielt; sie war weitgehend unbekannt. Dem Gedanken, dass die Zeit das Bewusstsein selbst durchsetzt und zersetzt, hat erst Husserl in seinen Göttinger Vorlesungen zur Phänomenologie des inneren Zeitbewusstseins (1904/5) zum Durchbruch verholfen. Das ist erstaunlich, war doch Husserl ein besonders eminentes Beispiel für die Präsenz-Fixierung, die Heidegger der europäischen Philosophie vorwarf, und geht es ihm doch allenthalben um ideale Objektivitäten, Ausklammerung der Existenz, ja der Welt selbst und Konzentration auf reine ›selbstgegebene‹ Bewusstseinsbefunde. In § 81 des Ersten Buchs der *Ideen*, überschrieben »Die phänomenologische Zeit und das Zeitbewußtsein«, finden wir folgendes überraschende Eingeständnis:

Zeit ist übrigens, wie aus den später nachfolgenden Untersuchungen hervorgehen wird, ein Titel für eine völlig abgeschlossene Problemsphäre und eine solche von ausnehmender Schwierigkeit. Es wird sich zeigen, dass unsere bisherige Darstellung gewissermaßen eine ganze Dimension verschwiegen hat und notwendig verschweigen mußte, um unverwirrt zu erhalten, was zunächst allein in phänomenologischer/ Einstellung sichtig ist, und was unangesehen der neuen Dimension ein geschlossenes Untersuchungsgebiet ausmacht. Das transzendentale »Absolute«, das wir uns durch die Reduktionen herauspräpariert haben, ist in Wahrheit nicht das Letzte, es ist etwas, das sich selbst in einem gewissen tiefliegenden und völlig eigenartigen Sinn konstituiert und seine Urquelle in einem letzten und wahrhaft Absoluten hat.

Zum Glück können wir das Rätsel des Zeitbewußtseins in unseren vorbereitenden Analysen außer Spiel lassen, ohne ihre Strenge zu gefährden (Husserl 1950, 197 f.).

Hier gibt Husserl also selbst zu, seine »phänomenologische Fundamentalbetrachtung« habe »eine ganze Dimension verschwiegen«. Welche? Sie suchte ein »absolutes Sein« zu begründen und glaubte, dies dort gefunden zu haben, wo fast alle moderne Philosophie es suchte, im »Bewußtsein« (§ 49, S. 114 ff.). Alle möglichen ›hyletischen‹ und anderen Materien fielen Stück um Stück unter den Hieben der berühmten phänomenologischen Reduktion (oder ἐποχή) – doch die fundamentalste Dimension ließ sie stillschweigend beiseite. Und welchen Grund gibt Husserl dafür an? Dass die Betrachtung die Dimension jener »Urquelle« »verschwiegen hat und notwendig verschweigen mußte, um unverwirrt zu erhalten, was zunächst allein in phänomenologischer Einstellung sichtig ist« (ebd., 198). Dieser Verwirrung müssen *wir* uns im Verlauf der folgenden Überlegungen aussetzen. Wir stoßen dabei auf einen Bezirk, den Husserl noch fundamentaler oder noch absoluter nennt als das Fundament oder als das Absolutum, für das er in der cartesianischen Tradition das Bewusstsein hielt. Nur ist das noch fundamentalere Fundament, auf das er nun stößt und an dessen Härte sich sein spekulativer Spaten umbiegt, selbst nicht ein anderes als Bewusstsein, sondern selbst Bewusstsein. Das Aufregende an seinen Göttinger Vorlesungen und Nachträgen zu ihnen aus den Jahren 1906 bis 1917 ist dies, dass er die Zeitlichkeit *ins* Bewusstsein selbst verlegt. Zeit ist nicht länger nur Thema des Bewusstseins; das Bewusstsein, das Zeit zum Thema machen will, dauert selbst – das Bewusstsein von Zeit ist selbst zeitlich. Und daraus (unter anderem) hat Peter Bieri (in seiner ausgezeichneten Dissertation über *Zeit und Zeiterfahrung* von 1972) auf die Realität der Zeit geschlossen.

Husserls Überlegungen zum Thema des Zeitbewusstseins sind uns im X. Band der *Husserliana* überliefert. Rudolf Boehm, der Herausgeber, hat die nachgelassenen handschriftlichen Originale unter dem Titel »Ergänzende Texte zur Darstellung der Problementwicklung« im Teil B (137 ff.) zugänglich gemacht. Husserl selbst hatte zu Lebzeiten Edith Stein mit der Sichtung und Lesbarmachung derselben beauftragt; und was sie, durch Neuzusammenfügung, stilistische Verbesserungen und zahlreiche redaktionelle Eingriffe aus den Originalen gemacht hat, liegt uns vor in den (1928 von Martin Heidegger im IX. Band des *Jahrbuchs für Philosophie und phänomenologische Forschung* erstmals edierten) *Vorlesungen zur Phänomeno-*

logie des inneren Zeitbewußtseins (1893-1917) (Husserl 1966). Ihnen sind angefügt die oft ungleich wertvolleren »Nachträge und Ergänzungen« – die sogenannten »Beilagen« (99-134) – aus Husserls eigener Feder. Die folgenden Zitate beziehen sich, sofern und solange nichts anderes vermerkt ist, auf diese Ausgabe (nämlich Husserl 1966). (Inzwischen sind die wertvollen *Bernauer Manuskripte über das Zeitbewusstsein [1917/18]* erschienen [Husserl 2001], die zeigen, wie Husserl mit den Problemen des Gegenstandes weiter umgegangen ist. Vgl. dazu die eindringenden Studien von Gerhard Seel: 2005 und 2010.)

II.

Die Analyse des Zeitbewusstseins: »ein uraltes Kreuz der deskriptiven Psychologie und der Erkenntnistheorie«. Wir sind, gesteht Husserl, nicht furchtbar viel weitergekommen seit den *Confessiones* des Augustinus (Kap. 14-28 des XI. Buches). »Noch heute mag man mit Augustinus sagen: *Si nemo a me quaerat, scio, si quaerenti explicare velim, nescio*« (ebd., Kap. 14).

Gleich in der »Einleitung« gibt Husserl unübersehbar an, dass er in Bezug auf die Zeit eine transzendentalphilosophische Perspektive beziehen wird: Wie kann sich zeitliche Objektivität in dem und aus dem subjektiven Zeit*bewusstsein* konstituieren? Um »das rein subjektive Zeitbewußtsein, den phänomenologischen Gehalt der Zeiterlebnisse« ist ihm allein zu tun (Husserl 1966, 4). So jedenfalls glaubt Husserl.

Um sich dieser Dimension zu bemächtigen, muss vollzogen werden, was dann später ›phänomenologische Reduktion‹ oder ἐποχή heißen wird. In den Zeit-Vorlesungen ist vom phänomenologischen Ausschluss alles welthaft Empirischen die Rede, wie es der Wahrnehmung im Auffassungscharakter (er heißt auch ›Apperzeption‹) sich erschließt. Die phänomenologische Analyse geht nicht auf die objektive Weltzeit, wie sie mit dem Chronometer messbar ist, »sondern [auf die] erscheinende Zeit, erscheinende Dauer als solche. Das aber sind absolute Gegebenheiten, deren Bezweiflung sinnlos wäre« (5). »Die immanente Zeit des Bewußtseinsverlaufs« wird in cartesianischer Evidenz und in völliger Adäquatheit erlebt. Sie, als »die eigentliche Erfahrung, die intuitive und letztlich adäquate«, ist es, die »die Richtmaße der Erfahrungsbewertung hergibt« (9). (Wir werden später sehen, dass Husserl diese These hinsichtlich des Selbstbewusstseins modifizieren muss; dieses ist apodiktisch, aber nicht adäquat, also nicht in allen seinen Aspekten ›selbstgegeben‹ [*Cartesianische Meditationen,* §§ 8 und 9 [Husserl 1963, 58 ff.].)

Die erfahrene oder (dem Bewusstsein transzendente) Zeit entspringt also in der erlebten. Erlebt oder »empfunden« heißt ein ›*primitiver*‹, ›leibhaft gegebener‹ (Husserl 1966, 9) Inhalt des Bewusstseins, der erst danach von der »Auffassung« in ein Objektives verwandelt und in ein Bewusstseinstranszendentes entfremdet wird (7). Alles Objektive bietet sich einer Unendlichkeit von Perspektiven und Anschauungen, es wird nie adäquat gegeben. Dagegen sind »die gegebenen primären Inhalte« des Bewusstseins in cartesianischer Adäquation ›selbstgegeben‹. Beide Bereiche sind ontologisch verschieden, wie etwa Propositionen (als linguistische oder abstrakte Entitäten) von Sachen oder realen Sachlagen verschieden sind. Reduziert auf die primitiven Bewusstseinsgegebenheiten (oder Erlebnisse), wird der objektive Raum zum Gesichtsfeld mit seinen Verhältnissen des Nebeneinander, Übereinander, Ineinander, geschlossenen Linien, die ein Stück des Feldes umgrenzen, usw.

Aber das sind nicht die objektiv-räumlichen Verhältnisse. Es hat gar keinen Sinn, etwa zu sagen, ein Punkt des Gesichtsfeldes sei 1 Meter entfernt von der Ecke dieses Tisches hier oder sei neben, über ihm usw. Ebensowenig hat natürlich auch die Dingerscheinung eine Raumstelle und irgendwelche räumlichen Verhältnisse: die Haus-Erscheinung ist/ nicht neben, über dem Haus, 1 Meter von ihm entfernt usw. (5 f.).

Beide Ebenen der Betrachtung zu verwechseln hieße, eine μετάβασις εἰς ἄλλο γένος zu tun, in der Erlebtheiten und Erscheinungen zu Bestandteilen der realen Welt gemacht werden, so etwa (*per analogiam*), als stieße man bei Sonntagnachmittagsausflügen auf Propositionen, singuläre Termini oder Prädikate statt auf butterblumen- und wiesenschaumkrautübersäte Wiesen, grasende Kühe, unsere Nachbarin Frau X und viel Grün und Blau. Das Gesichtsfeld findet sich nicht in der Natur.

So verhält es sich auch mit dem Verhältnis der Gegebenheit der objektiven und der erlebten Zeit. Jene werden in dieser allererst ›fundiert‹, und an sich gibt es im »ursprüngliche[n] Zeitfeld« nicht mehr als im Gesichtsfeld objektive Daten. »Das erlebte Jetzt ist, in sich genommen, nicht ein Punkt der objektiven Zeit usw.« (6). Die Ordnung der Erlebnisse ist nicht einfach ein- oder übertragbar in die ›objective map‹ des realen Raums oder der unendlichen Weltzeit. Bei dieser Übertragung verlöre sie den irreduzibel subjektiven Aspekt, in dem gerade die Adäquatheit und cartesianische Evidenz des Erlebnisses haftet: dass es in ihm nicht mehr Sein als Erscheinen gibt, dass es für das Bewusstsein ganz das ist, was es sein kann. (Auf der Unterscheidung des – wie er das Verhältnis terminologisch fasst – in äußerer und des in innerer Wahrnehmung Gegebenen hatte schon Husserls Lehrer Franz Brentano bestanden: Mein Zahnweh ist nicht im objektiven Raum – etwa in meinem Kiefer – und die Migräne nicht »an der einen oder anderen Schläfe« lokalisiert [Brentano 1974, 16].)

So muss man streng scheiden zwischen, sagen wir, »rot«-empfunden und Rot-wahrgenommen. Letzteres ist eine »objektive Qualität«, messbar nach seiner Lichtfrequenz usw. Rot 28 ist ein anderes Rot als Rot 132. Das erlebte »rot« dagegen ist keine physische Entität, es spielt im Gesichtsfeld, nicht im Raum. Erst durch vergegenständlichende »Auffassung« wird »rot« zu Rot (Husserl 1966, 6).

Im gleichen Sinne ist auch ein »empfundenes« von einem wahrgenommenen Zeitlichen zu unterscheiden (7). Ersteres kann adäquat und evident erfasst werden, ›so wie es erlebt ist‹ – noch bevor es »eine Objektivität im empirischen Sinne« wird (8). Die Erlebnisphänomenologie trennt sich von der Erkenntnispsychologie, indem sie sich entschieden auf der Seite des Subjektiven situiert. Subjektiv betrachtet, sind zwei auf ein Stück Kreide gerichtete Blicke zwei Erlebnisse, obwohl wir (vielleicht) sagen werden, die Kreide sei objektiv dieselbe geblieben. Dauer im Gegenstande schließt also Wechsel im Phänomen nicht aus (wobei ›Phänomen‹ heißt: ein Gegenstand, so wie er einem Bewusstsein ursprünglich erscheint).

Phänomenologisch gesprochen: die Objektivität konstituiert sich eben nicht in den »primären« Inhalten, sondern in den Auffassungscharakteren und in den zu den Wesen dieser Charaktere gehörigen Gesetzmäßigkeiten. Das voll zu durchschauen und zum klaren Verständnis zu bringen, ist eben Erkenntnisphänomenologie (8).

Die Zeitphänomenologie fragt nach dem Ursprung der Zeit (und das heißt: nach ihrem Wesen). Dabei wendet sie sich ans primäre Zeiterleben in den vorapperzeptiven oder vorwahrnehmungsmäßigen Modi des Bewusstseins. So trennt sie sich vom naturgesetzlichen Erklären der Psychologie, die sich an Abläufen in empirischen Personen oder psychophysischen Subjekten orientiert. Statt »das Apriori der Zeit« aus an-sich-bestehenden Gesetzmäßigkeiten herzuleiten, sollen diese aus dem Zeitbewusstsein erklärt werden. So erbt die Phänomenologie die transzendentalphilosophische Grundorientierung, noch in Überbietung der neukantianischen Démarche, die immerhin einige Gesetze für a priori und bewusstseinsimmanent hielt. Für Husserl gibt es keine Gesetze des Bewusstseins, sondern Bewusstsein von Gesetzen. Gesetze gehören unter die Transzendenzen, *von* denen Bewusstsein besteht, die aber nicht mystisch hinterrücks Bewusstsein determinieren. Man hat, in Twardowskis Nachfolge, von der (phänomenologischen) Verstoßung der Gegenstände aus dem Bewusstsein gesprochen (Soldati 1994, 115 f.; Twardowski 1894).

Ihren Ausgangspunkt nehmen die Vorlesungen zur Phänomenologie des inneren Zeitbewusstseins in Brentanos Lehre vom Ursprung der Zeit. Husserl stützt sich auf Vorlesungsäußerungen Brentanos (Husserl 1966, 4), die damals unpubliziert waren (vgl. Brentanos dreibändige *Psychologie vom empirischen Standpunkt*: Brentano 1973, 221 ff. [»Von der Einheit des Bewußtseins«]; 1971, 220 ff., 256 ff.; 1974, 37-52, 82 ff., 98 ff., 111 ff., sowie die *Philosophischen Untersuchungen zu Raum, Zeit und Kontinuum* [Brentano 1976]). In Brentanos Lehre ist schon die eigentliche Einsicht Husserls – Husserl wird kritisierend hinzufügen: in psychologistischer Einstellung – vorweggenommen. Es ist die: »Wenn wir etwas sehen, hören oder überhaupt wahrnehmen, so geschieht es regelmäßig, daß das Wahrgenommene eine Zeitlang uns gegenwärtig bleibt, aber nicht ohne sich zu modifizieren« (Husserl 1966, 10). Brentano nennt dies Sich-Anheften der ins Irreale (im Sinne von: nicht mehr Wahrgenommene) abgesunkenen Primärerinnerungen ans wahrnehmende Jetzt-Bewusstsein »ursprüngliche Assoziation«, in späteren Texten auch »Proterästhese«.

Brentanos Lehre klingt schlicht und unerheblich – dabei hat sie die Diskussion ums Zeitbewusstsein geradezu revolutioniert. Das macht man sich leichter klar, wenn man sie mit Vorläuferpositionen von Hume bis Mill vergleicht. Hume hatte geglaubt (und die empiristische Tradition ist ihm da weitgehend gefolgt), die bloße Abfolge von ›ideas‹ sei schon eine hinreichende Bedingung für unser Bewusstsein von Zeit. McTaggart hat das nach ›früher‹/›später‹ gegliederte Zeitbewusstsein als B-Reihe bezeichnet, im Gegensatz zur A-Reihe, die nach Zukunft, Gegenwart und Vergangenheit artikuliert ist. Humes These lautet also, B-Relationen erklärten Zeitbewusstsein. Im *Treatise* ist zu lesen:

The idea of time is not derived from a particular impression mixed up with others, and plainly distinguishable from them, but arises altogether from the manner in which impressions appear to the mind, without making one of the number. […] [Time], since it appears not as a primary distinct impression, can plainly be nothing but different ideas, or impressions, […] disposed in a certain manner, that is, succeeding each other (Hume 1888, 36 f.).

Das ist offenbar unrichtig. Denn zwar ist Empfindungswechsel eine notwendige Bedingung für Bewusstsein, weil wir vermutlich gar keines hätten, wenn wir immer nur denselben Inhalt bewusst hätten – gemäß dem berühmten Wort von Hobbes: »Semper idem sentire et non sentire ad idem recidunt« (Hobbes 1829, Pars IV, Caput XXV). Wir bedürfen also des ›Datennachschubs‹, um überhaupt distinktives Bewusstsein zu haben. Aber es könnte ja immer noch sein, wie Bieri bemerkt, dass die Empfindungen die Qualität von Bewusstsein nur eine Zeitlang behielten und gleich danach, wenn die nächste auftritt, wieder verlören (Bieri 1972, 207). »Man wird deshalb als eine weitere Bedingung folgern müssen,/ daß die Daten die Qualität ›bewußt‹ einige Zeit beibehalten, was schon Locke als ›retention‹ bezeichnete und als ›keeping the idea which is brought into [the mind], for some time actually in view‹ definierte« (ebd., 207 f.; das Locke-Zitat aus dem Essay in: Locke 1975, Vol. I, Book II, Chapter X).

Ebendas macht nun Brentano gegen die empiristische Erklärung von Zeitbewusstsein aus einer nach B-Relationen geordneten Mannigfaltigkeit von bewussten Daten geltend. Husserl referiert seinen Lehrer wie folgt:

Wenn z. B. eine Melodie erklingt, so verschwindet der einzelne Ton nicht völlig mit dem Aufhören des Reizes bzw. der ihn erregenden Nervenbewegung. Wenn der neue Ton erklingt, ist der vorangegangene nicht spurlos verschwunden, sonst wären wir ja auch unfähig, die Verhältnisse aufeinanderfolgender Töne zu bemerken, wir hätten in jedem Augenblick einen Ton, ev. in der Zwischenzeit zwischen dem Anschlagen zweier Töne eine leere Pause, niemals aber die Vorstellung einer Melodie. Andererseits hat es mit dem Verbleiben der Tonvorstellungen im Bewußtsein nicht sein Bewenden. Würden sie unmodifiziert [durch Vergangenheitsprädikate] bleiben, dann hätten wir statt einer Melodie einen Akkord gleichzeitiger Töne oder vielmehr ein disharmonisches Tongewirr, wie wir es erhalten würden, wenn wir alle Töne, soweit sie bereits erklungen sind, gleichzeitig anschlügen. Erst dadurch, daß jene eigentümliche [vergangenheitliche] Modifikation eintritt, daß jede Tonempfindung, nachdem der erzeugende Reiz verschwunden ist, aus sich selbst heraus eine ähnliche und mit einer Zeitbestimmtheit versehene Vorstellung erweckt, und daß diese zeitliche Bestimmtheit sich fortgesetzt ändert, kann es zur Vorstellung einer Melodie kommen, in welcher die einzelnen Töne ihre bestimmten Plätze und ihre bestimmten Zeitmaße haben (Husserl 1966, 11).

Kurz: Nicht nur der Wechsel von Erlebnissen, sondern das Aufbewahrtsein eines jeden als gerade eben vergangen in einer kontinuierlichen Reihe von Vorstellungen, deren jede die jüngstvergangene irgendwie *als* nicht mehr bestehend (und mithin auch als nicht mehr reell) festhält, kann Zeitbewusstsein erklären.

Der Ursprung der Zeitvorstellungen ist also *nicht* die Artikulation der Vorstellungen nach früher und später, wie Hume wollte. Die Psychologen in seiner Nachfolge, meint Brentano, haben die subjektive und die objektive Zeit vermischt, also die reale mit der (im Bewusstsein) dargestellten Zeit oder, wieder in anderen Worten, die Sukzession der Empfindungen mit der Empfindung von Sukzession verwechselt (11). Aber »Dauer der Empfindung und Empfindung der Dauer ist zweierlei. Und ebenso ist es bei der Sukzession. Sukzession von Empfindungen und Empfindung der Sukzession ist nicht dasselbe« (12). Das mag Husserl außer bei Brentano auch bei William James gelernt haben, der gesagt hatte:

Between the mind's own changes *being* successive, and *knowing their own succession*, lies as broad a chasm as between the object and subject of any case of cognition in the world. A succession of feelings, in and of itself, is not a feeling of succession. […] And since, to our successive feelings, a feeling of their own succession is added, that must be treated as an additional fact requiring its own special elucidation (James 1950, 628 f.).

Schließlich, fügt Husserl an, wäre es ja denkbar, »daß unsere Empfindungen dauerten oder aufeinanderfolgten, ohne daß wir doch das geringste davon wüßten, weil unsere Vorstellungen nicht das mindeste von zeitlicher Bestimmtheit in sich trügen« (12).

Und aus dieser Konstruktion kann man nun das, was Husserl deskriptiv festgehalten hatte, als erklärendes Moment ableiten: Nicht nur müssen Daten sich inhaltlich verändern und einige Zeit bewußt bleiben; es muß auch eine Veränderung *in ihrer Darstellung* [nach früher und später] stattfinden (Bieri 1972, 208).

Und dazu wiederum ist erforderlich als Bedingung, was Franz Brentano »die Einheit des Bewußtseins« nannte (Brentano 1973, 231 ff.).

Würde es sich nämlich um eine Abfolge von Daten handeln, die zwar bewußt sind, zwischen denen es aber keinen wie immer gearteten Zusammenhang gäbe [eine Art von atomarem Momentbewußtsein oder von erkenntnistheoretischem Pointillismus unverbundener bewußter Punkte], so wäre ihre Darstellung als A-Reihe aus zwei Gründen nicht möglich: Erstens ist Bewußtsein von A-Bestimmungen immer Relationsbewußtsein, und Gegebenheiten, die nicht in Relationen zueinander *stehen*, können sich auch nicht *als* Relata [in Einheit aufeinander bezogen] *darstellen*. Und da zweitens [...] nicht nur eine realiter bestehende Verschiedenheit von Daten erforderlich ist, diese sich vielmehr auch *als* verschiedene darstellen müssen, gilt das Argument aus der Relationalität [der kontinuierlichen Verbundenheit] von Bewußtsein bereits für diese erste Bedingung (Bieri 1972, 208).

Die Struktur dieser Einheit mag immer dieselbe sein, selbst wenn sie bezüglich der vereinigten Daten als eine stets verschiedene sich präsentiert. Darin sah Franz Brentano den Grund für den eigentümlichen Einheitssinn des strömenden Bewusstseins, der einen ganz anderen Charakter haben muss als die Einheit eines Einzeldings in Raum und Zeit (einschließlich einer Strawsonschen »Person«). Die Einheit des Bewusstseins besteht nämlich nur, sofern die es aufbauenden Daten ihrerseits bewusst sind (was für *individuals* ja nicht gilt); die Identitätsrelation fußt hier verwirrend auf der Relation des Wissens. Das hat zu Paradoxie-Befürchtungen geführt: Um eine Folge von Daten zu erfahren, müssen die Daten eins nach dem anderen auftreten und abtreten (nach der B-Reihe); würden sie indes völlig aus dem Bewusstsein verschwinden, so bestünde kein Bewusstsein von der Einheit des Flusses. So müssen die Daten also doch auch, unerachtet ihrer Sukzessivität, in einer Art Gleichzeitigkeit zusammengehalten sein (Lovejoy 1912, 331; Bieri 1972,

209 Anm. 21; Bieri meint, die Auflösung dieser Antinomie liege auf der Hand: »Es handelt sich um eine reale Gleichzeitigkeit und eine dargestellte Sukzession« [ebd.]).

Brentano sah die Auflösung der Antinomie darin, dass Veränderungen der Daten und Bewusstseinseinheit dialektisch sich fordernde Wechselbestimmungen sind. Ohne Bewusstsein von Einheit hat der Wechsel kein Richtmaß (er wäre dem Bewusstsein unfühlbar); umgekehrt kann aber nur ein vergangenheitlich modifiziertes Bewusstsein als fortbestehend (kontinuierlich) erlebt werden. Fehlte diese Modifikation, hätten wir entweder gar keine Empfindung (das alte Bewusstseinsdatum währte einfach fort und bliebe, mangels Datennachschubs, unempfindlich: *semper idem sentire...*), oder der Faden des Bewusstseins risse zwischen je zwei sukzedierenden Empfindungen ab, so dass wir zwar immer etwas erlebten, es aber als völlig gedächtnislose Wesen nicht nach ›früher/später‹ ordnen könnten. Noch eine dritte Möglichkeit muss ausgeschlossen werden: die, dass bei Sukzessionen zwischen Erlebnissen das jeweils abgelöste einfach *un*modifiziert fortbestünde. Dazu sagt Husserl:

Würden im Falle einer Sukzession von Tönen die früheren, so wie sie waren, sich forterhalten, während zugleich neue und neue erklingen, dann hätten wir eine gleichzeitige Summe von Tönen, aber keine Sukzession von Tönen in unserer Vorstellung. Gegenüber dem Fall, daß alle diese Töne zugleich erklängen, bestände kein Unterschied. Oder ein anderes Beispiel: Würde im Fall einer Bewegung der bewegte Körper in seiner jeweiligen Lage unverändert im/ Bewußtsein festgehalten, dann erschiene uns der durchlaufene Raum kontinuierlich erfüllt, aber wir hätten nicht die Vorstellung einer Bewegung. Erst dadurch kommt es zur Vorstellung der Sukzession, daß die frühere Empfindung nicht unverändert im Bewußtsein verharrt, sondern sich in eigentümlicher Weise modifiziert, und zwar von Moment zu Moment fortgesetzt modifiziert. Sie erhält beim Übergang in die Phantasie [die Brentano gleichsetzt mit der primären Erinnerung, weil beide die Bewusstseinsinhalte irrealisieren: Phantasiertes und Erinnertes haben gemein, dass sie keine Wahrnehmungsgegenstände sind] den sich stetig verändernden zeitlichen Charakter, von Moment zu Moment erscheint so der Inhalt mehr und mehr zurückgeschoben. Diese Modifikation ist aber nicht mehr Sache der Empfindung, sie wird nicht durch den Reiz bewirkt. Der Reiz erzeugt den gegenwärtigen Empfindungsinhalt. Verschwindet der Reiz, so verschwindet auch die Empfindung. Aber die Empfindung wird nun selbst schöpferisch: sie erzeugt sich eine inhaltlich gleiche oder nahezu gleiche und durch den zeitlichen Charakter bereicherte Phantasievorstellung. Diese Vorstellung weckt wieder eine sich stetig an sie angliedernde neue usf. Diese stetige Anknüpfung einer zeitlich modifizierten Vorstellung an die gegebene nennt Brentano »ursprüngliche Assoziation«. In der Konsequenz seiner Theorie kommt Brentano dazu, die Wahrnehmung von Sukzession und Veränderung zu leugnen. Wir glauben eine Melodie zu hören, also auch eben Vergangenes noch zu hören, indesssen ist dies nur Schein, der von der Lebhaftigkeit der ursprünglichen Assoziation herrührt (Husserl 1966, 12 f.).

Husserl referiert sodann kurz, was Brentano über die zukunftserschließende Bewusstseinsstellung der »Erwartung« sagt (und dass die Vorstellung von der Unendlichkeit der Zeit natürlich begriffsvermittelt, nicht ursprünglich-wahrgenommen sei), um einem Zug sich zuzuwenden, der einige Aufmerksamkeit verdient: Zeitprädikate, meint Brentano, sind so irreal, wie Kant es von dem der Existenz gesagt hatte. Ein lautes C auf der Bratsche gestrichen ist ebenso ein C oder dasselbe C wie das leise, das jetzt auf der Gitarre gezupft wird. Dagegen ist das gewesen-erinnerte (oder erwartete) C *kein* C mehr (oder noch *kein* C). »Die modifizierenden Zeitprädikate sind nach Brentano irreale, real ist nur die [wahrnehmungsabgestützte] Bestimmung des Jetzt« (14). Zeitprädikate erweitern den deskriptiven Bestand der Bewusstseinsinhalte mithin gar nicht, sie versehen sie lediglich mit Setzungs- oder Nichtungscharakteren (wobei für Brentano wie für Kant die fragliche Prämisse gilt, Existieren sei gleich Wahrgenommenwerden [vgl. *KrV* A 225 f. = B 272 f.]).

In Brentanos Theorie der »ursprünglichen Assoziation« ist der Kerngedanke der Husserlschen Zeitbewusstseinstheorie schon gegenwärtig; und seine Kritik an Brentano erscheint zum Teil als künstlich. Zunächst wird ihm vorgehalten, dass er die phänomenologische Existenz- und Weltausklammerung nicht vollziehe, mit transzendenten Voraussetzungen der Realwissenschaft Psychologie arbeite, von Reizen und kausalen Zusammenhängen spreche und auch die Assoziation zu einem »Gesetz« (was ja wohl meint: einem Naturgesetz) erkläre (Husserl 1966, 15). »Dergleichen gehört ins Gebiet der Psychologie und interessiert uns hier nicht.«

Ferner beanstandet Husserl Brentanos Gleichsetzung der ursprünglichen Assoziation mit der Phantasie. Wenn alles ent-gegenwärtige, aber im Gedächtnis aufbewahrte Bewusstsein Phantasie wäre, könnte man zwischen Zeitwahrnehmung und Zeitphantasie ja gar nicht mehr unterscheiden (oder nur der Jetztpunkt würde eigentlich wahrgenommen). Anders gesagt: Der Unterschied würde eingeebnet zwischen der aktuellen Wahrnehmung einer Sukzession und dem Sich-Erinnern oder dem bloßen Phantasieren einer vormals wahrgenommenen. Wäre schon der Rattenschwanz der ursprünglichen Assoziationen imaginär, so wäre die erinnerte Reproduktion desselben die Phantasie einer Phantasie (16): »Hier stoßen wir auf ungelöste Schwierigkeiten der Brentanoschen Theorie, die die Richtigkeit seiner Analyse des/ originären Zeitbewußtseins in Frage stellen« (16 f.).

Dann habe Brentano auch nicht klar unterschieden zwischen Bewusstseinsakten, -inhalten und den (transzendenten) Gegenständen derselben. Zeitcharaktere finden sich ja nicht nur – wie Brentano anzunehmen scheint – in den sogenannten primären Inhalten (etwa der Tonwahrnehmung), sondern auch in den Akten selbst und an ihren Gegenständen (17).

Ernster ist schließlich der Einwand des Instantaneismus oder der »Momentaneität« des Bewusstseins. Da Sartres Gleichnis von den Stubenfliegen, die, unterwegs zur Zukunft, sich an den Fensterscheiben der Gegenwart die Nase plattdrücken, ohne hinauszugelangen (Sartre 1943, 152 und 145), Husserls eigene Zeittheorie zu treffen glaubte, ist es interessant zu sehen, dass Husserl ebendiesen Vorwurf an Brentano und – wie wir gleich sehen werden – noch an eine Reihe anderer Zeitbewusstseinstheoretiker gerichtet hatte. Husserl kritisiert, dass Brentanos Rede von der assoziativen ›Erneuerung‹ des vergangenen Tons schlecht oder gar nicht erklärt, dass der Ton ja wirklich *vergangen* ist. Nach Brentano wird er aber in der ursprünglichen Assoziation so retiniert, dass er Bestandteil des Jetzt-Bewusstseins selbst ist. Das Jetzt-Bewusstsein gliche einem gewaltigen Lagerhaus, in dem beständig Daten abgestellt und aufbewahrt werden, die zwar mit dem Zettel ›vergangen‹ versehen, aber doch alle (jetzt) ›da‹ sind. ›Vergangen‹ nennen wir aber doch gerade, was jetzt *nicht* mehr im Bewusstsein ist (und das meinte Brentano ja auch, wenn er sagte, Vergangenes sei irrealisierte, in Phantasie aufbewahrte Aktualität). Vergangen kann aber doch nicht zugleich jetzt sein, d. h. im Bewusstsein fortdauern, soll nicht das von Bieri und Lovejoy beschworene Paradox eintreten, das Husserl so formuliert:

> Was sind denn die jetzt erlebten Momente der ursprünglichen Assoziation? Sind sie etwa selbst Zeiten? Dann kommen wir auf den Widerspruch: all diese Momente sind jetzt da, sind im selben Gegenstandsbewußtsein [Gegenwartsbewußtsein?] beschlossen, sind also gleichzeitig. Und doch schließt das Nacheinander der Zeit das Zugleich aus. Sind sie etwa nicht die zeitlichen Momente selbst, sondern vielmehr Temporalzeichen? Aber damit haben wir zunächst nur ein neues Wort, das Bewußtsein der Zeit ist noch nicht analysiert, es ist noch nicht klar gemacht, wie Bewußtsein von einer Vergangenheit sich aufgrund solcher Zeichen konstituiert, in welchem Sinn, in welcher Art, durch welche Auffassungen diese erlebten Momente anders fungieren als die Qualitätsmomente, und so fungieren, daß eben Beziehung des Bewußtseins, das ein Jetzt sein soll, auf ein Nicht-Jetzt zustande kommt (Husserl 1966, 18).

Gewiss gibt Brentano an, das Vergangene sei ja eben ent-wirklicht und damit ent-gegenwärtigt. Aber Gegenwart ist nicht einfach gleich Wirklichkeit, und Vergangenes ist eben nicht unwirklich, sondern nur nicht *jetzt* wirklich – auch (Sartre wird sagen: nur) Vergangenes existiert. Kurz: »Die Frage, wie Zeitbewußtsein möglich und zu verstehen ist, bleibt [auch nach Brentano] ungelöst« (19).

Die Brentanosche Theorie, meint Husserl, sei nur eine unter vielen im ausgehenden 19. Jahrhundert, welche das Phänomen der Zeitlichkeit nach dem Modell der wandernden Blase eines ›je jetzt‹ auf sie gerichteten Blicks konzipiert habe. Der Psychologe W. Stern hatte mit Blick auf diese Ansicht als vom »Dogma von der Momentanität eines Bewußtseinsganzen« gesprochen (zit. bei Husserl 1966, 20). Es meint die Überzeugung, dass wir nie wirklich aus dem Jetzt-Bewusstsein heraustreten, nie eigentlich in Vergangenheit und Zukunft leben, sondern beides vom mitwandernden Glasgehäuse einer beweglichen Gegenwart aus anvisieren. Schon Herbart und Lotze hatten sich die Bewusstseinseinheit, die die Sukzession der in ihr durchlaufenen Daten übersteht, nur dadurch erklären können, dass diese Daten »durchaus *gleichzeitige* Objekte eines beziehenden Wissens sind, welches völlig unteilbar sie in einem einzigen und unteilbaren Akte zusammenfaßt« (19; Hervorh. M. F.). Husserl gibt damit verkürzt einen Passus wieder, der sich in Hermann Lotzes *Metaphysik* ungekürzt so liest:

> Wenn die Vorstellung des späteren b in der Tat nur auf die des früheren a folgte, so wäre zwar ein Wechsel der Vorstellungen vorhanden, aber noch

keine Vorstellung dieses Wechsels; es würde ein Zeitverlauf da sein, aber noch für Niemanden der Schein [die Selbstdarstellung] eines solchen. Damit diese Vergleichung stattfinde, in welcher b *als* das spätere gewußt wird, ist es doch wieder nötig, daß die beiden Vorstellungen a und b die durchaus gleichzeitigen *Objekte* eines beziehenden Wissens sind, welches völlig unteilbar sie in einem einzigen unteilbaren Akte zusammenfaßt (Lotze 1879; Hervorh. M. F.]).

Die richtige Einsicht in die Unmöglichkeit, Zeitbewusstsein (als Bewusstsein von B-Relationen) zu haben, wenn Bewusstsein ganz in der Folge aufginge, wird im Dogma von der Momentaneität des Bewusstseins (fast) ins gegenteilige Extrem übersteigert. Stern selbst glaubt an eine aus sukzedierenden Einzelwahrnehmungen kontinuierlich sich aufbauende Generierung des Gesamtaktes (21) – aber das ist eine ziemlich dunkle Ansicht, die Husserl in den Manuskripten, so wie Edith Stein sie ediert hat, nicht mehr wirklich diskutiert. Ein Bruch durchzieht die Argumentation.

III.

Bevor er positiv seine eigene »tiefere Analyse« der in Frage stehenden Phänomene beginnt (Husserl 1966, 23), gibt Husserl einige terminologische Präzisierungen. Er schlägt vor, zu unterscheiden zwischen transzendenten Zeitobjekten (dauernden Gegenständen oder wechselnden Ereignissen) und den immanenten Gegebenheiten des phänomenologisch isolierten Bewusstseins, das ebenfalls fließt. Jene gründen in diesen, meint Husserl – aber welche Instanz vereinigt diese Bewusstseinsdaten in einem Jetztmoment? Sodann: Worin konstituiert sich »die Zeit selbst« (22), die immanenten und transzendenten Zeitobjekten gemein ist? Die Trennung beider ist schwer durchführbar, weil wir ja die evidente Erfahrung haben, dass das Wahrnehmen zeitlich erstreckter Objekte selbst in der Zeit stattfindet, also selbst dauert: Wahrnehmung der Dauer dauert selbst. Zieht man sich von den transzendenten Objekten auf die Sphäre der reinen Immanenz zurück, so stößt man nicht auf Unzeitliches, sondern eben auf die »phänomenologische Zeitlichkeit«, die als ihr ›unaufhebbares Wesen‹ allen Erlebnissen eignet (22 u.).

Unter »Zeitobjekten im speziellen Sinn« (im Original gesperrt, M. F.) versteht Husserl Inhalte des Bewusstseins, »die nicht nur

Einheiten *in der Zeit* sind, sondern die Zeitextension auch *in sich [selbst]* enthalten« (23; Hervorh. M. F.). Ich kann den gehörten Ton als dunkelgestrichenes C objektivieren oder auch als »den Ton in seiner Dauer«. Nur Letzterer ist ein Zeitobjekt im speziellen Husserlschen Sinne. In einer bestimmten Zeitspanne können Wahrnehmungsinhalte wechseln und doch eine bestimmte Ganzheit ausmachen (z. B. eine Melodie). Achte ich nur auf das Nacheinander der Töne, so scheint sich die Zeitlichkeit *in* diesem Nacheinander darzustellen. In Wahrheit hat ja aber schon jeder einzelne Ton, um wahrnehmbar zu sein, eine gewisse minimale Dauer oder zeitliche Extension. Auch er selbst, ganz gleich, welchen anderen er ablöst oder von welchem anderen er seinerseits abgelöst wird, hat in sich

beim Forttönen […] ein immer neues Jetzt, und das jeweilig vorangehende wandelt sich in ein Vergangen. Also höre ich jeweils nur die aktuelle Phase des Tones, und die Objektivität des ganzen dauernden Tones konstituiert sich in einem Aktkontinuum, das zu einem Teil Erinnerung, zu einem kleinsten, punktuellen Teil Wahrnehmung und zu einem weiteren Teil Erwartung ist. Das scheint auf Brentanos Lehre zurückzuführen. Hier muß nun eine tiefere Analyse einsetzen (23).

Dieser Einsatz geschieht in § 8 (nach Edith Steins Manuskriptanordnung), und zwar zunächst in Gestalt einer präzisen phänomenologischen Deskription eines solchen immanenten Zeitobjekts. Wie in den ganzen Vorlesungen orientiert sich Husserl am Beispiel des Tons, den er ein »hyletisches Datum« (24) nennt (von griechisch ὕλη, Stoff, Materie). (Die Theorie der Hyle ist näher entwickelt im ersten Band der *Ideen* und gehört zu den dunklen Punkten des Husserlschen Denkens. Sagen wir: Mit ihr sei bezeichnet der auch nach der phänomenologischen Ausschaltung aller Transzendenz nicht zu tilgende stoffliche Erdenrest, der etwa eine Empfindung von einer Phantasie unterscheidet.)

Der Ton, entspringend in einem Jetzt- oder Quellpunkt, erfüllt eine gewisse Dauer, die ihm Identität über den Wechsel der Zeit hin verbürgt und ihn zu einem eigenen Ereignis (in Abhebung von anderen Tonereignissen) werden lässt. Wie ist das möglich, da ja trotzdem Zeit verfließt und alles Innerzeitliche wenigstens durch Relationen des Früher und Später skandiert und differenziert wird? Durch das, was Husserl in Anlehnung an Locke »Retention« nennt.

Retention ist nicht »Wiedererinnerung«, die ein entgegenwärtiges Bewusstseinserlebnis nachträglich gleichsam mit Putz und Stiel »neu erzeugt« (25). Retention heißt das Nachhallen der unmittelbar verflossenen Phasen des Tonkontinuums im aktuellen Bewusstsein selbst: Dieses hält *noch* im Bewusstsein fest, was die Stelle der jeweils vorangegangenen Phase geräumt hat. So ist in der Retention festgehalten, was zwar nicht mehr aktuell erklingt, darum aber nicht – wie Brentano es nannte – bloß phantasiert und gleichsam vom Erleben ausgeschlossen ist. Das Retinierte ist nicht unbewusst, sondern als Gewesenes »noch« bewusst (24); die fixierende Reflexion kann es vor sich stellen und bleibend machen, so wie die reproduktive Erinnerung es im Zustand definitiver Entgegenwärtigung/Ungegenwärtigkeit ganz neu erschaffen kann als vormals gewesen seiend. Retention ist Teil des Jetzt-Bewusstseins in seiner gleitenden Dauer. (Das Jetzt gleicht ja einer gleitenden Blase in einer sanft geneigten Wasserwaage: Es bleibt je Jetzt und wandert doch von der einen auf die andere Seite: Anfangs war ›jetzt‹ die erste, schließlich ist ›jetzt‹ die Schlussphase des erklingenden Tons.) Metaphern wie die des nachhallenden Tons oder des Kielwassers, das ein Boot hinter sich herzieht und das noch sichtbar ist an Stellen, die das Schiff schon verlassen hat, drängen sich auf.

Husserl fügt an dieser Stelle noch eine methodisch-terminologische Differenzierung ein: Die phänomenologische Deskription kann in zwei Richtungen erfolgen: Sie kann (1) das in Immanenz dem Bewusstsein erscheinende Zeitobjekt in allerlei evidenten Aussagen charakterisieren (dass es jetzt daure, teilweise verflossen sei, von immer neuen Jetzt-Phasen verdrängt werde usw.); und sie kann (2) die verschiedenen Bewusstseinsweisen (-modi) thematisieren: das Wie des Gegebenseins des Objekts fürs Bewusstsein. So entspricht dem Jetzt die (volle, eigentliche) Wahrnehmung, dem Eben-Verflossenen die Retention, dem reproduzierten Verflossenen die Erinnerung, die ihren Gegenstand in Leerintention anvisiert (sie wird nicht mehr durch anschauliche Gegenwart ›erfüllt‹). Je stärker sich die Jetzt-Phase aus dem erfüllten Bewusstsein entfernt, desto undeutlicher und dunkler wird dieses – der Vergleich mit dem Unscharfwerden ferner Gegenstände im Raum drängt sich auf (25 f.).

Zu unterscheiden ist also das immanente Objekt in seiner Dauer von demselben Objekt in der Vielfalt der Weisen, in denen es sich dem Bewusstsein präsentiert. Husserl sagt: die Erscheinung selbst vom vielfältigen Wie des Gegebenseins (welches dem entspricht, was Husserl später die Abschattungen des Objekts nennen wird). In der ersten Hinsichtnahme erscheint das immanente Zeitobjekt als dauernd, also auch als ›ein (und dasselbe‹, unerachtet der differenzierenden Macht der Zeit); in der zweiten als »immer wieder ein anderes« (27). Husserl schließt:

Offenbar müssen wir die Rede von der »Intentionalität« als doppelsinnig erkennen, je nachdem wir die Beziehung der Erscheinung auf das Erscheinende im Auge haben oder die Beziehung des Bewußtseins einerseits auf das »Erscheinende im Wie«, andererseits auf das Erscheinende schlechthin (ebd.).

Die Rede vom ›Erscheinen‹ ist zweideutig in Husserls Vorlesungen (auf die »Beschwerden«, die er damit in seiner Göttinger Zeit hatte, reflektiert er ausdrücklich auf S. 288 f.). Einerseits dient der Ausdruck als deutsche Übersetzung von ›Phänomen‹ und somit als Namengeber der Phänomenologie. Andererseits meint er die Darstellungsweise der transzendenten Objekte. Darum schlägt Husserl in § 10 vor, »die Rede von ›Erscheinungen‹ lieber zu vermeiden« (27). Denn die immanenten Zeitobjekte

sind »Erscheinungen« in einem ganz anderen Sinne. Wir sprechen hier von »Ablaufphänomenen« oder besser noch von »Modis der zeitlichen Orientierung«, und hinsichtlich der immanenten Objekte selbst von ihren »Ablaufscharakteren« (z. B. Jetzt, Vergangen) (ebd.).

Die Ablaufsphänomene, präzisiert Husserl, sind kontinuierlich in Wandlung, einzelne Stücke können aus dem Fluss nicht anders als abstraktiv herausgelöst werden; dann aber zeigt sich, dass alle Phasen Individuen sind, d. h. nicht zweimal identisch vorkommen. Ihr Modus ist das Entspringen »sozusagen in einem Quellpunkt« (28). Aber was da entspringt, ist nicht einfach ein Kontinuum (ein jäh ertönender Pfiff in seiner Einheit als immanentes Zeitobjekt); sondern jede Phase des Flusses ist selbst ein Kontinuum »und eine stetig sich erweiternde, eine Kontinuität von Vergangenheiten« (ebd.). Nicht nur heften sich – gleichsam in der Horizontalen des Verfließens – an jede Phase kontinuierlich andere; die in die Vergangenheit abgesunkenen Erlebnisse kontinuieren sich ebenfalls, sozusagen vertikal. Da sie jedoch die Vergangenheitszustände vormaliger

Jetztpunkte sind, deren Ablauf in der Horizontalen kontinuierlich sich fortsetzt, werden auch die herabgesunkenen Zeitpunkte auf einer tieferen Ebene gleichsam in die Horizontale mitgerissen und bilden so eine schräg abfallende Gerade, wie es Husserls Zeitdiagramm illustriert.[1]

Indem immer ein neues Jetzt auftritt, wandelt sich das Jetzt in ein Vergangen, und dabei rückt die ganze Ablaufkontinuität der Vergangenheiten des vorangegangenen Punktes »herunter«, gleichmäßig in die Tiefe der Vergangenheit. In unserer Figur illustriert die stetige Reihe der Ordinaten die Ablaufmodi des dauernden Objekts. Sie wachsen von A (einem Punkt) an bis zu einer bestimmten Strecke, die das letzte Jetzt zum Endpunkt hat. Dann hebt die Reihe der Ablaufsmodi an, die kein Jetzt (dieser Dauer) mehr enthalten, die Dauer ist nicht mehr aktuelle, sondern vergangene und stetig/tiefer in die Vergangenheit sinkende. Die Figur gibt also ein vollständiges Bild der Doppelkontinuität der Ablaufsmodi (28 f.).

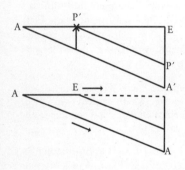

AE – Reihe der Jetztpunkte.
AA′ – Herabsinken.
EA′ – Phasenkontinuum (Jetztpunkt Vergangenheitshorizont).

E → – Reihe der ev. mit anderen Obje<!---->
erfüllten Jetzt.

---

[1] Auch Brentano gibt im III. Band seiner *Psychologie vom empirischen Standpunkt* ein dem Husserlschen nicht unähnliches Diagramm dessen, was er die »Proterästhese« nennt (Brentano 1974, 50). Darunter versteht er das Bewusstsein der sukzessiven zeitlichen Ordnung. Die Figur veranschaulicht das im Jetztbewusstsein Mitgehabtsein der vergangenheitlich modifizierten jüngstverflossenen und kontinuierlich gereihten Vorstellungen, die alle (in gefächerten Zeitmodi) dasselbe Intentionalobjekt thematisieren.
Mit Blick auf die *Bernauer Manuskripte* (Husserl 2001) hat Gerhard Seel gezeigt, dass und warum Husserl zwischen 1917 und 1918 von der zweidimensionalen Darstellung des Zeit-(Bewusstseins-)Flusses zu einer dreidimensionalen überging und welche neuen Probleme er sich dadurch einhandelte (Seel 2005; 2010).

Mit dieser Schematisierung kann man vermutlich fürs Erste zufrieden sein. Sie scheint den Ablauf des Zeitbewusstseins angemessen, nämlich so zu beschreiben, dass die früher kritisch angemerkten Schwächen anderer Modelle in ihr vermieden sind. Sehen wir zu, ob dieser Eindruck fortbesteht für den Kommentar, den Husserl dem Diagramm anfügt und in welchem die metaphysischen Hintergrundannahmen ans Licht kommen, die bei seiner Anfertigung heimlich am Werk waren.

Es geht hier um das Kernstück seiner Theorie: das Verhältnis des als »Urimpression« ausgezeichneten Jetzt- oder Quellpunkts der Reihe zu den »retentionale[n] Modifikationen« (§ 11 mit Beilage I, 99 ff., und Nr. 50, 324 ff., vor allem 326 f.). Was Husserls Theorie in diesem Detail erklären will, ist etwas, woran frühere Zeittheorie (und nach Husserls Meinung sogar die Brentanosche) generell gescheitert ist, nämlich wie das Fortdauern und Sich-Perpetuieren von Bewusstsein ›over time‹ denkbar sei, wenn doch zugleich gilt, dass de-präsentifizierte Bewusstseinsinhalte *nicht* (mehr) sind. Anders gefragt: Wie kann Nichtseiendes aktuell festgehalten werden auf eine Weise, die sich von der expliziten Wiedererinnerung bzw. der Beschwörung durch die Phantasie (als Imaginäres) unterscheiden lässt?

Darauf will die Annahme der retentionalen Modifikation der Urimpression eine Antwort sein. Sie beschreibt die Kontinuität des Bewusstseinsstroms als ein Fortwähren von Erlebnisinhalten auch jenseits ihres Wahrgenommenseins. ›Wahrnehmung‹ ist ja der Modus, in dem – in der Urimpression – aktuell sinnliche Inhalte präsentiert werden (Wahrnehmungen sind stets Urimpressionen [vgl. z. B. 33: »Wahrnehmung bzw. Urimpression«]). Ist das buchstäblich der Fall, so versteht sich, dass des-aktualisierte Inhalte keine Wahrnehmungsgegenstände mehr sein können. Dennoch entspricht es einem ›evidenten‹ (§ 13, S. 33) deskriptiven Befund, dass »Bewußtsein **vom eben Gewesenen**« (32) nicht Bewusstsein von Nichtseiendem (und also Unbewusstsein) ist. Vielmehr gilt, wie Husserl ganz treffend sagt: »Der Ton ist noch da, ist noch empfunden, aber im bloßen Nachhall« (31). Dies ›noch da‹ sichert ihm mithin, seiner Des-aktualisierung unerachtet, eine Art von Aktualität, für die freilich die Rede vom Nachhall eine eher irreführende Metapher ist: Ist nämlich der Ton wirklich vergangen, so bildet er eben keinen Wahrnehmungsinhalt mehr für aktuelles Bewusstsein und klingt oder hallt in diesem mithin auch nicht mehr nach. Vergangensein ist nicht: schwächer geworden sein, sondern wirklich: nicht mehr sein, aufgehört haben. Mithin ist der retinierte Ton (oder die retinierte Tonphase) »im retentionalen Bewußtsein nicht reell vorhanden«, sei's auch in noch so abgeschwächter Form (31): Ein schwacher Gehörseindruck ist eben immer noch eine Wahrnehmung, und die Retention ist ein nichtobservationelles Bewusstseinsdatum. Darum muss sie vom Nachhall, vom Ohrenklingen oder von solchen Eindrücken unterschieden werden, die wie Phosphene oder komplementär gefärbte Bilder von sehr hellen Objekten auf der Retina verharren und uns beim Augenschließen noch eine Weile quasi-perzeptiv präsent bleiben. Husserl sagt:

Die Vergangenheitsanschauung selbst kann nicht Verbildlichung sein. Sie ist ein originäres Bewußtsein. Es soll natürlich nicht geleugnet werden, daß es Nachklänge gibt. Aber wo wir sie erkennen und unterscheiden, da können wir bald konstatieren, daß sie nicht etwa zur Retention als solcher gehören, sondern zur Wahrnehmung. Der Nachklang des Geigentones ist eben ein schwacher gegenwärtiger Geigenton, und ist von der Retention des eben gewesenen lauten Tones schlechthin verschieden. Das Nachklingen selbst, die Nachbilder überhaupt, die von den stärkeren Empfindungsgegebenheiten zurückbleiben, haben mit dem Wesen der Retention gar nichts zu tun, geschweige denn, daß sie notwendig ihm zuzurechnen wären (32).

Obwohl also die Retention weder Phantasieeinbildung noch geschwächte Jetzt-Wahrnehmung ist, sagt Husserl doch, sie sei »selbst wieder ein Jetzt, ein aktuell Daseiendes. Während sie selbst aktuell ist (aber nicht aktueller Ton), ist sie Retention von gewesenem Ton. Ein Strahl der Meinung kann sich auf das Jetzt richten: auf die Retention, er kann sich aber auch auf das retentionale Bewußte richten: auf den vergangenen Ton« (29). War das aber nicht gerade der Vorwurf, den Husserl an Brentano gerichtet hatte, dass er nämlich das Eben-Vergangene als ein zwar irrealisiertes und mit dem Etikett ›vergangen‹ beklebtes, aber doch im Jetzt-Bewusstsein mitgeschlepptes Bewusstseinsdatum sich vorstelle? Etwa wie einen Fluss oder einen Gletscher, der im Grunde allerlei Material abhobelt oder abschleift und dann realiter mit sich führt als Geschiebe oder Geröll? Oder wie einen großen Tresor, der alles, was je in ihn geriet, in modifizierter Form tatsächlich immer in sich behält?

Ist das aber deskriptiv ausgewiesen, dass die Retention je jetzt statthat? Und wenn sie es wäre: Könnten wir sie dann noch, in Husserls Terminologie, von der Wahrnehmung unterscheiden, deren Charakter es doch sein soll, ›den jeweiligen Ton-Punkt als selbstgegenwärtig, als jetzt leibhaft dastehend‹ zu präsentieren (325 f., Nr. 50; zur Gegenwärtigkeit der Wahrnehmung siehe auch die §§ 16 und 17)?

Bieri hat das bestritten. Die Retention, sagt er, stellt sich keineswegs als ›jetzt geschehend‹ dar; sondern sie tut das erst nachträglich im Lichte der Reflexion oder der Wiedererinnerung, die als Bewusstseinsakte natürlich je jetzt erfolgen. Das Erinnerte erscheint dann als vergangen, der Erinnerungsakt aber als aktuell erfolgend. Das scheint Husserl selbst irgendwie zu sehen, wenn er notiert: »Wohl [...] gehört es zum Wesen der Zeitanschauung, daß sie in jedem Punkt ihrer Dauer (die wir reflektiv zum Gegenstand machen können) Bewußtsein vom eben Gewesenen ist, und nicht bloß Bewußtsein vom Jetztpunkt des als dauernd erscheinenden Gegenständlichen« (32). Soll das Bewusstsein vom Jetzt verschieden sein vom retentionalen Bewusstsein, so muss das letztere einen Vergangenheitsindex tragen, also eben *nicht* jetzt stattfinden (sonst *wäre* es Jetztbewusstsein und von der Wahrnehmung ununterschieden: Wir werden noch sehen, dass Husserls Theorie an dieser Stelle noch aus anderen Gründen an Grenzen stößt). Kurz: Retention als ›primäre‹ ist von ›sekundärer Erinnerung‹ gerade darin unterschieden, dass sie, um Kenntnis von sich zu haben, nicht aus einem Jetztpunkt nachträglich auf sich zurückzukommen und sich gleichsam allererst aus dem Nichts des Vergessens wiederzuschaffen hat. Andererseits: Wie soll ich Bewusstsein von Vergangenem haben (sei's auch ein eben erst Vergangenes), wenn Bewusstsein fest an die Gegenwart – das, was Husserl sein Prinzip, die ›lebendige Gegenwart‹ nennen wird – gebunden ist? Gewiss kann ich Bewusstsein *von* Vergangenem haben; das Bewusstsein selbst ist dann gegenwärtig (»die Wiedererinnerung [ist] selbst gegenwärtig« [36]), aber das Bewusste ist vergangen. Soll aber der Retention selbst und als solcher ein Bewusstseinsmodus zukommen (und als Prämisse gelten, alles Bewusstsein geschehe in ›lebendiger Gegenwart‹), dann kann es nur der des Jetzt-Bewusstseins sein, wodurch ihr Vergangenheitscharakter unerklärlich und umso einleuchtender Sartres Vorwurf wird, in Husserls Zeittheorie stieße das Bewusstsein wie Stubenfliegen mit der Nase ans Glas einer unverrückbaren Gegenwart, die, wie eine gläserne Tauchstation auf dem Grunde eines Flusses, zwar ein Vorher und Nachher sehe, selbst aber nicht mitwandere (Sartre 1943, 152 und 145). (Es sei denn – und wir werden noch sehen, dass Husserl tatsächlich in diese Richtung sich neigt –, man nähme die Retention gleichsam als ›unmittelbares‹ Objekt des Jetzt-Bewusstseins, wodurch der strukturelle Unterschied zwischen Retention als ›*unmittelbarer* Erinnerung‹ und reflexiver-rememorativer Wiedervergegenwärtigung [also mittelbarer Erinnerung] und mit ihr der in §13 behauptete cartesianische Evidenzcharakter der Retention dahinfiele ...)

Aber selbst wenn wir zugäben, dass uns vermittels der Reflexion die Retention als gegenwärtig erscheint, entrinnen wir nicht folgendem Zirkel. In der Beilage IX – überschrieben »Urbewußtsein und Möglichkeit der Reflexion« (118-120) – wird dargetan, dass die Retention die Ermöglichungsbedingung von Reflexion als Selbstvergegenständlichung von Bewusstsein (und ebenso von Wiedererinnerung) sei. Beilage XII präzisiert, dass, worauf die Reflexion »in einem attentionalen Modus« sich richte, um es ans Licht zu heben, ›vorher schon unbevorzugt da gewesen sein muss‹ (»das neu Erfaßte war – so heißt es – schon da [130]«). Ist das der Fall, so entsteht folgender Zirkel: Die Reflexion konstituiert den Jetzt-Charakter der Retention; aber die Reflexion ist ihrerseits erst in der Retention fundiert, die also als ein Jetzt-Ereignis erst erschiene in der Retrospektive der reflexiven Zuwendung, die aber jene voraussetzt als ›schon zuvor gewesen seiend‹. Alsdann müsste – soll die Reflexion das Ursprungsphänomen reproduzieren und nicht verfälschen – ja schon die Retention ›jetzt‹ gewesen sein, wodurch sie sich nicht mehr eindeutig von der Wahrnehmung/Urimpression abgrenzen könnte.

Freilich entspricht Bieris Einwand, nicht die Retention selbst, sondern erst die sie auffassende und vergegenständlichende Reflexion geschehe jetzt, nicht Husserls Text. Nach dessen Auffassung ist ja jedes in die unmittelbare Vergangenheit abgesunkene Bewusstseinsereignis nicht nur in dieser unmittelbaren Vergangenheit retiniert. Es bleibt dem Jetzt-Bewusstsein präsent dadurch, dass der Kometenschweif der retinierten vergangenen Zeitpunkte seinerseits in einer Rentention gespeichert ist, die ein Bestandteil des Jetzt-Bewusstseins ist (und im Zeitdiagramm als die aus den Gegenwartspunkten vertikal absinkende Gerade [Abszisse] symbolisiert wird). Retention ist ein Bewusstsein, »eine intentionale Beziehung [...] von Bewusstseinsphase auf Bewusstseinsphase«; sie ist nicht »Beziehung [...] auf ein konstituiertes Zeitobjekt«, auf den retinierten Inhalt als solchen (333). Insofern gilt für Husserl: Zwar gibt es auch vergangenes Bewusstsein von vergangenem Bewusstsein; dies ist dem Bewusstsein aber nur aus der jeweils gegenwartsnächsten Retention bekannt, in der alle abgesunkenen Phasen gleichsam als entgegenwärtigt gespeichert sind. Gewiss entsteht bei dieser Konstruktion erst recht die Frage, wie sich dann die Wahrnehmung, aus der Husserl das Jetzt entspringen lässt, von demjenigen aktuellen Jetzt unterscheidet, das die jeweils letzte Retention ist oder innehat (326) – da die Retention ja eben *nicht* Wahrnehmung ist. (Demnach kann Wahrnehmung nicht Jetzt-Bewusstsein konstituieren.)

Den Zirkel in der Beschreibung der Retention als Veränderung und als jetzt geschehend sieht Bieri aber noch übertroffen durch den infiniten Regress in Husserls Theorie, wonach Zeitbewusstsein ja selbst konstituiert sei. So sagt es Husserl selbst, z. B. in der VI. Beilage: »Wir kommen bei dieser Auffassung also [...] auf die Frage nach *dem* Zeitbewußtsein, in dem sich die Zeit des Zeitbewußtseins der Ton-Erscheinungen konstituiert« (114; Hervorh. M. F.). Dazu Bieri:

[...] wenn einerseits die Darstellung unserer bewußten Daten als A-Reihe selber zeitliche Bestimmungen trägt, und andererseits auf die Annahme, sie unterliege einer realen Zeit, verzichtet werden und die These gelten soll, daß alle solchen Bestimmungen nur durch Subjektivität Konstituiertes seien, so muß man einen weiteren Bereich der Konstitution annehmen, der die Zeit des Zeitbewußtseins konstituiert. Da es sich bei ihm jedenfalls um nichts prinzipiell von den ersten Darstellungsweisen Verschiedenes handeln kann, so werden auch diese zweiten wieder zeitlich geordnet sein, was laut These nur durch eine Konstitution dritter Stufe möglich ist, von der dasselbe wie von der ersten und zweiten gilt, usw. Es ist dieses, mit jeder transzendentalen Position zwangsläufig auftretende Problem gewesen, das Husserls sonst mindestens konsistente Theorie an ihrer wichtigsten Stelle, der Interpretation von Subjektivität aus dem Zeitbewußtsein, in einen Widerspruch führte (Bieri 1972, 195).

Von ihm wird noch die Rede sein, wenn das Zeitbewusstsein (die strömende Subjektivität) zugleich als Veränderungen durchlaufend und als zeitlos bezeichnet wird. Aber eine Variante dieses infiniten Regresses, der (reale) Zeit aus Vor-Realem, aber selbst schon Zeitlichem ableiten will, findet sich schon in der Jetzt-Charakter-Auszeichnung der Retention, die doch gerade nicht das Wahrnehmungs-Jetzt, sondern das ›soeben Vergangen‹ konstituieren soll. Wäre die Gegenwart der Retention selbst konstituiert, sagt Bieri, so würde die für die A-Reihe grundlegende Zeitstruktur abermals als nach Retention, Urimpression und Protention gegliedert gedacht werden müssen; »ihre Retention wäre dann aber wieder ein ›aktuelles Jetzt des Bewußtseins‹, das der These gemäß seinerseits konstituiert sein müßte, usw.« (Bieri 1972, 194).

Husserl selbst hat sehr wohl gesehen, dass in der Annahme einer unendlichen ›retentionalen Verschachtelung‹ (Husserl 1966, 328) (»an jede dieser Retentionen schließt sich so eine Kontinuität von retentionalen Abwandlungen an, und diese Kontinuität ist selbst wieder ein Punkt der Aktualität, der sich retentional abschattet« [29]) die Gefahr eines ›einfachen unendlichen Regresses‹ angelegt ist (114 f., 126 f., 327, 333). Er hielt sie für gebannt durch eine Erklärung, die doch selbst zirkulär ist:

Das führt auf keinen unendlichen Regreß dadurch, daß jede [primäre] Erinnerung in sich selbst kontinuierliche Modifikation ist, die sozusagen in Form einer Abschattungsreihe das Erbe der ganzen vorangegangenen Entwicklung in sich trägt. Es ist nicht so, daß bloß in der Längsrichtung des Flusses jede frühere Erinnerung durch eine neue ersetzt ist, sei es auch stetig; sondern jede spätere [Primär-]Erinnerung ist nicht nur kontinuierliche Modifikation, hervorgegangen aus der Urempfindung, sondern kontinuierliche Modifikation aller früheren stetigen Modifikationen desselben Einsatzpunktes, d. h. sie ist selbst, dieser Erinnerungspunkt, ein Kontinuum (327, vgl. die von Edith Stein überarbeitete Formulierung in § 11, S. 29 f.).

Wir haben es hier also nach Husserls Vorstellung mit zwei Dimensionen zu tun: einer, die sich durchs Bild einer horizontal sich ausdehnenden (und stetig retinierenden) Linie, und einer anderen, die sich durch ein von dieser Linie auf jedem Punkt vertikal nach unten abzweigende andere illustrieren lässt. (Die letztere gerät dann gleichsam in die vektorielle Abdrift der schräg fallenden Geraden, der dritten Linie des Zeitdiagramms, die illustrieren möchte, dass die Vertikalbewegung von der Horizontalen ihrerseits wieder erfasst und in die Diagonale gerissen wird.) Kann dieses Schema zeigen, dass die Gefahr eines infiniten Regresses gebannt ist?

Gewiss nicht. Die Formulierung, dass »da [...] Unendlichkeiten ineinander geschachtelt [seien], und unendlich viele Male« (328), ist eher ein besonders hilfloser Ausdruck desselben als ein ernstzunehmender Versuch seiner Auflösung. In der handschriftlichen Aufzeichnung Nr. 50 (entstanden gegen Ende 1908 oder später [324]) kann man sehr gut verfolgen, wie sich Husserl in immer neuen Anläufen mit stets variierten ähnlichen Formulierungen Mut zuspricht, der drohende Regress sei jetzt gebannt. Warum? Weil nicht nur das Urdatum retentional vergegenwärtigt werde, sondern jede Retention zugleich Rentention aller vorangegangenen Retentionen sei: »Die [primäre] Erinnerung, die ich jetzt an den Einsatzpunkt des Tones habe, ist eine **Einheit der Erinnerung, zu der auch die Erinnerungen an die Erinnerungen, die ich soeben an dieselbe Tonphase hatte, gehören**« (327). Die Retention ist intentional immer (noch) auf die (z. B. akustische) Urempfindung gerichtet: Diese ist ihr Thema. Unthematisch erfasst sie aber mit die Kette von Retentionen, in welche ein ehemaliges Jetztdatum ›heruntergesunken‹ ist. So ist t^3 dreifach modifizierte Retention von t^0 (dem Einsatzpunkt des Tones), und zwar so, dass t^3 die in t^2 erfahrene Retention t^1 von t^0 seinerseits retiniert. Dabei knüpft t^3 einerseits (horizontal) an die Urimpression selbst an (und insofern gilt die Rede von der *unendlichen* Verschachtelung der Retentionen nicht; das Retinieren muss ein Ende haben; ihr letztes Intentum darf nicht abermals Retention, sondern muss die Urimpression sein); andererseits bewahrt das ihm korrelierte Bewusstsein, vertikal, Erinnerungsspuren der vorangegangenen Retentionsphasen auf (die ihrerseits schon Kometenschwänze erinnerter Retentionen abzüglich der jeweils letzten in sich gespeichert hatten). So habe ich ›zugleich‹ Bewusstsein des verflossenen Ausgangstons und – über die Erinnerung aller Erinnerungen – der ganzen Tonreihe in ihrem Verfließen (331, vgl. die beiden Diagramme S. 330 f.). Aber das – so erwägt Husserl selbstkritisch – erhellt nicht unbedingt aus der gegebenen Darstellung. Die Schwierigkeit ist, ob in dem behaupteten ›Zugleich‹ von retinierter Urimpression und Retentions-Retention(en) nicht am Ende der Unterschied zwischen erinnerter Tonreihe und Erinnerungsbewusstsein (als solchem) gänzlich untergeht.

Droht hier der unendliche Regreß? Um das Bewußtsein der Tonfolge zu haben, muß ich das Bewußtsein der Folge der Erinnerungskontinua (der Ordinaten) haben. Muß ich nicht, um dieses zu haben, wieder eine zweite Zeichnung machen, und so *in infinitum* (332)?

Das Problem, wenn ich recht sehe, kann so beschrieben werden: Nehmen wir an, die Theorie der retentionalen Modifikation erkläre unser Bewusstsein vom Absinken und vom Aufbewahrtsein der Urimpression in einer aktuellen primären Erinnerung. Erklärt sie auch unsere Kenntnis vom Fluss, den Datennachschub ›immer neuer Jetztpunkte‹ auf der Ordinate der Wahrnehmungen bzw. Urimpressionen (»immer Neues setzt sich vorne an«; »die Konstitution der retentionalen Einheit [...] fügt immer Neues hinzu« [82])? Husserl fragt: »Habe ich nun jemals Wahrnehmung vom Fluß« (333)?

Folgender Widerspruch taucht hier auf: Das letztkonstituierende Zeitbewusstsein ist selbst auch objektiv im Wandel. Die Stellung des Jetztpunkts, der Urimpression, geschieht selbst in der (objektiven) Zeit. Damit fragt sich, wie es das wissen könne, ohne »daß wir die Zeichnung ins Unendliche wiederholen müßten« (333). Oder das letztkonstituierende Zeitbewusstsein ist selbst wandellos, dann fragt sich, wie es Konstitutionsgrund des Wandels sein könne. Husserl schreibt einerseits:

Oder besser: Der Fluß des Bewußtseins ist zwar selbst wieder *Aufeinanderfolge*, aber er erfüllt von selbst die Bedingungen der Möglichkeit des *Bewußtseins der Folge*. Eine Empfindungsreihe, die keine Erinnerungsreihe ist, kann aber nur dadurch als zeitliche Folge bewußt werden, daß sie in angegebener Weise Erinnerungsreihen begründet. An die Empfindung muß die primäre Erinnerung als ein Neues anschließen, damit das Bewußtsein von ihr nicht/ verloren gehe, damit sich die Dauer des Empfindungsinhalts und zeitlicher Gegenstände, etwa Empfindungsveränderung (reale Veränderung) soll konstituieren können. Dagegen, was den Fluß der Erinnerung anlangt, so braucht sich an die neu eintretende Erinnerung nichts weiter anzuschließen, weil sie schon in sich die »Erinnerung« der vorgängigen Erinnerung impliziert. (Retention.) (332 f.)

So wäre die Rede vom Zeitfluss nur eine Metapher, entlehnt aus der Rede übers Konstituierte – selbst ist er unzeitlich.

Liegt eine Absurdität darin, dass der Zeitfluß wie eine objektive Bewegung angesehen wird? Ja! Andererseits ist doch Erinnerung etwas, das selbst sein Jetzt hat, und dasselbe Jetzt etwa wie ein Ton. Nein. Da steckt der Grundfehler. Der Fluß der Bewußtseinsmodi ist kein Vorgang, das Jetzt-Bewußtsein ist nicht selbst jetzt. Das mit dem Jetzt-Bewußtsein »zusammen« Seiende der Retention ist nicht »jetzt«, ist nicht gleichzeitig mit dem Jetzt, was vielmehr keinen Sinn gibt:

Der Fehler wird schon gemacht, wenn man die Retention in bezug auf die früheren Bewußtseinsphasen als Erinnerung bezeichnet. Erinnerung ist ein Ausdruck, der immer nur Beziehung hat auf ein konstituiertes Zeitobjekt; Retention aber ein Ausdruck, der verwendbar ist, um die intentionale Beziehung (eine grundverschiedene) von Bewußtseinsphase auf Bewußtseinsphase zu bezeichnen, wobei Bewußtseinsphasen und Bewußtseinskontinuitäten selbst nicht wieder angesehen werden dürfen als [reflexiv erfasste] Zeitobjekte.

Also Empfindung, wenn damit das [aktive] Bewußtsein ver/standen wird (nicht das [vergegenständlichte] immanente dauernde Rot, Ton etc., also das Empfundene), ebenso Retention, Wiedererinnerung, Wahrnehmung etc. ist unzeitlich, nämlich nichts in der immanenten Zeit. (Inwiefern es objektivierbar ist in der Natur, in der »objektiven Zeit«, ist eine eigene Frage.)

Das sind höchst wichtige Sachen, vielleicht die wichtigsten der ganzen Phänomenologie (333 f.).

Die jetzt behauptete Unzeitlichkeit der Retentionskette steht in offensichtlichem Wiederspruch zur Annahme, nicht nur das vom Zeitbewusstsein Erfasste (die immanenten Zeitobjekte), sondern das erfassende Bewusstsein selbst sei im Wandel begriffen. Hatte Husserl doch früher als »evident« ausgegeben, »daß die Wahrnehmung eines zeitlichen Objekts selbst Zeitlichkeit hat, daß Wahrnehmung der Dauer selbst Dauer der Wahrnehmung voraussetzt« (22). Dann aber sieht man nicht mehr, wie er selbst dem von ihm ebenfalls früher an Brentanos Theorie aufgewiesenen »Widerspruch« entgeht, der sich so artikuliert: »[A]lle diese Momente sind jetzt da, sind im selben Gegenstandsbewußtsein [Gegenwartsbewusstsein?] beschlossen, sind also gleichzeitig. Und doch schließt das Nacheinander der Zeit das Zugleich aus« (18).

Alles hängt also daran, welche Bewusstseinsart Husserl dem Erfassen des absoluten Zeitflusses zuordnet. Ist Bewusstsein prinzipiell Bewusstsein von etwas (von ihm Verschiedenem) und gilt ferner, dass in der Selbstanwendung dieses Gesetzes das »Gesetz der [retentionalen] Modifikation« waltet, so könnte sich Bewusstsein jeweils nur als ein jüngst verflossenes gewahren. Dem widerspricht die Behauptung, dass »diese Erinnerung selbst wieder ein Jetzt« sei

(326) – wenn auch, wie eine spätere Bleistift-Randbemerkung präzisiert, »nicht Jetzt im selben Sinn, und nicht beides gleichartig zeitlich« (326, Anm. 5). Ist nämlich dieses Jetzt der ›lebendigen Gegenwart‹ überhaupt ein mögliches Bewusstseinsdatum, dann kann die Bewusstseinstheorie nicht richtig sein, wonach Bewusstsein sich erst bildet, wenn ein anderes Bewusstsein sich retentional seiner besinnt (und die Reflexion gründet nach Husserl ja ihrerseits in der Retention). Jetzt ist der infinite Regress wirklich unabwendbar: Zeitbewusstsein gründet in der Eigenschaft des Bewusstseins, stets Bewusstsein *von* etwas zu sein, das damit in der Position eines (Quasi-)Objekts erscheint. Gilt ferner, dass Vergegenständlichung Retention und mithin zeitlichen Wechsel zwischen t^1 und t^2 voraussetzt, so ist die Instantaneität der ›lebendigen Gegenwart‹ auf eine Weise untergraben, die die These von der Zeitlosigkeit des Flusses (als absoluter Subjektivität) ruiniert. Vergangenes gründet in einem Jetzt, das aber, um sich als Jetzt zu erfassen, retiniert sein muss – dann aber ist es kein Jetzt mehr und bedarf eines Bewusstseins, das seinerseits, um sich als Jetzt zu erfassen, ins unmittelbar Vergangene abgesunken sein muss, und so *ad infinitum*. Das Jetzt wird zu einem theoretisch Unerklärlichen.

IV.

In äußerster Zuspitzung hat Husserls Problem diesen Zuschnitt: Der Präsentismus der leibhaftigen Selbstgegebenheit ist in der Version der V. *Logischen Untersuchung* unhaltbar. Denn zwischen dem Gehalt und dem Akt der inneren Wahrnehmung tut sich ein Zeitspalt auf. Er entgegenwärtigt die ›lebendige Gegenwart‹. In mehreren Aufzeichnungen nennt Husserl die gegenwärtig auf einen retinierten Gehalt blickende innere Wahrnehmung ›intentional‹ (z. B. Husserl 1966, 333), und alle intentionalen Akte erzeugen ›gegenständliche‹ Kontexte, die sich von ihrem Gehalt absetzen (Husserl 1980, §§ 9 ff., bes. § 12 [S. 47 im Kontext]; Soldati 1994, 139 ff.) – und so wie er vorher zwei Typen von Objektivität (einfache Objekte und Sachlagen) und zwei Typen von Wahrnehmungen (äußere und innere) unterscheiden musste, so jetzt zwei Typen von Intentionalität: eine transversale und eine horizontale: eine, die sich ›längs‹ von Bewusstseinsphase auf Bewusstseinsphase und zuletzt auf das ›Urbewusstsein‹ bezieht, und eine, die über die Abszisse des Zeitdiagramms und die auf ihr gespeicherten vorvergangenen Ereignisse ›auf den Fluss‹ selbst – ›ihren Blick richtet‹ (Husserl 1966, 80 ff., 327 im Kontext).

Zu dieser Komplikation tritt verschärfend Husserls Schwanken zwischen einer transzendentalen und einer realistischen Zeitauffassung hinzu (manifest vor allem in den Beilagen VI, IX und XII). *Einerseits* soll das zeitkonstituierende (transzendentale) Bewusstsein selbst innerzeitlich sein, also *realiter* dauern (12, 207). *Andererseits* darf die transzendental konstituierende Subjektivität selbst nicht »in der Zeit« sein, also nicht selbst dauern (ihre Flussnatur und Phasenhaftigkeit wären bloß, wie Husserl in § 36 nahelegt, *des façons de parler*, also nichts zeitlich Objektives; die Zeit wäre vielmehr ein ›präempirisches, phänomenologisches Absolutum‹ [122, 124 f.]). Das Bewusstsein, in das sich nach der phänomenologischen Reduktion jede zeitliche Erscheinung auflöst, soll also selbst nicht »wieder ein Zeitliches« und mithin nicht ebenso Objekt einer Wahrnehmung wie das Objekt der Urimpression sein (Beilage VI, 111). Das bringt Husserl in die Schwierigkeit, der unzeitlichen Verfassung des konstituierenden Zeitflusses ein *Bewusstseins*moment zuzuordnen. Für es darf nicht gelten, was sonst für Husserl weithin unbefragte Voraussetzung ist, nämlich dass es die Struktur des intentionalen Gerichtetseins auf ein (damit von ihm Unterschiedenes) besitzt.

Nun sagt Husserl: *Dass* ein solches absolutes Fluss-Bewusstsein bestehe, daran sei gar kein Zweifel (Beilage VI, 113). Da nicht Tatsachen, nur Theorien falsch sein können, muss die zugrundegelegte, nämlich die reflexiv-gegenständliche Bewusstseinstheorie falsch sein. ›Sie ist falsch‹ heißt: Eine andere Theorie ist richtig, nämlich eine solche, in der Bewusstsein sich selbst unmittelbar und ohne alle Verspätung und Vergegenständlichung vertraut ist. Schließlich muss der Fluss »selbst notwendig im Fließen *erfaßbar* sein« (83 [Hervorh. M. F.]; in § 39 spricht Husserl von einer »Selbsterscheinung des Flusses«).

Zwischen der Skylla des einstelligen und der Charybdis des reflexiv-zweistelligen Bewusstseins erwägt Husserl in tastenden Formulierungen das Modell eines Bewusstseins, das in geheimnisvoller Weise zwischen beiden die Mitte hielte. Er nennt es bald ein ›inneres‹ oder ›nicht-gesetztes‹ (oder ›nicht selbst wieder innerlich wahrgenommenes‹) (126 f., Beilage XII), bald ein ›*implizites* Intendieren‹, eine ›vor-reflektive Zuwendung zum präphänomenalen Sein der Erlebnisse‹ oder ein ›nicht vergegenständlichendes Meinen‹ (129). Auch notiert er, man dürfe »dieses Urbewußtsein, oder wie man es sonst nennen will, nicht als einen auffassenden [reflexiven] Akt mißverstehen« (Beilage IX, 119). Ein Lieblingszitat Sartres stellt fest: eine im Aufmerksamkeitsmodus erfolgende Reflexion erfasse ihr Erfasstes als – unaufmerksam – »schon da« gewesen seiend; also ist nicht alles Bewusstsein reflexiv (Beilage XII, 130; Sartre 1947, 63/381). Den klaren Schluss ziehen die *Analysen zur passiven Synthesis*, wo das retentionale Bewusstsein für ›nicht-intentional‹ erklärt wird (Husserl 1966a, 77,$_2$).

Dazu steht in schroffem Widerspruch die sich durchhaltende Überzeugung, *jedes*, auch das retentionale Bewusstsein sei intentional (wobei Husserl die von ihm selbst eröffnete Chance nicht nutzt, Bewusstseins-Bewusstsein unter die nichtintentionalen Erlebnisse von der Art gewisser Empfindungen/Gefühle zu rechnen, für die es charakteristisch sei, dass uns irgendwie dabei »zumute« ist [Husserl 1980 II/1, 391 f.], wie das einige Vertreter der ›phänomenalen Intentionalität‹ auch fürs Selbstbewusstsein annehmen [Soldati 2005]). Damit schafft sich Husserl ein neues und noch handgreiflicheres Problem: Die Information, die die innere Wahrnehmung von einem retinierten Gehalt empfängt, trägt den Index ›gerade vergangen‹. Diese Information ist unhintergehbar; denn würde die innere Wahrnehmung statt der Retention (dem retinierten Gehalt) sich selbst (ihren okkurenten inneren Wahrnehmungsakt) erfassen, würde sie sich eben dadurch – und aufgrund von Husserls Annahme, dass Gegenstand und Akt des Bewusstseins numerisch als zwei zu zählen sind – in die Vergangenheit verstoßen und wie eine leicht nachgehende Uhr Auskünfte über ihre leibhaftige Gegenwart immer nur nachträglich bekommen – eine absurde Konsequenz. Anders gesagt: Wäre das πρῶτον γνωστόν, das Husserl die »Urempfindung« – die Wahrnehmung gleichsam im Zeitpunkt t^0 – nennt, ein Jüngstvergangenes, so wäre jede Selbstpräsentation im Wortsinne von ›Präsentation‹ unmöglich.

Im Lösungshorizont all dieser Schwierigkeiten taucht wieder das Phantom eines präreflexiven, instantanen, ungegenständlichen, nicht seinerseits wahrgenommenen Urbewusstseins auf – als Zielpunkt eines Schlusses auf die bessere Theorie (Husserl 1966, 111, 118 f., 126 f.).

V.

Husserls Zeitbewusstseinstheorie ist der Brentanoschen offenbar tiefer verpflichtet, als sie es selbst anzeigt. Die wesentlichen Elemente der Husserlschen Theorie finden sich schon im dritten (weitgehend auf späten Diktaten des erblindeten Philosophen beruhenden) Band der *Psychologie vom empirischen Standpunkt* und resümieren offenbar früher unternommene Studien (Brentano 1974). Wie Husserl ist auch Brentano davon überzeugt, dass das Bewusstsein (auch das konstituierende Zeitbewusstsein) nie aus der Dimension des Jetzt heraustritt, ja dass das ›innere Bewusstsein‹ ›keine spezifisch zeitliche Bestimmtheit‹ aufweist (ebd., 101). Anders als Husserl macht es ihm aber keine Schwierigkeit, dieses Jetzt – oder besser: die eigentümliche Zeitindifferenz des letzten konstituierenden Bewusstseins – zirkelfrei zu explizieren; ist er doch davon überzeugt, dass es nichtintentionales, nämlich präreflexives Bewusstsein gibt. Es wohnt allem intentionalen Gerichtetsein von Bewusstsein auf ein primäres Objekt als ein ungegenständliches Selbstbewusstsein immer und notwendig ein, so, dass alles thetische Bewusstsein-*von*… nichtthetisches Selbstbewusstsein voraussetzt. Gewiss war es ungeschickt, dem so gegen die Vergegenständlichung durch die Intention abgesetzten Selbstbewusstsein dennoch ein Objekt – das ›sekundäre Objekt‹ – zuzuordnen, aber das kann als eine Unachtsamkeit der Brentanoschen Terminologie entschuldigt werden. Das innere oder sekundäre Bewusstsein ist sich in Evidenz erschlossen; und von ihm gilt, dass es – als gar nicht betroffen von der Innerzeitlichkeit der primären oder intentionalen Gegenstände – nicht durch Zeitbestimmungen charakterisiert werden kann. Brentano schreibt:

Die evidente innere Wahrnehmung sagt mir nur, daß ich gegenwärtig einen Ton als gegenwärtig, einen anderen als vergangen, einen dritten als länger vergangen empfinde, sie sagt mir aber nicht, daß ich den, welchen ich jetzt als vergangen empfinde, früher und in zeitlich nächster Nähe als gegenwärtig empfunden habe (50f.).

Das Vergangen-, Jetzt- oder Zukünftigsein fallen also in den Skopus der vom inneren Bewusstsein erschlossenen Vorstellungen – selbst steht sich das innere Bewusstsein aber nicht so im Blick, wie das der Fall ist beim primären Objekt der Vorstellung (ebendarum wäre es besser gewesen, Brentano hätte dem inneren Bewusstsein gar kein Objekt zugeordnet und es auch nicht als ›innere *Wahrnehmung*‹ oder als ›sekundäres Bewusstsein‹ bezeichnet). Was indes durch dies Herausnehmen des inneren Bewusstseins aus dem Skopus der gegenstandsbezogenen Vorstellungen erreicht ist, ist gerade das, woran Husserls Theorie scheitert: die Einsichtigkeit des Bewusstseins der lebendigen Gegenwart. Brentanos Zeitbewusstseinstheorie meidet nicht nur *de facto* alle Fährnisse des unendlichen Regresses, Sie reflektiert auch ausdrücklich auf diese ihre Leistung.

Alles Sehen, sagt Brentano, ›auch das vergangen Sehen‹, erscheint gegenwärtig. Wäre das nicht so,

[w]ürde [vielmehr] auch das Gesehenhaben erscheinen, so wäre dies wieder mit einem bestimmten Temporalmodus ausgestattet und ginge auf Primäres in verschiedenen Vergangenheitsmodis. Auch würde, wie ein Gesehenhaben, auch ein sich an das Gesehenhaben sich Erinnerthaben [sic!] erscheinen usw. ins Unendliche. Man käme zu unendlich vielen Dimensionen. Davon zeigt die Erfahrung nicht das mindeste. Wir bemerken also innerlich nur den gegenwärtigen Zeitpunkt (51, Anm.)

Die Evidenz der inneren Wahrnehmung ist also ganz auf die Gegenwart beschränkt. Ja, dies gilt von der inneren Empfindung überhaupt. Sie sagt mir nichts, als daß ich jetzt diese Ästhese samt einer kontinuierlichen Proterästhese von physischen Phänomen habe [unter ›Proterästhese‹ versteht Brentano – noch einmal – die retentionalen Modifikationen der ursprünglichen Vorstellungen, M. F.]. Würde sie selbst auch von einer inneren Proterästhese begleitet sein, so ist leicht nachweisbar, daß dies zu einer unendlichen Komplikation führen würde. Hätte doch auch ihr Objekt eine Proterästhese und diese ebenso eine involviert und sofort ins Unendliche, so daß es geradezu zu einer Art Kontinuum von unendlich vielen Dimensionen käme (51).

Also: Die retentionale Abschattung muss ein Ende haben erstens im ›physischen Phänomen‹, an das sie in kontinuierlichen Modifikationen anknüpft (vgl. 45), zweitens im ›inneren Bewusstsein‹. Wäre dieses (das allein mit Evidenz ausgestattete, alles Bewusstsein-*von*... konstituierende) abermals Gegenstand retentionaler Vergegenwärtigungen, so könnte Bewusstsein vom Jetzt überhaupt nie jetzt zustande kommen und mit seinem Fehlen auch der Rede vom ›jüngstvergangenen Bewusstsein‹, vom ›vergangen Sehen‹ usw., kein Sinn verliehen werden. Das Jetzt des inneren (präreflexiven) Bewusstseins hat aber nach Brentano zum Objekt nicht das nach der A-Reihe artikulierte Innerzeitliche (Physische), sondern die intentionale Vorstellung selbst. Und die erscheint ihm stets aus einem unverrückbaren Jetztpunkt, wie immer deren Gegenstände »in verschiedenen Vergangenheitsmodi« sich abschatten und vom Gegenwärtigen abdriften. Evident gewahrt wird allein in ›lebendiger Gegenwart‹: Das Bewusste wandelt sich in der Zeit, nicht das Bewusstsein *vom* in der Zeit sich Wandelnden. Dies ist sich vielmehr präreflexiv – im Nu – auch völlig erschlossen; es gibt in ihm nicht mehr Sein als Bewusstsein.

Ist so nun zwar Husserls unendlicher Regress abgeschnitten, so muss man sich doch fragen, ob Brentanos Zeitbewusstseinstheorie deren Präsenzfixiertheit nicht noch steigert. Ist mit cartesianischer Evidenz nur die lebendige Gegenwart bekannt, so wird unklar, wie im Feld des primären Bewusstseins überhaupt Kenntnis von Vergangenem und Zukünftigem aufkommen kann. Das evidente Bewusstsein bietet dazu keine Handhabe; und wenn es konstitutiv sein soll für das *modo obliquo* Gewahrte – wenn, mit anderen Worten, das sekundäre Bewusstsein der Erkenntnisgrund des primären, seine transzendentale Bedingung sein soll –, dann entsteht die Frage, woher es die dazu nötigen Informationen beziehen soll (das innere Bewusstsein kann sie ihm nicht liefern).

An diesen Notstand knüpft Sartres Zeitbewusstseinstheorie an. Sie teilt mit Brentano die Überzeugung, dass das ›letzte konstituierende Bewusstsein‹ präreflexiv und im Nu mit sich bekannt ist, sieht aber mit Husserl die Notwendigkeit, den innerzeitlichen Wechsel aus einer Differenz abzuleiten, deren Keim sich ebenfalls im Bewusstsein aufzeigen lassen muss. Anders würde ihre Kritik an Husserls Präsenzfixiertheit ja ohne Alternative bleiben.

Diese Kritik lässt sich eine Wegstrecke weit durch Heideggers in *Sein und Zeit* entwickelte Ontologie der Zeitlichkeit inspirieren. Dieser Ontologie, meint Sartre, komme das Verdienst zu, die Gegenwartsfixiertheit der ganzen neueren Philosophie von Descartes bis Husserl korrigiert zu haben. Statt von einem sich selbst a priori gegenwärtigen und selbstbewussten Subjekt auszugehen, bringe sie die ›réalité humaine‹ (das sogenannte *Dasein*) als radikal ek-statisch in Anschlag. Dasein sei nicht vorgängig mit sich bekannt, sondern gewinne die Kenntnis, in der es sich hält, aus dem Widerschein, den seine Entwürfe an den Gegenständen der Welt zurücklassen und »reluzent« auf es zurückstrahlen (Heidegger 1975, 226 f.; vgl. 1967, 21). In dieser Beschreibung ist die Struktur von Dasein nur entfaltet, die zusammengezogen schon in der wiederkehrenden Formel steckte, Dasein sei dasjenige Seiende, dem es in seinem Sein um sein Sein geht. Dies Aus-sich-heraus-Stehen des Daseins beim Sein der Dinge nimmt Heidegger für eine erste Anzeige der Zeitlichkeit des Daseins, das sich aus den Fernen des Entwurfs (der Zukunft) anzeigen lässt, welche Bewandtnis es mit ihm jeweils hat. Und darin folgt ihm Sartre zunächst.

Es war, bemerkt er, ein entscheidender Schritt über die Gegenwartszentriertheit eines Denkens am Leitfaden des cartesianischen *cogito* hinaus. Denn »le cogito, instantané, ne peut fonder la temporalité« (Sartre 1947, 49/367). Die These von der ek-statischen Zirkularität des aus der Zukunft seines Entwurfs auf sich selbst (als vergangenes) zurückkommenden Daseins ist jedoch ihrerseits nicht nur zu radikal; sie arbeitet auch mit unklaren Prämissen. Zunächst ist uneinsichtig, was ein ek-statisches Dasein veranlassen sollte, überhaupt auf sich zurückzukommen (worin die in ihm waltende Einheit fundiert sei) – ist doch die Zeit eine ›organisierte Struktur‹: eine Trennung im Skopus einer Einheit (Sartre 1943, 150, 176 f.). Zwar stoßen sich bei Heidegger die Stubenfliegen nicht länger mehr die Nasen platt am Fenster der Gegenwart, ohne in die Zukunft entkommen zu können (ebd., 145, 152 f.); dafür hat man aber wenig Hoffnung, sie nach ihrer ›évasion‹ je wieder zu Gesicht zu bekommen: Sie sind der Gegenwart ein für alle Mal, mithin gar zu gründlich, entkommen. Sodann: Was soll die Rede vom Entwurf (und vom Verstehen) für einen Sinn haben, wenn ihm das Bewusstsein abgesprochen wird und dieses sich erst einstellen soll im Widerschein der Dinge? Diese Herleitung von Bewusstsein aus vorgängig nicht Bewusstem bewegt sich in den bekannten Zirkeln. Dazu bemerkt Sartre hellsichtig (ich gebe den ganzen Passus ungekürzt):

Une étude de la réalité humaine doit commencer par le cogito. Mais le »Je pense« cartésien est conçu dans une perspective instantanéiste de la temporalité. Peut-on trouver au sein du cogito un moyen de transcender cette instantanéité? Si la réalité humaine se limitait à l'être du Je pense, elle n'aurait qu'une vérité d'instant. Et il est bien vrai qu'elle est chez Descartes une totalité instantanée, puisqu'elle n'élève, par elle-même, aucune prétention sur l'avenir, puisqu'il faut un acte de »création« continuée pour la faire passer d'un instant à l'autre. Mais peut-on même concevoir une vérité de l'instant? Et le cogito n'en/gage-t-il pas à sa manière le passé et l'avenir? Heidegger est tellement persuadé que le »Je pense« de Husserl est un piège aux alouettes fascinant et englutant, qu'il a totalement évité le recours à la conscience dans sa description du Dasein. Son but est de le montrer immédiatement comme *souci*, c'est-à-dire comme s'échappant à soi dans le projet de soi vers les possibilités qu'il *est*. C'est ce projet de soi hors de soi qu'il nomme la »compréhension« (*Verstehen*) et qui lui permet d'établir la réalité-humaine comme étant »révélante-révélée«. Mais cette tentative pour montrer *d'abord* l'échappement à soi du Dasein va rencontrer à son tour des difficultés insurmontables: on ne peut pas supprimer *d'abord* la dimension »conscience«, fût-ce pour la rétablir ensuite. La compréhension n'a de sens que si elle est conscience de compréhension. Ma possibilité ne peut exister comme *ma* possibilité que si c'est ma conscience qui s'échappe à soi vers elle. Sinon tout le système de l'être et de ses possibilités tombera dans l'inconscient, c'est-à-dire dans l'en-soi. Nous voilà rejetés vers le cogito. Il faut en partir (Sartre 1943, 127 f.).

Etwas früher, zu Beginn des II. Teils übers Für-sich-Sein, hatte Sartre seine Kritik so formuliert:

Heidegger […] aborde directement l'analytique existentielle sans passer par le *cogito*. Mais le »Dasein«, pour avoir été privé dès l'origine de la dimension de conscience, ne pourra jamais reconquérir cette dimension. Heidegger dote la réalité humaine d'une compréhension de soi qu'il définit comme un »pro-jet ekstatique« de ses propres possibilités. Et il n'entre pas dans nos intentions de nier l'existence de ce projet. Mais que serait une compréhension qui, en soi-même, ne serait pas conscience (d') être compréhension? Ce caractère ek-statique de la réalité humaine retombe dans un en-soi chosiste et aveugle s'il ne surgit de la conscience/ d'ek-stase. A vrai dire, il faut partir du cogito, mais on peut dire de lui, en parodiant une formule célèbre, qu'il mène à tout à condition d'en sortir (ebd., 115 f.).

Mithin ist zu suchen nach einer Konzeption von Bewusstsein, die die Einsicht in die ekstatische (zeitgenerierende) Verfassung desselben verbindet mit seiner schon von Brentano aufgewiesenen Unmittelbarkeit und Präreflexivität. Wäre das Erstere nicht, so bliebe die Gegliedertheit des Bewusstseins als ein von der Vergangenheit sich losreißender Zukunftsentwurf unverständlich; ohne das Letztere aber gäbe es kein Bewusstsein von der Einheit des Flusses und der Organisiertheit der drei Zeitdimensionen.

Das Letztere nicht erklären zu können war Husserls Problem. Wenn das Flussbewusstsein nicht selbst eine Phase *im* Fluss sein kann, muss der lebendigen Gegenwart des Zeitbewusstseins ein ungegenständliches, nichtintentionales, mithin präreflexives Bewusstsein entsprechen. So kann der mystischen Wendung vom Sich-selbst-Erscheinen des Flusses jetzt eine Bedeutung verliehen werden. Gemeint ist offenbar: Jedes Bewusstsein ist im Nu und evidentermaßen Bewusstsein (von) seiner Zeitlichkeit, wobei das eingeklammerte (*von*) ein ›typographisches Signal‹ für die Tatsache sein soll, dass man Selbstbewusstsein nicht nach Analogie der Intention (als Dingbewusstsein, als vergegenständlichendes Bewusstsein) denken dürfe (Sartre 1947, 62/380). Damit ist dem infiniten Regress (fürs Erste) der Boden entzogen; wenn Bewusstsein im Nu Kenntnis seines Zeitlichseins ist, kann eine unendliche Komplikation von sich vergegenständlichenden und im Zeitabstand von sich operierenden Bewusstseinen gar nicht auftreten. Husserl hatte diese Konsequenz nur geahnt, ohne sie theoretisch auszuführen:

Man kann die Frage aufwerfen: Wie steht es mit der Anfangsphase eines sich konstituierenden Erlebnisses? Kommt sie auch nur aufgrund der Retention zur Gegebenheit, und würde sie »unbewußt« sein, wenn sich keine Retention daran schlösse? Darauf ist zu sagen: Zum Objekt werden kann die Anfangsphase nur n a c h ihrem Ablauf auf dem angegebenen Wege, durch Retention und Reflexion (bzw. Reproduktion). Aber wäre sie n u r durch die Retention bewußt, so bliebe es unverständlich, was ihr die Auszeichnung als »Jetzt« verleiht. Sie könnte allenfalls negativ unterschieden werden von ihren Modifikationen als diejenige Phase, die keine voranliegende mehr retentional bewußt macht; aber sie ist ja bewußtseinsmäßig durchaus positiv charakterisiert. Es ist eben ein Unding, von einem »unbewußten« Inhalt zu sprechen, der erst nachträglich bewußt würde. Bewußtsein ist notwendig B e w u ß t s e i n in jeder seiner Phasen. [...] Sagt man: jeder Inhalt kommt nur zum Bewußtsein durch einen daraufgerichteten Auffassungsakt, so erhebt sich sofort die Frage nach dem Bewußtsein, in dem dieser Auffassungsakt, der doch selbst ein Inhalt ist, bewußt wird, und der unendliche Regreß ist unvermeidlich. Ist aber jeder »Inhalt« in sich selbst und notwendig »mitbewußt«, so wird die Frage nach einem weiteren gebenden Bewußtsein sinnlos (Husserl 1966, 119).

Dennoch bleibt Sartres Theorie transzendental. Ohne den Primat des Seins vor dem Bewusstsein zu leugnen, entwickelt ihn Sartre – in seinem berühmten ontologischen Argument (Sartre 1943, 27-29; 1947, 51/369, 75/394, 55/373 ff.) – aus der gleichzeitigen Evidenz von des Bewusstseins Nichtigkeit und dem im *cogito sum* mit Gewissheit verbürgten Sein. Gibt es Sein im Bewusstsein, so kann das nicht des Bewusstseins eigenes, sondern muss ein An-sich-Sein außer ihm sein, das das Bewusstsein einerseits trägt (sonst löste es sich in ein ›gar nichts (*rien*)‹ auf) und ihm andererseits als das Woraufhin seiner Entwürfe dient. Aber diese Einsicht wird aus der Evidenz und präreflexiven Selbstvertrautheit des *Bewusstseins* geschöpft; insofern ist Sartres Theorie nicht minder transzendentalphilosophisch als die Husserlsche. Wenn sie über Zeit spricht, so leitet sie dieselbe aus Strukturen des Bewusstseins ab, die insofern irgendwie nichtzeitlich sind. Und da sah Peter Bieri das Problem für die These von der (bewusstseinsunabhängigen) Realität der Zeit. Sartre wird freilich zeigen, dass die transzendentalphilosophische Position die Realität der Zeit nicht ausschließen muss, weil im Zeitbewusstsein die Momente *en-soi* und *pour-soi* dialektisch zusammenwirken. In diesem Nachweis besteht seine Originalität.

Von Beginn an hat Sartre nicht Husserls Problem, die metaphorische Rede vom Sich-selbst-zur-Erscheinung-Bringen des absoluten Zeitflusses mit Sinn zu erfüllen, da er ja ein unmittelbares, nichtgegenständliches Bewusstsein kennt und damit fürs Erste Husserls Aporie entkommt. Aber was ist damit gewonnen? Kann die These von der Durchsichtigkeit (»translucidité« [Sartre 1943, 120, passim]) des präreflexiven *cogito* die andere Schwierigkeit der Zeittheorie, die Gefahr des Instantaneismus, ausräumen?

Tatsächlich fasst Sartre – in Brentanos Fußstapfen – das *un*mittelbar sich selbst durchsichtige Bewusstsein als ein unselbständiges Moment der Intentionalität. Das volle Phänomen hat folgende Struktur: Bewusstsein (von) Bewusstsein *von* transzendentem Weltgegenstand (oder Sachverhalt) – allerdings so, dass das von Sartre so genannte nichtsetzende Bewusstsein das setzende (intentionale) Weltbewusstsein nicht bloß unmittelbar kennt, sondern als *sich selbst* kennt. Jedes thetische Gegenstandsbewusstsein (›connaissance‹) ist also zumal und zunächst nichtthetisches Selbstbewusstsein (›conscience non-positionnelle [ou non-thétique] [de] soi‹). Da aber das nichtthetische Selbstbewusstsein nur *ist*, insofern das Sein sich ihm zur Basis macht (›ontologischer Beweis des Bewusstseins‹), ist das ihm zuschreibbare relative Sein nicht wirklich sein eigenes Sein. Das letztere ist sein Real-, so wie es selbst dessen Idealgrund.

Die Struktur des ›cogito préréflexif‹ ist also abstrakt/unselbständig. Sie träte nicht auf ohne Bewusstsein *von* etwas (ohne Intentionalität: »une conscience est toujours conscience de quelque chose, c'est-à-dire portée sur le transcendant, sur le monde qui n'est pas elle« [Sartre 1947, 75/394]); umgekehrt ist alles Bewusstsein-*von*... in Selbstbewusstsein fundiert. Obwohl Sartre dieses als *un*mittelbar, indistinkt hinsichtlich der Opposition Subjekt-Objekt (›il n'y a pas de distinction de sujet-objet dans cette conscience‹), irreflexiv, undinglich, leer (substanz- und wesenslos: ›un vide absolu‹), rein aktuell, *un*bedingt und durchsichtig bezeichnet (vor allem ebd., 63/361 ff.), spricht er ihm andererseits doch die Identität ab, die eine Eigenschaft nur des An-sich-Seienden sei. Selbstbewusstsein sei eine Einheit dergestalt, dass sie ›eine Andeutung von Zweiheit‹ in sich schließe:

Quand nous disons présence à soi, nous voulons dire à la fois qu'il y a esquisse de dualité, puisqu'en effet, il y a bien une sorte de jeu de réflexion reflétant, et à la fois que cependant tout ceci se passe dans une unité où le reflet est lui-même le reflétant, et le reflétant le reflet (ebd., 67/386; vgl. Sartre 1943, 118, 128).

Mit diesem Zugeständnis soll offenbar Heideggers Bestimmung vom Seienden, dem es in seinem Sein um sein Sein geht, in die Definition von Selbstbewusstsein integriert werden. Sartre übersetzt sie wie folgt ins Französische: »l'homme, dit-il [Heidegger] (et nous dirons la conscience non-thétique), est un être dont la caractéristique d'être est qu'il est en son être question de son être« (Sartre 1947, 66/385). In dieser Übersetzung ist das Besorgtsein des Daseins um sein Sein gesteigert zur Selbstanfechtung:

En réalité, il est question de l'être de la conscience. Dans son être, l'être de la conscience n'est pas de recevoir du dehors ce qu'elle est; c'est précisément d'être toujours question sur son être. Nous verrons, en effet, que, en même temps que la conscience est plaisir, la conscience est presque une sorte d'interrogation ontologique sur le plaisir (ebd.).

Sartres Formel vom ›reflet reflétant‹ hat vermutlich ähnliche Wendungen aus dem Beginn der Hegelschen ›Logik der Reflexion‹, sicher aber Hegels Rede von der ›Reflexion-in-sich‹ zum Vorbild. Das opake Sein, das ganz und gar ist, was es ist, wird im *pour-soi* entdichtet (»la conscience est une sorte de décompression d'être« [ebd., 69/388, 75/394; Sartre 1943 116]) zu einem Schein, der sich, als vom Bewusstsein genichteter Seinsnachfolger, im Widerschein spiegelt und gar nichts Substantielles mehr in sich enthält. Beide Glieder gehen beständig ineinander über (»chacun des termes renvoie à l'autre et passe dans l'autre« [Sartre 1943, 117]) – und doch sind sie voneinander unterschieden (»et pourtant chaque terme est différent de l'autre« [ebd.]). Was sie trennt, kann – nach der Liste der Wesensmerkmale des präreflexiven Bewusstseins – kein Etwas (nichts Substantielles) sein; also muss es ein *néant* sein. Dabei tritt eines der Glieder, der Seinsnachfolger im Bewusstsein, als eher Negiertes, das andere (gleichsam der Repräsentant des *néant*) als eher Negierendes auf (ebd., 120). Nichts trennt den Schein vom Widerschein: Der Glaube (das materiale Moment, der Gehalt in der Bewusstseinsdyade) ist ganz und gar Bewusstsein zu glauben (das nichtend-formale Moment derselben); was sie trennt, ist jenes Nichts, das Reflexionsverhältnisse von denjenigen einer fugenlosen Identität trennt, wie Sartre sie dem *en-soi* zuschreibt (116). Ist aber einmal die Einheit des Selbstbewusstseins differenziert durch das Auseinanderklinken (»décalage« [Sartre 1947, 67/386]), welches aus absoluter Identität ein Selbstverhältnis – ein Reflexivum – macht (Sartre 1943, 121 f.), so ist in die Transparenz des Selbstverhältnisses der Keim einer Selbstbestreitung eingeführt: »Elle [la croyance] est déjà contestation en elle-même.« »[…] ici nous avons une notion ambiguë et presque contradictoire, qui est la notion d'un soi qui serait lui-même en tant que soi, et qui est précisément ce qui fait à la fois l'unité idéale et la dis/torsion réelle de la conscience« (Sartre 1947, 68/387 und 69 f./388). Weil das präreflexive Selbst dennoch – das Reflexivpronomen verrät es – eine Art von Reflexionsverhältnis ist, *ist* es nicht einfach, was es ist (wie der Granitblock auf der Almwiese); es *ist* – wenn wir die agrammatische Rede probieren dürfen – *nicht einfach es selbst (sich: soi)*, sondern es ist *bloß in Beziehung auf sich*. Darum ist es von sich auch irgendwie getrennt:

Or, la présence à soi suppose une légère distance de soi, une légère absence de soi. C'est précisément ce jeu perpétuel d'absence et de présence qui peut paraître difficile à exister, mais que nous faisons perpétuellement, et qui représente le mode d'être de la conscience. Ainsi, ce mode d'être implique que la conscience est manque en son propre être. Elle est manque d'être. Le pour-soi est manque d'être-soi (69/388).

Auf die Weise wird das Selbst von der Idee einer unmöglichen

Koinzidenz – als opaker Identität von Schein und Widerschein – heimgesucht, die ihm doch zugleich gestatten würde, Bewusstsein (also ein Selbstverhältnis) zu bleiben (Sartre 1943, 133). Diese Idee eines *en-soi pour-soi* nennt Sartre den Wert (›la valeur‹ [vgl. vor allem Sartre 1943, 127 ff., bes. 136 u., und Sartre 1947, 71/390 ff., bes. 75/394]). Sie ist das unwirkliche einheitsstiftende Dritte, dessen ontologischer Status dem der kantischen regulativen Idee ähnelt. Diese Idee muss dem *pour-soi* vorschweben, damit es sich als verfehlte Strukturganzheit »en-soi pour-soi« (Sartre 1947, 75/394) fassen kann.

Or, si la valeur a ce double caractère d'être et d'être au-delà de l'être, c'est parce qu'elle est justement cette totalité sur le fondement de laquelle toute conscience se saisit comme un manque, qui est le fondement qui hante chaque conscience/ dans laquelle il y a être en ce sens que la valeur doit avoir la structure de l'en-soi, et il y a au-delà de l'être en ce sens que toute valeur nous apparaît comme devant aussi la structure du pour-soi, c'est-à dire que toute valeur, pour être fondée, doit être en quelque sorte valeur tirant son existence d'elle-même […]. Elle ne peut donc être que sur le mode de l'en-soi pour-soi.
    C'est donc une indication de cette réconciliation impossible que chaque conscience est comme présence à soi (ebd., 71 f./390 f.).

In dieser irrealen Versöhnung wären die beiden unverzichtbaren Pole des zeitlichen Selbstbewusstseins – seine Identität und seine Differenziertheit – ihrerseits dialektisch vereint (»soi-même comme en-soi« [Sartre 1943, 132]). Statt sich in ihr einrichten zu können, ist das Bewusstsein dazu verurteilt, wie die wiederkehrende (Hegels Bestimmung der Zeit aus § 256 der *Enzyklopädie* abgelauschte) Bestimmung sagt, ›nicht zu sein, was es ist, und zu sein, was es nicht ist‹ (ebd., 102 ff. [111], passim; Sartre 1947, 68/387, 71 f./389 f., 75/394). Diese Struktur enthält den Keim von des Bewusstseins Zeitlichkeit: Sie erklärt einerseits, warum das Bewusstsein sich nicht selbst bestimmen kann *als* Mangel, ohne sich zugleich zu bestimmen als Entwurf auf seine Überwindung. So ist es Ausgriff auf eine unterm Schema der Zukunft vorgestellte Koinzidenz mit dem, was es nicht ist: dem *en-soi* als fugenloser Identität. Diese unwirkliche Einheit entwirft das *pour-soi* aber nicht nur als den absoluten Sinn und Wert seines Daseins, es schließt die Seinsweise des An- und-für-sich-Seins zugleich auch von sich aus. »Es negiert also von sich die absolute Einheit mit sich bezüglich seiner zeitlichen Momente. Das heißt, es bestimmt sich als zeitliches Sein« (Seel 1971, 115). Jetzt kann die rein logisch gemeinte Formel vom Sein-was-es-nicht-ist und vom Nichtsein-was-es-ist des Bewusstseins ihren Zeitsinn entfalten. Ist doch die Weise, in der wir unser (Noch-)Nicht-Sein darstellen, ohne es zu sein, die Zukunft, während die Weise, wie wir unser Sein nicht (mehr) sind (im Modus, es ›zu sein zu haben‹), unsere Vergangenheit konstituiert: »C'est à partir de là que l'on pourrait concevoir d'abord la dimension de temporalité. Nous pourrons voir alors que la conscience est temporelle par son existence même, ou plutôt qu'elle se temporalise en existence« (Sartre 1947, 76/396).

Von dieser Zeitlichkeit enthält das Bewusstsein freilich nur den Keim. Gerhard Seel (ebd., 104f.) hat eindrucksvoll belegt, dass auch in Sartres Zeit-Philosophie noch Spuren der Husserlschen Einsicht sich finden, wonach die Ständigkeit des Zeitflusses als Zeitlosigkeit (oder als zeitlose Gegenwart) zu denken sei. Die Struktur des präreflexiven Bewusstseins enthält nur »die negative Vorstufe zu dieser zeitlichen Vollstruktur«. Sartre bezeichnet sie als den »noyau instantané de cet être [humain]« (Sartre 1943, 111).

Die Nicht-Zeitlichkeit der abstrakten Bewußtseinsstruktur bedarf wegen ihrer Bedeutung für die Sartresche Subjektstheorie noch einer näheren Erläuterung. Sie ist nämlich nicht ohne weiteres einsichtig. Ursprünglich war ja das ›cogito préréflexif‹ ausdrücklich zu dem Zwecke in Ansatz gebracht worden [ganz wie in Husserls Beilagen], die thetische Reflexion als *zeitliche* Sukzession des Reflektierenden auf das Reflektierte zu erklären (Sartre 1978, 33 [im Kontext], und Sartre 1943 19 f., 18 f.).

Aber das ›cogito préréflexif‹ als ›conditio sine qua non‹ der Zeitlichkeit des Bewußtseins in Ansatz bringen heißt noch nicht, es selbst *als* zeitliches/ in Ansatz bringen. Im Gegenteil: eine Bestimmung des ›cogito préréflexif‹ als zeitliche Sukzession müßte entweder auf einen ›regressus in infinitum‹ hinauslaufen oder zu der Absurdität führen, daß die erste Phase des Bewußtseins unbewußt war [also der reflet vor seiner Aufnahme durch den reflétant].

Sartre lehnt denn auch eine Fassung des ›cogito préréflexif‹ als ›unendliche Bewegung‹ ab. »Es ist gegeben in der Einheit eines einzigen Aktes« (Sartre 1943, 121).

Die Struktur des ›cogito préréflexif‹ impliziert also als solche durchaus noch keine Zeitlichkeit des Bewußtseins. Die Notwendigkeit, das Bewußtsein als zeitliche Größe anzusetzen, entsteht erst, wenn man – wie Husserl in seinen »Vorlesungen zur Phänomenologie des inneren Zeitbewußtseins« – nach den Möglichkeitsbedingungen eines Bewußtseins *von Zeitlichem* fragt. Die Zeitlichkeit von Gegenständen des Bewußtseins ist aber auf dieser Stufe des Ableitungsvorgangs noch nicht hervorgetreten (Seel 1971, 104 f.).

Für diese keimhafte oder virtuelle Zeitlichkeit der Bewusstseinsstruktur, die selbst noch nicht wirklich (inner)zeitlich ist, hatte Schelling den Namen der ›noetischen Folge‹ (im Gegensatz zur reellen) vorgeschlagen (*SW* II/1, 311 f.). Sie sei ein ›Interstitium‹ zwischen der absoluten Zeitlosigkeit (Ewigkeit) und der Zeit (II/3, 306). Sie gliedert das präreflexive Bewusstsein nach »Vor und Nach«, unterscheidet »Anfang und Ende« und führt so in der Tat Unterschiede in es ein. Aber diese Gliederung differenziert das Bewusstsein nicht *realiter*, der Anfang ist vielmehr da, wo das Ende ist (II/3, 273).

Da unsere Gedanken [jedoch] successiv sind, [kann], was Subjekt und Objekt in Einem ist, [doch …] nicht mit einem Moment, es kann nur mit verschiedenen Momenten, [… und] auch nicht mit einer und derselben Zeit gesetzt werden, wenn nämlich, was hier bloß noetisch gemeint ist, zum realen Proceß wird (II/1, 312).

Wir haben im Bewusstsein eine »Einheit der Einheit und des Gegensatzes« (Schelling 1946, 63), die – sowie sie sich realisiert – in Zeitstrukturen sich auffaltet. »Im Ewigen [Vorzeitlichen] [selbst ist schon] eine innere Zeit gesetzt«, erklärt Schelling, »denn Zeit ist unmittelbar durch Differenzierung der in ihm nicht bloß als Eins, sondern als äquipollent gesetzten Kräfte« (ebd., 77). Das bedeutet, dass Zeit und Bewusstsein Manifestationen *einer* Struktur sind, die hier aktuell, dort bloß virtuell (›noetisch‹) dargestellt ist. Schelling warnt vor der schlecht-idealistischen Vorstellung, »als gäbe es einen von aller Beimischung der Zeitbegriffe völlig reinen Begriff von Ewigkeit« (*SW* I/8, 259 f.).

Wie erklärt Sartre den Unterschied zwischen fugenloser Identität (wie sie dem ›être en-soi‹ oder Ewigkeit) und reflexiver Einheit (wie sie dem Bewusstsein zukommt)? Hatte er doch, bei der Einführung des Begriffs vom präreflexiven Cogito, nachdrücklich betont, dass – anders als im Falle der Reflexion, wo tatsächlich ein distinktes Bewusstseinsobjekt einem Bewusstseinssubjekt *gegen-*

übertritt (Sartre 1947, 60/378) – ›die Lust *nichts anderes* sei als das Lustbewusstsein‹, ja, dass »conscience de plaisir et plaisir ne sont qu'une seule et même chose ou, si vous préférez, [que] le plaisir a pour mode d'être particulier la conscience« (ebd., 65/383).

Worin wäre dieses ›Ein-und-dasselbe-Sein‹ von der ›Identität des en-soi‹ unterschieden? Sartre antwortet in der bekannten Weise:

[…] la dimension d'être de tout fait de conscience est contestation. Autrement dit, présence à soi est en même temps séparation dans une certaine mesure de soi. Mais en même temps que cette séparation de soi, comme l'unité de la conscience, est absolument obligée, puisque nous ne sommes pas sur le plan du sujet et de l'objet [donc de la réflexion qui constitue un mode de conscience thétique], puisque nous saisissons la chose dans l'immédiat, cette séparation est en même temps unité (ebd., 68/387).

Ainsi, le jugement ontologique, »la croyance est conscience (de) croyance« ne saurait en aucun cas être pris pour un jugement d'identité: le sujet et l'attribut sont radicalement différents et ceci, pourtant, dans l'unité d'un même être (Sartre 1943, 117).

Wie gehen diese Bestimmungen zusammen? Im Bewusstsein gibt es keinen Subjekt-Objekt-Gegensatz; es ist unmittelbar, einheitlich verfasst, keine Substanz trübt und trennt seine Durchsichtigkeit; andererseits soll diese Einheit dual artikuliert sein (als ›reflet‹-Objekt und ›reflétant‹-Subjekt), also der Identität vom Typ *en-soi* entbehren, mithin nur die reflexive Einheit des *pour-soi* repräsentieren. Ist damit nicht das Reflexionsmodell durch die Hintertür wieder eingelassen und mit ihm alle die Schwierigkeiten und Regressdrohungen, die Husserls Bewusstseinstheorie nicht bannen konnte?

So hat es allerdings den Anschein. Und träfe er zu, würde Sartre sich in die Schar jener Phänomenologen (Brentano, Schmalenbach) einreihen, denen die Unmöglichkeit, das Selbstbewusstsein auf das Modell der Reflexion zu gründen, zwar klar war, denen es aber nicht gelungen ist, in den eigenen Alternativvorschlägen Strukturen vorzustellen, die der Gefahr einer ›unendlichen Komplikation‹ entrinnen (vgl. Kap. 1, II. Abschnitt). Ist – um bei Sartres Beispiel zu bleiben – das quasi-materielle oder -inhaltliche Moment der Bewusstseinsdyade, die Lust, was sie ist, nur in der Aufnahme durch das Lust*bewusstsein* (das quasiformelle Element), so fragt sich, wie dies formelle (subjektive) Moment seinerseits zu

Bewusstsein kommt, wenn es sich nicht in ein quasimaterielles verwandelt, das von einem Formmoment aufgenommen wird, usw. (vgl. Sartre 1943, 221). Auch sagt Sartre ja selbst, die beiden Momente des ›Spiels Schein und Widerschein‹ gingen ständig ineinander über – ein solcher Übergang kann weder ihre Identität noch gar das Selbstbewusstsein ihrer Identität fundieren, sondern allenfalls zirkulär voraussetzen.

Dieses Gebrechen wäre erheblich, umso mehr, als es das *Prinzip* der Sartreschen Phänomenologie betrifft. Man sieht aber doch auch, welcher Zug im zugrundeliegenden Phänomen Sartre auf den Gedanken bringen konnte, das präreflexive Cogito als in sich artikuliert darzustellen. Es ist dasselbe Motiv, das schon Schelling veranlasste, zwischen noetischer und realer Folge im Bewusstsein zu unterscheiden, um das wirkliche Auseinander der Zeitdimensionen als Aktualisierung eines virtuellen Zugs im Bewusstsein selbst ableiten zu können. Nötig war dazu lediglich, dass eines der Momente im Bewusstsein aus dem Zustand der Virtualität in den der Wirklichkeit übertrat und das andere Moment dann nicht mehr nur noetisch, sondern real von sich ausschloss. Bei Sartre geschieht das durch Intervention der Realität meines Leibes, ohne den »mein Für-sich-Sein in der Nichtunterschiedenheit von Vergangenheit und Zukunft sich vernichten würde« (»par suite mon être-pour-soi s'anéantirait dans l'indistinction du présent et du futur« [Sartre 1943, 392; vgl. dazu Seel 1971, 165-176]).

VI.

Die noetische Zeit des reinen Bewusstseins bedarf zu ihrer Realisierung einer En-soi-Mitwirkung, ohne welche der Anfang und das Ende, obwohl gedanklich geschieden, zusammenfielen. Nur wenn die Zukunft wirklich an einem anderen Ort gesetzt ist als die Vergangenheit, kann das Bewusstsein sich als ein Fluss realisieren, dessen verschiedene Phasen nicht in den Strudel der immer gleichen ›lebendigen Gegenwart‹ herabgezogen werden.

Zunächst freilich sieht es so aus, als sei Sartre vor allem beschäftigt mit der These, die das entgegengesetzte Extrem favorisiert, wonach die Zeit ein Wechsel unverbundener, jeweils gegenwärtig präsentierter En-soi-Momente sei (vgl. zum Folgenden Theau 1969,

Kap. III, und besonders Seel 1971, 120-180). Gegen diese Auffassung, als deren Hauptvertreter er die ›Assoziationisten‹ in der Nachfolge Humes identifiziert, macht er geltend, ›die Zeit sei offenkundig eine organisierte Struktur‹ vom Typ ›relation interne‹ (Sartre 1943, 150, 182 o.): Vergangen ist etwas nur in interner Abhebung von einem Gegenwärtigen und umgekehrt; und dies wiederum ist, was es ist, nur durch eine gewisse negative Beziehung auf ein Künftiges und umgekehrt. Die ›drei Zeitdimensionen‹ sind ›strukturierte Momente einer ursprünglichen Synthesis‹ (ebd.). Das bedeutet – wir kennen den Gedanken schon aus Husserls Einwänden gegen Hume –, dass im Zeitgeschehen die *Einheit* des Flusses den Vorrang hat vor der Differenzierung in Phasen.

Si donc le temps est séparation, du moins/ est-il une séparation d'un type spécial: une division qui réunit (ebd., 177 f.).

La temporalité est une force dissolvante mais au sein d'un acte unificateur (ebd., 181).

Eine – wie Hume das annimmt – in externen Relationen stehende En-soi-Mannigfaltigkeit, die lediglich nach Verhältnissen des Früher/Später (also nach der B-Reihe) gegliedert wäre (175 ff.), müsste die einzelnen Impressionen als selbständige Größen betrachten, die in sich nicht auf andere ihresgleichen verwiesen. Sartre nennt diese externalistische und formale Auffassung der Zeitsruktur »la temporalité statique«, im Unterschied zur materialen, die er auch als »temporalité dynamique« auszeichnet (174 ff.). In ihr wird die A-Reihe als ein interner Verweisungszusammenhang von Momenten angesetzt, deren keines selbständig ist, sondern die alle vom Wirbel der Zeiteinheit organisch zusammengezogen werden. Insofern schon Kant dies gegen Hume geltend gemacht hatte, ist ihm recht zu geben (177). Auch darin, dass die Zeit durchs Pour-soi in die Welt kommt und die Beziehungslosigkeit des En-soi – selbst in der Deutung als unverbundene Mannigfaltigkeit sukzedierender Einheiten – die interne Relationalität der Zeit nicht erklären kann. Aber Kant hat das einheitsstiftende ›Ich denke‹ als radikal überzeitlich gedacht (178 f.). Sobald es die sukzedierenden Zeitphasen durch seine Einheit organisiert, steht Zeit unter der Kategorie der Kausalität. Dies impliziert aber, wie Sartre zu zeigen versucht, kein zeitliches Verhältnis, sondern »un ordre strictement logique de déductibilité« (168 u.). Aus ihm allein ist über das zeitliche Fließen also nichts zu lernen, sofern es nicht zuvor schon erschlossen war – so wenig wie die Mondsichel (die ›einfach ist, was sie ist‹ [ebd.]) von sich her als unvollkommene Erscheinung des Vollmondes sich präsentieren könnte, es sei denn, ein ekstatisches Wesen wie das Bewusstsein hätte sie zuvor schon auf diese ihre zukünftige Erscheinungsform hin überschritten.

Daraus, dass die Konzeption unverbunden sukzedierender En-soi-Einheiten die Innerlichkeit der Zeitphasen-Verknüpfung nicht erklärt, darf nun freilich im Gegenschlag nicht die Unwesentlichkeit der Differenz zwischen den Zeiten gefolgert werden. Das ist, wie Sartre zeigt, in verschiedener Weise die Gefahr der Theorien von Leibniz und Bergson, welche beide die Kontinuität der Zeit zulasten der Differenz der Momente der A-Reihe überakzentuieren. Bei Leibniz ›kaschiert die Rede von zeitlicher Kontinuität im Grunde die absolut immanente Kohäsion des Logischen, d. h. die Identität als Grenzfall der Relation‹ (Sartre 1943, 180 f.). Aber »le continu n'est pas compatible avec l'identique« (181). Kontinuität setzt Einheit im Wechsel voraus, aber sie setzt nicht fugenlose Einheit an die Stelle der B-Reihe. Ein ähnlicher Einwand gilt gegen Bergson, der die Dauer (*la durée*) etwas lyrisch als »organisation mélodique et multiplicité d'interpénétration« der A-Reihe beschreibt, die Zeitordnung aber für »gegeben« erklärt. Damit entkommt er zwar der Descartesschen Gegenwartsfixierung, nicht aber dem Kantschen Einwand, dass Synthesen niemals den Charakter An-sich-Seiender haben können, sondern von einem Subjekt gestiftet werden müssen. Die Rede von der ›Einwohnung der Vergangenheit im Gegenwärtigen‹, orientiert am Diskurs über die Weltgegenstände, erweist sich als bloße Rhetorik (ebd. und 214).

Damit glaubt Sartre, die Versuche, das Zeitphänomen aus äußerlichen En-soi-Verhältnissen oder aus einer fugenlosen Identität abzuleiten, widerlegt und den Ansatz der Zeitbewusstseinstheorie beim ›être-pour-soi‹ gerechtfertigt zu haben. Bevor er seinen eigenen Vorschlag positiv entfaltet, geht er noch einmal kritisch auf Bergson, dann – für uns von größerem Interesse – auf Husserl ein. Bergson wirft er vor, ähnlich der Engramm-Theorie der Neurophysiologie, die Vergangenheit als (wie immer abgeschwächt oder ›unwirkend [inaggissante]‹ oder sogar ›unbewusst‹) fortwährend im Gegenwartsbewusstsein anzusetzen (151). Aber Vergangenheit ist nicht so wie im Märchen die Wackersteine im Bauch des Wolfes in unserm Kopf aufbewahrt, dass wir sie bis ans Ende unserer Tage mit uns herumschleppen müssten; auf die Weise könnten wir Gewesenes letztlich gar nicht von einer gegenwärtigen Wahrnehmung unterscheiden (das hatte schon Husserl gezeigt). Nach Bergson hört das Vergangene nicht auf, an seinem Platz zu sein, es hört nur auf zu wirken. Aber wie kann ein Unwirksames sich unserem Gegenwartsbewusstsein einfügen, ohne eine Eigenkraft zu besitzen, die dann aber nicht als vergangen, sondern gegenwärtig wirksam gedacht werden müsste (152)? Entweder konkresziert also die Vergangenheit mit der Gegenwart (und dann entfällt das Kriterium ihrer Unterscheidung), oder sie bleibt ›an ihrem Platz‹ zurück und wird mithin dem Gegenwartsbewusstsein unkenntlich (es sei denn, man schreibe ihr jene en-soi-artige Eigenkraft zu, womit die Zeit verdinglicht und gerade nicht erklärt würde, wie sie ein Bestand des Bewusstseins wird). Tatsächlich hält Bergson die Identität für das Prinzip des Bewusstseins (Bergson 1965, 165); damit wird für Sartre deutlich, dass er über eine klare Abgrenzung des zeitkonstitutiven Seinstyps von dem des En-soi nicht verfügte. – Diese Schwierigkeiten sieht Sartre in Husserls Zeitbewusstsein-Vorlesungen gelöst (Sartre 1943, 152 f.). Dort sind, wie wir sahen, die Retentionsketten mit einem kontinuierlich abgestuften Vergangenheitsindex an die Urimpression geheftet, mit der sie dennoch nicht koinzidieren. Freilich, meint Sartre, bleibt es Husserls Geheimnis, wie die Protentionen und die Retentionen einerseits je jetzt gehabt und doch in Vergangenheit und Zukunft angesiedelt sein können.

Nous avons vu, au chapitre précédent, les protentions se cogner en vain aux vitres du présent sans pouvoir les briser. Il en est de même pour les rétentions. Husserl a été, tout au long de sa carrière philosophique, hanté par l'idée de la transcendance et du dépassement. Mais les instruments philosophiques dont il disposait, en particulier sa conception idéaliste de l'existence,/ lui ôtaient les moyens de rendre compte de cette transcendance: son intentionnalité n'en est que la caricature. La conscience husserlienne ne peut en réalité se transcender ni vers le monde, ni vers l'avenir, ni vers le passé (ebd., 152 f.; vgl. 165).

Auf die Weise kann es sich nicht wirksam gegen Descartes' oder Kants ›Ich denke‹ abgrenzen, das Anschauungsblöcke extern verbindet, selbst aber nicht in die Zeit fällt.

> La temporalité devient une simple relation externe et abstraite entre des
> substances intemporelles; on veut la reconstruire tout entière avec des maté-
> riaux a-temporels. Il est évident qu'une pareille reconstruction faite d'abord
> contre le temps ne peut conduire ensuite au temporel. Ou bien en effet
> nous temporaliserons implicitement et surnoisement l'intemporel, ou bien,
> si nous lui gardons scrupuleusement son intemporalité, le temps deviendra
> une pure illusion humaine, un songe. Si le temps est *réel*, il faut que Dieu
> »attende que le sucre fonde«; il faut qu'il soit là-bas dans l'avenir et hier dans
> le passé pour opérer la liaison des moments, car il est nécessaire qu'il aille
> les prendre là où ils sont (ebd., 178).

Hier erwägt Sartre gar (wie Bieri) den Gedanken der *Realität* der Zeit. Darum gilt es jetzt zu zeigen, dass die Zeit etwas Wirkliches sein kann, ohne doch in einer Struktur des *en-soi* zu gründen. Sie widerfährt dem *en-soi* vielmehr von außen durch die Intervention eines Seienden, zu dessen Seinsart es gehört, sein eigenes Sein nicht zu sein, sondern ›zu sein zu haben‹. Ein solches Seiendes ist das *pour-soi*.

Wir sahen, dass seine interne Verfassung das leere Verweisspiel von Schein und Widerschein ist (›le jeu reflet-reflétant‹). In ihm erkennt man nun leicht das ontologische Fundament dessen, was Husserl Protention und Retention nannte. Das Spiel ›reflet-reflétant‹ gehört zum Bewusstsein als nichtsetzendem und unselbständigem Moment der Strukturganzheit des intentionalen Bewusstseins. Während die Intention die innerweltlichen Gegenstände setzt, indem sie sich selbst nichtsetzt (und damit von ihnen in Abzug bringt), ist die Vergangenheit dem Bewusstsein nicht äußerlich. Sie ist *es selbst*, aber nicht in der Weise der Koinzidenz, sondern, wie wir sagten, des Heideggerschen ›Zu-sein-Habens‹. »Si donc je ne *suis* pas mon propre passé, ce ne peut être sur le mode originel du devenir, mais en tant que j'*ai à l'être pour ne pas l'être* et que j'*ai à ne pas l'être pour l'être.*« Ich bin also meine Vergangenheit in *der* Weise nicht, dass ich sie gleichwohl zu sein habe (Sartre 1943, 186, 199, 161); das unterscheidet sie von der Thesis eines mir äußerlichen Gegenstandes, den ich ganz und gar vor mich stelle, ohne ›ihn sein zu müssen‹. Entsprechendes gilt für den Zukunftsentwurf. Als Vergangener bin ich in der Weise, dass ich mein Sein nicht bin (im Modus des ›Zu-sein-Habens‹); als Künftiger in der Weise, mein Nicht-Sein zu sein. So sind Retention und Protention die nunmehr zeitlich ausgewiesenen und als solche auch angezeigten

Momente des dialektischen Spiels von Schein und Widerschein, deren Pole Sartre ja auch auslegt als das ›Sein-was-ich-nicht-bin und das Nichtsein-was-ich-bin‹.

Aber ist von dieser Struktur her der Durchbruch zur *Realität* der Zeit zu schaffen? Wir sahen, dass Sartre das System ›reflet-reflétant‹ als vor-zeitlich, als bloß virtuell zeitlich charakterisiert und der realen Zeit vorgeordnet hatte. Husserl hatte – worauf Sartre anspielt (64 und 165 oben) – die Bewusstseinsphasen durch infinitesimal kleine Intervalle geschieden (Husserl 1966, § 16, 38 ff.). Aber infinitesimal klein ist nicht *gleich* null. So glaubte Husserl immerhin verständlich machen zu können, warum ein ›immer neues Jetzt‹ nachrücken und die Zeit kontinuierlich *wachsen* kann. (Das Problem des Datennachschubs wird so einsichtig – wenn auch schwierig, da Husserl in den Fluss der inneren Zeit ja kein *reales* Seiendes eingehen lassen will. Aber ist, was er ὕλη nennt, nicht ein bewusstseinsunabhängiger Erdenrest *im* Bewusstsein?) Bei Sartre scheidet selbst diese Möglichkeit aus, da für ihn ein *néant d'être* oder ein *vide absolu* es ist, was den ›reflet‹ vom ›reflétant‹ und mithin die Vergangenheit von der Zukunft trennt. Das hier aufgeworfene Problem hat Gerhard Seel lichtvoll analysiert (Seel 1971, 138 ff.). Gesteht man der Gegenwart, *um die* der Zeitfluss jeweils wächst, ein Zeit*quantum* zu, so könnte dieses kein ›Nichts‹ sein. Ist es aber ein ›Etwas‹ (vom Typ ›en-soi‹), so trübte sich die auf seine Nichtshaftigkeit gegründete Transparenz des Bewusstseins (»wie wenn eine undurchsichtige Klinge in es hineinführe« [Sartre 1978, 23]); andernfalls aber bliebe das quantitative Wachstum der Zeit unverständlich.

So scheint sich die Theorie in einem circulus vitiosus zu bewegen. Die Dynamik der Bewußtseinszeit scheint auf die Leugnung der *Bewußtheit* der Bewußtseinszeit hinauszulaufen, und ein Festhalten an der Bewußtheit der Bewußtseinszeit scheint eine Ableitung der *Dynamik* der Bewußtseinszeit unmöglich zu machen. In diesem Dilemma haben wir das Kernproblem der Sartreschen Zeitlehre zu sehen (Seel 1971, 140).

Wir besitzen schon eine Andeutung über die Auflösbarkeit des Dilemmas: Um die Virtualität des hermetischen ›Systems reflet-reflétant‹ zu verzeitlichen, bedarf es der Intervention des *en-soi* (z. B. in Gestalt des eigenen Körpers). Gewiss darf das *en-soi* nicht in die Innerlichkeit des *pour-soi* eindringen, sonst verlöre dieses seine epistemische Transparenz. Als ein – wie Fichte diese auch seinem

Denken vertraute Struktur einmal nennt – »sich *abspiegelnder Spiegel*« spiegelt das Spiel ›reflet-reflétant‹ in seiner lauteren Abstraktion eben gar nichts (*GA* IV.2, 49; vgl. Fichte 1937, 40) – es sei denn das, was sich *von außen in ihm* spiegelt in der Weise, dem internen Spiegel-Spiel selbst äußerlich zu bleiben (wie jene Klinge, die die Innerlichkeit des Bewusstseins trüben würde). Das aber ist das ›être-en-soi‹, dessen opakes Sein beim Eintritt ins System des Bewusstseins zum Reflex wird. So kommt das Zeitbewusstsein – auf dem gleichen Wege wie das Bewusstsein überhaupt – zu einem Sein, auf dem es aufruht bzw. auf das es gerichtet ist in der Weise, dieses Sein *nicht* zu sein, es aus seiner transparenten Innerlichkeit zu verstoßen:

[L]a conscience naît *portée* sur un être qui n'est pas elle. c'est ce que nous appelons la preuve ontologique.

La conscience est un être pour lequel il est dans son être question de son être en tant que cet être implique un être autre que lui. […]
Cela signifie que l'être est antérieur au néant et le fonde. […] le néant *qui n'est pas*, ne saurait avoir qu'une existence empruntée: c'est de l'être qu'il prend son être; son néant d'être ne se rencontre que dans les limites de l'être et la disparition totale de l'être ne serait pas l'avènement du règne du non-être, mais au contraire l'évanouissement concomitant du néant: *il n'y a de non-être qu'à la surface de l'être.* […]

Le néant, s'il n'est pas soutenu par l'être, se dissipe *en tant que néant*, et nous retombons sur l'être. Le néant ne peut se néantiser que sur fond d'être; si du néant peut être donné, ce n'est ni avant ni après l'être, ni, d'une manière générale, en dehors de l'être, mais c'est au sein même de l'être, en son cœur, comme un ver (Sartre 1943, 28, 29, 52, 57).

Das in der apodiktischen Gewissheit des *cogito sum* affirmierte Sein ist also nicht des Bewusstseins eigenes Sein. Kraft seiner nichts verbergenden Durchsichtigkeit *ist* es nämlich nicht nur ein *néant d'être*, sondern hat von diesem seinem Seinstyp auch evidentes Bewusstsein. So kann es sich, als seines Seins dennoch bewusst, als eine ek-statisch ans Sein-außer-ihm verwiesene Struktur durchschauen. Die impliziert dann freilich, dass in jeder ›prise de conscience‹ Sein von ihm ausgeschlossen wird. Und dies vom leeren Bewusstsein ausgeschlossene, nur in Form eines Reflexes in ihm aufscheinende Sein-an-sich ist ebendas, was das Bewusstsein sich als seine Vergangenheit repräsentiert. Das *en-soi* ist nun so real, wie Seiendes nur real sein kann; und da das Bewusstsein mit ihm nicht zusammenfallen kann, ist mit jedem Ausschluss einerseits ein Wachstum seines Seins (qua Vergangensein) und andererseits eine Abgrenzung gegen dies Sein (in Form eines Sich-Überschreitens auf die Zukunft hin) verbunden. Das Noch-nicht der Zukunft ist das *Nichtsein* des Bewusstseins, kraft dessen es mit dem *Sein* seiner Vergangenheit nicht zusammenfallen kann in der Weise, sie ›zu sein zu haben‹. Und die Gegenwart wäre das Differential oder das Scharnier zwischen einem kontinuierlich in Sein absinkenden vormaligen Nichtsein (Vergangenheit) und einem ins Irreale strebenden vormaligen Sein (Zukunftsentwurf) (ebd., 188, 190, 192).

Tout se passe comme si le Présent était un perpétuel trou d'être, aussitôt comblé et perpétuellement renaissant; comme si le Présent était une fuite perpétuelle devant l'engluement en »en-soi« qui le menace jusqu'à la victoire finale de l'en-soi qui l'entraînera dans un Passé qui n'est plus passé d'aucun Pour-soi. C'est la mort qui est cette victoire, car la mort est l'arrêt radical de la Temporalité par passéification de tout le système ou, si l'on préfère, ressaisissement de la Totalité humaine par l'En-soi (193).

Auch die Unabschließbarkeit der Zeit wird nun einsichtig: Als Zeitlichkeit wird ja ausgetragen der Entwurf auf die unmögliche Versöhnung von *en-soi* und *pour-soi* im Wert. Das *pour-soi* entwirft sich auf die Zukunft als auf ein Sein, mit dem es endlich zusammenfallen könnte. Aber der Wert ist eine kantische Idee – seine Realisierbarkeit mithin prinzipiell ausgeschlossen. So verwandelt sich das zukünftige Sein, einmal erreicht, in ein Gewesen (›*das einzige, von dem man sagen kann,* »*es ist*«‹ [192, vgl. 161 f.]) und treibt so das *pour-soi*, dessen Seinsweise ja das *néant* ist, notwendig zu einem erneuten, ebenso vergeblichen Entwurf der Ausfüllung seines Mangels usw. Auf die Weise wächst, *und zwar real*, des Bewusstseins Sein (qua Vergangenheit), ohne dass ein Endpunkt der Bewegung in der Zukunft abzusehen wäre (es sei denn der Tod als kontingente Grenze aller unbefriedigten Entwürfe). Unter beiden Aspekten – als vergangene und als zukünftige Wesen – sind wir indes verfehlte Absoluta, wenn ›absolut‹ heißt: in ungetrennter Einheit zugleich und zumal sein, was in den Wesenstendenzen einer vom Sein prävenierten und einer in die Zukunft (ins Nichtsein) sich entfliehenden Gegenwart in eine Relation (das semantische Gegenteil von Absolutheit) zerbrochen ist. Gleichzeitig scheint die Zeit das Schema der Wiederherstellung des Verlorenen. Und sie muss unendlich dauern – als eine nie endende Endlichkeit oder als »Sehnsucht nach dem Unendlichen« (Schlegel 1963, 418, Nr. 1168) –, weil zu keiner Zeit und in keiner Zukunft eingeholt und angemessen dargestellt werden kann, was außer aller Zeit ist: die fugenlose Identität des Seins und seiner Bestimmung durch den Entwurf. (Die Ähnlichkeit mit der frühromantischen Zeittheorie springt in die Augen; vgl. Frank 1991, 476 ff.)

VII.

Es fehlt noch ein Schritt auf Sartres Weg von einer idealistischen zu einer realistischen Zeittheorie. Ihn möchte ich im Folgenden nachvollziehen. Sartre sagt nämlich sehr deutlich, die Zeitlichkeit sei nicht nur eine Verfassung der Subjektivität, sie sei vielmehr »universell [und] *objektiv*« (Sartre 1943, 255). Geht diese Behauptung aber zusammen mit der These, es sei nur durchs Pour-soi, dass dem En-soi die Verfassung des Zeitlichseins zukommt? Immerhin gibt es ja so etwas wie objektive Veränderung in der gegenständlichen, in der *En-soi-Wirklichkeit*, und nicht nur zwischen Zuständen und Entwürfen des Subjekts. Lässt sich die Erstere aus Leistungen der bestimmenden Negation (der Arbeit des Pour-soi) verständlich machen?

Hinsichtlich seines baren Seins (seiner Existenz) ist das Subjekt über die Welt (betrachtet als Gesamt des vom Subjekt nur äußerlich profilierten En-soi) mit sich vermittelt. Es *ist* nur als ›gerichtet auf‹ (und gestützt durch) ein Sein, das nicht es selbst ist‹. Sein eigenes Sein – so lautete eine ähnliche Formulierung – ist nur »geborgt« beim ›être en-soi‹. Ohne diese Leihgabe würde es sich von einem ›néant d'être‹, einem relativ-aufs-Sein nicht Seienden, in ein absolutes *gar nichts* (*rien*) verwandeln. Als lautere Nichtigkeit kann es diesem Sein-außer-ihm – dem es wie ein Parasit anhaftet – Negationen zweierlei Typs widerfahren lassen: Es kann das En-soi insgesamt und global als nicht das Pour-soi seiend von diesem abheben; und es kann zweitens das insgesamt vom Pour-soi Unterschiedene noch in sich mannigfach weiter negieren. Da ›omnis determinatio est negatio‹, ergibt die Menge dieser untergeordneten Negationen das Gesamt der konkretren Bestimmtheiten, in denen sich das En-soi dem Pour-soi zeigt (Sartre 1943, 228 ff.: »De la détermination comme négation«). Man sollte vermuten, dass die mundanen Zeitmodi auch darunterfallen. Es wären als Quanta aufgefasste Bestimmtheiten, die dem En-soi von außen aufprojiziert werden und nicht in es eingehen. Die Weltzeit wäre dann die aufs En-soi projizierte Ekstatik des Bewusstseins, angeschaut als die messbare Äußerlichkeit der sukzedierenden »›ceci‹ singuliers« (229): verdinglichte Negationen oder Bestimmtheiten.

Diese Erklärung denkt das En-soi als undifferenzierten Block, nicht als kantische Mannigfaltigkeit des Gegebenen. Die Vermannigfaltigung wäre vielmehr ein Widerfahrnis, das das En-soi einseitig und passiv vom Pour-soi erleidet. Dies gälte dann auch für Veränderungen an der Oberfläche des En-soi: Sie ließen nicht auf eine Pluralität von en-soi interagierenden Weltzuständen oder -ereignissen schließen.

Diese Position hat Gerhard Seel inkonsistent genannt. Sie sei nämlich unverträglich mit der von Sartre ebenfalls vertretenen, wonach es sehr wohl einen vom Pour-soi unabhängigen Grund im En-soi selbst gebe für das Auftauchen und Verschwinden von Phänomenen. Dies werde durch die Erfahrung bestätigt und sei allenfalls durch metaphysische Spekulationen, nicht aber ontologisch zu erklären. Sartre resigniert mithin vor der Aufgabe, dieses Phänomen einsichtig zu machen, gibt es aber zu:

Notre description de la temporalité universelle a été tentée jusqu'ici dans l'hypothèse où rien ne viendrait de l'être, sauf son immuabilité temporelle. Mais précisément *quelque chose* vient de l'être: ce que nous appellerons, faute de mieux, abolitions et apparitions. Ces apparitions et ces abolitions doivent faire l'objet d'une élucidation purement métaphysique et non ontologique, car on ne saurait concevoir leur nécessité ni à partir des structures d'être du Pour-soi ni à partir de celles de l'En-soi: leur existence est celle d'un fait contingent et métaphysique. Nous ne savons pas au juste ce qui vient de l'être dans le phénomène d'apparition puisque ce phénomène est déjà le fait d'un ceci temporalisé. Cependant l'expérience nous apprend qu'il y a des surgissements et des anéantissements de »ceci« divers et, comme nous savons, à présent, que la perception dévoile l'En-soi et, en dehors de l'En-soi, *rien,* nous pouvons considérer l'en-soi le fondement de ces surgissements et de ces anéantissements. Nous voyons clairement en outre que le principe d'iden/tité, comme loi d'être de l'En-soi, exige que l'abolition et l'apparition soient totalement extérieures à l'en-soi apparu ou aboli: sinon l'en-soi serait à la fois et ne serait pas. L'abolition ne saurait être cette déchéance d'être qu'est une *fin*. Seul le Pour-soi peut connaître ces déchéances parce qu'il est à soi-même sa propre fin. L'être, quasi-affirmation où l'affirmant est empâté par l'affirmé, existe sans finitude interne, dans la tension propre de son »affirmation-soi« (Sartre 1943, 257 f.).

Ist indes das Emergieren und Verschwinden von ›Dies-da‹ eine *Tatsache*, so bedarf die These vom durch bare Identität und Massivität charakterisierten En-soi einer Modifikation: Nicht einfach *un*bestimmt, sondern aus der Menge des konkret Bestimmten nur *nicht aktuell herausgegriffen* muss das einzelne ›Dies-da‹ gedacht werden. Alsdann wäre das En-soi eine Fülle des Bestimm*baren* (mit gleichsam virtuell präformierter Bestimmtheit) schon *vor* den bestimmenden Negationen, deren Urheber das Pour-soi ist. Tatsächlich scheint Sartre so etwas im Sinn zu haben, wenn er z. B. sagt: »Ce n'est pas dans sa qualité propre que l'être est *relatif* au Pour-soi, ni dans son être, et par là nous échappons au relativisme kantien« (270). Demnach gäbe es so etwas wie eine ›dem Sein an sich eignende Qualität‹ noch vor der bestimmenden Negation, die es durchs Subjekt erfährt? Diese Deutung macht Gerhard Seel sehr stark, wenn er die zitierte Passage so auslegt, als besäße das En-soi die Bestimmtheiten (einschließlich der zeitlichen) schon vor der Intervention des Poursoi in einer Art ›ungeschiedener Fülle‹ (Seel 1971, 160 f.), aus der das Subjekt virtuell schon Bestimmtes nur mehr ›herausgreift‹. Die Dinge besäßen ihre Bestimmtheiten (einschließlich der zeitlichen) dann schon irgendwie ›an sich‹, und das Bierische Problem stellte sich erneut, wie dieses An-sich-Sein seinerseits dem Bewusstsein sich vermitteln könne, wenn gleichzeitig gelten soll, dass Bewusstseinsprädikate nicht ohne weiteres aufs Sein-an-sich zutreffen. Auf unseren Fall angewendet: Die Realität der Zeit impliziert nicht das Bewusstsein von ihrer Realität, so wie Bewusstsein von Dauer nicht in der Dauer des Bewusstseins sich manifestiert. Diese Differenzierungen verdanken wir Brentano (und Husserl) und wollen sie nicht freiwillig wieder aus der Hand geben.

Gerhard Seel begnügt sich indes nicht damit, Sartres Problem nur aufzudecken. Er unternimmt den konstruktiven Versuch seiner Lösung unter möglichst weitgehender Respektierung von Sartres eigenen Prämissen. Den ›Ausweg aus dem Dilemma‹ sieht er darin, dass man »einen zweiten Typus von Zeitlichkeit ansetzt, der nicht dem Typus der ›inneren Relation‹ untergeordnet ist und damit der Identität des En-soi nicht widerspricht« (ebd., 169 f.). Das Dilemma bestand darin, dass Sartre einerseits die Realveränderung als ein Faktum annimmt, andererseits, bei Zugrundelegung der En-bloc-Auffassung des En-soi, für ein pures Phantom erklären müsste (vgl. Sartre 1943, 257 und 268). Das zweite Glied der Alternative wäre allenfalls akzeptabel, wenn es gälte, den ruhenden, unveränderten Gegenstand in zeitlicher Erstreckung zu denken – denn da könnte das Pour-soi ja seine wechselnden Projektionen wie Filmbilder auf die identische Leinwand zu werfen scheinen, die gegenüber den *moving pictures* und ihrem Zeitfluss indifferent bliebe. Unplausibel wird die En-bloc-Auffassung des En-soi, wenn reale Veränderungen im ruhenden oder gar im bewegten Gegenstand zu erklären sind (Seel 1971, 167). Sollte ein En-soi-Zustand t^1 einen anderen t^2 bedingen, so müsste zwischen beiden eine interne Relation (ein Kausalverhältnis) stattfinden. Eine solche innere Beziehung aber widerspricht der Seinsweise der Identität und damit dem Begriff eines en-soi Existierenden. Sartre hat das Problem gesehen, sich aber außerstande erklärt, es ontologisch aufzulösen (Sartre 1943, 260, 264). Das wäre möglich, meint Gerhard Seel, wenn man – einer Anregung Wolfgang Cramers folgend – der kantischen Auffassung vom Kausalverhältnis als einer Sequenz von Antecedentia und nachfolgenden Wirkungen widerspricht[2] und vielmehr annimmt, Verursachung geschehe kontinuierlich im ›Jetzt‹, jeder Ablauf eines Realgeschehens habe in ihm selbst eine »infinitesimale Tendenz aufs Werden« (Cramer 1954, 199 und 201).

Legt man einen solchen Begriff von Kausalität zugrunde, dann gibt es im En-soi keine zeitliche Sukzession von Zuständen. Das En-soi bildet vielmehr ein zeitliches Kontinuum des Übergangs. Eine solche Form von Zeitlichkeit widerspricht also der Seinsweise der Identität des En-soi nicht, denn das En-soi bleibt in jedem Moment als ein auf einen anderen Zustand hin tendierendes mit sich identisch (Seel 1971, 170).

Dies scheint mir indes eine Lösung nur in Worten zu sein. Sie läuft darauf hinaus, das bewegte Kontiuuum eine mit sich identische Einheit zu nennen – ähnlich der Husserlschen Zeit, die darin au-

---

[2] Diese Auffassung ist bei Kant selbst übrigens keineswegs durchgängig. In einigen Passagen behauptet er selbst die Gleichzeitigkeit von Ursache und Wirkung (z. B. *KrV* A 202 f., B 250 f.) und spricht von einer Kontinuität des Kausationsprozesses, der verhindere, dass zwischen Ursache und Wirkung ein zeitigendes Nichts (*néant*) sich einniste.

ßerzeitlich ist, dass sie nicht selbst in der Zeit ist. Aber die kontinuierliche Bewegung impliziert manifest Elemente von Verschiedenheit, ohne die es komisch wäre, von (realer) Bewegung überhaupt zu sprechen. Und die in den Singular gesetzte einfältige ›Bewegung‹ ist allenfalls insofern *eine*, als alle Einzelbewegungen *in* ihr stattfinden. Sind die einzelnen Bewegungsabläufe indes distinkt, so kann *die* Bewegung nicht indistinktes Eins oder gar prädikatfreies Identisches sein, gar so, dass sie mit der En-bloc-Auffassung des En-soi verträglich wäre. Ferner träte unser altes Problem in der Seelschen Lösung weiter auf der Stelle. Nicht nur ist uns darum zu tun, der Zeit Realität zuzusichern; diese muss auch mit dem Bewusstsein-von-dieser-Realität vermittelt werden können, ohne dass die Husserlschen Zirkel erneut auftauchen. Und schließlich: Hatten wir nicht einen Vorzug der Sartreschen Zeittheorie darin sehen müssen, dass sie Husserls Rede von den ›infinitesimal kleinen‹ Abständen zwischen den Zeitphasen durch eine radikal ekstatische Zeitkonzeption ohne Rückgriff auf hyletische Elemente *im* Bewusstsein ablösen konnte? Durch die Auffassung von der Kontinuierlichkeit der En-soi-Zeit oder der Infinitesimalität der Ursache-Wirkung-Sequenzen drohen sie nun, sich hinterrücks wieder in die Theorie einzuschleichen.

Wolfgang Cramers Reduktion der Kausation auf ein kontinuierliches ›Jetzt‹ führt außerdem geradewegs in die Paradoxien des ›Momentaneismus‹ zurück, der entweder die Realität von Vergangen und Zukünftig nicht erklären oder umgekehrt nicht zeigen kann, wie von indistinktem, in sich nicht weiter gegliedertem Jetzt ein Bewusstsein – als Bewusstsein-*von*-etwas – bestehen kann. Der Gedanke aber, ein an sich undifferenziertes Flusskontinuum werde erst durch Projektionen des Pour-soi als B- oder als A-Reihe artikuliert, führt entweder auf die alte Schwierigkeit des global dem unbewegten En-soi gegenübergestellten (und ihm seine Phantomerscheinungen aufprägenden) Pour-soi zurück oder bleibt schlicht unverständlich, wenn nicht zugleich angenommen wird, diese Artikulation habe ihren Seinsgrund im (oder sei schon ein Charakter des) En-soi selbst (dann aber ergibt es keinen Sinn zu sagen, der Zeitcharakter widerfahre dem En-soi erst durch Projektionen des Pour-soi).

Will man Sartres These, das Sein sei einfach es selbst und sonst nichts (ihm mangele gerade die Nichtshaftigkeit des Pour-soi), nicht aufgeben und doch an der Realität des Auftauchens und Verschwindens von Phänomenen (mithin einer dem En-soi selbst eignenden Negativität) festhalten, so verstrickt man sich unvermeidlich in Paradoxien. Sie lassen es im Rückblick verführerisch erscheinen, den Sartreschen Dualismus von En-soi und Pour-soi durch einen Monismus zu hintergehen, in dem Realität und Realitätsbewusstsein die gleiche Grundstruktur haben. Das war die Husserlsche Intuition, die sich in Formulierungen niederschlug wie derjenigen, wonach die Realität der Zeit sich als solche im Bewusstsein zur Erscheinung bringe; und auch Bieri neigt in diese Richtung, wenn er die Bewusstseinszeit als ideale Selbstdarstellung der Realzeit fassen möchte.

So wäre das Zeit*bewusstsein* ein Zu-sich-selbst-Kommen des En-soi-Flusses. Dann aber müsste die Identität des En-soi als ein immanenter Zug in der voll entfalteten Struktur von Selbstbewusstsein wiederauftauchen und ihrerseits wesentlich identisch sein mit des Subjekts Nichtigkeit und Selbstbezüglichkeit: Formulierungen, die sich auf eine Hegelsche oder, besser: auf eine Schellingsche Konzeption zubewegen (auf eine Schellingsche darum, weil Schelling – ganz ähnlich wie Sartre – die idealistische Komponente der Identitätsphilosophie zu bannen suchte durch die These, das Bewusstsein sei vom Sein ›präveniert‹ und verdanke ihm, was an ihm selbst ›seiend‹ – »cogito sum« – heißen dürfe [Frank 2002, 234ff.; Frank 2007]).

Für eine solche monistische Konzeption gibt Sartres Analyse der Bewusstseinsstruktur ja wirklich Handhaben. Im präreflexiven Cogito ist die Indistinktion der Pole von Subjekt und Objekt zusammengedacht mit jener ›esquisse de dualité‹ (dem ›jeu reflet-reflétant‹), die aber nicht in wirkliche Differenz sich ausfaltet, bevor nicht ein En-soi-Moment dazwischentritt und die virtuelle Artikulation aktualisiert.

Von dieser notwendigen Intervention durchs En-soi war schon früher die Rede, als die bloß virtuelle Zeitlichkeit der ›noetischen Folge‹ von der wirklichen (der aktualisierten, nach früher und später differenzierten) Zeit geschieden werden musste. Wären Vergangenes und Zukünftiges nur potentiell getrennt, so wäre der Anfang da, wo das Ende ist (denn was nur Anfang sein *kann,* aber nicht *ist,* kann sich von dem nicht unterscheiden, was nur Ende sein *kann*, aber nicht *ist*). In Sartres Worten: Mögliches und Wirkliches,

Wunsch und Handlung, Traum und Realität wären alsdann nicht mehr zu unterscheiden; ich wäre *sofort* das, was ich zu sein denke oder wünsche, ›es gäbe keinen Abstand zwischen mir und mir‹ (Sartre 1943, 175 und 392). Dieser Abstand kann umgekehrt auch nicht der sogenannte ›décalage‹ sein, der sich zwischen den ›reflet‹ und den ›reflétant‹ einnistet; denn dessen Seinstyp ist das ›néant d'être‹; wir sahen, dass in der lauteren Innerlichkeit des Pour-soi wirkliche Zeitlichkeit noch nicht auftritt. Soll also der ›décalage‹ Realität gewinnen und *wirklich* mich von mir selbst trennen, so muss er selbst dem Seinstyp ›être en-soi‹ angehören oder ihn in sich integrieren. Und so ist es in der Tat: Die ekstatische Zeitlichkeit des Pour-soi ist selbst En-soi-durchsetzt oder En-soi-vermittelt, anders könnte sie sich nicht als wirkliches Sein-*in*-der-Zeit artikulieren, der zukunfterschließende Entwurf höbe nie vom Gewesen der Ausgangssituation ab oder stürzte als flügellahmer Versuch alsgleich wieder auf sie zurück. Mehr noch: Ohne einen ›support d'être‹ höbe sich das Pour-soi gänzlich auf; ist es doch zwar »fondement de son propre néant« (195), hinsichtlich seines Seins aber unselbständig.

Von welcher Art könnte nun aber dieses real zwischen die Ekstasen des Pour-soi eingefügte und sie tragende En-soi-Moment sein? Nur als Vergangenes, hatte Sartre gesagt, *ist* das Pour-soi im emphatischen Sinne; und von diesem seinem (Vergangen-)Sein reißt es sich stets aufs Neue wieder los in Richtung auf ein Nichtsein (Noch-nicht-Sein, Zukunftsentwurf), mit dem es (vergeblich) zu koinzidieren trachtet. Nun ist die Vergangenheit dem Pour-soi als die *eigene* nur in Form seines Leibes erschlossen. In ihm gibt sich gleichsam die Welt – als Bewandtnis-Ganzes – ein Stelldichein mit dem Nichtsein als dem ›Stoff‹, aus dem das Pour-soi gemacht ist (365 ff.). Es ist der Leib, der in intimerer Weise ›mein‹ heißen darf als die Welt und der als kontingente, faktische Größe die transzendalen Leistungen des ›cogito préréflexif‹ ihrerseits ontisch fundiert. So ist er nichttranszendentale Bedingung der Möglichkeit für den Selbstentwurf des Pour-soi, der reale Unterschiedenheit von Woher (Situation) und Worauf (der Zukunft, letztlich dem Wert als der unmöglichen Vereinigung von Sein [Vergangenheit] und Nichts [Zukunft]) zu seiner Voraussetzung hat. Diese Unterschiedenheit allein würde freilich nur die Zeit als B-Reihe (von Früher/Später) fundieren, träte nicht eine durch Sein vom Typ En-soi erfüllte Gegenwart dazwischen. Diese erfüllte Gegenwart wird durch den Einstand der Welt in mir, also zunächst und zuvörderst durch meine Körperlichkeit, garantiert. Alle meine Entwürfe müssen fortan, sollen sie Spuren in der bewusstseinsunabhängigen Welt hinterlassen, inkarniert sein; und so ist mein Körper weder bloß beseelter Leib noch bloß inerte Masse, sondern ein selbst Bewegendes/Bewegbares, das den Gesetzen der Kausalität und der Physik unterworfen ist und ebendeshalb Wirkungen üben kann auf innerweltlich Seiendes. Durch den Leib ist es auch, dass die Bewusstseinszeit – metaphorisch gesprochen – mit der Weltzeit und mit der En-soi-Zeitlichkeit der bewegten Dinge ›synchronisiert‹ ist, so dass die ekstatische Zeit der Entwürfe eingreifen kann in den Prozess kontinuierlicher Veränderung der Dinge (vgl. Seel 1971, 175).

Auf die Weise scheint die Forderung der Realität der Zeit endgültig als vereinbar erwiesen mit dem transzendentalphilosophischen Ansatz, der die Möglichkeit der Rede darüber aus Strukturen des präreflexiven Bewusstseins aufzuklären beansprucht.

VIII.

Diese Interpretation konnten wir aber nur mit Mühe und vielen hermeneutischen Eingriffen auf Sartres eigenen Text beziehen. Zwar entwirft Sartre den Vorgriff auf die unmögliche Vereinigung von En-soi und Pour-soi unter dem Titel des Wertes und sucht im Schlussteil von *L'être et le néant* sogar nach jenem einheitlich-mythischen Sein, von dem En-soi und Pour-soi nur unselbständige Momente wären (τὸ ὅλον [Sartre 1943, 716 ff.]). Die Formel vom Zu-sich-selbst-Kommen der En-soi-Zeit in der Bewusstseinszeit appelliert mithin an eine den beiden Seinstypen gemeinsame Grundstruktur, die man schwer vermeiden kann mit der Hegelschen Formel von der Identität des An- und Für-sich-Seins zu belegen. Diese Formel ist indes tückisch, weil sie von vornherein an der Klippe der dualistischen Grundanlage von Sartres Theorie scheitern muss, die das En-soi in eine weitgehend undialektische Opposition zum Pour-soi bringt. Wenn von einer Identität des En-soi und des Pour-soi gesprochen werden kann, so allenfalls als von einer Idee im kantischen Sinne: als Aussicht auf den unerreichbaren ›Wert‹. Die Husserlsche Vision einer ›Selbsterscheinung des Flusses‹, zumal wenn der Fluss als eine objektive Realität gedacht wird, wäre also auf der Grundlage der Sartreschen Ontologie uneinlösbar.

Darum sollten wir uns mit einer bescheideneren Auskunft begnügen, zu der Sartres Zeitbewusstseinstheorie doch tatsächlich unterwegs ist. Sie besteht darin, uns zu lehren, dass die undialektische Opposition der beiden folgenden Bestimmungen des Selbstbewusstseins nicht das letzte Wort haben muss:

(1) Es findet im Selbstbewusstsein kein Subjekt-Objekt-Gegensatz statt.
(2) Im Selbstbewusstsein deutet sich eine Dualität von Schein und Widerschein an, die sich zu einer Art innerem Selbstdementi zuspitzt (»das Bewusstsein ist nicht, was es ist, und ist, was es nicht ist«). Aus diesem Sich-selbst-in-Abrede-Stellen (»contestation«) lässt sich die Zeiterstreckung des Bewusstseins und seine Fähigkeit zur Selbstveränderung erklären.

Wie, wenn wir die zweite Bestimmung nicht als Widerspruch zur ersten, sondern als eine Art dialektischer Weiterbestimmung derselben zu verstehen versuchten? Dann wäre die innere Differenziertheit des Selbstbewusstseins verträglich mit ihrer präreflexiven Einheit, ja aus dieser entwickelbar. ›Entwickelbar‹ würde hier nicht meinen: deduktiv ableitbar. Eher denke ich – und so etwa drückt Sartre selbst sich gelegentlich aus –, dass die Binnendifferenziertheit sich *in* der ursprünglichen Einheit (›indistinction du sujet et de l'objet‹) artikuliert. Anders gesagt: Es ist die Differenzierung einer vormaligen Einheit, und die ursprüngliche Einheit hält die Klammer um das folgende Entfaltungsgeschehen, und zwar so, dass die Differenzierung niemals aus der Sphäre der Einheit heraustritt. (Wieder ist die Versuchung fast unwiderstehlich, hegelianisierend von einer Einheit der Einheit und ihrer Selbstdifferenzierung zu sprechen.)

Die Idee der Fortbestimmung einer ursprünglichen (präreflexiven, aber Reflexion begründenden) Einheit des Selbstbewusstseins ist nicht nur per se attraktiv. Sie ist auch geeignet, einem Standardeinwand gegen präreflexivistische Selbstbewusstseinsmodelle entgegenzutreten. Er lautet: Theorien dieses Typs – nicht nur die der Heidelberger Schule oder Sartres, sondern auch diejenigen Castañedas und seiner Nachfolger – müssen Selbstbewusstsein wegen seiner irrelationalen Einfachheit für unanalysierbar erklären (und das tut Castañeda ja auch explizit, viele sind ihm bis heute gefolgt [siehe im vorliegenden Band Kap. 2]). Darum bleiben solche Theorien auch rein negativ: Sie sagen, was Selbstbewusstsein nicht ist, nämlich nicht Repräsentation, nicht gegenständliches Bewusstsein. Positiv aber – so heißt die Generalanklage – wissen sie nichts zur Binnenstruktur von Selbstbewusstsein beizusteuern, die sie ja leugnen.

Der Vorwurf ist indes unbegründet. Henrich spricht von »eine[r] innere[n] Komplexion, eine[r] innere[n] Mannigfaltigkeit« des Selbstbewusstseins (Henrich 1986, 7; so auch Henrich 2007, 9, 34 [ff.]). Sartre geht, wie wir sahen, weiter: Das Selbstbewusstsein negiere seinen eigenen Gehalt und sei nicht, was es sei, sondern sei, was es nicht sei. Er führt also eine robuste Differenz ins Bewusstsein ein.

Es war Henrich selbst in einem lange Zeit unpublizierten Text von 1971, »Selbstsein und Bewußtsein«, der den Fehdehandschuh aufnahm und positive Konsequenzen zog aus dem überwiegend negativen Befund des Vorgängeraufsatzes »Selbstbewußtsein. Kritische Einleitung in eine Theorie« (1970). Er hat die Quintessenz des Aufsatzes nicht nur selbst in einem populären Forschungsbericht der Ludwig-Maximilians-Universität zusammengefasst (Henrich 1986, bes. 7f.), sondern mir auch erlaubt, seine Hauptthesen zu resümieren. (Das habe ich z. B. am Schluss des interpretierenden Teils meiner Anthologie *Selbstbewußtseinstheorien von Fichte bis Sartre* getan [Frank 1991, 583 ff.]; inzwischen ist Henrichs Text im Internet zugänglich [Henrich 2007].)

Henrich schlägt eine grundsätzliche Trennung vor zwischen Selbstbewusstsein (er sagt ›Bewusstsein‹) und Selbsterkenntnis (er sagt ›Selbstsein‹). Bewusstsein müsse als eine ursprünglich sich öffnende Dimension oder als ein anonymes Feld gedacht werden; kein Ich sei sein Bewohner; keine begrifflichen Leistungen finden in ihm statt. Die gegenwärtige *Philosophy of Mind* würde von *self-awareness* sprechen. Selbstsein hat – wie Kants ›Ich denke‹ – ein Ich im Zentrum; von ihm gehen begriffliche Operationen aus. Ein drittes Element tritt hinzu, eine Formkomponente: die relationslose Vertrautheit-mit-sich-selbst, die unsere Sprache irreführenderweise nicht anders als in reflexiven Wendungen artikulieren kann – die indische und die buddistische Philosophie haben gelehrt, dass man Reflexiva durchgängig auf Irreflexivität reduzieren kann (Beeh 2007) – und damit auch alle logischen bzw. mengentheoretischen Paradoxe loswird, auf deren eines Williford (2006) Selbstbewusstsein reduzieren will. Dies Formmoment teilen nun Selbstbewusstsein und Selbstwissen.

Ich selbst hatte früher (mit Sartre) gedacht, das präreflexive Selbstbewusstsein fundiere das reflexive: »Seul le ›cogito‹ pré-réflexif fonde les droits du ›cogito‹ réflexif et de la réflexion« (Sartre 1947, 50/368, 4. These). Verstehen wir aber unter ›präreflexivem Cogito‹ etwas Vorbegriffliches und unter ›reflexivem Cogito‹ etwas Begriffliches – wozu besonders im Französischen die Aquivokation ›réflexion‹ Anlass gibt: (1) Sich-auf-sich-Zurückwenden, (2) Nachdenken –, dann ist diese These sicher falsch. Ich habe mir das erst vor etwa zehn Jahren wirklich klargemacht, als ich, vor allem unter dem Einfluss von repräsentationalistischen Theorien, dieselbe Äquivokation im Ausdruck ›Selbstbewusstsein‹ entdeckte. Es kann unbegriffliches Zumutesein meinen oder begriffliches Selbstwissen. Diesen Unterschied macht Sartres Vortrag »Conscience de soi et connaissance de soi« zwar schon im Titel. Aber er hält, wie das Zitat belegt, das Selbstwissen für eine Explizitation des unbegrifflichen Selbstwissens. Wenn wir ›Selbstbewusstsein‹ und ›Selbstwissen‹ für Varietäten der Subjektivität erklären, dann glaube ich heute (und mit Henrich): Diese beiden Varietäten sind nicht als Spezifikationen einer gemeinsamen Gattung zu erklären, obwohl sie ein paar (oder wenigstens *eine*) wesentliche Eigenschaft(en) teilen: die Selbstvertrautheit. Man darf Selbstbewusstsein und Selbstwissen also nicht, wie Novalis einmal sagt, als »Namen Eines Begriffs« behandeln (Novalis 1977, 328, Z. 35). Ein etwas schwächerer Anspruch steckt in der Überzeugung, sie seien immerhin auseinander verständlich zu machen. Lange habe ich das selbst angenommen. Dabei bin ich auf einen Fehler Brentanos, des frühen Husserl und Sartres hereingefallen, die Ich- oder Selbstwissen (»connaissance de soi«, egologisches Sich-selbst-Erkennen) aus »conscience de soi« ableiten wollten (Frank 1991, 508 f., Kap. XIII [583 ff.]). Ebenso fehlorientiert war aber Fichtes gerade umgekehrtes Unternehmen, vorbegriffliche Intentionen oder Gefühle aus voll entwickeltem Ich-Wissen aufzuklären. Es gibt also keine gemeinsame Gattungsbasis für beide Varietäten. Aber das bedeutet nicht, dass jedes für sich ohne das andere vorkommen könnte. Sie kooperieren mit aposteriorischer Notwendigkeit, etwa wie Teile eines Organismus: Herz und Leber sind nicht Namen eines Begriffs, aber der Ruin eines Organs führt unfehlbar den des anderen mit sich. Jedenfalls verlangt die Rede von einer Einheit der Subjektivität ein theoretisches Modell, das noch zu entwickeln wäre. (Ein Versuch findet sich im 6. Kapitel des vorliegenden Bandes.)

Schon Henrich hatte 1971 (17 f.; Internetfassung: 13 ff.) auf die Notwendigkeit für eine Theorie des Selbstbewusstseins hingewiesen, Zeitbewusstsein erklären zu müssen. Denn die Zeit skandiert und artikuliert (im Wortsinne: zergliedert) die vermeintlich fugenlose Einheit des Bewusstseins und fügt den Motiven zur inneren Strukturierung des Phänomens ein weiteres hinzu. Kein Theoretiker der Präreflexivität war sich dessen so bewusst wie Sartre. Aber steht die (Hegels Bestimmung der Zeit entnommene) Formel, das Bewusstsein sei, was es nicht sei, und sei nicht, was es sei (Hegel 1970a, Bd. II, § 258, 48; Sartre 1943, III, passim; Sartre 1947, 50/368, 2. These; 68/387 [ff.]), nicht in eklatantem Widerspruch zu der von der ›indistinction du sujet et de l'objet‹ im präreflexiven Selbstbewusstsein (Sartre 1947, 63/382)?

Wir haben Sartres positive Konsequenz schon vorweggenommen: Im Blick auf die Zeitlichkeit des Selbstbewusstseins müssen wir eine Art virtuellen Gegensatzes in ihm annehmen, der sich als Zeitbewusstsein aktualisiert. Diese Aktualisierung kann als Fortbestimmung der ursprünglichen Präreflexivität des Cogito betrachtet werden. Wie das geschieht, habe ich in den vorausgehenden Abschnitten gezeigt. Jetzt aber möchte ich einen bestimmten Aspekt unter die Lupe nehmen: Ich möchte abschließend die *Logik* dieser Binnendifferenzierung so liebevoll wie möglich ans Licht bringen und riskiere dafür einige Zitat-Wiederholungen. Erst jetzt glaube ich, ihre anfangs bezweifelte Kompatibilität aufzeigen und damit dem Vorwurf widersprechen zu können, die Option für die Präreflexivität schließe (1) eine ›Analyse‹ der Selbstbewusstseinsstruktur aus und bleibe (2) völlig negativ. Zugleich will die Analyse den begrifflichen Mechanismus (oder besser: Organismus) ›am Werk‹ zeigen, während mein Zugang bisher statisch war.

Beginnen wir bei einem Blick auf den Ausdruck ›Selbstbewusstsein‹. Er enthält ein nominalisiertes Reflexivpronomen, das – wie wir sahen – in dem französischen Ausdruck für Selbstbewusstsein, ›conscience de soi‹, noch direkter ins Auge springt. Während Henrich das Reflexivpronomen in unserer Rede vom ›Selbst‹-Bewusstsein weganalysieren möchte, nimmt Sartre es als irreduzibel ernst. Schon der Geist der französischen Sprache lenkt ihn hier; denn das ›soi‹ im Ausdruck ›conscience de soi‹ zeigt auf einen untilgbaren Selbstbezug. Das präreflexive Selbstbewusstsein koinzidiert eben nicht einfach mit sich, wie ein Tisch mit sich selbst identisch ist. Sartre hat den Ausdruck ›Identität‹ an *En-soi*-Verhältnisse vergeben und kann ihn darum nicht aufs Selbstverhältnis des *Pour-soi* anwenden (Sartre 1943, 33). Selbstbewusstsein unterhält eine reflexiv gespaltene ›Einheits‹-Beziehung zu sich: Die allgemeine Regel ›no entity without identity‹ scheint beim Selbstbewusstsein suspendiert, das nicht ist, was es ist, sondern sich zu sich verhält (Sartre 1947, 63/381f.). Es ist ein eigener ›Seinstyp‹, sagt Sartre. Aber wie darf man ihn sich genauer vorstellen? Einerseits gibt es keine »présence d'un objet pour un sujet«, andererseits gibt es doch »den Rückverweis (renvoi) von etwas auf etwas« (63/182, 69,4/388,3). Dieser Rückverweis lockert die Verbindung und macht ein materielles von einem Formmoment unterscheidbar (Sartre 1943, 167; vgl. 221). Jenes nennt Sartre auch den Gehalt, dieses das Aktmoment des Bewusstseins. Er illustriert das an der Lust (›plaisir‹, das ist der Gehalt), die sich doch nur einem Lust*bewusstsein* (›conscience de plaisir‹) erschließt – so wie bei Kripke und Chalmers Schmerz einem notwendig kopräsenten Schmerz*bewusstsein* (vgl. oben, Kap. 1, Schluss von Abschnitt III). Anders als Kripke spricht Sartre aber von einer »Selbstentfernung« (»distance à soi« [50/368, 2. These; 69/388, auch »absence de soi« [ebd.]), von »Sichselbst-in-Abrede-Stellen (contestation)« (68/387), »interrogation ontologique du plaisir« (66/385), »un léger décalage« (69/388; vgl. 50/368, 67/386), »une esquisse de dualité« (67/386), einem »Riss« (»fissure«), der zu einem »Verlust an Seins-Dichte« (»décompression d'être«) führt (69 [f.]/388 [f.]; 75/394). Sie bringt das Pour-soi, wie er das Subjekt nun nennt, »wie eine Made in der Frucht« um seine An-sich-Identität, zerstört aber nicht seine reflexive Einheit. (»Einheit« ist der Ausdruck, den Sartre an die Stelle der En-soi-Identität setzt. Für-sich-Sein impliziert »une séparation qui est en même temps unité« [68 f./387]. Wenn ich recht sehe, flirtet Joseph Levine mit einer ähnlich ›trinitarischen‹ Lösung, wie er sie nennt: »Somehow conscious awareness has a differentiable act-object structure but of a sort that involves genuine, not superficial, unity« [Levine 2010, 10].)

Das Französische erlaubt – wie wir sahen – durch die Unterscheidung von *refléter* und *réfléchir* diese Zwischenstellung des

Bewusstseins zwischen Identität und Differenz. Richtig getrennt wären der Gehalt und das Bewusstsein, das ihn hat, erst in der Dyade *réfléchissant-réfléchi*, dem Fall der expliziten Reflexion, die Sartre ›Selbst*wissen*‹ (›*connaissance* de soi‹) nennt und dem präreflexiven Bewusstsein abspricht. Statt von ›Reflektierendem-Reflektierten‹ (im deutschen Sinne) spricht er von einem Spiel aus Schein und Widerschein (»jeu reflet-reflétant« [67/385 [ff.]; Sartre 1943, 118, 128). Warum kann er glauben, es werde der These von der Indistinktion von Subjekt und Objekt im Selbstbewusstsein nicht gefährlich? Weil und solange nur der (durchsichtige) Gehalt, aber nicht der von ihm repräsentierte (opake) Gegenstand in die Dyade ›reflet-reflétant‹ eintritt: »Car le Pour-soi a l'existence d'une apparence couplée avec un temoin d'un reflet qui renvoie à un reflétant sans qu'il y ait aucun objet dont le reflet serait reflet« (Sartre 1943, 167; vgl. 221). Der ›reflet reflétant‹ ist ein sich selbst, aber nichts Substantielles/Äußeres spiegelnder Spiegel. Diese (leere, darum ihre Durchsichtigkeit nicht beschädigende) Dyade ist vom Verhältnis zwischen einem En-soi-Objekt und einer Erkenntnis dadurch unterschieden, dass der Gehalt nicht unabhängig von seinem bewussten Gewahrwerden besteht (die Lust nicht unabhängig vom Lustbewusstsein), während Objekte gerade unabhängig von unseren Erkenntnissen existieren. Für sie gilt ja gerade nicht Berkeleys *esse est percipi* (57/375 ff.; Sartre 1943, 16 ff.).

Mit der These von der Durchsichtigkeit des Bewusstseins glaubt Sartre aus dem gleichen Grund nicht in Widerspruch zu kommen. Denn Schein (reflet) und Widerschein (reflétant) sind ja eben leer, solange sie nicht ein unabhängig existierendes Weltobjekt ›widerspiegeln‹. (Ein Schein ist weder gar *nicht* noch *ist* er im positiven Sinne: Sein ontologischer Status ist der eines griechischen μὴ ὄν, das nicht gar nichts ist [wie das οὐκ ὄν], sondern das nur seine eigene Wirklichkeit verneint und das die Franzosen im Gegensatz zum ›rien‹ ›néant‹ nennen [*SW* I/10, 284 f.; Schelling 1972, 385; und Sartre 1943, 51, 65; dazu Frank 2002, 234 ff.].)

Wie aber kommt es zu jener wirklichen Komplexion der Bewusstseinsstruktur, durch die das Bewusstsein nicht nur virtuell, sondern wirklich in einen Widerspruch zu sich gerät? Wir sahen: durch Einlagerung eines Objekts, eines En-soi-Anteils, das (bzw. der) die Durchsichtigkeit des präreflexiven Bewusstseins trübt. Es gibt von nun an einen wirklichen Datennachschub in der sterilen, nur sich selbst spiegelnden Dyade, die das Bewusstsein zeitlich wachsen lässt. ›Es ist nicht, was es ist‹, enthüllt sich nun als zeitliche Eigenschaft: Es ist nicht *mehr* seine Vergangenheit, die sich als verweigerte En-soi-Identität darstellt; und ›es ist, was es nicht ist‹, im Modus des *Noch*-nicht: seine Zukunft.

Darüber haben wir uns in den vorangehenden Abschnitten verständigt. Es geht mir nun um eine Antwort auf die Frage, ob die These der Präreflexivität des Selbstbewusstseins mit der seiner inneren Komplexion verträglich ist. Und Sartre hat das bejaht. Damit begegnet er bewusst der Intuition, die vermutlich am Ursprung der Hegelschen Dialektik gestanden hat: Was sich bei der ersten Annäherung als das unbestimmt Einfache präsentiert, lässt sich weiterbestimmen zum in sich Differenzierten – und bleibt doch mit sich selbst in Einheit (Hegel 1970, 2, 96). Anders: Das, was aller Binnenartikulation zu entbehren schien, öffnet einen Raum zur Unterscheidung von phänomenalem Bewusstsein, Zeitbewusstsein und Selbstwissen. In allen aber bleibt eine irrelationale Dimension von Präreflexivität erhalten. Wie das näherhin vorstellbar ist, werde ich im 6. Kapitel entwickeln.

4. Subjektivität und Intersubjektivität
Einwände gegen den apriorischen Intersubjektivismus

Das vorangehende Kapitel bot Gelegenheit, die Verträglichkeit der Thesen von der Irreflexivität und der inneren (zumal zeitlichen) Artikuliertheit des Selbstbewusstseins zu prüfen. Doch droht der Präreflexivitätsannahme mindestens ebenso heftiger Widerstand an einer anderen Front. Dort wird ihr entgegengehalten, sie betrachte Subjektivität in monadischer Vereinzelung und nicht im gesellschaftlichen, im intersubjektiven Kontext. Erst aus ihm werde sie aber eigentlich verständlich.

Auch diesen Einwand hatte Sartre (wie wir im V. Abschnitt genauer sehen werden) durchaus vorweg- und ernst genommen. In seinem Vortrag vor der Französischen Philosophie-Gesellschaft (vom 2. Juni 1947) wehrt er sich nicht nur gegen den Vorwurf, der Ausgang vom cartesischen *Cogito* reduziere das (seiner selbst bewusste) Bewusstsein auf einen zeitlosen Augenblick. Er begegnet auch dem Einwand, Descartes isoliere das *Cogito* solipsistisch und könne die Existenz anderer Subjekte nicht erklären. Sie interessiere ihn auch wenig.

Sollte das für Descartes gelten, so sicher nicht für Sartre. In den Thesen, die dem besagten Vortrag zugrunde liegen, sagt er bündig: »Der Andere muss gewiss sein oder verschwinden (Autrui doit être certain ou disparaître)« (Sartre 1947, 51/369.6). Sartre findet – keine apriorischen, sondern kontingente – Evidenzen für die Existenz anderer Subjekte u. a. in den cartesianisch gewissen Bewusstseinszuständen der Scham und des Stolzes. Wir könnten sie uns nicht zuschreiben, wenn wir nicht vor ›anderswem (autrui)‹ uns schämten oder stolz wären. In eindringenden Analysen der auf Hegels Kapitel »Herr und Knecht« aufbauenden Intersubjektivitätstheorien zeigt er, dass wir *andere* Subjekte nicht als andere *Subjekte* anerkennen könnten, wenn wir mit Subjektivität nicht vor aller Vergegenständlichung schon bekannt gewesen wären.

Andere Einwände gegen die angebliche Intersubjektivitätsvergessenheit des Präreflexivismus nähren sich an Wittgensteins und dem sprachanalytischen Erbe. Es macht Selbstbewusstsein von Sprachbeherrschung abhängig und zeigt dann, dass sich mit ›ich‹

nur ansprechen kann, wer sich aus einer Fremdperspektive als durch ›du‹ oder ›er/sie‹ ansprechbar weiß.[1] Dieses Wissen kann, weil es in Regelwissen besteht, als apriorisch bezeichnet werden. Einen so begründeten apriorischen Intersubjektivismus möchte ich – am Beispiel Ernst Tugendhats und Jürgen Habermas' – mit Sartre-inspirierten Argumenten aus dem bewusstseinsphilosophischen Arsenal in Verlegenheit bringen.

I.

Jürgen Habermas hat sich in Publikationen der 1980er und 1990er Jahre einem von Tugendhat vorgeschlagenen Interpretationsschema der Etappen abendländischen Philosophierens angeschlossen (Tugendhat 1975, I. Teil, vor allem S. 25 und 5. Vorlesung, sowie – mit dem engeren Blick auf die Geschichte der Logik – Tugendhat/Wolf 1983, 7 ff.). Danach wäre die (antike und mittelalterliche) Frage nach dem Sein des Seienden (Ontologie) seit Descartes durch die Frage nach den epistemischen Voraussetzungen unseres Zugangs zum Seienden als solchen und im Ganzen abgelöst worden (Bewusstseinsphilosophie), und diese wiederum habe ihre Aufhebung erfahren durch die Sprachphilosophie, die nach den universellen Voraussetzungen unseres Verstehens sich erkundigt und dabei stillschweigend die Zusatzprämisse (des Nominalismus) in Anspruch nimmt, wonach der Gegenstand des Verstehens das im Satz Artikulierte sei (vgl. Habermas 1988, 20 f.). Habermas gibt dieser Konsequenz eine betont intersubjektivistische Wendung (die sie freilich schon bei Ernst Tugendhat besaß: vgl. vor allem die 11. und 12. Vorlesung von Tugendhat 1979), indem er Sprache als Medium

1 Eine differenziertere Variante von semantischem Intersubjektivismus führt Pauen (1999) vor: Der emphatische Selbstbezug in der Wendung ›S kennt sich *als sich selbst*‹ setzt nach dem Gesetz ›keine Bestimmung ohne Verneinung‹ Fremdbezug voraus. Denn wen sollte das ›als mich selbst‹ meinen, wenn das Selbst ohne die Alternative eines Nichtselbst (eines Du) wäre? Pauen schaltet aber den Fremdbezug dem Selbstbezug nicht vor, sondern meint, Fremdbezug lasse sich seinerseits ohne Selbstkenntnis nicht vollziehen. Das ist eine eleganter Vorschlag, den ich allerdings für zirkulär halte: Selbstbezug setzt um seiner Bestimmtheit willen Fremdbezug voraus, der wiederum nur für ein mit sich vorgängig bekanntes Wesen einlösbar ist. (Die emphatische Ablehnung eines solchen Vorschlags findet sich bei Strawson 2009, 121-124.)

der Verständigung und als Keimzelle gesellschaftlichen Verkehrs interpretiert. Ist Sprache das letzte die Selbstaufklärungsarbeit der Moderne überlebende Transzendental, so gilt Intersubjektivität damit als tiefstangesetzte Basis philosophischer Geltungsansprüche; und die als ›monologisch‹ oder ›solipsistisch‹ beargwöhnte Subjektivität muss darin ihren Ort finden oder nirgends. In seiner Replik auf Dieter Henrichs »Zwölf Thesen gegen Jürgen Habermas« (Henrich 1987) hat er seine schon in früheren Publikationen vorgestellte These in zugespitzter Form wiederholt, wonach die ›subjektphilosophische Erbmasse‹ der etwa von Descartes bis Husserl reichenden Tradition aufgenommen und resorbiert werden könne sowohl von der »Theorie selbstbezüglich sich selbst erzeugender Systeme« (Habermas 1988, 30; vgl. Habermas 1985, 426 ff.) als auch – wirkungsvoller, weil naturalismusresistenter – vom (an Peirce und Mead orientierten) sprachpragmatischen Intersubjektivismus. Zwar sei den letzten Verfechtern der Bewusstseinsphilosophie darin recht zu geben, »daß das Phänomen des Selbstbewußtseins auf dem Wege einer semantischen Analyse der Verwendung *einzelner* sprachlicher Ausdrücke (z. B. des Personalpronomens der 1. Person Sing.) nicht befriedigend erklärt werden kann« (Habermas 1988, 31). Umgekehrt gelte freilich ebenso, dass die Satzform (logisch und semantisch) nicht, wie im Programm eines erweiterten Kantianismus, aus Leistungen einer vorsprachlich-transzendentalen Subjektivität verständlich gemacht werden könne (dies hatte Dieter Henrich schon 1976 in *Identität und Objektivität. Eine Untersuchung zu Kants transzendentaler Deduktion* gezeigt). Wer von einer ›Gleichursprünglichkeit‹ des Bewusstseins und der Sprache ausgehe, stoße auf unüberwindliche Probleme bei der Erklärung interindividuell teilbaren Sinns und sehe sich so auf den Ausweg einer Theorie getrieben, die Subjektivität selbst als ein Moment der Struktur interaktiver Verständigung in Anschlag bringe (Habermas 1988, 32). Dies von Mead in die Diskussion gebrachte Paradigma paraphrasiert Jürgen Habermas im Gestus der Zueignung wie folgt:

Um sich über etwas zu verständigen, müssen die Beteiligten nicht nur die Bedeutung der in ihren Äußerungen verwendeten Sätze verstehen, sondern sich zugleich zueinander in der Rolle von Sprechern und Hörern verhalten können – im Kreise von unbeteiligten Angehörigen ihrer (oder einer) Sprachgemeinschaft. Die reziproken, durch die Sprecherrollen festgelegten interpersonalen Beziehungen ermöglichen ein Selbstverhältnis, welches die einsame Reflexion des erkennenden oder handelnden Subjekts auf sich als vorgängiges Bewußtsein keineswegs voraussetzt. Vielmehr entsteht die Selbstbeziehung aus einem *interaktiven Zusammenhang* (ebd.).

Nun gehört zu den unvergessenen Leistungen der sogenannten bewusstseinsphilosophischen Tradition, die (nicht erst) neuerdings auch im angelsächsischen Sprachraum so energische Verteidiger findet, dass von einem die Wende zur Sprachphilosophie ablösenden *epistemological turn* die Rede ist – zu den bleibenden Leistungen der Bewusstseinsphilosophie gehört der Nachweis von Zirkeln, die auftreten bei allen in einer Außenperspektive unternommenen Erklärungen des Phänomens ›Selbstbewusstsein‹ (siehe im vorliegenden Band Kap. 2). So ist es offenbar unmöglich, unsere *unmittelbare* Kenntnis mentaler Zustände in einer behaviorialen oder *observationellen* Begrifflichkeit zu erklären – nicht nur, weil Zuschreibungen aus Verhaltens- oder introspektiven Beobachtungen *mittelbar* wären, sondern vor allem darum, weil alle Identifikation-aufgrund-von-Beobachtung Kriterien anwendet, während Selbstzuschreibungen aus der ›ich‹-Perspektive kriterienlos und ohne Identifikation erfolgen. (Letztere bilden ein ›Wissen, wie [es ist, im entsprechenden psychischen Zustand ϕ sich zu befinden]‹, kein propositionales ›Wissen, dass ϕ‹.) So lässt sich das merkwürdig cartesianische Evidenzgefühl, das unsere Selbstzuschreibungen begleitet, gar nicht verständlich machen aus der Perspektive der (wie immer interaktionistisch standardisierten) Verhaltensobservation; denn Observationen – vor allem solche, die begrifflich an Typen des Sprachverhaltens ausgerichtet sind – führen zu Wissen, und alle (Prätention auf) Wissen ist prinzipiell fallibel, während Selbstzuschreibung mentaler Zuschreibungen infallibles Bewusstsein erzeugt – wobei wir ›infallibel‹ bescheidener übersetzen wollen durch ›über allen vernünftigen Zweifel erhaben‹ (Chisholm 1977, 7 ff.). (Man sollte in solchem Zusammenhang von Fallibilität oder Infallibilität – und also auch von Wissen – gar nicht reden, weil damit der Diskurs von Wahrheit und Falschheit in Anspruch genommen wird, der sich auf Aussagezusammenhänge bezieht, während das unmittelbare Selbstbewusstsein eben nicht propositional verfasst ist. Vgl. dazu noch jüngst: Horgan/Kriegel 2007.) Da wir diese – inzwischen auch in der amerikanischen *Philosophy of Mind* weitgehend anerkannte – Einsicht wesentlich den Arbeiten Dieter Henrichs verdanken, der in unermüdlichen Anläufen die Unangemessenheit des Subjekt-Objekt-Schemas zur Deutung unmittelbaren epistemischen Selbstbewusstseins aufgewiesen hat, ist es mehr als erstaunlich, in Habermasens *Theorie des kommunikativen Handelns* zu lesen, Henrich denke »das Wissen des Subjektes von sich selbst, in dem Wissen und Gewußtes zusammenfällt, [...] *nach dem Modell des Wissens von Objekten*«, mit der alleinigen Modifikation, dass das perzipierte Objekt hier eben ›das Selbst‹ höchsteigen sei (Habermas 1981 I, 527). Henrich hat aber vielmehr gezeigt, dass Selbstbewusstsein – infallibel und unkorrigierbar, wie es sich präsentiert – weder ein Fall von Identifikation sein kann (alle Identifikation, soll sie nicht triviale Wiederholung ein und desselben sein, setzt Getrennte in eins; es gibt im Selbst aber keine solche Trennung) noch eine Instantiierung von Wissen (Wissen ist nicht nur propositional und mithin fallibel, sondern bezieht sich auf seinen Gegenstand vor allem auch mittelbar, nämlich ›vermittels‹ eines ihm mit vielen anderen seiner Klasse gemeinsamen Merkmals). Gewiss referiert Habermas alsdann korrekt, dass Henrich die im Reflexions- oder vielmehr Relationsmodell des Selbstbewusstseins angelegten Gefahren gesehen und zu vermeiden gesucht habe; wer das zugrundeliegende Reflexionsmodell von Selbstbewusstsein aber nicht einmal zu vermeiden sucht, sondern lediglich intersubjektivistisch umwidmet, ist Habermas selbst. Setzt man nämlich, wie er es tut, Selbstbewusstsein an als etwas »aus der Perspektivenübernahme des kommunikativen Handelns *[R]esultierende[s]*« (Habermas 1988, 33), so macht man sich anheischig, das Phänomen der cartesianischen Gewissheit als *abkünftig* zu erweisen *aus Verhältnissen, in denen die ›er‹-Perspektive den Vorrang vor der ›ich‹-Perspektive behauptet.* (Es hilft auch wenig, wie es jüngst in der Habermas-Schule üblich geworden ist, die ›er/sie‹- durch die freundlichere ›du‹-Perspektive zu ersetzen; der vertrautere Umgang löst das prinzipielle epistemologische Problem nicht.) Solche Versuche, die irrelationale Vertrautheit von Bewusstsein aus Verhältnissen – sei's der Verhaltensbeobachtung, sei's der interaktiven Rollenübernahme – abzuleiten, münden früher oder später in die von Dieter Henrich aufgezeigten Zirkel – denn wie kann (in epistemischen, nicht in logischen Zusammenhängen) Irrelatives das Resultat von Relationen sein? Habermas liefert für eine solch zirkuläre Erklärung von Selbstbewusstsein ein besonders lehrreiches Beispiel, wenn er z. B. schreibt, »das Selbst« bestehe in einem »performativ, durch die vom

Sprecher übernommene Perspektive des Hörers auf ihn, hergestellten Selbstverhältnis [...]« (ebd., 34). Will die Habermassche Theorie nicht – wie naturalistische oder reduktionistische Ansätze etwa der Sprachanalyse oder des Neostrukturalismus – das Phänomen von Selbstbewusstsein schlichtweg als inexistent oder als philosophisches Scheinproblem behandeln, sondern nur aus einem anderen Paradigma verständlich machen, so muss man urteilen, dass sie dieses Verständnis nicht stiftet. Durch die (logische) Vorschaltung der ›er‹-Perspektive vor die ›ich‹-Perspektive des Sprechers – ja durch die Einschachtelung jener in diese als einer notwendigen und zureichenden Bedingung bewusster Selbstverhältnisse – produziert sie vielmehr einen besonders krassen *circulus in probando*, den sie mit ähnlich gelagerten Theorieansätzen teilt.

Beispielsweise mit der Selbstbewusstseinstheorie Ernst Tugendhats, bei der Habermas an entscheidenden (die Subjektivität und die Intersubjektivität betreffenden) Stellen seiner *Theorie des kommunikativen Handelns* (vor allem I, 527 ff. und II, 155 f.) Anleihen macht. Ihr – als einem besonders eindrucks- und kraftvollen Versuch der Überwindung des sogenannten subjektphilosophischen Paradigmas – will ich mich im Folgenden (im II. Abschnitt referierend, im III. kritisch) zuwenden, durchaus auch im Blick auf Habermasens Fassung einer intersubjektivistischen Relativierung der Bewusstseinsphilosophie, wie ich sie im IV. bis VII. Abschnitt prüfen will. Tugendhat teilt ja mit Habermas die Überzeugung, dass das Phänomen des Selbstbewusstseins wesentlich aus der Perspektivenübernahme fremder Subjektivität auf dieses einsichtig gemacht werden müsse. Freilich entwickelt Tugendhat diese Ansicht ausführlicher und analytisch eindringender als Habermas, der ihre Richtigkeit mehr oder weniger unterstellt.

II.

Selbstbewusstseinstheorien können den Gegenstand, von dem sie handeln, verschieden bestimmen. Ein erster Vorschlag wäre, dass in ihnen die Rede ist von der allgemeinen Eigenschaft, durch die bewusste Wesen von sich Kenntnis nehmen. Diese Eigenschaft individualisiert ihre Träger nicht, sondern besagt nur: dass, wer immer ein Subjekt ist, davon auch Kenntnis besitzen kann. Die Kenntnis besteht alsdann von einem allgemeinen Merkmal, eben der Subjektivität, die alle Träger miteinander teilen. ›Selbstbewusstsein‹ kann aber zum Referenten auch die Person oder das Individuum haben, das da jeweils Kenntnis von sich besitzt – und dann wäre Selbstbewusstsein nichts Allgemeines, sondern etwas Individuierendes. Durch Selbstbewusstsein versichert sich die betreffende Person ihrer Individualität (siehe dazu Kap. 1).

Jahrhundertelang hat die philosophische Tradition zwischen Personalität (der Seinsweise eines *besonderen*) und Individualität (der Seinsweise eines *einzelnen* Subjekts) nicht streng unterschieden. Diese Unterscheidung ist z. B. den idealistischen Systemen von Fichte bis Hegel noch kaum bekannt. Individualität oder Personalität wird dort für eine nähere Bestimmtheit des absoluten Ichs (oder Geistes) – also des Referenten von ›Selbstbewusstsein‹ im ersten Sinne – angesehen. Alle Bestimmung beruht auf Negation, wobei Negation verstanden ist als Anderssein als … Wer sich durch ›ich‹ bezeichnet, vollzieht dabei zwei streng unterscheidbare Arten von Ausschlüssen. Er grenzt sich zunächst ab gegen alles, was nicht den Charakter eines Ichs hat, also von der Welt (oder dem sogenannten Nichtich).

Das ist die grundlegende Negation, durch welche sich das Ich als Subjektivität-überhaupt bestimmt und vom Gesamt des gegenständlich Existierenden (»Vorhandenen«) abgrenzt.

Eine zweite Ausdifferenzierung seiner Bestimmtheit besteht sodann für das Ich in seiner Unterscheidung von anderen Wesen, deren Seinsweise ebenfalls die Subjektivität ist, und durch diese zweite Ausschlusshandlung bestimmt sich das Ich als Individuum oder Person (womit etwa das bezeichnet ist, was Kant das ›empirische Ich‹ oder die ›persona psychologica‹ genannt hatte). ›Empirisch‹ meint ›in Raum und Zeit existierend‹. Fichte, Schelling und Hegel leugnen keineswegs, dass eine so bestimmte Person sich nur im Kontext intersubjektiven Mitseins gegeben ist – Fichte und Schelling, anders als Hegel (oder Mead oder Habermas), gingen aber nie so weit zu behaupten, was *nicht ohne* intersubjektive Ausgrenzung möglich sei, sei darum schon *durch* Intersubjektivität erklärbar (das wäre eine Verwechslung von *conditiones sine quibus non* mit *causis per quas*): Ich kann ein *anderes* Ego als ein anderes *Ego* nur bestimmen, wenn ich zuvor schon irgendwie mit Subjektivität vertraut war. Die radikal intersubjektivistisch-genetische Theorie des Selbstbewusstseins setzt sich demselben Einwand aus wie die am gegenstandtheoretischen Modell von Selbstbewusstsein als Reflexion orientierte. Das hat Sartre besonders klar an den Erschleichungen von Hegels Kapitel über Herr und Knecht aufgewiesen, welches ja wiederholt – selbst von Tugendhat (1979, 13. und 14. Vorlesung) – beschworen wurde als Urmodell einer intersubjektivistischen Einführung von Selbstbewusstsein. (Vgl. weiter unten Abschnitt V.)

Es ist klar, dass, wenn Personalität nur als Selbsteingrenzung eines absoluten Geistes verstanden werden könnte, ihr Seinsstatus der einer Beraubung, einer Defizienz sein müsste. Die analytische Position, als deren charakteristischste Vertreter ich hier Peter Strawson (1959) und Ernst Tugendhat (1979) betrachten will, weist nun in die gerade entgegengesetzte Richtung. Ihr Vorschlag, vom Ich (dem nominalisierten Pronomen der ersten Person Singular) zum ›ich‹ (dem nichtnominalisierten, im Satz als grammatisches Subjekt auftretenden Pronomen) abzusteigen, nimmt an, dies Fürwort stehe für die Person: ein Seiendes in Raum und Zeit, als solches identifizierbar und von anderen Seienden und Personen eindeutig diskriminierbar.

Strawson hat das mit der (wahrscheinlich zu) starken These verbunden, die Rede vom Identifizieren könne überhaupt nur im Hinblick auf Einzeldinge in Raum und Zeit (und nicht auf ideale oder abstrakte Gegenstände oder cartesianische ›res cogitantes‹) sinnvoll gemacht werden. Er hat auch gezeigt, dass solche Identifikation raum-zeitlicher Einzeldinge nicht ohne den Gebrauch von Indexwörtern (wie Demonstrativa, deiktischen Ausdrücken usw.) auskommt und dass sie nicht – wie etwa Leibniz glaubte – durch vollständige Beschreibungen mittels genereller Termini (Begriffe) ohne direkten oder indirekten Rekurs auf Zeigewörter ersetzt werden kann.

Das Raum-Zeit-Kontinuum umschreibt ein einheitliches System der Kenntnis von Einzeldingen, von denen wir, durch Identifikation, eines herausgreifen und als dieses von allen anderen unterscheiden. Dies gilt auch für uns selbst, sofern wir Personen sind, d. h. Seiende von der Art, dass ihnen sowohl Bewusstseinszustände als auch körperliche Eigenschaften zugeschrieben werden können. Eine Pointe des »Personen«-Kapitels in *Individuals* besteht nun darin, dass Strawson aufgrund dieser theoretischen Weichenstellung bestreitet, dass wir auf Bewusstseinszustände überhaupt identifizierend uns beziehen können, ohne zunächst die Person identifiziert zu haben, *der* wir diese Bewusstseinszustände zusprechen. Damit ist dem Gegenstand, auf den die Personalpronomina (und unter ihnen in ausgezeichneter Weise ›ich‹) Bezug nehmen, eine erstrangige Position zuerkannt.

Sie scheint eine klassische Alternative neuzeitlicher Bewusstseinstheorien mit gleicher Eleganz auszuschließen: (1) die Position von Descartes und seinen Nachfolgern (bis hin zu Anscombe, Shoemaker oder Chisholm), der zufolge Bewusstseinszustände mit Gewissheit nur dem Subjekt des Bewusstseins, nicht demjenigen des Körpers zugesprochen werden dürfen; und (2) die in der Frühzeit des Wiener Kreises vertretene Ansicht, dass psychische Prädikate (z. B. Erfahrungen) einem individuellen Ding, dem Körper, zugesprochen werden müssen, nicht aber von einem Ego ›besessen‹ oder ›gehabt‹ werden. Das erste Glied der Alternative wird bestritten mit dem Argument, dass ein transzendentales Subjekt von Erfahrungen gar nicht identifiziert, d. h. von anderen seinesgleichen unterschieden werden könnte; das zweite Glied wird widerlegt mit dem Nachweis der Zirkularität des Arguments (und in Anlehnung an den Verfasser des *Blue Book*): Würden Erlebnisse nicht auf einen zutreffen, der sie hat und sich selbst mit ›ich‹ bezeichnet, so würden sie auf niemanden zutreffen. Sie könnten außerdem nicht unabhängig von diesem ihrem Zutreffen auf jemanden als Erlebnisprädikate verifiziert werden. Ein subjektloses Besitzen ist mithin ein widersprüchlicher Gedanke, der schon von der Sprachform, in der wir dieses Verhältnis artikulieren, *ad absurdum* geführt wird.

Strawson war es auch, der aus dieser Sprachform weitreichende Konsequenzen für die Konvertibilität der Sprecherperspektiven abgeleitet hat. Es gehört, meint er, zur Logik der Verwendungsweise von Personalpronomina (und deiktischen Ausdrücken im Allgemeinen), dass ihr Bezugsgegenstand derselbe bleibt, gleich ob er aus meiner Perspektive als ›ich‹ oder aus der eines anderen als ›du‹ oder ›er‹/›sie‹ oder ›Sie‹ angesprochen wird. Man kann hier vom *Prinzip der semantischen Symmetrie* zwischen Selbst- und Fremdzuschreibung von Bewusstseinsprädikaten sprechen. Außerdem gilt (als einfache Konsequenz aus dem Funktionieren öffentlicher Grammatiken), dass das zugesprochene Prädikat (z. B. ›ist verliebt‹) keine Bedeutungsmodifikation erleidet, wenn es einem anderen als mir, und ebenso wenig, wenn es mir von mir und mir von dir zugelegt wird. Allerdings hat Strawson (mit Wittgenstein) eingeräumt, dass Zuschreibungen psychischer Eigenschaften aus der ›ich‹-Perspektive nicht darauf angewiesen sind, die Sprecherperson zuvor zu identifizieren (wobei ›identifizieren‹, wie wir uns erinnern, meint: über Beobachtungsprädikate identifizieren). Um der semantischen Symmetrie willen muss allerdings, wer einen ›ich ϕ‹-Satz ausspricht, seine Identifizierbarkeit aus der ›er/sie‹-Perspektive, und dann natürlich über physische (Beobachtungs-)Prädikate, implizieren. (Wir haben allerdings in Abschnitt III von Kapitel 1 gesehen – und Henrich hat das in seiner Tugendhat-Kritik von 1989 präzisiert –, dass in dieser Inklusion der ›er/sie‹- in die ›ich‹-Perspektive ein Zirkel angelegt ist, der die ganze semantische Selbstbewusstseinstheorie ruiniert.)

Ernst Tugendhat hat Strawsons Auffassung im Wesentlichen übernommen, allerdings verfeinert. Sein Beitrag zur Selbstbewusstseinsdiskussion ist auch darum so anregend, weil er in direkter Opposition entwickelt ist zur Auffassung der von ihm so genannten Heidelberger Schule (bestehend vor allem aus Dieter Henrich, Konrad Cramer und Ulrich Pothast) als des erkennbar letzten und nur mehr in paradoxen Wendungen formulierenden Ausläufers der Orientierung am optischen Modell des Bewusstseins.

Das optische Modell hält die Wissensrelation für die bewusste Beziehung eines Subjekts auf ein Objekt – in Analogie zum Sehsinn, der einen Gegenstand vor sich stellt und gewahrt. Im Falle des Selbstbewusstseins wäre das gesichtete Objekt ausnahmsweise das Subjekt selbst; davon abgesehen, hätte Selbstbewusstsein keine epistemische Auszeichnung vor dem Bewusstsein nichtsubjektiver Gegenständlichkeiten.

Gegen dieses Modell – dessen Absurdität einleuchtet, wenn man der sinnlosen Aufforderung entsprechen will, sein geistiges Auge auf ›innere‹ (mentale) Zustände zu richten (Tugendhat 1979, 16 f.; vgl. im vorliegenden Band Kap. 5) – wendet sich Tugendhat einer Prämisse des Nominalismus zu. Ihm zufolge ist ›Wissen‹ grundsätzlich als Wissen nicht von Objekten, sondern von Sachverhalten anzusetzen. Ich weiß nicht den Baum oder das Ich (oder mich) – das ist vielmehr eine sinnlose Art zu reden; was ich weiß in intentionalen Kontexten, ist, dass ein Gegenstand (z. B. eine Person) so oder so beschaffen (›propositional‹ beschaffen) ist.

Mithin ist Selbstbewusstsein kein Fall der Selbstthematisierung eines Bewusstseins – so, dass ein Subjekt sich selbst in der Position eines Objekts *vor*stelle; dasjenige, wovon Bewusstsein bestehe, sei überhaupt kein wahrnehmbares Etwas, kein Ding, sondern ein Sachverhalt, wie er sich sprachlich als Proposition artikuliert. Wenn, konform mit Strawson, das Subjekt von Bewusstsein als raum-zeitlich identifizierbare Person verstanden werden muss, dann kann Selbstbewusstsein nunmehr definiert werden als die Beziehung zwischen einer Person und einer Proposition, in welcher in der Prädikatstelle ein Ausdruck aus der semantischen Sphäre des Psychischen oder Mentalen auftritt. Diese Beziehung ist ferner – und darin weicht Tugendhat z. B. von Wittgenstein ab – diejenige eines Wissens. Selbstbewusstsein schlägt sich sprachlich nieder in Ausdrücken wie ›ich weiß, dass ich φ‹, wobei φ als Symbol für psychische Erlebnisse oder Zustände steht. Der Heidelberger Position (so wie sie Henrich 1970 in seinem programmatischen Aufsatz »Selbstbewußtsein. Kritische Einleitung in eine Theorie« vorgestellt hatte) ist damit in vier entscheidenden Rücksichten widersprochen: Das Subjekt von Selbstbewusstsein ist *identifiziert* (oder identifizierbar); es unterhält eine *Beziehung* zu seinem Gegenstand (sogar eine intentionale); dieser Gegenstand ist *nicht es selbst*, sondern eine nominalisierte *Proposition*; und Selbstbewusstsein ist kein vorbegriffliches (und mithin vorpropositionales) Vertrautsein, sondern ein begrifflich (mithin nach der These des Nominalismus: sprachlich) explizierbares *Wissen*.

Wir haben Tugendhats Position schon im III. Abschnitt von Kapitel 1 vorgeführt und kritisiert. Ich resümiere die Hauptpunkte: (1) Tugendhat unterstellt eine vollkommene Isomorphie zwischen der Rede-Struktur und der Struktur dessen, wovon geredet wird. Dabei sind doch Propositionen, anders als Tatsachen, für die sie stehen, abstrakte Entitäten. Den Schluss aus der epistemischen Zugangsweise zur Welt auf die Weltstruktur selbst könnte man (Sprach-)Idealismus nennen; er übernimmt in sprachanalytischer Verkleidung den idealistischen Kurzschluss (etwa Berkeleys oder Schopenhauers), alles, wovon Bewusstsein besteht, sei selbst (im) Bewusstsein. (2) unterstellt Tugendhat, alles (intentionale) Bewusstsein sei propositional strukturiert. Diese Behauptung ist nicht nur kontraintuitiv (wenn ich z. B. eine Person achte, muss ich nicht alles wissen, was von ihr in assertorischen Sätzen expliziert werden könnte; ich kann sie einfach achten *als* Person), sie ist auch offensichtlich falsch. Ich kann unaufmerksam einen Gegenstand erblicken, ohne ihn *als* etwas zu deuten. Oder ich kann mich in einem psychischen Zustand befinden (so, dass es sinnvoll ist zu sagen, mir sei irgendwie zumute), ohne dass ich imstande sein muss, dies Bewusstsein in ein ›Wissen, dass (ich soundso)‹, also in ein propositionales Wissen zu entfalten. Anders gesagt: Mir kann auch dann irgendwie zumute sein, wenn ich die betreffende mentale Eigenschaft nicht sprachlich/begrifflich spezifizieren kann. Der Repräsentationalismus (etwa Michael Tyes) spricht von ›nichtbegrifflichem Gehalt‹. Und schließlich hängt die Überzeugungskraft dieser zweiten Prämisse an der der ersten (sprachidealistischen), wonach, wenn wir uns auf einen Gegenstand vermittels einer Proposition (also in *propositional attitude*) beziehen, dieser Gegenstand seinerseits die Struktur einer Proposition aufweisen müsse. Novalis hatte gesagt: »Alles, was man denken kann, denkt selbst.« (Novalis 1960 III, 623, Nr. 425) Diesen extremen Idealismus übernimmt die These, alles, worauf Sprache sich richtet, sei selbst Sprache. Drittens schließt Tugendhat a priori (nämlich durch ein definitorisches Dekret) aus, dass unter Selbstbewusstsein statt des Wissens von der Person, die es hat, auch das Mit-sich-Vertrautsein dieses Bewusstseins selbst (als Akt und *over time*) verstanden werden dürfe. Nur von letzterem – also der Art und Weise, wie sich psychische Zustände als solche epistemisch erschlossen sind – war aber die Rede in der erkenntnistheoretisch geführten Diskussion, zu der die Heidelberger Schule als späte Teilnehmerin sich zählt.

Was genau wirft Tugendhat nun der Heidelberger Schule vor? Vor allem dies, zwei grundsätzliche Schwierigkeiten aufzuwerfen und nicht lösen zu können (Tugendhat 1979, 54).

Die erste Schwierigkeit – to begin with – entspringe aus dem ›Ineinanderschieben‹ der Wissens- und der Identitätsrelation (ebd., 58). Diese Engführung sei sinnwidrig, da sie auf die Unterstellung hinauslaufe, dass in der (übrigens tautologischen) Formel ›Ich = Ich‹ das Gleichheitszeichen den Sinn von ›wissen (dass diese Identität besteht)‹ habe. Von Gleichheit kann nur in einer Proposition gewusst werden; »das Wissen kann nicht in diese selbst gewissermaßen hineinkriechen« (ebd.).

Tatsächlich vertritt Henrich aber die Auffassung, dass im Mit-sich-Vertrautsein gar keine Identifikation stattfinde und dass die Vertrautheit auch nicht den Charakter eines Wissens habe (darin gründe ihre seit Descartes betonte Gewissheit, d. h. Irrtumsunanfälligkeit). Es ist darum sinnvoll, die von Tugendhat attackierte Position von der von Henrich vertretenen abzukoppeln und den von Tugendhat apostrophierten Henrich als einen fiktiven Autor gleichen Namens zu behandeln. Dagegen ist sicher, dass Tugendhat Selbstbewusstsein sehr wohl für einen Fall von Wissen und ebenso für den Gegenstand einer (möglichen) Identifikation hält. Nur möchte er die beiden Handlungen (Wissen und Identifizieren) entkoppeln.

Dies ist nach Tugendhats Auffassung nötig, um dem folgenden Zirkel zu entkommen: Das Ich – so wird von den Vertretern der sinnlosen Theorie zunächst unterstellt – besteht in der Identität des Wissenden und des Gewussten. Will ich diesen Sachverhalt durch eine Rückwendung auf mich ans Licht bringen, so müsste ich, um wirklich mich selbst zu finden, ein Kriterium besitzen, d. h., schon mit dem, was ›ich‹ meint, vertraut gewesen sein. Andererseits konstituiert sich das Ich, dem falschen Erklärungsmodell zufolge, erst durch diesen Rückwendungsakt (62).

In seiner Kritik bietet uns Tugendhat keine Lösung des Zirkels an. Er sucht vielmehr zu zeigen, dass dieser Zirkel in der formalsemantischen Theorie gar nicht erst auftritt. Die Voraussetzung einer Identität von Wissendem und Gewusstem legt eine agrammatische Formulierung des im Selbstbewusstsein implizierten Wissensbestandes nahe: »Ich weiß Ich (oder mich)« ist ein grammatisch unannehmbarer Satz. Er ergibt sich aus einem Wissensbegriff, den Tugendhat kategorisch verwirft, eben mit dem Hinweis auf die propositionale Struktur allen Wissens. Von ihr, nicht von der (auf die Inhaltsseite des Wissens zu schlagenden) Identitätsrelation muss ausgegangen werden.

Dann haben wir also als Illustration von Selbstbewusstsein die Formel ›Ich weiß, dass ich ϕ‹, deren Hauptsatzteil von dem im Nebensatz Gesagten semantisch wohl unterschieden ist. Von einem Ineinanderschieben der Identifikation und des Wissens ist nun keine Rede mehr. Wohl aber gibt es ein Identitätsproblem zwischen beiden. Das ›ich‹ taucht ja zweimal auf: als Subjekt des Haupt- und als Subjekt des abhängigen Teilsatzes. Dies Identitätsproblem, eine der Hauptsorgen der Reflexionstheorie des Selbstbewusstseins, verliert in Tugendhats Augen seine Bedrohlichkeit, sobald man es auf semantischer Basis diskutiert. Da zeigt sich denn, dass ›Identität‹ in zweierlei Sinn auftreten kann: im tautologischen Sinne von ›a = a‹, wo zweimal dasselbe gesagt wird und nach dem Satz des Widerspruchs a priori die Identität des zweiten mit dem ersten Mal eingesehen werden kann; und im Sinne einer informativen Identität ›a = b‹. So ist es z. B. nicht a priori evident, dass ich Manfred Frank heiße, dann und dann in Wuppertal geboren, soundso groß, soundso schwer usw. bin – das alles sind vielmehr Informationen, hinsichtlich deren ich mich irren könnte (bei Kaspar Hauser ist das vielleicht wahrscheinlicher als bei mir – aber das Problem besteht prinzipiell).

Wenden wir das auf den in Frage stehenden Fall, nämlich die Identität der beiden ›ich‹ im Satz »*ich* weiß, dass *ich* φ« an, so haben wir es offenkundig mit der einfachen Tautologie zu tun. Bekanntlich kann ein Prädikat, das einen psychischen Zustand bezeichnet, unmittelbar nie einem anderen mit Gewissheit zugesprochen werden als dem, der ihn hat. Zahnschmerzen *haben* impliziert notwendig für den, der sie hat, dass *er* sie hat – aber um dies zu wissen, muss er nicht im Personalausweis oder im Steckbrief nachschauen. Im Falle des von Tugendhat so genannten *unmittelbaren* Selbstbewusstseins kann das zweite ›ich‹ niemals durch einen anderen Term ersetzt werden. Das ist aber der Fall in informativen Identitätssätzen. Hier folgt die Identifikation der Diskrimationsregel, die für alle raumzeitlichen Einzeldinge gilt und die selbstverständlich am Leitfaden von Beobachtungs-, also physischen Prädikaten erfolgen muss. Die sogenannte cartesianische Gewissheit im Falle der Selbstreferenz (aus der ›ich‹-Perspektive) kann jetzt leicht erklärt werden. Sie entspringt daraus, dass hier *gar nicht* identifiziert wird und die Möglichkeit der Fehlidentifikation logisch ausgeschlossen ist. So kommt Tugendhat zu dem Schluss, dass der Grundfehler der Reflexionstheorie des Selbstbewusstseins darin bestehe, die tautologische Identität (›Ich = Ich‹) für eine semantisch gehaltvolle oder empirisch-kognitiv relevante Identität gehalten zu haben (›ich bin Manfred Frank‹) (60 f.).

Die zweite Schwierigkeit, welche nach Henrich alle egologischen Theorien des Selbstbewusstseins antreffen, besteht nach Tugendhats Paraphrase in der Fragwürdigkeit des Kriteriums, das mir erlaubt, von einem Gegenstand meiner Vorstellung zu sagen, er sei ich und nicht vielmehr ein anderes oder ein anderer (70). Man könnte glauben, hier sei erneut die Rede von der einfachen Identität zwischen zwei gleichen Termen, also von der Tautologie. Aber das Problem stellt sich jetzt anders: Wie kann ich *wissen*, dass ›ich = ich‹, ohne die Identität von ›ich‹-Subjekt und ›ich‹-Objekt einfach nur vorausgesetzt zu haben?

Nun gibt es nach Tugendhats Überzeugung gar kein kognitiv relevantes Identitätsproblem im Vollzug des Selbstbewusstseins (dass Henrich diese Ansicht teilt, hindert Tugendhat nicht, ihn zum Kontrahenten zu stilisieren). Das Problem, so wie es Henrich formuliert, könne nur entstehen, wenn man sich ans Subjekt-Objekt- statt ans Satz-Modell hält. Selbstbewusstsein ist aber die Relation zwischen einer raum-zeitlichen Person (also einem Körper) und einer idealen Entität (einer Proposition). Die Frage, ob das erste ›ich‹ in dem komplexen Satz ›ich weiß, dass ich φ‹ denselben Gegenstand bezeichnet wie das zweite, reduziert sich dann auf die Frage nach der Identität des Gegenstandes, der bezeichnet wird durch zwei verschiedene singuläre Termini (oder ein und denselben zweimal wiederholten, dessen semantische Identität jedoch jetzt in Frage steht). Das Problem wird gelöst durch eine Reflexion auf die Verwendungsweise des deiktischen Ausdrucks ›ich‹ (70). Sie ergibt, in allerdings verfeinerter und besser ausgearbeiteter Form, den schon von Strawson formulierten Befund, dass die Deiktika ein Verweisungssystem bilden. Danach gehört zur Kenntnis der Gebrauchsregeln auch das Wissen um die Perspektivengebundenheit von Ausdrücken wie ›ich‹, ›hier‹, ›morgen‹ oder ›da drüben‹. Was aus meiner Perspektive ›hier‹ ist, ist aus der Perspektive eines anders situierten Sprechers ›dort‹; das Entsprechende gilt für ›ich‹ und ›du‹ etc., und zwar so, dass zur Regelbeherrschung auch das Wissen gehört (wie Tugendhat das formuliert), *dass ein von mir formuliertes ›ich‹ von einem anderen durch ›du‹ oder ›er(/›sie‹ ohne Referenzwandel aufgenommen werden kann*. Anders gesagt: Es gehört zum Apriori der sinngemäßen Verwendung von ›ich‹, dass der Sprecher sich als denselben muss wissen können, auf den ein anderer mit ›du‹ verweist. Wer einen deiktischen Ausdruck gebrauchte und dabei versicherte, einem anderen sei es unmöglich, denselben Gegenstand, auf welchen der seine in systematischer Verbundenheit mit den anderen verweist, durch einen anderen deiktischen Ausdruck zu bezeichnen: von dem müsste man sagen, er habe die Bedeutung des von ihm verwandten Wortes überhaupt nicht verstanden. Von einem privilegierten Zugang zur Ichheit kann also keine Rede sein. Diese Konsequenz fixiert Tugendhat durch die Formel von der *semantisch-veritativen Symmetrie* zwischen demjenigen, der sich selbst durch ›ich‹ bezeichnet, und einem anderen, der ihn durch ›du‹, ›er‹ oder ›sie‹ bezeichnet, wobei beide genau dieselbe *empirische* Person meinen (88 f.).

Tugendhat versucht also, Henrichs Problem über den Sprachgebrauch (mithin über die Semantik) mehr aufzulösen als zu lösen. Dabei kann er zwei Schwierigkeiten überspringen, die in erkenntnistheoretischer Perspektive Aporien erzeugen würden. Es mag ja sein, so könnte der Erkenntnistheoretiker argumentieren, dass zur Regelkenntnis des Systems der Deiktika auch das Wissen der Konvertibilität von ›ich‹- und ›er‹-Perspektive gehört. Aber das ist ein semantisches, also ein Regelwissen (ein *Wissen, wie* [zu handeln sei]). Es erlöst den Sprecher gegebenenfalls nicht aus der Ungewissheit, ob der andere, wenn er äußert ›ich bin verliebt‹, wirklich verliebt ist oder sich darüber nur täuscht oder schlicht lügt oder die deutsche Sprache nicht richtig beherrscht usw. Eine ähnliche Unsicherheit tritt aber in der ›ich‹-Perspektive (also bei ›ich φ‹-Sätzen) prinzipiell nicht auf; denn ich habe selbstverständlich einen epistemisch privilegierten Zugang zu mir *und* zu meinen φ-Zuständen. Das gibt Tugendhat zu, wenn er von der *epistemischen Asymmetrie* zwischen der ›ich‹- und der ›er‹-Perspektive spricht. Henrich wird in seiner Metakritik zeigen, dass in der semantischen Präsupposition eines reziproken Wissens (von der Vertauschbarkeit von ›ich φ‹ und ›er φ‹) *ein anderer Wissensbegriff* in Anschlag gebracht wird, als derjenige es ist, den der Bewusstseinsphilosoph im Sinn hatte. Das Regel*wissen, wie (zu handeln sei)* hat eine andere Struktur als das unmittelbare *Wissen, wie (es ist, in dem oder jenem psychischen Zustand zu sein)* – und nur das Letztere konstituiert eine cartesianische Gewissheit. Tugendhats Einwand beruht also auf einer semantischen Erschleichung.

Die zweite Schwierigkeit der Tugendhatschen Gegenführung gegen Henrich besteht in der Unbegründbarkeit der Unterstellung, die nichtidentifikatorische Selbstreferenz (aus der ›ich‹-Perspektive) hätte *notwendig* denselben Referenten wie die aus der ›er‹-Perspektive (und alsdann über Wahrnehmungsprädikate) vorgenommene (vgl. ebd., 85). Die These, die nur ein methodisches *Postulat* befriedigen will (nämlich die Idee einer veritativen Symmetrie zwischen ›ich‹- und ›er‹-Sätzen), gibt sich hier einfach als konstitutives (statt als regulatives) Prinzip. Es ist aber erkenntnistheoretisch überhaupt nicht klar, ob, was ich nichtidentifikatorisch und ohne Observation im Selbstbewusstsein ergriffen habe, dasselbe ist wie das, was ich in geeigneter Einstellung sinnlich vor die Augen bringe. Es bedürfte eines Schematismus, der dartut, dass Unsinnliches und Sinnliches in einer bestimmten, epistemisch beziehbaren Perspektive dasselbe sind oder sein können. Diese Selbigkeit wird von Tugendhat nur unterstellt, und zwar nur im Blick auf die Semantik. Die Unterstellung, die auch Habermas für berechtigt hält (Habermas 1981 I, 530 f.), ist formalsemantisch sinnvoll, impliziert aber keine Realitätsgarantie. Auch hier gilt, was für die erste Schwierigkeit galt, dass das semantische Wissen einen anderen epistemischen Status hat sowohl als das Sich-Bewusstsein wie als das Wahrnehmungswissen – Tugendhat verschiebt aber das eine unversehens ins andere und löst Henrichs Problem durch eine semantische Erschleichung bloß auf. Dass ich, wenn ich regelkonform rede, *wissen* muss: (1) dass ›ich‹ von anderen durch ›er‹ aufgenommen werden kann; (2) dass von mir beobachtungsfrei mir Zugeschriebenes von anderen beobachtbar sein können muss, impliziert keinerlei *Wissen* darüber, dass dies *als Bewusstseinsprozess* in mir oder in anderen wirklich so abläuft oder nicht. Die epistemische Asymmetrie erweist sich so als ruinös für die schöne Harmonie der Tugendhatschen Konstruktion. Es scheint, als habe ›das Ineinanderschieben der Wissens- und der Identitätsrelation‹ doch ein sachlich ausgewiesenes Motiv, weil in Selbstbewusstseinsverhältnissen Identität ihr Maß im Wissen von ihr hat.

III.

Wir sahen: Tugendhat glaubt sich im Besitz einer Lösung dessen, was er für Henrichs zweite Schwierigkeit mit einer Theorie des Selbstbewusstseins hält, nämlich eine nicht zirkuläre Rechtfertigung für meine instantane, untrügliche und über allen Zweifel erhabene Gewissheit, dass ich im ›wissenden Erfassen‹ meiner selbst wirklich mit mir selbst, und nicht mit anderem in Bekanntschaft trete. Anders gesagt: »Wie kann ich wissen, dass etwas, das mir begegnet, ich bin« (Tugendhat 1979, 70)? Tugendhats semantische Erklärung läuft über eine Analyse der Verwendungsweise des Wortes »ich«, von dem er schon voraussetzt, dass es kein desinkarniertes cartesianisches Cogito, sondern die raum-zeitliche Person bezeichne. Die Verwendungsregel für ›ich‹ ist die, »daß mittels dieses Ausdrucks der jeweilige Sprecher sich selbst bezeichnet« (ebd., 73). Da es konstitutiv ist fürs Erlernen solcher deiktischen Ausdrücke, dass man das System von Standpunkten und Perspektiven (also auch von wechselseitigen Verweisungen und Übersetzbarkeiten) mit zu erlernen hat, in dem sie fungieren, versteht, wer die Bedeutung von ›ich‹ erfasst, damit zugleich auch, dass der Ausdruck für dieselbe Person steht, die von einer anderen als ›Sie‹, ›du‹ oder ›er/sie‹ angesprochen werden wird. Der Unterschied zwischen den beiden, der ›ich‹- und der ›er‹-Perspektive, ist wesentlich der, dass nur die zweite (über Beobachtungsprädikate) objektiv identifiziert, von wem sie spricht; während ›ich‹, von mir gebraucht, meine Person so wenig identifiziert wie ›hier‹ den Ort oder ›jetzt‹ die Zeit, auf dem ich und zu der ich spreche. Wohl aber meine ich, mit der Verwendung dieser von Castañeda so genannten Quasiindikatoren mich auf Gegenständliches zu beziehen, das sich innerhalb eines objektiven raum-zeitlichen Koordinatensystems lokalisieren bzw. messen lässt. Ich zitiere Tugendhats Anwendung dieser Beobachtung auf den Gebrauch von ›ich‹:

Entsprechendes gilt nun auch für »ich«. Wenn ich jemanden per Telephon anrufe, und der andere fragt »wer spricht?«, ist es offensichtlich absurd zu antworten »ich«, es sei denn, ich setze voraus, der andere kennt meine Stimme. Mit »ich« meine ich zwar eine einzelne identifizierbare Person, genauso wie ich mit »hier« einen einzelnen identifizierbaren Ort meine, aber sowenig ich diesen Ort mit »hier« identifiziere, sowenig identifiziere ich diese Person, indem ich »ich« sage. »Ich« ist gar keine und nicht etwa nur eine unzureichende Antwort auf die Frage, wer ich bin.

Jetzt können wir verstehen, wie es zu Henrichs zweiter Schwierigkeit kommen konnte, sofern sie sich nicht nur aus der Orientierung am Subjekt-Objekt-Modell ergab, sondern auch aus einer Orientierung am natürlichen Sprachgebrauch: Sie beruht auf dem Mißverständnis, daß mit dem Wort »ich«, weil mit ihm in der Tat eine einzelne, *identifizierbare* Person gemeint wird, diese auch schon in irgendeiner (oder sogar in einer besonderen) Weise *identifiziert* wird. Was Henrich für unlösbar hielt, ist, wieso es in der Bezugnahme auf sich nicht zu einer Fehlidentifizierung kommen kann. Die Lösung ist, daß, wo überhaupt nicht identifiziert wird, auch die Möglichkeit einer Fehlidentifizierung nicht gegeben ist. Die Möglichkeit einer Fehlidentifizierung ist erst gegeben, wo ich eine nicht-leere Antwort auf die Frage gebe, wer ich bin, und mich damit identifiziere. Genauso wie ich, wenn ich sage »dieser Mann«, gefragt werden kann, wer das sei, und ich dann antworten kann »das ist Herr Theunissen, und Theunissen ist der, der dort und dort geboren wurde usw.«, wobei es sich herausstellen kann, daß das ein Irrtum ist, daß dieser Mann gar nicht Theunissen ist usw., genauso kann ich, wenn ich gefragt werde, wer ich bin, antworten, ich sei Ernst Tugendhat und sei dort und dort geboren und mein Lebensweg durch Raum und Zeit, durch den ich zu identifizieren bin, sei der und der, und auch hier kann es sich herausstellen, daß es ein Irrtum ist, daß ich gar nicht Ernst Tugendhat bin, daß ich mir nur einbilde, diese Person zu sein. /

[...] Der wesentliche Unterschied zwischen »ich« und »dieser Mensch« (bzw. im allgemeinen »dieser so-und-so«) ist, daß man mit »dies« auf einen Gegenstand auf der Basis einer Beobachtung bezugnimmt, mit »ich« hingegen nicht; das heißt natürlich nicht, daß mit »ich« auf einen nicht beobachtbaren, immateriellen Gegenstand bezuggenommen wird, vielmehr: wie wir vorhin sagen mußten, die Entität werde zwar nicht identifiziert, sei aber als identifizierbare gemeint, so müssen wir auch sagen: sie wird zwar – indem ich »ich«-sagend auf sie bezugnehme – nicht beobachtet, nicht wahrgenommen, wird aber als beobachtbare, wahrnehmbare gemeint (Tugendhat 1979, 83f.).

An der letzten Formulierung unterstreiche ich das Wort »gemeint«. Tugendhat legt Wert darauf, dass das aus der ›ich‹-Perspektive Bezeichnete nicht nur objektiv aus der ›er/sie‹-Perspektive (und dann über Beobachtungsprädikate) identifizierbar sein muss; der ›ich‹-Sprecher muss ›ich‹ auch als aus der ›er/sie‹-Perspektive identifizierbar *meinen*. Das bedeutet, dass der Standpunkt des anderen in das Selbstbewusstsein des ›ich‹-Sprechers konstitutiv muss eingehen können; denn wäre dies nicht der Fall, so müssten wir über des ›ich‹-Sprechers Verwendung des Pronomens der ersten Person Singular urteilen, sie erfolge nicht regelkonform. Zur Beherrschung der Regel der Verwendung dieses deiktischen Ausdrucks gehört eben konstitutiv Kenntnis des Systems der Deiktika, innerhalb dessen ›ich‹ in Konvertibilitätsrelationen zu anderen seinesgleichen (darunter auch ›er‹ oder ›sie‹) steht. Diese Kenntnis muss sogar ausdrücklich sein. Tugendhat sagt, es gehöre »von vornherein und allgemein zur Verwendungsweise von ›ich‹ [...], daß der, der es verwendet, es so verwendet, daß er *weiß*, daß ein anderer seine Rede so aufnehmen kann, daß er auf dieselbe Person, auf die er mit ›ich‹ bezugnimmt, mit ›er‹ bezugnimmt« (Tugendhat 1979, 84, Hervorh. M. F.). In der 6. Vorlesung findet sich eine parallele Formulierung, die wiederum das explizite Wissensmoment hervorhebt:

Diese Möglichkeit [dass nämlich ein ›ich ϕ‹-Satz, regelkonform verwendet, immer auch im Sinne der Aussagewahrheit zutreffend ist] ist eben durch – und nur durch – die Ergänzung durch »ich« gegeben, weil der Sprecher mit diesem einzigartigen singulären Terminus auf sich so Bezug nimmt, daß er sich damit nicht identifiziert, aber *weiß,* daß derselbe, den er nichtidentifizierend meint, durch andere singuläre Termini (»dieser da«, »Herr X«) identifizierbar ist (ebd., 130, Hervorh. M. F.).

Dies Zitat (bzw. die darin ausgedrückte Überzeugung, die richtige Verwendung von ›ich‹ impliziere des Sprechers *Wissen* von seiner objektiven Identifizierbarkeit aus der ›er/sie‹-Perspektive) wird nun Ausgangspunkt der Henrichschen Metakritik (Henrich 1989, vor allem 100 ff.).

Eine erste Abweichung von Tugendhat hatte Henrich schon in seinem großangelegten Forschungsbericht »›Identität‹ – Begriffe, Probleme, Grenzen« (Henrich 1979, 160 ff.) angezeigt: Henrich hatte dort den Holismus der »These vom unauflösbaren und systematischen Zusammenhang der singulären Terme untereinander« als überspannt kritisiert (ebd., 163). Er nennt Tugendhats Position die des starken Verifikationismus. Dieser glaubt, Bezugnahme auf Einzelnes impliziere das Aussondern desselben »unter *allen* Einzelnen überhaupt [...], aus dem gesamten Bereich eines ›Typs‹ von Gegenständen also, etwa den Einzelnen in Raum und Zeit«; und diese Aussonderung geschehe (idealtypisch) in Situationen direkter sinnlicher Wahrnehmung. Zwischen den beiden Annahmen bestehe eine sichtliche Spannung. Die erste hält Objektdiskriminierung für möglich nur im geschlossenen Netz aller Verweisungsbeziehungen zwischen singulären Termen; die zweite schränkt sie ein auf die kontingente, singuläre Wahrnehmungssituation, die selbstverständlich nicht auf alles Einzelne Bezug nehmen kann. So wird die Zuflucht zu einer »objective map« und einer objektiven Einordnung in die Weltzeit nötig, damit von jedem Einzelnen zu jedem andern geordnet übergegangen werden kann. Diese Konsequenz ist intuitiv wenig plausibel und entspricht offenbar nicht unserem Regelbewusstsein:

Der starke Verifikationismus schließt notwendig einen Holismus hinsichtlich der Typen von singulären Ausdrücken ein: Er muß annehmen, daß wir alle diese Terme nur innerhalb eines einzigen umfassenden Zusammenhangs gebrauchen können. Denn nur in ihrer Verweisung aufeinander hat auch jeder einzelne Term erst einen Sinn. So hat auch das elementare

Demonstrativum ›dies‹ eine Funktion nur dann, wenn es im Kontrast zu ›jenes dort‹ oder ›jenes damals‹ verstanden wird. Damit wird dann aber die weitere Annahme unvermeidlich, daß wir ihren Gebrauch nur im Ganzen und nicht Stück für Stück *lernen* können: Wir lernen sie, wenn auch nach Versuchen, die im vollständigen Unverständnis geendet haben, sozusagen mit einem Schlag. Dieser Holismus ist nun aber zu der für den Verifikationismus charakteristischen Lerntheorie [von Termen durch Vorführung an einzelnen Beispielen] wenigstens inhomogen, wenn nicht im Widerspruch (ebd., 164).

Tatsächlich kann man a priori einsehen, dass und warum das Ganze eines Verweisungszusammenhangs zwischen Ausdrücken, die Einzelnes bezeichnen, nie gegeben und mithin nicht verifiziert werden kann. Erkenntnisse sind relativ auf Stellungen von Subjekten in der Welt einerseits, zu Standards anerkannter (aber wandelbarer) Theorien/Sprachen andererseits.

Ein natürliches System der Lokalisierung für ›alle‹ Einzelnen könnte nur zugleich aus einer definitiven Kosmologie und aus vollständiger Kenntnis der Verteilung der Materie gewonnen werden. So ist es nur ein idealer Grenzfall. Auch unsere objektiven Lokalisierungen von Einzelnem heben also unsere Identifizierungen von Einzelnem durch deiktische Ausdrücke niemals über unsere Position radikal hinaus. Das schließt zwar noch nicht aus, daß jeder einzelne deiktische Ausdruck seinen Sinn erst im Verweis auf andere und dann auch objektivierbare Positionen gewinnt. Es weist aber ein erstes Mal auf Grenzen hin, innerhalb deren sich jeder Verifikationismus zu halten hat: Koordinatensysteme für Lokalisierungen sind nicht nur unentbehrliche Mittel dafür, daß objektiv lokalisierende Ausdrücke überhaupt gewonnen werden können; sie sind auch Ausdruck von grundsätzlichen Grenzen für die Möglichkeit der Identifikation selbst (ebd., 165).

Diese Zweifel werden verstärkt, wenn wir uns klarmachen, dass wir für sehr viele (vermutlich die meisten) Einzelding-Identifikationen gar nicht auf Wahrnehmungssituationen rekurrieren können, ohne dass wir an die Nichtverifizierbarkeit des Gemeinten durch ›Augenschein‹ die Überzeugung knüpften, es existiere nicht (so ›das Gravitationszentrum des Sonnensystems‹ oder ›das Atom im Mittelpunkt der Sonne‹ usw.). Erst recht gilt das für die Tröpfchen jener Wolke oder andere diffuse Mengenausdrücke (der Sand- oder Heuhaufen, der Kies auf dem Wege usw.). Henrich gibt zu, dass wir durch die Operation mit dem Existenzquantor ein hohes Maß an Eindeutigkeit in der Rede über Einzelnes erzielen; diese Eindeutigkeit der hier erreichten Referenz hängt aber an einer Lockerung der für den starken Verifikationismus charakteristischen Bindung an die konkrete Wahrnehmungssituation. »Der Universalität des Objektbezuges und einer Identifizierung in Hinsicht auf alle Objekte überhaupt nähert man sich also gerade dort an, wo die Universalität des Gebrauchs deiktischer Ausdrücke grundsätzlichen Einschränkungen unterliegt« (ebd., 166).

Henrichs konstruktiven Gegenvorschlag zur Erklärung des engen Zusammenhangs von Objektbezug und Identitätsgebrauch müssen wir hier nicht in Betracht ziehen. Er ist motiviert aus Zweifeln an der Berechtigung der für die Rede von der ›Wahrnehmungssituation‹ charakteristischen Unterstellung, wir hätten normalerweise Eins-zu-eins-Relationen zwischen Einzelnem und Wahrnehmungsakt anzunehmen. Das Demonstativum ›dies‹ ergibt aber nur Sinn, wo auch ein anderes ist, von dem das Gemeinte durch Leistungen des Aufmerkens und der Konzentration abgegrenzt wird. Auch muss es bei der Identifikation eines Einzeldings – soll sie informativ sein – prinzipiell zweifelhaft sein können, ob ein Aspekt des in der Wahrnehmungssituation Gegebenen ein Sortal oder mehrere Sortale instantiiert; kurz: Die Identität des Dings muss in vielerlei Hinsicht – schon weil sie notwendig in der Zeit sich verändert – fraglich und vieldeutig sein können; sie faltet sich auch bei eindeutiger (objektiver) Lokalisierung in eine Unendlichkeit von Wahrnehmungssituationen und Abschattungen aus. Die Rede von der ›Wahrnehmungssituation‹ als Garantin für Identität des Einzeldings ist erkenntnistheoretisch naiv. Die Wahrnehmung kann für mehreres halten, was eines ist, *et vice versa*; und schließlich kann die Bedeutung der identifizierenden Termini in semantischen Kämpfen oder durch individuelle oder kollektive Innovationen sich so wandeln, dass der Dingverweis neu und anders sich façonniert und intersubjektiv vielfältig und uneinhellig vorgenommen wird. Henrich schließt:

Wenn, wie Tugendhat meint, eine konsequente sprachanalytische Philosophie ihrer Möglichkeit nach davon abhängt, daß die These richtig ist, der zufolge ein Objektbezug mittels deiktischer Ausdrücke nur zugleich mit einem Bezug auf andere deiktische Ausdrücke zustande kommen kann, so muß man folgern, daß sie sich wirklich als unmöglich erwiesen hat (ebd., 171).

Hat also Tugendhats holistische These über das System wechselseitig aufeinander verweisender singulärer Termini selbst schon Lücken, so ist zu erwarten, dass sich dieser Mangel auswirken wird auf den methodisch vorentschiedenen Blickwinkel, unter dem er die Problemlage ›Selbstbewusstsein‹, nämlich von der Aufklärung der Verwendung von ›ich‹ her, betrachten wird. Die »Möglichkeitsbedingungen deiktischer Aufweisungen« wären selbst zu erforschen gewesen, und zwar unabhängig davon, dass und ob sie »Tugendhats Hauptinteresse an Satzform und Wahrheit« befriedigen – etwa in der Weise, dass seine Prädikatentheorie mit seiner holistischen Konzeption des Verweisungssystems der singulären Termini besonders gut zusammenpasst.

Wie dem auch sei: Tugendhat legt Wert auf die Tatsache, dass zur richtigen Verwendung von ›ich‹ das explizite Wissen gehört, dass ein anderer den Ausdruck durch ›du‹ oder ›er/sie‹ aufgreifen kann, ohne dass die Identität der Referenz Schaden leidet. Wie ist dieses Wissen zu verstehen? Man möchte antworten: als Regelwissen. Dazu gehört dann aber auch, dass, wer mit ›er‹ ein ›ich‹ aufnimmt, damit einen kompetenten Sprecher identifiziert und nicht bloß einen Körper, »der das Signal ›ich‹ emittiert wie die Lokomotive den Pfiff, der uns veranlaßt zu sagen, daß ›er‹ (der Zug) im Anrollen ist« oder in den Bahnhof einfahren ›will‹ (Henrich 1989, 102). Damit die Aufnahme ›sinngerecht‹ erfolgt, muss ich dem anderen Sprecher die gleiche Kompetenz wie mir zusprechen, und d. h. doch wohl: ihn für ein fremdes *Subjekt* mit eigenem Selbstbewusstsein halten. Gerade das kann Tugendhat aber nicht zugeben; denn für ihn soll das Phänomen des Selbstbewusstseins nicht vorausgesetzt, sondern aus der Regelkenntnis der systematischen Konvertibilität der ›ich‹- und der ›er‹-Perspektiven allererst erklärt werden. Damit entstünde nun ein leicht durchschaubarer *circulus in probando*, würde Tugendhat sich nicht damit begnügen, die für die Fremdidentifikation wesentlichen Personeigenschaften auf die alleinige Unterstellung von Regelwissen zu reduzieren.

Die Frage drängt sich nun freilich auf, ob ich das fremde Subjekt in angemessener Weise in den Blick fasse, wenn ich ihm Wissen der Verwendundungsregeln von ›ich‹ zuspreche, ohne mich darüber zu erklären, wie dieses Wissen mit dem umfassenderen Phänomen ›Selbstbewusstsein‹ sachlich zusammenhängt. Und ferner: Damit von ›Aufnahme‹ von ›ich‹ durch ›er/sie‹ überhaupt die Rede sein kann, musste die ›ich‹-Äußerung (mit ihrer nichtidentifikatorischen Evidenz) *als* die des ›ich‹-Sprechers (und *aus* seiner Perspektive) doch erst einmal verstanden sein. Erst dann kann erklärt werden, wie fremdes Wissen an dieses vorgängige ›ich‹-Wissen anknüpfen kann. Umgekehrt soll ja aber auch die Aufnahme dieses Wissens durch den ›er‹-Sprecher zum Inhalt des Wissens des ›ich‹-Sprechers selbst gehören; mithin müsste sich der kompetente ›ich‹-Sprecher aus der ›er‹-Perspektive gewahren können, noch *bevor* ein anderer tatsächlich ›ich‹ durch ›er‹ aufgenommen hat. So gerät aber der ›ich‹-Sprecher in ein Selbstverhältnis unabhängig davon, ob *wirklich* ein anderer mit ›er‹ auf seine Person referiert oder nicht; und über ›Genese und Verfassung‹ dieses Selbstverhältnisses macht Tugendhat gar keine Angaben (ebd., 106 f.).

Das kann aber leicht nachgeholt werden: Es gehört zur Struktur dieses Selbstverhältnisses, dass gar kein real existierender Anderer in ihm auftaucht. Es ist Verhältnis nur zu sich, nicht zu ›er‹ (oder vielmehr ›ihm‹) als einer faktisch intervenierenden fremden Person. Also ist es im strengen Sinne *Selbst*verhältnis – und zwar ein wissendes oder, wie Tugendhat sagen würde, ein epistemisches Selbstverhältnis. Wie, so lautet Henrichs Frage, hängt diese Struktur mit dem Sachverhalt ›Selbstbewusstsein‹ zusammen?

Wir haben in ihr den Fall eines echten wissenden Selbstverhältnisses; denn der ›ich‹-Sprecher schreibt sich darin selbst ein Wissen zu, das er (als impliziter ›er‹-Sprecher) über sich hat. Und das ist die »kritische Stelle« in Tugendhats Erklärungsversuch (108). Er arbeitet mit dem Modell »eine[r] innere[n] Doppelung«, ist doch das Wissen, über welches der kompetente ›ich‹-Sprecher verfügen soll, kein anderes als das, welches der (implizite) ›er‹-Sprecher über ihn besitzt. Damit aber begegnen wir einer Struktur, wie sie charakteristisch ist für traditionelle Erklärungsversuche für Selbstbewusstsein, die früher oder später entweder in den infiniten Regress oder in Zirkel führten. Um zu prüfen, ob das auch für die Tugendhatsche Theorie gilt, stellt Henrich ihr drei Fragen:

(1) Ist mit der Doppelung, zu der wir gelangt sind, überhaupt eine stabile, in sich verständliche Verfassung von Wissen erreicht? (2) Ist durch sie Selbstbewußtsein erklärt oder doch nur innerhalb ihrer vorausgesetzt? (3) Handelt es sich bei der Doppelung überhaupt um eine solche, kraft deren ein Selbstverhältnis im Wissen besteht, das als Selbstbewußtsein ausgegeben werden kann? Ist dies nicht der Fall, so stellt sich die zweite Frage in Be-

ziehung auf die dritte erneut. Denn es fragt sich, in welcher Weise in dem Selbstverhältnis, das in sich gar keine wissende Selbstbeziehung einschließt oder ergibt, Selbstbewußtsein [bloß] vorausgesetzt wird (ebd., 109).

Die *erste Frage* wittert einen Zirkel noch diesseits der anderen Frage, ob in der Doppelung des Wissens (das einmal in der ›ich‹- und ein andermal in der ›er‹-Perspektive angesetzt wird) überhaupt ein Erklärungspotential für *Selbst*bewusstsein angelegt ist. In der Verwiesenheit der beiden Perspektiven wird vorerst nur eine wechselseitige Wissenspräsupposition gemacht: Der ›ich‹-Sprecher soll wissen, dass ihm aus der ›er‹-Perspektive ein Wissen über den regelgerechten Gebrauch des Pronomens der ersten Person Singular zugeschrieben wird. *Was* ist das denn, was er da wissen soll und was wir mit der Formulierung ›regelkonformer (oder sinnvoller) Gebrauch von *ich*‹ umschrieben haben? Nichts anderes als die ganze Wissensverfassung erneut und noch einmal als Objekt eines Wissens gesetzt. Anders gesagt: Das Wissen hat als Gegenstand die Kenntnis, dass es sich selbst als Gegenstand hat; denn auf der Objekt-Seite der Wissensrelation taucht der gesamte Sachverhalt noch einmal auf, der darin besteht, dass das von der ›er‹-Seite aus zugesprochene Wissen dem ›ich‹-Sprecher selbst zugeschrieben wird. »Daraus ergibt sich aber unmittelbar eine unendliche Einschachtelung von Fällen des Wissens in die Gehalte, von denen gewußt wird« (110) – und zwar auf den beiden Seiten der Wissensbeziehung: im ›ich‹- und im ›er/sie‹-Pol. Und mit alledem ist noch gar nichts über ein mögliches Selbstbewusstsein eines der Sprecher ausgemacht: Jeder würde bloß wissen, dass ein sinnvoller Pronominalgebrauch aus einer Fremdperspektive referenzgleich inkluiert werden kann.

Ist damit wenigstens ein Weg gebahnt zu einer Theorie auch des Selbstbewusstsein? Dahin blickt Henrichs *zweite Frage*. Sie knüpft an die etwas weiter oben schon gemachte Beobachtung an, dass die Wissenszuschreibung noch keine Selbstbewusstseinszuschreibung einschließt. Ist das aber nicht der Fall und ist das erklärte Ziel von Tugendhats Theorieversuch die Aufhellung von Selbstbewusstsein, dann muss jetzt Folgendes gesagt werden: Ist in der wechselseitigen Wissenszuschreibung über sinnvollen Redegebrauch Selbstbewusstsein *nicht* mit zugeschrieben, dann ist Letzteres eben gar nicht zugeschrieben: weder dem ›ich‹- noch dem ›er‹-Sprecher. Sage ich dann (mit einem Wahrheitsanspruch) von einem fremden ›ich‹-

Sprecher, er sei seiner selbst bewusst, so musste dieser das rechtens ihm zugeschriebene Selbstbewusstsein schon *vor* dieser Zuschreibung wirklich besessen haben (112).

Allerdings ist die Entflechtung der Wissens- von der Selbstbewusstseinszuschreibung nicht mehr möglich, seitdem Tugendhat das Wissen um die ›er‹-Perspektive in das Regelwissen von ›ich‹ selbst eingebettet hat. Da diese Einbettung indes mit dem unter (1) bezeichneten Zirkel erkauft war, funktioniert die Erklärung von *Selbst*bewusstsein auf dieser Basis auch und erst recht nicht für (2). Das müsste sie aber; denn die Formulierung, es werde *mir* aus der ›er/sie‹-Perspektive ein Regelwissen zugeschrieben von der Weise, in der *meine* ›ich‹-Äußerung aus der ›er/sie‹-Perspektive aufgenommen werden kann, würde ohne die Annahme unverständlich bleiben, von diesem Sachverhalt bestünde für den ›ich‹-Sprecher selbst Kenntnis (oder Wissen) – denn das meint ja wohl ›Selbstbewusstsein‹, dass ich das Wissen nicht nur habe (wie der Felsblock Flechten und Moose hat), sondern auch weiß, dass ich es habe. Der Wissensgehalt, der dem Sprechersubjekt zugemutet wird, impliziert also ausdrückliches Selbstbewusstsein von diesem Gehalt.

Aber in dieser Anordnung von Annahmen tritt der Zirkel erneut und verschärft auf: Der Gehalt des Wissens, das dem ›ich‹-Sprecher zugeschrieben wird, nimmt selbst Selbstbewusstsein in Anspruch. »Nun läßt sich nicht denken, daß Selbstbewusstsein ursprünglich durch einen Gehalt von Wissen konstituiert wird, der seinerseits Selbstbewußtsein einschließt« (113). Dass ich Selbstbewusstsein habe, kann ich nicht lernen aus der Verinnerlichung der Fremdperspektive auf mein Selbstbewusstsein; mithin musste es bei der Zueignung der ›er/sie‹-Perspektive schon zuvor bestehen; und dann bringt dieser interaktionistische Umweg über das *alter ego* gar nichts zur Verständlichmachung des Selbstbewusstseins aus der ›ich‹-Perspektive. »Der Zirkel«, der hier auftritt, »entsteht [...] dadurch, daß der ›ich‹-Sprecher seinerseits von der Zuschreibung solchen Wissens an ihn, den ›ich‹-Sprecher, vorab wissen muß[te]« (114).

Es bleibt also [zwar] möglich, den ›er‹-Sprecher, für sich betrachtet, als einen solchen zu nehmen, der nur Wissen zuschreibt. Aber nicht das, was irgendein ›er‹-Sprecher etwa wirklich tut, sondern das, was der ›ich‹-Sprecher in seinem [eigenen] Wissen hinsichtliches seines [des ›er‹-Sprechers] Tuns vorab schon weiß und wissen muß, ist eben auch das, woraus sich Selbstbewußtsein erklärt, wenn es denn überhaupt im Rahmen von Tugendhats Theorievorschlag verständlich gemacht werden könnte (ebd.).

Das ist aber eben nicht der Fall. Es ist vielmehr eine abwegige Prämisse des Interaktionismus (übrigens auch in seiner Habermasschen Variante), Selbstbewusstsein werde sich selbst aus einer vorgängigen ›er/sie‹-Perspektive erschlossen oder gar über die Aufnahme einer solchen in sich *konstituiert* (115). Kein ›ich‹-Sprecher kann Selbstbewusstsein dadurch erwerben, dass er durch Regelwissen an eine ›er/sie‹-Perspektive angeschlossen ist, aus der heraus ihm Wissen zugesprochen wird. Das so operierende theoretische Manöver kommt rasch zum Erliegen und mit ihm »die Vormeinung von der Unhintergehbarkeit der sprachlichen Konstitution von Selbstbewußtsein« (Henrich 1989, 116). Daraus ist zu lernen, dass man die Voraussetzung eines Wissens von der ›er/sie‹-Aufnahme meiner ›ich‹-Äußerung fallen lassen muss; tut man das nicht, verstrickt man sich früher oder später in die bekannten Zirkel ungerechtfertigter Selbstpräsupposition des zu Erklärenden.

Henrich nennt Tugendhats Theorievorschlag unnatürlich und unnötig kompliziert. Er karikiert ihn treffend wie folgt:

Ich weiß da im voraus von irgendwelchen, von denen jeder eine ›ich‹-Äußerung, die von mir ausgeht, mit einem Verweis auf mich/ vermittels eines ›er‹ aufnehmen könnte. Von mir in einem Sinne, der von Selbstbewußtsein die Rede sein ließe, wußte ich jedoch insoweit noch nichts, als ich nur wußte, daß eine ›ich‹-Äußerung ergeht. Erst indem ich denke, daß jener andere, den ich mit ›er‹ würde bezeichnen können, auf mich und meine ›ich‹-Äußerung mit seinem ›er‹ verweist und mir dabei auch zuspricht, daß ich das Wort ›ich‹ sinngerecht gebraucht habe, weiß ich nun auch *von* mir und von jenem meinem Wissen, durch das die ›ich‹-Äußerung eine sinnvolle geworden ist. Und so geht mir auf, daß ich ein ›ich‹-Sprecher bin, und ich befinde mich im Zustand des Selbstbewußtseins (ebd., 116 f.).

Eine ›er‹-Perspektive (auch eine verinnerlichte) auf meine Regelkenntnis von ›ich‹ könnte mich prinzipiell niemals darüber belehren, dass ich ein Selbstbewusstsein habe – sie könnte dessen Bestand allenfalls unerklärt voraussetzen und wäre dann theoretisch ohne Interesse. Wie kam aber Tugendhat auf seine nicht nur kontraintuitive, sondern auch übermäßig komplizierte Erklärung von Selbstbewusstsein? Dadurch, dass er mit einer ganzen formalsemantischen Tradition, für die stellvertretend der Name Strawson aufgerufen sein mag, annimmt, ›*Identität*‹ meine jeweils die Identität eines raum-zeitlich diskriminierten Gegenstandes. Da ich mit ›ich‹ nichts in Raum und Zeit diskriminiere und Identifizierung von *individuals* nur über Beobachtungsprädikate erfolgen kann, musste ich meine eigene Identität als Person über die Einbeziehung der ›er‹- oder der Beobachter-Perspektive in mein Selbstverständnis vermitteln. Und diese Vermittlung über den Standpunkt des Fremdsubjekts meinte Tugendhat dann noch einmal anwenden zu müssen, wenn es darum ging, das *Wissen* zu erklären, das ein ›ich‹-Sprecher von sich und seiner Regelkenntnis besitzt. »Und daraus folgen alle Komplikationen in der Problemauffassung samt der Notwendigkeit zur unangemessenen Verständigung über die Tatsachen der wissenden Selbstbeziehung« (ebd., 119).

Dabei war es doch Tugendhat gewesen, der Henrich vorgeworfen hatte, von Fichte die sinnwidrige Vorstellung zu übernehmen, wonach »Kenntnis seiner selbst« impliziere, dass hier »die Wissensrelation und die Identitätsrelation ineinandergeschoben werden« müsse (Tugendhat 1979, 58). Diese Auffassung basiere auf einem Modell, das die Identität des mit ›ich‹ Bezeichneten vom Wissen über die Identität abhängig glaube – und diese beiden Rücksichten sucht Tugendhats Gegenvorschlag ja gerade dadurch zu entflechten, dass er das zu Identifizierende als die raum-zeitliche Person und den epistemischen Bestandteil im Selbstbewusstsein als die nominalisierte Proposition mit einem φ-Prädikat bestimmt. Nun zeigt aber die Formulierung des Wissens der sprechenden Person von der Aufnehmbarkeit von ›ich‹ durch ›er‹ als ernsthafter Erklärungs-Gegenvorschlag, dass der Vorwurf des Operierens mit einem sinnwidrigen Modell an Tugendhat zurückzuverweisen ist. *Er* scheidet nicht streng »die beiden Komponenten im wissenden Selbstverhältnis – Identifikation und Wissen von sich im sinngemäßen ›ich‹-Gebrauch« (Henrich 1989, 120). Denn die ›er‹-Perspektive auf den ›ich‹-Gebrauch – ohne die er Identifizierung des Referenten von ›ich‹ für unmöglich hält – kann er ihrerseits nur in dem Regel*wissen* von ›ich‹ fundieren, das die ›er‹-Perspektive als seine eigene Möglichkeit der Selbstreferenz in seinen wissenden Selbstbezug muss einbauen können. Dann aber liegt das Zirkuläre dieses Erklärungsversuchs ziemlich ungeschützt zutage.

Es wäre zu vermeiden gewesen durch Einführung der »folgende[n] Grundunterscheidung« (ebd.): Sinnvoller ›ich‹-

Gebrauch schließt durchaus die Einsicht des Sprechers ein, dass seine Identität nicht aus dem ›ich‹-Gebrauch als solchem hervorgeht; dennoch verfügt das Subjekt über eine Vertrautheit, die noch nicht Identität oder Wissen heißen kann (Identifikation setzt die Möglichkeit von Fehlidentifikation, Wissen die von Irrtum voraus – beides ist für ›ich‹ aus seiner eigenen Perspektive ja auch nach Tugendhats Meinung auszuschließen). Das sprechende Subjekt kann ferner wissen, dass seine Identifikation nur aus der Perspektive eines Fremdsubjekts erfolgen kann.

Sofern er [der kompetente ›ich‹-Sprecher] aber solches denkt, hat er zugleich ein Wissen von sich – und zwar in dem Sinne, daß er sich selbst im sinnvollen ›ich‹-Gebrauch als einer versteht, der solchen Gebrauchs fähig ist. Und dieses Wissen ist nun nicht mehr ein bloßes Derivat oder Sattelgut der Meinung, die auf die Möglichkeit der Identifikation und auf mögliche Garanten für die Identifizierbarkeit der Entität geht, die er selber ist. So kann es also auch unter anderen Gesichtspunkten auf seine Stellung in der Gesamtverfassung von Wissen und auf die interne Verfassung hin, die ihm selbst zukommt, untersucht werden.

Selbstbewußtsein unterscheidet sich von der Selbstbeziehung eines anonymen Wissens wirklich dadurch, daß es ein Wissen nicht nur davon ist, daß Wissen besteht, sondern ebenso und zugleich auch davon, daß einer etwas weiß, meint oder erwägt etc. So ist also die Intention auf Einzelnheit in ihm von konstitutiver Bedeutung, die einen Unterschied zu Weisen epistemischer Selbstbeziehung ergibt, die wenigstens als Modelle erwogen werden können, wenn auch offenbleiben muß, ob ihnen irgendeine Realität zukommt. Doch diese Intention auf Einzelnheit muß nicht ganz unvermittelt / als die Intention auf ein physisches Einzelding verstanden werden. Ohne diese letztere Intention ist zwar der Erfolg einer Identifikation nicht zu antizipieren. Umgekehrt gilt aber ebenso, daß das Einzelding, das ›ich‹ bin und das Person ist, nicht durch seine Raum/Zeit-Koordinaten allein als individuiert zu denken ist. Es ist Subjekt von Meinungen und Identitätslinie über eine Meinungsgeschichte. Über diese Eigenschaften muß eine Person auch aus der Außenperspektive charakterisiert werden, wenn sie als solche identifiziert werden soll. Man läßt sich also nicht in befremdliche und realitätsflüchtige Annahmen ziehen, sondern folgt nur den in der Sache vorgegebenen Verhältnissen, wenn man die Perspektive dessen, der etwas von sich weiß, nicht von der Perspektive absorbiert sein läßt, die er in Beziehung auf sich als eine identifizierbare Person hat (120 f.).

Henrich nennt die Entflechtung von Selbstbewusstsein und Identitätsantizipation ein ›in sich gedoppeltes Wissen‹ oder eine ›Doppelintention‹; mit ihr entkommt man den Zirkeln, kann aber andererseits immer noch den Umstand erklären, der allen cartesianisch inspirierten Theorien als unentkräftbarer Rückhalt gedient hat und noch dient, nämlich dass noch im Zustande der Amnesie und bei Verlust aller extern identifizierenden Mittel der Betreffende weiß, dass er ein Subjekt ist (d. h. als Person identifizierbar wäre) – und um das zu wissen, bedarf er nicht des Umwegs über die Fremdperspektive. Insofern darf sein Wissen ›unmittelbar‹ heißen (122). Noch Elizabeth Anscombe und Roderick Chisholm haben auf der Irreduzibilität dieses Subjektkerns auf die bloße Körperlichkeit à la Strawson und Tugendhat insistiert. Sie hat ihren Rechtsgrund darin, dass die Perspektive auf die Identifizierbarkeit der ›ich‹-sagenden Entität unterschieden werden kann »von jenem Selbstverhältnis im Wissen [...], in dem sich der ›ich‹-Sprecher dann immer schon befindet, wenn er aus einem Wissen von jener Perspektive heraus das Personalpronomen der ersten Person singularis sinnvoll verwendet« (128). Anders gesagt: darin, dass der Sinn von Identität, mit dem wir es bei bewussten Selbstverhältnissen zu tun haben, ein anderer und ursprünglicherer ist als der, den wir bei der schlichten Dingdiskrimination zugrunde legen. Er ist ein ursprünglicherer, insofern wir den letzteren (Sinn) zum Verständnis von ›ich‹ nicht brauchen, dieser aber implizit vorausgesetzt ist, wo immer selbstbewusste Wesen zu sich oder zu anderem sich verhalten.

Mit dieser Überlegung berühren wir endlich Henrichs *dritte kritische Frage* an Tugendhat. Sie bezieht – in methodischer Abstraktion – ausschließlich die Perspektive des ›er/sie‹-Sprechers und erkundet, was aus ihr dem ›ich‹-Sprecher eigentlich zuerkannt wird. Wir wissen, dass dies ein besonderes Wissen ist, mit dessen interner Verfassung sich Henrich abschließend aus größerer Nähe auseinandersetzt.

Handelt es sich in der Tat – wie ich manchmal formuliert habe – um ein bloßes Regelwissen über die Verwendung von ›ich‹, so wie man es allenfalls in einer Grammatik nachlesen könnte? Gewiss nicht – wie schon das Beispiel von der pfeifenden Lok zeigen sollte, deren Äußerungssignal ich ja auch regelgerecht in den Satz umwandeln könnte: ›Sie will gleich in den Bahnhof einfahren.‹ Wie kann aber der Unterschied zwischen dem Selbstbewusstsein des ›ich‹-Sprechers und der »Beherrschung eines formalen Äußerungsverhältnisses« epistemisch präzisiert werden?

Gar nicht mit den Mitteln der Tugendhatschen Theorie, die insofern schwer an der behavioristischen Erbmasse trägt. Das bedeutet freilich nicht, dass sie den Punkt nicht wenigstens zu markieren versuchte, der Kenntnis von formalen Regeln von bloß (papageienhaftem) regelkonformem Sprachverhalten unterscheidet. Schließlich wurde dem ›ich‹-Sprecher aus der ›er/sie‹-Perspektive wirklich Wissen zugeschrieben und nicht nur die automatenhafte Disposition zu Äußerungen, die von anderen, nicht aber von ihm selbst als sinngemäß verstanden werden könnten. Diese Zuschreibung impliziert auch mehr als die Fähigkeit, eine anonym schon existierende Regel gegebenfalls auf den eigenen Fall nur anzuwenden – denn diese Anwendung setzt ein von der Regel unabhängiges Wissen davon voraus, was das spezifisch Eigene dieses Falls ist. Diese Eigenheit kann nur erkennen, wer mit sich – von der Regel unabhängig – epistemisch schon vertraut ist. »Und nur der, der aus seiner eigenen Perspektive heraus etwas als *sich selbst* auffassen kann, so daß er das, was wir von ihm unter der Wendung ›sich selbst‹ denken, gemäß der Wendung ›mich‹ auffaßt, ist des sinnvollen Gebrauchs von ›ich‹ fähig« (124). Damit ist sichergestellt, dass auch das semantische Regelwissen über die sinnvolle Verwendung von ›ich‹, wie Tugendhat es ansetzt, qua *Wissen* die Dimension der Selbstvertrautheit in sich aufnehmen muss und faktisch auch aufnimmt. Dann kann uns aber die semantistische Restriktion von Tugendhats Ansatz nicht länger hindern zu schließen, dass dem kompetenten Gebrauch von ›ich‹ seinerseits ein vorsprachliches Wissen *von sich* zugrunde liegt (auch wenn dieses nicht in jedem Falle aktuell und explizit präsent sein muss). Gäbe es dieses unmittelbare Selbstverständnis nicht, so würde kein Sprechersubjekt je einen Teilsatz mit einem φ-Prädikat als *ihm/ihr* zugeschrieben verstehen können, auch und schon gar nicht, wenn ihm diese Zuschreibung aus der Perspektive eines anderen Sprechersubjekts widerfährt.

Das Wissen, das ich habe, wenn ich weiß, daß mir Selbstbewußtsein zugeschrieben wird, setzt die Verständlichkeit von Selbstbewußtsein und mithin wirkliches Selbstbewußtsein voraus. Vielleicht werde ich durch eine Anmutung aus der ›er‹-Perspektive ursprünglich dazu gebracht, solches Selbstbewußtsein in mir spontan auszubilden. Doch das ist eine genetische Erklärung. Sie mag Anschluß an das haben, was die innere Verfassung von Selbstbewußtsein ausmacht. Aber sie ist außerstande, diese Verfassung selbst verständlich zu machen. Die Anmutung ersetzt also nicht die spontane Ausbildung jenes Wissens, das Wissen von sich ist (126).

Und so dürfen wir schließen: Das Wissen, das dem ›ich‹-Sprecher aus der ›er/sie‹-Perspektive zugesprochen wird, sei anderes und mehr als die Beherrschung der Regel von der Konvertibilität der deiktischen Ausdrücke. Und dieses Mehr sei eben das Selbstbewusstsein, zu dessen Erklärung die semantische Theorie angetreten war und an dessen Komplexität sie noch grandioser gescheitert ist, als sie es den ›traditionellen‹ Theorien vorwarf. Denn solches Selbstbewusstsein wird »in Tugendhats Theorie vorausgesetzt und durchgängig in Anspruch genommen, ohne thematisch oder erklärt zu werden. Und dies ist ein Zirkel, der mit den Mitteln der Theorie weder zu beherrschen noch zu eliminieren ist« (127).

IV.

Zwar hält auch Jürgen Habermas den formalsemantischen Schritt über die Bewusstseinsphilosophie hinaus für einen wirklichen Fortschritt und bescheinigt Ernst Tugendhat, die Henrichschen Ratlosigkeiten in seinem Ansatz aufgelöst zu haben (Habermas 1981 I, 530 f.). Dennoch ist er mit der bloß semantischen Erklärung von Selbstbewusstsein nicht zufrieden:

[...] die auf den semantischen Gesichtspunkt beschränkte Sprachanalyse [bringt] den vollen, in der performativen Verwendung des Ausdrucks »Ich« präsenten Sinn der Selbstbeziehung zum Verschwinden, weil sie die Beziehung von Subjekt und Gegenstand bzw. System und Umwelt wiederum durch eine *zweistellige Relation,* eben die zwischen Satz und Sachverhalt ersetzt und damit innerhalb der Grenzen eines Modells bleibt, das die Selbstbeziehung epistemisch verkürzt. Wiederum werden die *Erlebnisse,* die Ego in Erlebnissätzen von sich selbst aussagt, als privilegiert zugängliche *Sachverhalte* oder innere Episoden vorgestellt und damit *an Entitäten in der Welt assimiliert.* An jene Selbstbeziehung, die traditionell als Selbstbewußtsein zugleich thematisiert und verstellt worden ist, kommt man erst heran, wenn man die semantische Fragestellung pragmatisch erweitert. So bietet die Analyse der Bedeutung, nicht zwar des referentiellen, aber des performativen Gebrauchs des Ausdrucks »Ich« innerhalb des Systems der Personalpronomina einen aussichtsreichen Schlüssel zur Problematik des Selbstbewußtseins (ebd., 531).

Habermas spricht von »eine[r] über die linguistische Wendung der Subjektphilosophie hinausgreifende[n] *kommunikationstheoretische[n] Wende*« (ebd.). Sie leite »*das Ende der Subjektphilosophie* für die *Gesellschaftstheorie*« erst wirklich ein (ebd., 532). Oder richtiger: Eine bestimmte Varietät von Gesellschaftstheorie, nämlich der von Mead sich herleitende symbolische Interaktionismus (ebd., 534), den freilich schon Ernst Tugendhat weitgehend unterschrieben hatte (Tugendhat 1979, 245 ff.), trete als neues ›Paradigma‹ an, um sich an die Stelle sowohl der bewusstseinsphilosophischen als auch der formal-semantischen Erklärung von Subjektivität zu stellen.

Personen erwerben nach Mead ihre Identität »über sprachlich vermittelte Interaktion« (Habermas 1981 II, 161). Die Begründung dieser These, deren Prinzip Habermas übernimmt, lässt sich nur durchführen, wenn die ›er‹-Perspektive der ›ich‹-Perspektive erneut in einer bestimmten, und zwar erneut wesentlichen Weise vorgeschaltet wird; damit verstrickt sich das neue (sprachpragmatische) Paradigma früher oder später in die im vorigen Abschnitt aufgezeigten Zirkel (der semantischen Erklärung).

Habermasens Subjekttheorie ist mit der Tugendhatschen indes nicht einfach identisch. In *Selbstbewußtsein und Selbstbestimmung* hatte Tugendhat zwei Weisen von personaler Identifikation unterschieden: diejenige, die die Person aus einer Menge von Körpern in Raum und Zeit herausgreift und ihr eine numerische Selbigkeit zuschreibt, und die ›anspruchsvollere‹, in der die Person sich nicht bloß als raum-zeitlichen Körper, sondern qualitativ identifiziert (Tugendhat 1979, 284): als Wesen mit individueller Geschichte, welches sein Leben einem Fundamentalentwurf unterstellt, der ihm praktische Autonomie zusichert und in reflektiertem Selbstverhältnis festlegt, wer es sein will. Offenbar ist die letztere Identifikation »keine notwendige Bedingung dafür, dass [ein Individuum] A in den sozialen Gruppen, denen es angehört, von B, C, D … numerisch identifiziert werden kann« (Habermas 1981 II, 155).

Habermas vermisst im zweiten Glied dieser Unterscheidung eine wichtige Binnendifferenzierung: Die ›anspruchsvolle Selbstidentifizierung‹ betreffe nicht nur »die qualitative Identifizierung einer bestimmten Person mit individueller Lebensgeschichte, besonderem Charakter usw.«, sondern auch »die generische Identifizierung einer Person als sprach- und handlungsfähiger Person überhaupt« (ebd.): Jede Person ist nicht nur *wahrnehmbarer Körper* (in Raum und Zeit), der zusätzlich in reflektiertem Selbstbezug eine (individuelle) *qualitative* Identität entwirft, sondern auch *Person-überhaupt* (Element der Klasse Personen), die, von einem gewissen Lebensalter an, mündig zu sein strebt und ihrem Leben eine vernünftige Form und Kontinuität geben wird, so Anspruch erwerbend auf die Behandlung als Zweck, nicht als Mittel (im kantischen Sinne; vgl. Henrich 1979, 372 f.). Damit ist freilich ein Merkmal angesprochen, das Personen nicht schon als unverwechselbare Wesen mit eigentümlicher Lebensgeschichte und singulärem ›projet fondamental‹ individuiert.

Einen Zusammenhang zwischen den drei Identitätskonzepten erlaube nun die Meadsche Sozialpsychologie herzustellen. Ihr zufolge sei die individuierende oder »prädikative Selbstidentifizierung, die eine Person vornimmt«, eine Voraussetzung sowohl für ihre numerische als auch für ihre generische Identifikation (Habermas 1981 II, 156). Und nur wenn das garantiert sei, widerfahre dem individuellen Aspekt der Personalisierung die gebotene Würdigung.

Das sucht Habermas wie folgt zu zeigen. Durch den regelrechten Gebrauch des Fürworts der ersten Person Singular meine sich eine Person nicht nur als einen durch Beobachtungskriterien von außen identifizierbaren Körper, sondern eben auch als Person in dem Sinne, dass sie von ihresgleichen erwartet, man werde sie aufgrund ihres sinnvollen ›ich‹-Gebrauchs nicht ›als ein Stück Materie‹, sondern als autonomes Subjekt (als generische ›Person-überhaupt‹) behandeln. »Denn die identifizierbare *Person*, die der Sprecher mit ›ich‹ bezeichnet hat, war nicht als eine Entität gemeint, die allein aufgrund von *Beobachtung* identifiziert werden kann« (ebd., 158).

So hat ›ich‹ in sinnvoller Verwendung nicht nur deiktische Funktion, wie z. B. alle impersonalen Demonstrativa, sondern auch eine *pragmatische*. ›Ich‹ ist (auch) expressiv und repräsentativ; es bezeichnet in reflexiver Einstellung das Subjekt von Gefühlen, Lebenseinstellungen, Überzeugungen und Absichten, die in Gesprächszusammenhängen von anderen Subjekten als wahrhaftig akzeptiert sein wollen.

Insofern verweist der in expressiven Sätzen verwendete Ausdruck ›ich‹ auf den gleichlautend in performativen Sätzen verwendeten Ausdruck. Dieser bedeutet, daß jemand in der kommunikativen Rolle des Sprechers mit (mindestens) einem anderen in der kommunikativen Rolle des Hörers eine interpersonale Beziehung aufnimmt, wobei sich beide im Kreise aktuell unbeteiligter, aber potentieller Teilnehmer begegnen. Die an die Perspektiven der ersten, zweiten und dritten Person gebundene interpersonale Beziehung aktualisiert eine zugrunde liegende Beziehung der Zugehörigkeit zu einer sozialen Gruppe. Erst hier stoßen wir auf den *pronominalen Sinn des Ausdrucks ›ich‹* (ebd., 159).

Wer sich regelkonform durch ›ich‹ bezeichnet, meine sich eben nicht nur als beobachtbares und korrekt aus anderen seinesgleichen ›herausgegriffenes‹ Materieaggregat im Raum (und in der Zeit), sondern wesentlich auch als eine Person, deren irreduzible Subjektivität perzeptiv nicht entdeckt werden könne. Gleichzeitig gebe der ›ich‹-Sprecher eine *performative* Probe seiner (durch kompetente Teilnahme an symbolischer Interaktion belegte) Zugehörigkeit zu einer Gemeinschaft von Subjekten seinesgleichen; und es ist diese Gemeinschaft, die ihn kennt und als Mitglied in sich schließt, welche allererst die raum-zeitliche und generische Identifikation mit einer individualisierenden Beschreibung verbinden, ja aus ihr herleiten könne. Erst die letztere, »aus sozialisatorischen Interaktionen gewonnene Kenntnis«, meint Habermas, erlaube also »die raum-zeitliche Einordnung einer Person in einen Lebenszusammenhang, dessen *soziale* Räume und *historische* Zeiten *symbolisch strukturiert* sind« (ebd., 160).

Damit ist zwar der Individuierung der Person ein ungleich höheres Gewicht beigemessen als in der formal-semantischen Theorie. Personen sind nicht ›von Natur‹ oder durch simple Beobachtung aus der Fremdperspektive ›sie selbst‹, sondern erwerben ihre Identität als Personen wie als Individuen allererst »über sprachlich vermittelte Interaktion«, und zwar nicht nur für andere, sondern sogar für sich selbst (ebd., 160 f.).

Sie selbst verstehen sich als Personen, die gelernt haben, an sozialen Interaktionen teilzunehmen; und sie verstehen sich jeweils als eine bestimmte Person, die als Sohn bzw. Tochter in einer bestimmten Familie, in einem bestimmten Lande aufgewachsen, im Geist einer bestimmten Konfession erzogen worden ist usw. Diese Eigenschaften kann sich eine Person *selbst* nur in der Weise zuschreiben, daß sie die Frage beantwortet, *was* für ein Mensch sie ist, und nicht die Frage, *welcher* von allen. Eine Person erfüllt die Identitätsbedingungen und -kriterien, aufgrund deren sie von *ande-*

ren numerisch identifiziert werden kann, erst dann, wenn sie imstande ist, sich selbst die entsprechenden Prädikate zuzuschreiben. Insofern ist die auf elementarer Ebene vorgenommene prädikative Selbstidentifizierung einer Person Voraussetzung dafür, daß sie von anderen als Person überhaupt, d. h. generisch, und als bestimmte Person, also numerisch, identifiziert werden kann (ebd., 161).

So sympathisch mir nun diese Aufwertung der Individualität gegenüber der wahrnehmbaren und generischen Personidentität ist, so wenig scheint sie mir zu glücken. Gewiss gelingt personale Identifikation im dreifältigen Sinn, wie ihn Habermas exponiert hatte, erst in einem durch Sprache und sprachlich vermittelte Tradition vorgearbeiteten Feld. Wenn dies eine *conditio sine qua non* für personale Identität – als Gegenstand des Diskurses – darstellt, ist es darum auch schon die *causa per quam*? Gewiss nicht. Denn wie soll ich eine mir von anderen sprachbegabten Teilnehmern desselben tradierten ›Sprachkreises‹ zugeschriebene Identität *als solche* ›verinnerlichen‹ (vgl. ebd., 162), noch bevor ich mit dem Genre Subjektivität überhaupt bekannt bin? Ich muss mit Subjektivität nicht nur (wie Habermas richtig sieht) auf anderem Wege vertraut gemacht worden sein als durch Verinnerlichung einer Beobachterperspektive-auf-mich; ich kann, dass ich ein (unverwechselbares, seine Identität beständig neu entwerfendes und verschiebendes) Subjekt bin, auch nicht aus dem Munde anderer lernen. Sprachkonditionierung kann zu Selbstkenntnis nur unter der zirkelhaften Voraussetzung führen, dass der Sinn von Selbstheit schon von anderwärtsher verfügbar war und in der Zueignung fremder Sicht-auf-mich lediglich *wieder-*, aber nicht ursprünglich *er*kannt wurde. Gewiss lerne ich meine *Rollen-* und meine *soziale* Identität von den anderen (in sozialer Interaktion); aber gerade meine Subjektivität (das generische Moment) und meine Individualität (die Fähigkeit, meine Subjektivität in eine eigentümlich selbst [mit] bestimmte Lebensgeschichte zu entfalten) war bei diesem Lernen schon vorausgesetzt und bewährt sich lediglich als ein zur Vergesellschaftung tauglich machendes Vermögen. Alle Vergesellschaftung muss – das war die richtige Intuition von Sartres Sozialphilosophie – beim Individuum anheben: Es ist der Quell aller Einsichtigkeit, und Einsichtigkeit sozialer Zusammenhänge hat an der Selbstvertrautheit des Subjekts ihr Maß und ihre Grenze (Sartre 1985, 167). Statt ihm vorwerfen zu dürfen, als Punkt (sich angeblich verkennender) Selbstdurchsichtigkeit den Schritt ins Intersubjektive nicht transparent machen zu können, scheint vielmehr der Intersubjektivismus mit dem umgekehrten Problem ausgelastet, aus der Präsupposition eines sozialen Apriori nicht zum Individuum zu finden, das im Ausdruck ›Interindividualität‹ lediglich vorausgesetzt, nicht aber erklärt ist.

V.

Habermas ist auf Meads intersubjektivistische Überbietung der sogenannten Bewusstseinsphilosophie im *Nachmetaphysische[n] Denken* noch einmal zurückgekommen (Habermas 1988, 187-241). Diesmal geschieht es in der Absicht nachzuweisen, dass nicht nur die Position der Subjektivität, sondern auch das in letzter Zeit energischer aufgetretene Interesse an einer ›Rettung von Individualität‹ im Programm Meads eine Stätte, ja Unterstützung findet.

Der Verdacht, es möge sich nicht so verhalten, trat gewöhnlich mit folgender Begründung auf: Der Intersubjektivismus müsse ein generisches Interesse an der »Subsumtion des Einzelnen unters Allgemeine« haben (ebd., 187). Individualität ist aber – spätestens seit Leibniz – als eine Eigenschaft nicht von Dingen, sondern von selbstbewussten Subjekten ausgezeichnet worden. So gerät Subjektivität, statt ihre unverwechselbare Einmaligkeit und ihre semantisch a priori unabsehbaren Sinnschöpfungsenergien geltend machen zu dürfen, von vornherein unter die Gewalt dessen, was für mehr als einen und a fortiori nicht spezifisch fürs Individuum von Bedeutung ist.

In der Tat setzt ja der Intersubjektivismus auf die Allgemeinheit der Symbole (sprachlichen Zeichen, Sprachverwendungsregeln, codierten Intentionalitätstypen usw.), über deren Austausch eine Gesellschaft ihre Synthesis als ›Kommunikationsgemeinschaft‹ vollzieht. Ein Zeichen kann nur funktionieren, wenn es *sozial* funktioniert, d. h., allen Benutzern denselben Wert zeigt. Dazu bedarf es einer Idealisierung, durch die es von allen identisch nicht mehr wiederkehrenden (situativen) Zügen seiner Verwendung sich abhebt. Seine Allgemeinheit (gleichsinnige Wiederholbarkeit, rekursive Definierbarkeit, Ableitbarkeit aus einem System) ist ihm mithin konstitutiv. Sagt man nun (in der hart strukturalistischen, aber auch nominalistischen Tradition), Sinn sei allemal und nur

Sinn von (sprachlichen) Ausdrücken, so gilt auch für den Sinn individueller Selbstverständigung, dass er die Verinnerlichung eines Sprach- und Konventionsrepertoires voraussetze und nicht in vor-ausdrücklicher Präsentation sich erschließe. Nun ist Sprache intersubjektiv, und individuelles Selbstverständnis scheint so immer schon sprachlich/sozial hintergangen. Individualität als eine Grenze der Sprache oder als Ort, eine sprachlich undarstellbare Nichtallgemeinheit zu denken, hieße: die Genesis der sozial vermittelten Sinnbildungsprozesse schlicht zu verkennen. In dieser Voraussetzung rücken Lacans Gleichsetzung der Funktionen der Selbst-*Er*kenntnis und der *Ver*kennung des Selbst (»Ici s'insère l'ambiguité d'un méconnaître essentiel au me connaître« [Lacan 1966, 808]) und Habermasens intersubjektivistische Demütigung von Subjektivität (als eines ›Resultats‹ der Sprachkonditionierung) überraschend eng zusammen.

Indes charakterisiert Habermas zunächst treffend das Dilemma, in das Individualität bei Anerkennung des intersubjektivistischen Paradigmas gerät: Fasst sie sich selbst als Abweichung oder Differenz, so wird sie alsbald vom Allgemeinen eingeholt, unterworfen, gleichgeschaltet. Individualität ist in der Tradition als »ens omnimodo determinatum« oder als »species infima« definiert worden. Im ersten Fall ist sie ein Ensemble – eine Konjunktion – allgemeiner Bestimmungen (Habermas 1988, 188); im anderen zwar die allerkleinste, aber doch eine ›Gattung (species)‹ – mithin ein relativ Allgemeines. Beide Male hat sie keine Möglichkeit, ihre Abweichung vom Universellen anders denn als (eigentümliche) Kombination allgemeiner Merkmale zu manifestieren; aber damit ist keine Abweichung *vom*, sondern lediglich eine partikulare Spezifikation *des* Allgemeinen gegeben. Unter ›Individualität‹ verstehen wir aber – spätestens seit Schleiermacher und Humboldt – nicht nur ein Besonderes, das allgemeine Regularitäten im Einzelfall instantiiert, sondern (auch) die Fähigkeit eines Einzelsubjekts, Universalien (z.B. sprachliche Typen oder andere Elemente der symbolischen Ordnung) neu und anders zu deuten, als sie im Sprachgebrauch der Tradition (die immer einen Vergangenheitsindex trägt und künftigen Gebrauch nicht bindet) gedeutet waren (siehe hier Kap. 1, IV). Zeichen sind keine Naturgegenstände, sondern entspringen in – nachträglich konventionalisierten und intersubjektiv akzeptierten – individuellen hypothetischen Urteilen, als die die hermeneutische Tradition von Schleiermacher über Peirce bis zu Sartre das Verstehen auffasste. Nun ist analytisch einsichtig, dass eine konventionalisierte Sprachverwendungsregel die individuelle Innovation von sich aus nicht antizipieren kann, durch welche sie gerade modifiziert wird – es sei denn, man fetischisierte die Sprache zu einem sich selbst sprechenden Supersubjekt oder zu einem sich selbst regulierenden ›Sprachgeschehen‹.

Dieser Konsequenz möchte Habermas entgehen. Darum unterscheidet er die Ausdifferenzierung eines Universale (z. B. *der* bürgerlichen Gesellschaft) von der eigentümlich selbstbewussten Leistung der Individuierung (ebd., 189). Gleichwohl möchte er an seiner methodischen Grundintuition festhalten, wonach Individuierung »Resultat«, nicht Ausgangspunkt des Prozesses symbolischer Interaktion sei (z. B. ebd., 209). Individualität rückt ihm in enge Nähe zu Begriffen wie ›Autonomie‹ oder ›zurechenbare Selbstzuschreibung einer Lebensgeschichte‹ (ebd., 190) und provoziert damit die Rückfrage, wie aus Internalisierung von Konditionierungs- und anderen Zwängen Autonomie und Mündigkeit erwachsen könne. Die theoretische Herausforderung im Begriff der Autonomie – so wie Kant die Dinge sah – besteht doch offenbar darin, dass sie nur Prinzip, niemals Prinzipiat sein könnte. Autonomie, die nicht anfänglich und ursprünglich *bestand*, könnte nie Ergebnis von Abrichtungsprozessen sein, die ›zu ihr führen‹ oder in denen sie ›sich bildet‹ – der Begriff der Abrichtung zur Autonomie formuliert vielmehr eine harte *contradictio in adjecto*. Autonomie – die Fähigkeit des Selbst, sich sein eigenes Gesetz zu geben und im Lauf seiner Lebensgeschichte (relativ) souverän zu modifizieren – könnte nie Applikat eines Gesetzes sein, ohne sich selbst zu untergraben. Die Einsichtigkeit einer Sozialtheorie hat darin ihr Maß, dass sie die vielfältigen Bedingungen, denen Individuen unterworfen sind, zwischen der Skylla eines souverän sich und die Welt setzenden Subjekts und der Charybdis einer subjektlos-verdinglichten Systemtheorie hindurchführt. Das war die unvergessliche Einsicht, die die Sozialtheorie der *Critique de la raison dialectique* leitete und alle Einsichtigkeit intersubjektiver Beziehungen am individuellen Selbstbewusstsein eines jeden vergesellschafteten Subjekts ihr Maß nehmen ließ (Sartre 1985, 153 ff.).

Habermas scheint einen ähnlichen Mittelweg zu steuern, wenn er zwischen der Allmachtsphantasie des Fichteschen Subjekts und einer antihumanistisch-verdinglichten und deterministischen Universalgeschichte nach Vermittlungen sucht. Die findet er in der Sprache als einem Medium, in dem Universelles und Individuelles sich durchdringen, und zwar so, dass Letzteres als ›Resultat‹, nicht als irreduzibles Element einsichtig wird.

Zu Unrecht beruft er sich dabei als einen Vorläufer auf Wilhelm von Humboldt, für den die Perspektivendifferenz der Sprache nicht deren, sondern das Werk der Sprecher ist. Denn Sprache hat nicht von selbst diese Vielfalt der Weltansicht; es sind die Individuen, deren auf Sprache-als-System irreduzible Innovativität sie ihr aufprägt. Innovativität wird nie von der ›Sprache als System‹ ganz verschluckt; es ist nie ›die‹ Sprache (oder, weniger heideggerianisierend: ›die‹ Kommunikationsgemeinschaft), welche bei Humboldt spricht, sondern es sind die einzelnen Sprecher; und deren Sinnperspektiven und Sinnentwürfe sind intersubjektiv nie ganz darzustellen, so dass allem Verstehen fremder Sinnproduktion ein Nichtverstehen entspricht, das sich nie ganz auflösen will. Gewiss bedarf das Individuum einer vorgegebenen Sprachordnung, um zum Ausdruck zu finden; und es ist auch richtig, dass individuelles Selbstverständnis mannigfacher Bestätigung und Bewährung in gelungenen (d.h. von anderen Sprechern anerkannten) Äußerungen bedarf. Individuen können überhaupt nur im Plural auftreten, und ihr Sein-in-der-Sprache verknüpft sie ursprünglich. Um aber *fremde* Sprachschematisierung als das Werk fremder *Individualität* zu durchschauen, bedurfte es einer Kenntnis von selbstbewusster Individualität, die nur um den Preis einer zirkulären Komplikation abermals als das Werk subjektlosen Sprachgeschehens erklärt werden könnte. Hat man umgekehrt Subjektivität ins Sprachgeschehen schon hineingedacht, so ist es nicht minder zirkelhaft, sie nachträglich daraus wieder abzuleiten. Es hilft nichts: Individuelle Subjektivität musste ursprünglich in Anschlag gebracht sein, wo immer sie überhaupt in Kontexten symbolischer Interaktion mit Leistungen bedacht wird (vgl. Jäger 1988).

VI.

Alle Versuche, individuelles Selbstverständnis aus vorgängigen Sozialbezügen (oder als Verinnerlichung der ›er/sie‹-Perspektive) zu erklären, verwickeln sich *notwendig* in solche Zirkel. Archetypisch steht Hegels Kapitel über Herr und Knecht an der Wiege solcher intersubjektivistischen Relativierungen von Subjektivität. Henrich wirft ihm darum kurzerhand vor, vom Reflexionsmodell des Selbstbewusstseins nicht losgekommen zu sein, und präzisiert:

> Die Behauptung, daß er vom Reflexionsmodell nicht loskam, ist übrigens auch keineswegs deshalb einzuschränken, weil er meinte, die Reflexion könne nur im sozialen Interaktionszusammenhang zustande kommen. Die Rechenschaft über die Struktur dessen, was auf diese Weise entsteht, wird davon in keiner Weise beeinflußt (Henrich 1970, 281).

Für Hegel ist das *Selbstbewusstsein* die Wahrheit des Bewusstseins. Als dessen Aufhebung bleibt es aber mit einem ihm äußerlichen Gegenstand behaftet, dessen Selbständigkeit es durch Negation zu brechen und in sich zu überführen trachtet (*Enzyklopädie*, §§ 424 f. [= Hegel 1970a, Bd. III, 213 f.]). Indem es sich als unmittelbare Gewissheit seiner Koinzidenz mit sich selbst (als Ich = Ich) von seinem Objekt zunächst noch unterscheidet, entrichtet es seinen Tribut an die Abstraktion oder Endlichkeit. Und es wird sich von ihr nicht eher befreien, als bis es den Unterschied, der seine (intentionale) Verwiesenheit auf anderes konstituiert, als seine eigene Reflexion-in-sich überführt, seine Einzelnheit auflöst und schließlich *als* sich selbst oder *als* »das *allgemeine [ent-individualisierte] Selbstbewußtsein*« (ebd., 215) erkennt.

So ist Selbstbewusstsein in der Tat – wie bei Mead – Resultat vorgängiger Reflexion in einem sozialen Feld: Ich erkenne mich *als* mich durch Auffangen der mir von fremden Subjekten gesendeten Reflexe. Freilich mit der Konsequenz, dass das so erworbene »affirmative Wissen seiner selbst im anderen Selbst« (ebd., 226) alle Spuren individueller Eigentümlichkeit tilgt.

Hegel erreicht dieses Wissen seiner selbst mithin durch die Überzeugung, dass das Selbst nicht *präreflexiv*, also nicht *vor* der Reflexion in fremden Subjekten mit sich bekannt wird. Dieser Ansatz ist wunderbar geeignet für den Aufbau einer Sozialtheorie, und so hat er ja auch gewirkt. Indem »*Selbst*bewusstsein« stets nur

»*für ein Selbstbewußtsein*«, also nur auf dem Wege über eine reflexive »Verdopplung« erreicht wird oder, wie Hegel sagt, nur »durch ein *anderes* Bewußtsein mit sich vermittelt ist« (Hegel 1952, 140, 141, 146), ist von vornherein gesichert, dass das Sein des Anderen der Erkenntnis des eigenen Selbst vorangehen müsse. Mehr noch: Selbsterkenntnis als eine *reale* Erkenntnis dependiert von der Erkenntnis eines solchen Objekts, das sich infolge einer Negation in ein Subjekt überführen lässt, ohne darum aufzuhören, als selbständiges Objekt fortzubestehen. Dieses Objekt durchläuft seinerseits den umgekehrten Prozess. Ohne ihn würde es sich nicht als Subjekt für sich selbst konstituieren und es also in Objektgestalt auch für ein anderes Subjekt nicht sein können.

Um diesen »doppelsinnigen« Prozess wechselseitiger »Anerkennung« auszulösen (ebd., 142), muss sich freilich in der »unmittelbaren Gewißheit seiner selbst« ein Mangel bemerklich machen. Er trachtet nach Aufhebung durch Komplettierung und wirkt so als Auslöser der folgenden Handlungen. Hegel beschreibt ihn auch als Gefühl der Abstraktheit, aus dem sich die »Begierde« durch Zueignung des in seiner Undurchdringlichkeit ihm trotzenden Gegenstandes zu befreien wünscht.

Was Hegel unter diesem ›unmittelbaren Selbstbewusstsein‹ versteht, ist dunkel (da er ja den von Fichte und Schelling präsentierten Versuchen, das unmittelbare Selbst durch eine intellektuale Anschauung zu erschließen, im gleichen Zug den Krieg erklärt). Wichtig ist, dass er die ihm zugeordnete Gewissheit nicht für eine Wahrheit – also nicht für ein propositionales Wissen – hält. Über den epistemischen Status der Gewissheit, die doch immerhin ihre Abstraktheit soll empfinden und so tätig werden können, wird nichts gesagt.

Betrachten wir den Satz: »Das Selbstbewußtsein ist sich nach [dieser] seiner wesentlichen Allgemeinheit nur real, insofern es seinen Widerschein in anderen weiß (ich weiß, daß andere mich als sich selbst wissen)« *et vice versa* (Hegel 1970, 122, § 39). Schon Hegel versucht also, Selbstbewusstsein durch die Vorschaltung der ›er‹-Perspektive und die Reduktion auf ein Objektbewusstsein zu mediatisieren: Der Andere ist Bedingung meiner Selbsterkenntnis, und zwar darum, weil das Selbst keine unmittelbare (ungegenständliche) Kenntnis seiner besitzt. Natürlich werden wir – wie oben – fragen: Wie soll denn ein Subjekt aus einem Reflex lernen, dass dieser Reflex es selbst ist? Wie soll es im Gesicht eines fremden Subjekts lernen, darin seine eigene Physiognomie zu buchstabieren, wenn es nicht *vor* solcher Spiegelung und vor solcher Fremdbegegnung mit dem Phänomen des Selbst schon vertraut war? Die Wucht dieser Frage wird nicht gemildert durch den Bescheid, Hegel rede ja nicht von solipsistischer Selbstreflexion, sondern von einer Erkenntnis, die ein anderes, äußerlich gegebenes Subjekt als reale Subjektivität und nur insofern als sich – als die allgemeine und überpersönliche Wahrheit des »Ich = Ich« – anschaut. Denn gerade diese Erkenntnis hängt von einer ihr zuvorkommenden Bekanntschaft mit der Seinsweise von Subjektivität-überhaupt ab: Ohne sie wäre es nicht möglich, die Objektivität einer menschlichen Geste, eines Winks, einer Verhaltensweise und gar einer Anrede auf ihren Grund, auf Freiheit hin zu überschreiten.

Sartre hat glänzend gezeigt, dass Hegels Theorie wechselseitiger Anerkennung nicht nur in den Zirkel sich verstrickt, sondern ihr selbstgesetztes Ziel mit den eigenen Mitteln nicht einmal erreicht. Indem sie die sinnliche Einzelnheit der konkurrierenden Subjekte unter die phänomenologisch ungeeignete Kategorie des »Lebens« stellt und damit »Objektivität« und »Leben« gleichsetzt (Hegel 1952, 142 ff.), glaubt sie, die Selbständigkeit der Freiheit dadurch sich manifestieren lassen zu können, dass diese den Tod nicht scheue (»sich für ein anderes als *frei vom natürlichen Dasein*« darstelle [Hegel 1970, 119]). Freilich scheitert der ›Kampf auf Leben und Tod‹ und erweist dadurch seine Untauglichkeit, Selbsterkenntnis wirklich herzustellen (vgl. Hegel 1970a, Bd. III, 221). Damit reduziert sich die Kategorie ›Leben‹ auf die angemessenere der ›Objektivität‹, die aus der Relation der »Sichselbstgleichheit im Anderssein« (Hegel 1970, 120 f.) keinesfalls abstrahiert werden darf, ohne dass das Modell der ›Selbstanschauung im Anderen‹ selbst zusammenbräche.

Aber ist nicht das Modell der Anschauung eines Objekts prinzipiell ungeeignet, die Erfahrung von Subjektivität zu erklären? »Être objet c'est n'être-pas-moi« (Sartre 1943, 298). Ähnlich hatte Schelling geschrieben: »Objektseyn heißt: nicht Ich-Seyn. […] Das Ich ist, was an sich nicht objektiv ist« (*SW* I/3, 368). Die zugrunde liegende Intuition drückt sich typischerweise in Wendungen aus wie dieser: Ich will das Subjekt, das ich bin, in seiner absoluten Subjektivität. Aber indem ich es fixiere (durch Reflexion), wird es mir zum

Gegenstand und hört auf, lauteres Subjekt zu sein. »Es ist nur da, inwiefern ich es nicht habe, und inwiefern ich es habe, ist es nicht mehr« (*SW* I/4, 357, Anm. 2; vgl. I/10, 99 f.). Schellings unmittelbares Vorbild ist natürlich Kant: »Nun ist es zwar sehr einleuchtend: daß ich dasjenige, was ich voraussetzen muß, um überhaupt ein Objekt zu erkennen, nicht selbst als Objekt erkennen könne […]« (*KrV* A 402).

Solche Annahmen warten vergeblich auf ihre dialektische Aufhebung. Gewiss kann Selbstbewusstsein sich auch reflektieren und sich damit zum Gegenstand machen. Es fällt dann aber mit seinem Reflektierten nicht zusammen und hat das auch gar nicht nötig, da es der Reflexion nicht nur nicht bedarf, um mit sich bekannt zu sein, sondern den Reflex (das Objekt) überhaupt nur unter der Bedingung als *sich* interpretieren kann, dass es mit sich präreflexiv und ungegenständlich schon bekannt war (vgl. hier Kap. 2). Diese Kenntnis – Sartre sagt: »das gemeinsame Maß zwischen Objekt und Subjekt« (Sartre 1943, 299) – dient als Kriterium des Sicherkennens im Anderen.

Dagegen ist die Gegenständlichkeit des Anderen ein grundsätzliches Hindernis, ihn als anderes *Subjekt* zu erfassen. Und wenn Subjektivität ein Modus präreflexiver Innerlichkeit ist, so verfehle ich gerade die Innerlichkeit des Anderen, wenn ich ihn zunächst als Objekt suche. Es hilft nichts, dass Hegel diese Gegenständlichkeit als ein zu Negierendes bezeichnet, dessen ich mir als des Anderen-meiner-selbst bewusst werde, indem ich mir seiner Unabhängigkeit von mir als meiner eigenen Selbständigkeit innewerde; denn gerade für diesen Akt der Assimilation fehlt in dem Augenblick jede Motivation, da ich der Erfahrung meines präreflexiven Selbstbewusstseins mich zu entschlagen aufgefordert werde. Nur sie kann mir zur Identifikation *fremder* Subjektivität als fremder *Subjektivität* verhelfen.

Im Übrigen könnte mir das vorgehaltene Spiegelbild des Anderen nicht zur Kenntnis meiner Individualität verhelfen. Denn der Andere ist der Andere und nicht ich. Insofern dient er mir vielleicht als Kontrastfolie zur Profilierung meiner Eigenheit, aber nicht zu deren objektivierter Präsentation.

Da scheint einleuchtender Hegels zweite Auskunft, die Sartre nun prüft (Sartre 1943, 299 f.): Nicht die Einzelnheit des Subjekts wird vom Anderen gespiegelt, sondern die allgemeine Eigenschaft, (auch) ein Subjekt zu sein. Aber ist diese Auskunft einleuchtender als die erste? Das »allgemeine Selbstbewußtsein«, in dessen Identität die ihrer Abstraktheit überführte Konkurrenz verschiedener Subjekte sich auflöst, ist doch über die Einzelsubjektivität immer schon hinaus... Wie soll *sie* sich in ihr *als* sich erkennen? Der Augenblick, der die Einsicht in die Selbstheit des Anderen stiftet, hebt die individuelle Selbstheit auch schon auf in eine neue, völlig ›inhaltslose‹ Allgemeinheit (Hegel 1970, 117, §§ 22 f.; 1970a, § 424, 213; § 438, 228). Ein überfliegendes Bewusstsein bezieht den Standpunkt der Totalität, in welchem »das *einzelne* Bewußtsein [als in sein] *An sich*[, d. h. in] sein absolutes Wesen [...(als)] in sich zurück [geht]« (Hegel 1952, 175). Das »*wesentliche Selbst*« (Hegel 1970, § 39, 122) ist über den Schein einer Alternative von Leben und Tod hinaus und enthüllt die verkappte Theologie hinter Hegels Theorem von Herrschaft und Knechtschaft: Der Herr, der den Tod nicht scheut, kann wissen, dass er nichts zu scheuen hat; denn er vollzieht im Tode nur den vermittelnden Übergang in die konkrete Ewigkeit der ›Vernunft‹ als in seine Wahrheit oder eigentliche Heimat. Auf dieser Stufe von Selbstreflexion hat er den einzelnen Objekt-Anderen, der ihm sein (individuelles) Einzelselbst zurückspiegelt, nicht mehr nötig. Er hat »die Mitte erreicht [...], welche es dem unwandelbaren Bewußtsein ausspricht, daß das Einzelne auf sich Verzicht getan, und dem Einzelnen, daß das Unwandelbare kein Extrem mehr für es, sondern mit ihm versöhnt ist« (Hegel 1952, 175).

Diese Konsequenz ist unhaltbar, und nicht nur wegen der Verdrängung ihrer Ermöglichungsbedingung. Es stimmt einfach nicht zur phänomenologisch verifizierbaren Seinsweise von Bewusstsein, dass dessen Identität mit seinem Gegenstand – wenn dergleichen Rede überhaupt Sinn ergeben könnte – von einer Blickwarte aus bezeugt werden kann, die nicht ihrerseits »*m'établit dans mon être* et pose le problème d'autrui à partir de mon être. En un mot, le seul point de départ sûr est l'intériorité du *cogito*« (Sartre 1943, 300).

Dabei hatte Hegel in Fichtes und Schellings Theorien wechselseitiger Anerkennung zwischen freien Individuen (Fichte 1971 III, 35-52; Schelling *SW* I/3, 538-557) zwei Vorläufer, die die Sozialintegration von Individualität zirkelfrei zu erklären unternommen hatten, weil sie die Kenntnis, die die Einzelsubjekte von sich haben, als ungegenständliche und präreflexive Gewissheit ansetzen. Freilich kann ein solcherart für sich transparentes Subjekt seine Einzelnheit – d. h. seine Beschränktheit – nicht sich selbst als eigene Tat zuschreiben und sieht sich so zur Anerkennung fremder selbstbewusster Wesen getrieben, die sich gleichsam in ein über die ganze Menschheit ausgeschüttetes Quantum von Freiheit zu teilen haben. Wenn die Welt und die Geschichte dem Individuum nicht (ganz) transparent sind, so nicht, weil es sie nicht machte oder nicht mit seinem Sinn durchsetzte, sondern weil auch die anderen desgleichen tun. So gilt allerdings, dass »eine Thätigkeit von Intelligenzen außer mir Bedingung des [individuellen] Selbstbewußtseyns« wird: »Kein Vernunftwesen [kann sich] als solches bewähren [...] als durch die Anerkennung anderer« als unabhängig von ihm Existierender (SW I/3, 550). Gewiss, aber die Fähigkeit zur Anerkennung von selbstbewussten Wesen hat im vor-gegenständlichen (noch nicht durchgängig individuierten) Selbstbewusstsein ihr Maß und Kriterium; ist die Seinsweise von Selbstbewusstsein grundsätzlich vertraut, dann ist die Anerkennung *fremder* Subjekte als fremder *Subjekte* fortan ohne Zirkel in der Erklärung möglich.

Die gesetzte Ursache der Aufforderung außer dem Subjecte [d. h. ein an meine Freiheit ergehender Appell einer anderen Freiheit, z. B. eine Anrede] muß demnach wenigstens die Möglichkeit voraussetzen, daß das letztere [sie] verstehen und begreifen könne, außerdem hat seine Aufforderung gar keinen Zweck. Die Zweckmäßigkeit derselben ist durch den Verstand und das Freiseyn des Wesens, an welches sie ergeht, bedingt (Fichte 1971 III, 36).

VII.

Ich kann nicht erkennen, dass Mead oder Habermas das Problem – und warum es desaströs ist für eine Theorie kommunikativer Vernunft – wirklich gesehen haben. Zwar argumentieren sie nicht vom vergegenständlichenden Beobachterstandpunkt, sondern aus der Perspektive des sozialen Miteinander-Handelns. Das erlöst sie aber nicht aus dem Zirkel im Erklärungsversuch: Anderswer ist mir tatsächlich zunächst und auch als Gegenstand gegeben; und meine Personalitätsunterstellung bedarf einer Vorverständigung über den Sinn von Subjektsein, die *aus* der Kooperation nicht abgeleitet werden kann. Vielmehr können in *Kooperations*zusammenhänge nur solche Wesen eintreten, von denen im Voraus bekannt ist, dass sie ein wie immer rudimentäres Selbstverständnis schon besitzen.

Ich werde auf Habermasens Mead-Adaptation im VIII. Abschnitt genauer eingehen, möchte aber zuvor die positive Alternative vorstellen, die Sartre seiner Kritik am apriorischen Intersubjektivismus entgegenstellt. Sie verdient unser Interesse. Denn ich glaube, sie hat den gleichen Erklärungswert wie dieser und ist frei von seinen Fehlern.

In seinem Vortrag vom 2. Juni 1947 vor der französischen Philosophie-Vereinigung hatte Sartre fünf Einwände aufgezählt, mit denen eine Philosophie rechnen muss, die beim *cogito* ihren Ausgang nimmt. Darunter gehört auch die Anklage auf Unfähigkeit, anderswen (›autrui‹) anders denn als Objekt, ihn mithin als ebenfalls selbstbewusstes und mit handelndes Subjekt zu erfassen. Nun *ist* er gewiss, auch wenn diese Gewissheit – genau wie bei Leibniz und Kant – keine Wahrheit logischer Natur bildet, sondern ›aus den empirischen Umständen unserer Faktizität‹ sich aufdrängt.

Über Sartres Bewusstseinstheorie sind wir verständigt aus den Schlussabschnitten des 2. Kapitels. Ich werde darauf hier nicht erneut eingehen. Ich kann auch einen frühen Versuch Sartres nicht diskutieren, das eigene Ego für ebenso bewusstseinstranszendent zu erklären wie anderswen (Sartre 1978) – denn diesen Versuch hat Sartre später widerrufen (Sartre 1943, 290 f.). Dagegen ermöglicht es ihm seine Theorie des präreflexiven, später um die Binnenstruktur des ›reflet-reflétant‹ dialektisch weiterbestimmten Bewusstseins, einige spezifische Erlebnisse – wie die Scham und den Stolz – als gleichzeitig apodiktisch gewiss und doch als Kenntnis fremder Subjektivität zu deuten.

Die Scham präsentiert sich als nicht-setzendes (Selbst-)Bewusstsein (von) Scham, also als ein subjektives Erlebnis mit derselben cartesianischen Gewissheit wie Lust oder Glaube – also wie Zustände, die keine wesentlich intersubjektive Deutung verlangen. Die Scham hat ihnen gegenüber das Eigentümliche, dass sie nicht nur selbstreflexiv ist (ich schäme mich *meiner*), sondern essentiell auf einem Selbstverständnis beruht, von dem es ganz sinnlos wäre zu sagen, es könne sich auch dann einstellen, wenn ich mir nicht *jemandes* bewusst bin, *vor dem* ich mich meiner schäme (auch die Scham vor mir selbst setzt die Verinnerlichung eines generalisierten Fremdsubjekts – eines Über-Ichs – voraus). So stoßen wir auf die ›Gegenwart von anderswem vor meinem Bewusstsein‹ (Sartre 1943, 276) – ohne die Möglichkeit, hinsichtlich seiner eine Husserlsche ἐποχή zu üben. Ich bin – im Falle der Scham, aber auch der moralischen Entrüstung (Strawson 1974) – bis ins Mark meines Cogito betroffen, kann mich also ohne Selbstauslöschung vor der Gewissheit fremder, ebenso transzendentaler Sehepunkte, wie ich einer bin, nicht schützen.

Sartre zeigt ganz überzeugend, dass der Realismus hinsichtlich der Existenz fremder Subjekte keineswegs in einer günstigeren Situation sich befindet als der Idealismus. Der Realismus kann nicht erklären, aufgrund welcher Kenntnis wir einem fremden Körper ein Selbstbewusstsein zuschreiben (er hat das Problem, dass eine *De-re*-Einstellung ohne *logical gap* nicht in eine *De-se*-Einstellung zu verwandeln ist: vgl. Sartre 1943, 279). Und der Idealismus hat das Problem, das Selbstbewusstsein entweder als überindividuell erklären zu müssen (dann sieht man nicht mehr, wie sich das meine von dem des andern unterscheidet) oder auf einen Analogieschluss aus dem eigenen Erlebnis gründen zu müssen (vgl. z. B. Kant, *KrV* A 359 f.). Kurz: Das Einsichtigkeitszentrum des fremden subjektiven Systems bleibt mir epistemisch unzugänglich; es ist dem meinen weder gleichartig, noch ist es kausal mit ihm verbunden. Prinzipiell könnte es bestehen, ohne dass ich davon wüsste – *et vice versa*. So verwandelt sich anderswer in eine regulative Idee, ein Seiendesals-ob. Das aber ist eine haltlose Abstraktion; denn anderswer, der mich beschämt, ist nicht ein fragliches Objekt, sondern ein Nichtgegenstand, auf dessen Existenz eine cartesianische Garantie ruht (Sartre 1943, 283).

In *L'être et le néant* hat Sartre den agonalen und ungeselligen Zug wechselseitiger Freiheits-Verdinglichung karikatural überbetont: Jedes Subjekt kann seine Subjektivität nur behaupten, indem es die durch anderswen erlittene Vergegenständlichung durch Vergegenständlichung des anderen kompensiert. So entsteht ein Kampf um die Behauptung des eigenen Subjekt-sein-Könnens in der intermonadischen Welt. Aber dieser unfreundliche Aspekt von Sartres Konzeption der Intersubjektivität (der es ihm in den 1940er und 1950er Jahren so schwer, ja unmöglich machte, eine Moral der Solidarität zu begründen) hat keinen Einfluss auf seine Überzeugung, dass der Andere ebenso gewiss ist wie ich selbst – er setzt diese Überzeugung vielmehr voraus. Im Übrigen haben wir die schriftstellerische Strategie in Rechnung zu stellen, den Bürger durch ein ungefälliges Selbstbild zu erschrecken.

Später – vor allem in der Auseinandersetzung mit dem Marxismus – hat Sartre einen neuen und eigenen Anlauf zur Lösung gesucht. Er geht aus von der Beobachtung, dass anderswer nicht eine Negation des En-soi, sondern meines Pour-soi ist: Ich bin *nicht* das einzige Subjekt in der Welt (›ich bin nicht Paul‹), andere negieren meine Freiheit und beschränken meinen Handlungsradius. Was mich von ihnen trennt, ist nicht der Abstand zweier Körper, auch nicht so etwas wie der Abstand von Leib und Seele, sondern die Unvereinbarkeit zweier Bewusstseinszentren, deren keines das andere in sich aufnehmen kann. In diesem Zusammenhang taucht erstmals die Idee des ›tiers à médier‹, des vermittelnden Dritten auf, der Sartre in der *Critique de la raison dialectique* als Schlüssel zum Verständnis eines Gruppen-Wir dienen wird: Nur ein Dritter könnte sehen, was zwei sich entgegengesetzte Subjekte in Wahrheit gemein haben (Sartre 1943, 286 f.). So ist der ›tiers à médier‹ eine säkularisierte Leibnizsche Zentralmonade, die jedem Einzelsubjekt auf einsichtige Weise den Überschritt zum Wir der Kooperation ermöglicht. In Äußerungen des späten Interviews »L'espoir maintenant...« wird die Präsenz von anderswem in meinem eigenen Bewusstsein dann zögernd um die moralische Dimension erweitert (Sartre 1980, 59): Anderswer ist nicht der kalte Blick, der mich verdinglicht, sondern wird vernommen als Stimme der Verpflichtung: Gehört anderswer zur Innerlichkeit meines Bewusstseins und ist dies durch radikale Freiheit ausgezeichnet, so muss sich die Dimension der Verantwortung um die der Verbindlichkeit erweitern – ich gebe zu, dass das vage bleibt.

Es wäre nun viel eindringender zu analysieren, wie dieser Eingriff von *alter* in meine Selbstheit tatsächlich ein Befund meines unmittelbaren Selbstbewusstseins sein kann – und zwar einer, der (anders als in der an Strawson anschließenden analytischen Tradition) keine epistemische Asymmetrie in Kauf nehmen muss, weil er sich als eine Gewissheit präsentiert. Diese Gewissheit ist allerdings nicht von der Art, dass sie konstitutiv wäre für mein Selbstverständnis als Subjekt. Insofern ist die Gewissheit der Interaktion mit anderswem für mich kontingent, wenn auch *de facto* unbezweifelbar – im gleichen Sinne, wie mein Selbstbewusstsein für mich kontingent, weil empirisch und aposteriorisch, aber *de facto* irrtumsimmun ist. (So sahen – wie gesagt – schon Leibniz und Kant die Dinge [*Nouveaux Essais* = *PS* 3.2, 366, 383 f., 428; *KrV* B 272, B 422 f.; vgl. Frank 2002, 224 ff.].)

Ich antizipiere einen Einwand: ›Schön und gut‹, wird man sagen, ›aber damit ist herzlich wenig geleistet für eine Theorie der Gesellschaft.‹ Ich gebe das zu – aber hier war mir um die Prämissen zu tun, von denen eine solche Theorie begründetermaßen ausgehen könnte. Und diese Prämissen werden nicht geliefert durch die Auffassung von sozialer Interaktion als einer Wahrheit a priori. Dies allein genügt, um das ganze Projekt des apriorischen Intersubjektivismus von Grund auf in Frage zu stellen – sei es in der Ausarbeitung auch noch so überzeugend.

Im Übrigen wäre der Vorwurf, Sartre sei bei den Präliminarien stehengeblieben, arrogant. Schließlich hat er seine Theorie der Intersubjektivität in umfangreichen Schriften zur Gesellschaftstheorie in den 1950er Jahren und noch später ausgearbeitet. Es wäre – Detailfragen abgerechnet – noch zu beweisen, dass ihm dies prinzipiell misslungen ist. Das Wichtige scheint mir, dass er auch in der *Critique de la raison dialectique* den Ausgangspunkt beim Selbstbewusstsein der Einzelperson wählt (Sartre 1985, 167), bei der »Irreduzierbarkeit der menschlichen *Praxis*« (ebd., 73). Die Einsichtigkeit der Sozialverhältnisse muss von der Transparenz des einzelnen Selbstbewusstseins her aufgebaut werden und nicht von wer weiß welchen überindividuellen oder apriorischen Gesamtheiten (ebd., 154, 182). – Selbstverständlich gibt Sartre zu, dass Individuen nie anders denn als ›einzelne Allgemeine (universels singuliers)‹ auftreten, also nicht gegen die Gesellschaft sich behaupten, sondern als individuierte Kollektivbewusstseine sich fassen. Logisch bedeutet das aber, dass das Allgemeine nur als *conditio sine qua non* des individuellen Bewusstseins fungiert, nicht positiv als seine *causa per quam*:

Man sollte den Menschen ein *einzelnes Allgemeines* nennen: Durch seine Epochenzugehörigkeit einem [Heideggerschen] Bewandtnis-Ganzen eingefügt (totalisé), ist er eben damit als ein Allgemeines definiert (universalisé); aber er zieht die Grenzen dieses Ganzen seiner Epoche dadurch neu (il le retotalise), daß er sich in ihr als Einzelnheit wiederherstellt (en se reproduisant en elle comme singularité) (Sartre 1971, 7; ich habe diese Dialektik ausführlich untersucht in Frank 1989).

Nun ist es aufregend zu sehen, dass Sartre die Maxime des methodologischen Individualismus, wonach alle Totalisierung beim Individuum anzusetzen habe, auf Karl Marx stützt.

Denn Marx stand dieser falschen Allgemeinheit denkbar fern, die da versucht, ihr Wissen über den Menschen dialektisch *zu erzeugen,* indem sie sich fortschreitend von den weitesten zu den präzisesten Bestimmungen erhebt. Ja, falschen Verallgemeinerungen stand er so fern, daß er seine Methode in einem Brief an Lassalle als eine Forschung definiert, die »sich [im Gegenteil] vom Abstrakten zum Konkreten erhebt«. Und das Konkrete ist für ihn die hierarchische Totalisierung hierarchisierter Bestimmungen und Realitäten. Denn »die Bevölkerung ist eine Abstraktion, wenn ich z. B. die Klassen, aus denen sie besteht, weglasse. Diese Klassen sind wieder ein leeres Wort, wenn ich die Elemente nicht kenne, auf denen sie beruhn. Z. B. Lohnarbeit, Kapital etc.« [Marx 1939/41, 21, vgl. 7 ff.] (Sartre 1985, 49)

Tatsächlich ist Marxens Name so sehr vor den Karren des apriorischen Intersubjektivismus gespannt worden, dass in Vergessenheit geriet, dass seine Kritik am Hegelianismus nicht nur im Namen der in Geist unaufhebbaren Materie, sondern mehr noch im Namen der aufs Allgemeine nicht zu reduzierenden Individualität geführt worden war (Epple 1994). »Freie Entfaltung der Individualität« war geradezu das Motiv seiner frühen (und wohl auch seiner späten) Theorie. Die Eigenmächtigkeit der »Herrschaft des Allgemeinen« (z. B. des »Werts«), die die spezifische Struktur der kapitalistischen Gesellschaft und ihrer Institutionen ausmacht, hat Marx nie als eine intentionalen Erklärungen widerstrebende, etwa systemtheoretisch oder hegelianisch zu interpretierende Macht anerkannt – die funktionalistische Deutung hat er vielmehr durchgängig als Mystifikation gegeißelt, z. B. in der *Deutschen Ideologie*:

Die Tatsache ist also die: bestimmte Individuen, die auf bestimmte Weise produktiv tätig sind, gehen diese bestimmten gesellschaftlichen und politischen Verhältnisse ein. Die empirische Beobachtung muß in jedem einzelnen Fall den Zusammenhang der gesellschaftlichen und politischen Gliederung mit der Produktion empirisch und ohne alle Mystifikation und Spekulation aufweisen (Marx 1969, 25).

Ganz ähnlich (und durchgehend) liest sich's in der Einleitung zur *Kritik der politischen Ökonomie*:

Wenn es keine Produktion im allgemeinen gibt, so gibt es auch keine allgemeine Produktion. Die Produktion ist immer ein besondrer Produktionszweig – z. B. Agrikultur, Viehzucht, Manufaktur etc. [...] Alle Produktion ist Aneignung der Natur von seiten des Individuums innerhalb und vermittels einer bestimmten Gesellschaftsform (Marx 1939/41, 7, 9).

Diejenige Linie der Marx-Rezeption, die seine angebliche methodische Abhängigkeit von Hegel betont, ist selbst meist funktionalistischen gesellschaftstheoretischen Annahmen verpflichtet (besonders deutlich bei Althusser). Selbst Habermas bequemt sich einer Arbeitsteilung, die für Institutionen funktionalistische und für die Lebenswelt handlungstheoretische Erklärungen zulässt, obwohl die beiden Erklärungsmodelle vielleicht inkompatibel sind und jedenfalls gegenüber der homogenen Konzeptualisierung gesellschaftlicher Prozesse beim frühen Marx und bei Sartre den Mangel der Uneinheitlichkeit haben. Es wäre äußerst reizvoll, die Konvergenz der Ansätze des frühen Marx, Sartres und des methodischen Individualismus Jon Elsters und John Roemers einmal aus größerer Nähe zu untersuchen. Sie alle erklären den systemischen Charakter sozialer Verhältnisse – teilweise spieltheoretisch – als ungewollten Niederschlag ursprünglich individueller und intentionaler Handlungen (als ›pratico-inerte‹) und nicht als eine Art universales Apriori, das die Praxis der Individuen ›je immer schon‹ anonym bevormundet.

Aber ich kann und muss hier nicht beweisen, dass Sartres Gegenentwurf gegen den apriorischen Intersubjektivismus in allen Aspekten überzeugt, um berechtigterweise von den Versäumnissen des Letzteren reden zu dürfen. Eine kritische Durchsicht traditionsbildender Theorien der Intersubjektivität hat uns vielmehr belehrt, dass, wer Subjektivität nicht von Anfang an ins Spiel bringt, sie nicht nachträglich mehr als Inter*subjekt* verständlich machen kann. Dagegen eröffnet der methodische Individualismus Wege und Durchbrüche ins Feld der intersubjektiven Bezüge. Die ihnen eigene Einsichtigkeit und der Vorzug, den sie durch ihre erkenntnistheoretische Absicherung den Ansätzen des apriorischen Intersubjektivismus voraushaben, macht sie – trotz manifester Schwächen und Unstimmigkeiten – nach wie vor attraktiv. Ich plädiere dafür, diese Schwächen aus den Erklärungsressourcen einer Theorie der kommunikativen Vernunft zu beheben. Dem Intersubjektivismus empfehle ich umgekehrt, die Erklärungsvorzüge des methodischen Individualismus nicht in unfruchtbarer Polemik zu misskennen, sondern sich rasch zu eigen zu machen.

VIII.

Mead und Habermas scheinen das von Sartre bearbeitete Problem des apriorischen Intersubjektivismus nicht wirklich gesehen zu haben. So können sie glauben, folgendes Zitat verrate Bewusstsein vom Zirkel in der Erklärung von Selbstbewusstsein:

[...] in dem Augenblick, in dem es [das Selbst] vorgestellt wird, ist es in den Objektfall übergegangen und setzt ein Ich voraus, das beobachtet – aber ein Ich, das sich vor sich selbst nur offenbaren kann, indem es aufhört, das Subjekt zu sein, für das das Objekt ›Mich‹ existiert (zit. Habermas 1988 , 210).

Gewiss liegt hier ein Zirkel vor: Hätte das Subjekt nur in der Position des Objekts Kenntnis von sich, so bestünde die Kenntnis nie vom *Subjekt*. So hatten schon Kant und seine neukantianischen Nachfolger – z. B. Natorp und Rickert – die merkwürdige Ungegenständlichkeit des Subjekts situiert (Frank 1991, 509 ff.). Aber sie so wenig wie Mead verabschieden die Absurdität des zugrundeliegenden Erklärungsmodells, welches allein das scheinbare Paradox produziert, nämlich: dass alles Bewusstsein gegenständlich (Bewusstsein *von* etwas) sein müsse. Nur wenn das Subjekt überhaupt, um Kenntnis von sich zu gewinnen, in die Position eines ›Mich‹ gebracht werden müsste, bestünde der von Mead beschriebene Erklärungszirkel.

Dass Mead sich dessen nicht wirklich bewusst ist, beweist der Umstand, dass er – wenn überhaupt – den Zirkel nur in der Selbstvergegenständlichung des ›einsamen Seelenlebens‹ sich schließen sieht. Verzichtet das Ich auf den (in diesem Modell) unmöglichen Versuch, sich solipsistisch selbst zu thematisieren, verinnerlicht es stattdessen die ihm von anderen Teilnehmern derselben symbolischen Ordnung zurückgespiegelte ›soziale Perspektive‹ eines Alter ego und ergreift es sich damit als ansprechbaren Sprecher, so wird es sich allsogleich in der gewünschten Weise gegenständlich (und damit bekannt): »Das Selbst, das dem Selbst anderer bewußt gegenübersteht, wird also ein Objekt, ein Anderer für sich selbst allein durch die Tatsache, daß es sich sprechen und sich antworten hört« (Mead, zit. nach Habermas, ebd., 211).

Das Selbst, von dem im Selbstbewusstsein Kenntnis besteht, wäre also nicht der Gegenstand einer introspektiv auf sich gerichteten intellektuellen Anschauung, sondern

dasjenige *soziale* Objekt, als das sich im kommunikativen Handeln der Aktor antrifft, wenn er sich auf die aktuelle Ich-Du-Beziehung einstellt und sich dabei als Alter ego seines Alter ego begegnet. Er tritt sich in der ersten Person seiner performativen Einstellung selbst als zweite Person gegenüber. Dabei entsteht ein ganz anderes »Me«. Auch dieses ist nicht identisch mit dem spontan handelnden »I«, welches sich nach wie vor jeder direkten Erfahrung entzieht; wohl aber bietet sich das in performativer Einstellung zugängliche »Me« dar als die exakte Erinnerung eines spontanen, und zwar an der Reaktion der zweiten Person unverstellt ablesbaren Ich-Zustandes. Das Selbst, das mir, vermittelt durch den Blick des Anderen auf mich, gegeben ist, ist das »Erinnerungsbild« meines Ego, wie es im Anblick eines Alter ego soeben von Angesicht zu Angesicht gehandelt hat (Habermas 1988, 211 f.).

Sehen wir zu, ob diese Herkunftsbeschreibung unseres Erwerbs von Selbstbewusstsein verständlich ist. Das immediat (introspektiv) seiner Subjektivität nicht mächtige Selbst lässt sich seine »Meness« aus Sprachhandlungen Anderer zurückspiegeln, die ihm da (unter anderem) ein System ineinander konvertierbarer Pronomina (›ich‹, ›du‹, ›er/sie‹ usw.) an die Hand geben, mit denen auch der von Anderen Angesprochene gegebenenfalls sich selbst bezeichnen lernt. Was aber unterscheidet das sprechende Subjekt von einem artikulierte Geräusche simulierenden Computer? Die Erinnerung ans spontan (introspektiv) unzugängliche Ich, antwortet Habermas mit Mead. Erinnerung setzt aber doch Kontinuität zwischen der subjektiven Selbstkenntnis und der intersubjektiven Rollenkenntnis voraus – und eben eine solche kann Meads Modell nicht verständlich machen, da sie die von der Erinnerung (im Stadium der Sprachkenntnis, besonders der Beherrschung des Systems der Deiktika) aufs Erinnerte geschlagene Brücke auf der Seite der vorsprachlich-intuitiven Selbstvertrautheit ihres Widerlagers beraubt. So kann im Reflex des »Me« gerade kein »Erinnerungsbild« entstehen: das »Me« ist zwar *gegenständlich*, gegeben, aber nicht als »*Me*«. Wir befinden uns in der gleichen Situation wie die um Anerkennung ringenden Selbstbewusstseine bei Hegel, deren jedes in den Augen des Anderen seine Selbstheit nur lesen und *wieder*erkennen kann, wenn es sie zunächst einmal – *vor* der spiegelnden Lesung – *kannte*.

Die Ansicht, dass das Selbst die Kenntnis, in der es sich hält, einer Spiegelung verdankt, die ihm vom *intentum* einer Selbstthematisierung zurückstrahlt, bedient sich eben des zu Recht kritisierten Vorstellungsmodells, wonach ein Subjekt ein Objekt vor sich stellt, wobei in diesem besonderen Fall das *intentum* ausnahmsweise das Subjekt selbst ist. Demnach hätten wir Selbstbewusstsein in Analogie zum (etwa perzeptiven) Bewusstsein von physischen Objekten. Das ist offensichtlich falsch, und die zugehörige Argumentation dreht sich im Kreise. Ein zeitgenössischer analytischer Autor fasst die Kritik am Spiegel-Modell des Selbstbewusstseins wie folgt zusammen:

The latter point is especially important; it shows that the knowledge in question is radically different from/ perceptual knowledge. The reason one is not presented to oneself ›as an object‹ in self-awareness, is, that self-awareness is not perceptual awareness, i. e., is not the sort of awareness, in which objects are presented. It is awareness of facts unmediated by awareness of objects. But it is worth noting that if one were aware of oneself as an object in such cases (as one is in fact aware of oneself as an object when oneself sees oneself in a mirror), this would not help to explain one's self-knowledge. For awareness, that the presented object was φ, would not tell one, that one was oneself φ, unless one had identified the object as oneself; and one could not do this unless one already had some self-knowledge, namely the knowledge, that one is the unique possessor of whatever set of properties of the presented object one took to show it to be oneself. Perceptual self-knowledge presupposes non-perceptual self-knowledge, so not all self-knowledge can be perceptual (Shoemaker in: Shoemaker/Swinburne 1984, 104f.).

Habermas macht gegenüber sich selbst den Einwand, dass die Meadsche »Konstruktion […] nur auf das reflektierte Selbstbewußtsein eines mit sich selbst sprechenden Subjekts zutrifft, nicht aber auf das *originäre* Selbstbewußtsein, das schon für die Äußerung einfacher Erlebnissätze *vorausgesetzt* werden muß« (Habermas 1988, 212). Dass nicht alle mentalen Erlebnisse propositional sind (selbst wenn sie sich gewöhnlich in Propositionen äußern), sondern etwas vom expressiven Charakter eines Symptoms – z. B. als Lächeln oder Aufschrei – bewahren, hatte auch Wittgenstein bemerkt. Wie aber kann Mead den ursprünglich subjektiven Charakter des Psychischen aufklären? Einen ersten Versuch referiert Habermas als zum Scheitern verurteilt: Subjektivität taucht auf, wenn bewährte Handlungsabläufe oder Weltdeutungen plötzlich problematisch werden. Das Unangemessene des Entwurfs wirft dann gleichsam einen Schatten in die ›bloß subjektive‹ Sphäre hinein, die sich damit von der objektiven Welt abhebt. Nur: Wie soll die handelnde Person auf diese subjektive Sphäre (als von der Welt unterschieden) aufmerksam werden, wenn sie sie nicht schon vorher kannte? Für gelungen hält Habermas dagegen Meads spätere interaktionistische Erklärung der Genesis von ›ich‹. Dort wird aus der Einsicht, dass »die Kompetenz, mit sich selbst zu sprechen, […] ihrerseits eine elementare Form von Selbstbeziehung schon voraus[setzt]« (ebd., 215), gefolgert, dass die sprachlich vermittelte Interaktion durch ein vorsprachliches Niveau der Gebärdensprache unterbaut werden müsse, aber auch könne. Wie jedoch der Pleonasmus in dieser Formulierung verrät, ist die Gebärdensprache nicht minder (nur anders) kodifiziert als die Sprache der verbalen Kommunikation, die ihre letzten Sinnspezifikationen übrigens – anders als die geschriebene Rede, deren Vieldeutigkeit (auch) hierin gründet – nie ohne ein Minimum von expressiv-physiognomischer Unterstützung vornimmt. Mead meint nun, die Deutung fremder Gebärden könne an die Vertrautheit eines lebenden Organismus mit dem Sinn seiner eigenen (gleich kodifizierten) Gesten anknüpfen. Das ist richtig, bewährt jedoch die »Idee des Sich-im-Anderen-Erkennens« (ebd.) nur unter der immer noch zirkulären Voraussetzung, dass der Sinn dem expressiven Subjekt schon vorher aus ›innerer Erfahrung‹ vertraut war. Von anderen könnte es ihn nicht lernen. Diese Erfahrung mag in den Funktionskreisen des instinktgesteuerten Verhaltens gebahnt werden; die bilden freilich nicht den Bestand von des Subjekts Selbstbewusstsein. (Den Sinn ihrer Gebärden und die Drangsale ihrer Instinkte kannten Subjekte, lange bevor ihnen die Ethologie oder die Psychologie deren Mechanismus transparent machte; und aus einer theorieabhängigen, propositionalen Erkenntnis lässt sich die merkwürdige Irrtumsunanfälligkeit und Durchsichtigkeit des Psychischen sowieso nicht verständlich machen.) Es ist dann relativ gleichgültig, wie Mead die sprachlich-interpretative Aufnahme und Übersetzung der Gebärdenkommunikation in der verbalen Interaktion aufzuklären sucht: Der Zirkel der Selbstpräsupposition von Selbstbewusstsein auf dem originärsten Sprachniveau kommt so nicht zum Verschwinden. Dies gesagt, mag dann im Übrigen alles ungefähr so sich verhalten, wie es Habermas referiert und teilweise ergänzt: als sukzessives Erlernen der Sicht, in der jedes Subjekt für ein anderes sich darstellt, und als Verinnerlichung dieser Fremdperspektive als einer auch ihm in umgekehrter Richtung zugemuteten Sicht-Möglichkeit usw. Damit hängt auch das Erlernen der Deutungen zusammen, die unsere Handlungen und Äußerungen erst durch die anderen erfahren und durch deren Übernahme wir uns selbst in einem objektivierten Interpretationszusammenhang (einer sprachlich erschlossenen Welt) zu verstehen und zu orientieren lernen. Das geschieht dann aber auf einem Sprachniveau, das das elementar vorsprachliche und präreflexive Selbstbewusstsein immer aufs Neue nur voraussetzt, nicht erklärt. Meads Rede vom Sich-Erinnern ans vorsprachliche ›Ich‹ aus der Retrospektive des (fremdkonstituierten) ›Mich‹ legt diese Präsupposition besonders hilflos bloß; ebenso Habermasens Rede von der ›Konstituiertheit der originären Selbstbeziehung aus der performativen Einstellung einer zweiten Person‹ oder vom Selbst als »ein[em] kommunikativ erzeugte[n] Phänomen« (ebd., 217).

Wird Selbstbewusstsein jedenfalls für etwas aus sozialer Interaktion Abkünftiges angesehen, dann ist es nur konsequent, ihm auch alle Innerlichkeit und Unmittelbarkeit abzusprechen (ebd.). Diese Überzeugung teilt Habermas mit Mead, wie immer er die ›Unklarheiten‹ und ›Unschärfen‹ dieses auf naturalistisch-pragmatistischer Basis errichteten Denkgebäudes zugibt und durch Elemente seiner eigenen Kommunikationstheorie zu eliminieren bzw. zu revidieren versucht (ebd., 218). Ich muss auf diese – durchgängig erhellenden – Korrekturen (z. B. an Meads Verschleifung des von Tugendhat unterschiedenen epistemischen und praktischen Selbstbewusstseins) hier nicht unbedingt eingehen, teils, weil sie schon in Abschnitt IV angedeutet waren, teils, weil sie die Wucht der Kritik zirkulärer Erklärung nicht zu mildern vermögen. »Der Vorgang«, resümiert Habermas selbst, »behält [im einen wie im anderen Falle: also im Falle reflektierten Selbst*bewusstseins* wie in dem normativer Selbst*kontrolle*] dieselbe Struktur« (ebd., 219; vgl. auch 227,₂ u.). Auch im Falle des praktischen Selbstentwurfes bleibt das ›spontane Ich‹ im Dunkel eines ›Unbewusstseins‹, das zugleich Quell kreativer Abweichungen von der etablierten gesellschaftlichen Konvention sein und dessen Kenntnis aus der »Erinnerung« rückerschlossen werden soll, die die performative Einstellung einer zweiten Person ans spontan handelnde Ich bewahrt (ebd., 219). Dass es hart ist, ein solch unbewusstes Ich als »Subjekt[…] zurechnungsfähigen Handelns« zu verstehen, gibt auch Habermas zu (ebd., 219). Aber er blickt wieder nicht auf die Zirkel, die sich schließen, wenn ich erstens den »freien Willen« eines Subjekts als ›gesellschaftlich konstituiert‹ ausgebe (ebd.) und zweitens meine Kenntnis des unbewusst-originären Ichs aus der ›Erinnerung‹ des in Zusammenhänge sozialen Wissens eingerückten ›Me‹ erschließen will (ebd., 220 f.). Ob die Rede von einer ›konstituierten Autonomie‹ weniger ironisch (d. h. selbstwidersprüchlich) ist als die Marxsche von der ›freien Lohnarbeit‹ (vgl. ebd., 234) – das ist eine Frage, deren Beantwortung ich in Habermasens Text besonders vermisse.

IX.

Interessant bleibt gleichwohl Habermasens Überzeugung, auch die Individualität des Ichs sei gesellschaftlich konstituiert, mithin kein Bestand eines unmittelbaren, relationslosen Bewusstseins. Als Konstituierte tritt sie auf als Reflex der Ausdifferenzierung komplexer werdender Gesellschaften, die ins Stadium postkonventioneller Moral eintreten. ›Postkonventionell‹ heißt diese Moral, weil sie den vergesellschafteten Subjekten die Rechtfertigung ihrer Lebensentwürfe und die Ausbildung anerkannter Ich-Identität(en) nicht mehr unter blinder Berufung aufs Einrasten in Formen etablierter Überlieferung(en) gestattet. So gerät die Subjektivität von Gesellschaftsteilnehmern moderner Staaten in die Situation, ihre Ich-Identität entwerfen zu müssen in Antizipation einer derzeit noch inexistenten Gesellschaft.

Daraus könnte man schließen, dass hier Individualität als (überwiegend) konstitutiv, nicht (nur) als konstituiert auftritt: Sie ist konstituiert durch eine Tradition und gesellschaftliche Verbindlichkeiten, die sie durch den in die Zukunft gerichteten Entwurf einer individuellen Lebensgeschichte weitgehend aneignet, aber teilweise auch hinter sich bringt und jedenfalls so modifiziert, dass das Entworfene aus dem Überwundenen nicht kausal oder logisch abgeleitet werden kann. Genau das ist aber nicht Habermasens Perspektive: »Auch diese [projektive] Identitätsformation kann jedoch nur als gesellschaftlich konstituiert *gedacht* werden; sie muß deshalb in wenigstens *antizipierten* Verhältnissen reziproker Anerkennung stabilisiert werden« (ebd., 224f.). Anders gesagt: Diese aus der sozialen Vergangenheit der Individuen unverständlichen Selbstentwürfe gewinnen ihre Intelligibilität aus einem in der Zukunft unterstellten ›Reich der Zwecke‹, einer antizipierten idealen Kommunikationsgemeinschaft, die über der formalen Argumentationsregel zusammenwächst, deren Typus im kategorischen Imperativ vorweggenommen war. So kann das (am epistemischen Selbstbewusstsein entwickelte) Meadsche Schema erneut greifen; denn auch (praktisch in die Zukunft sich entwerfende, ›innovative‹) Individualität ist nichts Ursprüngliches, sondern ›*bildet sich*‹ resultativ aus Anerkennung und Zustimmung aller anderen Individuen, ja als Reflex dieser (im Futur-Perfekt antizipierten) Zustimmung: »Auch diesmal findet das Ich sich nur auf dem Umweg über andere, über den kontrafaktisch unterstellten universellen Diskurs« (ebd., 227; vgl. 230,₃). Da die wechselseitige Stabilisierung der Ich-Identitäten diesmal *antizipativ* (im Sich-Losreißen von einer tradierten Vergangenheit) erfolgt und das Entwerfen einer Zukunft Freiheit voraussetzt, kann nun auch gesagt werden, dass »im kommunikativen Handeln jeder im anderen die eigene Autonomie [erkennt]« (ebd.). Gleiches gilt für die mit dem Begriff der Individualität traditionell verbundenen anderen der ›Unverwechselbarkeit‹, der ›Unvertretbarkeit‹ und der ›Nichtvoraussagbarkeit‹, die in Romantik und Existenzialismus (seit Schleiermacher und Kierkegaard) so hoch gewichtet wurden und die Habermas in sein Konzept einer antizipatorisch sich selbst regulierenden Gesellschaft glaubt einschließen zu können (ebd., 231).

Diesen Versuch muss er in der Tat unternehmen, will er sich von zeitgenössischen Theorien abgrenzen, die die Abdankung von Individualität durch beflissene Anpassung an die soziale Realität unserer Zeit empfehlen, wobei die Wahrheit ihrer Theorie in der Mimikry besteht, die sie ans Beschriebene betreibt. Damit ist der sittliche Grundimpuls der Kritischen Theorie aufgegeben. Verweisen können diese Ansätze auf den egalisierenden Mechanismus der Märkte, die administrative Gleichschaltung des Bürgers, die völlig anonyme Selbstregulativität ›sozialer Systeme‹ oder die legale Vergewaltigung der Menschenrechte. Von ihnen möchte sich Habermas in aller Deutlichkeit abgrenzen (vgl. z. B. ebd., 232f.); und er überzeugt sich sogar davon, dass diese Abgrenzung wirkungsvoll ohne eine Rettung des Individuellen im entfremdungsbedrohten Sozialleben nicht wird gelingen können.

Dabei reflektiert er freilich nicht eindringlich genug auf die Paradigmen-Verschleifung, die seine Kommunikationstheorie etwa gegenüber der späten Seinsphilosophie Heideggers (und dem davon abhängigen Neostrukturalismus) einerseits, der Systemtheorie Maturanas und Luhmanns andererseits, drittens auch Programmen einer radikal naturalisierten Epistemologie (Quines »Epistemology Naturalized«) oder viertens eines entfesselten sprachanalytischen Nominalismus erleidet. Sie alle leugnen (mit wenigen Ausnahmen) nicht einfach die Existenz individuierter Subjektivität, sondern suchen sie lediglich als ›Resultat‹ zu denken: als Geschick des Seins, als kontingente Konfiguration differentieller Zeichen-›Marken‹, als Epiphänomen der ›Autopoiesis‹ des Systems, als letztes (nicht mehr wirkungsmächtiges) Glied einer auslaufenden physischen Kausalkette, als auf die ›er/sie‹-Perspektive (und den ›Generality Constraint‹ des deiktischen Verweisungssystems) reduzierbares, nichtursprüngliches Phänomen, als propositionales (mithin fallibles und nicht prinzipienartiges) Wissen und wie auch immer. Der Mead-Habermassche Intersubjektivismus betont zwar – wie schon Tugendhat – die praktisch-performative Komponente regelkonformen ›ich‹-Gebrauchs, ist aber nicht minder von der prinzipiierten, abkünftigen, dezentralen Stellung individuierter Subjektivität überzeugt: Positionen, die sich für die von Habermas so genannte ›Subjektphilosophie‹ (in wie immer revidierter Form) engagieren, sind Ziele seiner heftigsten Polemik (auch dann, wenn er sich von Dieter Henrich und anderen belehren lassen muss [Henrich 1988], dass gerade die fortgeschritteneren Positionen analytischer Philosophie sich ihr mehr und mehr zuwenden und dass der Hinweis aufs angeblich machthabende Paradigma der Sprachphilosophie das Problem nicht schon bannt, ja viele philosophische Hunde überhaupt nicht mehr hinterm Ofen hervorlockt).

Das *proton pseudos* dieser Ansätze, die in der Deklassierung von Subjektivität mit Habermasens Intersubjektivismus übereinkommen, hat zwei Quellen. Die erste haben wir (vielleicht zu) ausführlich in den Blick gefasst als Zirkularität in der Erklärung von Subjektivität – sei's in solipsistischer, sei's in intersubjektivistischer Reflexion. Wer nicht so weit gehen will, den Bestand von Subjektivität überhaupt zu leugnen, der muss, da Fehler nur in Deutungen, nicht im Phänomen liegen können, seine Theorie als unangemessen aufgeben. Die Rede von *Inter*-Subjektivität steht und fällt mit der Fähigkeit, dem Ausdruck *Subjektivität* einen Sinn zu verleihen. Das ist zwar die entschiedene Absicht der erwähnten Theorien; aber sie scheitern alle in deren Einlösung. Eine gelungene Sozialtheorie sollte ihre Einsichtigkeit daran bemessen, ob sie Subjekttheorien gerecht werden kann, die heute mehr und mehr den Konsens bedeutender Forscher(innen) darstellen.

Einen zweiten Quell hat der Fehler des apriorischen Intersubjektivismus. Er ist hermeneutischer Provenienz und lässt unverständlich, dass Individuen nicht nur Wahlen zwischen sozial eingeengten Optionsspielräumen haben, sondern – wie Peirce gezeigt hat – die Spielräume, innerhalb deren Willkürfreiheit ansetzt, allererst semantisch determinieren. Spielräume sind an sich insignifikant hinsichtlich der in ihnen sich entfaltenden Entwürfe; sie erwerben den Sinn praktischer Möglichkeiten oder Verhinderungen erst im Zuge abduktiver Deutungen, die ihrerseits durchaus so etwas wie »*Eigenleistung[en]* der Individuen« darstellen, um mit Habermas zu sprechen (Habermas 1988, 238). Zeichen sind keine Naturgegebenheiten, ihr Sinn gründet in Deutungsprozessen, die letztinstanzlich immer individuell, mithin ohne feste Identität, mithin veränderbar sein werden. So lehrte es nicht nur Peirce, so sahen es z. B. auch Schleiermacher und Humboldt, Saussure und Sartre. Löst aber ein Phänomen Wirkungen erst aus unter der Bedingung, dass Individuen es als dieses oder jenes *deuten*, dann bewegt sich im Zirkel, wer diese Wahl nachträglich als durchs Phänomen determiniert ausgeben möchte (vgl. hier Kap. 1; Frank 1989, 286 ff.; mit Blick auf Peirce' Motivationstheorie auch Frank 1983, 552 ff.). Man nennt solche auf vorgängiger Phänomen-*Interpretation* beruhenden Wirkungen motiviert, im Gegensatz zu Kausationen, die in der physischen Welt deutungsfrei und zielblind sich vollziehen. Individuelle Sinnentwürfe beruhen auf Motiven, mithin auf selbst entworfenen Auslösern. Ohne ursprüngliche Freiheit von Individuen ließen sie sich far nicht thematisieren. Darum sind individuelle Entwürfe prinzipiell Quellen, niemals Endpunkte von Transformationsbewegungen des sozialen Codes. Und darum ist es so abweichend, sie als ›konstituiert‹ oder als ›Resultat‹ aufzufassen. *Wenn* Freiheit von einer Sozialtheorie in Anspruch genommen wird – und die Habermassche tut das –, dann muss sie logisch den von ihr ausgelösten

Motivationsprozessen vorangestellt (als ihr Antezedens betrachtet) werden. Die Rede von ›konstituierter Freiheit‹ ist, wie gesagt, nicht minder oxymorisch als die von ›freier Lohnarbeit‹. Das ganze Pathos der kantischen Moralphilosophie erklärt sich aus der Insistenz auf diesem Faktum – dem einzigen – der Vernunft.

Woher rührt eigentlich die Furcht, Individualität in den Rang eines Erklärungsprinzips zu erheben? Vermutlich aus schlechten Erfahrungen, die in der sozialtheoretischen Tradition mit diesem Ausdruck unterschrieben waren und mit den Stichworten ›monologisches Philosophieren‹, ›Solipsismus‹, ›bourgeoiser Individualismus‹, ›Privatsprache‹ einigermaßen charakteristisch beschworen werden. Ich habe indes schon früher gezeigt (Frank 1989, 305 ff.), dass Individuation nicht gleich Privation ist. Individuen entziehen der Gesellschaft (oder der Kommunikationsgemeinschaft) nichts; im Gegenteil: Sie sind dasjenige Element darin, aufgrund dessen Codes semantisch und praktisch transformiert, auch revolutioniert werden können und durch dessen Intervention allein verständlich wird, wie konventionelle Ich-Identitäten in postkonventionelle überführt werden können, ohne dass man diese Leistung fetischistisch *der* Sprache oder *der* Gesellschaft oder auch *der* Geschichte selbst zuschreiben muss. Individuen sind darum nicht die Widersacher des Allgemeinen (und schon gar nicht, wie Habermas richtig sieht, einer rein formalen und universalistischen Moral); sie erlauben dem Allgemeinen, diejenigen Bewegungen zu vollziehen, die man früher dialektisch nannte und ohne welche der Universalismus allerdings das innovationslähmende, alles gleichschaltende Prokrustesbett wäre, als das ihn seine Gegner karikieren. Auch könnte von einem völlig stratifizierten Allgemeinen nicht mehr eingesehen werden, welches Bedürfnis seine Elemente haben sollten, miteinander in kommunikativen Austausch zu treten; denn die Regel eines einförmigen Universale lässt sich angeben und kann für alle Gesellschaftsteilnehmer transparent gemacht werden. Ihre Gesprächsäußerungen wären dann – bei gleichmäßiger Verinnerlichung des Codes durch alle Einzelnen – wechselseitig antizipierbar; es lohnte sich für keinen mehr, den Mund zu öffnen und das Ohr aufzurichten. Tatsächlich müssen wir miteinander nicht darum kommunizieren, weil unsere Identitäten gleichgeschaltet sind, sondern weil sie es nicht sind: Fremder Sinn ist aus der Perspektive keines Individuums antizipierbar, bei keiner Gesprächsäußerung kann ich des Verständnisses, bei keinem Wortgebrauch seiner vollständigen und gleichsinnigen Mitteilbarkeit sicher sein. Aber es sind gerade diese Übelstände (aus der Perspektive eines am Code-Modell orientierten Intersubjektivismus), die uns davon überzeugen, dass wir nicht allein in der Welt sind, dass Individuen an der semantisch unbezwinglichen Fremdheit der Lebens- und Gesprächsäußerungen anderer ihre Grenze und ihre Unverwechselbarkeit entdecken – kurz: dass es so etwas wie Werke fremder Individuen *gibt*, die wir uns nicht zuschreiben können. Aber das ist, wie Sartre sagt, eine ›nécessité de fait‹; sie hat nicht – wie Habermas will – eine quasitranszendentale Vernunftnotwendigkeit auf ihrer Seite. Intersubjektivität kann nicht Gegenstand eines epistemologischen Paradigmas sein; sie ist etwas selbst vom Individuum und seinem Selbstverständnis aus allererst transparent zu Machendes.

Anders wäre es, wenn Individualität Dedukt oder Konstitut oder Resultat bestehender oder antizipierter Sozialverhältnisse wäre. Dann aber wäre nicht nur schwer verständlich zu machen, kraft welcher Instanz Gesellschaften sich korrigieren, verändern, gar revolutionieren können; unverständlich wäre bereits, wieso die moderne Tradition dem Einzelnen und seinem (schon bei Stirner keineswegs privatistisch gedachten) ›Eigentum‹ jene unvertretbare Würde und jenes unveräußerliche Eigenrecht zuerkannt hat, das wesentlichster Bestandteil aller Formulierungen der Menschenrechtserklärung war und ist. Wer diese auch in intersubjektiven Verhältnissen zur Geltung bringen und die Elimination desjenigen Gegenstandes aus dem Diskurs verhindern will, der *Inter*subjektivität allererst zu einer kooperativen Begegnung von *Subjekten* werden lässt, der muss sich für eine Rettung des Individuums stark machen – und zwar gerade auch im Interesse einer engagiert interindividualistischen Gesellschaftstheorie.

5. Besteht Selbstbewusstsein in einem ›inneren Wahrnehmen‹?

I.

Im 2. Kapitel hatte ich die Frage aufgeworfen, wovon ›Selbstbewusstsein‹ eigentlich ein Bewusstsein ist. Wir haben gesehen: Die Wortanalyse gestattet wenigstens zwei Zuweisungen: Nach der ersten ist Selbstbewusstsein ein Bewusstsein von dem Selbst, das sich im Zustand des Bewusstseins befindet (sagen wir: vom Träger des Bewusstseins, wie immer man ihn ontologisch bestimmt). Diesen Wortgebrauch kennen wir seit Descartes, Locke, Leibniz, Kant und Fichte; aber er ist weit verbreitet, ja beherrschend auch in der analytischen Tradition seit Russell und Strawson, präsent (z. B.) noch bei Campbell (1994) und Cassam (1992, 1997). Daneben kann ›Selbstbewusstsein‹ aber auch das Bewusstsein meinen, das von dem Bewusstsein-selbst besteht, egal, ob wir darunter ein Einzelereignis (gleich welchen Umfangs) oder einen Typ verstehen. Dann würde das nominalisierte Reflexivpronomen ›Selbst‹ nicht auf ein sogenanntes Selbst, sondern reflexiv auf den Akt (oder Zustand) des Bewusstseins *selbst* (oder auf den aus vielen Einzelerlebnissen zusammengestückelten ›Erlebnisfluss‹) zurückverweisen. An diesem Wortgebrauch orientiert sich die phänomenologische Tradition von Brentano (1973, 221 ff.) über Meinong (1968), den frühen Husserl (1980, 350 ff.) bis zu Sartre (1978; 1947, 63/382). Er liegt auch den Wiener Theorien der ›no ownership‹ zugrunde und wird heute von einigen Vertretern der Theorie nichtbegrifflichen Gehalts angenommen (z. B. von Block 2003; 2005).

Ich habe im Vorwort und in den Einleitungskapiteln (1 und 2) vorgeschlagen, die beiden Bedeutungen zu trennen. Wir haben offenbar beides: Ich-Bewusstsein und Zustandsbewusstsein (bzw. Bewusstsein vom Strömen der Erlebnisse; darum sollten wir von anonymen Bewusstseinsereignissen sprechen, denn Ereignisse können auch langfristig bestehen). Beide Male liegt eine Kenntnis vor, aber ihr Gegenstand ist verschieden. Dieser Unterschied ist in vielen älteren und neueren Theorien nicht oder nicht streng beachtet worden. Ich will im Folgenden nichts zur Ontologie der beiden Gegenstandsbereiche sagen, also nicht auf Fragen antworten wie: Ist das Ich eine mentale Entität, oder ist es physisch (oder beides)? Sind Bewusstseinszustände Nervenfaserreizungen und sonst nichts, oder gibt es eigene mentale Ereignisse? (Oder kooperieren beide, oder sind sie gar identisch – wie muss dann diese Identität bestimmt werden? Sicher ist, dass beide Ereignistypen verschiedene Wahrheitsbedingungen haben.) Es geht mir hier auch nicht um die Frage: Ist Bewusstsein grundsätzlich gegenständlich oder intentional, oder gibt es auch ein Bewusstsein, das nicht auf einen Gegenstand gerichtet ist (ein Kandidat wäre das phänomenale Bewusstsein)? Meine Aufmerksamkeit richtet sich vielmehr auf die Frage nach der Natur der Kenntnis (falls es überhaupt *eine* ist), die wir von einem dieser beiden Gegenstandsbereiche haben. Ich könnte auch sagen: Ich frage nach der Natur der beiden Typen von Selbstbewusstsein.

Auf diese Frage hatte Husserl 1901 in der fünften seiner *Logischen Untersuchungen* (Husserl 1980) eine immer noch hilfreiche Antwort parat. Sie hat ein spätes (partielles) Echo etwa in Ned Blocks Unterscheidung eines *phänomenalen* von einem, wie er es nennt, *access consciousness* gefunden (Block 1997). Letzteres ist kognitiv aufgeladen und auf einen (vom Akt selbst typischerweise unterschiedenen) Gegenstand (der auch ein Sachverhalt sein kann) gerichtet; Husserl nennt einen solchen Typ von Bewusstsein ›gegenständlich‹. Das Erstere aber ist unbegrifflich. Es muss nicht (wie ein Hören oder Sehen) gegenständlich ausgerichtet sein, sondern kann, wie z. B. eine Schmerzempfindung oder ein anderes Körpergefühl, ungegenständlich mit sich selbst befasst sein. Beiden Zuständen aber schrieb Husserl, sofern sie akut bewusst vorliegen, eine unmittelbare und alle Aspekte erschöpfende Kenntnis ihrer selbst zu, die er ›innere Wahrnehmung‹ nannte. Die Angemessenheit dieser Annahme (und der Wortwahl, in die sie sich kleidet) bildet den Gegenstand der vorliegenden Überlegung.

Dabei geht es, wohlbemerkt, nicht um die Frage, ob Husserl nicht gut beraten war, anzunehmen, dass jedes Bewusstsein, auch das gegenstandsgerichtete, von sich zugleich eine (ungegenständliche) Kenntnis haben müsse. Diese These wird in unseren Tagen leidenschaftlich vertreten von Bewusstseinsphilosophen vor allem in den Staaten, die sich selbst aus ebendiesem Grund ›Selbstrepräsentationalisten‹ nennen. Der Name soll anzeigen: Jeder Fremdrepräsentation ist eine Selbstrepräsentation ›eingebildet (built-in)‹

(Horgan/Kriegel 2007). Man spricht auch von der ›ubiquity of self-awareness‹, also der Allgegenwärtigkeit von Selbstbewusstsein in jedem Bewusstsein-überhaupt (Kapitan 1999).

Husserls Klassifikation von Bewusstseinstypen beschränkt sich aber nicht auf die Unterscheidung von nichtbegrifflichem und begrifflichem Gehalt, auch nicht auf diejenige von intentionalem und nichtintentionalem Bewusstsein. Sie ist differenzierter. Für die Titelfrage unseres Kapitels ist vor allem aufschlussreich, dass Husserl die Selbtrepräsentativität für die zentrale Bestimmung des Bewusstseins hält und ›innere Wahrnehmung‹ nennt.

In der Tat taucht die Rede von einer ›inneren Wahrnehmung‹ bei Husserl im Rahmen einer semantischen Klärung des ›vieldeutigen‹ Begriffs ›Bewusstsein‹ auf. Kurioserweise zählt Husserl ihn als den zweiten von dreien auf und stellt ihn doch nicht auf eine Ebene mit den anderen, sondern erklärt ihn für den grundlegenden. Er sei es, der die anderen Begriffe – die Erlebniskomplexion (Bewusstsein-1) und die Intentionalität (Bewusstsein-3) – gegebenenfalls allererst zu *bewussten* Erlebnissen macht. (Eigentlich muss noch eine vierte Bedeutung aufgeführt werden, gegen die Husserl intentionale Erlebnisse – oder ›Akte‹, wie er sagt – abgrenzt: ›Empfindungen‹ – oder ›sinnliche Gefühle‹ – wie Schmerzen, Übelkeit oder Niedergeschlagenheit, die ihren Gegenstand nicht zum intentionalen Gehalt, sondern zur Ursache haben [Husserl 1980 II/1, 391 f.]. Das innere Bewusstsein, das von solchen Zuständen besteht, habe den Charakter einer qualitativen/phänomenalen Tönung. In Husserls und Meinongs Sprache: Es ist uns irgendwie »zumute« [Husserl 1980, II/1, 373 f.; Meinong 1973, 59], wenn wir uns in einer gegenständlichen Beziehung befinden, egal, ob sie in einer Wahrnehmung oder einem Gedanken besteht. Auch Selbstwissen fühlt sich übrigens für Husserl irgendwie an, sofern es bewusst ist.)

›Erlebnis‹ heißt die Gattung der drei Varietäten von ›Bewusstsein‹. Einige Erlebnisse sind ›Akte‹ (Intentionen), einige sind (nichtintentionale) ›Empfindungen‹ oder ›Gefühle‹. Demnach ist Bewusstsein – bei genauerer Betrachtung – kein geborenes Merkmal des Erlebens. Ein mentales Erlebnis wird bewusst vielmehr durch ›innere Wahrnehmung‹. Bewusstsein ist also, auch wenn die ›Verwebung der Erlebnisse‹ und die ›Intentionalität‹ einfachhin als Instanzen von Bewusstsein vorgeführt werden, ein zuzügliches Faktum, das aus einer bloßen Analyse von Bedeutung-1, Bedeutung-3 und Bedeutung-4 des ›vieldeutigen Ausdrucks Bewusstsein‹ nicht herauszuklauben ist (Husserl 1980 II/1, 345).

Wenn das so ist, stellt sich die Frage nach der Logik, die Husserls Differenzierung von drei Bewusstseinstypen als geordneter Dreier- (bzw. Vierer-) Gruppe zugrunde liegt. Der Verfasser selbst hält sich bei dieser Frage bedeckt. Doch lässt sich der Grund für die Reihung wie folgt rekonstruieren: Der Erlebnisstrom – mit dem Phantom eines einigenden Ichs – kann das Faktum des inneren Bewusstseins nicht begründen. Denn das Ich ist nichts als eine ›reelle‹ Erlebniskonfiguration, die sich von Mal zu Mal verschieden einspielt und eine transzendentale Vereinigungsleistung gar nicht schultern könnte. Vor allem aber gehört das Ich ontologisch unter die Langzeit-Gegenstände, die sich unabsehbar abschatten und die, würden sie das Bewusstsein bewohnen, seine Transparenz trüben würden. Das Ich für einen Bewohner des Bewusstseins zu halten hieße: die notwendige Eigenschaft des Für-sich-Seins der Erlebnisse mit ihrem Für-ein-Ich-Sein verwechseln. Darum vertritt der frühe Husserl eine radikal nichtegologische Bewusstseinstheorie.

Bewusstsein-3 – die Intentionalität – stützt diesen Befund auf negative Weise. Intentionalität ist, wie Husserl sagt, eine ›gegenständliche Beziehung‹.[1] Und das heißt (auch), dass das Bewusstsein den Gegenstand, *von* dem es ein Bewusstsein ist, aus sich verstößt. Gegenstände sind immer außerhalb des Bewusstseins; sie sind intransparent, weil aspektereich, während das Bewusstsein aspektfrei und ebendarum für den Gegenstand durchsichtig ist. Husserl nennt die Kenntnis, die in Bewusstsein-2 vorliegt, ›adäquat‹. Das unterscheidet die innere radikal von jeder äußeren Wahrnehmung. Sartre hat dafür die griffige Formel: Bewusstsein ist gewiss; wer ›Objekt‹ sagt, sagt ›wahrscheinlich‹ (»celui qui dit ›objet‹ dit probable« [Sartre 1947, 56/369]). Dagegen liegt ein innerlich wahrgenommenes Erlebnis »leibhaftig‹, »gegenwärtig, als das, was e[s] ist«, vor und

---

[1] Der Ausdruck findet sich in genau dieser Bedeutung – vor Husserl – schon bei Schleiermacher und Schelling, und zwar auch mit der Negation ›ungegenständlich‹ zur Bezeichnung einer besonderen Form von – ›unmittelbarem‹ – Bewusstsein: Schleiermacher 1960, § 3, S. 16; Schleiermacher 2001, Bd. II, 288; SW I/10, 133; Schelling 1972, 408; der späte Schelling spricht auch von ›urständlicher‹, ›rein wesender‹, ›nichtiger‹, oder ›intransitiver‹ Subjektivität: SW I/10, 265, 284 f.; II/3, 212, 227-229, 292; II/1, 293; der Sache nach schon früher: I/7, 205, Anm. 1; Schelling 1972, 385, 440.

kann im Nu »restlos erfaßt« werden (Husserl 1980 II/1, 355). Nie könnte eine gegenständliche Kenntnis, auch nicht die eines Ichs, diese Bedingung erfüllen. ›Reality outruns knowability‹ (Peacocke 1999, 7). Also muss die zur Ich-Annahme führende Totalitätsantizipation bestehende Informationslücken inferentiell kompensieren; Husserl sagt: fehlende »Evidenz […] mit guten Gründen […] ergänzen« (Husserl 1980 II/1, 355). Französische Phänomenologen nennen diese Operation treffend *passage à la limite* (Derrida 1967, 241). Sie verwandelt das Ich, wie jeden anderen realen Gegenstand, in eine ›Idee im kantischen Sinne‹.

Verweilen wir einen Augenblick bei Husserls Rede von der Begleitfunktion der inneren Wahrnehmung und dass sie auf die begleiteten Erlebnisse »als ihre *Gegenstände* bezogen« sei (354 [Hervorh. M. F.]). ›Begleiten‹ ist ein relationaler Ausdruck, der ein Verhältnis der Nichteinerleiheit anzeigt, selbst wenn Gleichzeitigkeit nicht ausgeschlossen wird. Dem korrespondiert die Rede von der Gegenständlichkeit des Begleiteten: Das von der inneren Wahrnehmung thematisierte Bewusstsein befindet sich ihr gegenüber in der Stellung eines Objekts. (Auch Brentano hatte unvorsichtigerweise von primärem und sekundärem *Objekt* gesprochen.)

Die Vergegenständlichung des primären Bewusstseins löst nun eine unversehene Dialektik aus, die Husserl in den kommenden Jahren bemüht ist wie ein Lauffeuer unter Kontrolle zu bringen. Gleichwohl: Die Vergegenständlichung von Bewusstsein bezeichnet das *prôton pseûdos* seiner Selbstbewusstseinstheorie – und erklärt, warum er sein begriffliches Instrumentar hätte umbauen müssen, um es zu korrigieren. Zögerlich macht er sich an diese Arbeit in den Nachträgen und Beilagen zu seinen Vorlesungen *Zur Phänomenologie des inneren Zeitbewußtseins* (1905-1910), in den *Bernauer Manuskripten über das Zeitbewußtsein* (1917/18) und in den *Analysen zur passiven Synthesis* (1918-1926). (Davon hatten die Abschnitte I bis III des 3. Kapitels gehandelt.)

Hier ist das Problem in seinen zwei Aspekten: Zum einen macht die Unterscheidung eines primären und eines dieses primäre gegenständlich, aber dennoch adäquat präsentierenden sekundären Bewusstseins die Rede von der Einheit des Phänomens unverständlich. Denn diese Einheit soll ja nicht nur *de re* bestehen, sondern dem Bewusstsein selbst in innerer Wahrnehmung bekannt sein. Die Evidenz dieser Einheit, von der Husserl als Tatsache ausgeht, muss *de se* einsichtig sein (andernfalls wäre Bewusstsein-2 keine Instanz von Bewusstsein-überhaupt). Das aber will Husserl, genau wie sein Lehrer Brentano: Die innere Wahrnehmung (das sekundäre Bewusstsein) soll sich auf das primäre (gegenstandsorientierte) Bewusstsein als ›auf *sich selbst*‹ oder als auf ›sein *eigenes* Erlebnis‹ richten. Zum anderen beschreibt Husserl die innere Wahrnehmung, so stark er sie auch gegen die äußere abgrenzt, immer wieder als einen Fall von Intentionalität, mithin als eine gegenständliche Beziehung. Gegen die Gefahr, dass damit die Aspektevielfalt (der Informationsüberhang) des Objekts in die Transparenz des Bewusstsein eindringt, glaubt er sich allein durch die These gewappnet, Objektbewusstsein sei niemals adäquat, Bewusstseins-Bewusstsein aber sehr wohl; und der Gegenstand der Introspektion sei kein Ichobjekt, sondern ein singulär präsentiertes anonymes Erlebnis. Entweder aber ist das Bewusstseinsobjekt ein Objekt *sui generis* – für diese Annahme fehlt jedes ontologische Motiv. Oder es wird – cartesianisch – behandelt als ein Sonderfall natürlicher Gegenständlichkeit (als »res«), und dann fehlt seiner ontologischen Aussonderung aus der Sphäre der übrigen Gegenstände jede Plausibilität. Mit der Gegenständlichkeit dringt nun aber die Abschattungsmannigfaltigkeit – die Opazität – in die Sphäre des ›inneren‹ Bewusstseins ein. In Soldatis Formulierung: Die innere Erfahrung verliert ihre ›Exaktheit‹ (Soldati 1994, 20, 33 f.). Diese Konsequenz wird in den Vorlesungen *Zur Phänomenologie des inneren Zeitbewußtseins* in gewundenen Argumentationsanläufen zugestanden, deren keine Husserls letztes Wort enthält (und die wir in den ersten drei Abschnitten des 3. Kapitels analysiert haben).

II.

Ein Theoretiker aus neuerer Zeit, der die eben vorgeschlagenen Differenzierungen eines anonymen von einem Ich-Bewusstsein und ebenso die von nichtbegrifflichem und begrifflichem Gehalt aufnimmt, ist Sydney Shoemaker:[2] In der ersten seiner drei Royce Lectures über *Self-knowledge and »inner sense«*, überschrieben »The Object Perception Model« (Shoemaker 1996, 201-223), unterschei-

---

2 In diesem Abschnitt übernehme ich ein Stück aus Frank (2007, Text 15, 423-432).

det er ausdrücklich und in drei eigenen Sektionen (IV-VI) Kenntnisse, die sich auf einen Träger des Bewusstseins richten, von solchen, die auf das Vorliegen von Bewusstsein selbst gehen: »[...] it is useful to seperate the questions whether the *self* is the object of quasi-perceptual introspective awareness, and the question of whether mental entities of various kinds are« (Shoemaker 1996, 208). ›Bewusstsein‹ wird noch einmal – wie bei Husserl, auf den er sich (fast möchte ich sagen: natürlich) nicht bezieht – unterteilt in Intentionen und Empfindungen. Beide Typen von Kenntnisnahmen nennt Shoemaker im Übrigen – nach einem verbreiteten Wortgebrauch – ›introspektiv‹. (Der Ausdruck scheint ungeschickt gewählt, weil er selbst die Semantik der inneren Wahrnehmung mitschleppt, gegen die er sich doch absetzen soll.) Von beiden – Empfindungen und Intentionen – aber bezweifelt er, dass die Kenntnis (›acquaintance‹), die wir von ihnen haben, in Analogie zu Kenntnissen zu verstehen sei, die wir von (natürlichen) Gegenständen haben.

Das Wahrnehmungsmodell des Selbstbewusstseins (notorisch in Lockes Version) besagt: Bewusstsein ist grundsätzlich Bewusstsein von etwas (von ihm numerisch Verschiedenem). Dies Etwas kann ein Gegenstand der Welt (›äußere Wahrnehmung‹) oder ein Gegenstand unseres Seelenlebens (›innere Wahrnehmung‹) sein. Danach wären Kenntnisse des Selbst oder mentaler Zustände Quasiwahrnehmungen. (Ich überspringe den trivialen Einwand, dass wir kein eigenes Organ für ›innere Wahrnehmungen‹ haben, wie es Nase, Ohr oder Auge für äußere sind [Tugendhat 1979, 16 f.; Shoemaker 1996, 207].)

Diese Ansicht ist unhaltbar – und zwar unabhängig von der (zusätzlichen) Frage, ob der evidentielle Status beider Kenntnisse differiert, ob wir also Selbstwahrnehmungen einen epistemischen Vorzug einzuräumen haben vor Kenntnissen der sogenannten äußeren Welt (wie etwa Brentano, Meinong und Chisholm annehmen). Shoemaker hat das zu zeigen versucht, indem er acht Annahmen zurückweist, die mit dem Wahrnehmungsmodell von Selbstbewusstsein verbunden sind. Diese Annahmen haben gemein, dass sie den Gegenstand von Selbstbewusstsein als etwas interpretieren, das dem Bewusstsein zusätzlich (›over and above‹) zu seinem blanken Vorliegen noch gegeben ist.

Für den ersten Fall (Selbstbewusstsein als Bewusstsein vom

Selbst) gelten folgende vier (allgemein fürs Gegenstandswahrnehmungsmodell zuständigen) Annahmen. Sie werden aber nur aufgeführt als Negativfolie für die Eigentümlichkeit von Selbstwissen. Das heißt, Selbstwissen ist von jeder von ihnen auf charakteristische Weise verschieden:

(1) Bewusstsein sinnlicher Tatsachen (d. h. Bewusstsein, dass ein natürlicher Gegenstand so oder so beschaffen ist) verläuft über das *Bewusstsein dieses Gegenstandes*, also über demonstrative Bezugnahme auf das im propositionalen Gehalt meiner Überzeugung enthaltene Individuum (z. B. »dieser Baum dort ist eine Esche«, »dieser Mann dort im Spiegel bin ich«).

(2) Sinneswahrnehmung liefert mir *identifikationsgestützte Informationen*; sie ›einzelt‹ den Gegenstand aus einer Menge seinesgleichen aus.

(3) Am wahrgenommenen Gegenstand lassen sich wenigstens einige *intrinsische Eigenschaften* ausmachen; sonst hingen ihre relationalen Eigenschaften ›in der Luft‹.

(4) Auf Wahrnehmungsgegenstände kann ich meine Konzentration richten; ich kann sie durch Leistungen der *Aufmerksamkeit* aussondern (Shoemaker 1996, 205 f.).

Alle diese Bedingungen lassen sich nicht anwenden auf die epistemische Selbstreferenz. Ich kann – anders als bei Sinneswahrnehmungen – zu mir selbst nicht in eine standpunktabhängige und Beobachterrelation eintreten. Beobachtung ist aufmerksamkeitsbasiert, nicht so die gewöhnliche und auch nicht die innere Wahrnehmung.

Brentano hatte auf diese Unterscheidung größten Wert gelegt: Das innere Bewusstsein kennt keine Grade; Grade hat nur sein Gehalt. Sartre bringt das auf die Formel: ›Es gibt Bewusstsein von Graden, aber keine Grade des Bewusstseins‹ (Sartre 1947, 67/382 f.). Jeder Gegenstand, insofern er das ist, wird aus dem Bewusstsein verstoßen (Soldati 1994, 115 f.); er würde die Durchsichtigkeit des mentalen Glases – wie eine Glaskörpertrübung das Augenlicht – verdüstern. Nicht die innere Leuchte des Bewusstseins lässt sich dimmen oder aufhellen, der Gehalt allein kann mehr oder weniger im Lichte der Aufmerksamkeit stehen:

Es ist ein allgemein gültiges psychologisches Gesetz, dass wir niemals dem Gegenstand der innern Wahrnehmung unsere Aufmerksamkeit zuzuwenden vermögen. [...] Denn wer den Zorn, der in ihm glüht, beobachten wollte, bei dem wäre er offenbar bereits gekühlt und der Gegenstand der Beobachtung verschwunden (Brentano 1884, 131).

Die Töne, die wir hören, können wir beobachten, das Hören der Töne können wir nicht beobachten; denn nur im Hören der Töne wird das Hören selbst mit erfaßt (ebd., 159).

Das bedeutet, dass inneres Bewusstsein als radikal unähnlich gegenständlichem Bewusstsein gedacht werden muss – und in Gegensatz zu diesem als transparent und nicht abgeschattet: Jeder Gegenstand – und Trübheit oder Helle sind Eigenschaften der gegenständlichen Welt – ist immer *außer* dem Bewusstsein; er gehört zu dem, *wovon* Bewusstsein besteht, nichts Gegenständliches ist *im* Bewusstsein. Harman und Michael Tye haben so weit ganz recht: Es gibt keine intrinsischen Eigenschaften des Bewusstseins (Harman 1990, 39; Tye 2002, 39 ff.). Gäbe es sie, sie würden *ipso facto* die Transparenz des Bewusstseins trüben. – Shoemaker geht nicht so weit: Er lässt dem Bewusstsein einige intrinsische, d. h. nichtrelationale Eigenschaften, z. B. das Bewusstsein von seinem eigenen vehikulären Charakter.

Ferner – Shoemakers zweiter Einwand gegens Modell der ›inneren Wahrnehmung‹ – kann ich mich beim Selbstwissen auch nicht aus einer Menge meinesgleichen ›herauseinzeln‹. Ich kann mein Selbstwissen auch nicht aus der Kausalbeziehung eines differenzierten Gegenstandsbereichs auf mein Gewahren erklären, denn in diesem besonderen Wissen findet ein Subjekt-Objekt-Gegensatz gerade nicht statt. Und schließlich kann und muss ich mich auch nicht in eine informative Identifikationsbeziehung zu mir selbst bringen, da ich – jeder Objektpräsentation zuvor – immer schon weiß, dass ich Ich bin (Shoemaker 1984, 8 f., 102-105).

Der letztere Punkt ist besonders wichtig. Er zeigt am schlagendsten, dass das Wahrnehmungsmodell des Selbstwissens unhaltbar ist. Man hat auch vom Reflexionsmodell des Selbstwissens gesprochen, weil es die Kenntnis meiner selbst *als* meiner selbst über eine Objektrepräsentation – also ein Spiegelbild – vermittelt denkt. Selbstwissen ist aber wie Tatsachenbewusstsein, welches nicht durch Gegenstandsbewusstsein vermittelt ist (womit der Annahme [1] widersprochen ist; vgl. auch Shoemaker 1984b, 105). Nicht, als könnte ich mich nicht auch über ein Spiegelbild (oder eine Reflexion) erfassen. Ich kann das aber nur, wenn ich – jeder

Reflexion oder Selbstwahrnehmung zuvor – mit dem Gegenstand dieses Wissens schon bekannt war. Andernfalls hätte ich kein Kriterium dafür, den gewahrten Gegenstand *als* mich selbst aufzufassen, also korrekt zu identifizieren: Gallups Schimpansenversuche (Hauser 2001, 96 ff.), Ernst Mach im Bus (Mach 1886, 34), Rudolf Lingens in der Stanford Library (Lewis 1983, 138 f.), John Horatio Auberon Smith als nichts verstehender Leser des ihn betreffenden Testaments (Anscombe 1975/1981, 22), Groucho Marx vor einem vermeinten Spiegel, der sich als leere Scheibe herausstellt (Shoemaker 1996, 211), und dergleichen. Mithin gilt: »Perceptual self-knowledge presupposes non-perceptual self-knowledge, so not all self-knowledge can be perceptual« (Shoemaker 1984b, 105). Wenn Ernst Mach oder Groucho Marx durch ein Spiegelbild zu einer Art von Selbstwissen gelangen, so mussten sie eine erstpersönliche Kenntnis von sich *als* von sich schon besitzen, die – um den Preis eines infiniten Regresses – nicht auf Identifikation (also nicht auf Annahme [2]) beruhen kann (Shoemaker 1996, 211). (Diese Kenntnis ist außerdem – im Unterschied zu typischen Wahrnehmungsgehalten – wesentlich *begrifflich,* wie das Begriffswörtchen ›als‹ anzeigt [vgl. Lewis 1983].)

Wie steht es aber um den zweiten Sinn von ›Selbstbewusstsein‹: denjenigen, wonach der Gegenstand der Selbstkenntnis intentionale oder phänomenale Zustände sind? Beginnen wir mit den propositionalen Einstellungen. Sie können darum nicht über Wahrnehmungen individuiert werden, weil die Bedingungen (1), (3) und mithin auch (4) hier nicht erfüllt sind. Im Einzelnen gilt:

(5) Gemäß Bedingung (3) muss sich perzeptive Information auf intrinsische Eigenschaften stützen. Wenn indes die Gehalte unserer Einstellungen weitgehend durch die Welt bestimmt werden (Prämisse des Externalismus), dann kommen relationale Eigenschaften ins Spiel. Ihrer und der kausal vermittelten Gehalte kann sich *innere* Wahrnehmung nicht autoritativ bemächtigen; denn was sich da ›wahrnehmen‹ lässt, sind ›innere‹ Eigenschaften der Einstellung (Boghossian 1989, 11), und Gehalte sind nicht »im Kopf« (Putnam 1975, 223 ff.; dagegen freilich Burge 1979). Das Gegenstandswahrnehmungsmodell scheitert also an introspektiv unzugänglichen Eigenschaften des Gehalts.

(6) Auch darin ist Selbstkenntnis von Wahrnehmung unterschieden, dass perzeptiv vorgenommene Objektindividuierung fehl-

gehen kann, während Einstellungsmodi – z. B. Wünsche oder Überzeugungen – verwechslungsresistent sind (vgl. dagegen Bernecker 1996). Unser epistemischer Zugang zu Überzeugungen, Hoffnungen usw. läuft nicht über Urteile, die so etwas wie demonstrative Bezugnahme einschließen (Bedingungen [1] und [2]). (Shoemaker beantwortet freilich nicht die Frage, *wie* man sich dieses Wissen vorstellen soll.)

(7) Schließlich meint Shoemaker, es gebe keine nichtintentionalen Merkmale von Intentionen; Intentionen hätten also – anders als Wahrnehmungen und Körpergefühle – keine phänomenalen Merkmale, die sich quasi-perzeptiv »im Kopf« entdecken ließen. (Damit widerspricht Shoemaker Husserls und Meinongs These vom nichtintentionalen ›Zumutesein‹ nicht nur bei Gefühls-, sondern auch bei intentionalen Zuständen [Husserl 1980, II/1, 374 im Kontext; vgl. auch die Unterscheidung von Aktqualität und -materie in § 20, 411 ff.; dazu Soldati 2005. Den Ausdruck ›Zumutesein‹ kennt auch Meinong: »Das qualitativ Eigenartige, das wir erleben, indem wir Rot sehen oder an Rot denken, gehört [...] nicht dem Gegenstande, sondern dem Inhalte an. Und daß uns anders zu Mute ist, wenn wir einmal Rot, einmal Grün sehen, das liegt wieder nicht am Gegenstande, sondern am Inhalte«; Meinong 1973, 59].)

Schließlich zur Art und Weise, wie der Geist mit Erlebnissen und Empfindungen bekannt ist. Sie waren das bevorzugte Beispiel der empiristischen Theorie des ›internal sense‹ und konnten dort auf eine gewisse intuitive Plausibilität rechnen. Das hängt zusammen mit der Oberflächengrammatik von Redeweisen wie ›Ich verspüre Hunger‹, ›Ich empfinde Schmerz‹ oder gar ›Ich spüre ein Stechen im rechten Kniegelenk‹. Sie suggerieren, es gebe da zweierlei: (1) den Schmerz, (2) die Empfindung desselben. (Und [3] wird gewöhnlich angenommen, der Schmerz bleibe so lange schmerzlos, wie er nicht empfunden werde; das impliziert die Annahme, einiges Bewusstsein sei unbewusst.) Das ist natürlich Unsinn: Der Schmerz tut schon *per se* weh. Er muss nicht außerdem, gar nachträglich (in einem Auffassungsakt ›höherer Ordnung‹) quasi-wahrgenommen/repräsentiert werden, um seine unerwünschte Wirkung zu entfalten. Das hängt mit einer Eigenschaft phänomenaler Zustände zusammen, die die phänomenologische Tradition von Brentano bis Sartre als Zusammenfallen von Sein und Sich-Erscheinen des Bewusstseins bezeichnet hat (Sartre 1947, 63 ff./379 ff.). In neuerer Zeit hat diese These Aufwind erhalten durch Kripkes Nachweis der Unähnlichkeit in der Beziehung zwischen (sagen wir) mittlerer Molekularbewegung, Wärme und Sich-warm-Anfühlen – oder zwischen H_2O, Wasser und Sich-wässrig-Anfühlen – einerseits, C-Faser-Reizung, Schmerz und Sich-schmerzhaft-Anfühlen andererseits. Kripkes bekanntes Argument hat diesen Aufriss: Etwas kann warm sein, ohne sich warm anzufühlen (oder ich kann eine Wässrigkeitsempfindung haben, ohne dass Wasser vorliegt). Aber etwas kann nicht Schmerz sein, ohne sich schmerzhaft anzufühlen. Da Identität eine notwendige Beziehung ist, koinzidieren Sein und Sich-Erscheinen einer Empfindung notwendig, nicht so aber Schmerz und C-Faser-Reizung (Kripke 1980, 152 und 154; vgl. die ausführlichere Darstellung von Kripkes Argument in Kap. 1, S. 57 ff.). Diese notwendige Beziehung lässt sich, wie gesagt, treffend so ausdrücken: Sein führt wesentlich Sich-Erscheinen mit sich. Außerdem gilt: Solches phänomenale Bewusstsein ist kein Ich-Bewusstsein: Nicht wir sind ursprünglich mit dem Schmerz, sondern dieser ist sich selbst bekannt. Wir sagen darum gewöhnlich nicht: ›*Mir* tut der Zahn weh‹, sondern einfach ›Es (eventuell zu spezifizieren durch einen Schmerz verursachenden Vorgang, einen Körperteil oder -ort) tut weh‹. Oder wir schreien einfach ›Au!‹ oder ›Heiß!‹ Dabei genügt es nicht, den Zustand einfach nur ›bewusst‹ zu nennen. Er ist außerdem seiner selbst bewusst. (Man kann dies übrigens auch aus der radikalisierten These von des Bewusstseins Durchsichtigkeit folgern: Bewusstsein hat keine intrinsischen Qualitäten, auch nicht die einer Ichhaftigkeit. Natürlich kann *ich* meinen Schmerz durch einen phänomenalen Begriff hindurch denken; der ist aber kein Charakter des Phänomens selbst [Sartre 1947, 63 f./382 f.].)

Die Einwände gegen das Wahrnehmungsmodell der Empfindungen lassen sich kurz teils resümieren, teils erweitern und zum Abschluss bringen:

(8) Es scheitert am Kriterium fehlender demonstrativer Bezugnahme (1). Es ist nicht der Fall, dass wir Sinnesdaten vor unserem geistigen Auge hätten und identifizierten. Zwar stellen wir Gegenstände vor, aber wir stellen zu diesem Zweck nicht abermals unsere Vorstellungen der Gegenstände vor. Sinnesdaten sind verdinglichte Repräsentationen, die, wenn es sie gäbe, unseren Blick auf die Welt versperren würden.

(9) Aus dem gleichen Grund und abermals wider den Augenschein scheitert das Modell innerer Wahrnehmung auch an Kriterium (3) Das heißt: Wir haben Erlebnisse nicht dadurch, dass wir sie wie natürliche Gegenstände ›herauseinzeln‹ und voneinander unterscheiden. Auch diese Operation würde die (Russell/Ayersche) Annahme von Sinnesdaten als den eigentlichen Objekten unseren Geistes voraussetzen.

(10) Zwar ist es verführerisch, Präsentationen von Halluzinaten oder Nachbildern mit Präsentationen von Wahrnehmungsgegenständen zu vergleichen (wir sähen dann einmal die Sonne, ein andermal ein *Bild* der Sonne). Während wir aber von natürlichen Gegenständen etwas lernen (und nie eine erschöpfende Ansicht aller ihrer Abschattungen haben), sind Einbildungen wesentlich arm: Sie versinnlichen/schematisieren immer nur den Begriff, der sie deutet. Sartre sprach darum in Bezug auf Nachbilder oder eingebildete Gegenstände von ›Quasi-Observation‹ (Sartre 1940, 18 ff.). ›Quasi-Observation‹ meint: Wir haben von dergleichen keine inneren Wahrnehmungen, geschweige Beobachtungen, wobei Beobachtungen von Wahrnehmungen durch Aufmerksamkeit unterschieden sind. Sartre interpretiert Nachbilder wie Shoemaker: Nicht sie werden repräsentiert, sondern ihre veridische Natur besteht nur darin, dass sie weiterhin Weltgegenstände repräsentieren. Damit hängt Shoemakers letzter Punkt zusammen:

(11) Die intuitive Plausibilität der Sinnesdatentheorie verlangt – um Kriterium (3) willen – eine Modifikation des Gehaltsexternalismus, zumindest in der extremen Variante Harmans und Tyes (Harman 1990, Tye 2002). Zwar würde die Position, dass Gehalte grundsätzlich keine intrinsischen Merkmale des Bewusstseins, sondern Repräsentate von öffentlich zugänglichen Oberflächen natürlicher Gegenstände sind, ein Zusatzargument gegen die innere Wahrnehmbarkeit von Bewusstseinszuständen liefern. Aber diese Position geht in zwei Rücksichten zu weit: (a) Sie erklärt nicht den *Zumuteseins-* oder qualitativen Charakter von Erlebnissen; und (b) sie macht unverständlich, warum wir überhaupt an der Rede von einem repräsentationalen *Bewusstsein* festhalten. Überdehnt man nämlich die Metapher vom ›mentalen Glas‹, so löst sich Bewusstsein in Nichts auf und verschwindet in den Oberflächen

der Gegenstände, die es dann auch nicht mehr zur Kenntnis bringt.

Aber welche Alternativen bieten sich zum Modell der inneren Wahrnehmung? Eine wäre der Vorschlag, Selbstwissen als ein Tatsachenwissen zu interpretieren, das nicht durch Objektwahrnehmung vermittelt ist. Diesen Vorschlag hat Armstrong (1984) gemacht. Er besagt, beim Introspizieren ›scannten‹ wir nicht gleichsam unsere Bewusstseinszustände, sondern Oberflächen der Raumwelt. Dann aber erhebt sich die Frage, wie im *Wissen, dass* wir repräsentieren, die Information enthalten sein kann, dass wir dies *auf bewusste Weise* getan haben – denn das Bewusstsein soll ja durchsichtig und ohne (innere) Qualitäten gedacht sein (Tye 2002 144f.). Die Erklärung unseres Wissens, *dass* ein bestimmtes Erlebnis mit einem bestimmten Zumuteseins-Charakter vorliegt, bewegt sich also im Zirkel. (Tye, ebd.: »Introspective awareness of the phenomenal character of an experience, I maintain, is awareness *that* – awareness that an experience with a certain phenomenal character is present.«) Entweder ist Introspektion ein Sonderfall von Bewusstsein *von,* dann stecken wir wieder im Objektwahrnehmungsmodell; oder es ist Tatsachenbewusstsein ohne Vermittlung durch Objektbewusstsein. Tye spricht von »displaced perception or ›secondary‹ seeing that (seeing that *P* by seeing something not involved in the truth-conditions for the proposition that *P*)« (Tye 2002, 145). Dann verstehen wir nicht, auf welche Weise die erforderte Kenntnis/Information sich in die Tatsache einschmuggeln konnte, ohne schon vorher und per se bestanden zu haben. Die Rede von einem verlässlichen Kausalmechanismus (einem »Automatismus«) ersetzt nur eine Unbekannte durch eine andere (ebd., 145f.).

Dorit Bar-On hat Gareth Evans als das theoretische Vorbild dieses Typs von Erklärungsversuchen von Selbstwissen ausgemacht. Sie selbst unterscheidet (sinnvollerweise) die Transparenz des *intentionalen* Bewusstseins für die Welt von der Vertrautheit des psychischen Akts mit sich selbst oder seinen Gehalten (»self-intimation« [Bar-On 2004, 105]). Evans macht diesen Unterschied auch, erklärt aber die Vertrautheit als eine Art reflexiver Wiederholung des Ersten (»re-use«, »transparency procedure« [Evans 1982, 225]). Die Frage ist dann an ihn wie an Tye: Wie soll die Reflexion zutage bringen, was im transparenten *belief* nicht schon bewusst lag (so lese ich

Bar-On 2004, 111)? (Allerdings scheint mir ein ähnlicher Einwand letztlich auch gegen Bar-Ons Ausdrucksmodell von Selbstwissen zu gelten: Wie kann ich Selbstwissen als Ausdruck von etwas verstehen, das nicht selbst schon die ausgedrückte Eigenschaft besaß?) In allen drei Beispielen gibt es einen Erklärungszirkel. Wenn ›Transparenz‹ für die Welt besagt: ›Alle Eigenschaften des Bewusstseins sind solche der Oberflächen der Gegenstände‹, wird das *Bewusstsein von* der Welt übersprungen (durch Welt-Tatsachen ersetzt); und es kann dann nur zirkulär über einen »re-use« entdeckt werden (ebd., 111 ff.). Den »epistemisch sicheren Weg« von Weltwahrnehmung zu Selbstwissen als einen besonders verlässlichen »Mechanismus« ausgeben heißt nur, eine Unbekannte durch eine andere zu ersetzen (101 o.). Außerdem: Weltwissen ist – wie wir sahen – evidenzbasiert, Selbstwissen nicht (113). Und es gibt Bekenntnisse (»avowals«) wie ›Ich möchte jetzt eine Tasse Tee‹, die gar keine Auskunft über die Welt, sondern nur über meinen Gemütszustand enthalten (115). Das gilt erst recht für Bekenntnisse über phänomenale Zustände, die nur gewaltsam als repräsentationale zu verstehen sind (116 [ff.]). Schließlich: Wie kenne ich den *Modus* der Intention? Evans leugnet die Existenz begrifflicher Qualia. Lerne ich aber vom Gegenstand, dass ich ihn z. B. fürchte (106 f., 111 f.)?

Wieder anders ist die Erklärung, die Laurence BonJour in jüngerer Zeit (nach seiner Rückkehr zum Fundamentalismus) angeboten hat. Das Dilemma, wonach Sinneserlebnisse nur dann geprüft oder gerechtfertigt werden können, wenn sie bereits Überzeugungscharakter haben, in Propositionen formuliert und Bestandteile einer Theorie sind, scheint bei einer genaueren Analyse von Selbstbewusstsein vermeidbar. Grundüberzeugungen könnten präreflexiv vorliegen, aber dennoch ›konstitutiv‹ sein für entsprechende (ausdrückliche, ›reflexive‹ oder ›apperzeptive‹) Überzeugungen:

[…] I suggest, to have an occurent belief is *ipso facto* to have an awareness of the content of that belief (and also of one's acceptance of that content), an awareness that is not reflective or apperceptive in nature, but is instead partly *constitutive* of the first level occurent belief state itself. My suggestion is that it is by appeal to this nonapperceptive, constitutive awareness that an apperceptive metabelief is justified – though we now see that it is this nonapperceptive awareness rather than the metabelief that finally deserves to be called »basic« (BonJour 1999, 131; ebenso BonJour 2001, 24 f.).

BonJour verteidigt die Annahme eines präreflexiven, aber Reflexion (und damit Kognition) fundierenden Gehaltbewusstseins durch eine indirekte Beweisführung. Er zeigt, dass das alternative Reflexionsmodell des Bewusstseins in den infiniten Regress führt (BonJour 2001, 26 f.). Einen zeitgenössischen Vertreter dieses falschen Modells identifiziert er in David Rosenthal (1991; zum zirkulären Charakter seines Arguments vgl. auch Baker 1998, 338 ff.). Dessen Grundfehler sei die Überzeugung, dass primäre Erlebnisse nicht von sich aus bewusst sind, sondern es erst durch eine zusätzliche (reflexive) Zuwendung auf höherer Ebene (»higher level«, »second order«) werden. Da das höhere Bewusstsein selbst wieder primär ist und eines weiteren sekundären bedürfte, für welches dasselbe gilt, kommt die unendliche Verschachtelung zustande, deren Struktur in diesen Kontexten wir seit Merian, Fichte und Brentano kennen (vgl. Frank 2002). Wie diese nimmt BonJour an, das Bewusstsein sei dem (z. B. sinnlichen) Erlebnis erster Ordnung ›eingebildet‹ (»built-in«), trete also nicht *post festum* zu ihm hinzu, sondern wohne dem Erlebnis selbst ein: »[T]he consciousness of the *content* of a conscious mental state is [...] intrinsic to the occurence of the state itself« (BonJour 2001, 27). Damit ist natürlich die Ansicht verbunden, dass Selbstbewusstsein eine intrinsische Eigenschaft von Bewusstsein-überhaupt ist. (Diese Überzeugung halte ich für richtig. Eine scharfsinnige Kritik an BonJours Argument formuliert Hofmann 2005.)

Die jüngste Entwicklung innerhalb der *Philosophy of Mind*, nämlich den Ausdruck ›innere Wahrnehmung‹ durch den der ›Introspektion‹ zu ersetzen, finde ich nicht glücklich. Schließlich bleibt der Metaphernspender derselbe. Wahrnehmungen haben mit Introspektionen gemein, dass sie nichtinferentiell sind und dass über sie epistemische Gewissheit ›jenseits vernünftigen Zweifels‹ besteht (Chisholm 1977, 5 ff., 16 ff.; 1981, 75 ff.). Sie unterscheiden sich aber darin, dass Wahrnehmungsgehalte bewusstseinsunabhängig zustande kommen, während es – wie wir oben sahen – keinen Sinn ergibt, das Sein des Bewusstseins von seinem Sich-Erscheinen unabhängig zu machen. (Dies Argument haben wir ausführlich am Schluss des III. Abschnitts von Kapitel 1 diskutiert. Hier sollte ich nur anfügen, dass auch Shoemaker es anerkennt: »In the case of introspection, on the other hand, the reality known and the faculty for knowing it are, as it were, made for each other – neither could be what it is without the other« [Shoemaker 1996, 245].)

Genau das aber – nämlich den mentalen Gehalt und das Bewusstsein von ihm zu zerreißen – tut z. B. David Armstrong mit seiner Humeschen These, der Mechanismus, der mentale Zustände in Kenntnisse dieser Zustände verwandle, sei kausal zu interpretieren. Außerdem betrachtet Armstrong die Glieder der Kausalrelation als kontingent verbundene *distinct existences* so, dass das Erste auftreten könne, ohne den Durchbruch in ein Wissen zu schaffen (Armstrong 1968; 1984). – Shoemaker erklärt das *distinct existence argument* für unsinnig und dem Phänomen nicht gerecht werdend (Shoemaker 1996, 224 f.). Schließlich betrachtet diesem Argument zufolge ein Zustand einen numerisch von ihm unterschiedenen vielleicht sogar mit einer leichten Verspätung, wodurch die Rede von einem resultierenden *Selbst*bewusstsein völlig verfehlt wird (Tugendhat 1979, 53). Aber hatte Shoemaker selbst in »Functionalism and Qualia« 1975 nicht etwas ganz Ähnliches behauptet? Kannte er dort nicht auch einen reliablen Mechanismus, der qualitative Zustände in qualitative Überzeugungen (›qualitative beliefs‹) überführt (in: Shoemaker 1984, 189)? Allerdings, aber Shoemaker hatte die in veridische Urteile zu überführenden Primärerlebnisse als *schon introspektiv zugänglich* charakterisiert. Er nennt sie ›sich selbst introspektiv erschlossen‹: »[I]t is off the[ir] essence [...] to reveal themselves to introspection« (Shoemaker 1996, 242). Und dann entsteht natürlich der Erklärungszirkel nicht (Shoemaker/Swinburne 1984, 189). Die beiden ›verschiedenen Existenzen‹ – nehmen wir einen Glauben, dass *P*, und einen Glauben, dass dieser Glaube besteht – liegen auf einer Ebene, und zirkelfrei darf ich vom einen zum anderen übergehen. Zwar mag jener diesen hervorgebracht haben, aber er hat das nicht aufgrund einer *metábasis eis állo génos* getan.

Mir scheint, wir bräuchten eine Theorie, die Selbstbewusstsein nicht als Bezug eines zu einem numerisch von ihm Verschiedenen, also nicht relational auslegt. Dafür hat die klassische deutsche Philosophie eine Reihe von Gründen versammelt. Natürlich bedürfte eine solche Theorie empirischer Basen. Das ist aber nur wünschbar, nicht notwendig. Denn wir begnügen uns in unserem psychischen Alltagsleben ja auch heute mit cartesianischen Evidenzen: Wir schreiben uns nicht erst dann Schmerzen zu, wenn wir für wahr halten, dass sie in C-Faser-Reizungen implementiert werden; und wir sind nicht erst dann verliebt, wenn wir eine bestimmte wahre Emotionstheorie vertreten.

III.

Dennoch lässt sich natürlich und berechtigterweise die Frage aufwerfen: Werden denn irgendwelche empirischen Wissenschaften von der Kritik am Modell der inneren Wahrnehmung in spezifischer Weise betroffen? Jeder denkt sofort an die Neurowissenschaften und die Psychiatrie.

Und in der Tat: Obwohl es gelegentlich lebhafte Plädoyers zugunsten der Präreflexivität von (Selbst-)Bewusstsein gibt (Gallagher 2000, 2005; Legrand 2006, 2007), ist gerade in diesen Wissenschaften die Vorstellung besonders stark verbreitet, beim Selbstbewusstsein handele es sich um eine nach innen umgelegte Außenwahrnehmung (a). Andere meinen, Selbstbewusstsein sei der internalisierte Blick eines anderen auf mich (b). Wieder andere (c) suchen Disfunktionen der Selbstzuschreibung (›Ich-Störungen‹, ›Depersonalisationen‹) auf Fehler in einem spekulativ unterstellten »Komparator« zurückzuführen, der Bewegungs- oder Handlungsimpulse nicht als die eigenen repräsentiert. Alle drei Modelle arbeiten mit einer Art von Innenwahrnehmung, ›self-monitoring‹ oder Reflexion. Ich gebe im Folgenden Beispiele für alle drei.

(a) Das erste ist Antonio Damasios *The Feeling of What Happens* (1999), ein Buch, dem wir im Übrigen großartige Einsichten in die Neurologie, ja auch in die Phänomenologie des Gefühlslebens und wichtige empirisch belegte Belehrungen über die Entwicklungsgeschichte unserer kognitiven Fähigkeiten verdanken. Damasio scheint unserem Standpunkt sogar nahezustehen. Denn mit der Annahme eines ›Proto-‹ und eines aus ihm sich entfaltenden ›Kern-Bewusstseins‹, das sich durch alle höherstufigen Leistungen durchhält, scheint er ein wichtiges Zugeständnis an das zu machen, was wir ›vorbegrifflichen Gehalt‹ genannt hatten.

Das gilt allerdings nicht für die Art und Weise, wie er die im Proto- bzw. im Kernbewusstsein (»core consciousness«) instantiierte Kenntnis bestimmt, nämlich nicht nur als innere Wahrnehmung, sondern gar als Selbstbeobachtung (»self-observation«). Damit widerspricht er (natürlich ohne ihn zu nennen) Brentano, dessen Bescheid in der Sache ich im Gegenteil für verbindlich erklärt hatte.

Für die ursprünglichste Art unserer mentalen Auseinandersetzung mit der Umwelt hält Damasio die weitgehend unbewusst ablaufenden emotionalen Prozesse (Damasio 1999, 39 ff.). Durch oder im ›Fühlen‹ werden sie zu Bewusstseinserlebnissen disponiert. Allerdings ist Damasios Gebrauch des Ausdrucks ›bewusst‹ nicht so klar wie meine Formulierung. Manchmal scheinen Gefühle bereits bewusst. Denn von ihnen heißt es, dass sie dem Geist den Gehalt der emotionalen Zustände ›signalisieren‹ oder ›verbildlichen‹ oder ›repräsentieren‹, was nicht notwendig ein Bewusstsein voraussetzt: Auch ein Fieberthermometer signalisiert oder repräsentiert die Temperatur, ohne sie zu ›erleben‹ (ebd., 55, 79 ff., 279 ff.). Dann aber wieder ist Fühlen nur ein Zwischenstadium auf dem Weg von der Emotion zum Bewusstsein. Die Stufenleiter scheint drei Sprossen zu haben: »emotion, feeling, consciousness« (284). Es gibt aber eine weitere Zweideutigkeit bei der Abgrenzung der Termini ›Bewusstsein‹ und ›Fühlen‹. So macht Damasio einen Unterschied zwischen der Weise, wie wir über Verhaltenskriterien Fremdemotionen ›beobachten (observe)‹ können, und der Weise, wie sie uns über Gefühle ›privat‹ erschlossen sind. Dennoch zögert er keinen Augenblick, auch diese Erschlossenheit als eine explizite Selbstwahrnehmung, ja als Selbstbeobachtung zu kennzeichnen: »[…] you can *observe* a feeling in yourself, when, as a conscious being, you *perceive* your own emotional states. Likewise no one can *observe* your own feelings, but some aspects of the emotions that give rise to your feelings will be patently observable by others« (42 [Hervorh. M. F.]). Damasio meint also (mit William James), Emotionen seien Quasibeobachtungsobjekte von Gefühlen und diese ihrerseits einer beobachtungsbasierten Selbstvergegenständlichung zugänglich. Mehr noch: Damasio scheint – wie die leitmotivisch wiederkehrende Formel vom »feeling feelings« belegt (so lautet die Überschrift des 9. Kapitels, 279 ff.) – zu meinen, Gefühle werden erst durch ein erneutes Fühlen *bewusst*. So eine Annahme steht nicht nur quer zu Shoemakers Analyse von Redewendungen wie ›Schmerzen empfinden‹, die wir oben vorgestellt haben, sondern auch zu seiner eigenen Sprachregelung, nach der Gefühle ebenso wenig wie Emotionen *per se* bewusst seien, sondern dazu erst eines kognitiv höherstufigen *response* bedürften, der im strengen Sinne ›Bewusstein‹ oder auch ›Wissen (knowing)‹ generiere (vgl. exemplarisch das Stufenschema auf Seite 55, das von basalen Lebensregulationen über Emotionen und Gefühle bis zur voll ausgebildeten Vernunft [»high reason«] hinaufreicht). Hier ist aber nicht nur die Selbstanwendung des Gefühls befremdlich, sondern auch die Gleichung von Bewusstsein und Wissen (oder gar Vernunft) – denn einiges Bewusstsein und einige bewusste Gefühle sind doch nichtbegrifflich und können nur in einem nichtnormativen Sinne vernünftig heißen: wie Rot-Sehen, Schmerzen-Haben, Sich-angeekelt-Fühlen. Jedenfalls scheint keine geringere Instanz als die Vernunft Agentur eines ›Selbst‹, höchsteigen Sitz oder eher Produktionsstätte »bewusster Bilder« zu sein.

Wie soll man sich diese Bilder übrigens vorstellen? Sie müssen nicht selbst im Sinn des höchsten Niveaus bewusst sein, sondern es kann sich dabei nur handeln um »representations [… which] are implicit, dormant, and not available to consciousness« (79). Daneben gebraucht Damasio verwirrenderweise immer wieder Wendungen, wonach bereits die Stufe des Fühlens (»feeling«, »sensing«) als die Bewusstsein und geistige Bilder generierende Aktivierung des vorangegangenen Latenzzustands und diese geradezu als eine Wissensproduktion zu verstehen sei:

As for the internal state of the organism in which the emotion is taking place, it has available both the emotion as neural object (the activation pattern at the induction sites) and the sensing of the consequences of the activation, a feeling, provided the resulting collection of neural patterns becomes images in mind (ebd.).

Ein weiterer Beleg für viele:

Beginning at the beginning: We know that we have an emotion when the sense of a feeling self is created in our minds. […] But we only know that we feel an emotion when we sense that emotion is sensed as happening in our organism (279).

Halten wir fest: Damasio unterscheidet einen rein umweltreaktiven neuronalen Zustand von einer Emotion (die typischerweise ganz unbewusst ist). Diese wird durch eine innere Quasiwahrnehmung zu einem Gefühl sublimiert oder, wie Damasio sagt, ›aktiviert‹. Doch muss das Gefühl sich erst selber fühlen, bevor es bewusst wird. (Das ist, abgesehen von der offensichtlichen Zirkularität der Formel, auch darum uneinleuchtend, weil nicht zu sehen ist, warum ein Gefühl, wenn *per se* nicht bewusst, es durch Selbstanwendung werden soll.) Die Ebene des Bewusstseins gleicht Damasio nun ohne weiteres mit einem Wissen, als gäbe es nicht ein qualitatives oder phänomenales Bewusstsein, das sich gerade dadurch auszeichnet, dass es besteht, ohne dass irgendwelche *Begriffs*arbeit oder Selbs*terkenntnis* am Werk ist. Von ihm unterscheidet Damasio hellsichtig noch ein (Castañedasches) Wissen des Organismus, dass *er selbst* es ist, der das entsprechende Gefühlswissen hat (ebd., 810.; vgl. unser 2. Kapitel). Erst dieses Wissen dürfte im strengen Sinne Selbstwissen heißen. So wichtig dieser Punkt ist, so wenig ist auch von ihm zu sehen, wie er sich kontinuierlich durch fortgesetzte quasiobservationelle Selbstthematisierung aus Zuständen entwickeln könnte, die ihn nicht bereits aufweisen.

Tatsächlich bedient sich Damasio explizit eines auch sonst in der zeitgenössischen Bewusstseinstheorie geläufigen Modells. Danach ist Bewusstsein das Werk von »Strukturen höherer Ordnung«. Erst sie heben Befunde »erster Ordnung« in den Skopus einer Kenntnis, in dem sie vor dieser Zuwendung nicht standen. Ein ›Proto-Selbst‹, also ein solches, das es vor der Zuwendung nicht schon *für* sich selbst war, wird ein Selbst erst durch diese reflexive Zuwendung. Die zum Gefühl sublimierte Emotion ist des Gefühls ›Objekt‹ (»emotion as object«), d. h., wird vom sich darauf zurückbeugenden Akt vergegenständlicht, eben vor-gestellt (›repräsentiert‹) (279 f.).

The sense of ›happening in the organism‹ comes from representing the proto-self and its changes in second order sctructures. [...] I propose that (1) the inaugural proto-self is represented at second-order level; (2) the »object« that is about to change the proto-self (the neural activity pattern in emotion-induction sites) is represented at second-order level; (3) the ensuing changes in proto-self (enacted by »body loop« or »as if body loop« mechanisms) are also represented (ebd.; vgl. 281).

Als ›Körperschleife‹ hatte Damasio einen Typ von *körper*bezogenen gefühlserregenden biologischen Veränderungen bezeichnet, die nachträglich (»subsequently«) in sensomotorischen Strukturen des Zentralnervensystems ›repräsentiert‹ würden. Und als ›Als-ob-Körperschleife‹ hat er die entsprechende *kognitions*bezogene Schleife gefasst, die nicht wirklich über den Körper verlaufe, sondern vom sensomotorischen System direkt erzeugt werde: »It is ›as if‹ the body had changed but it has not« (79 f.). In beiden Fällen findet, wie die Schleifen-Metapher gut anzeigt, eine reflexive Rückwendung statt, die auf höherer Ebene neuronale Merkmale auf sensorisch-gefühlsmäßige ›abbildet‹ oder in solchen ›repräsentiert‹ (280,$_2$). Die emotionsinduzierenden Muster neuronaler Vorgänge werden ihrerseits in Repräsentationen ›zweiter Ordnung‹ registriert; damit werde das fühlende Proto-Selbst seinerseits verändert, und die neuronale Landkarte ›erster Ordnung‹, bisher angesiedelt in subkortikalen und kortikalen Regionen, werde kartographisch re-präsentiert in Strukturen ›zweiter Ordnung‹, die wir als solche ausdrücklichen Wissens charakterisieren müssen (283). Ausdrücklich bezeichnet Damasio diese letztinstanzlich Gefühl und Bewusstsein induzierende Schlingenbewegung als »Reflexion«:

I am suggesting that »having a feeling« is not the same as »knowing a feeling«, that *reflection* on feeling is yet another step up (284 o. [Hervorh. M. F.]).

Über die Art von Ebenen-steigerndem Beobachten, mit dem wir es hier zu tun haben, ist Damasio auch hinreichend deutlich. Es sei »genau dasselbe (precisely the same)«, mit dem wir auch äußere Gegenstände in der Welt repräsentieren; nur sei es introspektiv schwerer, den Gegenstand zu individuieren, also zu entscheiden, ob es sich wirklich um den »Gegenstand Emotion« handele (280). Im Übrigen macht Damasio nicht viel Federlesens mit dem Unterschied zwischen Vorgängen in bestimmten Hirnarealen (»brain sites«), deren Tätigkeit letztlich Emotionen auslöst, und derjenigen Tätigkeit, die sie in Hirnstrukturen ›höherer Ordnung‹ repräsentiert. Die wiederum werden – ›Proto-Selbst‹-vermittelt – als Vorstufen explizit kognitiver Repräsentation behandelt. Freilich ist es noch schwerer zu sehen, wie ein Looping der Nervenaktivität Bewusstsein ihrer selbst hervorbringen kann, als es schwer ist zu sehen, wie ein Gefühl, an ihm selbst unbewusst, durch Selbstreflexion bewusst werden kann. Wenn die Materialität unseres Geistes – das klassisch so genannte »hard problem of conciousness« – für inzwischen (ontologisch) verstanden gelten kann, haben wir es hier mit einer vielleicht unauflösbaren, weil erkenntnistheoretischen Schwierigkeit zu tun, die Ned Block »The Harder Problem of Consciousness« genannt hat (Block 2005; vgl. Damasio 1999, 338 f., Anm. 11).

(b) Ein Beispiel für viele, das beide Annahmen (a und b, also das ›Inward-glance‹-Modell und das Intersubjektivitätsmodell von

Selbstbewusstsein) auf engem Raum verknüpft, fand ich in einem Interview, das der bekannte Hirnforscher Ernst Pöppel am 18. Dezember 2010 der *Neuen Zürcher Zeitung* gab. Auf die Frage: »Was genau kennzeichnet den Zustand des Bewusstseins?«, antwortet er:

Das rationale Denken ist lediglich eine Form von Bewusstseinszustand. Laut den Erkenntnissen der modernen Hirnforschung gibt es darüber hinaus eine weitere Form von Wachbewusstseinszustand – das Bezugnehmen auf andere oder auch auf mich selber. Eine solche – emotionale – Beziehung kann etwa in Situationen des Schmerzes, der Lust und des Gesprächs vorkommen. Diese Form von Bewusstsein setzt voraus, dass ich eine Aussenperspektive zu mir selber einnehme, dass ich reflektiere und mich in die Situation anderer Menschen hineinversetze – also mitfühle und miterlebe.
Aber warum gibt es so etwas wie Bewusstsein überhaupt?
Laut meiner Theorie sind uns jene Dinge bewusst, die anderen mitgeteilt werden sollen oder könnten. Das wichtigste Kriterium ist die Mitteilbarkeit, ob sie nun stattfindet oder nicht. Auch Selbstgespräche gehören dazu. Bewusstsein erhält dadurch eine soziale Dimension: Mir ist etwas bewusst, weil es andere gibt.

Pöppel zählt ›rationales Denken‹ zu den ›Bewusstseinszuständen‹, wie wir es ähnlich auch bei Damasio sahen. Nur selten aber denken wir bewusst rational; Denken ist eine Disposition, die natürlich bewusst auftreten kann, aber nicht von Natur bewusst ist. Was an ihr ›rational‹ genannt werden darf, betrifft eine Norm, die sich ohnehin nicht nach dem Ermessen eines Subjekts richtet und auch nur in den Skopus eines Bewusstseins treten muss. Sodann: Pöppel gibt eine hübschere Illustration, als ich selbst vom zirkulären Intersubjektivitätsmodell des Selbstbewusstseins hätte liefern können, das ich im 4. Kapitel nach gründlicher Prüfung zurückweisen musste. Schließlich ist die Vorstellung einer nach ›innen‹ (wohin eigentlich?) verlegten Außenwahrnehmung oder des internalisierten Blicks fremder Personen auf mich ein so plumpes Beispiel für den ›inner-glance view‹, wie ich kaum Hoffnung hatte, in der wissenschaftlichen Literatur eines zu finden.

(c) Ein weiteres Beispiel für einen empirisch-wissenschaftlichen Missbrauch des ›Inward-glance‹-Modells von Selbstbewusstsein ist das in den 1950er Jahren von Psychiatern erwogene und nach einer Inkubationsphase im vergangenen Jahrzehnt wieder lebhaft diskutierte *comparator model* (vertreten von Sperry, Feinberg, Held,

Frith, von Holst, Jeannerod, Gallagher; kritisch: Vosgerau und Newen).

Zu den Philosophen, die diesem Modell etwas abgewinnen können, gehört John Campbell (2004, in Auseinandersetzung auch mit Frith 1992; Frith/Done 1985 und Frith/Corcoran 1996). Sollten sich – so erklärt sich sein Interesse – Fehlfunktionen des sogenannten Komparators für die Erklärung der Schizophrenie fruchtbar machen lassen? Das Modell soll nämlich erklären, wie Personen ihre Bewegungen kalibrieren, um zum erwünschten Resultat zu gelangen. Danach werde bei einer motorischen Instruktion für Körperbewegung eine Efferenzkopie angefertigt und an ein weiteres Zentrum (eben den Komparator) gesendet. Im Komparator werde die Efferenzkopie gespeichert und mit propriozeptiver, visueller oder einer sonstigen perzeptiven Information darüber, welche Bewegung tatsächlich ausgeführt wurde, verglichen (compared). Man könnte auch sagen: Verglichen werden Efferenzkopien, die die Handlungsintention herstellt, mit ihrem reafferenten propriozeptiven Feedback. Je nachdem, ob die Kopie einer Handlungsanweisung im Komparator vorliegt oder nicht, werde eine Veränderung als eigen- oder fremdverursacht registriert. Das Gefühl der Selbsturheberschaft im Handlungserleben entstehe also dadurch, dass im Komparator eine efferente Kopie eingeht (»is received«), die zur wahrgenommenen Bewegung passt. Passt sie nicht, wird die Person nicht sich die Handlung zuschreiben. Es ist wichtig, anzumerken, dass die Erfinder des Modells sich darunter einen subpersonalen kognitiven Mechanismus vorstellen, der die Bewusstseinsschwelle typischerweise nicht überschreitet – außer natürlich im Falle der Selbstzuschreibung einer intentional oder autonom generierten Handlung (vgl. Jeannerod 1999, 17 f.; Jeannerod 2003, 145). Gewöhnlich – so die Verfechter des Modells – ist uns nicht bewusst, durch welche Mechanismen ein Handlungsentwurf mit dem sinnlichen (körperlichen) Feedback der entsprechenden Körperbewegung verknüpft ist (›verglichen‹ wird).

Um Störungen in diesem Mechanismus verständlich zu machen, muss Campbell sich zunächst mit der cartesischen Intuition der Immunität gegen Fehlurteile bei der bewussten Selbstreferenz auseinandersetzen. Das tut er, indem er zwei Ebenen unterscheidet. Er tut das in Annahme, dass das Zeichen *H* nach der berühmten Reichenbach-Regel Bezug nimmt auf jeden (beliebigen) Zeichenbenutzer, der es kompetent gebraucht (Reichenbach 1947; über die Problematik der Reichenbach-Regel hatte ich im VI. Abschnitt des 2. Kapitels gehandelt).

H ist demnach zeichenreflexiv (›token-reflexive‹). Seine Referenz wird festgelegt durch eine sprachliche Regel, die identifiziert, dass jedes Zeichenvorkommnis (›token‹) von *H* in einer bestimmten Beziehung zu diesem Zeichen steht. Dies ist also eine einfache logische Regel, bei deren Anwendung ich mich nicht vertun kann, durch die ich aber auch kein substantielles Wissen über mich erwerbe (zur Rede von ›substantiellem Wissen‹ vgl. Moran 2001, 12 ff.). Wer die konkrete Person ist, die das Zeichen *H* als für sie selbst stehend benutzt, anders gefragt: welche konkreten Eigenschaften sie ausmachen (z. B., ob *H F* ist), das wird auf dieser elementaren Ebene (»level-1«) nicht festgelegt. Die Konkretisierung geschieht erst auf einer zweiten Ebene. Ob *H* wirklich *F* (oder gar identisch mit *F*) ist, ist nun nicht mehr unfehlbar ausgemacht (Campbell 2004, 480 f.). Darum – so Campbell – ist Referenzirrtum mit cartesianischer Selbstevidenz durchaus vereinbar (Campbell 2004, 485 f.). Andererseits gelte Immunität gegen den Irrtum der Selbstidentifikation nicht nur bei bewussten Selbstverweisen, sondern bei jeglicher demonstrativer Referenz in Wahrnehmungssituationen (Campbell 2004, 480 ff.; dagegen Tugendhat/Wolf 1983, 145 ff., 165 f.). Selbstreferenz hätte also gar keine prinzipielle Auszeichnung vor Fremdreferenz.

Das lasse sich mit dem *comparator model* illustrieren. Es soll ja die Möglichkeit erklären, von der ersten Ebene der (dumpfen, impliziten oder nur sehr elementar begrifflichen, nämlich durch Anwendung der ›ich‹-Regel erlangten) Selbstkenntnis zur zweiten der (expliziten, gehaltvollen oder verkörperten) Selbstidentifizierung überzugehen und die Identität von (1) an (2) weiterzugeben (»trading«). Dazu muss ich lediglich Akte des Denkens und Sprechens als reale psychische bzw. physische Ereignisse – als Handlungen – auffassen (Campbell 2004, 484 f.). Und dass ich das muss, sieht Campbell dadurch bewiesen, dass, obwohl die Gedanken ›ich bin müde‹ und ›ich bin durstig‹ jeder für sich auf der Ebene-1 (erstpersönlich) gefasst werden können, die Inferenz von ›Ich bin müde‹ und ›Ich bin durstig‹ zu ›Also bin ich beides: müde und durstig‹ nur durch die anerkannte Identität der Person in beiden Gedanken sichergestellt werden könnte (ebd.). Das aber könne das *comparator model* vortrefflich erklären: Fasse ich einen Gedanken, so läuft eine motorische Instruktion an den Komparator, so dass die Person aufgrund bloßer Introspektion ihre Autorschaft für diesen Gedanken gewahren kann (ebd., 4850.). Ein Zusammenbruch des Komparators würde dann das Zusammensein von erstpersönlicher Perspektive und dem Erlebnis erklären, dass mir meine Gedanken von anderswem (anonym) eingegeben oder vielmehr gestohlen werden (ebd., 486 f.; Frith 1992).

Die phänomenologische Plausibilität von Campbells Erklärungsversuch liegt auf der Hand. Aber das für diese Erklärung bemühte Modell hält einer strengen Überprüfung nicht stand. Niemand – außer hartnäckigen Substanz-Dualisten – leugnet den Übergang von Mentalem zu Körperlichem. Aber der von Campbell zum Kronzeugen angerufene Shoemaker (der Autor des klassischen Aufsatzes von 1976 »Embodiment and Behavior« [wiederabgedruckt in: Shoemaker 1984, 113-138]) hatte 1968 gezeigt, dass ich meinen *Körper* (oder eine von meinem Körper ausgeführte Bewegung) als *meine(n)* nur anerkennen könnte, wenn ich die mentalen Anteile darin zueigne (in: Shoemaker 1984, 15 ff.). Mein ist der Körper, aus dessen Augen ich *schaue*, mit dessen Ohren ich *höre*, dessen Händedruck ich *spüre*, usw. Dann aber bewegt sich in einem Erklärungszirkel, wer die Identität des Ichs, das sich in diesen Zuständen durchhält, aus der des Körpers verständlich machen will. Eher scheint es so – eine kantische Intuition –, dass der Körper seine *Identität* erst aus der erstpersönlichen Perspektive erwirbt, nicht umgekehrt. »To put this in another way: M-predicates [solche, die Materielles charakterisieren] are mine in virtue of being connected in a certain way with P*-predicates [solche mit Quasiindikatoren] that are mine« (ebd., 18).

Schwerer wiegt ein zweiter Einwand: Das Komparator-Modell handelt typischerweise von mechanisch-motorischen Prozessen, die auf der subpersonalen Ebene ablaufen und nicht bewusst sind. Das alte Problem, das wir an *Second-order*-Modellen aufgewiesen haben, tritt einmal mehr auf der Stelle: Wie könnte ein bewusster Zustand höherer Stufe die neutrale ›Kopie‹ eines unbewussten (subpersonalen, erststufigen) sein, ohne den Inhalt dieses erststufigen Zustands gehirnwäscheartig zu verfälschen? Repräsentiert er ihn erfolgreich *als sich*, so musste der erststufige Zustand bereits, der Repräsentation zuvor, mit sich bekannt gewesen sein.

Das *comparator model* hingegen, das genau dies nicht annimmt (aber den höherstufigen Repräsentationsakt in zirkulärer Weise als selbstbewusst unterstellt), müsste genau die abnormale Situation von Gedankeneingebung widerspiegeln. Umgekehrt könnte der Komparator nur dadurch zusammenbrechen, dass er den Gehalt erster Stufe nicht mehr als reflexive Darstellung seiner selbst, sondern eines Nicht-Ich oder einer Fremdspontaneität, repräsentierte – und selbst dann müsste das höherstufige Bewusstsein intakt sein, nämlich seiner selbst unmittelbar bewusst und gerade dadurch imstande, das Repräsentat als ein Fremdes abzuweisen. Ich-Störungen kämen dann nur dadurch zustande, dass eine Störung im Prozess der Selbstrepräsentation auftritt, die aber ein Minimum an intaktem Selbstbewusstsein auf Seiten des Reflektierenden voraussetzt. Das Selbstbewusstsein könnte nicht *total* zerstört sein.

Shoemakers und Campbells Probleme sind etwas anders gelagert. Es soll der Übergang von einem abstrakten cartesischen Ich-Bewusstsein zu dem Bewusstsein erklärt werden, dass ich ebendiese und nur diese verkörperte Person bin. Campbells Rede von einem ›impliziten‹ erststufigen Bewusstsein könnte zwar nahelegen, dass dieses erststufige *je ne sais quoi* nicht explizit vorliegt und mithin nicht bewusst ist (Gallagher nennt es ›first-order‹, ›phänomenal erlebt‹ und ›präreflexiv‹ [Gallagher 2000, 10, 18]). Dann aber sieht man nicht, wie es auf der zweiten Ebene explizit werden sollte, ohne dass noch etwas anderes ins Spiel kommt, als was der Komparator erklären kann. Noch weniger könnte der Komparator die Autorschaft für einen Gedanken übernehmen, der erst auf der zweiten Ebene überhaupt vorliegt. Der Komparator stellt die Kopie einer subpersonalen Absicht her (gibt es das?) und vermittelt sie – durch einen reliablen Mechanismus – an den subpersonalen Körper. Wie kann aber die Kopie einer *de re* selbstbezogenen Schleife, die kein Bewusstsein, geschweige ein Selbstbewusstsein enthielt, ein solches herstellen, ohne das Kopierte zu verändern/zu verfälschen? Kopien können, wenn sie dem Original ›entsprechen‹ (das ist Campbells Ausdrucksweise), dem Kopierten nichts hinzufügen. Nun enthielt das Kopierte kein Selbstbewusstsein. Also muss auch nicht erwartet werden, dass die Kopie es abbildet oder gar zuwege bringt. Reflexives Selbstverständnis des eigenen Sich-zur-Welt-Verhaltens (Campbell 2004, 487: »reflective understanding of your own engagement with the world«) setzt ein bestehendes Bewusstsein vom Subjekt sowie von dessen psychischen Zuständen voraus. Diese Voraussetzung geht in die Kopie ein, wird aber nicht von ihr her verständlich.

IV.

Ich komme zu folgendem Schluss: Nähmen wir nicht so etwas wie einen unmittelbar mit sich selbst vertrauten Kern von Subjektivität an, wie könnten wir dann mentale Störungen als Abweichungen von einem Standard erklären? Ferner: Kernsubjektivität muss eine Struktur aufweisen, die unterschieden ist von der expliziten Bezugnahme auf ein sogenanntes ›Selbst‹ oder auf ›Bewusstsein selbst‹, wie das die Rede von einer ›inneren Wahrnehmung‹, einem ›inner monitoring‹ oder einer ›Selbstrepräsentation‹ suggeriert. Alle diese Modelle verdoppeln den Subjektkern auf abträgliche Weise. ›Repräsentieren‹ ist ein zweistelliges Verb. Wir meinen aber mit ›Selbstbewusstsein‹ oder ›Ich‹ etwas ganz Einfaches. Darum haben Philosophen von Sartre bis Kripke immer wieder betont, es gebe hier keinen Raum für die Trennung eines ›Seins‹ von einem ›Sich-Erscheinen‹; eine Differenzierung in abzählbare Momente finde nicht statt. Darum eignet sich ›Repräsentation‹ nicht zum Grundbegriff einer Bewusstseinstheorie (dazu mehr in Kap. 7). Er würde eine Begriffsverwirrung buchstäblich zu Tisch laden: die von Selbst*bewusstsein* und Selbst*verständnis*. Selbstbewusstsein geschieht unmittelbar, weil vorbegrifflich; Selbstverständnis erwerben wir aufgrund fehlbarer, typischerweise sprachlicher Konzeptualisierungen (das war eine Grundeinsicht Franz Brentanos). Wäre unser ursprüngliches Selbstbewusstsein interpretationsgestützt (und damit theorieabhängig), gäbe es keine trennscharfe Grenze zwischen Standard- und pathologischen Weisen der Selbstapperzeption. Selbstbewusstsein ware prinzipiell fehlbar in der Bestimmung seines Gehalts – und darum grundsätzlich unempfindlich gegen Selbstentfremdung, Depersonalisierung oder andere geistige Störungen.

Damit begegnen wir einer Grundüberzeugung romantischer Ärzte (wie Johann Christian Reil, Carl Gustav Carus, Wilhelm Griesinger), die nicht nur den Fachausdruck ›Psychiatrie‹ eingeführt, sondern auch erstmals zusammenhängend Phänomene beschrieben haben, die man später als ›Ich-Störungen‹ klassifiziert hat (dazu und zum gesamten Kontext: Rzesznitzek 2006). Sie glaubten, Standardsubjektivität verhalte sich zu Persönlichkeits- oder Ich-Störungen etwa so wie präreflexives Selbstbewusstsein zu fehlkonzeptualisierender Selbstreflexion. Wer Selbstbewusstsein für eine Art von Selbstrepräsentation hält, kann Standardfälle von pathologischen Störungen nicht sicher trennen. Dennoch hat das Modell der reflexiven Selbstrepräsentation auch in den Neurowissenschaften (z. B. bei Damasio, der ›core-consciousness‹ für das Ergebnis einer ›innengerichten Selbstbeobachtung‹ hält) und in der Psychiatrie (illustriert am *comparator model* der Gedankeneingebung) seinen Siegeszug angetreten. Ein Grund, moderne Wissenschaft an verlorene Einsichten ihrer eigenen Geschichte zu erinnern.

6. Varietäten der Subjektivität

I. Einleitung

Ich beginne mit drei Thesen zur ersten groben Charakterisierung des Gegenstandes, von dem im Titel die Rede ist:

1. These. ›Subjektivität‹ ist ein mehrdeutiger Ausdruck, der zu Äquivokationen einlädt (Husserl 1980, II/1, 345 ff.; Block 1997, 377 [ff.]). Ich verstehe unter *Subjektivität* die Klasse der mentalen Aktivitäten und Erlebnisse, für die es wesentlich ist, dass sie mit sich vertraut sind. Demnach behandle ich Subjektivität als allgemeines Strukturmerkmal unseres mentalen Lebens. (Das ist der Grund, warum ich von Phänomenen absehe, die in der Alltagssprache oft *promiscue* mit ›Subjektivität‹ verwendet werden, als da sind: ›Personalität‹ [verkörperte und/oder moralisch zurechenbare Subjektivität] oder ›Individualität‹ [die Fähigkeit von Subjekten, eine unverwechselbare, eine einzigartige Biographie zu entwerfen] oder ›Privatheit‹ [dass jeder sein eigenes Urteil oder seinen eigenen Geschmack hat]. Unter ›Subjektivität‹ verstehe ich ein objektives Merkmal mentaler Zustände, wie es von Spezialwissenschaften wie der Psychologie untersucht wird.)

Die für die Subjektivität wesentliche Selbstvertrautheit kann das mentale Ereignis selbst (anonym, unbegrifflich) oder den Träger desselben (das ›Ich‹, begrifflich) betreffen. Im ersten Falle ist es üblich geworden, von Selbst*bewusstsein* (*self-awareness, self-consciousness*), im zweiten, von Selbst*erkenntnis* oder Selbst*wissen* (*self-knowledge*) zu sprechen. Die Varietäten von Subjektivität sind jedoch weder auseinander wechselseitig verständlich zu machen (= 2. These) noch auf naturale bzw. Prozesse der gegenständlichen Welt reduzierbar (= 3. These).

Meine *2. These* lautet also: Die beiden Varietäten von Subjektivität sind nicht als Spezifikationen einer gemeinsamen Gattung zu erklären, obwohl sie ein paar (oder wenigstens *eine*) wesentliche Eigenschaft(en) teilen: die Selbstvertrautheit. Diese Gemeinsamkeit verführt leicht zu der Annahme, es gebe eine begriffliche Verbindung, die uns vom einen zum anderen führt. So glaubte ich lange (und Sartre hat zeitlebens angenommen), es führe vom präreflexiven Bewusstsein durch Zuwendung der Reflexion ein Weg zum Selbstwissen – so als bestünde dieses in nichts anderem als in einer Explizitation von jenem; ich habe diese Annahme im VIII. Abschnitt des 2. Kapitels zurückgewiesen – in einem Aufwasch mit Ablehnung der umgekehrten These (die etwa Fichte vertreten hat), unbegriffliche Vorstellungen ließen sich aus voll konzeptualisierten (und ›ich‹-bewohnten) verständlich machen. Kant war hier gut beraten, als er einen Dualismus von Sinnlichkeit und Verstand annahm.

Nun bedeutet die Tatsache, dass wir Selbstbewusstsein und Selbstwissen nicht auseinander und auch nicht aus etwas ihnen Übergeordnetem herleiten können, keineswegs, dass sie unabhängig voneinander existierten. Ich hatte (am eben angegebenen Ort) zur Metapher eines belebten Körpers gegriffen, dessen Organe einesteils getrennt existieren und andererseits doch ohne einander nicht funktionsfähig wären. Sie tragen zu einem Ganzen bei, aus dem sie sich nicht *per se* erklären lassen.

Die *3. These* lautet: Subjektivität bietet sich uns *prima facie* dar als *irreduzibel* auf irgendein bekanntes Wissen-über-die-Natur oder auf reflexive (z. B. selbstregulative) Strukturen der gegenständlichen Wirklichkeit, in denen sie nicht schon vorausgesetzt würde. Anders gesagt: Subjektivität scheint sich nicht problemlos naturalisieren zu lassen.

Naturalisieren heißt: Phänomene unseres seelisch-geistigen Lebens auf natürliche Tatsachen zurückzuführen, wie es die sind, von denen die Physik (als Basiswissenschaft aller Entitäten des Raum-Zeit-Systems) handelt. Dabei werden zwei Varietäten unterschiedlicher Radikalität unterschieden: Geistig-seelische Phänomene werden zurückgeführt auf

(a) Entitäten des Raum-Zeit-Systems: *Naturalismus*;
(b) ausschließlich physische Entitäten, wie sie von einer idealisierten Physik am Ende der Tage (»completed physics«) erfasst werden: *Physikalismus*.

(Klarerweise ist Position (b) radikaler, da sie nur Einsichten der exakten Naturwissenschaften gelten lässt; in (a) kämen allenfalls Entitäten wie geistige Substanzen oder Gespenster unter.)

Die Naturalisierung ist eine Form der *Reduktion*. Und unter ›Reduktion‹ versteht man die Ersetzung einer Klasse von Phänomenen durch eine andere *salva veritate,* also ohne Verletzung des Wahrheitswerts. Für Reduktionen spricht die ontologische Sparsamkeitsmaxime (»Occams Rasiermesser«), nach der Entitäten nicht ohne Grund verfielfältigt werden sollen. Im gegebenen Fall: Kann ich Geistig-Seelisches auf Natürliches reduzieren, so ist meine Ontologie sparsamer als die des Substanzdualismus, der für Geist und Leib zwei irreduzible Seinsbezirke annehmen muss.

Naturalisten berufen sich gern auf Analogien zwischen naturalen Gegebenheiten, die sich auf den ersten Augenschein als zweierlei zeigen, aber doch nur eines sind: Wellen und Korpuskeln, Masse und Energie und dergleichen. Nun zeigt sich – und die Philosophie des Geistes hat das immer wieder geltend gemacht: Die Analogie, die etwa zwischen Wasser und H_2O oder zwischen Wärme und mittlerer Molekülbewegung besteht, lässt sich nicht ebenso (etwa) auf das Verhältnis zwischen Schmerz und der entsprechenden C-Faser-Reizung übertragen (Kripke 1980, 152 ff.; darüber mehr unter II [e]).

Wir bringen das Problem auf den Punkt, indem wir sagen: Wir können die Struktur bewusster Selbstreflexion nicht von etwas her verständlich machen, in dem sie nicht schon vorliegt. Zum Beispiel nicht aus objektiven – bewusstlosen – Selbstbeziehungen (etwa dem von einem CD-Player erzeugten *token* ›ich‹ auf die CD oder den Player; oder organischen Reflexbögen/Selbstregulierungen [Nozick 1981, 74: »No reflexive self-referring statement is derivable from only nonreflexively self-referring ones«]). – In der Nachfolge des Gründervaters der modernen Subjektphilosophie, René Descartes, verdächtigt man Positionen, die zwischen die Selbstkenntnis von Subjekten und die Welt natürlicher Gegenstände eine Kluft einziehen, als substanzdualistisch. Obwohl der Dualismus auch heute angesehene Verteidiger(innen) hat (Saul Kripke, Frank Jackson, David Chalmers, Martine Nida-Rümelin u. a.) und ich an ultimativ bewährbare Theorien in der Philosophie so wenig glaube wie David Lewis,[1] ist der Dualismus nicht meine theoretische Option.

Ich lasse mich lediglich beeindrucken von den genannten *Prima-facie*-Befunden. Sie liefern mir ein Motiv dafür, mich der idealistisch-phänomenologischen Tradition wieder zu besinnen,

---

1 »The reader in search of knock-down arguments in favor of my theories will go away disappointed. Whether or not it would be nice to knock disagreeing philosophers down by sheer force of argument, it cannot be done. Philosophical theories are never refuted conclusively. […] The theory survives its refutation – at a price« (Lewis 1983, x).

die Subjektivität für nicht auf geistunabhängige Naturprozesse reduzierbar hielt. Dazu veranlasst uns nicht Wissenschafts- oder Fortschrittsfeindlichkeit. Im Gegenteil: Theorien erstarken, je kräftigeren Einwänden sie sich gewachsen zeigen. Die Wissenschaften – Psychologie oder Neurobiologie – tun gut daran, die in der *Philosophy of Mind* gelegentlich beschworene Sorge einer *Erklärungslücke* zunächst einmal ernst zu nehmen (Levine 1983). Es bleibt für uns ein unauflösliches Rätsel, dass elektrochemische Abläufe in den Neuronenbahnen in einem intrinsischen Bezug zu dem stehen sollen, was wir subjektives Erleben nennen. Dieses Rätsel löst sich auch nicht durch eine neurowissenschaftliche Erklärung, wenn es sie denn gäbe, und selbst nicht durch unsere Überzeugung von ihrer Richtigkeit. Gern zitiert wird in diesem Zusammenhang Emil du Bois-Reymond, der Begründer der experimentellen Physiologie. Er hatte das Rätsel des Bewusstseins nicht für relativ zu unserem Wissensstand unlösbar, sondern für grundsätzlich gehalten (du Bois-Reymond 1974, 65). Ähnlich hatten Thomas H. Huxley und William J. Youmans das Aufkommen von Bewusstsein aus einer Nervengewebsreizung (»initiating nervous tissue«) nicht weniger unverständlich genannt als das Erscheinen des Geistes, wenn Aladin an seiner Wunderlampe wischt: »But what consciousness is, we know not« (Huxley/Youmans 1868, 178 [Eintrag Nr. 238: »Reflex Action. Sensations and Consciousness«]).

Ich will im Folgenden meine Klassifikation der Varietäten von Subjektivität und die Schwierigkeiten, auf die ihre naturalistische Reduktion trifft, näher begründen. Dazu zähle ich zunächst die Wesensmerkmale der ersten Varietät, des Selbstbewusstseins, auf:

II. Selbstbewusstsein

(1) *Selbstbewusste* Zustände (wie Schmerzen-Haben, Bläulich-Aussehen, Sauer-Schmecken oder Traurig-Sein) sind

(a) *wesentlich subjektiv* (›qualitativ‹, ›phänomenal‹, es ist mir, wenn ich sie habe, notwendig irgendwie zumute [»What-it-is-likeness«]). Sie bestehen grundsätzlich *für sich*. Das heißt, ihr *Bestehen* hängt grundsätzlich am *Bewusstsein* von ihrem Bestehen. Oder: Ihr Sein führt notwendig ein Sich-Erscheinen mit sich. (Das rechtfertigt die unübliche – befremdliche? – Gleichsetzung von Bewusstsein und *Selbst*bewusstsein; heute spricht man von der Allgegenwart (*ubiquity*) von Selbstbewusstsein.

Uriah Kriegel hat kürzlich folgende – wie ich finde einleuchtende – terminologische Differenzierung vorgeschlagen: Wir nennen das gesamte Phänomen ›phänomenales Bewusstsein‹ und unterscheiden innerhalb seiner einen ›qualitativen‹ von einem ›Für-mich‹-Aspekt. Letzteren nennt Kriegel ›subjektives Bewusstsein‹ (Kriegel 2009, Kap. 1). Durch ihn und durch ihn allein hat der ›What-it-is-likeness‹-Aspekt überhaupt die Qualität des Bewusstseins. Dieses Zugeständnis erlaubt die Integration der hart repräsentationalistischen (etwa von Gilbert Harman, Fred Dretske und Michael Tye vertretenen) Ansicht, dass für die Bestimmung des Gehalts qualitativer Zustände wesentlich die Umwelt des Subjekts aufkommt (ebd., 12 f., Kap. 3). Allerdings lässt Kriegel an der qualitativen Tönung oder Färbung des Gehalts das Subjekt mitarbeiten. So misst er geistunabhängige Eigenschaften der Gegenstände an ihrer Disposition, in unserem Geist – oder besser: in seinen Nervenbahnen – gewisse Zustände hervorzubringen, die er ›response-dependent properties of the object‹ nennt. Das ist eine internalistische Vorsichtsmaßnahme, die schon im Blick auf das ›subjektive‹, sich selbst repräsentierende Bewusstsein arbeitet.

(b) Selbstbewusste Zustände sind *unmittelbar* bekannt. Ich bin mit *ihnen* vertraut, aber nicht mit einem Träger der Zustände; darum meint ›für sich‹ nicht ›mit mir‹ (gegen Kriegel 2009). Manchen scheint die These von der Anonymität des Bewusstseins befremdlich. Dabei haben der frühe Brentano, der frühe Husserl oder Sartre, aber auch Shoemaker (vgl. hier Kap. 5, S. 329 f.) angenommen, das Ich sei kein geborener Bewohner des anonymen Bewusstseinsfeldes. Statt ›Mir tut's weh‹ sollten wir auf dieser Ebene sagen: ›Es tut weh‹. Ein gutes Beispiel für die Anonymität des Bewusstseinsfeldes vor der Einmischung attentionaler und kognitiver Akte ist das Erwachen aus einer Narkose: Wir fühlen uns einem wirren Gewebe von dumpfen Körperempfindungen, Schmerzen, Gerüchen, Farben, vielleicht verzerrten Gesichtern ausgesetzt und kommen in diesem Bilde selbst nicht vor. ›Es‹ ist unheimlich, ›es‹ fühlt sich seltsam an. Erst wenn wir eine Art kantischer Synthesis der Apperzeption vollziehen, kommt ein Ich ins Spiel, und wir können langsam objektive Urteile bilden.

(ba) ›Unmittelbar‹ meint: nicht vermittelt durch ein Urteil oder eine Art innerer Wahrnehmung, in der sich gleichsam ein geistiges Auge auf einen Zustand richtet und ihn so ins Bewusstsein erhebt (›inward glance‹). Urteile sind *begrifflich,* unmittelbare *Zumuteseins*-Zustände aber nicht. Sie dürfen *vor-begrifflich* heißen, weil ihre sichere Kenntnis jeder Interpretation zuvorkommt. Konzeptualisierungen und Interpretationen sind fehlbar, Rot-32-Sehen und Verliebtsein nicht (oder nicht im gleichen Sinne). Diese Zustände stehen gar nicht in der Wahr-falsch-Alternative.

(c) Sie sind *gewiss* (d. h., ihr Auftreten macht den nachfolgenden Bericht typischerweise wahr – er ist, wie man sagt, »beyond reasonable doubt« oder selbst-bewahrheitend).

(d) Ihr *kognitiver Status* ist umstritten: Handelt sich's um Erkenntnisse oder bloß um transparente Erlebnisse?

Ein Beispiel für die Erkenntnisthese: (α) Jackson's *Knowledge-Argument*. Mary, die nie mit wirklichen Farben konfrontierte perfekte Wahrnehmungsphysiologin, weiß – theoretisch – alles überhaupt Bekannte übers Farbsehen; nur hat sie noch nie aus der Innenperspektive erlebt, wie einem Farbsichtigen beim Anblick einer roten Tomate unter Normalbedingungen zumute ist. Da sie alle physischen Tatsachen übers Farbsehen kennt und das Erkennen aus eigenem Erleben nicht darunter war, folgert Jackson: »Also gibt es mehr als all das, und der Physikalismus ist falsch« (Jackson 1982, 471; das Beispiel hat eine ganze Reihe von zustimmenden und widersprechenden Stellungnahmen erfahren, z. B. Block/Stalnaker 1999; Block 2005).

Ein anderes Beispiel (β), das den Nicht-Erkenntnis-Charakter selbstbewusster Zustände verteidigt. Es gibt ein vorbegriffliches Bewusstsein, das wir typischerweise, aber zu Unrecht, ›vorbewusst‹ nennen: Wenn ich an meinem Computer konzentriert am vorliegenden Text schreibe, ist mir die Tätigkeit der differenzierten Tastenwahl gewöhnlich ebenso ›unbewusst‹ wie die hämmernde Dampframme, die vor meinem Fenster dröhnt und nun unversehens abgestellt wird. Werde ich gefragt, was ich getan habe oder ob ich den Lärm gehört habe, werde ich unverzüglich antworten: ›Ich habe einen Vortragstext getippt‹ und: ›Natürlich habe ich den Krach gehört; er hat mich die ganze Zeit genervt!‹ Ich war dem Tippen bzw. dem Lärmen *nicht aufmerksam* zugewandt, sondern der Niederschrift meines Textes (»One can be aware of what one is not attending to« [Block 2003, 7]). Aber *un*bewusst war mir beides doch nicht, wie sich daran zeigt, dass ich mühelos zur wahren Reproduktion der vorgeblich unbewussten Ereignisse in der Reflexion fähig bin (Sartre 1947, 63/381 f[f].; Block 1997, 386 f.). Eine alte idealistisch-phänomenologische Einsicht besagt: Was mir reflexiv zugänglich ist, musste mir schon vor der Reflexion – unaufmerksam – bekannt gewesen sein; sonst würde die Reflexion nicht widerspiegeln, was schon da war, sondern sie würde das gesuchte Phänomen gehirnwäscheartig allererst hervorbringen – und damit fälschen.

Man könnte der Liste von Merkmalen des Selbstbewusstseins ein fünftes (e) anfügen, das kurz mit ›Kripkes Argument‹ bezeichnet werden könnte. (Ich habe es hier im 1. Kapitel ausführlich vorgestellt: S. 57 ff.) Es richtet sich gegen die Analogie zwischen der Identität von Molekülbewegung und Wärmeempfindung einerseits, C-Faser-Reizung und Schmerzempfindung andererseits. Die Pointe: Wärme ist zwar strikt identisch mit Molekülbewegung, aber nicht mit meiner Empfindung von ihr. (Etwas kann warm sein, ohne sich warm anzufühlen; oder etwas kann Wasser sein, ohne sich wässrig anzufühlen, etwa Eis oder Wassergas; umgekehrt kann sich eine Flüssigkeit wässrig anfühlen, ohne Wasser zu sein: z. B. Putnams *Zwasser* auf Zwillings-Erde [Putnam 1975, 223 ff.]. Ebenso könnte eine C-Faser gereizt sein, ohne dass es mir weh tut; die Verbindung beider Bereiche nennt Kripke ›kontingent‹.) Dagegen fallen beim Schmerz (oder anderen Körpergefühlen) Sein und Sich-Erscheinen zusammen. Ihre Identität ist eine notwendige Beziehung. (Was Kripkes Argument u. a. zeigt, ist die Problematik des naturalistischen Reduktionsversuchs eines phänomenalen Bewusstseinszustands auf eine neuronale Reaktion: Die Identität zweier Erscheinungsweisen desselben ist unähnlich der angenommenen Identität von Leib und Seele.)

III. Selbsterkenntnis (oder: Selbstwissen)

Mit einem verwandten und doch grundsätzlich verschiedenen Phänomen, dem auch acharnierte Physikalisten den Erkenntnischarakter nicht absprechen, haben wir es bei der zweiten Varietät von Subjektivität zu tun, die ich *Selbstwissen* genannt habe. Auch Selbstwissen ist nicht auf Sach- (oder gegenständliches) Wissen und ebenso wenig auf Tatsachenwissen zurückführbar. Es fordert Reduktionsversuche kaum minder heftig heraus wie Selbstbewusstsein – obwohl es halbherzige Funktionalisten gibt, die (wie David Chalmers [1996] und – vorsichtiger – Ned Block [1997]) um der Irreduzibilität von Selbstbewusstsein willen die des Selbstwissens zur Disposition stellen (oder früher stellten). Danach wären nur bewusste (phänomenale) Zustände naturalistisch irreduzibel. Denkprozesse (mit einem Ich als Agenten) lassen sich prinzipiell digital darstellen, sind also durch irgendeinen Nachfolger der Turing-Maschine simulierbar.

Ich liste die einzelnen Charakteristika des Selbstwissens parallel zu den Merkmalen von Selbstbewusstsein auf, damit Übereinstimmungen und Unterschiede ins Auge springen.

(1a) Selbstwissen ist *wesentlich subjektiv.*

(Dieses Zugeständnis, dass Selbstwissen *subjektiv* ist, muss mit der Warnung vor einem psychologistischen Fehlschluss einhergehen, wie Johann Benjamin Erhard ihn hellsichtig gegen den Autor der *Wissenschaftslehre* erhoben hat: Wissen sei nicht nur eine ›Vorstellung‹ des Ichs [oder im Ich], sondern sie habe normativen Charakter, der aus der Gedachtheit durch ein Ich gar nicht verständlich gemacht werden kann. Nur von Wahrem, nicht schon von jederlei Subjektivem wird ein Wissen beansprucht [Erhard an Niethammer, 31. Januar 1797, und an Reinhold, 21. Mai 1797; in: Frank 1998, 195 f. mit Anm. 54]). Die Subjektivität von Wissen schließt also nicht aus, sondern verlangt, dass ein subjektunabhängiges Kriterium ins Spiel kommen muss. »Meanings just ain't in the head« [Putnam 1975, 223 ff.]. Genauso wenig wie Wahrheit oder Falschheit.)

Die wesentliche Subjektivität des Selbstwissens wird von einigen Vertretern der Philosophie des Geistes durchaus mit dem Nagelschen »Zumutesein (What-it-is-likeness)« verglichen, d. h., dem Selbstwissen wird ebenfalls ein phänomenaler Charakter zugeordnet (Soldati 2005; schon Siewert 1998 und 2003, Horgan/Tienson 2002; Pitt 2004). Andere, die zwar auf der Irreduzibität von Selbst*bewusstsein* bestehen (Chalmers 1996), haben keine Einwände dagegen, kognitive Prozesse für funktional beschreibbar zu erklären. Demnach würde es sich nicht irgendwie anfühlen, in ihnen zu sein. Wir wären dann in Zuständen des Selbst*wissens* Zombies. Diese Ansicht, die schon Husserl bestritt, scheint mir wenig phänomengerecht; aber hier ist nicht der Ort, sie zu vertiefen.

(1b) Selbstwissen impliziert *Kenntnis von einem Träger der Zustände*: dem Subjekt (oder ›Ich‹), wie es Kants berühmte Formulierung vom alle unsere Vorstellungen *begleiten können müssenden* Ich auf den Punkt bringt (*KrV* B 131 f.). Diese Kenntnis ist ebenso *unmittelbar* wie das Selbstbewusstsein; aber anders als bloß selbstbewusste Zustände ist diese Vorstellung *intellektuell*, nicht sinnlich. ›Unmittelbar‹ meint hier: nicht über Präsentationen eines Gegenstandes vermittelt, der sich dann als ›ich‹ herausstellen würde. Selbstwissen ist irreduzibel auf Sachwissen, auf Wissen *de re*. Daran scheitert auch die Alltagserklärung, mit ›ich‹ meine jede(r) beliebige Produzent(in) dieses Zeichens sich selbst (Nozick 1981, 71 ff.). Für einen Lautsprecher werden wir das nicht gelten lassen, ebenso wenig für die Zunge, die Mundhöhle, die Stimmbänder – selbst wenn wir ein reflexives Demonstrativpronomen wie ›genau diese‹ einfügen. Auch bei der Gödelisierung referieren die verwendeten Zahlen indexikalisch auf die zitierte Wendung selbst (»das Resultat der Ersetzung von x durch y«), ohne dass man dem Verweis bewusste Selbstreflexivität zusprechen würde. Sage ich aber: ›ich‹ referiert auf das *Subjekt*, das es benutzt, oder auf *genau dieses* Sprechersubjekt (und verstehe unter Subjekten ihrer selbst *als* ihrer selbst bewusste Wesen), dann habe ich das ›ich‹-Verständnis zirkulär schon wieder vorausgesetzt (Boër/Lycan 1986, 6. Kap.; dagegen Castañeda 1999, 175-177). Dies Verständnis bildet sich eben unmittelbar, ohne Dazwischenkunft einer gegenständlichen oder durch Kennzeichen oder demonstrativ vermittelten Belehrung.

Wir können Selbstwissen darum auch nicht erwerben durch einen auf einen kognitiven Akt gerichteten Akt höherer Ordnung (also: nicht durch Reflexion), wie das zahlreiche Vertreter von sogenannten ›Second-order‹-Modellen immer noch annehmen (z. B. Rosenthal [1991, 1993a]). Diese Modelle setzen ausnahmslos die primäre Kenntnis als unbewusst voraus und führen darum in infinite Regresse.

Beispiele oder Gedankenexperimente sind zahlreich beigebracht worden. Sie haben alle gemein, dass ein Subjekt aus der Präsentation eines Gesichts, im Extrem eines Spiegelbilds, nicht lernt, dass *es selbst* es ist, das sich da präsentiert oder spiegelt – es sei denn, es konnte diese Erfahrung durch ein präreflexives Ich-Bewusstsein unterlaufen, das in der Reflexion dann nur explizitiert wird. Unter den alteuropäischen Philosophen haben diesen Punkt drei Denker mit vorzüglicher Klarheit dargestellt: Johann Gottlieb Fichte, Franz Brentano und Jean-Paul Sartre (Frank 1991).

Das berühmteste Beispiel wird in diesem Zusammenhang regelmäßig zitiert. Der Wiener Physiker Ernst Mach, der neutrale Monist und Anreger Musils und des Wiener Kreises, erzählt folgende Episode: Einst stieg er, etwas erschöpft, in einen Wiener Bus. Wie er die Treppen hinaufging, sah er im gleichen Rhythmus auf der anderen Seite einen Mann einsteigen, und es schoss ihm der Gedanke durch den Kopf: »Was steigt doch da für ein heruntergekommener Schulmeister ein!« (Mach 1886, 3). In seiner Unaufmerksamkeit hatte er nicht bemerkt, dass er auf sich selbst Bezug nahm, weil er den gegenüber angebrachten Spiegel nicht gesehen hatte.

Mach *hatte* auf sich selbst Bezug genommen, und er war bei vollem Bewusstsein. Wenn ich mir Selbstwissen zuschreibe, muss ich also nicht nur den richtigen Gegenstand, mich selbst, herausfinden (das tut Ernst Mach erfolgreich, er beschreibt ihn sogar treffend). Ich muss auch wissen, dass ich es selbst bin, auf den ich mich wissend beziehe.

Also ist es unangemessen, Selbstwissen als Wissen von sich selbst zu beschreiben. Vielmehr bedarf es folgender Komplizierung: Im selbstbewussten, nicht nur bewussten Selbstbezug muss eine Person sich auf sich *als* auf sich selbst beziehen. Diese Einsicht verdanken wir Carl Leonhard Reinhold, dem Vorgänger auf Fichtes Lehrstuhl und Erfinder der Elementarphilosophie (Reinhold 1789, 335; 1790, 181 f., 197, 222); und Hölderlin hat sie in *Urtheil und Seyn* zuerst explizit für das Sich-selbst-Wissen fruchtbar gemacht (Hölderlin 1795).

Eine weitere (dritte) Lehre, die wir aus dem Mach-Beispiel ziehen müssen: Selbstwissen kann *nicht als Spiegelung/Reflexion/objektivierende Präsentation* eines Selbst oder dergleichen erklärt werden, also weder als Selbstabspiegelung noch als ›innere Wahrnehmung‹, in der ein geistiges Auge sich auf einen ›inneren‹ Gegenstand richtete, der sich dann als ›ich selbst‹ herausstellen würde, noch als treffendes Urteil, das eine bestehende ›Selbst-Tatsache‹ richtig wiedergeben würde. Viele Filmkomödien haben diese Unmöglichkeit illustriert, z. B. Bob Hope in einer Szene, die ihn bei der Rasur vor einer leeren Durchreiche zeigt, die er für einen Spiegel hält und hinter der ihn ein Doppelgänger nachäfft: Als eine Faust durch das Loch schnellt und ihn niederschlägt, ist es zu spät, aus dem Fehler Konsequenzen zu ziehen. Ein trotz seiner Albernheit lehrreicher Witz über das falsche Spiegelmodell des Selbstbewusstseins: Ein Polizist findet auf seiner Streife einen Spiegel und guckt hinein: »Mensch«, sagt er, »das Gesicht kenn ich doch! Wenn ich nur wüsste, woher? Jetzt ist es zu spät, aber morgen schau ich mal in die Fahndungsliste.« Der Polizist steckt den Spiegel ein und geht nach Hause. »Warum kommt der schon wieder so spät nach Hause«, denkt seine Frau, »da steckt doch bestimmt was dahinter.« Sie durchkramt seine Hosentaschen, findet den Spiegel und guckt hinein: »Hab ich's doch gewusst! Eine andere Frau!« (Man denke auch an Gallups Schimpasenversuche [Hauser 2001, Kap. 5, 91-112]; Winnie-the-Pooh an seine Tür klopfend, ohne zu wissen, dass es die seine ist [Milne 1988, 78]; Pu und Ferkel auf der Suche nach Wuscheln und Wischeln [ebd., 34-43] ...)

Ich kann mir nicht versagen, noch einmal das Zitat eines bedeutenden Vertreters der neuen Subjektphilosophie in den Staaten anzuführen, der mit früheren (idealistisch-phänomenologischen) Einwänden gegens Reflexionsmodell des Selbstwissens merkwürdig konvergiert:

The latter point is especially important; it shows that the knowledge in question is radically different from perceptual knowledge. The reason one is not presented to oneself ›as an object‹ in self-awareness is that self-awareness is not perceptual awareness, i. e., is not the sort of awareness in which objects are presented. It is awareness of facts unmediated by awareness of objects. But it is worth noting that if one were aware of oneself as an object in such cases (as one is in fact aware of oneself as an object when one sees oneself in a mirror), this would not help to explain one's self-knowledge. For awareness that the presented object was φ, would not tell one that one was oneself φ unless one had identified the object as oneself, and one could not do this unless one already had some self-knowledge, namely the knowledge that one is the unique possessor of whatever set of properties of the presented object one took to show it to be oneself. Perceptual self-knowledge presupposes non-perceptual self-knowledge, so not all self-knowledge can be peceptual (Shoemaker in: Shoemaker/Swinburne 1984, 104f.).

(c) Die im Selbstwissen vorliegende Kenntnis ist *gewiss* (nicht bloß evident, sondern ›selbstbewahrheitend‹; zuverlässig, über jeden vernünftigen Zweifel erhaben). (›Evident‹ meint ja, wörtlich übersetzt, von selbst einleuchtend, wie z. B. mathematische Einsichten, aber nicht resistent gegen die Manipulationen eines Betrügergottes

[Descartes 1953, 270f.]. ›Gewiss‹ heißt, dessen Erwägen Einsicht in die Untäuschbarkeit mit sich führt [Chisholm 1977, bes. Kap. 2; Grundmann 2005, 258; Horgan/Kriegel 2007]).

(d) Selbstwissen ist im strikten Sinne *kognitiv relevant* (es beansprucht Wahrheit und hat unmittelbare Konsequenzen für mein Handeln; Beispiel: Selbstblinde Personen können *sich* nicht veridisch ihre Handlungen zuschreiben (sondern allenfalls einer anonym – aus drittpersönlicher Perspektive – identifizierten Figur; deren Individuierung wäre ebenso fehlbar wie die ihr zugeschriebenen Eigenschaften). Auch könnte eine selbstblinde Person ihre Überzeugungen nicht *rationaliter* zu Motiven für ihr Handeln werden lassen. (So schon der Stoiker Chrysippos: Frank 2002, 28 ff.; ferner: Shoemaker 1996, 31; Burge 1998.)

Konsequenzen: Aus III (1) (b) folgt, dass Selbstwissen nicht reduziert werden kann auf Wissen *de re,* also auf Wissen über natürliche Gegenstände oder Ereignisse (wie es Neuronen und ihr sogenanntes Feuern sind). Das will ich nun mit einer kleinen logischen Schlussanstrengung und unter Verweis auf Castañeda (1999, bes. Texte 1 und 2) zeigen. (Eigentlich handelt es sich um eine Erinnerung; denn Castañedas Argument war ausführlich Gegenstand des 2. Kapitels.)

IV. Irreduzibilität von Selbstwissen auf Wissen *de re*

Castañedas These lautet, dass das ›ich‹ des Selbstwissens nicht reduzierbar sei auf das, worauf wir mit Namenwörtern, mit Namenwort-Stellvertretern (indexikalischen Ausdrücken aller Art) oder mit Kennzeichnungen Bezug nehmen. (Daraus folgt, dass ›he*‹ – wider den Augenschein – *kein* Pronomen oder anderer indexikalischer und damit kein gegenstandsidentifizierender Ausdruck ist: Castañeda nennt ›he*‹, ›hier‹ und ›jetzt‹ *Quasiindikatoren*.) Mit der ›he, himself-locution‹ verweist eine Person auf sich *als* auf sich. Castañeda (und seine Nachfolger) gehen aber weiter und zeigen, dass quasiindikatorischer Selbstverweis auch nicht auf eine Bezugnahme *de dicto* (also auf ein sprachlich geäußertes Tatsachenwissen) reduziert werden kann (wie es die These des Faktualismus unterstellt).

Beispielsätze: Sie formulieren grundsätzlich intentionale Aussagen, also solche mit einem Hauptsatz, der einer Person ein Intentionsverb zulegt, z. B.: ›Paul *glaubt (denkt, weiß, hofft, wünscht* usw.)‹. Der von diesem ›kognitiven Präfix‹ abhängige Nebensatz drückt dann den ›propositionalen Gehalt‹ des Intendierten aus. Also etwa: ›Paul glaubt, *dass Marie glücklich ist.*‹ Hier haben wir einen sogenannten Glauben *de dicto*. Paul glaubt nämlich das *dictum* (das Gesagte, die Proposition), ›dass Mary glücklich ist‹. Aber Paul kann auch einen Sachglauben haben, also (wie die Scholastiker das nannten) einen Glauben *de re*. Dann hat er eben eine Überzeugung über etwas (oder jemanden), wie sie sich etwa in dem Satz artikuliert: ›Paul glaubt *von* Marie, dass sie glücklich ist.‹ Schließlich kann Marie aber auch einen Glauben über sich selbst haben und das auch wissen. Dann hat sie einen Glauben *de se* oder ein Selbstwissen: ›Marie glaubt, dass *sie* (selbst)* soundso.‹

Ich wechsle die Beispielsätze:⁶

(a) Die jüngste Abiturientin von Schriesheim glaubt, dass die jüngste Abiturientin von Schriesheim die nächste Schriesheimer Weinkönigin wird (*de dicto*);
(b) Es gibt ein x so, dass x mit Marie (nämlich mit der jüngsten Abiturientin von Schriesheim) identisch ist, und x wird von x für die künftige Weinkönigin gehalten (*de re*);
(c) Die jüngste Abiturientin von Schriesheim glaubt, dass sie selbst die nächste Weinkönigin wird (*de se*).

Um den Beweis der Irreduzibilität von Einstellungen *de se* über die Evidenz des ersten Augenscheins hinaus zu plausibilisieren, ist es nötig, die Implikationsverhältnisse zwischen den einzelnen Formulierungen auszubuchstabieren (Chisholm 1981, 19):

(1) (a) impliziert (b) (also *de dicto* impliziert *de re*): Wenn eine Person, welche die jüngste Abiturientin von Schriesheim ist, das *dictum* glaubt, dass die jüngste Abiturientin von Schriesheim glücklich ist, so gibt es eben jemanden, der mit der jüngsten Abiturientin von Schriesheim identisch ist und von ebendieser für die künftige Weinkönigin gehalten wird. Man könnte befürchten, hier würde unerlaubt aus einem ungeraden (intensionalen) in einen geraden (extensionalen) Kontext übergegangen. Das ist aber nicht der Fall, denn (a) identifiziert ›die jüngste Abiturientin‹ außerhalb des intensiona-

len Kontextes (›die jüngste Abiturientin‹ steht außerhalb des Skopus des Existenzquantors). Anders gesagt: Die Existenz der jüngsten Abiturientin ist unabhängig vom Inhalt des Glaubens gesichert.

(2) (b) impliziert nicht (a) (also *de re* impliziert nicht *de dicto*): Wenn x von x für glücklich gehalten wird und mit der jüngsten Abiturientin von Schriesheim (nämlich mit Marie) identisch ist, muss sie weder wissen, dass ihr selbst der Status der Weinkönigin zugesprochen, noch, dass es Marie, die jüngste Abiturientin am Ort (die sie ist), ist, die von x für glücklich gehalten wird.

(3) (c) impliziert nicht (a) (also *de se* impliziert nicht *de dicto*): Wenn die jüngste Abiturientin von sich glaubt, sie werde zur Weinkönigin gewählt, muss sie nicht glauben, es sei die jüngste Abiturientin, die Weinkönigin wird (sie identifiziert sich in der *De-se*-Lesart nicht als Marie, die tatsächlich jüngste Abiturientin vor Ort).

(4) (a) impliziert nicht (c) (also *de dicto* impliziert nicht *de se*): Glaubt die jüngste Abiturientin, die jüngste Abiturientin werde die diesjährige Weinkönigin, so muss sie nicht wissen, dass sie mit der Kennzeichnung ›die jüngste Abiturientin von Schriesheim‹ auf sich selbst Bezug nimmt.

(5) (c) impliziert (b) (also *de se* impliziert *de re*): Wenn jemand etwas über sich selbst glaubt, so glaubt er es von jemandem.

(6) (b) impliziert nicht (c) (also *de re* impliziert nicht *de se*): Wird x von x für die kommende Weinkönigin gehalten (und ist außerdem die jüngste Abiturientin von Schriesheim), so muss beides nicht Gegenstand ihres Selbstglaubens sein (x mag identisch sein mit der jüngsten Abiturientin, ohne dass sie das weiß; und sie mag x die Weinköniginwürde zuschreiben, ohne zu wissen, dass sie selbst x ist).

V. Irreduzibilität von Selbstwissen auf Wissen *de dicto*

Scheint aus alledem zu folgen, dass Selbstwissen nicht auf ein Wissen *de re* reduziert werden kann, so ist der Nachweis noch leichter zu führen, dass es nicht auf Wissen *de dicto*, also nicht auf Tatsachenwissen zu reduzieren ist (These des ›Faktualismus‹).

Der Faktualismus besagt: Die Welt ist ein Gesamt aus Propositionen bzw. propositional strukturierten Entitäten (Sachverhalten, Tatsachen [Armstrong 1997]).

Dieser Ansicht hat David Lewis (1983) kraftvoll widersprochen: Einstellungen zu uns selbst (»attitudes *de se*«) lassen sich nicht auf Einstellungen zu Propositionen (*propositional attitudes, attitudes de dicto*) reduzieren, wohl aber auf eine Ontologie von Eigenschaften.

Das wird so begründet:

(a) Propositionen sind Mengen möglicher Welten, einer ›Region des logischen Raums‹.
(b) Eigenschaften (samt Relationen) sind die entsprechenden Mengen von Wesen, die diese Welt bewohnen (bzw. in der entsprechenden Relation zu ihr stehen). Dabei gilt die *Annahme*, dass jedes Subjekt genau *eine* Welt bewohnt, die es indexikalisch zueignet.
(c) Kraft (a) allein (propositionalem Wissen) wissen wir nicht, welche Welt *wir* bewohnen (wie – in Lewis' Beispiel – die allwissenden Götter auf getrennten Bergen, deren einer Manna spendet, während der andere Blitze schleudert; aus dieser Beschreibung allein wissen sie nicht, wer welcher Gott ist).
(d) Aber wir wissen das durch Selbstzuschreibung der relationalen Eigenschaft, Bewohner genau einer (unserer) Welt zu sein. Es gibt einen Weg von *einigen* Eigenschaften zu *allen* Welten, aber nicht umgekehrt.
(e) Also ist nicht alles Wissen propositional. Wohl aber hat Selbstwissen einen klar kognitiven Charakter.

Für dieses Thesenbündel sind viele Gedankenexperimente bemüht worden. Das berühmteste ist John Perrys in der UB Stanford verirrter Rudolph Lingens, der sein Gedächtnis verloren hat (Perry 1977; Lewis 1983, 138 f.). Selbst eine Karte mit einem roten Pfeil und der Angabe »Sie stehen jetzt hier« kann er so wenig auf sich beziehen wie die Lektüre einer Lebensgeschichte von Rudolph Lingens, die über den Auftritt seiner Amnesie hinaus bis zu dem Zeitpunkt forterzählt ist, an dem er jetzt gerade steht und dies erfährt: Er kann diese Informationen ohne vorherige nichtpropositionale Selbstkenntnis nicht auf sich selbst beziehen. Lediglich sein gegenwärtiges Wahrnehmungs- und Verständnisbewusstsein schreibt er sich unmittelbar und nichtpropositional zu; das reicht nicht zur Stiftung einer selbstbewussten Identität.

Fazit: Subjektivität sperrt sich in ihren beiden Varietäten der Reduktion auf Gegenständliches wie auf Tatsächliches.

VI. Schluss

Jetzt kann ich zusammenfassen: Ich meine, dass die Gründe, die gegen die Reduzierbarkeit von Selbstbewusstsein sprechen, prinzipieller Natur sind. Selbstbewusstsein wird grundsätzlich gar nicht berührt von unseren Reden über Aussagen oder über Gegenstände. Dass wir trotzdem aus reichen Evidenzen glauben, dass Bewusstsein mit Typen physischer Ereignisse (oder mit einer kausalen Rolle) identisch ist, macht eine Theorie nötig, die der Eigenart dieser Identität gerecht wird. Das war hier nicht mein Thema. Die anhaltende (und schon jetzt von einer einzelnen Person kaum noch übersehbare) interdisziplinäre Debatte, die darüber geführt wird, zeigt jedenfalls, dass wir diese Theorie noch nicht besitzen. Während die Neurobiologie atemberaubende Fortschritte in der Erkenntnis der Funktionen unseres Hirns macht, stehen wir unverändert vor der eingangs zitierten Frage du Bois-Reymonds (1974, 65 und 71): Welchen Beitrag kann auch die beste physikalische Theorie zur Ergründung der Eigentümlichkeit von Vertrautheit leisten? Physisches können wir beobachten (oder aus physischen Wirkungen erschließen oder durch theoretische Termini ausreichend beherrschen), Psychisches nicht. Die ›kognitive Verschlossenheit‹ besteht aber gerade darin, dass uns der Zusammenhang des einen und des anderen nicht wiederum erschlossen ist (McGinn 1991, 1-22). Die Aufforderung, den bewussten und den neurophysiologischen Zugang als zwei Seiten ein und derselben Realität zu erfassen, entbehrt der Einsichtigkeit. (Levine 2006, 188: »Rather we're thinking of the fact that on one side of the identity is a representation that somehow involves a full-fledged conscious experience whereas the other side does not.«) Und solange wir den psychophysischen Zusammenhang nicht aus intrinsischen Befunden unseres Bewusstseins verstehen können, haben wir gute Gründe, dem Optimismus der Naturalisten die alten erkenntnistheoretischen Reserven des Idealismus oder der Phänomenologie entgegenzuhalten.

7. Lässt sich Selbstbewusstsein als ›Selbstrepräsentation‹ verstehen?

I.

Gelegentlich ist die *Philosophy of Mind* gut beraten, sich ihrer Geschichte zu besinnen. Nicht aus naseweiser Bescheidwisserei (wie Adorno das nannte), die einem Gedanken, statt seine Wahrheit zu prüfen, einen Vorgänger nachweist. Sondern um zu vermeiden, dass sie das Rad neu erfindet oder uns gar ein weit schlechter rollendes andreht als das alte. Schließlich tut uns die Geschichte nicht überall den Gefallen, in Richtung ›Fortschritt‹ zu verlaufen. Wichtige gedankliche Durchbrüche werden durch falsche Meinungen oder Theoriemoden verdrängt. Dem apokalyptischen Aktualismus derer, die einen Text schon darum für falsch halten, weil er älter als fünf Jahre ist, ist Schopenhauers Wort entgegenzuhalten: »Das Neue ist selten das Gute, weil das Gute nur kurze Zeit das Neue ist« (Schopenhauer 1970, Bd. 10, 552).

Ich will das an einem Beispiel illustrieren, das meinen eigenen Weg durch Philosophiegeschichte und *Philosophy of Mind* geprägt hat: Selbstbewusstsein.

Alle sind sich einig: Selbstbewusstsein ist nicht ein neuzeitliches Thema neben anderen; es charakterisiert diese Epoche (philosophisch) insgesamt. Das hängt damit zusammen, dass es von Descartes über Leibniz, Kant, Fichte, den Neukantianismus und die Phänomenologie bis hin zur Erkenntnistheorie Roderick Chisholms oder Lawrence BonJours für ein unbedingtes (d.h. von nichts Externem abhängiges) selbstevidentes Erklärungsprinzip des Wissens gehalten wurde. Unter dieser fundamentalistischen Prämisse hat das Interesse an einer Aufklärung der *Struktur* von Selbstbewusstsein ebenso gelitten wie unter heutigen Versuchen, den Theorieposten Selbstbewusstsein in verschiedene ontologische oder erkenntnistheoretische Lager zu drängen – etwa als Belege für die Wahrheit des Antirealismus oder Realismus, des Internalismus oder des Externalismus. Aber auch wenn wir von allen Begründungsabsichten und Struktureigentümlichkeiten absehen, bleibt Selbstbewusstsein ein Gegenstand von ausgezeichnetem Interesse.

Ich nenne zwei ins Auge springende Motive dafür: Einerseits würden wir ethische Ansprüche, die sich an uns als Personen richten, kaum für verbindlich halten, wenn wir uns nicht auf spezifische Weise für Subjekte – für ungegenständliche Wesen – halten würden, die als Zwecke, nicht nur als Mittel behandelt werden müssen (*AA* IV, 429) – und was Mittel ist, ist immer auch Gegenstand. Ferner würden wir einem ›selbstblinden‹ Wesen – also einem solchen, das sich prinzipiell nur aus einer gegenständlichen Perspektive Eigenschaften zuschreiben kann – die Rationalität (auch des Handelnkönnens) absprechen. (Selbstblind wäre ein Wesen, das von seinen seelischen Zuständen durch ein Autozeroskop erfährt oder wie eine stieläugige Languste sich selbst von außen im Blick hat [Shoemaker 1996, 25 ff., hier: 31; ähnlich Burge 1998].)

Nach einer Periode heftiger Einsprüche gegen den ›Logozentrismus‹ einer sogenannten ›Subjektphilosophie‹ erleben wir jetzt – nach dem *Linguistic Turn* – einen *Turn away from Language* (so der Titel eines Sonderheftes von *Common Knowledge*, 4, 2, 1995; darin: Frank 1995). Und mit der *Philosophy of Mind*, erst recht mit den neuen Einsichten der Neurowissenschaften, begrüßen wir einen neuen Boom von Selbstbewusstseinstheorien. Aber diese jüngeren Theorien laborieren entweder an theoretischen Defiziten, die sich durch gezielte Traditionskenntnis heilen ließen; oder sie erfinden das Rad neu, und noch läuft es nicht besser als das ältere, sondern quietscht hörbar. Aber der Bauplan des alten ist ihnen unbekannt, weil sie Texte nicht lesen, deren Erscheinungsdatum länger als zwanzig Jahre zurückliegt. (Oder die nicht ins Englische übersetzt sind.)

II.

Eine seit wenigen Jahren in den Vordergrund tretende Schule von Selbstbewusstseinstheorie nennt sich ›self-representationalism‹. Ihre Vertreter – Charles Siewert, Terry Horgan, Uriah Kriegel, Kenneth Williford und mehrere andere – nehmen an, jedem Bewusstsein sei ein Bewusstsein seiner selbst – ein »inneres Bewusstsein« – ›eingebildet‹ (›inbuilt‹ [Horgan/Kriegel 2007, 132; Kriegel 2006, 143 ff.]). Das ist nur ein anderer Ausdruck für die These der sogenannten »ubiquity«, der Allgegenwärtigkeit von Selbstbewusstsein (Kapitan

1999; 2006, 379; Williford 2006, 111). Bei der Beschreibung der Struktur, die diese Einbildung erklärt, hapert es indes erheblich. Ich will nun zeigen, was die Selbstrepräsentationalisten von einer unvoreingenommenen Lektüre Johann Gottlieb Fichtes und Franz Brentanos hätten lernen können – ich spreche im Irrealis, denn diese Texte werden sie nie lesen.

Ich behandle die beiden Positionen zunächst *indistincte*, obwohl Fichte eine egologische Auffassung vom Selbstbewusstsein vertrat, während Brentano und seine Schüler eine nichtegologische Version favorisierten. Das heißt, Fichte interpretierte den Ausdruck ›Selbstbewusstsein‹ in einer langen, auf Descartes zurückgehenden Tradition als stehend für das Bewusstsein von einem Selbst oder Ich (dem nominalisierten Reflexiv- bzw. Personalpronomen), welches als der substantielle Träger von Bewusstseinszuständen gedacht ist. Man kann dem Ausdruck aber auch eine nichtegologische Deutung geben. Dann meint das ›Selbst‹ in ›Selbstbewusstsein‹ das Bewusstsein, das von diesem Bewusstsein *selbst* besteht – ob nun die einzelne Bewusstseinsepisode oder der anonyme Bewusstseinsstrom als Langzeitereignis gemeint ist. Solche Positionen sind von Hume, dem frühen Brentano, dem frühen Husserl, Sartre, aber auch von Anhängern des Wiener Kreises und gelegentlich sogar von Vertretern der *Philosophy of Mind* vertreten worden (»no ownership«, »consciousness without ›me-ishness‹« [Block 1997, 389f.; vgl. auch Castañeda 1999, Texte 5, 9 und 10]). Aber egal, ob wir ein Ich oder den anonymen Bewusstseinsstrom als Gegenstand von Selbstbewusstsein einsetzen, das Problem stellt sich für Egologen wie Nichtegologen in parallelen Termini. Es hat folgenden Aufriss:

(P1) Bewusstsein ist prinzipiell Bewusstsein *von* etwas. Das heißt, dass es dieses Etwas in eine (wie Husserl sagt) ›gegenständliche Beziehung‹ zu sich bringt (Husserl 1980, 46 ff., passim).

(P2) Das Etwas, wovon Bewusstsein besteht (sagen wir: der intentionale Gegenstand von Bewusstsein), ist typischerweise von diesem Bewusstsein selbst unterschieden. Es ist ein Fremdbewusstsein.

(P3) Jedes Bewusstsein verfügt aber außerdem über ein ihm eingebildetes Sich-selbst-Erscheinen. Anders: Ein mentales Erlebnis ist dann und nur dann bewusst, wenn dieses sein Bewusstsein zusätzlich von ihm (oder vom Subjekt) repräsentiert wird.

(P4) Das Bewusstsein, durch das sich Bewusstsein (oder sein Ich) selbst kennt (P3), muss von dem gegenständlichen Bewusstsein, das in (P1) und (P2) vorliegt, unterschieden werden. Es ist ›ungegenständlich‹ oder – da es nicht intentional auf sich selbst gerichtet ist – ›nichtsetzend‹ oder ›präreflexiv‹ (Sartre 1943, 16 ff., bes. 19: »[T]oute conscience positionnelle d'objet est en même temps conscience non positionnelle d'elle-même«; 1947, 60 ff./379 ff.).

An diesem Annahmenkatalog sind zweifellos die Prämissen (P3) und (P4) am strittigsten. Schauen wir (P3) an: Gibt es denn keine mentalen Ereignisse, die unbewusst wären? Vom Freudschen Unbewussten abgesehen etwa Langzeitüberzeugungen oder emotionale Dispositionen wie Hass und Liebe, für die ein gelegentliches oder sogar längerfristiges Aussetzen des Bewusstseins charakteristisch ist? (Proust sprach von den ›Pausen des Herzens‹.) Doch, dergleichen gibt's. Brentano gesteht die Existenz von »Dispositionen« freimütig zu (Brentano 1874, 135, 168). Und er fügt fairerweise sogar hinzu: Wer ein unbewusstes Bewusstsein annehme, begehe nicht eine *contradictio in adjecto* wie wer »eine nichtrote Röte« annimmt (Brentano 1874, 133). Darum will (P3) nur so viel besagen: *Wenn* mentale Ereignisse bewusst sind, dann ist nicht nur der Gehalt dieses Bewusstseins bekannt, sondern auch der auf ihn gerichtete Bewusstseinsakt ist sich selbst bekannt; allerdings wird diese Bekanntschaft (»acquaintance«) nicht notwendig, ja nur in den seltensten Fällen, begrifflich klassifiziert vorliegen. Sind wir in einem psychischen Zustand, so fällen wir insofern kein – fehlbares – Urteil über ihn (ebd., 167 f.). Beim ›inneren Bewusstsein‹, wie man diesen Repräsentationsmodus zur Unterscheidung vom nach außen gerichteten nennt, wird das Begriffsbildungsvermögen ›eingeklammert‹ (Horgan/Kriegel 2007, 128 ff.). Das heißt, dass ich, um mit meinem Bewusstsein ›innerlich‹ bekannt zu sein, nicht *wissen*, das heißt nicht in Begriffen aussprechen können muss, welcher Typ von psychischem Zustand gerade vorliegt (so auch, unter Bezug auf Husserl und Sartre, Williford 2006, 120 f.). Ich muss auch nicht auf ihn *aufmerken*: »One can be aware of what one is not attending to« (Block 2003, 7; vgl. das Beispiel von dem lange nicht *bemerkten* Dröhnen des Presslufthammers, der gleichwohl die ganze Zeit *bewusst* war: Block 1997, 186 f.; ähnlich Sartres Beispiel vom *b*ewussten, aber nicht *g*ewussten Zählen der Zigarren in der Schachtel: 1943, 19 f.; oder vom nicht aufmerksamen, aber bewussten Lesen: Sartre 1947,

63/381 f.). Und (P4) ist dann nur ein Erklärungsversuch für den merkwürdigen, wenn nicht einzigartigen Typ von Bewusstsein, der für solcherlei Bewusstseins-Bewusstsein aufkommen soll.

Nennen wir M die Klasse der mentalen Zustände, von denen wir sagten, dass sie nicht notwendig bewusst vorliegen müssen, und M^* den Typ von Repräsentation, der M in eine bewusste Vorstellung überführt. Dann können wir sagen:

Repräsentationstheorie des Selbstbewusstseins: Ein mentaler Zustand wird einem Subjekt S bewusst dadurch, dass M von M^* angemessen repräsentiert wird.

Heute konkurrieren fünf Ansätze um die angemessene Erklärung dieser These. Die vier ersten halten ›Repräsentation‹ für den basalen Begriff (die »core condition« [Kriegel 2009, 107]) jeder Bewusstseinstheorie und interpretieren Selbstbewusstsein mithin als Selbstrepräsentation. Der erste Ansatz hält M^* für einen von M (numerisch und generisch) verschiedenen Akt (das tut die sogenannte *Higher Order Monitoring Theory* [*HOMT*]). Die zweite – um es gleich zu sagen: erfolgversprechendere – möchte M und M^* in weitgehend unbeabsichtigter Brentano-Nachfolge nicht numerisch, allenfalls generisch auseinanderreißen. Man spricht von *Same Order Monitoring Theory* (*SOMT*). Auch sie beharrt auf einer für die Phänomendeutung schädlichen Zustandsverdoppelung, unterscheidet Repräsentant (M^*) und Repräsentat (M) und kann deren *selbst*bewusste Einerleiheit nicht ohne Selbstwiderspruch aufzeigen. Eine dritte Position unterscheidet ein vorreflektives (oder primäres) Bewusstsein von einem sekundären (oder reflektiven), hält aber die Selbstkenntnis des ersten für einen Fall von ›unaufmerksamer‹, ›marginaler‹ oder ›peripherer‹ Repräsentation, die durch Fokussierung ins Zentrum der ›Aufmerksamkeit‹ gerückt werde. Eine vierte Position bestimmt das Phänomen der Selbstrepräsentation als einen objektiv existierenden Zirkel von der Art nichtfundierter Mengen. Auch sie scheint mir – wie ihre Vorgängerinnen – am *De-se-Constraint* zu scheitern, der nicht nur verlangt, dass die Relate identisch *sind*, sondern sich *als* identisch auch *kennen*. Darum empfiehlt es sich, den Repräsentationsbegriff als basalen Term einer Theorie des Selbstbewusstseins fallenzulassen und durch eine Kenntnis zu ersetzen, die sich nicht in zwei Relate zerlegen lässt. Anders gesagt, wir brauchen eine fünfte Auffassung, die die Bekanntschaft von M^* mit M wider den reflexiv-pronominalen Sprachgebrauch auf bare fugenlose Identität (sagen wir: Einerleiheit) gründet (und Einerleiheit nicht für eine normale Relation hält). Danach wäre Selbstbewusstsein eine völlig objektive, irrelationale Entität. Diese Ansicht werde ich in einer Version verteidigen, die auf den – auf bloße Identität nicht reduziblen – *De-se*-Aspekt der Selbstvertrautheit abhebt. (Ich werde im Folgenden alle fünf aufgeführten Positionen diskutieren, wenn auch nicht genau in dieser Reihenfolge. Die Positionen (P3)-(P5) können nämlich als Varietäten von *SOMT* betrachtet werden.)

III.

Fichte und Brentano können für bedeutende Vorläufer von *SOMT* gelten. Ihre Position ist *SOMT* im Entscheidenden aber überlegen (und damit *a fortiori* auch *HOMT*) – nur darauf gründe ich ja die Rechtfertigung für meinen Rückgriff auf Idealismus und Phänomenologie.

Fichte und Brentano haben nämlich gezeigt, dass sich in die auf den ersten Blick einleuchtende Formel eine schwer durchschaubare Äquivokation (also ein Bedeutungswechsel in der Verwendung des Ausdrucks ›Bewusstsein‹) eingeschlichen hat. Der in (P1) und (P2) zugrunde gelegte Sinn von ›Bewusstsein‹ (oder meinetwegen: ›Repräsentation‹) liegt in (P3) und (P4) nicht mehr vor. Das zeigen Fichte (1797) und Brentano (1874) so auf (beachten Sie – noch einmal –, dass beide nur von okkurenten bewussten Erlebnissen, nicht von unbewussten mentalen Langzeitprozessen sprechen):

(P5) Die Rede von einem ›unbewussten Bewusstsein‹ ist zwar nicht selbstwidersprüchlich, führt aber zu unauflösbaren Verwicklungen [Brentano 1874, 143]). Anders: Jedes Bewusstsein (*von* etwas anderem) ist seiner selbst bewusst.

(P5) wird *ex negativo*, also indirekt so bewiesen:

(P6) Es gibt Bewusstseins-Bewusstsein (oder Selbstbewusstsein) und Bewusstsein ist immer, weil grundsätzlich, seiner bewusst.

(P7) Gäbe es ein unbewusstes Bewusstsein, so wäre Selbstbewusstsein nicht möglich.

(P7) wird so begründet:

(1) Wäre Bewusstsein von Natur unbewusst, so bedürfte es zu

seiner Bewusstmachung eines zweiten höherstufigen Bewusstseins.

(2) Dieses zweite höherstufige Bewusstsein wäre – wie alles (primäre) Bewusstsein – selbst von Natur unbewusst und bedürfte zu seiner Bewusstmachung eines dritten, noch höherstufigen Bewusstseins. Diese Konstruktion mündet in einen vitiösen *infiniten Regress* und wird immer ein selbst unbewusstes Bewusstsein als letztes Glied haben.

Brentano formuliert diese Konsequenz wie folgt:

Man könnte […] den Beweis versuchen, daß die Annahme, es sei jedes psychische Phänomen Objekt eines psychischen Phänomens, zu einer *unendlichen Verwickelung* der Seelenzustände führe, welche sowohl von vornherein unmöglich, als auch der Erfahrung entgegen ist (Brentano 1874, 137).

Und das sind Fichtes Worte:

Hier argumentiere ich nun abermals, wie vorher; und nachdem wir einmal nach diesem Gesetze fortzuschliessen angefangen haben, kannst du mir nirgends eine Stelle nachweisen, wo wir aufhören sollten; wir werden sonach ins unendliche fort für jedes Bewusstseyn ein neues Bewusstseyn/ bedürfen, dessen Objekt das erstere sey, und sonach nie dazu kommen, ein wirkliches Bewusstseyn annehmen zu können. –

Du bist deiner, als des Bewussten, bewusst, lediglich inwiefern du dir deiner als des Bewusstseyenden bewusst bist; und dann ist das Bewusstseyende wieder das Bewusste, und du musst wieder des Bewusstseyenden dieses Bewusstseyns dir bewusst werden, und so ins unendliche fort: und so magst du sehen, wie du zu einem wirklichen Bewusstseyn kommst (Fichte 1797, 18 f.).

Das hieße aber, dass die Forderung, auf diesem Wege zum Selbstbewusstsein zu kommen, auf den Sankt-Nimmerleins-Tag aufgeschoben bliebe. Fichte fährt fort wie folgt:

Nun aber *ist* doch Bewusstseyn; mithin muss jene Behauptung falsch seyn. Sie ist falsch, heisst: ihr Gegentheil gilt; sonach folgender Satz gilt: Es giebt ein Bewusstseyn, in welchem das Subjektive und Objektive gar nicht zu trennen, sondern absolut Eins und ebendasselbe sind. Ein solches Bewusstseyn sonach wäre es, dessen wir bedürfen, um das Bewussstseyn überhaupt zu erklären (ebd., 19 [Hervorh. M. F.]).

Alles mögliche Bewusstseyn, als Objectives eines Subjects, setzt ein unmittelbares Bewusstseyn, in welchem Subjectives und Objectives schlechthin Eins seyen, voraus; ausserdem ist ein Bewusstsein schlechthin unbegreiflich (ebd., 20).

Gesagt wird hier: Im Selbstbewusstsein findet gar keine Relation von etwas zu etwas mehr statt, sondern die begrifflich unterschiedenen Glieder sind numerisch einerlei. Es ist *ein* Phänomen unter *zwei* Frege-Sinnen. (Man kann natürlich Identität beckmesserisch eine Relation nennen – Logiker nennen sie die ›allerfeinste‹. Aber jedenfalls liegt hier nicht vor, was wir normalerweise eine Relation nennen: eine Beziehung zwischen *verschiedenen* Relaten. Darum spricht viel für die Deutung von Identität als ›Irrelationalität‹.)

IV.

Die ›falsche‹ Theorie, die Selbstbewusstsein für eine Relation hält, hat Dieter Henrich in einem bahnbrechenden Aufsatz 1966 die ›Reflexionstheorie des Selbstbewusstseins‹ (oder ›des Ichs‹) genannt (Separatdruck: Henrich 1967, 13, passim; 1982, 62 f.). Sie hält Selbstbewusstsein für eine Umlenkung des normalerweise nach außen gerichteten Blicks nach innen, macht also keinen generischen Unterschied zwischen beiden. Und so tun es auch Vertreter der Hirnforschung, etwa Ernst Pöppel (2010; siehe hier Kapitel 5, S. 345 f.).

Fichte wirft allen vor ihm unternommenen Versuchen, das Phänomen des Selbstbewusstseins zu erklären, »Sophisterei« vor, nämlich die Verstrickung in Zirkeln und unendlichen Erklärungsverwicklungen: »Diese Sophisterei lag bisher allen Systemen – selbst dem Kantischen – zum Grunde« (Fichte 1798, 11). Diese Behauptung ist leicht zu verifizieren, sowohl bei Descartes als auch bei Leibniz. Unerschöpflich reich sprudelt der Quell von Reflexionstheorien des Selbstbewusstseins im britischen Empirismus (Frank 2002, bes. 111 ff.). Und diese Tradition feiert fröhliche Urständ in den modischen *Second-order*-Modellen der *Philosophy of Mind* (*HOMT*), z. B. bei David Rosenthal. Sie sind gleich dreifach verfehlt:

Erstens hält Rosenthal Selbstbewusstsein für begründet in Akten höherer Ordnung, die numerisch und zeitlich von den Akten erster Ordnung unterschieden sind, womit der strenge Identitäts-Constraint missachtet ist (die schlampige Rede von »one's having a roughly contemporaneous thought« zeigt deutlich, dass die Verschiedenheit der beiden mentalen Ereignisse Rosenthal nicht stört [Rosenthal 1991, 465 r.]). Zweitens hält er Akte höherer Ordnung für *Gedanken* (ebd., 465 f.), wodurch der nichtbegriffliche und nichtpropositionale Charakter des inneren Bewusstseins (das ebendeswegen in der Tradition auch ›innere Wahrnehmung‹ genannt wurde) verfehlt wird. Und drittens führt das Übereinanderstapeln (›piling up‹) von Bewusstseinen immer höherer Stufe auf ein unbewusstes Bewusstsein an der Spitze, so dass die Erklärung der Möglichkeit eines *unmittelbar* transparenten Bewusstseins auf den Sankt-Nimmerleins-Tag aufgeschoben bleibt:

It may seem slightly odd that each of these hierarchies of conscious mental states has a nonconscious thought at its top. But whatever air of paradox there seems to be here is dispelled by the common-sense truism that we cannot be conscious of everything at once (ebd., 466, r. o.).

Auf karikaturale Weise hatte vor gut 300 Jahren der britische Empirist John Sergeant Rosenthals Aporie antizipiert. In seinen *Reflexions on Mr. Locke's Essay Concerning Human Understanding* schrieb er: »*We may* Think, *without being* Conscious *that we* Think« (Sergeant 1697, 121) – wobei er allerdings (1) Bewusstsein für das Ergebnis einer Reflexion auf einen unbewussten Akt hält und (2) zwischen Bewusstsein und Denken/Wissen nicht unterscheidet, wie das folgende Zitat zeigt: »*'Tis impossible to be* Conscious, *or know we know, without a* new *Act of Reflexion*« (ebd.), der dem primären (gegenstandsgerichteten) Bewusstseinsakt nachfolge (»*afterwards*«). Schließlich unterwirft er die Kenntnis vom Reflexionsakt abermals der gleichen Bedingung: »*'Tis impossible to be* Conscious of, *or know our present Reflex Act, but by a new Reflex one*« (ebd., 124). So entstehe eine unendliche Reihe von übereinandergestülpten Reflexionsakten, deren letzter notwendig unbewusst bleibe: »*Hence, we can never come to know our* last *Reflexion*« (ebd., 125). Da von ihr aber das Bewusstsein aller vorangehenden Akte abhängt, bleiben auch sie unbewusst, und die These, es gebe – wenn auch reflexionsvermittelt – überhaupt so etwas wie Selbstbewusstsein, zerstört ihre eigene Grundlage. »These are my Reasons«, so resümiert Sergeant sein »Certain and Evident Corollary«, »why I recede from Mr. *Locke* in his Opinion, that *A Man cannot think without being Conscious of it*« (ebd.).

Brentano hat diesen Denkfehler auf den Punkt gebracht: »[D]ie

Reihe wird entweder unendlich sein oder mit einer unbewußten Vorstellung abschließen« (Brentano 1874, 153). Das darf sie aber nicht, sofern Bewusstsein ungegenständlich und unmittelbar mit sich vertraut sein soll. Der höherstufige Akt kann den primären *als sich* nur erkennen, wenn der sich selbst vor der reflexiven Zuwendung schon durchsichtig *war*. In Husserls Worten: Was die Reflexion findet, präsentiert sich als ›schon dagewesen seiend‹ (Husserl 1966, Beilage XII, 130,₂).[1] Findet die Reflexion Bewusstsein und nicht Unbewusstsein, so musste der gefundene Zustand bereits bewusst *vorliegen,* und die Reflexion stellt Bewusstsein gehirnwäscheartig nicht etwa her, sondern macht es nur explizit.

Dieser Einwand gilt übrigens auch für Fred Dretskes und Michaels Tyes Modell der *displaced perception.* Danach ist Bewusstein transparent in dem starken Sinne, dass es gar keine intrinsischen Eigenschaften hat. Phänomenaler Gehalt ist nur (als solcher nicht erkannter) intentionaler. Wie aber kann ich zirkelfrei von einer *knowledge of* zu einer *knowledge that* übergehen, wenn in der Kenntnis-*von* gar kein (Bewusstseins-)Bewusstsein vorlag (Tye 2002, 139 f.; zur Kritik an Gilbert Harman und Tye vgl. Frank 2002, 212 ff.)?

Also heißt die These (auch der Selbstrepräsentationalisten), dass inneres Bewusstsein wirklich *besteht*. Es besteht, heißt: Das *second-order model* ist ein falscher Erklärungsversuch dieses Vorliegens. (Außerdem können wir, wie Descartes in seinem Interview mit Burmann gezeigt hatte, sehr wohl verschiedene Vorstellungen gleichzeitig haben: Descartes 1953, 1358 f.)

---

1 Vgl. Sartres Beispiele vom ungewussten, aber nicht unbewussten Zählen von Zigarren in der Schachtel (Sartre 1943, 19 f.) oder vom unaufmerksamen, aber nicht unbewussten Lesen: »Je suis en train de lire. Je vous réponds: je lis, quand vous me demandez ce que je fais. Je prends conscience de ma lecture, mais non pas instanément. Je prends conscience de quelque chose/ dont j'avais conscience depuis longtemps. c'est-à-dire que je passe sur le plan de la thématisation de la position réflexive et de la connaissance pour une chose qui existait déjà avant, comme dit Husserl« (Sartre 1947, 63/381 f.; Husserl 1966, 113). Ferner Williford (2006, 120,₃, 122): »When we reflect we do not, presumably, discover anything that was not in some way present before we reflected.«

V.

Man kann einen Regress dieses (des Fichteschen) Typs einen *extensiven* nennen, weil er sich nach oben hin fortschreitend erweitert, und davon einen *intensiven* unterscheiden. Auch letzteren hat Fichte wenigstens geahnt; am klarsten und gnadenlosesten hat ihn sein unbotmäßiger Schüler Johann Friedrich Herbart aufgewiesen (Herbart 1824): Wenn der Gedanke ›Ich‹ als Selbstrepräsentation beschrieben werden muss, dann muss eine hinreichende[2] Beschreibung dieser Repräsentation auch die Eigenschaft enthalten, dass er sich selbst repräsentiert.[3] Für diese Auffassung gibt Novalis eine hübsche Illustration:

Das erste Bezeichnende wird unvermerkt vor dem Spiegel der Reflexion sein eignes Bild gemahlt haben, und auch der Zug wird nicht vergessen seyn, daß das Bild in der Stellung gemahlt ist, daß es sich selbst mahlt (Novalis 1960 II, 110, Z. 20-24).

Setze ich sie (nämlich die Eigenschaft der Selbstrepräsentation) in die (Ausgangs-)Formel ein, so muss ich ›aRa‹ (a repräsentiert a) durch ›aR[aRa]‹ erweitern – wobei die eckige Klammer als Nominalisierungsoperator dient – und habe dann das Problem, kein Ende dieser immer kleineren Babuschka-artigen Einschachtelungen angeben zu können (vgl. Williford 2006, 115 ff.). Fichte drückte diese Erweiterung so aus, dass er sagte, die Formel ›Das Ich setzt

---

2 Wenn auch nicht vollständige. Die Idee einer kompletten Mit-Repräsentation aller Eigenschaften der Repräsentation (die eingeschlossen, dass sie sich selbst repräsentiert) würde in der Tat einen intensiven Regress erzeugen und die ›kognitive Ökonomie‹ unseres endlichen Geistes überfordern: $(\forall x)\, xRx \supset (\forall y)\, (xRy \supset xR[xRy])$ usw. Einfacher: $aR[aR[aRa]]$. Aber, sagt Williford, es ist eine leicht durchschaubare Täuschung unseres Bewusstseins, dass es diejenigen Eigenschaften seiner selbst, die es repräsentiert, für alle hält: weil es eben alle ihm bewussten sind (Williford 2006, 119 u.: »[W]e need not suppose it [sc.: our consciousness] to represent more of its representational properties than seem to be revealed in reflection.«).

3 »Zuvörderst: wer, oder was ist das Object des Selbstbewußtseyns? Die Antwort muß in dem Satze liegen: das Ich stellt Sich vor. Dieses Sich ist das Ich selbst. Man substituire den Begriff des Ich, so verwandelt sich der erste Satz in folgenden: das Ich stellt vor das sich vorstellende. Für den Ausdruck Sich wiederhohle man diese Substitution, so kommt heraus: das Ich stellt vor das, was vorstellt das Sich vorstellende. Hier kehrt der Ausdruck Sich von neuem zurück«, und so bei jeder weiteren Substitution ins Unendliche (Herbart 1824, 70 f.; dazu Frank 1991, 482 ff.).

sich schlechthin selbst‹ müsse erweitert werden durch die: »Das Ich setzt sich *als* sich setzend« (Fichte 1971 I, 201; dazu Henrich 1967, 21 [ff.]).⁴

In dieser Form tritt der Regress auch in Brentanos Theorie auf (Pothast 1971, 50 ff.; Cramer 1974, 581; Frank 1991, 546 ff., bes. 654 ff.; auf Cramer verweisend Williford 2006, 138, Anm. 24). Nach Brentano ist alles Bewusstsein intentional, also fremdrepräsentierend. Aber die Eigenschaft, dass es fremdrepräsentierend ist, die repräsentiert es als ›sekundäres Objekt‹ oder, wie Brentano auch sagt, in seinem ›inneren Bewusstsein‹ (noch einmal, nebenbei, mit Aristoteles sagt Brentano: ἐν παρέργῳ) mit. Um eine ›unendliche Verwicklung‹ dieser Selbstrepräsentationen zu vermeiden, sagt Brentano, das primäre und das sekundäre Bewusstsein bildeten die numerische Einheit »ein und de[s]selben Akte[s]«, sie »bilden nicht mehr als ein einziges psychisches Phänomen« (Brentano 1874, 175), wenn auch zweierlei Typen zugehörig (»*begrifflich* in zwei Vorstellungen zergliedert« [ebd., Hervorh. M. F.]). Er gebraucht aber eine noch deutlichere Formulierung: Das innere Bewusstsein thematisiere nicht allein das primäre, auch nicht das sekundäre, sondern den ›ganzen Akt‹ (ebd., 182).

Ist ja das Bewußtsein, welches die Vorstellung des Tones begleitet, ein Bewußtsein, nicht sowohl von der dieser [sekundären] Vorstellung, als von dem ganzen psychischen Akte, worin der Ton [primär] vorgestellt wird, und in welchem es selber [sekundär] mitgegeben ist (ebd., 182).

Und hier tritt der Ganzheits- oder Vollständigkeitsregress auf (unter Verweis auf Cramer 1974: Williford 2006, 138, Anm. 24). Eine Repräsentation des Repräsentationsaktes *in seiner Gänze* muss *alle* repräsentationalen Eigenschaften des Aktes mitrepräsentieren, also auch den, dass er sich selbst repräsentiert – und das scheint in einen unendlichen Einschachtelungsregress zu führen. (Allerdings

---

4 Henrich gibt allerdings eine Stelle an, die etwas anderes sagt (Fichte 1971 I, 528; auch in: Fichte 1797, 20). Fichte spricht da nicht vom Sich-Setzen als sich setzend, sonden von »ein[em] *sich Setzen* als setzend (irgend ein Objectives, welches auch ich selbst, als blosses Object, seyn kann)« (Hervorh. M. F.). Allerdings findet sich auch in einer Vorlesungsnachschrift desselben Kollegs die Formulierung: »Ich setze mich als mich setzend: setzt ein Gesetztes voraus, das bloß geschlossen u. gedacht wird. Jenes aber ist unmittelbares Bewußtseyn, und in dieser Harmonie besteht das ICH« (GA IV.2 [1978], 33, Z. 3-5).

scheint es mir nicht ungefährlich, die Selbstrepräsentation ›partiell‹ zu nennen und mit Williford zu sagen, es würden eben nur die *wesentlichen* Eigenschaften von Bewusstsein repräsentiert [119 f.]. Wenn wesentlich die Eigenschaften sind, die *bewusst* vorliegen müssen, wird die Einschränkung der Aufgabe auf sie zirkulär; denn unbewusste Eigenschaften scheiden *a fortiori* aus; und nun heißt die Aufgabe: *Alle bewussten* Eigenschaften des Bewusstseins sind zu repräsentieren, was wieder – wie bei Brentano – auf eine komplette Selbstrepräsentation des Bewusstseins hinausläuft.)

Auch Kriegel, der zwar Brentano nicht im Original lesen kann, hat dieses Problem. Auch er gibt zwar die Auskunft, der höherstufige Akt (S2) repräsentiere den niederstufigen (seinerseits auf einen äußeren Gegenstand oder eine Tatsache gerichteten: S1). Ja, Kriegel sagt, S2 habe S1 zum Gehalt, nicht aber den Gehalt von S1. (Dass der Gehalt von S1 in dem von S2 erhalten bleibe – »content preservation« –, ist dagegen die Überzeugung des Externalisten Tyler Burge [1988; dt. in: Frank 1994, 690-709].) Zugleich aber sagt Kriegel – von Brentanos Intuition sicher geleitet –, der wirkliche Gehalt von S2 sei nicht allein S1, sondern ›der ganze Akt‹ oder ›der aus S1 und S2 kombinierte‹ (Kriegel 2009, Kap. 6). Wie aber soll man diese ›Integration‹ oder ›Kombination‹ verstehen? Als Summierung zweier Teilaspekte eines selben Gegenstandes oder als Vereinigung eines Rot- und eines Viereckig-Sehens (»cross-order integration«)? Oder als eine ›indirekte Repräsentation‹, die einen nie manifest sichtbaren (ganzen) Briefkasten aus verschiedenen Teilaspekten (Husserlschen ›Abschattungen‹), z. B. der Ansicht der Vorderseite, ›ergänzt‹? Im letzteren Fall käme ein inferentielles Moment ins Spiel, das die behauptete Unmittelbarkeit und phänomenale Offenbarkeit des inneren Bewusstseins beschädigen würde (Kriegel spricht von einer »indirekten Repräsentation«). Auch könnte man in dem Fall kaum sagen, ein Teil repräsentiere den anderen (S2 repräsentiere direkt S1 als Teil einer indirekten gemeinsamen Ganzheit, denn diese Ganzheit wird selbst nicht direkt mitrepräsentiert; sie ist also kein Gehalt einer aktuellen/okkurenten und evidenten Selbstrepräsentation). Oder anders: Wenn S2 S1 bewusst macht, hat Kriegel das Problem des höherstufigen Modells. S2 macht S1 ja *als sich selbst* bewusst – und damit den kombinierten Zustand aus S1 und S2. Diese Bewusstmachung soll aber ihrerseits bewusst geschehen (um Rosenthals Unbewusstsein »at the top of the series«

zu vermeiden) – und damit landen wir in Brentanos (intensivem) Babuschka-Puppen-Regress. Er kommt auf, weil Bewusstsein, als Repräsentation gefasst, mit einer inneren Dualität flirtet, die sie zugleich nicht aufkommen lassen will. »So what Kriegel does to solve his problem is to compromise a bit with the two-state view« (Levine 2010, 7; vgl. 9).

Ferner: Kriegel bemerkt nicht, dass seine Zuflucht zur ›indirekten Repräsentation‹ weitgehend mit Mittteln der Husserlschen Abschattungstheorie arbeitet. Die war dazu gedacht, die inferentielle ›Ergänzung‹ stets unvollständiger sinnlicher Präsentationen äußerer Gegenstände zu erklären, worunter Husserl in der Phase der *Logischen Untersuchungen* das ›Ich‹ zählt. Nicht sollte diese inferentielle Ergänzung unser unmittelbares Selbstbewusstsein erklären, für das ja gerade »adäquate« (abschattungslose, »exakte«) Präsentation charakteristisch ist. Abschattungslos ist eine Präsentation, die eine Eins-zu-eins-Abbildung des Präsentierten vor dem Bewusstsein leistet. Selbstbewusstsein – meinte Husserl – ist von Objektbewusstsein darin spezifisch unterschieden, dass es das schafft.

Husserl nennt die Intentionalität eine ›gegenständliche Beziehung‹. Darin steckt, dass das Bewusstsein den Gegenstand, *von* dem es ein Bewusstsein ist, aus sich verstößt. Gegenstände sind immer außerhalb des Bewusstseins; sie sind intransparent, weil aspektereich, während das Bewusstsein aspektfrei und ebendarum für den Gegenstand durchsichtig ist. Husserl nennt die Kenntnis, die im Selbstbewusstsein vorliegt (er spricht irreführend von ›innerer Wahrnehmung‹ [vgl. hier Kapitel 5]), ›adäquat‹. Das unterscheidet die innere radikal von jeder äußeren Wahrnehmung. Sartre hat dafür die griffige Formel: Bewusstsein ist gewiss; wer ›Objekt‹ sagt, sagt ›wahrscheinlich‹ (»celui qui dit ›objet‹ dit probable« [Sartre 1947, 51/369]). Dagegen liegt ein innerlich wahrgenommenes Erlebnis »leibhaftig« oder »gegenwärtig, als das, was e[s] ist«, vor und kann im Nu »restlos erfaßt« werden (Husserl 1980 II/1, 355). Nie könnte eine gegenständliche Kenntnis, auch nicht die eines Ichs, diese Bedingung erfüllen. ›Reality outruns knowability‹ (Peacocke 1999, 7). Also muss die zur Ich-Annahme führende Totalitätsantizipation bestehende Informationslücken inferentiell kompensieren; Husserl sagt: fehlende »Evidenz […] mit guten Gründen […] ergänzen« (Husserl 1980 II/1, 355). Französische Phänomenologen nennen diese Operation treffend *passage à la limite* (Derrida 1967,

241). Er verwandelt das Ich, wie jeden anderen (außerbewussten) realen Gegenstand, in eine ›Idee im kantischen Sinne‹. Das Ich ist eben für Sartre wie für den frühen Husserl ein solcher opaker weltlicher Gegenstand, kein Bewohner des ›inneren Bewusstseins‹, und er teilt dessen adäquate Selbstpräsentation nicht.

VI.

Schauen wir nun, wie andere Vertreter des Selbstrepräsentationalismus dies Problem diskutieren, so sehen wir, dass etwa Kenneth Williford (2006, 126 ff.) eine solche (Fichte-Brentanosche) Formulierung ungefährlich findet. Er glaubt, dass der Regress mit dem zweiten Glied zum Abschluss gebracht werden kann (118 f.)[5] und eine ontologische Struktur unserer Wirklichkeit darstellt. Ein [konverser] Vergleich mit Entitäten der Mengenlehre soll das plausibilisieren. Schließlich *gebe* es *realiter* »nichtfundierte Mengen (nonwellfounded sets)«, deren Annahme sich schon dem Verständnis selbstbezüglicher Aussagen als Modell empfohlen habe (128,₁). Es existierten eben Mengen, die sich selbst als Element enthalten. Und wir können Mengen bilden, die alle Elemente der Ausgangsmenge, alle Elemente der Elemente, die Elemente der Elemente der Elemente enthalten usw. (128). ›Wir müssen‹, sagt er, ›den Bann über der Zirkularität lockern und regresserzeugende Strukturen im Bereich des Überschaubaren (finite) halten‹ (115). Zirkel dürfen also sehr wohl im Phänomen, sie dürfen nur nicht in der Erklärung auftauchen. Im Phänomen seien sie aber ebenso unauflöslich, wie Präreflexivisten das für irrelationale Strukturen zugeben (ebd.). Ähnlich beginnt Block seinen Abschnitt über phänomenales (oder *P*-)Bewusstsein mit dem Eingeständnis, er verfüge über keine nichtzirkuläre Definition von *P*-Bewusstsein, und fügt an: »I don't consider this an embarrassment. The history of reductive

---

5 Das glaubt auch Carruthers (2000, 241 ff.), allerdings nach Williford zu Unrecht: »He stops the regress this seems to threaten by denying that we really have third-order recognitional concepts. I find that implausible. [...] Another way to stop the regress is to hold that we merely have the disposition to think higher-order thoughts. [...] However, this does not justice to the phenomenological fact of actual prereflective self-awareness. That actual awareness, on my view, partly grounds the disposition to reflect« (Williford 2006, 138, Anm. 26).

definitions in philosophy should lead one not to expect a reductive definition of anything.« Das Beste, was man hier tun könne, sei: einfach auf das Phänomen zu zeigen und an die Selbsterfahrung des Gesprächspartners zu appellieren (Block 1997, 380 r. o.; in einer Fußnote bescheidet Block Kollegen, die sich hartnäckig dumm stellen, mit der Erklärung: »Some say, they haven't. I have.«).

Aber ist das überzeugend? Selbst wenn wir zirkuläre Verwicklungen als real bestehend zulassen wollen (Kant hat eine derartige Ich-Theorie vertreten: *KrV* A 345 f. = B 404), kann das ergebnislose Kreisen des Ichs oder des Bewusstseins doch nicht erklären, wie es von seiner Einheit ein Bewusstsein erwerben kann. Denn – in Fichtes Worten – das Ich setzt sich ja nicht nur zirkulär selbst voraus, sondern kennt sich *als* sich. Das würde aus der Zirkelstruktur nicht verständlich werden.

VII.

So scheint aussichtsreicher eine andere Theorie, die Horgan und Kriegel vorgeschlagen haben: die *SOMT*. Sie hält nicht explizit, aber in der Sache Brentano die Treue, weil sie das weltgerichtete und das innere Bewusstsein nicht in zwei Relate zerreißt, sondern in der Einheit »ein und de[s]selben psychischen Akte[s]« vereinigt sieht (Brentano 1924 [= 1973], 179, 181 f.). Damit liefern sie eine Alternative zu *HOMT*:

[Higher-Order Thought theories] hold that the experience and the awareness of it are numerically distinct states. Our view, by contrast, is that the awareness is inherent, or built into, the experience. The experience and the awareness are the same token state, albeit falling under two distinct types. That is, we do not posit higher-order representation, but self-representation.

[... W]e insist that, through whatever processes of functional or informational integration, these distinct sub-personal representations give rise, at the personal level, to a single, unified, self-representing experience [Horgan/Kriegel 2007, 132 f.].

Diese Annahme lässt wieder drei Deutungen zu: (1) Es handelt sich beim primären und beim sekundären Bewusstsein doch um zwei *numerisch* verschiedene Akte, die nur ›ungefähr *gleichzeitig*‹ auftreten. Das weisen Horgan und Kriegel zwar ab; aber wir haben gesehen, wie die beiden bei der gleichzeitigen Unterscheidung und Nichtunterscheidung beider (des primären und des sekundären Bewusstseins) begrifflich-terminologisch ins Schwimmen geraten. Jedenfalls differieren beide Zustände (als *types*: Horgan/Kriegel 2007, 232) nicht nur logisch, sondern auch numerisch (man kann die Relata der Selbstbeziehung als zwei aufeinander bezogene Zustände unterscheiden);⁶ und sie stehen typischerweise im Verhältnis der Ungleichzeitigkeit. Verräterisch ist in solchen Kontexten immer die Rede von einem ›begleitenden‹ Bewusstsein. Natürlich kann Begleitung zeitgleich geschehen; aber die ›Wahrnehmung‹ des Begleiteten bedarf einer vorgängig gesendeten Information, die eine – wenn auch kleine – Libetsche Verspätung ins Bewusstsein einschleppen könnte. Rosenthals schlampige Rede von einer ›ungefähren Gleichzeitigkeit‹ beider (»roughly contemporaneous« [Rosenthal 1991, 465 r.; von »rough simultaneity« und von »specious present« sprechen auch Horgan/Kriegel [2007, 127 f.]) zeigt den Grad von Unaufmerksamkeit gegenüber einem Kardinalproblem des *Second-Order*-Modells. Im Grunde – so können wir sagen – ist es gleichgültig, ob ich einen höherstufigen Akt auf einen niederstufigen sich beziehen lasse (*HOMT*) oder die Relation zwischen einem Akt und ihm selbst stattfinden lasse (*SOMT* – Levine spricht im Blick auf Kriegel von einem »›two-vehicle-one-state‹ view«: ein Vehikel zu viel [Levine 2010, 7]). Es bleibt also auch im letzteren Falle bei einer für die Theorie schädlichen Zustände- oder wenigstens Vehikel-Verdopplung. Treffend sagt Levine: »On both views,

---

6 Im 6. Abschnitt seiner Auseinandersetzung zumal mit Kriegels Position macht Levine diesen Punkt besonders deutlich (Levine 2006, 189 ff.): Die einstufige Theorie mentaler Repräsentation (*SOMT*) kann annehmen, die Repräsentation bedürfe eines Vehikels mit zwei Gehalten (der eine außenweltgerichtet, der andere selbstreflexiv) oder zweier Vehikel mit entsprechend zwei Gehalten. Kriegel habe das zweite Modell gewählt und teile damit entscheidende Angriffsflächen mit dem Zweistufenmodell (*HOMT*): ›I don't see a principled difference between this position and the standard two-state higher-order theory, despite the synchronization of their realizers« (192). Eine weitere Angriffsfläche ist, dass zugelassen werden muss, dass das reflektierende Bewusstsein selbst – wie bei Rosenthal ganz oder wie bei Kriegel teilweise – außerhalb des Spektrums des Bewusstseins bleiben muss (»the awareness itself is left out of consciousness« [192]). Allerdings sehe ich nicht, wie Levine diesen Schaden mit seiner Option fürs erste Modell repariert, da er die kognitive Selbstbeziehung ständig fröhlich als eine solche der »Reflexion« beschreibt (Abschnitt 5).

the consciousness, or awareness, is constituted by the representation of a target state« (Levine 2006, 175; vgl. Kriegel 2009, 107: »[F]or a mentale state M of a subject S to have subjective character is [...] for M to be the target of a representation of kind K [= inner awareness]«; vgl. ebd., 114).

Dass Kriegel keinen klaren Trennstrich zwischen gleichzeitigem Auftreten und Identität zweier *Token*-Zustände ziehen kann, zeigt insbesondere auch sein, wie er zugibt: spekulativer Naturalisierungsversuch der Selbstrepräsentation (Kriegel 2009, 7. Kap.). Hier ist von einem ›integrierten synchronen Feuern‹ zweier neuronaler Bahnen/Ereignisse die Rede: Es bleibt aber Kriegels Geheimnis, warum und wie eine physische Integration die Gehalte beider Zustände identifizieren oder überhaupt dazu beitragen könnte, dass es nicht länger zwei Zustände sind. Kriegels Auskunft:

With the aid of several empirical claims, the speculative hypothesis I arrive at is this: phenomenally conscious states are brain activation neurally synchronized with activation in the dorsolateral prefrontal cortex (dlPFC).

Synchronisierung zweier Aktivierungen ergibt *per se* keine Identität, geschweige eine *als* solche bekannte Identität, löst also in keiner Weise das mit mehrstufigen Theorien verbundene ›Begleitungs‹-Verhältnis des höherstufigen Zustands und mithin auch nicht das Numerische-Differenz-Problem. Nennen wir den primären, bewusst gemachten Zustand S1 und den höherstufigen, bewusst machenden S2. Der erste ist z. B. auf die Montblanc-Kette vom Salève aus gerichtet, der zweite erfasst dieses Gerichtetsein. Der Gehalt des zweiten Aktes ist nicht wieder der Montblanc, sondern der erste Akt. Nun sollen die beiden Zustände integriert sein durch ein synchronisiertes Feuern der zuständigen Neuronen. Klarerweise haben die beiden Zustände verschiedene Gehalte. Was spricht dafür, dass synchrones neuronales Feuern zu einer Verschmelzung der beiden Gehalte, ja selbst der beiden Akte im Bewusstsein führt, da sie offenbar einander begleitend, aber nicht verschmolzen oder gar identisch waren (Levine 2010, 8 f.)? (Ähnlich ergeht es Dorothée Legrand, die ebenfalls ein Modell, wie sie mit Sartre sagt, ›präreflexiven Selbstbewusstseins‹ annimmt, das durch eine Gesamtkooperation des Hirns bewirkt werden soll, wie sie ähnlich auch Van Gulick verteidigt [2006]. Aber welche epistemisch einsichtige Agentur sollte im Gesamthirn diese Integrationsleistung vollbringen; und wie soll präreflexive Ununterschiedenheit zweier Vollzüge durch eine organismische Komplexifikation von Einzelleistungen besser erklärt werden?)

Eine zweite Ansicht – der sogenannte *shift-of-attention view* (Horgan/Kriegel 2007, 133 f.; Kriegel 2009, 47 ff., 176 ff.; Williford 2006, 122 ff., 129 f.; Siewert 2004) – betrachtet das sekundäre (oder innere) Bewusstsein als unaufmerksame Vorform eines begrifflich ausbuchstabierten, reflexiven und aufmerksamen Selbst-*Wissens*. Dagegen, Selbstbewusstsein aus einem Wechsel von unaufmerksamem zu aufmerksamem Bewusstsein zu erklären, hatte schon Brentano das Nötige gesagt (Vorwort, S. 13; Kap. 5, S. 331 f.). Wer so spricht, meinte er, hat sich schon darauf festgelegt, dass Selbstbewusstsein ein Sonderfall von Repräsentation, d. h. von Objektbewusstsein sei, und muss sich arrangieren mit verschiedenen Modi, in denen dem Bewusstsein Objekte präsentiert werden können: schielend aus dem Augenwinkel oder in direkter Ansicht. Objekte sind sie beide. Objekte sind aber undurchsichtig (sie schatten sich in unabsehbar viele Aspekte ab), während Bewusstsein durchsichtig ist für seinen Gehalt (Brentano 1874, 131 f., 159). In Brentanos Linie hatte Sartre hinzugefügt, es gebe keine Grade des Bewusstseins, sondern nur Bewusstsein von Graden; Bewusstsein sei reine Aktualität, keinerlei Virtualität/Potentialität schmuggle sich in es ein (Sartre 1947, 63 ff./382 [ff.]). Den Unterschied zwischen gegenständlichem Beobachten und innerem Bewusstsein verwischt zu haben, das genau ist die von Fichte, Brentano und Sartre aufgewiesene Äquivokation im Übergang von P1, P2 zu P3, P4. Ihre Meinung war, dass inneres Bewusstsein als gegenständlichem Bewusstsein radikal unähnlich gedacht werden muss (vgl. Siewert 2004, 24 f.) – und im Gegensatz zu diesem als transparent und nicht abgeschattet (Williford 2006, 120 ff.). Unter den zeitgenössischen Autoren, die sich auf diese Debatte mit Vertretern des Selbstrepräsentationalismus eingelassen haben, sieht das am deutlichsten die neurowissenschafsnah forschende Dorothée Legrand. Sie bestimmt das ›innere Bewusstsein‹ as »*Not Merely Peripheral But Specifically Pre-Reflective*« (Legrand 2007, 511 [ff.]).

Da scheint doch aussichtsreicher die dritte Ansicht, beide, das primäre und das sekundäre Bewusstsein, seien *identisch*, ja das sekundäre sei konstitutiv für das primäre (Kriegel 2006). ›Konstitutiv‹ meint: Die Beziehung des sekundären zum primären mentalen Akt muss als nichtkontingent, sie muss als notwendig und intern angesehen werden: Es dürfte kein mentaler Zustand *bewusst* heißen, es sei denn, er werde ›selbstpräsentiert‹ (so, unter Bezugnahme auf Alexius Meinong, z. B. Chisholm 1977, 22 f.; 1981, 79-83, 96 f.) oder ›selbstrepräsentiert‹. Das ist die von Tomis Kapitan und Kenneth Williford so genannte These der *Allgegenwärtigkeit (»ubiquity«)* von Selbstbewusstsein (Williford 2006, 111; Kapitan 2006, 379 [ff.]). Sagt man nun, sekundäres und primäres Bewusstsein gehörten zur selben logischen Ordnung, vertritt man, wie Kriegel sie nennt, eine *Same Order Monitoring Theory*, kurz *SOMT* (ebd. [ff.]). Wir kennen ihre Umrisse bereits: Es wird angenommen, ein geistiger Akt oder Zustand (*M*) werde dadurch bewusst, dass er in geeigneter Weise (nicht von einem logisch von ihm verschiedenen, sondern) *von sich selbst* oder einem (logischen) Teil seiner (*M**) repräsentiert wird (146). Das entspricht einer alten skeptischen Weisheit, die Sextus Empiricus überliefert: ›Evident‹ dürfe nur heißen, was allein durch sich selbst, nicht durch ein anderes bekannt wäre (Chisholm 1977, 19 f.; Sextus Empiricus 1968, 133 [= 1. Buch, 16. Kap.]).

Allerdings: *Second order* oder *same order*: In beiden Fällen besteht eine Repräsentations*beziehung*. Sehr klar unterstreicht das Joseph Levine: »On both views, the consciousness, or awareness, is constituted by the representation of the target state« (Levine 2006, 175; von »target« spricht Kriegel selbst, z. B. 2009, 107).

Der Vorschlag einer Selbstrepräsentation auf gleicher Ebene (*SOMT*), wie ihn Kriegel unterbreitet, hat – wie wir schon bei der Prüfung vom *HOMT* sehen mussten – drei entscheidende Nachteile: Zwar entgeht er auf den ersten Anschein der Annahme, Selbstbewusstsein bedürfe einer *höher*stufigen Repräsentation. Aber in Wirklichkeit wird die *Selbst*repräsentation doch genau wie von *HOMT* als Übereinanderstapeln zweier (asymmetrisch aufeinander bezogener) Akte gedacht, die nur in ein und demselben Zustand stattfinden sollen. Der *Unmittelbarkeits*anspruch, der mit *SOMT* verbunden ist, wird nicht dadurch befriedigt, dass man in ein und demselben Akt eine weitere Repräsentation über eine erststufige stülpt. Man muss nicht darauf sinnen, die Repräsentationsleistung durch vervielfältigte Anwendung zu verfeinern, sondern man muss das zugrunde liegende Repräsentationsmodell aufgeben.[7] Ich mache dazu einen Vorschlag in Abschnitt VIII.

---

7 Das hat wieder sehr schön Joseph Levine gesehen: »[*SOMT*] is motivated by the relational approach of higher-order theory, but departs from the standard version

Einen weiteren Nachteil von *SOMT* habe ich schon im Vorwort angedeutet (oben, S. 13). Statt – nach ihrem eigenen Plan – ein vorbegriffliches klar von einem begrifflichen (Selbst-)Bewusstsein zu unterscheiden und Letzteres zum Resultat einer aufmerkenden, konzeptualisierenden Reflexion zu machen, imprägnieren Horgan und Kriegel bereits das primäre (»periphere«, »marginale«) Bewusstsein mit Begriffsmomenten, die sie mit den Mogelausdrücken ›proto-conceptual‹ bzw. ›proto-belief‹ bedrucken (Horgan/Kriegel 2007, 128 ff.). Phänomenale Erlebnisse sind selbst ›ansatzweise‹ (was soll denn das heißen?) schon Begriffe (»phenomenal concepts«). Um die begriffliche Mitgift schon des durch ›inner awareness‹ erfassten primären Selbstbewusstseins zu verschleiern, sagen die beiden Autoren, dies Begriffsmoment werden zunächst ›eingeklammert (bracketed)‹. Protoüberzeugungen *sind* propositionale (mithin begrifflich imprägnierte) Einstellungen; und ein Selbstbewusstsein, dessen Begriffsmomente lediglich eingeklammert sind, *ist* ein begriffliches Bewusstsein. Diese Konfusion war schon aus dem Titel ihres Aufsatzes zu ersehen »What is Consciousness that We May *Know* It so Well?« (Hervorh. M. F.). So schließt sich der Zirkel ein weiteres Mal: Aus einer bereits von Anfang an proto*begrifflichen* Einstellung ist die Begrifflichkeit auf höherer Ebene wohlfeil herzuleiten.

Ein dritter Nachteil von *SOMT* in der Version, die Kriegel verteidigt: Wenn die Repräsentationsbeziehung, die zum Bewusstsein eines Zustands führt, nur einen Teil des Repräsentats erfasst, dann gilt die Identitätsbeziehung zwischen Repräsentant und Repräsentat eben auch nur teilweise, und dann kann dieser Teil nur der ohnehin bewusste sein, denn nur er wird als der relevante erfasst, und die Definition dreht sich im Kreis. Dabei wollten wir doch gerade herausfinden, was einen – *per se* nicht bewussten – mentalen Zustand *bewusst* macht (Kriegel 2006, 144 ff.). Ferner: Wie kann ein Teil ein Ganzes bewusst machen, das diesen Teil (nämlich Be-

in locating the representational relation that is constitutive of conscious awareness inside a single state.« »It isn't enough to stick the higher-order representation into the state it's a representation of./ We need for that higher-order representation itself to be of the right sort of significance for the subject, and merely being a representation playing its requisite functional role doesn't seem to cut it. [...] It doesn't seem to be a matter of more of the same – more representation of the same kind – but rather representation of a different kind altogether« (Levine 2006, 178, 194 f.).

wusstsein) gerade als ein Stück seiner eigenen integralen Identität schon enthielt? (Das Problem verschwindet nicht, wenn ich zweierlei irgendwie ineinander ›verwobene‹ Sekundärrepräsentationen – M^* und $M^\diamond$ – einführe, so, dass $M^\diamond$ ein Teil von M und M^* die angemessene Repräsentation genau dieses Teils [$M^\diamond$] wäre [147 f.]; denn wo bliebe nun die [Mit-]Repräsentation der ganzen zeitlich erstreckten Bewusstseinsphase?)

VIII.

Dieser Lösungsversuch überzeugt also ebenfalls nicht. Vielleicht aber lässt sich *SOMT* in Fichtes Sinn zuspitzen, so, dass zwischen M und M^* nicht nur eine sehr feine (Identität), sondern überhaupt keine Relation, vielmehr strikte Einerleiheit bestehen muss. Ein selbstbewusster Zustand muss als einstellig beschrieben werden. Diese Einerleiheit oder fugenlose Einstelligkeit könnte, weil sie nicht nur *de facto besteht*, sondern auch epistemisch *bekannt* ist, *sui generis* sein.[8]

Das ist die Position, die Williford Dan Zahavi und mir selbst zuschreibt (Zahavi 1999, 33; zit. in: Williford 2006, 111 f. [Verweis auf Dan Zahavi, der dort mich zitiert]):

[I]t is necessary to differentiate *prereflective* self-awareness, which is an immediate, implicit, irrelational, non-objectifying, non-conceptual, and nonpropositional self-acquaintance, from *reflective* self-awareness, which is an explicit, relational, mediated, conceptual, and objectifying thematization of consciousness (Zahavi 1999, 33; Zitat von Frank 1991a, 7).

Die Präreflexivität gibt Williford interessanterweise als »unbestreitbar (indisputable)« zu – so, als wäre sie Konsens in der *Philosophy of Mind*; nur wendet er sich gegen die Beschreibung des Selbstbewusstseins als »irrelational« (Williford 2006, 112). Wir sahen:

---

8 Wieder finde ich Ermutigung für diese Intuition bei Joseph Levine, der allerdings nicht meine radikale Konsequenz zieht. Levine optiert für ein »one vehicle model« (für ein »›seamless‹ one-state vehicle« [Levine 2006, 191]). »[C]onscious awareness seems to be a sui generis form of representation« (193; vgl. Levine 2010, 6 f.). Mein Vorschlag: Es handelt sich überhaupt nicht um (eine besondere Form von) Repräsentation, sondern um ein (irrelationales) *Bewusstsein* sui generis.

Er optiert für eine existierende Zirkularität als »Urelement« einer angemessenen Theorie des Selbstbewusstseins. Aber wie kann ein Zirkel – und sei's ein existierender – das verständlich machen, was man seit Castañedas großer Entdeckung in den 1960er Jahre die *De-se*-Struktur von Selbstbewusstsein nennt?[9] M und M^* müssen nicht nur *de re* einerlei (identisch), sondern ihrer Identität auch *als* einer solchen bewusst sein. Wer hätte das vor 215 Jahren besser auf den Punkt bringen können als Hölderlin:

Wie ist [...] Selbstbewußtseyn möglich? Dadurch daß ich mich mir selbst entgegenseze, mich von mir selbst trenne, aber ungeachtet dieser Trennung mich im entgegengesezten *als dasselbe* erkenne (Hölderlin 1795, 27 [Hervorh. M. F.]).

Anders gesagt: M und M^* müssen nicht nur *de facto* für dieselbe Sache (*res*) stehen, sondern für dieselbe Sache *als* dieselbe.[10] Noch anders gesagt: Selbstbewusstsein hat vor allen anderen Identitätsrelationen die Auszeichnung, dass diese Relation nicht nur bestehen, sondern als bestehend auch *gekannt* werden muss.[11] Noch anders gesagt: Im Selbstbewusstsein tritt die Identität der Relate selbst notwendig in den Skopus des Bewusstseins, ein *quantifying in* ist ausgeschlossen.

Die Frage, die ich mir abschließend stelle: Ist es wahrscheinlich, dass wir diese Mehrleistung an bewusstmachender Repräsentation durch eine Überlastung des Repräsentationsbegriffs erreichen können – etwa, indem wir ihn in *einem* mentalen Zustand noch einmal auf sich selbst anwenden? Ist es nicht aussichtsreicher, ihn als Kandidaten zur Erklärung von Selbstbewusstsein überhaupt fallenzulassen – oder wenigstens so stark zu verändern, dass er die an *HOMT* und *SOMT* aufgewiesenen Schwächen ablegt?[12]

---

9 Ich weiß, der Ausdruck selbst ist von David Lewis (1979), aber der beruft sich explizit auf Castañeda (Lewis 1983, 139 f.). Von Lewis wiederum hat Chisholm (1981) die Rede übernommen, der selbst nur Castañeda auszulegen unternimmt. (Vgl. hier unser Kapitel 2.)

10 Diese Einsicht verdankt Hölderlin Reinhold (Reinhold 1789, 335; Reinhold 1790, 181 f., 197, 222).

11 So etwas hat Kriegel selbst im Sinn, wenn er die epistemische »Unmittelbarkeit« der Selbstrepräsentation betont, worunter er ausdrücklich versteht: »nicht vermittelt durch Reflexion oder Inferenz« (Kriegel 2006, 153 ff.).

12 »[T]he notion of representation employed by the theory [...] isn't adequate to capture the kind of awareness involved in conscious awareness. The problem, in

Die berühmteste Illustration des Problems, vor dem wir stehen, kennen wir aus den Kapiteln 1 (S. 21 f.), 2 (S. 93 ff.) und 6 (S. 364 ff.). Wir verdanken sie Hector-Neri Castañeda (1966: in Castañeda 1999, Text 1, 35-60) und – in seiner Nachfolge – Roderick Chisholm (1981, 18-20). Beide Autoren wählen den *prima facie* gleichen Sachverhalt und zeigen dann, dass die *De-re*-Formulierung die Formulierung *de se* nicht impliziert. Der zugrunde gelegte Sachverhalt sei unser altes Beispiel: Marie ist die jüngste Abiturientin von Schriesheim und hält diese nämliche Marie für die künftige Weinkönigin:

Hier ist die Formulierung *de re*:

(a) Es gibt ein x so, dass x mit Marie (nämlich mit der jüngsten Abiturientin von Schriesheim) identisch ist, und x wird von x für die künftige Weinkönigin gehalten.

Und hier ist die Formulierung *de se*:

(b) Die jüngste Abiturientin von Schriesheim hält *sich selbst* für die künftige Weinkönigin (oder: glaubt, dass *sie selbst* die nächste Weinkönigin sein wird).

Gehen wir die wechselseitigen Implikations- bzw. Exklusionsverhältnisse durch:

(b) impliziert (a) (also *de se* impliziert *de re*): Wenn jemand etwas über sich selbst glaubt, so glaubt er es von jemandem.

(a) impliziert nicht (b) (also *de re* impliziert nicht *de se*): Wird x von x für die kommende Weinkönigin gehalten (und ist außerdem die jüngste Abiturientin von Schriesheim), so muss beides nicht Gegenstand ihres Selbstglaubens sein (x mag identisch sein mit der jüngsten Abiturientin, ohne dass sie das weiß; und sie mag x die Weinköniginwürde zuschreiben, ohne zu wissen, dass sie selbst x ist).

Das Ergebnis dieses Vergleichs: Es zeigt sich, dass Rede *de se* nicht auf Rede *de re* (und auf Adäquatheitsbedingungen der Selbstrepräsentation von x) reduziert werden kann. Anders gesagt: Selbstbewusstsein ist nicht auf irgendeine Form von gegenständlichem Bewusstsein zu reduzieren. Eine solche Reduktion steht am Ursprung aller Selbstpräsuppositionsregresse, die wir in diesem Buch anaylsiert haben.

Nun würde man die Regresse, die die Vielstufigkeitsmodelle (selbst noch in der sparsameren Variante des Selbstrepräsentatio-

<small>other words, is that conscious awareness seems to be a sui generis form of representation, and not merely because it is reflexive« (Levine 2006, 193).</small>

nalismus) erzeugen, am leichtesten und am radikalsten los, wenn man das zweistellige Repräsentationsmodell, das sie basal benützen, über Bord würfe. So sollte man jedenfalls denken. Das tun Kriegel und Williford aber ausdrücklich nicht. Dieser argwöhnt darin die Aufgabe der Begriffsarbeit und die Flucht in die Mystik (Williford 2006, 112, 113, 115; anders Levine 2006, 193,₃). Kriegel kennt irrelationales Selbstbewusstsein nur als eine Husserlsche Verrücktheit, die er – mit einer Dennettschen Lieblingsmetapher (Dennett 1991) – als »intrinsic-glow view« verspottet und auf die er sich – mangels Husserl-Kenntnis – einen Reim aus der Lektüre von Zahavi (1999) macht (Kriegel 2009, 101ff.). »Intrinsic glow« scheint meinen zu sollen: Bewusstsein sei ein In-sich-Leuchten, ein »stiller Glanz von innen«, ein ursprüngliches Sich-selbst-Erhellen, jedenfalls ein Phänomen *sui generis* – ohne Intervention einer Repräsentation, die es epistemisch auf ein Subjekt bezieht. So etwas gebe es nicht; jedes Bewusstsein sei intentional auf etwas von ihm (numerisch oder generisch) Unterschiedenes gerichtet, auch Selbstbewusstsein (104; vgl. 14). Ihm ist zu Ohren gekommen, dass Husserl ein ungegenständliches Bewusstsein [seiner selbst] annehme (»a *non-objectifying* awareness« [105]), und eine solche Annahme sei barer Unsinn. Freilich gibt Kriegel zu, dass es darum geht, ›Klarheit zu gewinnen über die Natur derjenigen Art von Bewusstsein, die den subjektiven Charakter‹, das Für-sich des Selbstbewusstseins, ›konstituiere‹ (106).

So richtig und vernünftig nun die Kritik am Vielstufenmodell des Selbstbewusstseins war, so fraglich ist Kriegels Alternativvorschlag. Denn wenn jedes Bewusstsein-*von*... ein seinen Gegenstand von sich ausschließendes und unterscheidendes Bewusstsein ist, dann ist unwahrscheinlich, dass eine einstufige Theorie ohne diesen Ausschluss arbeiten kann – und zwar ganz unabhängig davon, ob das *habende* und das *gehabte* Bewusstsein ›logisch‹ gleicher Art, also einerlei sind.

Das Letztere gibt auch Williford zu. Er versteht bis zu einem gewissen Grade sogar die Motivation, die hinter der Annahme eines präreflexiven Bewusstseinskerns steckt. In einem Anfall entweder von Euphorie oder von Höflichkeit nennt er sie gar »unstrittig« (»undisputable«) und »unangreifbar« (»unassailable«) (Williford 2006, 112, 115). Er spricht vom »präreflexiven Selbstbewusstsein« sogar als von einer »phänomenologischen Tatsache«, die *HOMT-*

Theoretiker wie z. B. Carruthers einfach übersehen hätten (ebd., 138, Anm. 26). Dennoch begnügt er sich mit einer Ontologie zirkulärer Selbstbeziehungen, die er als nicht weiter analysierbar einfach unterstellt (ebd., 128 o.). Das tat – wie wir gehört haben – auch Ned Block, der sich ohnehin über den Reduktionszwang vieler Philosophen lustig macht. Für gänzlich ›unanalysierbar‹ hatte schon Castañeda 1966 ›Selbstbewusstsein‹ erklärt (in: Castañeda 1999, 35 ff.); und David Lewis hatte sich ihm mit dem Seufzer angeschlossen: »Some say […] there is a kind of personal, subjective knowledge […], and it is altogether different from the impersonal, objective knowledge that science and scholarship can provide./ Alas, I must agree with these taunts, in letter if not in spirit« (Lewis 1983, 144). Wenn man das aber einmal zugibt, warum dann diejenigen der Flucht ins Mystische zeihen (»the properties postulated seem mysterious, because of their unanalyzability«; »they treat primitive self-awareness as a *sui generis* non-relational feature of consciousness«), die in Konsequenz aller vorgebrachten Befunde mit dem Modell einer Selbstbeziehung brechen und Selbstbewusstsein für eine völlig einstellige, mithin irrelationale Entität halten (Williford 2006, 112, 113, 115; anders Levine 2006, 193,3)? Was soll an diesem Vorschlag abwegiger sein als an dem, Selbstbewusstsein für einen real existierenden Zirkel zu erklären (vgl. ebd. das Sartre-Motto S. 111 und 113: »The model I offer might indicate that consciousness amounts to *real, concrete* nonwellfoundedness. And it is not *entirely* implausible to see that as tantamount to subjectivity«).

IX.

Schauen wir auf den Weg zurück, den wir bis hierhin zurückgelegt haben, so haben wir neben Fichte und Brentano drei neuere Theorien inspiziert. Sie unterscheiden sich durch wachsende Aufmerksamkeit auf ein Problem, an dem sie gemeinsam tragen. Der Webfehler aller drei ist die Unaufmerksamkeit gegenüber den dissoziierenden Effekten der Beschreibung von Selbstbewusstsein als Relation und erst recht gegenüber dem *De-se*-Problem.

Die *Higher-Order*-Theorie meint dem Regress zu entkommen, indem sie das höherstufige Repräsentationsbewusstsein unbewusst hält. Damit gerät sie in einen wirklich vitiösen Regress, der das

Explanandum nicht erklärt. Erst recht kann sie die Selbigkeit des Reflektierenden und des Reflektierten nicht erklären, sondern verteilt beide Glieder auf numerisch verschiedene Stellen.

In einer ungleich besseren Position befindet sich die *Same Order Monitoring Theory* (*SOMT*). Sie stellt sich dem Problem, indem sie Selbstbewusstsein nicht nach dem Modell eines (wie auch immer intimisierten) Fremdbewusstseins konstruiert, sondern eben als *Selbst*präsentation. Ihr Webfehler: Sie spricht zwar von der numerischen Einheit beider Relate, verteilt sie aber an zwei Bewusstseins*typen*: einen zu viel! Im Grunde übernimmt sie das Repräsentationsmdell der Theorien höherer Ordnung und konzentriert den zweistufigen Prozess auf *einen* (relationalen) Zustand. Aus einer Relation mit zwei verschiedenen Zuständen wird eine zweistellige Relation mit rechts und links demselben Zustand. Vor allem kann diese einstufige Theorie nur unterstellen, aber nicht erklären, dass und warum die Repräsentation ihr *anderes* Relat *als sich selbst* erfasst.

Eine Variante von *SOMT* ist der *shift-of-attention view*. Er erklärt höherstufiges (oder reflexives) Selbstwissen für das Ergebnis eines Aufmerkens auf ein zuvor unaufmerksames Erleben. Aber ein der Aufmerksamkeit fähiges (»poised for«) Bewusstsein ist (1) gegenständlich (während ›inneres Bewusstsein‹ das nicht ist); und (2) unterstellen Horgan und Kriegel eine minimale Begriffsausstattung schon des primären Bewusstseins. Die muss im höheren (begrifflichen) Selbstbewusstsein lediglich wiederentdeckt werden: eine wohlfeile Prozedur (»free lunch«).

Williford – der dritte Vorschlag, den ich hier diskutiert habe – hat den Ehrgeiz begraben, aus solchen Zirkeln durch Suche nach theoretischen Alternativen auszubrechen, etwa den Begriff der Repräsentation zu begraben. Er unterstellt trotzig als eine real existierende und nicht weiter zu analysierende Entität eine zirkuläre Selbstrepräsentationsstruktur von der Art nichtfundierter Mengen. Mit den Vorgängertheorien teilt er nämlich die Überzeugung, dass jede Repräsentation eine wie immer ›feine‹ Relation sein muss – und polemisiert entsprechend gegen Versuche der Heidelberger Schule, eine gänzlich irrelationale Struktur als Basis des Sich-als-sich-Kennens zuzulassen. Dieser Position wirft er vor, in die Mystik zu flüchten und ein nicht weiter analysierbares ›Urelement‹ anzunehmen. Das Gleiche aber tut er doch selbst, sogar ausdrücklich (»I shall assume that there are representations of objects that are not themselves representations. These will be ›ur-elements‹, members of our sets that are not themselves sets« [Williford 2006, 128]).

Wer würde das, was er da sagt, in irgendeinem Sinne weniger minder raunend oder analyseoffener finden, als was wir bei Fichte und Brentano gelesen haben? Außerdem: Dürfen wir selbstreflexive Bezüge in die Sachen verlegen, da wir doch wissen, dass Reflexionen-*de-re* Einsichten-*de-se* nicht implizieren?

Ähnlich müssten wir uns zu einem jüngeren Versuch stellen, die Reflexivität aus Logik und Ontologie zu verbannen (Beeh 2007). Im logisch-syntaktischen Gebrauch meint ›Reflexivität‹ die zweistellige und symmetrische Beziehung zwischen inhaltlich gleichen Relaten, die gewöhnlich Propositionen sind: aRa. Der Begriff lässt sich aber ohne Gefahr auf Gegenstände übertragen: x ist genau dann reflexiv, wenn es eine Beziehung (Relation) zu sich unterhält. In dem Falle gibt es Identität der Referenz und der Korreferenz. Nehmen wir an, die Relation zwischen a und a sei eine solche des *Erkennens*. Dann werden wir sagen, sie sei *reflexiv relativ zu* oder *bei* a. Generalisieren wir diesen Relationstyp, müssen wir sagen: (∀x) (xRx). Zum Beispiel: ›Alle natürlichen Gegenstände sind sich selbst farbgleich.‹ Nach dieser Sprachregelung ist die einzige ausschließlich oder rein reflexive Beziehung die Identität; für sie gilt: (∀x) (x=y) – und sonst nichts. Die radikale Negation des universellen Reflexivitätssatzes für Gegenstände wäre der Satz: -∃R [xRx] (Williford 2006, 137, Anm. 20 [2]: (∀x)-(xRx)).

Volker Beeh zeigt, dass mehrere Sprachen – und auch das Deutsche – für Reflexivformulierungen einstellige Alternativen kennen (›ich schäme mich‹ → ›ich bin verlegen‹; ›a bleibt a‹ → ›a persistiert‹). Das Indische des buddhistischen Vasubandhu, des ›Weltfreunds‹ aus dem 4./5. Jahrhundert, leugnet den Bestand eines *âtman*, einer ›Seele selbst‹, im Namen der Ablehnung der Reflexivität: ›nichts ist selbst‹ (Beeh 2007, 10, 17). Beeh kann auch zeigen, dass Vasubandhus Prinzipien der Irreflexivität »den Kern von Russells Paradox [nämlich: ›keine Menge enthält sich selbst‹] implizieren« (17 ff.). Die beiden Prinzipien der Irreflexivität (›Keine Menge enthält sich selbst‹ und ›Das Universum u enthält alles‹) stehen im Widerspruch. Der Widerspruch wird gehoben, indem der Anspruch aufgegeben wird, u sei eine Menge. Anders: Wenn es (im Sinne der Buddhisten) ausschließlich irreflexive Dinge gibt, ist die Zusammenfassung aller dieser (irreflexiven) Dinge schon unmöglich. Ihre Gesamtheit ist nicht in sich selbst enthalten (weil irreflexiv) und daher außerhalb. Also war es nicht das Ganze. Der Weg zu Russell ist einen Schritt kürzer gemacht.

Wir kommen zu dem Schluss: Selbstbewusstsein muss nicht nur als präreflexiv, sondern überhaupt als irrelational gedacht werden. Die Analogie zirkulärer Daten mit nichtfundierten Mengen ist verführerisch, aber sie scheitert am *De-se-constraint*. Ebenso trügerisch ist die Analogie zur Reduzierbarkeit der Reflexivität in der Logik (Beeh 2007). Aus einer logischen Wahrheit folgt nicht, dass sie mir notwendig einsichtig ist, geschweige, dass sie die Struktur meiner präreflexiven Selbsthabe erklärt. Es mag sein, dass es in der objektiven Wirklichkeit Strukturen gibt, in denen Reflexivität hintergangen werden kann. Die Unhintergehbarkeit irrelationaler *Bewusstseins*strukturen ist aber viel anspruchsvoller. Ein Grund mehr, ohne Arroganz bei klassischen Theorievorschlägen zur Lösung des Rätsels Selbstbewusstsein in die Lehre zu gehen und der dürren Szene der Gegenwart einen philosophiegeschichtlichen Wärmestrom zuzuführen. Ich leugne zwar nicht, dass die begrifflichen Mittel der heutigen Bewusstseinsphilosophie ungleich feiner und differenzierter sind. Aber die Mittel allein erzeugen nicht schon fruchtbare Ideen, die Analyse ruht auf einer vorgängigen Intuition, *die* sie dann analysiert, und es ist frustrierend, wenn man sieht, wie das Besteck ausgegeben wird, ohne dass das Essen folgte. *Ainsi, on reste sur sa faim.*

Schriftenverzeichnis

Anscombe, Elizabeth M. (1975), »The First Person«, in: S. Guttenplan (Hg.), *Mind and Language: Wolfson College Lectures 1974*, Oxford: The Clarendon Press, 45-65; wiederabgedruckt in und zitiert nach *Collected Philosophical Papers* II [= *Metaphysics and the Philosophy of Mind*], Oxford: University Press, 1981, 11-35; dt. in: Frank 1994, 84-115.

Armstrong, David Malet (1968), *A Materialist Theory of the Mind*, London: Routledge and Kegan Paul.

– (1984), »In Defence of Inner Sense«, in: David M. Armstrong und Norman Malcolm, *Consciousness and Causality*, Oxford: Blackwell, 108-137.

– (1989), *Universals. An Opiniated Introduction*, Boulder, San Francisco, London: Westview Press.

– (1997), *A World of States of Affairs*, Cambridge: University Press.

Baker, Linne Rudder (1989), »On Making and Attributing Demonstrative Reference«, in: *Synthese* 49, 245-273.

– (1998), »The First-Person Perspective. A Test for Naturalism«, in: *American Philosophical Quaterly* 35, 4, Oktober, 327-343.

Bar-On, Dorit (2004), *Speaking My Mind. Expression and Self-Knowledge*, Oxford: Clarendon Press.

Beeh, Volker (2007), »Irreflexivität in Vasubandhus Abhidharma-Koo'sa«, unveröffentlichtes Paper.

Bergson, Henri (1965), *Essai sur les données immédiates de la conscience*, Paris: PUF.

Bernecker, Sven (1996), »Externalism and the Attitudinal Component of Self-Knowledge«, in: *Noûs* 30, 2, 262-275.

Bieri, Peter (1972), *Zeit und Zeiterfahrung*, Frankfurt/M.: Suhrkamp.

Block, Ned (1980) (Hg.), *Readings in the Philosophy of Psychology*, Bd. 1, Cambridge/MA: Harvard University Press.

– (1980a), vgl. Kripke 1971.

– (1997), »On a Confusion about a Function of Consciousness«, in: Ned Block, O. Flanagan, G. Güzeldere (Hg.), *The Nature of Consciousness*, Cambridge/MA: MIT Press, 377-415 (der Band enthält Kritiken verschiedener Autoren und einen »Open Peer Commentary« des Autors).

– (2003), »Mental Paint«, in: M. Hahn und B. Ramberg (Hg.), *Reflections and Replies. Essays on Tyler Burge*, Cambridge/MA: MIT Press.

– (2005), »Das schwierigere Probleme des Bewusstseins«, in: Grundmann u. a. 2005, 37-93 (= die nur in diesem Bd. zugängliche ausführliche Version eines gleich betitelten kürzeren Textes).

–, Robert Stalnaker (1999), »Conceptual Analysis and the Explanatory Gap«, in: *The Philosophical Review* 108, 1, Januar, 1-46.

Boër, Steven E., und William Lycan (1980), »Who, Me?«, in: *The Philosophical Review* LXXXIX, 3, 427-466.
– (1986), *Knowing Who*, Cambridge/MA: MIT Press.
Boghossian, Paul (1989), »Content and Self-Knowledge«, in: *Philosophical Topics* 17, 1, 5-26.
BonJour, Laurence (1999), »The Dialectic of Foundationalism and Coherentism«, in: *The Blackwell Guide to Epistemology*, hg. von John Greco und Ernest Sosa, Oxford, Malden/MA: Blackwell, 117-142.
– (2001), »Toward a Defense of Empirical Foundationalism«, in: *Resurrecting Old-Fashioned Foundationalism*, hg. von Michael R. DePaul, Lanham, Boulder, New York, Oxford: Rowman & Littlefield Publishers, 21-38 (inkl. »Replies to Pollock and Plantinga«, 79-85).
Brentano, Franz (1874), »Vom inneren Bewusstsein«, in: Frank 1991, 131-160.
– (1928), »Von der inneren Wahrnehmung im engeren und im weiteren Sinne und von den Täuschungsmöglichkeiten«, in: Frank 1991, 161-168.
– (1971-74), *Psychologie vom empirischen Standpunkt*, hg. von Oskar Kraus, 3 Bde., Hamburg: Meiner, Bd I 1973 (PhB 192), Bd. II 1971 (PhB 193) und Bd. III 1974 (PhB 207).
– (1976), *Philosophische Untersuchungen zu Raum, Zeit und Kontinuum*. Aus dem Nachlaß mit Anmerkungen von Alfred Kastil hg. und eingeleitet von Stephan Körner und Roderick M. Chisholm, Hamburg: Meiner (PhB 293).
Bühler, Axel (1983), *Die Logik kognitiver Sätze*, Berlin: Duncker und Humblot.
Burge, Tyler (1977), »Belief de re«, in: *The Journal of Philosophy* 74, 338-362.
– (1979), »Individualism and the Mental«, in: *Midwest Studies in Philosophy* 4, 73-121.
– (1988), »Individualism and Self-Knowledge«, in: *The Journal of Philosophy* 85, 649-663 (dt. in: Frank 1994, 690-709).
– (1998), »Reason and the First Person«, in: *Knowing Our Own Minds*, hg. von Crispin Wright, Barry C. Smith und Cynthia Macdonald, Oxford: Clarendon Press, 243-270.

Campbell, John (1994), *Past, Space, and Self*, Cambridge/MA: MIT Press.
– (1999), »Schizophrenia, the Space of Reasons and Thinking as a Motor Process«, in: *The Monist* 84, 609-625.
– (2004), »The First Person, Embodiment, and the Certainty That One Exists«, in: *The Monist* 84, 4, Oktober, 475-488.
Cassam, Quassim (1992), »Reductionism and First-Person Thinking«, in: David Charles und Kathleen Lennon (Hg.), *Reduction, Explanation, and Realism*, Oxford: Clarendon Press, 361-380.

- (1997), *Self and World*, Oxford: Clarendon Press.
Carruthers, Peter (2000), *Phenomenal Consciousness. A Naturalistic Theory*, Cambridge: University Press.
Castañeda, Hector-Neri (1982), *Sprache und Erfahrung. Texte zu einer neuen Ontologie*, eingeleitet[, zusammengestellt] und übersetzt von Helmut Pape, Frankfurt/M.: Suhrkamp.
- (1991), »Self-Consciousness, I-Structures, and Physiology«, in: *Philosophy and Psychopathology*, hg. von Manfred Spitzer und Brenda A. Maher, New York, Heidelberg, Berlin u. a.: Springer, 118-145; in: Frank 1994, 210-245.
- (1999), *The Phenomeno-Logic of the I. Essays on Self-Consciousness*, hg. von James G. Hart und Tomis Kapitan, Bloomington, Indianapolis: Indiana University Press; Text 1 und 5 dt. in: Frank 1994, 35-60 und 143-179.
Chalmers, David J. (1996), *The Conscious Mind. In Search of a Fundamental Theory*, New York, Oxford: University Press.
Chisholm, Roderick (1976), *Person and Object*, London: Allen & Unwin.
- (1977), *Theory of Knowledge*, 2. Aufl., Englewood Cliffs/NJ: Prentice-Hall.
- (1981), *The First Person. An Essay on Reference and Intentionality*, Brighton, Sussex: The Harvester Press; Kap. 3, 4 und 7 in: Frank 1994, 265-320.
Condillac, Étienne Bonnot, Abbé de (1984), *Traité des sensations. Traité des animaux*, Paris: Fayard (= Corpus des œuvres de philosophie en langue française, Erstdrucke 1754 und 1755).
Cramer, Konrad (1974), »›Erlebnis‹. Thesen zu Hegels Theorie des Selbstbewußtseins mit Rücksicht auf die Aporien eines Grundbegriffs nachhegelscher Philosophie«, in: Hans-Georg Gadamer (Hg.), *Stuttgarter Hegel-Tage 1970*, Bonn: Bouvier, 537-603.
- (1985), *Nicht-reine synthetische Urteile a priori. Ein Problem der Transzendentalphilosophie Immanuel Kants*, Heidelberg: Carl Winter.
-, Hans Friedrich Fulda, Rolf-Peter Horstmann und Ulrich Pothast (1987) (Hg.), *Theorie der Subjektivität*, Frankfurt/M.: Suhrkamp.
Cramer, Wolfgang (1954), *Die Monade. Das philosophische Problem des Ursprungs*, Stuttgart: Kohlhammer.
Crusius, Christian August (1745), *Entwurf der nothwendigen Vernunft-Wahrheiten, wiefern sie den zufälligen entgegen gesezet werden*, Leipzig: Gleditsch; (1964) Reprogr. Nachdruck, Hildesheim: Olms (= *Die philosophischen Hauptwerke*, hg. von Giorgio Tonelli, Bd. 2).

Damasio, Antonio R. (1994), *Descartes' Error: Emotion, Reason, and the Human Brain*, New York: Putman.
- (1999), *The Feeling of What Happens. Mind and Body in the Making of*

Consciousness, San Diego, New York, London: Harcourt Inc. (als Taschenbuch [Harvest edition], 2000).

Davidson, Donald (1987), »Knowing One's Own Mind«, in: *Proceedings and Adresses of the American Philosophical Association* LX, 441-458 (dt. in: Frank 1994, 650-680).

Diderot, Denis [et Jean le Rond D'Alembert] (Hg.) (1967), *Encyclopédie, ou Dictionnaire raisonné des sciences, des arts et des métiers, par une société de gens de lettres*. Mis en ordre & publié par M. Diderot […] et par M. D'Alembert, 35 Bde., Paris und Neufchastel 1751-1780. Zit. nach dem Faksimile-Nachdruck Stuttgart-Bad Cannstatt: Frommann-Holzboog.

Dennett, Daniel C. (1991), *Consciousness Explained*, Boston, Toronto, London: Little, Brown and Company.

Derrida, Jacques (1967), »›Genèse et structure‹ et la phénoménologie«, in: ders., *L'écriture et la différence*, Paris: Éditions du Seuil, 229-251.

– (1971), *La voix et le phénomène. Introduction au problème du signe dans la phénoménologie de Husserl*, Paris: PUF.

– (1972), »La forme et le vouloir-dire«, in: ders., *Marges de la philosophie*, Paris: Minuit, 185-207.

– (1977), »Limited Inc a, b, c …« (Einzeldruck von: *Glyph 2* [Supplement], 81 S.).

Descartes, René (1953), *Œuvres et lettres*, textes présentés par André Bridoux, Paris: Gallimard (= Bibliothèque de la Pléiade).

– (1982), *Gespräch mit Burman*, Lat.-Deutsch, übers. und hg. von Hans Werner Arndt, Hamburg: Meiner (PhB 352).

du Bois-Reymond, Emil (1974), *Vorträge über Philosophie und Gesellschaft*, hg. von Siegfried Wollgast, Hamburg: Meiner.

Dummett, Michael (1978), *Truth and Other Enigmas*, London: Duckworth.

Epple, Moritz (1994), »Marx und die soziale Wirklichkeit«, in: *Zeitschrift für philosophische Forschung* 48, 518-542.

Evans, Gareth (1979), »Understanding Demonstratives«, in: Herman Paret und Jacques Bouveresse (Hg.), *Meaning and Understanding*, Berlin, New York: de Gruyter, 280-303.

– (1982), *The Varieties of Reference*, hg. von John McDowell, Oxford, New York: The Clarendon Press und Oxford University Press.

Feinberg, Irwin (1978), »Efference Copy and Corollary Discharge. Implications for Thinking and its Disorders«, in: *Schizophrenia Bulletin* 4, 636-640.

Fichte, Johann Gottlieb (1797), »Versuch einer neuen Darstellung der Wissenschaftslehre«, in: Frank 1991, 14-25.

– (1798), Auszug aus: *Wissenschaftslehre nova methodo*, in: Frank 1991, 9-13.

- (1937), *Nachgelassene Schriften [aus den Jahren 1790-1800]*, hg. von Hans Jacob, Bd. 2, Berlin: Junker und Donnhaupt (darin insbesondere Fichtes Vorlesungen über Logik und Metaphysik nach Platners *Philosophischen Aphorismen*, Sommerhalbjahr 1797).
- (1971), *Werke*, hg. von Immanuel Hermann Fichte, Berlin: de Gruyter (Nachdruck der *Nachgelassenen Werke*, Bonn 1834/35 und der *Sämtlichen Werke*, Berlin 1845/46).
- (1978) *Gesamtausgabe* der Bayerischen Akademie der Wissenschaften, hg. von Reinhard Lauth und Hans Jacob, Stuttgart-Bad Cannstatt: Frommann-Holzboog 1962 ff. (zit.: *GA*) (zitiert wird nur Band IV.2, *Kollegnachschriften 1796-1804*, hg. von Reinhard Lauth und Hans Gliwitzky, 1978).

Foucault, Michel (1966), *Les mots et les choses. Une archéologie du savoir*, Paris: Gallimard.
- (1969), *L'archéologie du savoir*, Paris: Gallimard.

Frank, Manfred (1969), »Die Philosophie des sogenannten *magischen Idealismus*«, in: *Euphorion* 63, 88-116 (wiederabgedruckt in: Frank 2007, Text 1).
- (1972), *Das Problem »Zeit« in der deutschen Romantik. Zeitbewußtsein und Bewußtsein von Zeitlichkeit in der frühromantischen Philosophie und in Tiecks Dichtung*, München: Winkler (Neudruck Paderborn: Schöningh, 1990).
- (1983), *Was ist Neostrukturalismus?*, Frankfurt/M.: Suhrkamp (es 1203).
- (1989), *Das Sagbare und das Unsagbare. Studien zur deutsch-französischen Hermeneutik und Texttheorie*. Erweiterte Neuauflage, Frankfurt/M.: Suhrkamp (stw 317) (darin: »Archäologie des Individuums. Zur Hermeneutik von Sartres *Flaubert*«, 256-333, und »Ist Selbstbewusstsein ein Fall von ›présence à soi‹?«, 471-490).
- (1990), *Zeitbewußtsein*, Pfullingen: Neske (Opuscula, Bd. 50, vergriffen).
- (1991) (Hg.), *Selbstbewußtseinstheorien von Fichte bis Sartre*, Frankfurt/M.: Suhrkamp (stw 964) (darin vom Hg.: »Fragmente einer Geschichte der Selbstbewußtseinstheorie von Kant bis Sartre«, 413-599).
- (1991a), *Selbstbewußtsein und Selbsterkenntnis. Essais zur analytischen Philosophie der Subjektivität*, Stuttgart: Reclam (8689 [6], vergriffen).
- (1994) (Hg.), *Analytische Theorien des Selbstbewußtseins*, Frankfurt/M.: Suhrkamp (stw 1151).
- (1995), »The Subject v. Language. Mental Familiarity and Epistemic Self-Ascription«, in: *Common Knowledge* 4, 2, Frühjahr 1995, 30-50. Mit Einleitungen von Joseph Frank und Jeffrey M. Perl (»Symposion: A Turn Away from ›Language‹?«) mit einem weiteren Beitrag von Régis Debray und Repliken von Judith Butler, Ian Hacking, Rom Harré und Drucilla Cornell, 24-85).

- (1998), ›Unendliche Annäherung‹. Die Anfänge der philosophischen Frühromantik, Frankfurt/M.: Suhrkamp (2. Auflage).
- (2002), Selbstgefühl. Eine historisch-systematische Erkundung, Frankfurt/M.: Suhrkamp (stw 1611).
- (2004), »Was ist Neostrukturalismus? Derridas sprachphilosophische Grundoperation im Ausgang vom klassischen Strukturalismus«, in: Friedrich Jaeger, Burkhard Liebsch, Jörn Rüsen und Jürgen Straub (Hg.), Handbuch der Kulturwissenschaften. Grundlagen und Schlüsselbegriffe, 3 Bde., Suttgart, Weimar: Metzler, Bd. II, Kap. 10.2, 364-376.
- (2006), »Sind Bewusstsein und Denken wesentlich sprachlich? Die Abkehr vom ›linguistic turn‹ in der jüngeren Sprachphilosophie«, in: Phänomenologie und Sprachanalyse (=FS Herbert Schnädelbach), hg. von Geert Keil und Udo Tietz, Paderborn: Mentis, 43-62.
- (2007), »Existenz, Identität und Urteil. Schellings späte Rückkehr zu Kant«, in: ders., Auswege aus dem deutschen Idealismus, Frankfurt/M.: Suhrkamp (stw 1851), 312-374.
- (2007a), »Identität und Differenz. Ein Rückblick von Schelling auf Fichte, Maimon und die Leibniz-Schule«, in: ders. 2007, 175-414.
-, Niels Weidtmann (2010) (Hg.), Husserl und die Philosophie des Geistes, Frankfurt/M.: Suhrkamp (stw 1980).

Frege, Gottlob (1975), Funktion, Begriff, Bedeutung. Fünf logische Studien, hg. von Günther Patzig, Göttingen: Vandenhoeck & Ruprecht, 4. Aufl.
- (1976), Logische Untersuchungen, hg. und eingel. von Günther Patzig, 2., ergänzte Ausgabe, Göttingen: Vandenhoeck & Ruprecht.

Freuler, Léo (1992), Kant et la réflexion sur la métaphysique spéculative, Paris: Vrin.

Freundlieb, Dieter (2003), Dieter Henrich and Contemporary Philosophy. The Return to Subjectivity, Aldershot/Hampshire: Ashgate.

Frith, Christopher D. (1992), The Cognitive Neuropsychology of Schizophrenia, Hillsdale/NJ: Erlbaum.
- (2004), »Comments on Shaun Gallagher: Neurocognitive Models of Schizophrenia. A Neurophenomenological Critique«, in: Psychopathology 37, 20-22.
-, D. J. Done (1989), »Experiences of Alien Control in Schizophrenia Reflect a Disorder in the Central Monitoring of Action«, in: Psychological Medecine 19, 359-363.
-, Rhiannon Corcoran (1996), »Exploring ›Theory of Mind‹ in People with Schizophrenia«, in: Psychological Medicine 26, 521-530.

Gallagher, Shaun (2000), »Philosophical Conceptions of the Self: Implications for Cognitive Science«, in: Trends in Cognitive Science 4, 1, Januar, 14-21.

– (2005), »Neurocognitive Models of Schizophrenia. A Neurophenomenological Critique«, in: *Psychopathology* 37, 8-19.
Geach, Peter T. (1957/58), »On Beliefs about Oneself«, in: *Analysis* 18, 23 f.; wiederabgedruckt als erstes Kapitel des Aufsatzes »Intentionality«, in: ders., *Logic Matters*, Oxford: Blackwell, 1972, 128 f.; dt. in: Frank 1994, 15 f.
Gennaro, Rocco J. (2008), »Representationalism, Peripheral Awareness, and the Transparency of Experience«, in: *Philosophical Studies* 139, 1, 39-56.
Grundmann, Thomas (2005), »Descartes' Cogito-Argument. Versuch einer sinnkritischen Rekonstruktion«, in: ders. u. a. 2005, 255-276.
–, Frank Hofmann, Catrin Misselhorn, Violetta L. Waibel und Véronique Zanetti (2005) (Hg.), *Anatomie der Subjektivität. Bewusstsein, Selbstbewusstsein, Selbstgefühl*, Frankfurt/M.: Suhrkamp (stw 1735).

Habermas, Jürgen (1981), *Theorie des kommunikativen Handelns*, 2 Bde., Frankfurt/M.: Suhrkamp.
– (1984), »Wahrheitstheorien«, in: *Vorstudien und Ergänzungen zur Theorie des kommunikativen Handelns*, Frankfurt/M.: Suhrkamp, 127-183.
– (1985) *Der philosophische Diskurs der Moderne. Zwölf Vorlesungen*, Frankfurt/M.: Suhrkamp.
– (1988), *Nachmetaphysisches Denken. Philosophische Aufsätze* (darin vor allem: »Individuierung durch Vergesellschaftung. Zu G. H. Meads Theorie der Subjektivität«, 187-241), Frankfurt/M.: Suhrkamp.
Harman, Gilbert (1990), »The Intrinsic Quality of Experience«, in: J. E. Tomberlin (Hg.), *Philosophical Perspectives*, 4, *Action, Theory and Philosophy of Mind*, Atascadero/CA: Ridgeview Publishing Co., 31-52.
Hart, James H. (2009), *Who One Is*, Band I: *Meontology of the »I«: A Transcendental Phenomenology*, Band II: *Existenz [sic!] and Transcendental Phenomenology* (= Phaenomenologica 180), Berlin, New York: Springer.
Hauser, Marc D. (2001), *Wild Minds. What Animals Really Think*, New York: Henry Holt and Cie.
Hegel, Georg Friedrich Wilhelm (1952), *Phänomenologie des Geistes*. Nach dem Texte der Originalausgabe hg. von Johannes Hoffmeister, Hamburg: Meiner.
– (1969), *Wissenschaft der Logik*, in: *Theorie-Werkausgabe*, auf der Grundlage der Werke von 1832 bis 1845 neu edierte Ausgabe, Redaktion Eva Moldenhauer und Karl Markus Michel, Frankfurt/M.: Suhrkamp, 11 Bde.
– (1970), *Nürnberger und Heidelberger Schriften 1808-1817* (= *Theorie-Werkausgabe*, Bd. 4)
– (1970a), *Enzyklopädie der philosophischen Wissenschaften*, Bd. I-III (= *Theorie-Werkausgabe*, Bde. 8, 9, und 10).

Heidegger, Martin (1965), *Vom Wesen des Grundes*, Frankfurt/M.: Klostermann, 3. Aufl.
- (1967), *Sein und Zeit*, Tübingen: Niemeyer, 11. Aufl.
- (1975) *Die Grundprobleme der Phänomenologie*. Marburger Vorlesung 1927, hg. von Friedrich-Wilhelm von Herrmann, Frankfurt/M.: Klostermann (= *Gesamtausgabe*, Bd. 24).
- (1976) *Logik. Die Frage nach der Wahrheit*. Marburger Vorlesung 1925/26, hg. von Walter Biemel (= *Gesamtausgabe*, Bd. 21).
- (1991), *Kant und das Problem der Metaphysik*, 4., erw. Aufl., Frankfurt/M.: Klostermann.

Henrich, Dieter (1967), *Fichtes ursprüngliche Einsicht*, Frankfurt/M.: Klostermann (zuerst in: *Subjektivität und Metaphysik*. Festschrift für Wolfgang Cramer, hg. von Dieter Henrich und Hans Wagner, Frankfurt/M..: Klostermann, 1966, 188-233; englisch: »Fichte's Original Insight«, in: *Contemporary German Philosophy*, Bd. 1, hg. von Darrel E. Christensen, University Park, London: The Pennsylvania State University Press, 1982, 15-53).
- (1970), »Selbstbewußtsein. Kritische Einleitung in eine Theorie«, in: *Hermeneutik und Dialektik*, hg. von Rüdiger Bubner, Konrad Cramer und Rainer Wiehl, Tübingen: Mohr, Bd. 1, 257-284 (engl. »Self-Consciousness. A Critical Introduction to a Theory«, in: *Man and World* IV, 1971, 3-28).
- (1971), »Selbstsein und Bewußtsein«, unveröffentlichter Aufsatz (inzwischen mit einer neuen Einleitung zugänglich im E-Journal *Philosophie der Psychologie*, 2007, 1-19 ⟨http://www.jp.philo.at/texte/HenrichD1.pdf⟩.
- (1974), *Identität und Objektivität. Eine Untersuchung über Kants transzendentale Deduktion*, Heidelberg: Winter.
- (1979), »›Identität‹ – Begriffe, Probleme, Grenzen«, in: *Identität*, hg. von Odo Marquard und Karlheinz Stierle (= Poetik & Hermeneutik VIII), München: Fink.
- (1979a), »Zwei Theorien zur Verteidigung von Selbstbewußtsein«, in: *Grazer Philosophische Studien* VII, 77-99.
- (1982), »Fichtes Ich«, in: ders., *Selbstverhältnisse. Gedanken und Auslegungen zu den Grundlagen der klassischen deutschen Philosophie*, Stuttgart: Reclam, 57-82 (zuerst französisch als »La découverte de Fichte«, in: *Revue de métaphysique et de morale* 1967, 154-169).
- (1986), »Selbstbewußtsein – ein Problemfeld mit offenen Grenzen«, in: Ludwig-Maximilians-Universität München, *Berichte aus der Forschung* 68, 2-8.
- (1987), *Konzepte. Essays zur Philosophie in der Zeit*, Frankfurt/M.: Suhrkamp (es 1400).

- (1989), »Noch einmal in Zirkeln. Eine Kritik von Ernst Tugendhats semantischer Erklärung von Selbstbewußtsein«, in: *Mensch und Moderne. Beiträge zur philosophischen Anthropologie und Gesellschaftskritik*, hg. von Clemens Bellut und Ulrich Müller-Scholl, Würzburg: Königshausen & Neumann, 93-132.
- (2007), *Denken und Selbstsein. Vorlesungen über Subjektivität*, Frankfurt/M.: Suhrkamp.

Herbart, Friedrich Heinrich (1824), »Darstellung des im Begriff des Ich enthaltenen Problemes, nebst den ersten Schritten zu dessen Auflösung«, in: Frank 1991, 70-84.

Hintikka, Jaakko (1967), »Cogito, ergo sum: Inference or performance?«, in: *Descartes. A Collection of Critical Essays*, hg. von Willis Doney, Garden City, New York, 108-139.

Hobbes Malmesburiensis, Thomas (1829), *Opera philosophica quae Latine scripsit omnia*, hg. von Sir William Molesworth, Bd. I, London: J. Bohn (Nachdruck Aalen: Scientia, 1966).

Hölderlin, Friedrich (1795), »Urtheil und Seyn«, in: Frank 1991, 28f.
- (1979), *Entwürfe zur Poetik*, hg. von Wolfram Groddeck und D. E. Sattler (= Band 14 der *Historisch-kritischen Ausgabe*, hg. von D. E. Sattler), Frankfurt/M.: Stroemfeld/Roter Stern.
- (1991), *Frühe Aufsätze und Übersetzungen*, hg. von Michael Franz, Hans Gerhard Steiner und D. E. Sattler (= Bd. 17 der *Historisch-kritischen Ausgabe*, hg. von D. E. Sattler), Frankfurt/M.: Stroemfeld/Roter Stern.

Hofmann, Frank (2002), *Natur und Begriff des Bewußtseins. Eine repräsentationalistische Theorie des Bewußtseins*, Paderborn: Mentis.
- (2005), »Bewusstsein und introspektive Selbstkenntnis«, in: T. Grundmann u. a. 2005, 94-119.

Holst, Erich von, und Horst Mittelstaedt (1950), »Das Reafferenzprinzip (Wechselwirkungen zwischen Zentralnervensystem und Peripherie)«, in: *Naturwissenschaften* 37, 464-476.
-, Horst Mittelstaedt (1954), »Relations between the Central Nervous System and the Peripheral Organs«, in: *British Journal of Animal Behaviour*, 2, 89-94.

Horgan, Terence, und John Tienson (2002), »The Intentionality of Phenomenology and the Phenomenology of Intentionality«, in: David Chalmers (Hg.), *Philosophy of Mind*, Oxford: Oxford University Press, 520-531.
-, Uriah Kriegel (2007), »Phenomenal Epistemology: What is Consciousness that We May Know It so Well?«, in: *Philosophical Issues* 17, 123-144.

Hume, David (1888), *A Treatise of Human Nature*, hg. von L. A. Selby-Bigge, Oxford: Clarendon Press (141968) [= 2. Aufl., hg. von P. H. Nidditch, ursprgl. 1878].

Husserl, Edmund (1950), *Ideen zu reinen Phänomenologie und phänomenologischen Philosophie*. Erstes Buch: *Allgemeine Einführung in die reine Phänomenologie*. Neue, aufgrund der handschriftlichen Zusätze des Verfassers erweiterte Ausgabe, hg. von Walter Biemel, Den Haag: Nijhoff (= Husserliana Bd. IV).
– (1963), *Cartesianische Meditationen und Pariser Vorträge*, hg. und eingel. von S. Strasser, 2. Aufl., Den Haag: Nijhoff (= Husserliana Bd. I).
– (1966), *Zur Phänomenologie des inneren Zeitbewußtseins (1893-1917)*, hg. von Rudolf Boehm (= Husserliana Bd. X).
– (1966a), *Analysen zur passiven Synthesis*. Aus Vorlesungen und Forschungsmanuskripten (1918-1920), hg. von Margot Fleischer (= Husserliana Bd. XI).
– (1980), *Logische Untersuchungen*, 2 Bde. in drei Büchern, Tübingen: Max Niemeyer (= unveränderter Nachdruck der 2., umgearbeiteten Auflage von 1913).
– (2001), *Die Bernauer Manuskripte über das Zeitbewußtsein (1917/18)*, hg. von Rudolf Berner und Dieter Lohmar (= Husserliana Bd. XXXIII).
Huxley, Thomas Henry, und William Jay Youmans (1868), *The Elements of Physiology and Hygiene. A Text-Book für Educational Institutions*, New York: D. Appleton & Co.
Jackson, Frank C. (1982), »Epiphenomenal Qualia«, in: *Philosophical Quarterly* 32, 127-136, wiederabgedruckt in (und zitiert nach): William G. Lycan (Hg.), *Mind and Cognition. A Reader*, Oxford: Basil Blackwell, 1990, 469-477.
James, William (1912), »Does ›Consciousness‹ Exist?«, in: Frank 1991, 233-248 (auch in: James 1996, 1-38 [= Nachdruck der Erstausgabe 1912]).
– (1950), *The Principles of Psychology*. Authorized edition in two unabridged volumes bound as one, New York: Dover (= Reprint der Ausgabe New York: Henry Holt & Co., 1890).
– (1996), *Essays in Radical Empiricism*. Introduction by Ellen Kappy Suckiel. Preface by Ralph Barton Perry, Lincoln, London: University of Nebraska Press (= Nachdruck der Erstausgabe New York: Logmans, Green & Co., 1912 (darin u. a. »Does ›Consciousness‹ Exist?«, 1-39; »A World of Pure Experience«, 39-91; »La Notion de Conscience«, 206-233).
Jäger, Ludwig (1988), »Über die Individualität von Rede und Verstehen. Aspekte einer hermeneutischen Semiologie bei W. von Humboldt«, in: *Individualität*, hg. von Manfred Frank und Anselm Haverkamp, München: Fink (= Poetik & Hermeneutik XIII), 76-94, und Diskussion 618 ff.
Jeannerod, Marc (1999), »To Act or Not to Act: Perspectives on the Representation of Actions«, in: *Quarterly Journal of Experimental Psychology* 52A, 1-29.
– (2003), »Consciousness of Action and Self-Consciousness. A Cognitive

Neuroscience Approach«, in: Johannes Rössler und Naomi Eilan (Hg.), *Agency and Self-Awareness: Issues in Philosophy and Psychology*, Oxford: University Press, 128-149.

Kant, Immanuel (1900/1911 ff.): [Immanuel] *Kant's gesammelte Schriften*, hg. von der Königlich Preußischen Akademie der Wissenschaften, Berlin: Reimer, (später:) von der Deutschen Akademie der Wissenschaften zu Berlin, Berlin und Leipzig (später: Berlin): de Gruyter (unabgeschlossen, zit.: *AA*).

– (1996), *Schriften zu Ästhetik und Naturphilosophie*, kritisch hg. und komm. von Manfred Frank und Véronique Zanetti, Frankfurt/M.: Deutscher Klassiker Verlag, Kommentar 889-1355 (seitenidentische Neudrucke in 3 Bänden als Taschenbuchausgabe Frankfurt/M.: Suhrkamp [stw 1517], 2001; in einem Band: Frankfurt/M.: Insel, 2009).

Kapitan, Tomis (1999), »The Ubiquity of Self-Awareness«, in: *Grazer Philosophische Studien* 57, 17-43.

– (2006), »Indexicality and Self-Awareness«, in: Kriegel/Williford 2006, 379-408.

Kaplan, David (1989; als Manuskript seit 1977 im Umlauf), »Demonstratives. An Essay on the Semantics, Logic, Metaphysics, and Epistemology of Demonstratives and Other Indexicals«, in: Joseph Almog, John Perry, Howard Wettstein (Hg.), *Themes from Kaplan*, New York, Oxford: Oxford University Press, 481-563. Dem Text folgen Nachbetrachtungen (»Afterthoughts«), ebd., 565-614.

Kriegel, Uriah (2006), »The Same-Order Monitoring Theory of Consciousness«, in: Kriegel/Williford 2006, 143-170.

– (2009), *Subjective Consciousness. A Self-Representational Theory*, Oxford, New York: Oxford University Press.

–, Kenneth Williford (Hg.) (2006), *Self-Representational Approaches to Consciousness*, Cambridge/MA: MIT Press.

Kripke, Saul (1971), »Identity and Necessity«, in: *Identity and Individuation*, hg. von M. K. Munitz, New York University Press, 135-164 (excerpt from »Identity and Necessity« in: Ned Block [Hg.], *Readings in the Philosophy of Psychology*, Bd. 1, Cambridge/MA: Harvard University Press, 1980, 144-148, zit. als: Block 1980a); teilweise dt. in: Frank 1994, 116-134.

– (1980), *Naming and Necessity*. Second, revised edition, Cambridge/MA: Harvard University Press.

Lacan, Jacques (1966), *Écrits*, Paris: Seuil.

Legrand, Dorothée (2006), »The Bodily Self: The Sensori-motor Roots of Pre-reflective Self-consciousness«, in: *Phenomenology and the Cognitive Sciences* 5, 89-118.

– (2007), »Pre-reflective Self-as-subject from Experiential and Empirical Perspectives«, in: *Consciousness and Cognition* 16, 583-599.

Leibniz, Gottfried Wilhelm (1849-1863), *Die mathematischen Schriften*, hg. von C. J. Gerhardt, 7 Bde., Berlin, Halle: Weidmann, Nachdr. Hildesheim: Olms, 1962 (zit. als: *GM*).

– (1875-1890), *Die philosophischen Schriften*, hg. von C. J. Gerhardt, 7 Bde., Berlin: Weidmann, Nachdruck Hildesheim: Olms, 1978 (zit. als: *GP*).

– (1986-1990), *Philosophische Schriften*, französisch und deutsch (Insel-Studienausgabe), hg. und übersetzt von Hans-Heinz Holz (Bd. 1: *Kleine Schriften zur Metaphysik*), Herbert Herring (Bd. 2: *Théodicée*), Wolf von Engelhard und Hans-Heinz Holz (Bd. 3: *Nouveaux Essais*), Herbert Herring (Bd. 4: *Schriften zur Logik*), Werner Wiater (Bd. 5.2: *Briefe von besonderem philosophischem Interesse*), Frankfurt/M.: Insel (zit.: *PS*).

Levine, Joseph (1983), »Materialism and Qualia: The Explanatory Gap«, in: *Pacific Philosophical Quaterly* 64, 354-361.

– (2006), »Conscious Awareness and (Self-)Representation«, in: Kriegel/Williford 2006, 173-197.

– (2010), Rezension von Kriegel 2009, in: *Philosophical Reviews* – University of Notre Dame, 1-11 ⟨http://ndpr.nd.edu/review.cfm?id=19227⟩.

Lewis, David (1983), »Attitudes *De Dicto* and *De Se*«, in: ders., *Philosophical Papers*, Bd. I, New York, Oxford: Oxford University Press, 133-159.

Locke, John (1975), *An Essay Concerning Human Understanding*, hg. von Peter H. Nidditch, Oxford: Clarendon Press (Reprint 1979).

Lotze, Rudolf Hermann (1879), *[System der Philosophie. Zweiter Teil:] Metaphysik. Drei Bücher der Ontologie, Kosmologie und Psychologie*, Leipzig: Hirzel.

Lovejoy, Arthur O. (1912), »The Problem of Time in Recent French Philosophy«, in: *The Philosophical Review* 21, 5, 527-545.

Mach, Ernst (1886), *Beiträge zur Analyse der Empfindungen*, Jena: Gustav Fischer (die 2. [1900] und 3. [1903] vermehrte Aufl. trägt den veränderten Titel: *Die Analyse der Empfindungen und das Verhältnis des Physischen zum Psychischen*; zuletzt: 2006, VDM Verlag Dr. Müller).

Maine de Biran (eigentlich François-Pierre Gonthier de Biran) (1986), *Rapports des sciences naturelles avec la psychologie et autres écrits sur la psychologie*, in: *Œuvres*, Bd. VIII, hg. von Bernard Baertschi, Paris: Vrin.

– (2001), *Essai sur les fondements de la psychologie*, hg. von F. C. T. Moore (= *Œuvres*, Bd. VII/1 et VII/2 [durchlaufend paginiert]).

Marx, Karl (1939/41), *Grundrisse der Kritik der politischen Ökonomie. Rohentwurf (1857-1858)*, Moskau: Verlag für fremdsprachige Literatur, 2 Bde., Nachdruck Berlin 1953 und Europäische Verlagsanstalt Frankfurt/M. sowie Europa Verlag Wien o. J.

–, Friedrich Engels (1969), *Werke 1845-1846*, hg. vom Institut für Marxismus-Leninismus beim ZK der SED, Berlin: Dietz.

McGinn, Colin (1980), »Anomalous Monism and Kripke's Cartesian Intuitions«, in: Block 1980, 156-158.
- (1989), *Mental Content*, Oxford: Blackwell.
- (1991), in: *The Problem of Consciousness*, Oxford: Blackwell (darin vor allem Kap. 1, »Can We Solve the Mind-Body Problem?«, 1-22, und Kap. 4, »The Hidden Structure of Consciousness«, 89-125).
- (1999) *The Mysterious Flame. Conscious Minds in a Material World*, New York: Basic Books.
Meinong, Alexius (1968), »Über emotionale Präsentation«, in: ders., *Gesamtausgabe*, hg. von Rudolf Haller und Rudolf Kindinger, Bd. 3, Graz: Akademische Druck- und Verlagsanstalt, 285-465.
- (1973), »Über die Erfahrungsgrundlagen unseres Wissens (1906)«, in: *Gesamtausgabe*, Bd. 5.
Mellor, David Hugh (1977/78), »Conscious Belief«, in: *Proceedings of the Aristotelian Society* LXXXVIII, 87-101.
- (1998), *Real Time II*, London: Routledge.
Merian, Johann Bernhard (1749a), »Mémoire sur l'apperception de sa propre existence«, in: *Histoire de l'Académie Royale des Sciences et Belles Lettres, Année 1749*, Berlin: Hande et Spener, 1751, 416-441.
- (1749b), »Mémoire sur l'apperception considérée relativement aux idées, ou, sur l'existence des idées dans l'âme«, ebd., 442-477.
Metzinger, Thomas (2009), *Der Ego-Tunnel. Eine neue Philosophie des Selbst: Von der Hirnforschung zur Bewusstseinsethik*, Berlin: Berlin Verlag.
Milne, Alexander A. (1988), *Winnie-the-Pooh*. With decorations by Ernest H. Shepard, New York: E. P. Dutton (Erstdruck 1926).
Moran, Richard (2001), *Authority and Estrangement. An Essay on Self-Knowledge*, Princeton and Oxford: University Press.

Nagel, Thomas (1979), »What is It Like to be a Bat?«, in: ders., *Mortal Questions*, Cambridge: University Press, 165-180; dt. in: Frank 1994, 135-171.
- (1986), *The View from Nowhere*, Oxford: University Press.
- (1997), *The Last Word*, New York, Oxford: Oxford University Press.
Novalis (= Friedrich von Hardenberg) (1960), *Schriften*. Zweiter und Dritter Band. *Das philosophische Werk I und II*, hg. von Richard Samuel in Zusammenarbeit mit Hans-Joachim Mähl und Gerhard Schulz, Stuttgart: Kohlhammer.
Novalis (1977), *Schriften*. I. Band. *Das dichterische Werk*, hg. von Paul Kluckhohn und Richard Samuel unter Mitarbeit von Hans Ritter und Gerhard Schulz, 3., neu durchges. Aufl., Stuttgart: Kohlhammer.
Nozick, Robert (1981), »The Identity of the Self«, in: ders., *Philosophical Explanations*, Cambridge/MA: Harvard University Press, 27-114.
Parfit, Derek (1984), *Reasons and Persons*, Oxford: University Press.

Pauen, Michael (1999), »Selbstbewusstsein. Ein metaphysisches Relikt«?, in.: K. Vogeley und Albert Newen (Hg.), *Das Selbst und seine neurobiologischen Grundlagen*, Paderborn: Mentis.

Peacocke, Christopher (1999), *Being Known*, Oxford: Clarendon Press.

Perry, J. (1977), »Frege on Demonstratives«, in: *Philosophical Review* 86, 474-497; Neudruck in: Perry 1993, 3-32.

– (1988), »The Problem of the Essential Indexical«, in: *Propositions and Attitudes*, hg. von Nathan Salmon und Scott Soames, New York, Oxford University Press, 83-101 (der Aufsatz erschien zuerst 1979 in: *Nous* 13, 3-21, und wurde wieder abgedruckt in: Perry, *The Problem of the Essential Indexica and Other Essays*, New York, Oxford: Oxford University Press 1993, 33-52); dt. in: Frank 1994, 402-424.

– (2011), *Knowledge, Possibility, and Consciousness*, Cambridge/MA: MIT Press.

Piaget, Jean (1967), *Biologie et connaissance*, Paris: Gallimard (Éditions Gallimard).

– (1968), *Le structuralisme*, Paris: PUF (Reihe: Que sais-je?).

– (2001), *La psychologie de l'intelligence*, Paris: Agora (Sciences humaines).

– (2005), *L'épistémologie génétique*, 6. Aufl., Paris: PUF (Reihe: Que sais-je?).

Pitt, David (2004), »The Phenomenology of Cognition Or *What Is It Like to Think That P*?«, in: *Philosophy and Phenomenological Research* LXIX, 1-36.

Pöppel, Ernst (2010), »Bilder bilden unsere Identität. Ein Gespräch mit Ernst Pöppel über Nervenverbände, Doppelgänger und andere Gegenstände«, in: *NZZ* vom 18. Dezember 2010.

Pollock, John (1988), »My Brother, the Machine«, in: *Nous* 22, 173-211.

Pothast, Ulrich (1971), *Über einige Fragen der Selbstbeziehung*, Frankfurt/M.: Klostermann.

– (1987), »Etwas über ›Bewußtsein‹«, in: Konrad Cramer u. a. 1987, 15-43.

– (1988), *Philosophisches Buch. Schrift unter der aus der Entfernung leitenden Frage, was es heißt, auf menschliche Weise lebendig zu sein*, Frankfurt/M.: Suhrkamp.

– (1998), *Lebendige Vernünftigkeit. Zur Vorbereitung eines menschenangemessenen Konzepts*, Frankfurt/M.: Suhrkamp.

Putnam, Hilary (1975), »The Meaning of ›Meaning‹«, in: ders., *Mind, Language, and Reality. Philosophical Papers*, Bd. 2, Cambridge: University Press (81992), 215-271.

– (1982), »Hirne im Tank«, in: ders., *Vernunft, Wahrheit und Geschichte*, Frankfurt/M.: Suhrkamp, 15-40.

Quine, Willard Van Orman (1953), »Identity, Ostension, and Hypostasis«, in: ders., *From a Logical Point of View*, Cambridge/MA, London: The Harvard University Press, 2., revidierte Aufl., 65-79.

Reichenbach, Hans (1947), *Elements of Symbolic Logic*, New York: Macmillan.

Reinhold, Karl Leonhard (1789), *Versuch einer neuen Theorie des menschlichen Vorstellungsvermögens*, Prag und Jena: Mauke.

– (1790), *Beyträge zur Berichtigung bisheriger Mißverständnisse der Philosophen*, Erster Band: *Das Fundament der Elementarphilosophie betreffend*, Prag und Jena: Mauke.

Rosenthal, David M. (1991), »Two Concepts of Consciousness«, in: *The Nature of Mind* (Hg.), Oxford: University Press, 462-477.

– (1993a), »Higher-Order Thoughts and the Appendage Theory of Consciousness«, in: *Philosophical Psychology* 6, 2, 155-166.

– (1993b), »Thinking That One Thinks«, in: *Consciousness: Psychological and Philosophical Essays*, hg. von Mertin Davies und Glyn W. Humphreys, Oxford: Blackwell, 1993, 197-223.

– (1997), »A Theory of Consciousness«, in: N. Block, O. Flanagan und G. Güzeldere, D. M. Rosenthal (Hg.), *The Nature of Consciousness: Philosophical Debates*, Cambridge/MA: MIT Press, 729-753.

Russell, Bertrand (1912), *The Problems of Philosophy*, Oxford: University Press.

– (1914), »On the Nature of Acquaintance«, in: Frank 1991, 249-295.

– (1940), *Inquiry into Meaning and Truth*, London: Allen & Unwin.

Rzesnitzek, Berit Lara (2006), *200 Jahre Selbstbewusstseinstheorien in der Psychiatrie: Von der Depersonalisation zur Ich-Störung*, Magisterarbeit Tübingen.

Sartre, Jean-Paul (1940), *L'imaginaire. Psychologie phénoménologie de l'imaginaire*, Paris: Gallimard.

– (1943), *L'être et le néant. Essai d'ontologie phénoménologique*, Paris: Gallimard.

– (1947), »Conscience de soi et connaissance de soi«, in: Frank 1991, 367-411 (Erstdruck 1948, in: *Bulletin de la Société Française Philosophie*, Bd. 42, 49-91; im laufenden Text bezieht sich die erste Seitenzahl auf den Erstdruck [1948], die zweite auf den Nachdruck [1991]).

– (1971), *L'idiot de la famille. Gustave Flaubert de 1821 à 1857*, Bd. 1, Paris: Gallimard.

– (1978), *La Transcendande de l'Ego. Esquisse d'une description phénonménologique.* Introduction, notes et appendices par Sylvie Le Bon, Paris: Vrin (der Text erschien ursprünglich 1936/37 in den *Recherches philosophiques* 6, 85-123).

– (1980), »L'espoir maintenant...«, in: *Le nouvel observateur*, Nr. 800 vom 10.-16. März 1980, 19 und 56-60.

– (1985), *Critique de la raison dialectique* (précédé de *Questions de méthode*),

Bd. I, *Théorie des ensembles pratiques*. Texte établi par Arlette Elkaïm-Sartre, Paris: Gallimard.

Schelling, Friedrich Wilhelm Joseph (1856-1864, zit.: *SW*), *Sämmtliche Werke*, hg. von K. F. A. Schelling, I. Abteilung, Bde. 1-10; II. Abteilung, Bde. 1-4; Stuttgart: Cotta 1856-1864 (die Ziffern hinter der Sigle *SW* verweisen auf Abteilung [römisch], Band und Seite [arabisch], also zum Beispiel: I/6, 195 f.).

– (1946), *Die Weltalter. Fragmente*. In den Urfassungen von 1811 und 1813 hg. von Manfred Schröter, München: Biederstein und Leibniz.

– (1972), *Grundlegung der positiven Philosophie*, Münchner Vorlesung WS 1832/33 und SS 1833, hg. und kommentiert von Horst Fuhrmans, Turin: Bottega d'Erasmo.

Schlegel, Friedrich (1958 ff.), *Kritische Ausgabe seiner Werke*, hg. von Ernst Behler, Paderborn, München, Wien, Zürich: Schöningh.

– (1963), *Philosophische Lehrjahre 1796-1828*. Erster Teil. Mit einer Einleitung und Kommentar hg. von Ernst Behler (= Bd. XVIII der *Kritischen Ausgabe*).

– (1964), *Philosophische Vorlesungen [1800-1807]*. Erster Teil. Mit Einführung und Kommentar hg. von Jean-Jacques Anstett (= Bd. XII der *Kritischen Ausgabe*).

– (1971), *Philosophische Lehrjahre 1796-1806 nebst philosophischen Manuskripten 1796-1826*. Zweiter Teil. Mit Einl. und Komm. hg. von Ernst Behler (= Bd. XIX der *Kritischen Ausgabe*).

Schleiermacher, Friedrich D. E. (1960), *Der christliche Glaube. Nach den Grundsätzen der evangelischen Kirche im Zusammenhange dargestellt*. Siebente Auflage. Zwei Bände. Auf der Grundlage der zweiten Auflage und kritischer Prüfung des Textes [mit Schleiermachers handschriftlichen Randbemerkungen] neu hg. und mit Einleitung, Erläuterungen und Register versehen von Martin Redeker, Berlin: de Gruyter.

– (2001), *Dialektik*. 2 Bde., hg. und eingeleitet von Manfred Frank, Frankfurt/M.: Suhrkamp (stw 1529).

Schönrich, Gerhard (1990), *Zeichenhandeln. Untersuchungen zum Begriff der semiotischen Vernunft im Ausgang von Ch. S. Peirce*, Frankfurt/M.: Suhrkamp.

Schopenhauer, Arthur (1970), *Zürcher Ausgabe. Werke in zehn Bänden* (Text nach der hist.-krit. Ausgabe von Arthur Hübscher), Zürich: Diogenes.

Schulthess, Daniel (2007), »Concorde philosophique et réduplication chez Leibniz«, in: *Studia philosophica* 66, 211-220.

– (2009), *Leibniz et l'invention des phénomènes*, Paris: PUF.

Schwab, Martin (1988), »Einzelding und Selbsterzeugung«, in: *Individualität*, hg. von Manfred Frank und Anselm Haverkamp, München (= Poetik und Hermeneutik XIII), 35-75.

Searle, John R. (1992), *The Rediscovery of the Mind*, Cambridge/MA: MIT Press.
Seel, Gerhard (1971), *Sartres Dialektik. Zur Methode und Begründung seiner Philosophie unter besonderer Berücksichtigung der Subjekts-, Zeit- und Werttheorie*, Bonn: Bouvier.
– (2005), »Wie ist Bewusstsein von Zeitlichem möglich?«, in: Grundmann u., a. 2005, 169-221.
– (2010), »Husserls Problem mit dem Zeitbewusstsein und warum er es nicht löste«, in: Manfred Frank und Niels Weidtmann (Hg.), *Husserl und die Philosophie des Geistes*, Frankfurt/M.: Suhrkamp (stw 1980), 43-88.
Sergeant, John (1697), *Solid Philosophy Asserted, Against the Fancies of the Ideist: Or, The Method to Science Further Illustrated, Reflexions on Mr. Locke's Essay Concerning Human Understanding*, London (mit den handschriftlichen Randbemerkungen von John Locke als Faksimile nachgedruckt bei Garland Publishing Inc., New York, London 1984).
Sextus Empiricus (1968), *Grundriß der pyrrhonischen Skepsis*. Eingeleitet und übersetzt von Malte Hossenfelder, Frankfurt/M.: Suhrkamp, 3. Aufl. 1999 (stw 499).
Shoemaker, Sydney (1984), *Identity, Cause, and Mind. Philosophical Essays*, Cambridge: University Press.
– (1996), *The First-Person Perspective and Other Essays*, Cambridge University Press.
–, Richard Swinburne (1984), *Personal Identity* (Reihe: Great Debates on Philosophy), Oxford: Blackwell (darin: Shoemaker, »A Materialist's Account«, 67-132).
Siewert, Charles P. (1998), *The Significance of Consciousness*, Princeton/NJ: Princeton University Press.
– (2003), »Consciousness and Intentionality«, in: *Stanford Encyclopedia of Philosophy*, im Internet: ⟨http://plato.stanford.edu/entries/consciousness-intentionality⟩.
– (2004), »Is Experience Transparent?«, in: *Philosophical Studies* 117, 15-41.
Sluga, Hans (1983), »Subjectivity in the *Tractatus*«, in: *Synthese* 56, 129-139.
– (1986), »Wittgensteins *Blaues Buch*«, in: *Die Aufgaben der Philosophie der Gegenwart*. Akten des 10. Internationalen Wittgenstein-Symposiums, Wien: Holder Pichler.
– (1988), »›Das Ich muß aufgegeben werden‹. Zur Metaphysik in der analytischen Philosophie«, in: Dieter Henrich und Rolf-Peter Horstmann (Hg.), *Metaphysik nach Kant?*, Stuttgart 1988, 435-456.
Soldati, Gianfranco (1994), *Bedeutung und psychischer Gehalt. Zur sprachanalytischen Kritik von Husserls früher Phänomenologie*, Paderborn u. a.: Schöningh.

- (2005), »Begriffliche Qualia. Zur Phänomenologie der Bedeutung«, in: Thomas Grundmann u. a. (Hg.), *Anatomie der Subjektivität. Bewusstsein, Selbstbewusstsein und Selbstgefühl*, Frankfurt/M.: Suhrkamp, 140-168.
- (2010), »Zur Rolle der Wahrnehmung in demonstrativen Gedanken«, in: Frank/Weidtmann 2010, 112-133.

Steel, Thomas J. (1975), »Knowledge and the Self-Presenting«, in: Keith Lehrer (Hg.), *Analysis and Metaphysics*, Dordrecht: Kluwer, 145-150.

Stotz, Hans Jörg (1999), *Einstellungszuschreibungen de se*, Diss. Tübingen.

Strawson, Galen (2009), *Selves: An Essay in Revisionary Metaphysics*, Oxford: University Press.

Strawson, Peter F. (1950), »On Referring«, in: *Mind* 59, 320-344; wiederabgedruckt in: ders., *Logico-Linguistic Papers*, London: Methuen, 1971, 1-27.
- (1959), *Individuals. An Essay in Descriptive Metaphysics*, London: Methuen.
- (1974), *Freedom and Resentment and Other Essays*, London: Methuen & Co. Ltd.

Sturma, Dieter (1985), *Kant über Selbstbewußtsein. Zum Zusammenhang von Erkenntniskritik und Theorie des Selbstbewußtseins*, Hildesheim: Olms.

Theau, Jean (1969), *La conscience de la durée et le concept de temps*, Toulouse: E. Privat.

Thiel, Udo (1996), »Between Wolff and Kant: Merian's Theory of Apperception«, in: *Journal of the History of Philosophy* 23, 213-232.

Tugendhat, Ernst (1970), »Das Sein und das Nichts«, in: *Durchblicke. Martin Heidegger zum 80. Geburtstag*, Frankfurt/M.: Klostermann, 132-161.
- (1975) *Vorlesungen zur Einführung in die sprachanalytische Philosophie*, Frankfurt/M.: Suhrkamp (stw 45).
- (1979), *Selbstbewußtsein und Selbstbestimmung. Sprachanalytische Interpretationen*, Frankfurt/M.: Suhrkamp (stw 221).
-, Ursula Wolf (1983), *Logisch-semantische Propädeutik*, Stuttgart: Reclam.

Twardoswki, Kasimir (1894), *Zur Lehre vom Inhalt und Gegenstand von Vorstellungen*, Wien: Hölder.

Tye, Michael (2002), »Representationalism and the Transparency of Experience«, in: *Noûs* XXXVI, 1, 137-151.

Van Gulick, Robert (1988), »A Functionalist Plea for Self-Consciousness«, in: *Philosophical Review* 47, 149-181.
- (2006), »Mirror Mirror – Is That All?«, in: Kriegel/Williford 2006, 11-39.

Vosgerau, Gottfried, und Albert Newen (2007), »Thoughts, Motor Action, and the Self«, in: *Mind and Language* 22, 1, 22-43.

Williford, Kenneth (2006), »The Self-Representational Structure of Consciousness«, in: Kriegel/Williford 2006, 111-142.
Wittgenstein, Ludwig (1958), *The Blue and the Brown Books*, Oxford: University Press.
- (1984), *Werkausgabe in 8 Bänden*, Frankfurt/M.: Suhrkamp (stw 501-508).

Zahavi, Dan (1998), »Brentano and Husserl on Self-Awareness«, in: *Études phénoménologiques* 27, 127-169.
- (1999), *Self-Awareness and Alterity. A Phenomenological Investigation*, Evanston: Northwestern University Press.
- (2002), »Self and Consciousness«, in: ders. (Hg.), *Exploring the Self*, Amsterdam: John Benjamins, 55-74.
- (2003), »Inner Time-Consciousness and Pre-Reflective Self-Awareness«, in: *The New Husserl: A Critical Reader*, hg. von Donn Welton, Bloomington: Indiana University Press, 157-218.
- (2004), »Back to Brentano«, in: *Journal of Consciousness Studies* 10-11, 66-87.
- (2005), *Subjectivity and Selfhood: Investigating the First-Person Perspective*, Cambridge/MA: MIT Press.

Namenregister

Adorno, T. W. 369
le Rond d'Alembert, J.-B. 39
Anscombe, E. 21, 80-82, 84-91, 96f., 100, 123, 138, 140f., 155, 161, 169, 190, 269, 290, 333
Apel, K.-O. 169
Aristoteles 10, 59, 110, 192, 380
Armstrong, D. M. 114, 337, 340, 366
Augustinus 197
Ayer, A. J. 336

Baker, L. R. 160, 339
Bar-On, D. 337f.
Baumgarten, A. 70
Beeh, V. 255, 396f.
Bergson, H. 240f.
Bernecker, S. 334
Bieri, P. 196, 201, 203f., 206, 215-218, 231, 242, 248, 251
Block, N. 8, 17, 27f., 58, 60, 64, 247, 324f., 345, 353, 358-360, 371f., 383f., 394
Boehm, R. 196
Boër, S. E. 361
Boghossian, P. A. 333
du Bois-Reymond, E. 356, 368
BonJour, L. 338f., 369
Brentano, F. 9f., 13, 15, 43-45, 60, 74, 103, 114, 127, 130, 137, 185, 192, 199, 200-207, 209f., 212-214, 221, 225, 227, 229, 231, 237, 248, 256, 324, 328-332, 334, 339, 341, 351, 357, 362, 371-375, 377f., 380-384, 387, 394, 396
Bühler, A. 109
Burge, T. 19, 87, 333, 364, 370, 381

Campbell, J. 324, 347-350
Carruthers, P. 15, 19, 383, 394

Carus, K. G. 351
Cassam, Q. 324
Castañeda, H.-N. 15f., 21f., 24, 40, 74, 80, 83, 87f., 91-97, 99-126, 134-138, 145, 150, 155f. 158-162, 174, 177, 184f., 188, 191, 254, 278, 344, 361, 364, 371, 391f., 394
Chalmers, D. J. 8, 17, 62, 258, 355, 360
Chisholm, R. 22, 74, 83, 87, 92, 122f., 125-137, 175, 188, 264, 269, 290, 330, 339, 364f., 369, 388, 391f.
Chrysippos 364
Condillac, É. B. 39
Corcoran, R. 347
Cramer, K. 15f., 44f., 270, 380
Cramer, W. 14, 249f.
Crusius, C. A. 39

Damasio, A. R. 341f., 343-346, 352
Davidson, D. 64, 164
Dennett, D. C. 393
Derrida, J. 41, 48, 69-72, 328, 382
Descartes, R. 11, 30, 38, 41-44, 50, 52, 59f., 74, 79, 82, 85f., 88, 97, 102, 120, 185-187, 227f., 240f., 261-263, 269, 272, 324, 355, 364, 369, 371, 376, 378
Diderot, D. 39
Done, D. J. 347
Dretske, F. 17f., 87, 357, 378
Dummett, M. 170

Elster, J. 312
Epple, M. 311
Erhard, J. B. 360
Evans, G. 77f., 87, 147, 151f., 169-185, 357f.

Feinberg, I. 346
Fichte, J. G. 9, 14f., 20, 26, 39, 42-44, 49, 51, 60, 74, 79, 99, 113, 116f., 120-122, 130, 134f., 171, 194, 243f., 255f., 267, 288, 299, 302, 305f., 324, 339, 354, 362, 369, 371, 374-376, 379f., 383f., 387, 390, 394, 396
Foucault, M. 37, 39
Frank, M. 15f., 21f., 24, 27f., 39, 43f., 48, 51, 69f., 74, 81, 85f., 122, 124, 137, 142, 162, 171, 246, 251, 255f., 259, 274, 310, 312, 321f., 329, 339, 360, 362, 364, 370, 376, 378-381, 390
Frege, G. 80f., 86f., 123, 140-143, 145f., 148-154, 157-159, 164, 168, 170, 175f.
Freud, S. 50, 372
Freundlieb, D. 17
Frith, C. L. 347, 349

Gallagher, S. 341, 347, 350
Gallup, G. G. 121, 333, 363
Geach, P. T. 91
Gennaro, R. J. 15, 19
Griesinger, W. 351
Grundmann, T. 364

Habermas, J. 25, 51, 169, 262f., 265-267, 277, 287, 292-299, 306f., 312-323
Harman, G. 17f., 332, 336, 357, 378
Hart, J. H. 16
Hauser, M. D. 121, 333, 363
Hegel, G. F. W. 26, 36, 38, 41, 51, 192, 194, 232, 234, 251, 253, 257, 260f., 267f., 301-305, 311f., 314
Heidegger, M. 30f., 34f., 37f., 41, 49, 102, 187, 193, 195f., 227, 229, 232, 242, 287-290, 292, 294, 310, 320

Held, R. 346
Henrich, D. 8, 14-17, 22, 49, 57, 99, 122, 191, 255-257, 263-265, 270-278, 280-285, 287-290, 292, 294, 301, 320, 376, 380
Herbart, J. F. 207, 379
Hintikka, J. 79, 190
Hobbes, T. 42, 46f., 201
Hoffmann, E. T. A. 167
Hofmann, F. 18, 339
Hölderlin, F. 118f., 362, 391
von Holst, E. 347
Horgan, T. 8, 17, 23, 27, 264, 326, 360, 364, 370, 372, 384f., 387, 389, 395
Humboldt, W. 298, 300, 321
Hume, D. 27, 44, 65, 73, 94, 97, 101, 104, 115, 183, 200-202, 239f., 371
Husserl, E. 12, 14-16, 25, 43, 61, 66, 74f., 86, 114, 120, 130, 148-151, 192, 195-227, 229-231, 235-237, 239-243, 248-251, 253, 256, 263, 308, 324-330, 334, 353, 357, 360, 371f., 378, 381-383, 393
Huxley, T. H. 356

Jackson, F. 355, 358
Jäger, L. 300
James, W. 25, 45-47, 156, 202, 342
Jeannerod, M. 347

Kant, I. 7, 8, 11, 14f., 36, 38-41, 43, 50f., 70, 74, 86f., 94, 97, 101f., 113f., 117, 122, 132, 135, 180, 184, 189, 192-194, 200, 205, 234, 239-241, 245, 247-249, 253, 255, 263, 267, 294, 299, 304, 307f., 310, 313, 321f., 324, 328, 349, 354, 357, 361, 369, 376, 383f.
Kapitan, T. 15f., 326, 370, 388
Kaplan, D 87, 139-148, 150-164, 170

Kierkegaard, S. 74, 319
von Kleist, H. 36
Kriegel, U. 7f., 10, 17-21, 23, 27, 62, 264, 326, 357, 364, 370, 372f., 381f., 384-389, 391, 393, 395
Kripke, S. 57-64, 82, 87, 142, 160, 171, 258, 335, 351, 355, 359

Lacan, J. 48, 50, 298
Legrand, D. 341, 386f.
Leibniz, G. F. 10f., 38-43, 50, 52, 66f., 70, 121, 171, 240, 268, 297, 307, 309f., 324, 369, 376
Levine, J. 18f., 21, 258, 356, 368, 382, 385f., 388-390, 392-394
Lewis, D. 22f., 54f., 74, 87, 122, 124f., 129, 137, 188, 333, 355, 367, 391, 394
Locke, J. 88, 201, 209, 324, 330, 377
Lotze, R. H. 207
Lovejoy, A. O. 203, 206
Lycan, W. 361

Mach, E. 21f., 45, 55, 99f., 129, 333, 362
Marx, G. 333
Marx, K. 309, 311f., 318
McDowell, J. 178
McGinn, C. 64, 368
McTaggart, J. 201
Mead, G. H. 25, 51, 263, 267, 293f., 297, 301, 306f., 313-317
Meinong, A. 324, 326, 330, 334, 388
Mellor, D. H. 192
Merian, J. B. 39, 42, 339
Metzinger, T. 50
Mill, J. S. 200
Milne, A. A. 363
Molière, J. B. 36
Moran, R. 27, 348
Musil, R. 362

Nagel, T. 86, 97, 177, 360
Natorp, P. 43, 313
Newen, A. 347
Nida-Rümelin, M. 355
Niethammer, F. P. I. 360
Novalis 14, 122, 194f., 256, 272, 379
Nozick, R. 355, 361

Parfit, D. 79
Pauen, M. 262
Peacocke, C. 382
Peirce, C. S. 69, 155, 263, 299, 321
Perry, J. 87, 150-152, 162, 164, 166-170, 173, 184, 188, 367
Piaget, J. 26
Pitt, D. 360
Platon 38
Pöppel, E. 346, 376
Pothast, U. 12f., 15, 49, 270, 380
Putnam, H. 63, 90, 333, 359f.

Quine, W. V. O. 141, 320

Reichenbach, H. 159, 161f., 347f.
Reil, J. C. 15, 351
Reinhold, K. L. 171, 360, 362, 391
Rickert, H. 43, 313
Roemers, J. 312
Rosenthal, D. 15, 19, 339, 361, 376f., 381, 385
Russell, B. 43, 45, 47f., 74, 82, 85, 87, 94, 104, 114, 155f., 170-172, 174, 185, 187, 324, 336, 396f.
Rzesznitzek, B. L. 352

Sartre, J.-P. 9, 14, 20, 24f., 27, 30-35, 43, 51, 60-62, 64, 74, 115f., 118, 130, 134, 191f., 206f., 215f., 224, 227-244, 246-262, 268, 296, 299, 303-305, 307-313, 321, 323f., 327, 331, 334-336, 351, 353, 357, 359, 362, 371f., 378, 382f., 386, 394

de Saussure, F. 26, 123, 321
Schelling, F. W. J. 36 f., 49, 51, 194, 236, 238, 251, 259, 267, 302-305, 327
Schlegel, F. 183, 190, 246
Schleiermacher, F. D. E. 51, 122, 298 f., 319, 321, 327
Schmalenbach, H. 43, 74, 103, 237
Schönrich, G. 155
Schwab, M. 79
Searle, J. R. 62
Seel, G. 197, 212, 235 f., 238 f., 243, 247-250, 253
Sergeant, J. 377
Sextus Empiricus 388
Shoemaker, S. 15, 58, 65, 79, 87 f., 100, 122, 137 f., 169, 173 f., 179, 185, 269, 315, 329-334, 336, 339, 342, 349 f., 357, 363 f., 370
Siewert, C. 360, 370, 387
Sluga, H. 139
Soldati, G. 8, 148, 200, 222, 224, 329, 331, 334, 360
Sperry, R. W. 346
Spinoza 42
Stalnaker, R. 64, 358
Stein, E. 196, 208 f., 218
Stern, W. 207 f.
Strawson, G. 85, 140 f.
Strawson, P. F. 25, 36, 52-54, 56 f., 59, 66 f., 76-78, 90, 142, 174 f., 183, 187, 203, 262, 268-271, 275, 287, 290, 308 f., 324
Sturma, D. 75
Swinburne, R. 65, 315, 340

Theau, J. 238
Tienson, J. 8, 360
Tolstoi, L. 27
Tugendhat, E. 36, 52-57, 59, 66, 75-78, 87, 140, 142, 164, 167, 174, 187-189, 262, 266, 268, 270-280, 282-293, 317, 320, 330, 340, 348
Twardowski, K. 200
Tye, M. 17 f., 272, 332, 336 f., 357, 378

Van Gulick, R. 386
Vasubandhu 396
Vosgerau, G. 347

Williford, K. 17, 20, 24, 44 f., 75, 136, 255, 370-372, 378-381, 383, 387 f., 390, 393-396
Wittgenstein, L. 29, 53, 58, 76 f., 82, 86-88, 93, 127 f., 137-140, 164, 169, 173, 176, 179, 261, 270 f., 315
Wolf, U. 87, 140, 262, 348
Wolff, C. 171

Youmans, W. J. 356

Zahavis, D. 16 f., 24
Zanetti, V. 51

Philosophie des Geistes
im Suhrkamp Verlag

Anatomie der Subjektivität. Bewußtsein, Selbstbewußtsein und Selbstgefühl. Herausgegeben von Thomas Grundmann, Frank Hofmann, Catrin Misselhorn, Violetta L. Waibel und Véronique Zanetti. stw 1735. 496 Seiten

Bewußtsein. Philosophische Beiträge. Herausgegeben von Sybille Krämer. stw 1240. 250 Seiten

Susan Blackmore. Gespräche über Bewußtsein. Aus dem Englischen von Frank Born. Mit einem Glossar. 380 Seiten. Gebunden

Robert B. Brandom
- Expressive Vernunft. Aus dem Amerikanischen von Eva Gilmer und Hermann Vetter. 1014 Seiten. Gebunden
- Begründen und Begreifen. Eine Einführung in den Inferentialismus. Aus dem Amerikanischen von Eva Gilmer. Gebunden und stw 1689. 264 Seiten

Donald Davidson
- Handlung und Ereignis. Aus dem Amerikanischen von Joachim Schulte. Gebunden und stw 895. 421 Seiten
- Probleme der Rationalität. Vorwort von Marcia Cavell. Aus dem Amerikanischen von Joachim Schulte. 445 Seiten. Gebunden
- Subjektiv, intersubjektiv, objektiv. Aus dem Amerikanischen von Joachim Schulte. 382 Seiten. Gebunden

Donald Davidson / Richard Rorty. Wozu Wahrheit? Eine Debatte. Herausgegeben und mit einem Nachwort von Mike Sandbothe. stw 1691. 353 Seiten

Daniel C. Dennett. Süße Träume. Die Erforschung des Bewußtseins und der Schlaf der Philosophie. Aus dem Amerikanischen von Gerson Reuter. 216 Seiten. Gebunden

Farben. Betrachtungen aus Philosophie und Naturwissenschaften. Herausgegeben von Stefan Glasauer und Jakob Steinbrenner. stw 1825. 370 Seiten

Gene, Meme und Gehirne. Geist und Gesellschaft als Natur. Eine Debatte. Herausgegeben von A. Becker, C. Mehr, H. H. Nau, G. Reuter und D. Stegmüller. stw 1643. 336 Seiten

Andrea Kern. Quellen des Wissens. Zum Begriff vernünftiger Erkenntnisfähigkeit. stw 1786. 385 Seiten

Ruth Garrett Millikan. Die Vielfalt der Bedeutung. Zeichen, Ziele und ihre Verwandtschaft. Aus dem Amerikanischen von Hajo Greif. stw 1829. 330 Seiten

Martine Nida-Rümelin. Der Blick von innen. Zur transtemporalen Identität bewusstseinsfähiger Wesen. stw 1787. 357 Seiten

Philosophie und Neurowissenschaften. Herausgegeben von Dieter Sturma. stw 1770. 266 Seiten

Hilary Putnam
- Repräsentation und Realität. Übersetzt von Joachim Schulte. stw 1394. 220 Seiten
- Vernunft, Wahrheit und Geschichte. Aus dem Amerikanischen von Joachim Schulte. stw 853. 294 Seiten

Sebastian Rödl. Kategorien des Zeitlichen. Eine Untersuchung der Formen des endlichen Verstands. stw 1748. 215 Seiten

Richard Rorty. Der Spiegel der Natur. Eine Kritik der Philosophie. Aus dem Amerikanischen von Michael Gebauer. stw 686. 438 Seiten

Jürgen Schröder. Einführung in die Philosophie des Geistes. stw 1671. 400 Seiten

John R. Searle
- Freiheit und Neurobiologie. Aus dem Amerikanischen von Jürgen Schröder. Kartoniert. 96 Seiten
- Geist. Eine Einführung. Aus dem Amerikanischen von Sibylle Salewski. 324 Seiten. Gebunden
- Geist, Sprache und Gesellschaft. Philosophie der wirklichen Welt. Aus dem Amerikanischen von Harvey P. Gavagai. stw 1670. 192 Seiten
- Intentionalität. Eine Abhandlung zur Philosophie des Geistes. Aus dem Amerikanischen von Harvey P. Gavagai. stw 956. 353 Seiten

Selbstbewußtseinstheorien von Fichte bis Sartre. Herausgegeben und mit einem Nachwort versehen von Manfred Frank. stw 964. 599 Seiten

Michael Tomasello. Die kulturelle Entwicklung des menschlichen Denkens. Zur Evolution der Kognition. Aus dem Englischen von Jürgen Schröder. stw 1827. 307 Seiten

Matthias Vogel. Medien der Vernunft. Eine Theorie des Geistes und der Rationalität auf Grundlage einer Theorie der Medien. stw 1556. 427 Seiten

Wissen zwischen Entdeckung und Konstruktion. Erkenntnistheoretische Kontroversen. Herausgegeben von Matthias Vogel und Lutz Wingert. stw 1591. 328 Seiten

»Geist und Gehirn«
im Suhrkamp Verlag

François Ansermet / Pierre Magistretti. Die Individualität des Gehirns. Neurobiologie und Psychoanalyse.
282 Seiten. Gebunden

Olaf Breidbach. Die Materialisierung des Ichs. Zur Geschichte der Hirnforschung im 19. und 20. Jahrhundert.
stw 1276. 476 Seiten

Gene, Meme und Gehirne. Geist und Gesellschaft als Natur. Eine Debatte. Herausgegeben von A. Becker, C. Mehr, H. H. Nau, G. Reuter und D. Stegmüller. stw 1643. 330 Seiten

Hirnforschung und Willensfreiheit. Zur Deutung der neuesten Experimente. Herausgegeben von Christian Geyer.
es 2387. 296 Seiten

Eric R. Kandel. Psychiatrie, Psychoanalyse und die neue Biologie des Geistes. Mit einem Vorwort von Gerhard Roth.
341 Seiten. Gebunden

Benjamin Libet. Mind Time. Wie das Gehirn Bewusstsein produziert. 298 Seiten. Gebunden

Philosophie und Neurowissenschaften. Ist das psychologische Problem gelöst? Herausgegeben von Dieter Sturma.
stw 1770. 266 Seiten

Gerhard Roth
- Aus Sicht des Gehirns. 216 Seiten. Kartoniert
- Fühlen, Denken, Handeln. Wie das Gehirn unser Verhalten steuert. stw 1678. 608 Seiten
- Das Gehirn und seine Wirklichkeit. Kognitive Neurobiologie und ihre philosophischen Konsequenzen. stw 1275. 384 Seiten

John R. Searle. Freiheit und Neurobiologie. 91 Seiten. Kartoniert

Wolf Singer
- Ein neues Menschenbild? Gespräche über Hirnforschung. stw 1596. 144 Seiten
- Der Beobachter im Gehirn. Essays zur Hirnforschung. stw 1571. 240 Seiten
- Vom Gehirn zum Bewußtsein. 59 Seiten. Gebunden

Literatur zu Immanuel Kant
im Suhrkamp Verlag
Eine Auswahl

Gernot Böhme. Kants ›Kritik der Urteilskraft‹ in neuer Sicht. stw 1420. 160 Seiten

Gernot Böhme. Philosophieren mit Kant. Zur Rekonstruktion der Kantischen Erkenntnis- und Wissenschaftstheorie. stw 642. 253 Seiten

Hartmut Böhme/Gernot Böhme. Das Andere der Vernunft. Zur Entwicklung von Rationalitätsstrukturen am Beispiel Kants. stw 542. 516 Seiten

Manfred Frank/Véronique Zanetti (Hg.). Schriften zur Ästhetik und Naturphilosophie. Zwei Bände und ein Kommentarband. stw 1517. 1400 Seiten

Otfried Höffe. »Königliche Völker«. Zu Kants kosmopolitischer Rechts- und Friedensethik. stw 1519. 496 Seiten

Ingeborg Maus. Zur Aufklärung der Demokratietheorie. Rechts- und demokratietheoretische Überlegungen im Anschluß an Kant. stw 1153. 366 Seiten

Reinhard Merkel/Roland Wittmann (Hg.). ›Zum ewigen Frieden‹. Über Grundlagen, Zustand und Aussichten einer Idee von Immanuel Kant. stw 1227. 355 Seiten

Georg Mohr (Hg.). Theoretische Philosophie. Textausgabe und Kommentar. Drei Bände und ein Kommentarband. stw 1518. 1500 Seiten

Nelli Motrošilova (Hg.). Zum Freiheitsverständnis des Kantischen und nachkantischen Idealismus. Neuere Arbeiten russischer Autoren. stw 1257. 140 Seiten

Manfred Riedel. Urteilskraft und Vernunft. Kants ursprüngliche Fragestellung. stw 774. 179 Seiten

Gerhard Schönrich. Kategorien und transzendentale Argumentation. Kant und die Idee einer transzendentalen Semiotik. 384 Seiten. Kartoniert

Gerhard Schönrich/Yasushi Kato (Hg.). Kant in der Diskussion der Moderne. stw 1223. 590 Seiten

Albrecht Wellmer. Ethik und Dialog. Elemente des moralischen Urteils bei Kant und in der Diskursethik. stw 578. 224 Seiten